Bernd Schulte
Peter Trenk-Hinterberger

Sozialhilfe

Bernd Schulte
Peter Trenk-Hinterberger

# Sozialhilfe
## Eine Einführung

Athenäum
1982

Cip-Kurztitelaufnahme der Deutschen Bibliothek

**Schulte, Bernd:**
Sozialhilfe : e. Einf. / Bernd Schulte ;
Peter Trenk-Hinterberger. – Königstein/Ts. :
Athenäum, 1982.
ISBN 3-7610-6365-2

NE: Trenk-Hinterberger, Peter:

Satz: Computersatz Bonn GmbH
Reproduktion, Druck und Bindung: Hain-Druck GmbH, Meisenheim/Glan
Printed in Germany
ISBN 3-7610-6365-2

*Für Ann, Ben, Charlotte, Elisabeth, Isabel und Sabine*

# Inhaltsverzeichnis

VIII

X

# Vorwort

Mit diesem Buch wird der Versuch unternommen, Gegenstand und Bedeutung der Sozialhilfe verstehbar zu machen. Sein Zweck geht also nicht dahin, möglichst viel an Einzelwissen zu vermitteln. Selbstverständlich haben wir uns bemüht, alle wesentlichen Informationen über das Sozialhilferecht einzubauen. Wichtiger erschien uns aber, daß der Leser in die Lage versetzt wird, vor allem die Grundsätze und Konstruktionsprinzipien der Sozialhilfe zu erkennen, das Sozialhilferecht im Zusammenhang der sozialen Sicherung und der Sozialpolitik zu sehen, sozialhilferechtliche Probleme in den richtigen Zusammenhang einzuordnen sowie Anspruch und Wirklichkeit der Sozialhilfe – auch unter Einbezug sozialwissenschaftlicher Erkenntnisse – einzuschätzen. Darüberhinaus schien es uns wichtig, eine Vorstellung von der Organisation der Sozialhilfe und der verwaltungsmäßigen Praxis zu vermitteln.

Die Hinweise auf Gesetzestexte, Literatur und Rechtsprechung sollen es dem Leser ermöglichen, sich selbst in Einzelfragen einzuarbeiten; für die Details kann im übrigen auf eine Reihe ausgezeichneter Kommentare verwiesen werden. Literatur und Rechtsprechung konnten bis zu Anfang Dezember 1981 eingearbeitet werden; die zum 1. 1. 1982 in Kraft getretenen Änderungen des Sozialhilferechts sind bereits berücksichtigt. Die inhaltliche Darstellung selbst orientiert sich zum guten Teil an der Systematik des Bundessozialhilfegesetzes. Der Grund hierfür liegt darin, daß dieses Gesetz die Sozialhilfe in ihrer Ausgestaltung maßgeblich bestimmt.

Für Anregungen, kritische Hinweise und vielfältige Unterstützung danken wir den Mitarbeitern in den Sozialämtern der Stadt Siegen und der Gemeinde Netphen, insbesondere Herrn Stötzel, Herrn Breitenbach und Herrn Lutz, sowie Frau Friedrich-Marczyk, Herrn Prof. Dr. Krahmer und Herrn Prof. Dr. Penski. Herr Adam, Leiter des Sozialamts beim Landratsamt Fürstenfeldbruck, hat die Sozialhilfeakte „Armut" beigesteuert; ihm sei dafür auch an dieser Stelle herzlich gedankt. Wichtige Einsichten in das Sozialhilferecht sind insbesondere Herrn Dr. D. Giese zu verdanken.

Im voraus danken wir für die Mitteilung von Fehlern und jede Kritik, die diesem Buch zuteil wird.

München/Siegen, im Januar 1982

Bernd Schulte                                    Peter Trenk-Hinterberger

2

*Hinweise für den Leser*

§§ ohne Gesetzesangabe sind solche des Bundessozialhilfegesetzes (BSHG). Die Beispiele sind grundsätzlich auf der Basis des rechnerischen Bundesdurchschnitts der Regelsätze im Jahre 1982 (vgl. 6.2.3.2.1.) gerechnet. Den Aktenfällen „Armut" und „Meier", deren Bearbeitungsbeginn für das Jahr 1981 fingiert wird, liegen naturgemäß die Zahlen von 1981 zugrunde. Der Leser mag diese Fälle nach den jeweils neuesten Zahlen fortschreiben.

*Anschriften der Verfasser:*

Dr. B. Schulte, Max-Planck-Institut für ausländisches und internationales Sozialrecht, Leopoldstraße 24, 8000 München 40; Prof. Dr. P. Trenk-Hinterberger, Universität-Gesamthochschule Siegen, FB 5 (Wirtschaftswissenschaft), Hoelderlinstr. 3, 5900 Siegen 21.

# Abkürzungsverzeichnis

| | |
|---|---|
| a.A. | anderer Ansicht |
| a. a. O. | am angeführten Ort |
| Abb. | Abbildung |
| Abs. | Absatz |
| abl. | ablehnend |
| Abl. EG | Amtsblatt der Europäischen Gemeinschaften |
| ÄndGes. | Änderungsgesetz |
| a.E. | am Ende |
| a.F. | alte Fassung |
| AFG | Arbeitsförderungsgesetz |
| AGBSHG | Ausführungsgesetz zum Bundessozialhilfegesetz |
| allg. | allgemein |
| ALR | (Preußisches) Allgemeines Landrecht |
| AN | Amtliche Nachrichten des Reichsversicherungsamts |
| AOK | Allgemeine Ortskrankenkasse |
| ArchsozArb | Archiv für Wissenschaft und Praxis der sozialen Arbeit |
| Art. | Artikel |
| AT | Allgemeiner Teil |
| Aufl. | Auflage |
| AuslG | Ausländergesetz |
| AVAVG | Gesetz über Arbeitsvermittlung und Arbeitslosenversicherung |
| AV-Hilu | Ausführungsvorschriften des Senators für Arbeit und Soziales Berlin für die Gewährung von Hilfe zum Lebensunterhalt nach den §§ 11 bis 25 des Bundessozialhilfegesetzes außerhalb von Anstalten, Heimen oder gleichartigen Einrichtungen (AV-HILU v. 27. 9. 1978, abgedr. in: Oestreicher 1981, Berlin 126) |
| AV-SH Ausl. | Ausführungsvorschriften des Senators für Arbeit und Soziales Berlin über die Gewährung von Hilfen nach dem Bundessozialhilfegesetz (BSHG) an Ausländer (AV-SH Ausl.), in: Amtsblatt für Berlin, Teil I (Hg.: Der Senator für Inneres), 30 (1980), S. 334 ff. |
| BAföG | Bundesausbildungsförderungsgesetz |
| bay. | bayerisch |
| bay. SH-Richtl. | bayerische Sozialhilferichtlinien |
| bay. VGH | bayerischer Verwaltungsgerichtshof |
| Bd. | Band |
| Bearb. | Bearbeiter |
| BezO | Bezirksordnung |

| | |
|---|---|
| BGB | Bürgerliches Gesetzbuch |
| BGBl. | Bundesgesetzblatt |
| BGH | Bundesgerichtshof |
| BKGG | Bundeskindergeldgesetz |
| BldW | Blätter der Wohlfahrtspflege |
| BMA | Bundesministerium für Arbeit und Sozialordnung |
| BMJFG | Bundesministerium für Jugend, Familie und Gesundheit |
| BR-Dr. | Bundesrats-Drucksache |
| BSG | Bundessozialgericht |
| BSGE | Entscheidungen des Bundessozialgerichts, Amtliche Sammlung |
| BSHG | Bundessozialhilfegesetz |
| BStMAS | Bayerisches Staatsministerium für Arbeit und Sozialordnung |
| BT-Dr. | Bundestags-Drucksache |
| BVerfG | Bundesverfassungsgericht |
| BVerfGE | Entscheidungen des Bundesverfassungsgerichts, Amtliche Sammlung |
| BVerwG | Bundesverwaltungsgericht |
| BVerwGE | Entscheidungen des Bundesverwaltungsgerichts, Amtliche Sammlung |
| BVG | Bundesversorgungsgesetz |
| bzw. | beziehungsweise |
| ca. | circa |
| cbm | Kubikmeter |
| d. | der, die |
| ders. | derselbe |
| Dez. | Dezember |
| d. h. | das heißt |
| Diss. | Dissertation |
| DÖV | Die Öffentliche Verwaltung |
| DV | Deutscher Verein für öffentliche und private Fürsorge |
| DVBl. | Deutsches Verwaltungsblatt |
| DVO | Durchführungsverordnung |
| E | Entscheidung |
| ed. | editor(s) – Herausgeber |
| EFA | Europäisches Fürsorgeabkommen |
| EG | Europäische Gemeinschaft(en) |
| EheG | Ehegesetz |
| Einl. | Einleitung |
| einschl. | einschließlich |
| EStG | Einkommenssteuergesetz |
| et al. | et alii (und andere) |

| | |
|---|---|
| etc. | et cetera (usw.) |
| EU | Erwerbsunfähigkeit |
| evtl. | eventuell |
| EWG | Europäische Wirtschaftsgemeinschaft |
| f., ff. | folgende |
| FamRZ | Zeitschrift für das gesamte Familienrecht |
| FAZ | Frankfurter Allgemeine Zeitung |
| FB | Fachbereich |
| FEVS | Fürsorgerechtliche Entscheidungen der Verwaltungs- und Sozialgerichte |
| FRV | Fürsorgerechtsvereinbarung |
| g | Gramm |
| gem. | gemäß |
| Ges. | Gesetz |
| GG | Grundgesetz |
| ggf. | gegebenenfalls |
| GMBl. | Gemeinsames Ministerialblatt |
| GO | Gemeindeordnung |
| g.R. | gegen Rückgabe |
| H. | Heft |
| h.A. | herrschende Ansicht |
| HaftpflG | Haftpflichtgesetz |
| Hess. VGH | Hessischer Verwaltungsgerichtshof |
| Hg., hg. | Herausgeber, herausgegeben |
| Hinw. | Hinweise |
| h.L. | herrschende Lehre |
| HLU | Hilfe zum Lebensunterhalt |
| h.M. | herrschende Meinung |
| HMSO | Her Majesty's Stationery Office |
| HS | Hilfesuchender, Halbsatz |
| i.d.F. | in der Fassung |
| i.d.R. | in der Regel |
| i.e.S. | im engeren (eigentlichen) Sinne |
| insb. | insbesondere |
| I.R.S.S. | Internationale Revue der Sozialen Sicherheit |
| i.S.v. | im Sinne von |
| i.V.m. | in Verbindung mit |
| I.V.S.S. | Internationale Vereinigung für Soziale Sicherheit |
| i.w.S. | im weiteren Sinne |
| JA | Juristische Arbeitsblätter |
| Jg. | Jahrgang |
| JuS | Juristische Schulung |

| | |
|---|---|
| JWG | Gesetz für Jugendwohlfahrt |
| JZ | Juristenzeitung |
| Kap. | Kapitel |
| KJ | Kritische Justiz |
| krit. | kritisch (dazu) |
| kWh | Kilowattstunden |
| LAG | Lastenausgleichsgesetz |
| LKrO | Landkreisordnung |
| lt. | laut |
| m. a.W. | mit anderen Worten |
| Mio. | Millionen |
| Mrd. | Milliarden |
| Ms. | Manuskript |
| mtl. | monatlich |
| m.w.N. | mit weiteren Nachweisen |
| NDV | Nachrichtendienst des Deutschen Vereins für öffentliche und private Fürsorge |
| n.F. | neue Fassung |
| NJW | Neue Juristische Wochenschrift |
| Nr. | Nummer |
| NRW | Nordrhein-Westfalen |
| o.ä. | oder ähnliche(s) |
| o.J. | ohne Jahresangabe |
| OVG | Oberverwaltungsgericht |
| PVS | Politische Vierteljahresschrift |
| RehaAnglG | Gesetz über die Angleichung der Leistungen zur Rehabilitation |
| rd. | rund |
| RFV | (Reichs-) Verordnung über die Fürsorgepflicht |
| RGBl. | Reichsgesetzblatt |
| RGr. | Reichsgrundsätze über Voraussetzung, Art und Maß der öffentlichen Fürsorge |
| RGZ | Entscheidungen des Reichsgerichts in Zivilsachen |
| RKnG | Reichsknappschaftsgesetz |
| Rspr. | Rechtsprechung |
| RV | Reichsverfassung |
| RVO | Reichsversicherungsordnung |
| Rz. | Randziffer |
| s. | siehe |
| S. | Seite, Satz |
| SBA | Supplementary Benefits Act |

| | |
|---|---|
| SchwbG | Schwerbehindertengesetz |
| SD | Sozialer Dienst |
| SF | Sozialer Fortschritt |
| SGB | Sozialgesetzbuch |
| SGB-AT | Sozialgesetzbuch -Allgemeiner Teil- |
| SGb | Die Sozialgerichtsbarkeit |
| SGG | Sozialgerichtsgesetz |
| SH-Richtl. | Sozialhilferichtlinien |
| sma | sociaal maandblad arbeid |
| s.o. | siehe oben |
| sog. | sogenannte(r) |
| SPES | Sozialpolitisches Entscheidungs- und Indikatorensystem |
| StGB | Strafgesetzbuch |
| st. Rspr. | ständige Rechtsprechung |
| StVG | Straßenverkehrsgesetz |
| s.u. | siehe unten |
| SZ | Süddeutsche Zeitung |
| | |
| Tb, TBC | Tuberkulose |
| | |
| u. | und, unten, unter |
| u. a. | und andere, unter anderem |
| u.ä. | und ähnliches |
| u. a.m. | und anderes mehr |
| u.E. | unseres Erachtens |
| usw. | und so weiter |
| u. U. | unter Umständen |
| | |
| v. | von |
| VG | Verwaltungsgericht |
| VGH | Verwaltungsgerichtshof |
| vgl. | vergleiche |
| VO | Verordnung |
| Vorbem. | Vorbemerkung |
| VSSR | Vierteljahresschrift für Sozialrecht |
| VVDStLR | Veröffentlichungen der Vereinigung der Deutschen Staatsrechtslehrer |
| VwGO | Verwaltungsgerichtsordnung |
| | |
| WoGG | Wohngeldgesetz |
| WSI | Wirtschafts- und Sozialwissenschaftliches Institut des Deutschen Gewerkschaftsbundes |
| | |
| z. B. | zum Beispiel |
| ZfF | Zeitschrift für das Fürsorgewesen |
| ZfS | Zentralblatt für Sozialversicherung, Sozialhilfe und Versorgung |

8

| | |
|---|---|
| ZfSH | Zeitschrift für Sozialhilfe |
| ZPO | Zivilprozeßordnung |
| ZRP | Zeitschrift für Rechtspolitik |
| ZSR | Zeitschrift für Sozialreform |
| z.T. | zum Teil |
| z.Z. | zur Zeit |

„Sozialhilfe hat nichts mit der früheren Fürsorge zu tun. Sie ist eine moderne soziale Leistung wie das Kindergeld, das Wohngeld oder die Ausbildungsförderung."

Antje Huber, Bundesminister für Jugend, Familie und Gesundheit
in: Sozialhilfe: Ihr gutes Recht, Bonn 1979


„Im übrigen ist festzuhalten: Die Sozialhilfe ist ein gleichberechtigter Teil des Netzes der sozialen Sicherung. Sie hat zwar subsidiären Charakter, dies heißt aber nicht, daß sie eine Sozialleistung zweiter Klasse wäre. Leider ist dies immer noch viel zu wenig ins öffentliche Bewußtsein gedrungen, weil der Sozialhilfe auch heute noch zuweilen der Geruch der früheren Armenpflege anhaftet. Daher scheuen sich viele Bürger, sie in Anspruch zu nehmen. Ähnliches ist bei den Trägern der Sozialhilfe festzustellen: Auch bei ihnen ist die Assoziation mit der Armenpflege immer noch viel zu eng."

Herbert Ehrenberg / Anke Fuchs, Sozialstaat und Freiheit, Frankfurt 1980


„Besonders Sozialhilfeempfänger, also Menschen, die aufgrund verschiedener Ursachen ihren Lebensunterhalt nicht selbst bestreiten können, machen immer wieder die Erfahrung, daß sie auf den Sozialämtern nicht menschenwürdig behandelt werden. Sie erleben zum Beispiel eine geringschätzige und herablassende Behandlung der Sachbearbeiter, ungenügende Information und zu lange Wartezeiten etc. Nicht umsonst fühlen sich die Betroffenen „wie der letzte Dreck"."

Interessengruppe Sozialhilfe e. V., 1981


„Unverschämte Arme – Sie leben in Saus und Braus – auf unsere Kosten"

Quick vom 10. 2. 1977

# 1. Rolle der Sozialhilfe in der Rechtswissenschaft, in den Sozialwissenschaften und im Rahmen der Armutsproblematik

## 1.1. Sozialhilfe und Rechtswissenschaft

(1) In der Rechtswissenschaft nimmt die Beschäftigung mit dem *Sozialrecht* (und mit der *Sozialhilfe als Teil des Sozialrechts,* vgl. 2.2.) in den letzten Jahren in der praktischen juristischen Tätigkeit, in der wissenschaftlichen Befassung (Pickel 1978, 224; Zacher 1979 c, 206 ff.), sowie in der Ausbildung – hier vor allem an den Fachhochschulen, weniger an den Universitäten – (vgl. von Maydell 1978 a, 166 ff.; Rode 1978, 173 ff.; Zacher 1979 d, 137 ff.; Friedrich-Marczyk 1981) immer größeren Raum ein, nachdem das Sozialrecht (und das Sozialhilferecht) Jahrzehnte lang verhältnismäßig wenig Beachtung fand.

Auf diese *jahrelange Vernachlässigung und Geringschätzung* ist es nicht zuletzt zurückzuführen, daß man dem Sozialrecht heute beispielsweise im Vergleich zum Zivilrecht, zum Strafrecht oder auch zum Allgemeinen Verwaltungsrecht keinen auch nur annähernd gleich hohen Entwicklungsstand attestieren kann. Diese Rückständigkeit des Sozialrechts, die sich gerade auch an der wissenschaftlichen Befassung mit diesem Rechtsgebiet ablesen läßt, ist nicht eine deutsche Besonderheit, sondern ein weltweit zu beobachtendes Phänomen, das u. a. gewiß auch darauf beruht, daß sein Gegenstand, insbesondere sein Kernbereich, das Recht der sozialen Sicherheit, *relativ jungen Datums* ist: Das Konzept der sozialen Sicherheit als eines allgemeinen Bürgerrechts wurde zum ersten Mal im Beveridge Report (Social Insurance and Allied Services, 1942) grundsätzlich formuliert, der Begriff selbst wurde Mitte der 30er Jahre in den USA geprägt (vgl. den Social Security Act v. 14. 8. 1935). Die Sozialversicherung als Technik und auch als Grundpfeiler der heutigen Systeme der sozialen Sicherheit kann im Jahre 1981 zwar in Deutschland auf ihr 100jähriges Bestehen zurückblicken, ist in den meisten anderen Industriestaaten jedoch noch wesentlich jünger. Neben seinem geringen Alter zeichnet sich das Sozialrecht in den meisten westlichen Industriestaaten (wenn auch nicht in demselben Maße in der Bundesrepublik Deutschland) gegenüber anderen Rechtsgebieten durch einen *minderen Grad der Verrechtlichung* aus. So geben ausländische Sozialleistungssysteme in größerem Maße, als dies in der Bundesrepublik Deutschland der Fall ist, der Exekutive im Verhältnis zur Legislative relativ weitgehende Befugnisse. Dieser „exekutivische" Zug unterscheidet beispielsweise das Sozialhilferecht in den USA von dem in der Bundesrepublik Deutschland (vgl. Leibfried 1977, 39). Der Adressat sozialer Leistungen hat darüber hinaus im Vergleich zu Personen, die dem Staat in einer anderen sozialen Rolle entgegentreten (z. B. als Adressat polizeilicher Verfügungen, als Steuerbürger u. ä.), eine weniger gefestigte Rechtsposition.

Sozialrecht ist darüber hinaus als *„zur Norm verfestigte"* staatliche *Sozialpolitik* (Bley 1980, 31) ein *ständig im Wandel befindliches Recht,* das die sozialpolitische Diskussion reflektiert und auf sozialpolitische Entscheidungen reagiert bzw. sie umsetzt; Sozialrecht von heute ist insofern Sozialpolitik von gestern. Nicht zuletzt deshalb stellt sich das Sozialrecht nicht als ein dogmatisch durchstrukturiertes Teilrechtssystem dar, sondern als *unvollständig, unsystematisch* und *komplex.*

Illustrieren ließe sich dieser Charakterzug an den spezifischen Schwierigkeiten, auf welche die Bestrebungen treffen, das Sozialrecht in einem *Sozialgesetzbuch* zu kodifizieren, und zwar selbst dann, wenn diese Kodifikation sich damit begnügt, den vorhandenen Bestand aufzunehmen, ohne eine Reform in der Sache anzustreben („Kodifikation mit begrenzter Sachreform"; vgl. Zacher 1979 b, A-42). In den Niederlanden und in Belgien macht man gegenwärtig dieselben Erfahrungen (vgl. Dillemans, Hauck u. Veldkamp 1975).

Mit der bereits erwähnten Rückständigkeit des Sozialrechts eng verbunden ist der Umstand, daß es in der Vergangenheit nur *in sehr geringem Maße Gegenstand der rechtswissenschaftlichen Forschung* gewesen ist: Die Rechtswissenschaft erfüllt auf diesem Rechtsgebiet nur sehr unvollkommen die Aufgabe, zur „Dogmatisierung" beizutragen, d. h. Eigengesetzlichkeiten und Besonderheiten des Rechtsgebiets herauszuarbeiten.

Diese *mangelnde wissenschaftliche Aufmerksamkeit,* die das Sozialrecht in der Vergangenheit erfahren hat, kontrastiert in auffälliger Weise mit der praktischen Bedeutung, die dem Sozialrecht in einer Zeit zukommt, in der jeder Bürger in der einen oder anderen Weise von sozialrechtlichen Regelungen betroffen wird, sozialrechtliche Abgaben erbringt, aufgrund sozialrechtlicher Ansprüche soziale Leistungen entgegennimmt.

Als weiteres Charakteristikum, welches das Sozialrecht als Rechtsgebiet von anderen Rechtsdisziplinen unterscheidet, kann die *Interdisziplinarität des Sozialrechts* erwähnt werden, d. h. der Umstand, daß es in besonderem Maße auf den Bezug zu anderen Wissenschaftszweigen sowie auf die Wahrnehmung nichtwissenschaftlicher Praxisfelder angewiesen ist. Ein Blick auf die soziale Sicherheit im inter- und supranationalen Bereich zeigt, wie groß das Tätigkeitsfeld beispielsweise für Ökonomen hier ist. In anderen Ländern – und das bestätigt auch ein Blick auf einschlägige internationale Organisationen (UNO, Internationale Arbeitsorganisation, Europäische Gemeinschaften, Europarat) – ist die Beschäftigung mit den Problemen der sozialen Sicherheit in weit geringerem Maße Angelegenheit von Juristen, als dies in der Bundesrepublik Deutschland der Fall ist. Doch auch in der Bundesrepublik wird in zunehmendem Maße erkannt, daß im Sozialrecht die juristische Kompetenz weniger weit zu reichen scheint als auf anderen Rechtsgebieten.

Die Erkenntnis, daß zahlreiche Probleme nur in interdisziplinärer Kooperation lösbar erscheinen, hat zur Folge, daß der Dialog mit Nachbarwissenschaften – der Ökonomie, der Sozialpolitik (im Sinne der Wissenschaft von der Sozialpolitik), der Soziologie, der politischen Wissenschaft, der Medizin, der Psychologie, der Sozialpädagogik, der Bevölkerungswissenschaft – postuliert und gesucht wird (vgl. Zacher 1976 b, 8 ff.), wenn es auch häufig noch an der Umsetzung derartiger Postulate in die Praxis fehlt.

(2) Die *Sozialhilfe* spielt nun ihrerseits im Rahmen des Sozialrechts wiederum eine Nebenrolle, da das Sozialrecht ziemlich einseitig, auch was die übergreifende wissenschaftliche Literatur angeht, vom *Sozialversicherungsrecht* geprägt wird. Dies mag auch damit zusammenhängen, daß das Sozialhilferecht herkömmlicher Weise ein Teil des Besonderen Verwaltungsrechts ist, dort jedoch auch nur sehr am Rande behandelt wird. Denn das Verwaltungsrecht kann seine Orientierung an der eingriffsorientierten Ordnungsverwaltung („Armenpolizey") nicht verleugnen und hat seine in der Sozial- (und Sozialhilfe-)Verwaltung gebotene neue Funktionsbestimmung noch nicht gefunden, seine dort notwendigen neuartigen Handlungsstrategien und juristischen Regelungstechniken noch nicht entwickelt.

Pitschas (1979, 409) führt zu Recht als exemplarischen Versuch, die damit aufgeworfene grundsätzliche Fragestellung aufzugreifen, die vom 53. Deutschen Juristentag angefachte Diskussion um die „sozialen Pflege- und Betreuungsverhältnisse" an; dazu vgl. Krause 1978, Krasney 1978; Igl 1978 a u. 1978 b; Schulte 1979.

Es gibt zwar eine ganze Reihe guter Kommentierungen des BSHG, die in der Mehrzahl allerdings von „Sozialhilfe-Spezialisten" für „Sozialhilfe-Spezialisten" oder mit der Sozialhilfeverwaltung betraute Personen verfaßt sind. Was aber fehlt, ist die *übergreifende rechtswissenschaftliche Diskussion sozialhilferechtlicher Probleme und die Kooperation mit anderen Disziplinen.*

Eine Änderung dieses Zustandes ist wohl nur langfristig zu erwarten und würde u. a. auch voraussetzen, daß die Juristenausbildung der Sozialhilfe mehr Platz einräumt, als dies bisher geschieht. Bislang ist Sozialhilferecht ein Randgebiet des Verwaltungsrechts und Bestandteil des Wahlfaches Sozialrecht. An den Fachhochschulen für Sozialwesen steht das Sozialhilferecht im Fach Rechtswissenschaft, das neben Erziehungswissenschaften, Politikwissenschaft, Pädagogik, Soziologie, Sozialmedizin, Sozialphilosophie u. a. rangiert, im Vergleich zu den übrigen sozialrechtlichen Materien weit im Vordergrund und spielt deshalb – natürlich von Studiengang zu Studiengang verschieden – eine nicht unerhebliche Rolle (Rode 1978, 192).

## 1.2. Sozialhilfe und Sozialwissenschaften

(1) Der Abschnitt über „Sozialhilfe und Rechtswissenschaft" (1.1.) rangiert bewußt vor den Ausführungen über „Sozialhilfe und Sozialwissenschaften", denn diese Reihenfolge spiegelt zugleich die Bedeutung wider, die Rechtswissenschaft und *Sozialwissenschaften* gegenwärtig für die Sozialhilfepraxis haben.

Das Nebeneinander von Rechtswissenschaft und Sozialwissenschaft ist hier im übrigen nicht im Sinne einer wissenschaftstheoretischen Trennung bzw. Gegenüberstellung zu verstehen. Auch wenn gegenwärtig das juristische Selbstverständnis noch weitgehend geprägt ist von der Vorstellung, die Rechtswissenschaft sei als Normwissenschaft ein eigener, nicht den Sozialwissenschaften zugehöriger Wissenschaftszweig, so neigen die Verfasser, ohne dies hier näher ausbreiten zu können und zu müssen, der Auffassung zu, daß die Rechtswissenschaft nicht als Normwissenschaft auf das „Sollen" im Unterschied zum „Sein" (als Gegenstand der Sozialwissenschaften) reduziert werden kann (und darf), vielmehr ihrerseits auch in der Rechtspraxis einen der empirischen Untersuchung zugänglichen Objektbereich hat, auch in anderen Wissenschaftsbereichen gehandhabte Methoden (z. B. die Hermeneutik) verwendet und deshalb als Teil der Sozialwissenschaften anzusehen ist (vgl. zu dieser Problematik z. B. Rottleuthner 1973).

Diese unterschiedliche Bedeutung, die Rechtswissenschaft und (übrige) Sozialwissenschaften für die Sozialhilfe haben, beruht auf spezifischen Ursachen und hat spezifische Konsequenzen, die hier angesprochen werden müssen, weil sie auch für die heutige Sozialhilfepraxis und die ihr anhaftenden Mängel von Bedeutung sind.

Oben (1.1.) war der *geringere Grad der Verrechtlichung* als einer der Punkte hervorgehoben worden, der vielerorts – wenn auch in der Bundesrepublik Deutschland in nicht so starkem Maße – das Sozialrecht von anderen Rechtsbereichen unterscheidet. Diese Verrechtlichung der Vorkehrungen gegen die spezifischen Notlagen, mit denen es die Sozialhilfe und die übrigen Zweige des Sozialleistungssystems zu tun haben (vgl. 2.1.1.), ist kein existentielles Charakteristikum sozialer Schutzsysteme (wie auch der Umstand zeigt, auf den bereits hingewiesen wurde, daß nämlich im Ausland der Grad der Verrechtlichung im Sozialrecht, aber z. T. beispielsweise auch im Arbeitsrecht, sehr viel geringer ist als in der Bundesrepublik Deutschland).

Nicht zuletzt die *Verrechtlichung* (zu ihrer Bedeutung für die soziale Sicherung jüngst grundlegend Pitschas 1981 a) hat die Entwicklung gefördert, die von der Armenhilfe bzw. Fürsorge, begriffen als Reflex staatlicher – genauer: polizeistaatlicher – Ordnungspolitik, hin zur Einräumung *individueller Rechtsansprüche* auf bestimmte Sozialleistungen geführt hat (vgl.5.) Diese Gewährung individueller Rechtsansprüche auf bestimmte Sozialleistungen ist aber begleitet von einer *Individualisierung der sozialen Probleme,* zu deren Befriedigung diese Sozialleistungen bestimmt sind. Tennstedt (1976, 144) hält diese Individualisierung für die wichtigste Dimension des erwähnten Verrechtlichungsprozesses, wobei er auf die Diskrepanz hinweist, die darin liegt, daß die die Verrechtlichung bewirkende Sozialgesetzgebung der 2. Hälfte des 19. Jahrhunderts die gesellschaftliche Verursachung und Verantwortung für eine Reihe sozialer Notlagen („soziale Risiken", z. B. Krankheit, Arbeitsunfall u. a.; s. 2.1.1.) anerkannt hat, die Einlösung dieser gesellschaftlichen Verantwortung sich jedoch *nicht auch gesellschaftlich, sondern individuell,* d. h. durch Einräumung *individueller Rechtsansprüche* vollzieht. Verrechtlichung und damit einhergehende Institutionalisierung haben jedoch ihren Preis, worauf neben von Ferber (1967) insbesondere Achinger (1966, 37 ff.) auf dem Deutschen Soziologentag im Jahre 1959 hingewiesen hat: Die Existenz derartiger Institutionen führt zu einer Art *selektiven Wahrnehmung* in dem Sinne, daß im wesentlichen nur solche Aufgaben gesehen und angefaßt werden, die mit den Mitteln der Verrechtlichung und Institutionalisierung lösbar erscheinen. Diese „selektive Wahrnehmung" sozialer Probleme kann zu einer nicht sachgerechten und nicht sozialpolitisch motivierten Auswahl der Notlagen führen, auf die reagiert wird. Insbesondere wird die

Vorbeugung oder Veränderung wirtschaftlicher oder gesellschaftlicher Tatbestände als alternative Strategie ausgeblendet, werden bestimmte Mittel und Wege der Problembewältigung in den Vordergrund gerückt, z. B. Geldleistungen, die wiederum als Reaktion auf spezifische Defizite – z. B. Einkommensmangel – konzipiert sind; zugleich mag die Ursächlichkeit anderer Mißstände, z. B. Konflikte, Mangel an Lebenschancen oder aus der persönlichen Situation fließende Komplikationen vernachläßigt werden. Hinzu kommen Einschränkungen aufgrund der *bürokratischen Struktur* derartiger Institutionen – Büros in Amtsgebäuden, Sprechstunden, Öffnungs- und Schließungszeiten, schwierige Kompetenzabgrenzungen zwischen einzelnen Institutionen u. a. – und der *juristische Charakter* des Verfahrens, der die Geltendmachung bestimmter sozialer Notstände von ihrer „Justifizierbarkeit", d. h. von der Möglichkeit ihrer Geltendmachung und Beweisbarkeit im juristischen Verfahren abhängig macht. Weitere Einschränkungen ergeben sich aus der *Etatgebundenheit* der Sozialleistungen, d. h. dem Umstand, daß haushaltsmäßig von vornherein bestimmt wird (und werden muß), für welche sozialen Bedürfnisse welche Mittel zur Verfügung stehen (Achinger 1966, 43; zur Konkretisierung der nachteiligen Effekte von Verrechtlichung und Institutionalisierung in der Sozialhilfe vgl. 11.; eine gute Darstellungen der Verrechtlichungsproblematik geben Pitschas 1980 und allgemeiner Voigt 1980, 1981 a und 1981 b). Die vorstehend von der Verrechtlichung und damit von der Rechtswissenschaft und mithin eben auch vom Sozialrecht aufgeworfenen Fragen richten sich mit besonderer Eindringlichkeit an die *Sozialwissenschaften* (im konkreten Beispielsfall stellvertretend für diese an die Soziologie).

Tennstedt (1976, 154 f.) hat diese „Nachfrage" in folgende Worte gekleidet: „Für die Sozialpolitik dürften sich so heute zwei Probleme stellen: 1. Das weitgehende Fehlen einer sozialwissenschaftlichen Forschung, die sich an den Bedürfnissen einer wie auch immer verstandenen ‚Praxis' orientiert und das Vorhandensein einer Forschung, die an den Eigeninteressen des (universitären) Wissenschaftsbetriebes orientiert ist, ... 2. Das Fehlen einer Umsetzung vorhandener, einzelner Forschungsergebnisse, die in beachtlicher Fülle vorliegen, aber in anderen ‚Kontexten' entstanden im Hinblick auf die (institutionalisierten) Handlungsspielräume der ‚Praxis'."

(2) Die *Sozialwissenschaften* in der Bundesrepublik Deutschland haben erst vor wenigen Jahren die *Sozialpolitik*, der sie einst so innig verbunden waren (man denke an die einschlägigen Debatten, die im „Verein für Socialpolitik" geführt wurden), wieder entdeckt. Sucht man ein Datum, von dem an man diese Renaissance innerhalb der Sozialwissenschaften datieren kann, so bietet sich der 18. Deutsche Soziologentag vom 28. 9.–1. 10. 1976 an (Krüger 1979, 241). Dies gilt, von einigen z. T. grundlegenden Arbeiten zu sozialpolitischen Themen abgesehen, die natürlich auch in früheren Jahren erstellt worden sind (z. B. – bereits zitiert – Achinger 1966; Kaufmann 1970), selbst für den Kernbereich des Systems der sozialen Sicherheit, die *Sozialversicherung*. In diesem Sinne kommt etwa Tennstedt (1977, 484) zu der Feststellung: „Vor dem gleichen Problemhintergrund und fast gleichzeitig entstanden, haben sich Sozialversicherung und Sozialwissenschaften weitgehend nebeneinander entwickelt."

(3) Im Vergleich zu den Sozialwissenschaften hatten die *Rechtswissenschaft* und die *Volkswirtschaftslehre* einen größeren Einfluß. Dabei mag die Vorrangstellung der Rechtswissenschaft nicht zuletzt darauf zurückzuführen sein, daß das Recht als „Konstruktionsmittel der gesamten Sozialversicherung" sowie als „Mittel zur Entpolitisierung der sozialen Frage und der konkreten sozialpolitischen Vollzüge" (Tennstedt 1977, 485) bei Entstehung und Entwicklung der Sozialversicherung (vgl. dazu Bedingungen für die Entstehung und Entwicklung von Sozialversicherung 1979) eine überragende Rolle gespielt hat. Diese *Dominanz des Rechts* hängt nicht zuletzt damit zusammen, daß die Sozialversicherung im Gegensatz zu anderen Sicherungssystemen in entscheidendem Maße durch die zwangsweise Organisierung einerseits sowie die Einräumung individueller Rechtsansprüche in bestimmten sozialen Lagen andererseits, mithin durch Merkmale, die eine Verrechtlichung voraussetzen, konstituiert wird. Diese bereits früh eingetretene, vornehmlich rechtswissenschaftliche Behandlung der Sozialversicherung (vgl. Rosin 1893/1905) prägt die soziale Sicherung in der Bundesrepublik bis heute und hat auch vor dem Fürsorge- bzw. Sozialhilferecht nicht Halt gemacht. Art und Ausmaß dieser Verrechtlichung haben den Dialog mit anderen Wissenschaftsdisziplinen nicht gerade erleichtert, ist doch das Sozialversicherungsrecht – und das Sozialrecht insgesamt – zu weiten Teilen nahezu undurchschaubar geworden.

Für diesen Mißstand bezeichnend ist es, wenn der Rechtswissenschaftler Lutz Richter bereits im Jahre 1931 das deutsche Sozialversicherungsrecht wie folgt charakterisiert: „Gesetze und Verordnungen des Gebiets zeigen auffällige Neigung zu extrem kasuistischer Reglementierung. Darunter leidet die Güte der Rechtsanwendung, und die Gesetze schwellen zu unübersehbarem Umfang an. . . .; der kleinliche Geist, der jeden nur denkbaren Sonderfall vorausschauend regeln will, tobt sich in den Rechtsquellen minderen Ranges, zumal wenn sie von untergeordneter Stelle aus erlassen werden, erst recht aus" (Richter 1931, 17).
Die *Sozialhilfe* verlangt, worauf noch später hingewiesen wird, in vielerlei Hinsicht eine Abkehr von tradierten juristischen Denkformen, Themenstellungen und schließlich auch Lehrmethoden. Insoweit läßt sich die Feststellung, die Stahlmann (1980, 7) diesbezüglich für das Verhältnis von Rechtswissenschaft und Sozialarbeit trifft, verallgemeinern. Mit Recht bezeichnet es Pitschas (1980, 151) als „fraglich", ob die „Verrechtlichung" sozialer Problemlagen durch Rechtssetzung im Sozialsektor zur sozialen Integration führt, wobei „soziale Integration" verstanden wird als „individuelle Akzeptanz und materieller Erfolg der Umsetzung vorgegebener Wertideen und Leitbilder durch staatliches Handeln im Sozialsektor". Hier liegen Problemfelder, auf denen Rechtswissenschaft und Sozialwissenschaft sich begegnen und fruchtbar kooperieren können.
Es sind freilich Anzeichen dafür vorhanden, daß es im Laufe der Zeit auch in der Bundesrepublik Deutschland zu einem ausgewogeneren Verhältnis von Rechtswissenschaft und Sozialwissenschaft in bezug auf die Befassung mit sozialpolitischen Fragestellungen kommen wird.

So ist beispielsweise das Problem der *Obdachlosigkeit* in jüngster Zeit verstärkt aus dem Blickwinkel sozialwissenschaftlicher Theoriebildung und in Richtung auf die Formulierung eines gesellschaftstheoretischen Bezugsrahmens hin analysiert worden (vgl. Bura 1979; Vaskovics 1978 m. w. N.). Einen guten Überblick über den Stand der Forschung in

diesem speziellen Bereich geben Vaskovics/Weins 1979. Die Ausführungen, die sie über Forschungslücken machen und die exemplarisch sind auch für andere sozialpolitische Problemfelder, münden in folgende gleichfalls exemplarische Prioritätslisten der Forschungsförderung (a. a. O, S. 23): 1. Untersuchung zu Struktur, Umfang und Entwicklungstendenzen der potentiellen Obdachlosigkeit
2. Vergleichende Untersuchung über die Effektivität der Maßnahmen zur Verhinderung der Obdachlosigkeit
3. Kosten-Nutzen-Analysen von situativen, begleitenden und präventiven Maßnahmen der Sozialhilfe
4. Untersuchung über Struktur und Umfang der Obdachlosigkeit in kleineren städtischen Gemeinden und auf dem Lande
5. Untersuchung der Organisationsformen des Maßnahmeneinsatzes auf kommunaler Ebene.

Darüber hinaus gibt es eine ganze Reihe von Untersuchungen, die wichtige sozialwissenschaftliche Grundlagen für die Lösung sozialpolitischer bzw. sozialrechtlicher Probleme leisten (vgl. Grunow/Hegner 1979, Bürgernahe Sozialpolitik 1981).

## 1.3. Sozialhilfe und Armutsproblematik

(1) Zu den Auslesekriterien, aufgrund derer die vorhandenen, eigengewichtigen Institutionen ihre sozialen Aufgaben auswählen, gehört nach Achinger (1966, 43) auch das der politischen Relevanz. Der Gedanke daran drängt sich auf, betrachtet man, wie seit ungefähr fünf Jahren auch in der Bundesrepublik Deutschland das Thema *Armut* verstärkt diskutiert wird, und zwar sowohl unter politischen als auch unter wissenschaftlichen Vorzeichen. Bemerkenswert ist, daß diese Diskussion erst bewußt aufgegriffen wurde, als Politiker, die in diesem Zusammenhang vor allem mit der Unterprivilegierung der Nichtproduzierenden und Nichtorganisierten argumentierten (z. T. auch polemisierten), sich unter dem plakativen Etikett der *„Neuen Sozialen Frage"* dieses Themas annahmen (Geißler 1975 u. 1976; Dettling u. a. 1976; Groser/Veiders 1979; aus wissenschaftlicher Sicht Widmaier [Hg.] 1978). Frühere Untersuchungen zu dieser Thematik (vgl. die Nachweise bei Bujard/Lange 1978, 16 ff.) blieben weitgehend unbeachtet (auf europäischer Ebene gibt es allerdings bereits seit 1974 ein Modellprogramm der Europäischen Gemeinschaft zur Bekämpfung der Armut innerhalb der EG; s. BT-Dr. 7/3208 u. Fenge 1975). Bujard/Lange (1978, 16) können zu Recht darauf hinweisen, daß es aufgrund dieser fehlenden Resonanz auf Arbeiten über Armut in der Bundesrepublik Deutschland möglich war, sozialpolitische Untätigkeit in diesem Bereich in der Vergangenheit in ein Forschungsdefizit umzudefinieren. Die Mitte der 60er Jahre dann aber doch auch in der Bundesrepublik in Gang gekommene Diskussion hat sich in den vergangenen Jahren vorrangig der Frage des *Ausmaßes* der Armut zugewandt. Die einzelnen Untersuchungen kamen dabei, was angesichts der Verschiedenheit – z. T. auch Unzulänglichkeit und Fragwürdigkeit – der angewandten Methoden nicht verwunder-

lich ist, zu unterschiedlichen Ergebnissen in bezug auf die *Höhe der Armutspopulation* in der Bundesrepublik Deutschland.

Elsener/Proske (1952) zählten 8,65 Mio. „Arme"; nach Moore/Kleining (1960) gehörten 21 % der Gesamtbevölkerung zu den beiden „existenzgefährdeten untersten Schichten"; Scheuch/Daheim (1961) rechneten 19,5 % der Bevölkerung zur „unteren Unterschicht" mit (in Bezug auf das Einkommen des Haupternährers) Einkommensgruppen bis DM 500; Weltz (1967) bezifferte die Armutspopulation auf 17 % (3 % „ganz Arme im herkömmlichen Sinne", 14 % „kleinste Verdienste am Rande des Existenzminimums"), Schwarz/ Weidner (1970) auf 13 % der Gesamtbevölkerung, Gräser (1970) auf 15 %, Roth (1977) auf 25 %, Geißler auf 9,2 % (1975 u. 1976); Kortmann (1976) kam, allerdings aufgrund nicht unwidersprochen gebliebener Kriterien (vgl. Bujard/Lange 1978, 20) zu dem Ergebnis, daß insgesamt etwas über 1 Mio. Menschen dringend der Unterstützung durch Sozialhilfe bedürften, mithin zu den „absolut Armen" gehörten (allerdings blieben dabei Anstaltsinsassen und Problemgruppen wie Obdachlose und Nichtseßhafte außer Betracht). Nach Roth (1979, 35), der eine vergleichsweise hohe und recht undifferenzierte Armutsgrenze zugrunde legt, lebten 1977 sogar 26 % der Bevölkerung in Armut.

Bei aller Unterschiedlichkeit der genannten Zahlen und angewandten Methoden, die teilweise höchst unvollkommen sind und einen Vergleich nur in sehr beschränktem Umfang zulassen (zu den empirischen Grundlagen und Problemen vgl. beispielsweise Klanberg 1978 b, Ehrenberg/Fuchs 1980, 54 ff.), ist jedenfalls der Schluß zulässig, daß *Armut auch für den Sozialstaat Bundesrepublik Deutschland nach wie vor ein Problem darstellt* (vgl. vor allem Hauser et al., 1980).

Münstermann u. a. (1975, 33) kamen in ihrer Fallstudie über die Stadt Dortmund zu dem Resümee: „Bei aller Beschränktheit der Daten: Armut scheint auch für den Wohlfahrtsstaat Bundesrepublik ein quantitativ relevantes Problem zu sein." (vgl. auch Presser 1970).

Dieser Ansicht scheint auch ein erheblicher Teil der *Bürger* zuzustimmen:

Nach einer Repräsentativerhebung bei insgesamt 6.566 Bundesbürgern vom Herbst 1978 zum Thema „Bürger und Sozialstaat" glaubten nur 6 % der Befragten, daß Armut für niemanden in der Bundesrepublik Deutschland heute noch ein Problem sei; zwei Drittel glaubten, daß zumindest einige Menschen von Armut betroffen seien, über ein Viertel meinten, es müßten noch viele Menschen in Armut leben; sich selbst als arm bezeichnen allerdings nur 4 % der Befragten (= rd. 1,5 Mio Bürger); Problembewußtsein in bezug auf Armut fand sich insbesondere bei Bürgern mit einem Haushalts-Netto-Einkommen von weniger als DM 1.000,- (BMA 1980, 51). Bei der Frage nach den 10 wichtigsten Zukunftsaufgaben der Sozialpolitik lag der – reichlich abstrakte – Punkt „Beseitigung der Armut" an letzter Stelle; an der Spitze rangierten „Sicherheit der Arbeitsplätze" (50 %), es folgte (36 %) die „Soziale Sicherung im Alter" (a. a. O., S. 54).

Die vorstehend genannten Untersuchungen haben, wie bereits betont, zumeist nur das Problem des *Ausmaßes* der Armut zum Gegenstand und setzen sich in diesem Zusammenhang mit den möglichen Armutsgrenzen auseinander. Dabei besteht heute im wesentlichen Einigkeit darüber, daß es eine „objektive Armutsgrenze" genausowenig gibt wie eine „objektive Armut" (diese Feststellung wird zumeist auf die „entwickelten" Länder beschränkt; zur sog. „absoluten Armut" in der Dritten Welt vgl. Weltbank 1978, 1 f.). Bei der Feststellung der Armutsgrenze handelt es sich vielmehr darum, das *konventionelle*, d. h. *gesellschaftlich fixierte Existenzminimum* zu bestimmen. Auf einer solchen Konvention beruht auch die Festlegung eines *Grundbedarfs*, eines *notwendigen Lebensunterhalts* durch das BSHG (vgl. 6.2.2. u. vor allem 6.2.3.2.1.); diese Grenze wird deshalb auch häufig den Berechnungen des „Armutspotentials" in der Bundesrepublik Deutschland zugrunde gelegt (vgl. z. B. Scherl 1978).

Dabei handelt es sich dann um Armutsuntersuchungen anhand einer „absoluten" Armutsgrenze; als Alternative gibt es die Möglichkeit, „relative" Armutsgrenzen zum Ausgangspunkt der Untersuchung zu wählen, d. h. etwa vom Durchschnittseinkommen der Gesamtbevölkerung abhängige Armutsgrenzen zu setzen (so z. B. Glatzer/Krupp 1975; Krupp 1975). Die so gemessene „relative" Armut ist dann zugleich Ausdruck der vorhandenen Ungleichheit der Einkommensverteilung (vgl. Brenner 1978, 2).

(2) Mindestens so wichtig wie die Frage, wie groß das vorhandene Armutspotential tatsächlich ist, scheint uns jedoch die häufig vernachlässigte Frage zu sein, *welche Faktoren für die Armut verantwortlich sind*, was m. a. W. die *Ursachen der Armut* sind. Man darf gewiß vermuten, daß diese „Ursachenfrage" nicht zuletzt deshalb in den bisherigen Untersuchungen weitgehend ausgeblendet worden ist, weil sie zugleich die unbequeme Frage aufwirft, warum der Wohlstand in der Bundesrepublik Deutschland noch von Armut begleitet ist (vgl. Bujard/Lange 1978, 22).

Immerhin sind in jüngster Zeit eine Reihe gründlicher wissenschaftlicher Arbeiten zur Armutsproblematik vorgelegt worden, so insbesondere im Rahmen der Sozialpolitischen Forschergruppe SPES (= Sozialpolitisches Entscheidungs- und Indikatorensystem für die Bundesrepublik Deutschland, vgl. Kortmann 1976 u.a; ferner Klanberg 1978a mit zahlreichen weiteren Nachweisen sowie die Diskussionen der Gesellschaft für Wirtschafts- und Sozialwissenschaften aus den Jahren 1976 und 1977 in Widmaier [Hg.] 1978). So unterteilt beispielsweise Scherl (1978) die Armen bzw. Sozialhilfebedürftigen in die Kategorien
- Armut bei Nichterwerbstätigen in besonderen Lebensumständen (z. B. in Ausbildung befindliche Personen/alleinstehende Elternteile mit kleinen Kindern/vorübergehend arbeitsunfähige und erwerbslose Personen ohne gehobene soziale Absicherung/ Erwerbsunfähige ohne hinreichende Rentenansprüche),
- Armut bei „normalen" Erwerbslaufbahnen (z. B. Arbeitnehmer mit unterdurchschnittlichen Arbeitseinkommen und/oder großer Familie/Selbständige ohne hinreichendes Einkommen/Rentnerhaushalte),
- Armut infolge abweichenden Verhaltens (z. B. Land- und Stadtstreicher/Alkohol- und Drogensüchtige/Gelegenheitsarbeiter).
Eine solche Differenzierung, die man noch weiterführen könnte, erscheint sinnvoll und notwendig, will man den „Armen" sozialpolitisch wirksam helfen. Hierzu gehören dann auch Detailuntersuchungen für einzelne Gruppen von „Armen" (vgl. exemplarisch Schmähl 1978 m. w. N. zur Einkommenssituation alter Menschen).

20

Nur angemerkt werden kann an dieser Stelle, daß sich die vorstehenden Bemerkungen zur Armutsproblematik auf „Armut" im Sinne von *Einkommensdefizit*, d. h. auf *monetäre* Armut beschränken, nicht aber *sonstige* „Armut" konstituierende Defizite erfassen, wie z. B. den Ausschluß von sozialen Dienstleistungen, soziale Benachteiligungen beispielsweise im Bildungs- und Kulturbereich, Chancenungleichheit i. S. von „verwehrten Lebenschancen" u. a. Außer Acht bleiben gleichfalls Erscheinungsformen sozialer Armut, die ihren Ausdruck finden in unangemessenen und unwürdigen Wohnverhältnissen, negativen Umwelteinflüssen, ungesunden und gesundheitsschädigenden Arbeitsbedingungen u. ä., psychische Armut, die sich in psychiatrischer bzw. psychotherapeutischer Behandlungsbedürftigkeit niederschlägt (dazu vgl. Psychiatrie-Enquête, BT-Dr. 7/4200) usw. (zu den Erscheinungsformen der Armut vgl. anschaulich, z. T. mit drastischen Beispielen Roth 1979, 20 ff.).

Hinzu kommt die allgemeine, mittlerweile auch durch empirische Untersuchungen in wachsendem Maße wissenschaftlich erhärtete und politisch auch bereits diskutierte Erfahrung, daß *öffentliche Leistungen schichtenspezifisch ungleich in Anspruch genommen werden,* wodurch die traditionelle These, der staatliche Umverteilungsprozeß laufe zugunsten der Armen auf Kosten der Reichen, in Frage gestellt wird: Offenkundig ist die Benachteiligung der unteren Einkommens- und Bildungsschichten bei Freizeit- und Bildungseinrichtungen (z. B. öffentliche Theater, Erwachsenenbildung u. a.), aber auch im Wohnungs- (z. B. Belegung von Sozialwohnungen) und Gesundheitswesen (z. B. Schwangerschaftsvorsorge, Inanspruchnahme psychotherapeutischer Leistungen u. a.). Verantwortlich dafür sind auf der „Konsumentenseite" u. a. mangelnde Information, Ungewandtheit, Angst vor Behörden, auf der „Anbieterseite" die ungleiche geographische Verteilung der öffentlichen Infrastruktur sowie das Verhalten der Bürokratie. Die *Sozialhilfe* läßt beispielsweise eine unterdurchschnittliche „Konsumaktivität" einzelner Kategorien von Sozialhilfeberechtigten – z. B. alter Menschen – erkennen (vgl. dazu ausführlich unter 11.).

(3) Im Vergleich zu *anderen Ländern* sind die erwähnten Studien zur Armutsproblematik in der Bundesrepublik Deutschland relativ bescheiden und lassen einen gewissen Rückstand der Forschung auf diesem Bereich erkennen. Man darf vermuten, daß die Zunahme der Beschäftigung mit dieser Thematik in der Bundesrepublik auch auf Anstöße in diese Richtung zurückzuführen sind, die aus dem Ausland zu uns gekommen sind. Hier ist insbesondere die intensive wissenschaftliche Diskussion um diese Probleme in Großbritannien und den USA zu nennen.

In *Großbritannien* ist nicht erst seit dem Report of the Royal Commission on the Poor Laws (1834 – vgl. dazu Checkland 1974) – und nicht zu vergessen die Schilderung von Friedrich Engels aus dem Jahre 1845 (1976, 496 ff.) – über die berühmten Untersuchungen von Rowntree (1901), Booth (1904) und Webb (1929) bis hin zum Beveridge Report (1942) und Arbeiten aus jüngerer und jüngster Zeit – Atkinson (1969), Fiegehen u. a. (1977), Holman (1978) – sowie zu der jüngst erschienenen umfangreichen Untersuchung von Townsend, Poverty in the United Kingdom (1979) – eine intensive Diskussion auch über Probleme der Quantifizierung und der Ursachen für Armut im Gange, der in der Bundesrepublik Deutschland nichts Vergleichbares an die Seite zu stellen ist. Diese Diskussion, die insbesondere von Sozialhistorikern und Soziologen geführt worden ist und geführt wird, ist auch auf die Rechtswissenschaft nicht ohne Einfluß geblieben. Dazu mag auch beigetragen haben, daß in Großbritannien der Bereich der sozialen Sicherung in sehr viel geringerem Maße Gegenstand juristischer Befassung ist, sich vielmehr eine eigenständige Disziplin *Social Administration* herausgebildet hat (vgl. Forder 1974 und – in deutscher Sprache – 1977; ferner exemplarisch Birrel [ed.] 1973, Brown 1977, Cooper 1973, Heisler (ed.) 1977, Hall (ed.) 1975, Reisman 1977, Titmuss 1963, 1974 u. 1976, Warham 1970). Social Administration trägt der Erkenntnis Rechnung, daß soziale Probleme komplexer Natur sind und nicht auf der Grundlage eines Wissenschaftszweiges allein erfaßt werden können mit der Folge, daß die juristische Behandlung von Fragen sozialer Sicherung nur einen Teilaspekt ausmacht, keineswegs jedoch eine dominierende Rolle spielt (dies hat im übrigen in Großbritannien zur Konsequenz, daß die zu geringe juristische Behandlung derartiger Probleme als Mangel empfunden wird, der erst in den letzten Jahren durch die Veröffentlichung rechtswissenschaftlicher Arbeiten zu sozialpolitischen Fragestellungen – insonderheit auch zu Problemen der sozialen Sicherung i. e. S. - allmählich abgebaut wird). Social Administration ist historisch im Zusammenhang mit der Sozialarbeiterausbildung entstanden und hat sich dann allmählich von dieser begrenzten Aufgabenstellung gelöst und „generalisiert" (vgl. Schulte 1977, 375); es verwundert daher nicht, daß die Rolle des Rechts im Bereich von Social Administration derjenigen des Sozialrechts in den Fachbereichen für Sozialwesen (Sozialarbeit und Sozialpädagogik) der – auch erst vor ungefähr 10 Jahren entstandenen – deutschen Fachhochschulen vergleichbar ist.

In den *USA* hat sich an die „Neuentdeckung" des Problems der Armut in den 60er Jahren, die innenpolitisch im „War on Poverty" ihren Ausdruck fand, eine wissenschaftliche Diskussion entzündet, die sich einerseits bemüht hat, den Begriff der Armut und die Erscheinungsformen der Armut ökonomisch, soziologisch, sozialpsychologisch und anthropologisch zu beschreiben, zu begreifen und zu „operationalisieren". Die Folge war ein breites Spektrum von Erklärungsversuchen der Armut unterschiedlichster (polit-ökonomischer, soziologischer, individualpsychologischer, kultur-anthropologischer u. a.) Natur (vgl. die Nachweise bei von Brentano 1978). Das Anti-Armuts-Programm, das dem – letztendlich gescheiterten – „War on Poverty" zugrunde lag, den der damalige Präsident Johnson mit dem Economic Opportunity Act einleitete, sollte die neu gewonnenen sozialwissenschaftlichen Erkenntnisse in praktische Politik umsetzen, sollte eine „direct transmission of social science theory into governmental policy" (Moynihan) darstellen. In der Folgezeit erhielten die Funktion und Struktur der Sozialhilfeprogramme (vgl. die Nachweise bei Leibfried 1977) sowie generell die sozialfürsorgerischen Bemühungen im weitesten Sinne („welfare-policy") sowohl in der praktischen Politik als auch in der wissenschaftlichen Auseinandersetzung (vgl. z. B. Badura 1973) einen erhöhten Stellenwert (vgl. auch Henkel 1981).

(4) In der *Bundesrepublik Deutschland* hat sich an der „Wiederentdeckung der Armut" eine Debatte entzündet, die zeitlich und thematisch große Parallelen zu der Diskussion in den USA aufweist (so auch Klanberg/Kortmann 1978, 17). Die vorstehend zitierten deutschen Arbeiten haben vielfach diese Impulse aufgegriffen und auf die Verhältnisse in der Bundesrepublik Deutschland zu übertragen versucht. Konkrete Folgerungen für das soziale Sicherungssystem der Bundesrepublik hat beispielsweise die Kommission für wirtschaftlichen und sozialen Wandel (1976, 862 ff. u. 899 ff.) gezogen (vgl. dazu 11.2.2.).

An dieser Stelle ist darauf hinzuweisen, daß die Sozialhilfe *auch* eine Reaktion auf „Armut" ist – insbesondere in Gestalt der Hilfe zum Lebensunterhalt -, daß sie sich aber beileibe *nicht darin erschöpft,* sondern – in Gestalt der Hilfe in besonderen Lebenslagen – auf eine Vielzahl spezifischer Bedürfnisse und Bedarfslagen antwortet.

Diese notwendige Erläuterung klingt beispielsweise bei Strang (1970) an, der von „Erscheinungsformen der Sozialhilfebedürftigkeit" spricht und im Zusammenhang mit Armut
- primäre Armut (= fehlerhafte Sicherstellung der notwendigen Befriedigung der menschlichen Grundbedürfnisse nach Ernährung, Kleidung und Unterkunft)
- sekundäre Armut (= Mangel an höher bewerteten Gütern, deren Besitz in unserer Gesellschaft für Statussicherheit unabdingbar geworden zu sein scheint)
- tertiäre Armut (= individualspezifische Mangelsituationen, die weitgehend persönliche Hilfestellung auf geistig-seelischem Gebiet erfordern)
im Anschluß an Merton (1957) unterscheidet.

Allerdings mag sich eine praktische Armutspolitik gegenwärtig wegen des Fehlens adäquater Strategien in bezug auf die vorstehend erwähnten Armutsindices notgedrungen an zu niedrigen Nettoeinkommen und -vermögen als Hauptkriterien der Armut orientieren müssen und die übrigen Aspekte lediglich als Hilfskriterien heranziehen können (Hauser 1980, 233).

# 2. Standort der Sozialhilfe im sozialpolititischen und rechtlichen System

In der Begründung des Regierungsentwurfs zum Bundessozialhilfegesetz (BSHG) v. 20. April 1960 heißt es zur Bezeichnung des Gesetzes und damit zugleich zum Begriff „Sozialhilfe":

„Der Entwurf setzt für seinen Bereich an die Stelle der in den geltenden Bestimmungen des Fürsorgerechts verwandten Bezeichnung „öffentliche Fürsorge" den Begriff „Sozialhilfe". Der Begriff „öffentliche Fürsorge" ist in der Öffentlichkeit noch nicht losgelöst von der Vorstellung der Armenfürsorge früherer Zeiten und wird überwiegend der richtsatzmäßigen Unterstützung für den Lebensunterhalt gleichgesetzt. Die eigentliche Bedeutung des neuen Gesetzes liegt aber auf dem Gebiet der Hilfe in besonderen Lebenslagen. Diese umfaßt eine Reihe von Leistungen, die im jetzigen Fürsorgerecht noch nicht ausdrücklich aufgeführt sind oder für die Sonderregelungen bestehen (z. B. Tuberkulosehilfe). Um den gewandelten Charakter des Gesetzes auch nach außen deutlich zum Ausdruck zu bringen, erscheint es notwendig, den vorgesehenen Leistungen und damit auch dem Gesetz selbst eine neue Bezeichnung zu geben.

Die Bezeichnung „Sozialhilfe" ist gewählt worden, weil die einzelnen Leistungen – in Übereinstimmung mit dem geltenden Recht – im Gesetz als Hilfe bezeichnet werden und weil es sich um die Hilfe der Allgemeinheit für den einzelnen handelt" (BT-Dr. 3/1799, 31 ff., 37).

Das BSHG, das den Begriff „Sozialhilfe" in die deutsche Sozialpolitik und das deutsche Sozialrecht eingeführt hat, verwendet ihn also *bewußt* mit dem Ziel, seine Leistungen und Hilfen von der traditionellen „öffentlichen Fürsorge" und der klassischen „Armenfürsorge" bzw. „Armenpflege" *abzuheben*.

Damit ist freilich nicht gesagt, daß der Wechsel der Terminologie vom „Fürsorgeempfänger" zum „Sozialhilfeempfänger" *gesellschaftliche* Diskriminierungen zu beseitigen vermag (dazu noch unten 11.).

„Sozialhilfe" ist insoweit die moderne, fortentwickelte Form der öffentlichen Fürsorge, in deren Tradition sie steht und deren Aufgaben sie – unter anderem – auch heute noch erfüllt.

Juristisch – genauer: verfassungsrechtlich – entspricht dieser Verwandtschaft von „Sozialhilfe" und „öffentlicher Fürsorge" die verfassungsrechtliche Fundierung des Sozialhilferechts in Art. 74 Nr. 7 Grundgesetz (GG): Auch unter der neuen Bezeichnung gehört die Materie, die das BSHG regelt, zur „öffentlichen Fürsorge" im Sinne dieser Bestimmung (vgl. 2.4.).

„Sozialhilfe" hat selbstverständlich auch einen Stellenwert im *politischen* und *ökonomischen System;* dieser Stellenwert soll hier freilich nicht anhand eines übergreifenden theoretischen Konzepts diskutiert oder gar bestimmt werden. Dazu fehlt uns nicht nur der Raum, sondern vor allem die Überzeugung von der Richtigkeit einer monolithischen polit-ökonomischen „Theorie der Sozialhilfe". In den folgenden Abschnitten werden deshalb nur einzelne Aspekte eingebracht, die uns für Erklärungsversuche eines solchen Stellenwerts nützlich erscheinen. Gleiches gilt für die Herausforderungen, die das BSHG für die *Sozialarbeit* bereithält (vgl. Wehlitz 1972, 111 ff.). Auf diese Problematik wird bei der Darstellung der Organisation der Sozialhilfe (vgl. 3) und der einzelnen Hilfen des BSHG (vgl. 6.) hingewiesen.

## 2.1. Sozialhilfe und soziale Sicherung

### 2.1.1. Sozialhilfe und soziale Sicherheit

„*Soziale Sicherheit*" als Ziel der Systeme sozialer Sicherung wird durch einen Katalog von Leistungsbereichen angestrebt, die im *Übereinkommen Nr. 102 der Internationalen Arbeitsorganisation* (abgedr. in: Zacher 1976 a, 158 ff.) folgende nunmehr weltweit anerkannte Systematisierung erfahren haben:

Ärztliche Betreuung; Krankengeld, Leistungen bei Arbeitslosigkeit; Leistungen bei Alter; Leistungen bei Arbeitsunfällen und Berufskrankheiten; Familienleistungen; Leistungen bei Mutterschaft; Leistungen bei Invalidität; Leistungen an Hinterbliebene.

Zahlreiche weitere internationale Übereinkommen bauen in ähnlicher Weise, wenn auch z. T. weiter, z. T. enger, auf einem Abkommen Nr. 102 entsprechenden Risiko-Katalog auf (vgl. Nachweise bei Zacher, a. a. O).

Die möglichen Methoden zur Abdeckung dieser Risiken sind
— freiwillige individuelle Vorsorge in Form von Sparen,
— freiwillige kollektive Vorsorge durch Privatversicherung,
— zwangsweise individuelle Vorsorge (Zwangssparen),
— zwangsweise kollektive Vorsorge: Sozialversicherung,
— fremde Vorfinanzierung (Kreditaufnahme),
— Fremdhilfe: Versorgung und Fürsorge (vgl. Schäfer 1966, 140 f.).

Daneben gibt es noch weitere Vorkehrungen, die soziale Sicherheit „produzieren", wie z. B. Unterhaltsrecht, Erbrecht, Unfallhaftpflichtrecht (vgl. insbes. von Hippel 1979, 41 ff.), die jedoch wegen ihrer anderen Herkunft und Fundierung (z. B. Privatrecht) nicht als Techniken sozialer Sicherung i. e. S. bezeichnet werden können, auf die allerdings die eigentlichen Methoden sozialer Sicherung im Einzelfall Rücksicht zu nehmen haben: so sind etwa eigene Einkünfte und Vermögen, Unterhalt von dritter Seite, Ersatzansprüche gegen Dritte sowie sonstige Sozialleistungen den Leistungen der Sozialhilfe gegenüber vorrangig (vgl. 4.4.).

Darüber hinausgehend werden als Maßnahmen sozialer Sicherung gemeinhin nur *staatliche* Maßnahmen anerkannt, welche die Bevölkerung (oder einen Teil derselben)
1. vor wirtschaftlicher Not, die durch die Unterbrechung des Einkommensbezuges infolge Krankheit, Invalidität, Alter, Tod und Arbeitslosigkeit hervorgerufen werden kann, schützen,
2. demselben Personenkreis medizinische Versorgung zukommen lassen sowie
3. Familienleistungen gewähren.

Das lautet in der Definition des Internationalen Arbeitsamtes wie folgt: „Social security is the result achieved by a comprehensive and successful series of public measures for protecting the public (or a large sector of it) from the economic distress that, in the absence of such measures, would be caused by the stoppage of earnings in sickness, unemployment, invalidity or old age and after death; for making available to that same public medical care as needed, and for subsidising families bringing up young children" (International Labour Office 1970, 15).

Die *privaten* Sicherungsformen (z. B. Sparen, Privatversicherung u. a.) bleiben außer Betracht, und zwar in erster Linie deshalb, weil sie keinen entsprechenden Sicherungseffekt bewirken können: so mag im Einzelfall selbst ein großes Vermögen nicht ausreichend sein, wenn es gilt, dem Kostenrisiko einer schweren Erkrankung zu begegnen. Privatversicherungen steuern gerade bei schweren, langwierigen Krankheiten ihre Versicherten häufig aus, kennen Leistungsbegrenzungen. Wirtschaftliche Entwicklungen, z. B. Inflationen, lassen zudem private Sicherungsformen prekär erscheinen.

Diese nicht-öffentlichen, privaten und arbeitsrechtlichen Vorkehrungen, die auch der sozialen Sicherung zu dienen bestimmt sein können, bleiben bei der folgenden Darstellung ausgeklammert, auch wenn sie als alternative und komplementäre Leistungsträger stets „mitgedacht" werden müssen.

## 2.1.2. Gestaltungsprinzipien sozialer Sicherung

*„Öffentliche" soziale Sicherung* bedeutet also nach dem Gesagten: Sicherung für einen eventuellen Bedarf, der aus der Realisierung eines der genannten *sozialen Risiken* resultiert.

Manifest wird dieses Bedürfnis nach sozialer Sicherheit auf dem Hintergrund einer sozioökonomischen Entwicklung, die den einzelnen im Hinblick auf seinen Lebensunterhalt zunehmend auf den Lohn für in Abhängigkeit geleistete Arbeit verweist. Dieser Status des „Lohnabhängigen" ist insofern prekär, als er den einzelnen nicht vor der Unterbrechung des Einkommensbezuges durch Krankheit, Arbeitsunfall, Arbeitslosigkeit usw. schützt, mithin keine Einkommensgarantie beinhaltet; er geht darüberhinaus i. d. R. einher mit dem Fehlen sonstiger individueller (Vermögen) oder kollektiver (Familienverband u. a.) Möglichkeiten, Einkommensausfälle wirksam und dauerhaft auszugleichen.

(1) Der vorstehend erwähnte „risikobedingte Eventualbedarf" (Braess 1960, 14) läßt sich z. B. im Wege der *Versicherung* abdecken, d. h. durch den Zusammenschluß einer Mehrzahl von Personen, die gleichartigen Risiken ausgesetzt sind, zu einer Gefahrengemeinschaft mit dem Ziel, einen planmäßigen Risikoausgleich herbeizuführen. Das geschieht dadurch, daß die Mitglieder der Gefahrengemeinschaft *Beiträge* zahlen und dafür im Versicherungsfall, d. h. wenn sich das Risiko verwirklicht, Deckungsmittel erhalten zur Befriedigung des durch den Versicherungsfall eingetretenen Bedarfs, der planmäßig, d. h. nach vorherbestimmten Regeln befriedigt wird.

Im Unterschied zur *Privatversicherung*, die eine deutliche Entsprechung aufweist zwischen der Leistung der Versicherung (= Absicherung des jeweiligen Risikos des Versicherten) und der Leistung des Versicherten (= Versicherungsprämie), ist dieser Zusammenhang bei der *Sozialversicherung* weitgehend relativiert zugunsten des *Solidarausgleichs der Versicherten:* Die Beiträge richten sich in ihrer Höhe am Einkommen der Versicherten aus, während dies für die Leistungen nur in eingeschränktem Maße gilt; bei den Einkommensersatzleistungen, z. B. Krankengeld, Renten, wird der Grundsatz der Äquivalenz von Leistung und Beitrag in erheblichem Umfang durchgeführt, während er beispielsweise für die Krankenpflege (s. § 182 RVO) nicht gilt, sondern allen Versicherten unbeschadet ihrer jeweiligen Beitragshöhe dieselbe ärztliche Behandlung, Versorgung mit Arzneimitteln, etc. zuteil wird. Ein wichtiger Ausfluß des Solidaritätsprinzips ist ferner die Regelung, wonach die gesetzliche Krankenversicherung keine zusätzlichen Beiträge für Leistungen an Familienangehörige abverlangt.

(2) Die *Versorgung* unterscheidet sich von der Versicherung dadurch, daß sie solche öffentlichen Leistungen bezeichnet, die gleichfalls planmäßig, d. h. nach einem im voraus festliegenden Leistungsplan erbracht werden, die jedoch *keine Gegenleistung* (z. B. Beiträge) voraussetzen, sondern aus Steuermitteln finanziert werden.

(3) Die *Fürsorge* als drittes Konstruktionsprinzip sozialer Sicherung hat gleichfalls die Deckung eines „risikobedingten Eventualbedarfs" zur Aufgabe, tut dies jedoch nicht nach einem im voraus festgelegten Leistungsplan, sondern nach dem Grundsatz der Individualisierung und dem der Subsidiarität. Die Leistungen werden im Prinzip nach Maßgabe der jeweiligen Gegebenheiten des Einzelfalles gewährt, im übrigen wie Versorgungsleistungen aus dem *allgemeinen Steueraufkommen* finanziert (Schäfer 1966, 148 ff.; ders. 1979, 116 f.).

(4) Diese überkommene Einteilung der Systeme sozialer Sicherheit – der Terminus „Sicherung" soll im Gegensatz zu dem final-betonten Ausdruck Sicherheit den instrumentalen Charakter der Methoden der Sozialversicherung, Versorgung und Fürsorge zum Ausdruck bringen – bedeutet in erster Linie eine *historische Abfolge* (Liefmann-Keil 1961, 134):

*Zunächst* gab es die *„Armenpflege"* als Vorläuferin der „öffentlichen Fürsorge", *dann* folgte in der 2. Hälfte des 19. Jahrhunderts, ziemlich genau vor nunmehr 100 Jahren, die *Sozialversicherung, schließlich* bildeten sich bestimmte Formen der *Versorgung* heraus. Dieses Nacheinander der verschiedenen Methoden der sozialen Sicherung ist nicht i. S. der Ablösung einer Sicherungsform durch eine – entwickeltere – andere zu begreifen: Die verschiedenen Sicherungsformen haben sich vielmehr in aufeinanderfolgenden Zeiträumen entwickelt, lösen aber keineswegs einander ab, sondern bestehen bis heute nebeneinander fort, allerdings mit durchaus unterschiedlichem Gewicht. Auch sind sie in ihrer praktischen Ausgestaltung und insbesondere Auswirkung nicht so verschieden voneinander, wie dies hier in ihrer idealtypischen Ausprägung aussehen mag. So wurde beispielsweise in der Vergangenheit die Sozialversicherung von vielen Beobachtern als eine Reform der Armenpflege betrachtet, ist auch heute die Sozialversicherung in Wahrheit nur in sehr begrenztem Umfang eine Form der Selbsthilfe; die Versorgung ist auch wegen ihres Fremdhilfecharakters als „die moderne Armenpflege" bezeichnet worden (Neumeister 1961, 280). *Sozialpsychologisch* ist allerdings der Unterschied markant: Durch die (Teil-)Finanzierung sozialer Leistungen über *Beiträge* wird „den Gewährungen der Makel des Almosens genommen und der Arme zum Anspruchsberechtigten auf selbstverdiente Leistungen erhöht", und zwar auch da, wo „die eigenen Beiträge nur eine quantité négligeable der Rentenauszahlungen darstellen" (Naujoks 1979, 334; vgl. auch Schäfer 1979, 115 ff.; 1980, 339 f.). Während in der Bundesrepublik Deutschland wie im übrigen auch in anderen EG-Staaten ein Bedeutungszuwachs der Sozialhilfe als des modernen Fürsorgesystems zu verzeichnen ist, der sich im Anstieg der Sozialhilfeausgaben und in der Zunahme der Zahl der Sozialhilfeempfänger niederschlägt, geht die Zahl der Empfänger von „Sozialfürsorge" in der Deutschen Demokratischen Republik ständig zurück (Faude 1979, 111). Diese Zunahme bzw. – in der DDR (Rückgang der Unterstützungsempfänger zwischen 1970 und 1978 von 56.966 auf 19.499; Statistisches Jahrbuch 1979 der DDR, 341) – Abnahme der Bedeutung der Fürsorge signalisiert nicht notwendigerweise eine negative bzw. positive Entwicklung dieses Sozialleistungssystems, sondern kann auch einen unterschiedlichen Stellenwert der Sozialhilfe in dem jeweiligen Sozialleistungssystem anzeigen: So nimmt die Sozialhilfe in der Bundesrepublik Deutschland zahlreiche Aufgaben wahr, die keine „typischen" Fürsorgeaufgaben im traditionellen Sinne sind, sondern Funktionen darstellen, die in anderen Sozialleistungssystemen beispielsweise der Sozialversicherung oder der Versorgung übertragen sind.

Das Verhältnis der Fürsorge (Sozialhilfe) zur Versicherung und zur Versorgung kann theoretisch unterschiedlicher Natur sein:
— die Fürsorge kann eine *technische Alternative* zu Versicherung und Versorgung sein, d. h. die gleichen Aufgaben wahrnehmen, aber mit anderen Mitteln;
— sie kann in einem *antagonistischen Verhältnis* zur sozialen Sicherung i. e. S. stehen, d. h. etwas sein, was außerhalb dieses Systems steht und von ihm grundsätzlich verschieden ist;
— schließlich kann die Fürsorge innerhalb des Systems der sozialen Sicherung eine *ganz spezifische Funktion* haben, d. h. *komplementärer Teil* dieses Systems sein (Schäfer 1966, 4).
Diese Frage ist für die jeweiligen Sozialleistungssysteme unterschiedlich zu beantworten. So hat die *Sozialfürsorge* in der *DDR* (dazu Sieveking 1980), auf deren von Jahr zu Jahr geringer werdende Bedeutung bereits hingewiesen wurde, nur noch eine „Residualfunktion" in dem Sinne, daß sie dort eingreift, wo die Sozialversicherung und die Versorgung nicht hinreichen; diese Funktion des „Ausfallbürgen" läßt die Sozialfürsorge lediglich als Ergänzung zu Versicherung und Versorgung erscheinen. Demgegenüber hat die *Sozialhilfe* in der *Bundesrepublik Deutschland,* wie noch zu zeigen sein wird, einen weiteren Aufgabenbereich und dementsprechend auch eine darüber hinausgehende Bedeutung (unten [5]).

Immerhin wäre es auch in der Bundesrepublik Deutschland bei aller Eigenständigkeit der Sozialhilfe als wesentlichem Bestandteil des Systems der sozialen Sicherheit möglich und verfassungsrechtlich zulässig, auf die Sozialhilfe zugunsten einer allgemeinen Staatsbürger(Grund-)Versorgung zu verzichten (vgl. von Maydell 1978 c, 342).

(5) Die Sozialhilfe, wie sie sich heute im BSHG darstellt, ist dergestalt *weit gespannt,* daß sie auch „fürsorgeferne", ja vielleicht sogar überhaupt nicht mehr der „Fürsorge" zurechenbare Sozialleistungen bereithält. Dieser Tatbestand läßt

sich an der Berücksichtigung qualifizierter Bedarfssituationen im Rahmen der „Hilfe in besonderen Lebenslagen", am Aufgreifen neuer typisierter Bedarfslagen, sowie anhand der Übertragung ehemals von der Sozialhilfe wahrgenommener Aufgaben an andere Sozialleistungsträger illustrieren: So werden beispielsweise aufgrund der Blindengesetze einzelner Bundesländer versorgungsrechtliche Leistungen gewährt, welche die Blindenhilfe nach § 67 BSHG ausschließen (vgl. 6.3.5.8.).

Künftiges Beispiel für eine Aufgabenübertragung von der Sozialhilfe auf ein Vorsorgesystem mag die „Hilfe zur Pflege" (§ 68 f BSHG) sein, für die gegenwärtig ein Ersatz in Gestalt einer sozialversicherungsrechtlichen Lösung – Pflegekostenversicherung – diskutiert wird (vgl. 6.3.5.9.1.).

Die vorstehend erwähnte „Hilfe in besonderen Lebenslagen" kommen insbedere solchen Personen zugute, die *nicht* der *Sozialversicherung* angehören. Hier zeigt sich, daß die Sozialhilfe die Funktion hat, nicht versicherten Personen – oder genauer: Personen, die keine Vorsorge getroffen haben bzw. für die nicht vorgesorgt worden ist – den *Vorsorge- bzw. Versicherungsschutz zu ersetzen.* Im Rahmen der „Hilfe in besonderen Lebenslagen" kommt hinzu, daß die Sozialhilfe hier auch die Aufgabe hat, solchen Personen, die überhaupt nicht vorsorgen können (vorsorgeunfähigen Personen), die nicht vorhandenen Vorsorge- bzw. Versicherungsmöglichkeiten zu ersetzen. Das gilt insbesondere für behinderte Personen. Von hier aus ist der Schritt nicht fern zu Leistungen, die nicht mehr oder nur noch in sehr geringem Umfang an den Prinzipien individueller Bedürftigkeit und wirtschaftlicher Subsidiarität (zu diesen Grundsätzen s. unter 4.4 u. 4.5.) ausgerichtet sind, sondern versorgungsähnlichen Charakter haben (und keine „Fürsorge" mehr sind).

Beispiele hierfür finden sich im Bereich der „Hilfe in besonderen Lebenslagen"; und „Indikatoren" der so erwähnten „Versorgungsähnlichkeit" sind die im Vergleich zur Hilfe zum Lebensunterhalt sehr viel großzügiger bemessenen Vorschriften über den Einsatz der Arbeitskraft, des Einkommens und des Vermögens des Hilfeberechtigten und der einsatzpflichtigen Personen (vgl. ausführlich dazu unten 6.3.).

In der Diskussion um „Die neue Konzeption des Sozialhilferechts und die Situation blinder Menschen" ist diese Frage in jüngster Zeit exemplarisch beleuchtet worden (vgl. Scholler/Krause 1978). Demgegenüber besteht eine grundsätzliche und scharfe Kluft zwischen Fürsorgeleistungen einerseits und allen Ausprägungen von Vorsorgesystemen, d. h. solchen Systemen, die den Leistungsempfänger seinerseits (gegen-)leistungserbringend heranziehen, andererseits. Allerdings gehen jüngste Entwicklungen dahin, auch diese Grenze zu verwischen, wie die Nähe beispielsweise von beitragsfinanzierten Leistungen an Nicht-Beitragszahler zur Familienhilfe i. S. der klassischen Sozialversicherung (die den Familienangehörigen eines Versicherten Leistungen gewährt, ohne daß zusätzliche Beiträge entrichtet werden müssen) zeigt (zu solchen „Fremdlasten" in der deutschen Sozialversicherung vgl. Krause 1980).

Schließlich gibt es Lebenslagen, auf die „fürsorgeähnlich" reagiert wird, die jedoch nicht im Rahmen des BSHG aufgegriffen werden, sondern aus mancherlei Gründen eine gesonderte Behandlung erfahren.

So ist die *Prozeßkostenhilfe* – geregelt im Gesetz über die Prozeßkostenhilfe v. 13. 6. 1980 (BGBl. I S. 677 ff.; vgl. 9.3.) –, die an die Stelle des Armenrechts getreten ist, als „Sozialhilfe in besonderen Lebenslagen" (Kollhosser 1980) bezeichnet worden. Von Maydell (1981, 2) hat allerdings zu Recht darauf hingewiesen, daß sich die Prozeßkostenhilfe in wichtigen Punkten – z. B. mangelnde Individualisierung, keine Bedarfsgemeinschaft – von der Sozialhilfe unterscheidet.

Bezeichnet man schließlich als radikale Alternative zur subsidiären Fürsorge eine Grundsicherung, deren Höhe an einem bestimmten Indikator des gesellschaftlichen Wohlstands zu messen und nichtsubsidiär zu gestalten, d. h. eine Art „Volkshonorar" wäre (Klanberg 1980), so mag der Rahmen abgesteckt sein, in dem die Sozialhilfe mit ihren zahlreichen und vielschichtigen Hilfen angesiedelt ist.

Allerdings sollte das *sozialpsychologische „Legitimitätsdefizit" der Sozialhilfe* im Vergleich zu allen *beitragsfinanzierten* Leistungen, das bereits bei der Untersuchung von Versicherung, Versorgung und Fürsorge angesprochen wurde, noch einmal unterstrichen werden, weil es für das „Image" der Sozialhilfe (vgl. 2.1.2.(4)) mitverantwortlich ist. Schäfer (1980, 340) hat diesen „psychologischen Wert" der *Beitragsfinanzierung* thesenartig wir folgt zusammengefaßt:

„Beitragsfinanzierte Systeme werden als sicherer und würdiger empfunden, weil sie den Rechtsanspruch auf Sozialleistungen über seine juristische Kodifizierung hinaus durch die Entwicklung einer Art von Äquivalenzvorstellung wirtschaftlich und moralisch legitimieren. Der ohne Rücksicht auf die individuelle Situation des Beitragszahlers erhobene Beitrag dient so der inneren und äußeren Rechtfertigung des Leistungsbezugs ohne Rücksicht auf die individuelle (Einkommens-)Situation des Leistungsempfängers."

Die positive Grundeinstellung des Bürgers zum *Beitrag* findet sich auch im Ausland, ist also keineswegs ein deutsches Phänomen (vgl. Bley 1980, 241).

## 2.2. Sozialhilfe und Sozialrecht

### 2.2.1. Rechtliche Einordnung der Sozialhilfe

(1) Wolff/Bachof (1978, 272) charakterisieren die Sozialhilfe als die „im Bundessozialhilfegesetz geregelte öffentliche Fürsorge für diejenigen Menschen, die aufgrund ihrer besonderen sozialen Lage der individuellen Hilfe der Allgemeinheit bedürfen".

Wertenbruch (1979, 341) faßt sie als einen Sozialleistungsbereich (neben Ausbildungsförderung, Arbeitsförderung, Sozialversicherung, Sozialem Entschädigungsrecht, Minderung des Familienaufwands, Zuschuß für angemessene Wohnung, Jugendhilfe, Eingliederung Behinderter) des sog. *Sozialverwaltungsrechts* auf, worunter er „das der Verwaltungsfunktion, d. h. das ihren Trägern und Organen (Behörden, Dienststellen) zur Durchführung gesetzlich zugewiesene Sozialrecht" versteht.

(2) *Sozialverwaltungsrecht* in diesem Sinne ist ein durch Anknüpfung an die staatliche Kompetenzzuweisung ausgegrenzter Teilbereich des Sozialrechts. Die im Vorstehenden dem Sozialverwaltungsrecht zugewiesene Rechtsmaterie macht den wesentlichen Teil dessen aus, was man als zum *formellen Sozialrecht* zugehörig betrachten kann, wobei heute allerdings angesichts des *Sozialgesetzbuchs* Sozialrecht im *formellen* Sinne präziser definiert werden kann als die *Summe der Rechtsbereiche, die in das Sozialgesetzbuch Eingang gefunden haben:* Ausbildungsförderung, Arbeitsförderung (einschließlich Arbeitslosenversicherung), Sozialversicherung, Soziales Entschädigungsrecht, Familienlastenausgleich, Wohngeld, Sozialhilfe, Jugendhilfe.

(3) Materiell setzt sich indes allmählich ein *sozialpolitischer Sozialrechtsbegriff* durch, der alles Recht umfaßt, *„das von einer sozialpolitischen Aufgabe wesentlich bestimmt ist"* (Zacher 1978, 409). „Sozialpolitisch" bedeutet in diesem Sinne: Sicherung eines menschenwürdigen Daseins für alle Bürger, Abbau von Wohlstandsunterschieden und Aufhebung oder Kontrolle von ökonomisch bedingten Abhängigkeitsverhältnissen. Dieser Sozialrechtsbegriff, *bewußt offen* konzipiert um den Preis der Operationalität, ist weder dem öffentlichen Recht (wie es beim Sozialverwaltungsrecht der Fall ist) noch dem Privatrecht zuzuordnen, sondern umfaßt als *selbständiges Rechtsgebiet* Teilbereiche aus beiden. Angesichts der Unmöglichkeit, Sozialrecht im materiellen Sinne operational zu definieren – denn „von einer sozialpolitischen Aufgabe wesentlich bestimmt" sind in mehr oder minder starkem Umfang fast alle Rechtsgebiete im sozialen Rechtsstaat, so daß der Hervorhebung bestimmter Bereiche als „Sozialrecht" wegen der besonderen Dichte ihres sozialpolitischen Gehalts eine gewisse Willkür anhaftet (vgl. z. B. auch Müller-Volbehr 1978, 252) -, empfiehlt es sich, für die praktische Arbeit auf den Begriff *„Recht der sozialen Sicherheit"* Rückgriff zu nehmen, der den *Kernbereich des Sozialrechts* ausmacht (grundlegend zum Sozialrechtsbegriff Schmid 1981).

Dieser Begriff hat darüber hinaus den Vorzug, einen Inhalt zu haben, über den international gesehen weitgehend Übereinstimmung besteht, von der Atlantik-Charta v. 14. 8. 1941, der Allgemeinen Erklärung der Menschenrechte der UNO v. 10. 12. 1948, dem Übereinkommen Nr. 102 über die Mindestnormen der sozialen Sicherheit v. 28. 6. 1952 der Internationalen Arbeitsorganisation (vgl. 2.1.1.), der Europäischen Sozialcharta v. 18. 11. 1961 und der Europäischen Ordnung der Sozialen Sicherheit v. 16. 4. 1964 des Europarates, dem Pakt über wirtschaftliche, soziale und kulturelle Rechte der UNO v. 19. 12. 1966 bis hin zu verschiedenen Rechtsinstrumenten der Europäischen Gemeinschaften (vgl. im einzelnen z. B. Zacher 1976 a; s. auch von Hippel 1979, 7 ff.).

*„Soziale Sicherheit"* in diesem Sinne umfaßt den Schutz des einzelnen vor den *typischen „sozialen Risiken"* wie
— der vorübergehende Ausfall der Arbeitskraft: Krankheit, Mutterschaft;
— der dauernde Ausfall oder die dauernde Minderung der Arbeitskraft: Alter, Invalidität (d. h. Berufsunfähigkeit/Erwerbsunfähigkeit, verminderte Erwerbsfähigkeit);
— die Unmöglichkeit, vorhandene Arbeitskraft einzusetzen: Arbeitslosigkeit;
— der Tod des Verdieners und damit der Wegfall des Unterhalts für die Familie (Zacher 1978, 410; s. z. B. auch Krause 1972).

Die Vorkehrungen, die im Rahmen des *Rechts der sozialen Sicherheit* gegen die genannten Risiken getroffen werden, setzen als „Normalität" voraus, daß jedermann, der dazu befähigt ist, die Möglichkeit und auch die Verpflichtung hat, für sich und für seine Familie den Lebensunterhalt durch *Erwerbstätigkeit* zu sichern (dieser Notwendigkeit enthoben sind lediglich die eine kleine Minderheit der Bevölkerung ausmachenden „beati possidentes", die ihren Lebensunterhalt aus Eigentum – Vermögen, Kapital – beziehen). Die Vorkehrungen des Rechts der sozialen Sicherheit greifen dann ein, wenn diese „Normalität" dadurch, daß sich die genannten Risiken realisieren, außer Kraft gesetzt ist. Treten in diesem Zusammenhang Bedarfe auf, sei es, weil zusätzliche finanzielle Aufwendungen erforderlich werden (z. B. für Krankenbehandlung), sei es, weil es zu einer Unterbrechung des Einkommensbezuges kommt, mithin ein Einkommensausfall auftritt, so dienen die Sozialleistungen dazu, die entstandenen Differenzen auszugleichen.

## 2.2.2. Ort der Sozialhilfe im System des Sozialrechts

(1) Im obigen Zusammenhang wird von dem *Regelfall* ausgegangen, daß jeder, der über ein hinreichendes Einkommen verfügt, die Möglichkeit hat und auch dazu verpflichtet ist, gegen die typischen „sozialen Risiken", die ihn bedrohen und gegen die kollektive Vorsorge möglich und zumutbar ist, *Vorsorge zu treffen* (Zacher 1978, 411). Auf dieser Vorstellung beruht die *Sozialversicherung*, die, wie oben (2.1.2.) bereits dargestellt, einen gesetzlich umschriebenen Personenkreis obligatorisch gegen die Risiken Krankheit, Mutterschaft (Krankenversicherung), Invalidität, Alter und Tod unter Zurücklassung Unterhaltsberechtigter (Rentenversicherung bzw. – beim Arbeitsunfall oder Berufskrankheit – Unfallversicherung) sowie Arbeitslosigkeit (Arbeitslosenversicherung) schützt (ergänzend, ggf. auch stellvertretend zur Sozialversicherung stehen die Privatversicherung und die betrieblichen Vorsorgesysteme).

Auf diesem Hintergrund hat die *Sozialhilfe* – unter anderem – die Funktion, dort, wo Vorsorgesysteme (einschließlich der als Vorsorgesystem zu begreifenden Versorgung der Beamten, Soldaten und Richter) nicht hinreichen, einerseits wiederum *vertypte Leistungen* bereitzustellen (s. Hilfe zum Lebensunterhalt – vgl. 6.2. – und Hilfe in besonderen Lebenslagen – vgl. 6.3. –) und darüber hinaus selbst Vorkehrungen zu treffen für *„nicht-typisierte"*, z. B. nicht vorhergesehene und nicht vorhersehbare Notsituationen (vgl. § 27 Abs. 2 S. 1: „Hilfe kann auch in anderen besonderen Lebenslagen gewährt werden, wenn sie den Einsatz öffentlicher Mittel rechtfertigen.").

(2) Die *sozialrechtliche* Systematisierung knüpft nun traditionell an die oben (2.1.2.) skizzierten *sozialpolitischen* Konstruktionsprinzipien sozialer Sicherung an: *Versicherung – Versorgung – Fürsorge*.

Diese Konstruktionsprinzipien erscheinen im Grundgesetz in Art. 74 Nr. 22 GG – Sozialversicherung –, Art. 74 Nr. 10 GG – Versorgung der Kriegsbeschädigten und Kriegshinterbliebenen –, sowie in Art. 74 Nr. 7 GG – Öffentliche Fürsorge – und Art. 74 Nr. 10 GG – Fürsorge für die ehemaligen Kriegsgefangenen –.

Unter „*Versicherung*" wird die Vorsorge für einen künftigen, nicht im einzelnen, aber in seiner Gesamtheit berechenbaren oder jedenfalls schätzbaren Bedarf durch Beiträge der Versicherten verstanden. „*Fürsorge*" – der Hauptfall heute: Die Sozialhilfe – ist eine Leistung des Staates (bzw. der Kommunen), die zur Deckung eines dringenden individuellen Bedarfs ohne Gegenleistung gewährt wird. Der Begriff „*Versorgung*" wird gemeinhin nicht positiv definiert, sondern ihm werden gewöhnlich solche Sozialleistungen zugeordnet, die weder unter die Sozialversicherung noch unter die Fürsorge gefaßt werden können (Rüfner 1977, 9; Gitter 1981, 4). Diese *überkommene Dreiteilung* in Sozialversicherung, Versorgung und Fürsorge wird jedoch *zunehmend aufgegeben*, da sie der modernen Entwicklung des Sozialleistungssystems nicht gerecht wird. So berücksichtigt sie beispielsweise nicht, daß etwa Sozialversicherung und Beamtenversorgung einander darin gleich sind, daß sie gleichermaßen gegen bestimmte soziale Risiken vorsorgen und aus diesem Grunde auch systematisch zusammengehören.

(3) Eine neue, auf Zacher zurückgehende Einteilung unterscheidet zwischen
– *Vorsorge*, d. h. soziale Sicherung gegen bestimmte soziale Risiken (Krankheit, Mutterschaft, Invalidität, Alter, Tod unter Zurücklassung Unterhaltsabhängiger, Arbeitslosigkeit) die sich in der Sozialversicherung durch kollektive Vorleistungen (Beiträge) der zu sichernden Personen (Versicherten) oder derjenigen, die für ihr Einkommen (Arbeitgeber) oder ihren Unterhalt (Ernährer) verantwortlich sind, realisiert, in der Beamtenversorgung beispielsweise durch die Zusage entsprechender Leistungen seitens des öffentlichen Dienstherrn;
– *sozialer Entschädigung*, d. h. Ausgleich von Schäden, für die das Gemeinwesen eine besondere Verantwortung trägt (Kriegsfolgen, Regimefolgen, Schäden infolge von Dienstpflichten, Schäden als Folgen öffentlich angeordneter Impfungen, Schäden durch Gewaltverbrechen);
– *sozialem Ausgleich* bzw. *sozialer Hilfe und Förderung* dort, wo eine Notlage entsteht oder Entfaltungshilfen angemessen erscheinen, ohne daß dafür „vorgesorgt" ist oder aufgrund der besonderen Umstände eine soziale Entschädigung gerechtfertigt ist (Zacher 1981, 17).

Die sozialen Hilfs- und Förderungssysteme lassen sich wiederum einteilen in die *besonderen Hilfs- und Förderungssysteme*, die Entfaltungshilfen gewähren (Ausbildungsförderung, Berufsförderung) oder die sowohl zur sozialen Förderung als auch zur Bekämpfung von Not bestimmt sind (Kindergeld, Wohngeld, Jugendhilfe), und das *allgemeine Hilfs- und Förderungssystem* der Sozialhilfe. Dieses garantiert als Basissystem ein Existenzminimum für jedermann. Darüber hinaus gewährt es zum einen ähnlich wie die Vorsorge Hilfe in besonderen Bedarfslagen (z. B. Krankheit, Mutterschaft), zum anderen ähnlich wie die besonderen Hilfs- und Förderungssysteme Hilfen zur sozialen Integration (z. B. Eingliederungshilfe für Behinderte; vgl. 6.3.5.6.) und zur persönlichen Entfaltung (z. B. Aufbau einer wirtschaftlichen Existenz; vgl. 6.3.5.1.).

Die vorstehende Charakterisierung der Sozialhilfe verweist bereits auf die *Mehrdimensionalität* dieses Sozialleistungssystems: Die Sozialhilfe ist zum einen *Basissystem*, „Auffangnetz" der sozialen Sicherung; insoweit hat sie eine „Lückenbüßerfunktion" dort, wo das „Netz der sozialen Sicherheit" – bestehend aus sozialen Vorsorgesystemen, sozialen Entschädigungssystemen und besonderen Hilfs- und Förderungssystemen – zu grobmaschig ist, Löcher aufweist oder nicht hinreichend ist; die Sozialhilfe bezweckt hier, jedermann ein Existenzminimum zu gewährleisten. Darüber hinaus bietet sie jedoch ein breites

Spektrum *spezifischer Hilfen,* die sich an Personen wenden, die sich in einer besonderen sozialen Lage befinden und Hilfe benötigen, die ihnen anderweitig nicht gewährt wird. Das BSHG trägt dieser doppelten Zielsetzung Rechnung, indem es zwischen „Hilfe zum Lebensunterhalt" (Abschnitt 2: §§ 11–25; vgl. 6.2.) und „Hilfe in besonderen Lebenslagen" (Abschnitt 3: §§ 27–75; vgl. 6.3.) unterscheidet.

(4) Der schon erwähnte *Nachrang* der Sozialhilfe (vgl. noch 4.4.) – sowohl gegenüber der Selbsthilfe des Hilfesuchenden wie gegenüber der Hilfe von dritter Seite (einschließlich anderer Sozialleistungsträger) –, die *Individualisierung* der Hilfe (vgl. 4.5.), sowie die für diesen Sozialleistungszweig in der Bundesrepublik Deutschland charakteristische *Einbeziehung der Träger der freien Wohlfahrtspflege* (vgl. 3.7.) sind weitere Faktoren, welche die Sozialhilfe zu einem eigenständigen Zweig des Rechts der sozialen Sicherheit machen. Dieses Subsystem ist jedoch – insbesondere wegen des vorstehend angesprochenen Nachrangs gegenüber anderen staatlichen Sozialleistungen – dadurch gekennzeichnet, daß es qualitativ und quantitativ von Veränderungen in anderen Sozialleistungsbereichen abhängig ist *(„Reaktivität" der Sozialhilfe).* Schließlich ist nicht zu verkennen, daß die Sozialhilfe in der Vergangenheit und auch noch heute häufig eine *Pionieraufgabe* übernommen hat im Verhältnis zu anderen Sozialleistungsbereichen:

So war beispielsweise die Rehabilitation ursprünglich umfassend nur im BSHG geregelt, während die anderen Zweige des Sozialleistungssystems hier nur ausschnittweise tätig waren und erst in jüngster Zeit hier neue und zusätzliche Verantwortlichkeiten übernommen haben (vgl. von Maydell 1978 c, 345). Heute können z. B. die Kosten einer Gesprächs- oder Verhaltenstherapie durch qualifizierte nicht-ärztliche Psychotherapeuten (Diplom-Psychologen) über die Eingliederungshilfe im Rahmen der Sozialhilfe übernommen werden (vgl. OVG Berlin, Soziale Arbeit 1979, 210 ff. u. 258 ff.), nicht jedoch von der gesetzlichen Krankenversicherung (vgl. Schulte/Trenk-Hinterberger 1979 a, 323 f.).

(5) In diesem Zusammenhang ist auch darauf hinzuweisen, daß der Gesetzgeber durch die Einführung neuer, eigenständiger Leistungen auch formell bestimmte Bereiche aus der Sozialhilfe *ausgegliedert* hat und auch heute noch ausgliedert:
   Bekanntestes Beispiel aus der Vergangenheit ist die *Arbeitslosenhilfe,* die an sich eine Art „Sozialhilfe in besonderen Lebenslagen" (Bley 1980, 151) ist: Arbeitslosenhilfe, finanziert aus Steuermitteln des Bundes und gewährt von der Bundesanstalt für Arbeit, erhält, wer arbeitslos ist, keinen Anspruch auf Arbeitslosengeld hat, bedürftig ist und die sonstigen Leistungsvoraussetzungen (§ 134 AFG) erfüllt. Die Ende 1981 im Rahmen der Diskussionen über das 2. Haushaltsstrukturgesetz (vgl. 13.) angestellten Überlegungen, die Leistungen der sog. „originären Arbeitslosenhilfe" künftig der Sozialhilfe aufzubürden, zeigt, daß eine Ausgliederung auch in umgekehrter Richtung – nämlich „nach unten" zur Sozialhilfe – allerdings auch möglich ist.
   Ein Prozeß der Ausgliederung bestimmter Leistungsbereiche aus der Sozialhilfe und ein „Hineinwachsen" in die gehobenen Sozialleistungssysteme ließe sich auch im Rehabilitationsrecht aufzeigen. Dabei ist allerdings zu beachten, daß die Rehabilitation auch im Sozialhilferecht insofern eine Sonderstellung ein-

nimmt, als die Rehabilitationsleistungen der Sozialhilfe zum Teil unabhängig vom Einkommen und Vermögen des Hilfesuchenden bzw. der zu seinem Unterhalt verpflichteten Personen gewährt werden (vgl. 6.3.5.6.6.), eine Entwicklung, die man als Ausdruck einer Tendenz deuten kann, nach der im Falle der Behinderung eines einzelnen die Gemeinschaft eintrittspflichtig wird (so zu Recht Mrozynski 1979, 35). Dadurch verschiebt sich und verschwimmt die Abgrenzung zwischen der Sozialhilfe und den anderen Sozialleistungsbereichen (vgl. dazu bereits auch oben 2.1.2.). Für die Praxis der Sozialhilfe wird diese Entwicklung zum Teil deswegen begrüßt, weil sie dazu beitragen könne, der Sozialhilfe das Odium der Armenpflege der Fürsorge und damit ihre stigmatisierende Wirkung zu nehmen (das „Stigma" der Sozialhilfe kommt wohl auch noch in ihrer Charakterisierung als „Ausfallbürge", „Lückenbüßerin", „Sicherheitsnetz" zum Ausdruck, vor allen Dingen aber wohl in bestimmten Strukturelementen, wie z. B. der Bedürfnisprüfung, der Subsidiarität u. a.; vgl. im übrigen zu dieser Problematik unten 11.; s. auch Frank 1980).

(6) Zu den einleitend dargestellten Systematisierungsversuchen sei abschließend angemerkt, daß sie vornehmlich von *didaktischer und rechtswissenschaftlicher Relevanz* sind. Ihre praktische Bedeutung wird umso geringer, je mehr der Gesetzgeber dazu übergeht, einzelne Sozialleistungsbereiche gleichrangig nebeneinanderzustellen, wie dies exemplarisch im Sozialgesetzbuch zutage tritt. Für die Sozialhilfe bedeutet dies dann, daß sie weniger als einer der Pfeiler der sozialrechtlichen Trias erscheint, sondern eher als eine unter einer Vielzahl von Hilfen i. w. S. zu begreifen ist, die vom Staat dem Bürger angeboten werden und die Ausfluß des Sozialstaatsprinzips (vgl. 2.4.) sind (Rode 1979, § 28 Rz. 2).

Zur Verdeutlichung der Systematisierungsversuche soll die Einteilung von Zacher (oben 3) anhand eines *Schaubilds* dargestellt werden (vgl. auch Zacher 1981, 11 und 18, 19).

## 2.3. Historische Entwicklung der Sozialhilfe

(1) Im *Mittelalter* versuchte man, durch *armenpolizeiliche Bettlerordnungen* des Reiches und der Städte dem Bettel(un)wesen unter Anordnung von Strafen Herr zu werden. Armut selbst wurde als Schicksal gesehen, das derjenige, der davon betroffen war, gleichsam als naturgegeben und gottgewollt zu ertragen hatte. Daneben entstanden, insbesondere in den Städten, Formen der Armenpflege. Es ist bereits darauf hingewiesen worden (2.1.2.), daß diese Armenfürsorge, sei sie nun religiös, humanitär, polizei- oder sozialstaatlich motiviert, Vorläuferin der heutigen Sozialhilfe gewesen ist. Bis in das 19. Jahrhundert hinein dominierte die *christliche* Armen- und Krankenfürsorge gegenüber den anders motivierten Bestrebungen zur Linderung von Not. Die *weltlichen* Anstrengungen auf diesem Gebiet beschränkten sich im wesentlichen auf die *polizeiliche Abwehr von Gefahren*, die dem Bettler- und Vagantentum zugeschrieben wurden, wenn es auch,

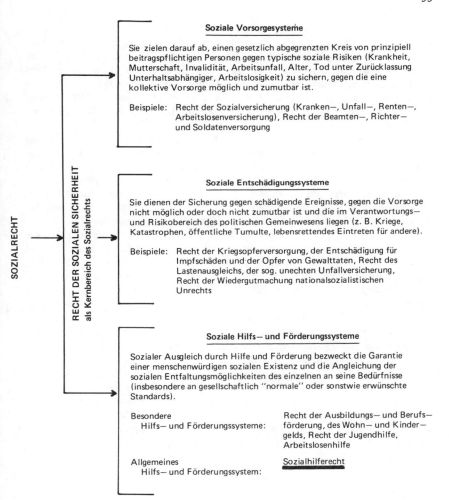

**SOZIALRECHT** → **RECHT DER SOZIALEN SICHERHEIT** als Kernbereich des Sozialrechts →

**Soziale Vorsorgesysteme**

Sie zielen darauf ab, einen gesetzlich abgegrenzten Kreis von prinzipiell beitragspflichtigen Personen gegen typische soziale Risiken (Krankheit, Mutterschaft, Invalidität, Arbeitsunfall, Alter, Tod unter Zurücklassung Unterhaltsabhängiger, Arbeitslosigkeit) zu sichern, gegen die eine kollektive Vorsorge möglich und zumutbar ist.

Beispiele: Recht der Sozialversicherung (Kranken—, Unfall—, Renten—, Arbeitslosenversicherung), Recht der Beamten—, Richter— und Soldatenversorgung

**Soziale Entschädigungssysteme**

Sie dienen der Sicherung gegen schädigende Ereignisse, gegen die Vorsorge nicht möglich oder doch nicht zumutbar ist und die im Verantwortungs— und Risikobereich des politischen Gemeinwesens liegen (z. B. Kriege, Katastrophen, öffentliche Tumulte, lebensrettendes Eintreten für andere).

Beispiele: Recht der Kriegsopferversorgung, der Entschädigung für Impfschäden und der Opfer von Gewalttaten, Recht des Lastenausgleichs, der sog. unechten Unfallversicherung, Recht der Wiedergutmachung nationalsozialistischen Unrechts

**Soziale Hilfs— und Förderungssysteme**

Sozialer Ausgleich durch Hilfe und Förderung bezweckt die Garantie einer menschenwürdigen sozialen Existenz und die Angleichung der sozialen Entfaltungsmöglichkeiten des einzelnen an seine Bedürfnisse (insbesondere an gesellschaftlich "normale" oder sonstwie erwünschte Standards).

Besondere Hilfs— und Förderungssysteme: Recht der Ausbildungs— und Berufs— förderung, des Wohn— und Kinder— gelds, Recht der Jugendhilfe, Arbeitslosenhilfe

Allgemeines Hilfs— und Förderungssystem: Sozialhilferecht

zumal in den Städten, zur Herausbildung einzelner Fürsorgeeinrichtungen, z. B. Spitälern, kam. Erst allmählich traten neben die territorialen Polizeigesetze, die der polizeilichen Gefahrenabwehr dienten, eigenständige *Armenfürsorgesysteme*, die dann allmählich auch den kirchlichen Wirkungskreis zurückdrängten und die heute noch anzutreffende Aufgabenteilung und Zusammenarbeit von Staat und Kirche im sozialen Bereich begründeten. Die *staatlichen* Maßnahmen, die nicht zuletzt die Abschaffung der „arbeitslosen Armut" als Lebensform bedeuteten

(Rödel/Guldimann) 1978, 33), waren in hohem Maße von Elementen der Strafe und Kontrolle geprägt, die in Arbeitspflicht und Arbeitshaus ihren Niederschlag fanden, wobei die polizeilichen und fürsorgerischen Zwecke im Zucht- und Arbeitshauswesen noch durch eine „merkantilistische Idee" (Stolleis) ergänzt wurden. Zugleich wurde so „der Verkauf der Ware Arbeitskraft auf dem Arbeitsmarkt . . . zur handlungsleitenden Norm" (Rödel/Guldimann 1978, 35; eine kritische, zuweilen etwas reißerische Darstellung der „liberalen Fürsorgepolitik des Bürgertums" findet sich bei Köhler 1977).

Die staatliche Verwaltung hat, indem sie in der vorbeschriebenen Weise auf dem Felde des Armen- und Bettlerwesens tätig wurde, ihren Aktionsradius einerseits im weltlichen Bereich ausgedehnt auf Kosten der feudalen Grundherrschaft sowie der Zünfte, Bruderschaften und Stiftungen, in die der einzelne in der Regel integriert war und die auch die Funktion von Fürsorgeverbänden hatten; andererseits übernahm die staatliche Verwaltung Aufgaben, die im klerikalen Bereich von der kirchlichen Wohlfahrtspflege wahrgenommen wurden.

Was die *sozialen Lagen* angeht, auf die reagiert wurde, so unterscheiden die einschlägigen territorialen Gesetzgebungen des 16.–18. Jahrhunderts *Armut* und *Bettelei*. „Armut" bezeichnet in diesem Sinne den Tatbestand der bloßen Bedürftigkeit, während „Bettelei" an das äußere Verhalten des Almosenempfängers, an die Bitte um Almosen – sei es aufgrund tatsächlicher oder bloß vorgegebener Bedürftigkeit – anknüpft. Der Aufbau eines Verwaltungsapparates mit Behörden, die eine bestimmte Zuständigkeit und bestimmte Aufgaben, z. B. Aufbringung der Mittel, zugewiesen erhalten und die der Aufsicht anderer Behörden (Aufsichtsbehörden) unterstehen, stellt den administrativen Vollzug dieser ursprünglichen Sozialgesetzgebung dar.

Die Ansätze für ein „Recht auf Fürsorge" mag man dort sehen, wo Arme die Befugnis eingeräumt erhalten, sich bei Versagung von Hilfe bei den beteiligten Behörden und den diesen vorgesetzten Stellen zu beschweren, wie dies z. B. in der *brandenburg-preußischen Bettlerordnung* v. 19. 9. 1708 vorgesehen war. Dieses Rügerecht, zu dessen Ausübung die Armen sogar verpflichtet werden, sollte ein gutes Funktionieren der Armenverwaltung im obrigkeitlichen Interesse gewährleisten helfen.

Von einem „Anspruch" des Armen auf Unterstützung ist begrifflich – wenn auch nicht in der heutigen Bedeutung der Verleihung eines besonderen Rechtsstatus – immerhin bereits in der *oldenburgischen Armenordnung* v. 1. 8. 1786 die Rede (dazu und zum „Recht der Armen und Bettler in „Ancien Régime" allgemein vgl. Scherner 1979; eine ausführliche und sehr lesenswerte „Geschichte der Armenfürsorge vom Spätmittelalter bis zum 1. Weltkrieg" haben jüngst Sachße/Tennstedt (1980) vorgelegt; hier finden sich zahlreiche Materialien und Quellen zur Illustration der historischen Entwicklung des Armenwesens und der fürsorgerischen/sozialen Arbeit; vgl. ferner die historischen Beiträge im Jahrbuch der Sozialarbeit 4, 1981.)

Eine *generelle Fürsorgepflicht* für die Armen als *„Staatsaufgabe"* wurde erstmals im *Allgemeinen Landrecht für die Preußischen Staaten* von 1794 anerkannt, wo es in ALR II, 19, § 6 heißt: „Der Staat ist berechtigt und verpflichtet, Anstalten zu treffen, wodurch der Nahrlosigkeit seiner Bürger vorgesorgt und der übertriebenen Verschwendung gesteuert werde". Über die „Ortsarmenverbände" waren die Gemeinden zur Unterstützung ihrer Bürger verpflichtet; „Landarme", die keine Bürger waren, unterlagen unmittelbar der Fürsorge des Staates. Gekennzeichnet war diese Form der Armengesetzgebung Ende des 18. Jahrhunderts durch die Anknüpfung der Unterstützungspflicht an das „Heimatrecht", eine Regelung, der wiederum bestimmte soziale Verhältnisse zugrunde lagen, die ihren Ausdruck in Leibeigenschaft, Lehensverhältnis, Zunftbindung, mangelnder Freizügigkeit und Zuordnung zu einer bestimmten Gemeinde fanden. Mit dem Wandel dieser sozialen Verhältnisse, insbesondere mit der Abschaffung der Leibeigenschaft sowie der Anerkennung von Freizügigkeit und Gewerbefreiheit fielen diese, die Anknüpfung an das Heimatrecht sinnvoll erscheinen lassenden Voraussetzungen fort. An die Stelle des Heimatprinzips trat daher zunehmend der *Unterstützungswohnsitz;* so im *Preußischen Gesetz über die Verpflichtung zur Armenpflege* v. 31. 12. 1842, in dessen § 1 es heißt:

„Die Fürsorge für einen Armen hat, wenn dazu kein Anderer (Verwandter, Dienstherrschaft, Stiftung usw.) verpflichtet und vermögend ist, diejenige Gemeinde zu übernehmen, in welcher derselbe
1) als Mitglied ausdrücklich aufgenommen worden ist oder
2) unter Beobachtung der Vorschriften des Gesetzes vom heutigen Tage über die Aufnahme neu anziehender Personen § 8 einen Wohnsitz erworben, oder
3) nach erlangter Großjährigkeit während der drei letzten Jahre vor dem Zeitpunkte, wo seine Hülfsbedürftigkeit hervortritt, seinen gewöhnlichen Aufenthalt gehabt hat."

In dem *Gesetz über den Unterstützungswohnsitz* v. 6. 6. 1870 des *Norddeutschen Bundes* heißt es in § 1:
„Jeder Norddeutsche ist in jedem Bundesstaat in Bezug
a) auf die Art und das Maß der im Falle der Hilfsbedürftigkeit zu gewährenden öffentlichen Unterstützung,
b) auf den Erwerb und Verlust des Unterstützungswohnsitzes als Inländer zu behandeln. . . ." (Quellen – auszugsweise – bei Stolleis 1976).
Nach der Regelung dieses Gesetzes, dessen Geltung im Jahre 1871 auf das Reich (ohne Bayern und Elsaß-Lothringen) erstreckt wurde, erwarb man den Unterstützungswohnsitz durch Aufenthalt, Verehelichung und Abstammung (§ 9), wobei derjenige den Unterstützungswohnsitz durch Aufenthalt bekam, der innerhalb eines Ortsarmenverbandes nach zurückgelegtem 24. Lebensjahr zwei Jahre lang ununterbrochen seinen gewöhnlichen Aufenthalt hatte (§ 10). „Landarme", d. h. solche „hülfsbedürftige Norddeutsche", die kein Ortsarmenverband zu unterstützen verpflichtet war, fielen in die Zuständigkeit der Landarmenverbände.
Neben dieser „*öffentlichen Armenpflege*" bestanden die kirchliche und weltliche „*freie Fürsorge*" fort. Zugleich trat jedoch eine entscheidende Veränderung ein: Die Entstehung der staatlichen *Sozialversicherung* führt dazu, daß die Armenpflege nicht mehr die primäre, sogar einzige Form staatlicher sozialer Siche-

rung war. Vielmehr übernahm der Staat nunmehr die bislang z. T. in Selbsthilfe und Selbstorganisation insbesondere der Arbeiter liegende Vorsorge für die Eventualität des Wegfalls der Arbeitsfähigkeit (Krankheit, Arbeitsunfall, Alter) in staatliche Regie. Die Sozialversicherung, deren Entstehungsursachen und Entwicklungsbedingungen an dieser Stelle nicht näher nachgegangen werden kann (vgl. Flora/Alber/Kohl 1977; Bedingungen für die Entstehung und Entwicklung von Sozialversicherung, 1979 m. w. N.), hatte insofern eine Verbesserung der Situation der Arbeiter zur Folge, als sie nunmehr einen Rechtsanspruch auf Leistungen erhielten, die auch der Höhe nach garantiert waren; erkauft wurde dieser Fortschritt allerdings mit einer Einengung der – insbesondere kollektiven – Handlungsalternativen der Versicherten, wie sie insbesondere in den Selbsthilfeorganisationen der Arbeiterschaft ihren Niederschlag gefunden hatten (denen insofern auch nicht lediglich eine soziale, sondern darüber hinaus eine politische Funktion zukam, als sie die kollektive, solidarische und autonome Organisationsfähigkeit dieser Bevölkerungsgruppe unter Beweis stellten und stärkten; vgl. Rödel/Guldimann 1978, 37 f.).

Rödel/Guldimann (a. a.O) machen den – von ihnen selbst als „vielleicht überpointierten Erklärungsansatz" bezeichneten – Versuch, diese Maßnahmen staatlicher Sozialpolitik der Funktion nach als Instrument der sozialen Kontrolle zu begreifen. Dieser „Erklärungsansatz für die Funktionen staatlicher Sozialpolitik im Prozeß der Durchsetzung kapitalistischer Produktionsverhältnisse" ist übrigens keineswegs so „neu", wie die Autoren im Vorwort feststellen, sondern in sehr viel differenzierterer Weise aus der angelsächsischen Diskussion geläufig (vgl. Higgins 1980 mit zahlreichen Nachweisen). Dieses Deutungsmuster vermag gewiß einige wesentliche Elemente der Sozialhilfe zu erhellen, wenn es auch als alleiniger Ansatz, die Sozialhilfe oder gar die Sozialpolitik insgesamt zu erklären, zu kurz greift; beispielsweise bleibt dabei das Eigengewicht sozialpolitischer Institutionen unberücksichtigt, ein Eigengewicht, das vielfach zu völlig anderen Wirkungen geführt hat, als die Initiatoren dieser Sozialpolitik beabsichtigt hatten (vgl. Achinger 1966, 39).

(2) Die *Weimarer Reichsverfassung* vom 11. 8. 1919 wies in Art. 7 Ziff. 5 die Gesetzgebungszuständigkeit für „Das Armenwesen und die Wandererfürsorge" dem Reich zu. Nach Art. 9 stand dem Reich auch die Gesetzgebung über „Die Wohlfahrtspflege" zu, soweit ein Bedürfnis für den Erlaß einheitlicher Vorschriften vorhanden war.

Im Jahre 1924 erfolgte dann eine Neuregelung des Fürsorgerechts. Auf der Grundlage des Zweiten Ermächtigungsgesetzes v. 8. 12. 1923 (RGBl. I, S. 1179) wurde die Dritte Steuernotverordnung erlassen, die u. a. vorsah, daß die gesamte Wohlfahrtspflege vom Reich auf die Länder überging; diese erhielten dafür im Wege des Finanzausgleichs ganz oder teilweise eine Anzahl von Steuern (vgl. Senhold/Schlüsche 1974, 8 ff.; ausführlich und detailliert z. B. Baath/Kneip 1939). Durch die *Verordnung über die Fürsorgepflicht (Reichsfürsorgepflichtverordnung – RFV)* v. 13. 2. 1924, welche die Übertragung der Wohlfahrtspflege auf die neuen Träger im einzelnen regelte, wurden die alten Ortsarmen- und Landarmenverbände durch Bezirksfürsorge- und Landesfürsorgeverbände ersetzt

(§ 1). Auf diese Fürsorgeverbände wurden neben der Armenfürsorge auch weitere Fürsorgeaufgaben übertragen, so z. B. die soziale Fürsorge für Kriegsbeschädigte und Kriegshinterbliebene, die Fürsorge für Schwerbeschädigte und schwer Erwerbsbeschränkte u. a. Materiell wurde das Fürsorgerecht in den *Reichsgrundsätzen über Voraussetzung, Art und Maß der öffentlichen Fürsorge* v. 4. 12. 1924 (RGBl. I, S. 765) geregelt, die am 1. 1. 1925 in Kraft traten. In § 1 dieser Reichsgrundsätze (RGr.) heißt es:

„Die Fürsorge hat die Aufgabe, dem Hilfsbedürftigen den notwendigen Lebensbedarf zu gewähren. Sie muß dabei die Eigenart der Notlage berücksichtigen. Sie soll den Hilfsbedürftigen tunlichst in den Stand setzen, sich und seinen unterhaltsberechtigten Angehörigen den Lebensbedarf selbst zu beschaffen."

Nach § 2 muß die Fürsorge rechtzeitig einsetzen und ist nicht von einem Antrag abhängig. Hilfsbedürftig ist nach § 5, wer den notwendigen Lebensbedarf für sich und seine unterhaltsberechtigten Angehörigen nicht oder nicht ausreichend aus eigenen Kräften und Mitteln beschaffen kann und ihn auch nicht von anderer Seite, insbesondere von Angehörigen erhält. Zum notwendigen Lebensbedarf gehören nach Maßgabe des § 6 der Lebensunterhalt (insbesondere Unterkunft, Nahrung, Kleidung und Pflege), Krankenhilfe sowie Hilfe zur Wiederherstellung der Arbeitsfähigkeit, Hilfe für Schwangere und Wöchnerinnen, sowie bei Minderjährigen Erziehung und Erwerbsbefähigung, bei Blinden, Taubstummen und Krüppeln Erwerbsbefähigung. § 7 bestimmt, daß jeder Hilfsbedürftige, auch der nicht voll Arbeitsfähige, seine Arbeitskraft zur Beschaffung des notwendigen Lebensbedarfs für sich und seine unterhaltsberechtigten Angehörigen einsetzen muß. Ob dem Hilfsbedürftigen eine Arbeit billigerweise zugemutet werden kann, soll nach Lebensalter, Gesundheitszustand, häuslichen Verhältnissen und, soweit angängig, auch nach der beruflichen Ausbildung beurteilt werden. Zu den eigenen Mitteln, die der Hilfsbedürftige nach § 8 einsetzen muß, ehe ihm die Fürsorge Hilfe gewährt, sind sein gesamtes verwertbares Vermögen und Einkommen zu rechnen, insbesondere Bezüge in Geld oder Geldeswert aus gegenwärtigem oder früherem Arbeits- oder Dienstverhältnis und aus Unterhalts- oder Rentenansprüchen öffentlicher oder privater Art. Nach § 10 hat sich die Hilfe, die im Einzelfall im Rahmen des notwendigen Lebensbedarfs (vgl. § 6) zu gewähren ist, nach der Besonderheit des Falles zu richten, „namentlich nach Art und Dauer der Not, nach der Person des Hilfsbedürftigen und den örtlichen Verhältnissen".

Diese Reichsgrundsätze vereinheitlichten das nunmehr in der Zuständigkeit der Länder liegende materielle Fürsorgerecht. Sie sind bis zum Erlaß des BSHG v. 10. 6. 1961 – modifiziert – in Kraft gewesen. Wichtige Grundprinzipien des BSHG – Individualisierungsgrundsatz, Offizialprinzip u. a. (vgl. 4.) – sind in ihnen bereits weitgehend vorgezeichnet (s. auch Leibfried 1981 b; Tennstedt 1981 a).

(3) Auch in der Zeit des *Nationalsozialismus* bestanden diese Regelungen fort, da sie sich, wie es damals hieß, auf organisatorische Vorschriften und allgemeine Richtlinien beschränkten, die sich zwangsläufig aus dem Wesen der Fürsorge ergäben, so daß wesentliche Änderungen nicht erforderlich wären (Seldte 1939, 247).

Zur Auseinandersetzung um die Kontinuität und die Umgestaltung der Fürsorge in der NS-Zeit sowie zur Rolle des Deutschen Vereins für öffentliche und private Fürsorge vgl. Orthbandt 1980; NDV 1980, 404 ff. m. w. N.; Tennstedt 1981.

Ergänzt wurde die öffentliche Fürsorge durch spezifische Hilfswerke der Nationalsozialistischen Volkswohlfahrt („Winterhilfswerk des Deutschen Volkes", Hilfswerk „Mutter und Kind"); die Nationalsozialistische Volkswohlfahrt übernahm auch die Führung der freien Wohlfahrtspflege. Von den damals sieben Spitzenverbänden der freien Wohlfahrtspflege wurden die Arbeiterwohlfahrt und der Zentralwohlfahrtsausschuss der christlichen Arbeiterschaft sofort aufgelöst und die Mehrzahl ihrer Einrichtungen wurde der NS-Volkswohlfahrt übertragen. Die Zentralwohlfahrtsstelle der deutschen Juden nahm an der Entrechtung und Vernichtung dieser Bevölkerungsgruppe teil. Der Centralausschuss für Innere Mission, der Deutsche Caritasverband und das Deutsche Rote Kreuz wurden zusammen mit der NS-Volkswohlfahrt zu der „Reichsgemeinschaft der freien Wohlfahrtspflege" zusammengefaßt und der Reichsleitung der NSDAP unterstellt (dazu Wildhagen 1979).

In der Festschrift des Deutschen Vereins für öffentliche Fürsorge heißt es rückblickend zur Fürsorge in der Zeit des Nationalsozialismus unter der Überschrift „Die Wendung von der Fürsorge zur Anti-Fürsorge" zur Charakterisierung dieser Entwicklung: „Die Kontinuität deutscher Fürsorge-Tradition wurde im NS-Führerstaat jäh unterbrochen, das Fürsorgeprinzip widerrufen, der Fürsorge-Klient aus einem Subjekt zum Objekt gemacht" (Orthbandt 1980, 287; s. dazu auch Tennstedt 1981, 92 ff.).

(4) Nach dem 2. *Weltkrieg* erfuhr das Fürsorgerecht, dessen rechtliche Grundlagen fortgalten, eine Neuinterpretation im Lichte des *Grundgesetzes* (vgl. 2.4.) Das *Bundessozialhilfegesetz*, welches im Jahre 1961 vom Deutschen Bundestag verabschiedet wurde, verhalf dann einer (teilweise) neuen Konzeption (vgl. z. B. Matthes 1964) zum Durchbruch, auf die in den folgenden Abschnitten noch näher eingegangen wird.

Diese neue sozialpolitische Konzeption prägte naturgemäß die sozialrechtliche Ausgestaltung des Gesetzes und die dogmatischen Grundsätze des Sozialhilferechts (vgl. unten 4.; ferner z. B. Müller-Tochtermann 1962; Jehle 1966, sowie die unter 2.6.3. angegebene Literatur). Diese Grundsätze haben aber zugleich die vorstehend aufgezeigten historischen Wurzeln. So zeigen Barabas/Sachße (1976, 372 f.) beispielsweise am Individualisierungsgrundsatz (4.5.) die bis heute fortbestehenden repressiven Züge der Sozialhilfe auf.

## 2.4. Verfassungsrechtliche Grundlagen der Sozialhilfe

(1) Wie bereits in anderem Zusammenhang erwähnt, findet sich der Terminus „Sozialhilfe" nicht im Grundgesetz, sondern ist erst durch das BSHG eingeführt worden. Der Rechtsbereich, den die Sozialhilfe ausmacht, wird, was die *Gesetzgebungskompetenz* angeht, vom Begriff „*öffentliche Fürsorge*" in Art. 74 Ziff. 7 GG erfaßt:

(vgl. BVerfGE 22, 180 ff., 212; s. oben 2.2.2.). Er ist weiter als „Sozialhilfe" und umfaßt auch die im Jugendwohlfahrtsgesetz (JWG) geregelte *Jugendhilfe* (die Neuregelung der Jugendhilfe ist war jüngst Gegenstand lebhafter parlamentarischer und außerparlamentarischer Auseinandersetzungen; zum Diskussionsstand vgl. z. B. Harrer 1980 mit einer Darstellung des geltenden Jugendhilferechts, ferner die Gesetzentwürfe der Bundesregierung – BT-Dr. 517/78 – und des Bundesrates – BR-Dr. 8/3108).

(2) Gemäß Art. 84 GG hat der *Bundesgesetzgeber* auch das Recht, *Behördenorganisation* und *Verfahren* für die in seiner Zuständigkeit erlassenen und von den Ländern auszuführenden Gesetze – mithin auch für das BSHG – zu regeln. Auf dieser Ermächtigung beruhen die Vorschriften der §§ 9 u. 96, in denen niedergelegt ist, daß die Sozialhilfe von örtlichen und überörtlichen Trägern gewährt wird und daß örtliche Träger in diesem Sinne die kreisfreien Städte und Landkreise sind, wohingegen es den Ländern überlassen bleibt, zu bestimmen, wer die überörtlichen Träger sind und in welchem Umfang die Landkreise Gemeinden oder Gemeindeverbände zur Durchführung der Aufgaben der Sozialhilfe heranziehen können (vgl. 3.1.).

Der Grundsatz, daß die *Sozialhilfeverwaltung* in der Kompetenz der *Länder* steht, ergibt sich aus Art. 83 GG, wonach die Bundesgesetze von den Ländern ausgeführt werden (zu Einzelheiten von Behördenaufbau, Sozialhilfeverwaltung, Verfahren u. a. vgl. 3. und 7.).

(3) Was die *materielle* Verankerung der Sozialhilfe im Verfassungsrecht angeht, so hat das Bundesverwaltungsgericht in einer seiner ersten Entscheidungen im Zusammenhang mit der Rechtsstellung des Hilfebedürftigen zu dieser Frage folgendes ausgeführt (BVerwGE 1, 159 ff.):

„Die Leitgedanken des Grundgesetzes führen dazu, das Fürsorgerecht dahin auszulegen, daß die Rechtspflicht zur Fürsorge deren Träger gegenüber dem Bedürftigen obliegt und dieser einen entsprechenden Rechtsanspruch hat. ... Das Verfassungsrecht besteht nicht nur aus den einzelnen Sätzen der geschriebenen Verfassung, sondern auch gewissen, sich verbindenden, innerlich zusammenhaltenden allgemeinen Grundsätzen und Leitideen, die der Verfassungsgeber, weil sie das vorverfassungsmäßige Gesamtbild geprägt haben, von dem er ausgegangen ist, nicht in einem besonderen Rechtssatz konkretisiert hat (Entscheidung des Bundesverfassungsgerichts vom 1. Juli 1953, BVerfGE 2, 380). Eine solche Leitidee ist die Auffassung über das Verhältnis des Menschen zum Staat: Der einzelne ist zwar der öffentlichen Gewalt unterworfen, aber nicht Untertan, sondern Bürger. Darum darf er in der Regel nicht lediglich Gegenstand staatlichen Handelns sein. Er wird vielmehr als selbständige sittlich verantwortliche Persönlichkeit und deshalb als Träger von Rechten und Pflichten anerkannt. Dies muß besonders dann gelten, wenn es um seine Daseinsmöglichkeit geht. Dieser Grundsatz spiegelt sich in mehreren Vorschriften des Grundgesetzes wider (Art. 1 und 20 in Verbindung mit Art. 79 Abs. 3, Art. 2 und 19). Die unantastbare, von der staatlichen Gewalt zu schützende Würde des Menschen (Art. 1) verbietet es, ihn lediglich als Gegenstand staatlichen Handelns zu betrachten, soweit es sich um die Sicherung des „notwendigen Lebensbedarfs" (§ 1 der Reichsgrundsätze), also seines Daseins überhaupt, handelt. Das folgt auch aus dem Grundrecht der freien Persönlichkeit (Art. 2 Abs. 1). ... Auch der Gemeinschaftsgedanke, der in den Grundsätzen des sozialen Rechtsstaats (Art. 20 und 28) und der sozialen Gebundenheit des Eigentums (Art. 14 Abs. 2)

Ausdruck gefunden hat, erschöpft sich nicht in der Gewährung von materiellen Leistungen, sondern verlangt, daß die Teilnehmer der Gemeinschaft als Träger eigener Rechte anerkannt werden, die grundsätzlich einander mit gleichen Rechten gegenüberstehen (vgl. auch Art. 3), und daß nicht ein wesentlicher Teil des Volkes in dieser Gemeinschaft hinsichtlich seiner Existenz ohne Rechte dasteht. Endlich ist auch das Grundrecht auf Leben und Gesundheit (Art. 2 Abs. 2) Ausfluß jenes Grundgedankens." (BVerwGE 1, 161 f.).

In dieser Entscheidung, die noch zum vor Inkrafttreten des BSHG geltenden Fürsorgerecht (Reichsfürsorgepflichtverordnung – RFV – und Reichsgrundsätze über Voraussetzung, Art und Maß der öffentlichen Fürsorge – RGr. -; vgl. 2.3.) in der damals geltenden Fassung (vgl. Keese 1951, Muthesius 1947 u. 1955) erging, hat das Bundesverwaltungsgericht zugleich der verfassungsrechtlich gebotenen Entwicklung von der Armenfürsorge zum Sozialhilferecht den Weg gewiesen (s. auch Oestreicher 1972).

Das Gericht hat damit zugleich die Rechtsprechung einiger unterer Gerichte (vgl. Bay. VGH, DVBl. 1949, 440; OVG Münster, DVBl. 1951, 84; Hamb. OVG, DVBl. 1951, 311) bestätigt, die sich gleichfalls aus verfassungsrechtlichen Gründen von der als Armenpflege bezeichneten Fürsorge, die dem Bedürftigen lediglich aus Gründen der öffentlichen Ordnung, nicht aber um seiner selbst willen gewährt wurde, abgekehrt und sich zu einer Fürsorge bekannt hatten, die in dem Umfang, wie das Gesetz ihrem Träger zugunsten des Bedürftigen Pflichten auferlegt, dem Bedürftigen auch entsprechende Rechte gibt (vgl. auch NDV 1949, 223 f.).

(4) Festzuhalten ist in diesem Zusammenhang der hohe Rang des *Sozialstaatsprinzips,* das im Zusammenhang mit Art. 79 Abs. 3, 19, 1 und 2 GG u. a. als Leitidee des Grundgesetzes über das Verhältnis des einzelnen zum Staat den Grundsatz verkörpert, daß der einzelne auch als Hilfebedürftiger dem Träger der Sozialhilfe gegenüber eine Rechtsposition hat, die einen *Rechtsanspruch auf Hilfe* beinhaltet (s. von Maydell 1978 b, 409).

Um es noch einmal mit den Worten des Bundesverwaltungsgerichts zu sagen: „Wenn die Bundesrepublik als ein sozialer Rechtsstaat verfaßt und dem Staat der Schutz der Menschenwürde anvertraut ist, so kann die Fürsorge nicht mehr als polizeiliche Armenpflege verstanden werden. Sie ist ein Teil der der staatlichen Gewalt aufgegebenen aktiven Sozialgestaltung, und innerhalb dieser aktiven Sozialgestaltung hat der einzelne Hilfesuchende eine Subjektstellung. Damit ist aber die Schwelle verlegt, bei deren Überschreitung auch der Gesetzgeber für das Fürsorgerecht einzugreifen hat. Sie ist dann unterschritten, wenn der einzelne Hilfesuchende ohne das Eingreifen der staatlichen Gewalt in seiner Person und Würde Schaden nehmen würde (BVerwGE 27, 63).

(5) Im BSHG findet sich die *Menschenwürde* (Art. 1 Abs. 1 GG) als Richtschnur der Sozialhilfe in der grundlegenden Vorschrift des § 1 Abs. 2 S. 1:

„Aufgabe der Sozialhilfe ist es, dem Empfänger der Hilfe die Führung eines Lebens zu ermöglichen, das der Würde des Menschen entspricht." Bereits der Entwurf eines Bundessozialhilfegesetzes, das Gesetz selbst und die auf seiner Grundlage erlassenen Rechtsverordnungen haben sich der Würde des Menschen als Leitgedanken bedient (so z. B. auch der Arbeitskreis „Aufbau der Richtsätze" des Deutschen Vereins für öffentliche und private Fürsorge bei seinen Vorschlägen zum Inhalt und Aufbau der Regelsätze; vgl. DV, in NDV 1962, 59 ff. u. unten 6.2.3.).

Diese „königliche Norm des BSHG" (Schellhorn/Jirasek/Seipp 1981, § 1 Rz. 3) bedarf freilich, soll sie praktikabel und vor allem justiziabel sein, der Konkretisierung (vgl. Trenk-Hinterberger 1980, 46 ff.; Stolleis 1981, 100 ff.). Um die Lösung dieser Aufgabe haben sich die Verwaltungsgerichte – insbesondere das *Bundesverwaltungsgericht* – in einer Reihe von Entscheidungen bemüht (kritisch dazu unter 4.2.):

- Das Bundesverwaltungsgericht wertet zunächst das Sozialhilferecht, wie es im BSHG seinen Niederschlag gefunden hat, als Konkretisierung der Pflicht des Staates zum Schutz der Menschenwürde (Art. 1 Abs. 1 GG), zuweilen – weiter – zugleich auch als Konkretisierung der Sozialpflichtigkeit des Staates aus Art. 20 GG (E 23, 149 ff.). Recht verstanden heißt das, daß die konkrete Ausgestaltung der Sozialhilfeleistungen insbesondere im Hinblick auf Art, Form und Maß der Sozialhilfe den Schutz der Menschenwürde gewährleisten muß.
- Ferner weist das Gericht darauf hin, daß die Vorschriften des BSHG im Lichte des Art. 1 Abs. 1 GG verstanden und ausgelegt werden müssen (E 20, 188 ff.; 29, 99 ff.).
- Schließlich nimmt das Bundesverwaltungsgericht in einigen Entscheidungen dazu Stellung, wie eine menschenwürdige Lebensführung im Sinne des § 1 Abs. 2 BSHG ermöglicht werden kann; so weist es etwa darauf hin, daß die Sozialhilfe nicht allein dem Ausgleich eines finanziellen Unvermögens dient, sondern der Bewältigung der besonderen Lebenssituation, in der sich der Hilfesuchende befindet und die ihn hindert, seine Persönlichkeit zu entfalten (E 25, 36 ff.), und daß die Hilfsverpflichtung durch die bloße Tatsache einer Notlage ausgelöst wird, also final orientiert ist, und nicht – kausal – nach den Gründen für diese Notlage fragt (E 29, 99 ff.). Zugleich wird aber auch betont, daß die Menschenwürde es jedoch verbietet, den einzelnen der primären Verpflichtung, selbst für sich zu sorgen (Selbsthilfe), zu entheben, wird also das Subsidiaritätsprinzip zu dem Grundsatz der Menschenwürde in Beziehung gesetzt (E 23, 149 ff.).

Das Bundesverwaltungsgericht verwendet den Begriff der „menschenwürdigen Lebensführung" mithin sowohl als positives wie als negatives Korrektiv. Angesichts der Generalklauselhaftigkeit der Begriffe „Menschenwürde" (Art. 1 GG) und „Führung eines Lebens . . ., das der Würde des Menschen entspricht" (§ 1 Abs. 2 S. 1) bleiben diese Bemühungen um Konkretisierung notwendigerweise unsystematisch und kasuistisch, wenn sie auch bestimmte Grundentscheidungen und Grundwertungen (z. B. das Primat der Selbsthilfe) transparent werden lassen (dazu noch unter 4.2.).

(6) Zu erwähnen sind noch das *Rechtsstaatsprinzip* (Art. 20, 28 GG) sowie die *Rechtsweggarantie* des Art. 19 Abs. 4 S. 1 GG, welche die Gewähr dafür bieten, daß der Sozialhilfeberechtigte nicht nur einen materiellen Anspruch auf Hilfe hat, sondern diesen Anspruch auch formell durchsetzen kann.

Mit den Worten des Bundesverwaltungsgerichts: „Auch der Gemeinschaftsgedanke, der in den Grundsätzen des sozialen Rechtsstaats (Art. 20 und 28) und der Sozialgebundenheit des Eigentums (Art. 14 Abs. 2) Ausdruck gefunden hat, erschöpft sich nicht in der Gewährung von materiellen Leistungen, sondern verlangt, daß die Teilnehmer der Gemeinschaft als Träger eigener Rechte anerkannt werden, die grundsätzlich einander mit gleichen Rechten gegenüberstehen (vgl. auch Art. 3), und daß nicht ein wesentlicher Teil des Volkes in dieser Gemeinschaft hinsichtlich seiner Existenz ohne Rechte dasteht. . . . Die dem Grundgedanken der Verfassung entsprechende Auslegung des Fürsorgerechts hat . . . das Ergebnis: Soweit das Gesetz den Träger der Fürsorge zugunsten des Bedürftigen Pflichten auferlegt, hat der Bedürftige entsprechende Rechte und kann daher gegen ihre Verletzung den Schutz der Verwaltungsgerichte anrufen" (BVerwGE 1, 159 ff., 162).

## 2.5. Sozialhilfe und Sozialgesetzbuch

(1) Die Sozialhilfe hat auch in das *Sozialgesetzbuch* (SGB) – AT – v. 11. 12. 1975 Eingang gefunden. § 9 SGB-AT lautet:

„Wer nicht in der Lage ist, aus eigenen Kräften seinen Lebensunterhalt zu bestreiten oder in besonderen Lebenslagen sich selbst zu helfen, und auch von anderer Seite keine ausreichende Hilfe erhält, hat ein Recht auf persönliche und wirtschaftliche Hilfe, die seinem besonderen Bedarf entspricht, ihn zur Selbsthilfe befähigt, die Teilnahme am Leben in der Gemeinschaft ermöglicht und die Führung eines menschenwürdigen Lebens sichert."

Die Vorschrift knüpft an dem Begriff „Sozialhilfe" an, wie er im BSHG geprägt worden ist und verwendet wird. Sozialhilfe als *„soziales Recht"* i. S. des SGB-AT gibt, wie alle sozialen Rechte des Sozialgesetzbuchs, kein subjektives Recht, ist also nicht Anspruchsgrundlage, sondern die in § 9 SGB-AT niedergelegten Grundsätze sind „Leitschnur für die Auslegung des BSHG und für die Ausfüllung von Ermessensräumen" (Schellhorn 1981, §9 Rz. 16).

Die Formulierung stellt einmal mehr den wesentlichen Unterschied des auf dem BSHG beruhenden Sozialhilferechts gegenüber den Reichsgrundsätzen über Voraussetzung, Art und Maß der öffentlichen Fürsorge aus dem Jahr 1924 klar, der darin besteht, daß „staatliche Hilfe in bestimmten individuellen Notsituationen nicht mehr als eine Aktivität zur Verwirklichung staatseigener, vom Individualinteresse losgelöster Zwecke begriffen, sondern als unmittelbare Entfaltung der Staatsidee i. S. der Identität von Gemeinwohl und Individualwohlverwirklichung" (Rode 1979, § 9 Rz. 1) verstanden wird. Wie weit die Entwicklung der Fürsorge bis hin zum Sozialhilferecht, das „den Menschen in den Mittelpunkt stellt" (Knopp/Fichtner 1979, Einl. S. 4), ist, macht ein historischer Rückblick auf das Fürsorgerecht nach dem Muster des Unterstützungswohnsitzes deutlich, welches Jellinek wie folgt charakterisiert hat: „Bloße Reflexwirkung ist gegeben, wenn nur im Gemeininteresse der einzelne Objekt staatlicher Fürsorge wird. So ist der Anspruch auf Armenversorgung . . . einfach ein Reflex der betreffenden gesetzlichen Verpflichtungen des Staates oder der Kommunalverbände, ohne daß dem Versorgungsbedürftigen ein Forderungsrecht zustünde".

Rode (1979, § 9 Rz. 1) weist zu Recht darauf hin, daß es Aufgabe insbesondere der Rechts- und Verwaltungspraxis sein müsse, diese gedankliche Basis der Sozialhilfe auch dem Bürger gegenüber deutlich zu machen, der auch heute noch lernen müsse, die Sozialhilfe als genauso „normale" Leistung der Gesamtgesellschaft an den einzelnen zu begreifen, wie das für die Altersrente oder das Krankengeld inzwischen selbstverständlich sei. Auf die Dringlichkeit, Theorie und Praxis der Sozialhilfe in diesem Punkte zusammenzuführen, sei hier im Vorgriff auf spätere Ausführungen (vgl. 11.) nachdrücklich hingewiesen: Probleme wie die der „Dunkelziffer" der Zahl der Sozialhilfeberechtigten, des „Armutfilters", des „Stigmas der Armenpflege", das der Sozialhilfe immer noch anhaftet, der objektiven und subjektiven Barrieren, die zwischen Hilfesuchenden und Hilfeleistenden stehen, müssen im Hinblick auf die materielle Verwirklichung des Sozialhilfeanspruchs des einzelnen Hilfebedürftigen angegangen werden.

(2) Die Bestimmungen des 2. Titels des 2. Abschnitts des SGB-AT – „Einweisungsvorschriften – Einzelne Sozialleistungen und zuständige Leistungsträger" – haben eine *informatorische* Funktion. So soll § 28 SGB-AT die Bürger über die Leistungstatbestände und die Leistungsträger in dem Sozialleistungsbereich *Sozialhilfe* in Kenntnis setzen; die Vorschrift verfolgt also nicht das Ziel, unmittelbar die Rechtsanwendung durch Sozialleistungsträger und Gerichte zu steuern. § 28 („Leistungen der Sozialhilfe") lautet:

(1) Nach dem Recht der Sozialhilfe können in Anspruch genommen werden:
1. Hilfe zum Lebensunterhalt (§§ 11–24 Bundessozialhilfegesetz – BSHG -)
2. Hilfe in besonderen Lebenslagen; sie umfaßt
a) Hilfe zum Aufbau oder zur Sicherung der Lebensgrundlage (§ 30 BSHG) und Ausbildungshilfe (§§ 31–34 BSHG),
b) vorbeugende Gesundheitshilfe (§ 36 BSHG), Krankenhilfe (§ 37 BSHG) und Hilfe für werdende Mütter und Wöchnerinnen (§ 38 BSHG),
c) Eingliederungshilfe für Behinderte, insbesondere auch Hilfe zur Teilnahme am Leben in der Gemeinschaft (§§ 39–44 BSHG),
d) Tuberkulosehilfe (§§ 48–59 BSHG),
e) Blindenhilfe (§ 67 BSHG), Hilfe zur Pflege (§§ 68 u. 69 BSHG) und Hilfe zur Weiterführung des Haushalts (§§ 70 u. 71 BSHG),
f) Hilfe zur Überwindung besonderer sozialer Schwierigkeiten (§ 22 BSHG),
g) Altenhilfe (§ 75 BSHG),
h) Hilfe in anderen besonderen Lebenslagen (§ 27 Abs. 2 BSHG),
3. Beratung Behinderter oder ihrer Personensorgeberechtigten (§ 126 BSHG),
4. Hilfe bei der Beschaffung und Erhaltung einer Wohnung (§ 40 Abs. 1 Nr. 6 a, § 56 Abs. 1 Nr. 2, § 72 Abs. 2, § 75 Abs. 2 Nr. 1 BSHG).
(2) Zuständig sind die Kreise und kreisfreien Städte, die überörtlichen Träger der Sozialhilfe und für besondere Aufgaben die Gesundheitsämter; sie arbeiten mit den Trägern der freien Wohlfahrtspflege zusammen.

Soll die Vorschrift des § 28 SGB-AT ihre eingeschränkte, auf das *Informatorische* begrenzte Funktion erfüllen, so muß ihr Wortlaut ständig an die Änderung des BSHG *angepaßt* werden; daran fehlt es bereits in bezug auf die durch das Strafrechtsreform-Ergänzungsgesetz (StREG) v. 28. 8. 1975 (BGBl. I S. 2289) in das BSHG eingefügten Hilfen bei Schwangerschaftsabbruch oder Sterilisation (§ 37a) und zur Familienplanung (§ 37b), ohne daß sich allerdings aus dieser Nicht-Übereinstimmung von § 28 SGB-AT und BSHG (außer dem Umstand, daß das Sozialgesetzbuch seiner Informationsaufgabe insofern nicht gerecht wird) irgendwelche rechtlichen Nachteile ergeben.

Festzuhalten ist also, daß § 28 SGB-AT zwar selbst *keinen Rechtsanspruch* auf Sozialhilfe gibt und auch nichts über die Voraussetzungen eines solchen aussagt, sondern vom BSHG ausgeht. Aber:

„Die Ausdrucksweise, daß die Sozialleistungen ‚in Anspruch genommen werden können', soll deutlich machen, daß nach unserem heutigen Verständnis des Sozialrechts Soziallleistungen dem einzelnen ‚nicht gewährt‘, sondern als Ausfluß des sozialen Rechtsstaats ‚angeboten‘ werden.“ (Begr. zu §§ 18–29 SGB-AT; zit. nach Zacher 1979 b, 62.)

Die Struktur des Sozialhilfesystems, die Voraussetzungen für einzelne Sozialhilfeleistungen, die Frage danach, ob es sich im Einzelfall um eine Muß-Leistung, Soll-Leistung oder Kann-Leistung handelt, die Grundprinzipien der Sozialhilfe wie Subsidiarität und Individualisierung ergeben sich *nach wie vor allein aus dem BSHG.*

Der vorgenannte Leistungskatalog des § 28 Abs. 1 SGB-AT folgt deshalb der Zweiteilung des Sozialhilfesystems, wie es im BSHG vorgezeichnet ist, nämlich der Unterscheidung zwischen Hilfe zum Lebensunterhalt (§§ 11 ff.) und Hilfe in besonderen Lebenslagen (§§ 27 ff.). Rode (1979, § 28 Rz. 4) wirft in diesem Zusammenhang die Frage auf, ob diese Zweiteilung der Hilfen begrifflich und systematisch gerechtfertigt ist: denn die Hilfe zum Lebensunterhalt ist nicht nur selbständige Hilfeart in §§ 11 ff., sondern auch Ergänzung einzelner Hilfearten, die unter dem Oberbegriff Hilfe in besonderen Lebenslagen zusammengefaßt sind; dies gilt insbesondere in den Fällen, in denen die Hilfe zum Lebensunterhalt als Bestandteil der Hilfe in besonderen Lebenslagen in Anstalten, Heimen und gleichartigen Einrichtungen gewährt wird (§ 27 Abs. 3).

(3) Auch wenn es im Gesamtauftrag der Sozialleistungsträger liegt, die Bevölkerung über ihre sozialrechtlichen Ansprüche und Verpflichtungen zu unterrichten, sieht das Sozialgesetzbuch – Allgemeiner Teil umfassende *Aufklärungs-* *(§ 13 SGB-AT), Beratungs-* (§ 14 SGB-AT) und *Auskunftspflichten* (§ 15 SGB-AT) vor; diese Verpflichtungen wird man nunmehr nicht mehr als Nebenpflichten, sondern als wichtige Dienstleistungen im Rahmen der sozialen Sicherung der Bevölkerung ansehen müssen. Daneben behalten jedoch auch die speziellen Aufklärungs-, Beratungs- und Beratungsansprüche nach dem BSHG ihre Bedeutung, und zwar insbesondere deshalb, weil sie sich nicht nur auf Rechte und Pflichten der Sozialhilfeempfänger erstrecken, sondern beispielsweise auch „Beratung in sonstigen sozialen Angelegenheiten“ (§ 8 Abs. 2 S. 2) umfassen; ferner gibt es unter dem Oberbegriff „persönliche Hilfe“ noch die Möglichkeit zur ergänzenden persönlichen Betreuung, Beistandschaft und unterstützenden Hilfe (Schellhorn 1981, § 14 Rz. 49). Die ausdrückliche Aufnahme der Aufklärungs-, Beratungs- und Auskunftspflichten ins SGB sollte Anlaß sein, noch dringlicher als bisher die Frage aufzuwerfen, wie die *Informations- und Beratungsmängel,* die in der Sozialhilfepraxis immer wieder zutage treten (vgl. 11.2.3.), auch tatsächlich abgebaut werden können.

(4) Die *„Gemeinsamen Vorschriften“* für die Sozialleistungsbereiche (§§ 30 ff. SGB-AT) gelten nach Maßgabe des § 37 SGB-AT „für alle Sozialleistungsbereiche dieses Gesetzbuchs, soweit sich aus seinen besonderen Teilen nichts abweichendes ergibt.“ Das BSHG ist in diesem Sinne ein besonderer Teil des Sozialgesetzbuchs. Seine ausdrücklichen Vorschriften, aber auch die ihm immanenten Strukturprinzipien, wie sie insbesondere durch das Bundesverwaltungsgericht entwickelt bzw. weiterentwickelt worden sind, gehen gegebenenfalls den Bestimmungen des SGB-AT vor (BVerwG, in: FEVS 27, 353 ff., 354).

So sind beispielsweise die Bestimmungen der §§ 56, 58 SGB-AT über *Sonderrechtsnachfolge* und *Vererbung* auf Sozialhilfeleistungen wegen deren besonderen Charakters und deren

Zielsetzung, einen ganz konkreten Bedarf eines bestimmten Hilfesuchenden zu befriedigen, *nicht anwendbar* (vgl. bei 5.5.4.(2)); auf andere Einschränkungen wird noch in den folgenden Abschnitten hingewiesen (vgl. im einzelnen: Auswirkungen von Vorschriften des Sozialgesetzbuches – Allgemeiner Teil – (SGB-AT) auf die Sozialhilfe und die Jugendhilfe, in: NDV 1977, 98 ff.).

(5) Mit Inkrafttreten des Sozialgesetzbuchs – Verwaltungsverfahren (SGB X) am 1. 1. 1981 gibt es nunmehr auch positiv-rechtlich niedergelegte besondere Vorschriften für das Verwaltungsverfahren in Sozialhilfe-Angelegenheiten. Diese Vorschriften finden allerdings nur Anwendung, soweit sich aus dem Allgemeinen Teil des SGB und aus seinen Besonderen Teilen – und damit auch aus dem BSHG – nichts anderes ergibt (§ 1 Abs. 1 S. 1 SGB X).

Zu Einzelheiten des SGB X vgl. die einschlägige Kommentarliteratur (z. B. Giese 1981; Schroeder-Printzen 1981), zu den Auswirkungen auf die Sozialhilfe die Kommentierung von Mergler/Zink 1981, Giese 1981, Schellhorn/Jirasek/Seipp 1981 sowie Sbresny 1981, 194 ff. Auf einzelne Aspekte des SGB X im Bereich der Sozialhilfe wird noch in den einzelnen Kapiteln eingegangen (vgl. v. a. 7.5.).

(6) Das Sozialgesetzbuch, mit dem die Kodifikation des umfassenden Sozialleistungssystems angestrebt wird (vgl. 1.1.), ist freilich bislang über die schon genannten Teile (nämlich den *Allgemeinen Teil* des SGB – als 1. Buch des SGB –, die *Gemeinsamen Vorschriften für die Sozialversicherung* – als 1. Kapitel des 4. Buches – sowie zwei Kapitel des *10. Buches* – SGB X –; dazu unten 7.5.) noch nicht hinaus gediehen. Die einzelnen Sozialleistungsgesetze (z.B. Arbeitsförderungsgesetz, Bundesversorgungsgesetz, Reichsversicherungsordnung) sollen den Gegenstand der *besonderen Teile* des SGB bilden; sie *gelten* aber nach Art. II § 1 SGB-AT bereits jetzt als besondere Teile des SGB. Zu diesen Gesetzen gehört *auch das BSHG*; es soll als *Neuntes Buch* in das SGB eingeordnet werden.

(7)Im folgenden *Schaubild* sollen der vorläufige Aufbau des SGB, die bereits in Kraft getretenen Teile sowie der Ort der Sozialhilfe im Rahmen des SGB optisch verdeutlicht werden.

48

Die vorläufige Gliederung des Sozialgesetzbuches

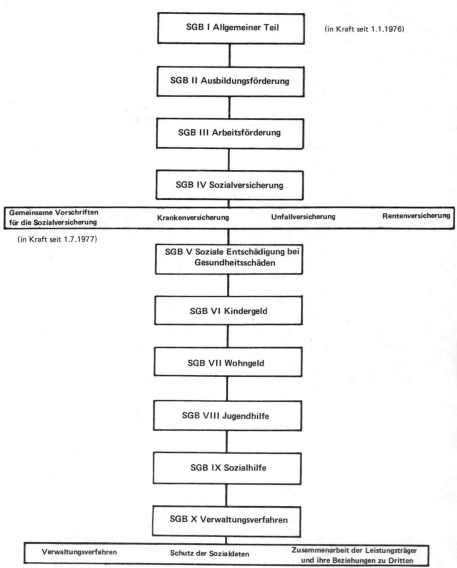

SGB I Allgemeiner Teil      (in Kraft seit 1.1.1976)

SGB II Ausbildungsförderung

SGB III Arbeitsförderung

SGB IV Sozialversicherung

Gemeinsame Vorschriften für die Sozialversicherung    Krankenversicherung    Unfallversicherung    Rentenversicherung

(in Kraft seit 1.7.1977)

SGB V Soziale Entschädigung bei Gesundheitsschäden

SGB VI Kindergeld

SGB VII Wohngeld

SGB VIII Jugendhilfe

SGB IX Sozialhilfe

SGB X Verwaltungsverfahren

Verwaltungsverfahren    Schutz der Sozialdaten    Zusammenarbeit der Leistungsträger und ihre Beziehungen zu Dritten

(in Kraft seit 1.1.1981)

## 2.6. Rechtsgrundlagen des Sozialhilferechts, Rechtsprechung und Literatur

### 2.6.1. Die Regelung des Sozialhilferechts im BSHG

Darstellung des Sozialhilferechts ist heute gleichbedeutend mit Darstellung des Bundessozialhilfegesetzes (BSHG). Ein einziges Gesetz regelt die Materie, die man früher Fürsorge genannt hat und heute als Sozialhilfe bezeichnet. Dieser *zentralisierten* Gesetzesstruktur – „ein Gesetz" -, die in die Gesetzgebungszuständigkeit des Bundes fällt (vgl. 2.4.), entspricht eine *einheitliche*, auf *kommunaler Ebene* angesiedelte und von den einzelnen Ländern durch Gesetz geregelte Sozialhilfeverwaltung sowie eine Sozialhilfefinanzierung, welche die Ausgaben für ihre Leistungen weitgehend den Gemeinden und Kreisen aufbürdet (vgl. dazu 3.). Man geht gewiß nicht fehl, wenn man diesen stark etatistischen, zentralistisch programmierten und gleichmäßigen Zuschnitt des deutschen Sozialhilferechts zu einem wesentlichen Teil auf die vergleichsweise lange Tradition sozialpolitischer Intervention zurückführt.

Leibfried (1977, 36 ff. u. 1979 b, 201 ff.) führt nicht zuletzt darauf die Unterschiede zurück, die beispielsweise zwischen dem Sozialhilfesystem der Bundesrepublik Deutschland und dem Fürsorgesystem der USA bestehen. In den Vereinigten Staaten sind die klassischen sozialpolitischen Interventionssysteme – Unfallversicherung, Krankenversicherung, Rentenversicherung, Arbeitslosenversicherung -, soweit es sie überhaupt gibt, erst sehr viel später als in Deutschland eingeführt worden (vgl. Rimlinger 1971, 193 ff.; Flora/Alber/ Kohl 1977; Alber 1979); gegenwärtig wird dort beispielsweise leidenschaftlich das Für und Wider der Schaffung eines nationalen Krankenversicherungssystems diskutiert und es hat den Anschein, als sei dieses Projekt bereits wieder einmal auf Jahre hinaus ad acta gelegt worden. Das amerikanische Fürsorgesystem ist alles in allem sehr heterogen und fragmentarisch und, was die Rechtsquellen angeht, sehr zersplittert: Es setzt sich aus verschiedenen, nicht kodifizierten Programmen zusammen: SSI = Supplemental Security Income, AFDC = Aid for Families with Dependant Children, Medicaid (ärztliche Fürsorge), Food Stamps (Lebensmittelmarken), GA = General Assistance (ein sehr rudimentäres, residuales Fürsorgesystem); vgl. im einzelnen Leibfried 1977, 18 ff. Verglichen mit dem amerikanischen Fürsorgesystem stellt sich die deutsche Sozialhilfe auch in ihrer Ausgestaltung im einzelnen – hier kann aus Raumgründen nicht auf Details der amerikanischen Fürsorge-Programme eingegangen werden – als ein entwickeltes und rechtsstaatlich verankertes Wohlfahrtssystem dar; auch ist die sozialstaatliche Komponente, die sich nicht zuletzt im Leistungsniveau niederschlägt, sehr viel ausgeprägter als dies in den USA der Fall ist, wo die Leistungen weit unter dem Standard liegen, den das BSHG als Armutsgrenze normiert (hinzu kommt noch ein sehr starkes regionales Gefälle der Fürsorgeleistungen, die in den Südstaaten sehr viel geringer sind als im verhältnismäßig großzügigen Staat New York). Die unterschiedlichen Ausgestaltungsformen, wie man sie etwa im Vergleich zwischen der Bundesrepublik und den USA feststellen kann, sind natürlich kein Hinderungsgrund für zentral gesteuerte Änderungen (v.a. Kürzungen) in diesem Bereich, wie sie z.B. in der (Spar-)„Operation 1982" durch bundesgesetzliche Änderungen des BSHG (vgl. unten 13.) oder in den USA durch Pauschalisierung und Kürzung der Bundeszuschüsse für Wohlfahrtsprogramme in den Jahren 1981/82 praktiziert wurden (vgl. dazu Deutsches Allgemeines Sonntagsblatt v. 1. 11. 1981,8).

50

## 2.6.2. Die positiv-rechtlichen Grundlagen des Sozialhilferechts im einzelnen

### (1) Bundesgesetzliche Regelung

Bundessozialhilfegesetz (BSHG) i. d. F. v. 13. 2. 1976 (BGBl. I S. 289)
– Zum Entwurf: vgl. BT-Dr. 3/1799 –

*Wichtigste Änderungen:*
Gesetz zur Änderung und Ergänzung des Bundessozialhilfegesetzes v. 31. 8. 1965 (BGBl. I, S. 1027)
– Zum Entwurf: vgl. BT-Dr. 4/3150 v. 5. 3. 1965 –
Zweites Gesetz zur Änderung des Bundessozialhilfegesetzes v. 14. 8. 1969 (BGBl. I, S. 1153)
– Zum Entwurf: vgl. BT-Dr. 5/3495 v. 12. 11. 1968 –
Drittes Gesetz zur Änderung des Bundessozialhilfegesetzes v. 25. 3. 1974 (BGBl. I, S. 777)
– Zum Entwurf: vgl. BT-Dr. 7/308 v. 13. 3. 1973 –
Zweites Gesetz zur Verbesserung der Haushaltsstruktur (2. Haushaltsstrukturgesetz – 2. HStruktG) v. 22. 12. 1981 (BGBl. I, S. 1523)
– Zum Entwurf: vgl. BT-Dr. 9/795 v. 9. 9. 1981, 9/842 v. 28. 9. 1981, 9/888 v. 8. 10. 1981, 9/971 v. 3. 11. 1981 (vgl. auch unten 13).
Der in der 8. Legislaturperiode vorgelegte Entwurf eines Vierten Gesetzes zur Änderung des Bundessozialhilfegesetzes – BT-Dr. 8/2534 v. 2. 2. 1979 – wurde in der damaligen Legislaturperiode nicht verabschiedet.

Als *Ausführungsverordnungen* zum BSHG sind ergangen:

– Verordnung zur Durchführung des § 22 des Bundessozialhilfegesetzes (Regelsatzverordnung) v. 20. 7. 1962 (BGBl. I, S. 515), geändert durch Verordnung v. 10. 5. 1971 (BGBl. I, S. 451)
– Verordnung zur Durchführung des § 24 Abs. 2 Satz 1 des Bundessozialhilfegesetzes v. 28. 6. 1974 (BGBl. I, S. 1365).
– Verordnung nach § 47 des Bundessozialhilfegesetzes (Eingliederungshilfe-Verordnung) i. d. F. v. 1. 2. 1975 (BGBl. I, S. 433), neu bekanntgemacht am 27. 5. 1964 (BGBl. I, S. 339)
– Verordnung zur Durchführung des § 72 des Bundessozialhilfegesetzes v. 9. 6. 1976 (BGBl. I, S. 1469)
– Verordnung zur Durchführung des § 76 des Bundessozialhilfegesetzes v. 28. 11. 1962 (BGBl. I, S. 692) i. d. F. der VO v. 23. 11. 1976 (BGBl. I, S. 3234)
– Verordnung zur Durchführung des § 81 Abs. Nr. 3 des Bundessozialhilfegesetzes v. 12. 5. 1975 (BGBl. I, S. 1109)
– (Vierte) Verordnung nach § 81 Abs. 5 des Bundessozialhilfegesetzes v. 26. 6. 1981 (BGBl. I, S. 548)
– Verordnung zur Durchführung des § 88 Abs. 2 Nr. 8 des Bundessozialhilfeseztes v. 9. 11. 1970 (BGBl. I, S. 1529), zuletzt geändert durch VO v. 6. 12. 1979 (BGBl. I, S. 2004)

(Vgl. im einzelnen *Bundessozialhilfegesetz mit Ausführungsgesetzen der Länder und anderen ergänzenden Vorschriften* [Textausgabe], 1981; ferner Jehle/Schmitt 1979, Oestreicher 1981, Schellhorn/Jirasek/Seipp 1981; s. dort auch zu den sonstigen Änderungen, die das BSHG seit seinem Inkrafttreten am 30. 6. 1961, beginnend mit dem Gesetz zur Änderung und Ergänzung des Reichsjugendwohlfahrtsgesetzes v. 11. 8. 1961, erfahren hat. Die Änderungen aufgrund des 2. Haushaltsstrukturgesetzes sind dort allerdings noch nicht berücksichtigt.

## (2) Landesrechtliche Vorschriften

*Baden-Württemberg*
Gesetz zur Ausführung des Bundessozialhilfegesetzes v. 23. 4. 1963 (GBl. S. 3, ber. S. 54), geändert durch Gesetze v. 30. 3. 1971 (GBl. S. 95), v. 14. 3. 1972 (GBl. S. 65) und v. 3. 3. 1976 (GBl. S. 235)
*Bayern*
Gesetz zur Ausführung des Bundessozialhilfegesetzes (AGBSHG) i. d. F. der Bekanntmachung v. 13. 10. 1976 (GVBl. S. 455)
*Berlin*
Gesetz zur Ausführung des Bundessozialhilfegesetzes v. 21. 5. 1962 (GVBl. S. 471)
*Bremen*
Bremisches Ausführungsgesetz zum Bundessozialhilfegesetz v. 5. 6. 1962 (GBl. S. 149) i. d. F. der Gesetze v. 1. 10. 1968 (GBl. S. 148), v. 30. 6. 1970 (GBl. S. 68) und der Bekanntmachung v. 20. 11. 1973 (GBl. S. 235)
*Hamburg*
Anordnung zur Durchführung des Bundessozialhilfegesetzes v. 14. 12. 1971 (Amtl. Anz. S. 1697), geändert durch Anordnung v. 9. 3. 1976 (Amtl. Anz. S. 279)
*Hessen*
Hessisches Ausführungsgesetz zum Bundessozialhilfegesetz (AGBSHG) i. d. F. v. 16. 9. 1970 (GVBl.I, S. 573), geändert durch Gesetze v. 5. 10. 1970 (GVBl. S.598) und v. 15. 5. 1974 (GVBl. I, S. 241)
*Niedersachsen*
Niedersächsisches Gesetz zur Ausführung des Bundessozialhilfegesetzes v. 29. 6. 1962 (Nds. GVBl. S. 69) i. d. F. v. 19. 1. 1976 (GVBl. S. 6)
*Nordrhein-Westfalen*
Gesetz zur Ausführung des Bundessozialhilfegesetzes (AG-BSHG) v. 25. 6. 1962 (GVBl. S. 344), geändert durch Gesetz v. 21. 12. 1976 (GVBl. S. 438) und Gesetz v. 13. 12. 1977 (GVBl. S. 490)
*Rheinland-Pfalz*
Landesgesetz zur Ausführung des Bundessozialhilfegesetzes v. 30. 6. 1961 (BGBl. I, S. 815) – AGBSHG – v. 8. 3. 1963 (GVBl. S. 79), geändert durch Gesetze v. 15. 12. 1972 (GVBl. S. 374) und v. 5. 11. 1974 (GVBl. S. 469)
*Saarland*
Gesetz Nr. 776 zur Ausführung des Bundessozialhilfegesetzes v. 6. 2. 1963 (Amtsbl. S. 143) i. d. F. v. 1. 6. 1974 (Amtsbl. S. 586, ber. S. 685)
*Schleswig-Holstein*
Gesetz zur Ausführung des Bundessozialhilfegesetzes (AG-BSHG) v. 6. 7. 1962 (GVBl. S. 271), geändert durch Gesetz v. 30. 11. 1964 (GVBl. Schl-H. S. 235)

Den einzelnen landesrechtlichen Ausführungsgesetzen lag ein von den Ländern gemeinsam ausgearbeiteter Musterentwurf zugrunde. Auf diese Weise wurde angestrebt, möglichst einheitliche Länderregelungen zu erreichen. Dennoch kam es angesichts der sonstigen andersartigen Gesetzgebungen und Verwaltungsstrukturen zu unterschiedlichen gesetzlichen Regelungen, die im folgenden nicht im einzelnen dargestellt werden können. Unterschiede gibt es beispielsweise bei der Bestimmung der überörtlichen Träger der Sozialhilfe, die den Ländern überlassen geblieben ist (in § 96 Abs. 1 S. 1 bestimmt der Bundesgesetzgeber lediglich, daß örtliche Träger der Sozialhilfe Landkreise und kreisfreie Städte sind; dazu 3.1.).

(Vgl. Knopp/Fichtner 1979, Anh. S. 563 f., ferner Praktische Sozialhilfe [PSH] 1979 und Oestreicher 1981 zu diesen und weiteren einschlägigen Rechtsgrundlagen).

Darüber hinaus gibt es noch eine Fülle „untergesetzlicher" Regelungen der *Sozialhilfeträger,* insbesondere Verwaltungsrichtlinien zur Durchführung der Sozialhilfe *(„Sozialhilferichtlinien")* und Satzungen zur Durchführung der Sozialhilfe, die für die tägliche Praxis eine große Bedeutung haben. Vor allem die *Sozialhilferichtlinien* enthalten Entscheidungshilfen und Handlungsanweisungen für den Sachbearbeiter zur praktischen Handhabung der einzelnen Vorschriften des BSHG.

*Empfehlung:* Jeder, der in der Praxis mit Sozialhilfe zu tun hat, wird gut beraten sein, wenn er sich ein Exemplar der Sozialhilferichtlinien besorgt, die für die Sozialhilfeträger maßgeblich sind, mit denen er es zu tun hat (z. B. die Sozialhilferichtlinien Baden-Württemberg, die Bayerischen Sozialhilferichtlinien, die „Empfehlungen zum Sozialhilferecht" des Landschaftsverbands Westfalen-Lippe usw.).

## 2.6.3. Rechtsprechung und Literatur

(1) Die sozialhilferechtlichen Entscheidungen des *Bundesverwaltungsgerichts,* das in entscheidender Weise die Strukturprinzipien des Sozialhilferechts herausgearbeitet hat (dazu z.B. von Maydell 1978 b u. Stolleis 1979), finden sich teilweise in der allgemeinen Entscheidungssammlung (BVerwGE). Entscheidungen des Bundesverwaltungsgerichts und *anderer Verwaltungsgerichte* zum BSHG sind ferner abgedruckt in der Reihe „Fürsorgerechtliche Entscheidungen der Verwaltungs- und Sozialgerichte" (FEVS) und in der „Sammlung sozialhilferechtlicher Entscheidungen" (SsE).

Sozialhilferechtliche Entscheidungen finden sich darüber hinaus in *Fachzeitschriften,* insbesondere in der „Zeitschrift für das Fürsorgewesen", der „Zeitschrift für Sozialhilfe", dem „Nachrichtendienst des Deutschen Vereins für öffentliche und private Fürsorge", der Zeitschrift „Soziale Arbeit" und im „Zentralblatt für Sozialversicherung, Sozialhilfe und Versorgung".

(2) Nachweise zur Rechtsprechung lassen sich vor allem der *Kommentarliteratur* entnehmen (vgl. Gottschick/Giese 1981; Jehle/Schmitt 1979; Knopp/Fichtner 1979; Mergler/Zink 1981; Oestreicher 1981; Schellhorn/Jirasek/Seipp 1981). S. ferner die vom DV her-

ausgegebene Sammlung der Entscheidungen des BVerwG in Sozialhilfesachen (Rösgen 1973; Rotter/Leßner 1977; Rotter 1981)

An neueren *Darstellungen des Sozialhilferechts* sind – ohne Anspruch auf Vollständigkeit – in alphabetischer Reihenfolge zu nennen (nähere Angaben im Literaturverzeichnis): Flottmann, Frank, Freudenthal, Fuchs, Ostermann, Peters-Senhold, Schulte/Trenk-Hinterberger, Senhold, Stoffel-Langerfeldt, Tiesler, Vogt, Zink/Korff. An Sozialarbeiter/ Sozialpädagogen wenden sich insbesondere die Darstellungen von Tiesler (mit zahlreichen praktischen Beispielen).

*Aufsätze, Abhandlungen, Entwicklungen in der Gesetzgebung und in der Praxis* zum Sozialhilferecht enthalten über die bereits oben angeführten Zeitschriften hinaus folgende Zeitschriften: „Archiv für Wissenschaft und Praxis der sozialen Arbeit", „Behindertenrecht", „Neue Praxis", „päd. extra sozialarbeit", „Sozialmagazin", „Theorie und Praxis der sozialen Arbeit", „Zeitschrift für Sozialreform" (um nur die wichtigsten zu nennen). Eine Kurzbeschreibung dieser Zeitschriften findet sich im Jahrbuch der Sozialarbeit 1978, 462 ff. und bei Kreft/Mielenz 1980, 517 ff.

Für Theorie und Praxis der Sozialhilfe gleichermaßen unentbehrlich sind die zahlreichen Veröffentlichungen des *Deutschen Vereins für öffentliche und private Fürsorge* zu vielen Einzelproblemen; zu nennen sind hier insbesondere die „Empfehlungen . . ." zu einzelnen Problemen bzw. Vorschriften des BSHG und die „Gutachten" zu Einzelfragen, die auch im Nachrichtendienst des Deutschen Vereins für öffentliche und private Fürsorge (NDV) veröffentlicht zu werden pflegen (zum Deutschen Verein noch unten 3.7.2.2.1.2.).

Eine umfangreiche, wenn auch nicht vollständige *Literaturübersicht*, die insbesondere zahlreiche Zeitschriftenaufsätze und -beiträge enthält, findet sich bei Oestreicher 1981.

# 3. Organisation der Sozialhilfe

## 3.1. Träger der Sozialhilfe

Die Sozialhilfe wird von bestimmten *Behörden* gewährt, die das BSHG „*örtliche und überörtliche Träger*" nennt (§ 9). Auf diese Weise bringt das Gesetz zum Ausdruck, daß die in § 9 genannten behördlichen Träger die Verantwortung für die Durchführung der Sozialhilfe tragen, d. h. die Gewährung der Hilfe sicherzustellen haben.

Damit ist freilich nicht gesagt, daß die genannten Sozialhilfeträger die Hilfe stets selbst zu erbringen haben. Zur Durchführung der Aufgaben nach dem BSHG können vielmehr (und müssen in der Praxis oft) Dritte eingeschaltet werden; das ändert aber nichts daran, daß die *behördlichen Sozialhilfeträger* für die Sicherstellung der zu gewährenden Sozialhilfe verantwortlich sind und bleiben (BVerwGE 37, 135). Das BSHG sagt dies zwar nicht ausdrücklich. Es ist aber evident, daß die mit der Durchführung des Gesetzes betrauten Behörden eine ganze Reihe von Hilfen überhaupt nicht selbst erbringen können (z. B. ärztliche Behandlung im Krankheitsfall, Hauspflege im Fall der Pflegebedürftigkeit), sondern die vom BSHG vorgesehenen Hilfen (z. B. Krankenhilfe nach § 37, Hilfe zur Pflege nach §§ 68 f.) bei Dritten (z. B. niedergelassenen Ärzten, Krankenhäusern, Pflegekräften eines Wohlfahrtsverbandes) gewissermaßen „kaufen" müssen (sei es selbst, sei es mittelbar dadurch, daß sie dem Hilfsbedürftigen das für die Hilfeleistung nötige Geld geben).

Einer der bedeutsamsten solcher „Dritten" im Aufgabenbereich der Sozialhilfe sind die *Träger der freien Wohlfahrtspflege;* das Verhältnis zwischen ihnen und den öffentlichen Sozialhilfeträgern ist vom BSHG besonders geregelt (vgl. unten 3.7.).

## *3.1.1. Örtliche Träger*

Die örtlichen Träger der Sozialhilfe sind die *kreisfreien Städte* und die *Landkreise* (§ 96 Abs. 1),

also z. B. die kreisfreien Städte Heidelberg, München, Köln, Trier, Kiel bzw. die Landkreise Calw, Starnberg, Kleve, Pirmasens, Nordfriesland.

Sie führen das BSHG als *Selbstverwaltungsangelegenheit* durch: sie tun dies also im eigenen Namen und in eigener Verantwortung (in den Grenzen des Gesetzes) als Aufgabe, die auf die örtliche Gemeinschaft bezogen ist (Wolff/Bachof 1978, 286).

*Träger* der Sozialhilfe ist dabei die *kreisfreie Stadt* oder der *Landkreis* als Gesamtheit. Das *Sozialamt* ist also nicht mit dem Träger der Sozialhilfe identisch. Die örtlichen Träger der Sozialhilfe haben aber intern die Sozialhilfeaufgaben weitgehend bei den städtischen/ Gemeinde-Sozialämtern bzw. den Kreissozialämtern konzentriert (vgl. noch unten 3.5.). Bestimmte Aufgaben nach dem BSHG (z. B. im Rahmen der Tuberkulosehilfe) können aber auch den Gesundheitsämtern übertragen sein.

Durch die Regelung des § 96 Abs. 1, die das frühere Fürsorgerecht fortführt und zusammen mit den Vorschriften über die sachliche und örtliche Zuständigkeit (unten 3.2. und 3.3.) eine *weitreichende* und nur durch Ausnahmen geschmälerte *Kompetenz der kreisfreien Stadt* bzw. des *Landkreises* begründet, soll vor allem eine für den Hilfesuchenden *leicht erreichbare "Anlaufstelle"* gewährleistet werden. Die Nähe der Gemeinden bzw. Gemeindeverbände zu sozialen Problemen soll ferner der Konzeption nach – in Zusammenarbeit mit der freien Wohlfahrtspflege (unten 3.7.) – dazu beitragen, daß Notlagen „vor Ort" aufgespürt und aktive Hilfen geleistet werden können.

## 3.1.2. Überörtliche Träger

Die überörtlichen Träger werden – mit Rücksicht auf den seit langem länderweise unterschiedlichen Verwaltungsaufbau – durch die *Länder* bestimmt (§ 96 Abs. 2).

So sind die überörtlichen Träger in *Baden-Württemberg* die Landeswohlfahrtsverbände Baden (in Karlsruhe) und Württemberg-Hohenzollern (in Stuttgart); in *Bayern* die Bezirke (Unterfranken in Würzburg, Mittelfranken in Ansbach, Oberfranken in Bayreuth, Schwaben in Augsburg, Niederbayern in Landshut, Oberbayern in München, Oberpfalz in Regensburg); in *Berlin* und *Bremen* das Land (Senator für Arbeit und Soziales bzw. Senator für Soziales, Jugend und Sport); in *Hamburg* die Freie und Hansestadt (Arbeits- und Sozialbehörde – Amt für Soziales und Rehabilitation); in *Hessen* der Landeswohlfahrtsverband (in Kassel), in *Niedersachsen* das Land (Landessozialamt in Hildesheim); in *Nordrhein-Westfalen* die Landschaftsverbände Rheinland (in Köln) und Westfalen-Lippe (in Münster); in *Rheinland-Pfalz* das Land (Landesamt für Jugend und Soziales in Mainz); im *Saarland* das Land (Minister für Arbeit, Gesundheit und Sozialordnung in Saarbrücken); in *Schleswig-Holstein* das Land (Amt für Wohlfahrt und Sozialhilfe beim Sozialminister in Kiel).

Soweit die Länder überörtliche *Kommunalverbände* zu überörtlichen Trägern bestimmt haben (also z. B. die oben genannten Landschaftsverbände in Nordrhein-Westfalen), nehmen diese die Aufgabe der Sozialhilfe als *Selbstverwaltungsangelegenheit* wahr.

Die überörtlichen Träger sind den örtlichen Trägern aber *nicht übergeordnet* (wie die Vorsilbe „über" vielleicht suggerieren könnte); sie sind als *keine Aufsichtsbehörden*. Örtliche und überörtliche Träger haben vielmehr – wie wir noch sehen werden (unten 3.2.) – ihre *eigenen Aufgaben* und stehen sich bei der Erfüllung dieser Aufgaben *gleichgeordnet* gegenüber: Dem überörtlichen Träger wurden nämlich durch das BSHG und durch landesrechtliche Regelungen solche Sozialhilfeaufgaben übertragen, die finanziell von besonderer Relevanz sind oder die Verwaltungskraft der örtlichen Träger übersteigen.

Eine „unechte" Ausnahme stellen nur die Regeln über die sog. Heranziehung dar (unten 3.4.).

## 3.2. Sachliche Zuständigkeit der Sozialhilfeträger

Die Abgrenzung der von den Sozialhilfeträgern wahrzunehmenden *Aufgaben*, also die Frage, ob und welche Hilfe im Einzelfall von einem örtlichen oder einem überörtlichen Träger zu gewähren ist *(= sachliche Zuständigkeit)*, regeln die §§ 99, 100:

### 3.2.1. Sachliche Zuständigkeit des örtlichen Trägers

Als *allgemeine Regel* gilt nach § 99: Sachlich zuständig sind die *kreisfreien Städte* und *Landkreise* (als örtliche Träger),

es sei denn, daß nach § 100 oder nach Landesrecht der überörtliche Träger (also z. B. in Bayern die Bezirke) *ausdrücklich* für sachlich zuständig erklärt wird.

Auch bei Festlegung der sachlichen Zuständigkeit des örtlichen Trägers ist also, wie bei der Regelung der Frage, wer überhaupt örtlicher Träger sein soll, der *Gesichtspunkt der Nähe* der Gemeinde (Stadt) bzw. des Gemeindeverbandes (Kreis) zu den örtlichen sozialen Problemen und den hilfsbedürftigen Personen entscheidend.

Ein Hilfesuchender wendet sich also im Zweifel am besten an den *örtlichen* Träger (bzw. dessen einschlägiges Amt: Städtisches/Gemeinde-Sozialamt oder Kreissozialamt): Dieser hat – zwar nicht im Rechtssinn, aber praktisch – die Vermutung der Allzuständigkeit für sich und ist darüber hinaus nach den Ausführungsgesetzen der meisten Länder zum BSHG verpflichtet, bei Zweifeln über die sachliche Zuständigkeit des überörtlichen Trägers und in Eilfällen vorläufig Hilfe zu leisten (vgl. z. B. Art. 8 des bayer. AGBSHG; § 13 des nordrhein-westfälischen AGBSHG); in Betracht kommt auch eine Hilfeleistung des örtlichen Trägers im Rahmen der sog. Heranziehung (unten 3.4.). Schließlich ist auf § 16 Abs. 2 SGB-AT hinzuweisen, wonach Anträge, die bei einem unzuständigen Leistungsträger oder bei einer für die Sozialleistung nicht zuständigen Gemeinde gestellt werden, unverzüglich an den zuständigen Leistungsträger weiterzuleiten sind.

### 3.2.2. Sachliche Zuständigkeit des überörtlichen Trägers

(1) Die sachliche Zuständigkeit des überörtlichen Trägers ist im Ausnahmekatalog des § 100 festgelegt. Dieser Katalog umfaßt im wesentlichen Aufgaben, „die wegen ihrer überörtlichen Bedeutung und der mit ihnen verbundenen besonders hohen Kosten für die Sicherung einer wirksamen Hilfe die Zuständigkeit des überörtlichen Trägers erfordern" (BT-Dr. 3/1799, 57).

Der Ausnahmekatalog des § 100 erstreckt sich einerseits auf *vollständige Aufgabenbereiche* der Sozialhilfe,

nämlich die Blindenhilfe nach § 67 und die Tuberkulosehilfe nach §§ 48 ff. (vgl. § 100 Abs. 1 Nr. 3 und 4), andererseits auf *einzelne Hilfen* für *besondere Personengruppen*. Hierzu zählen:

1. Die *Hilfe in besonderen Lebenslagen* für die *in § 39 Abs. 1 S. 1 und Abs. 2 genannten Personen* (also z. B. Körperbehinderte oder von einer Körperbehinderung bedrohte Personen), für *Geisteskranke, Personen mit einer sonstigen geistigen oder seelischen Behinderung oder Störung, Anfallskranke und Suchtkranke,* wenn es wegen der Behinderung oder des Leidens dieser Personen in Verbindung mit den Besonderheiten des Einzelfalles erforderlich ist, die Hilfe in einer *Anstalt,* einem *Heim* oder einer *gleichartigen Einrichtung* oder einer *Einrichtung zur teilstationären Betreuung* zu gewähren (§ 100 Abs. 1 Nr. 1; solche Hilfen in Einrichtungen sind u. a. wegen der Art der Betreuung und der Personalkosten besonders kostenintensiv).

*Beispiele:* Ein ständig bettlägeriger Körperbehinderter bedarf stationärer Pflege (Waschen, Ankleiden, Essen reichen usw.) in einem Pflegeheim; oder: ein Alkoholiker benötigt eine spezielle Therapie in einer Entwöhnungseinrichtung. Der überörtliche Träger ist aber auch sachlich zuständig für den ärztlich angeordneten Transport eines Behinderten in die Anstalt, in der er wegen seiner Behinderung untergebracht wird (BVerwGE 25, 31 f.).

Die sachliche Zuständigkeit des *überörtlichen* Trägers nach der praktisch bedeutsamen, aber nicht einfach zu handhabenden Regelung des § 100 Abs. 1 Nr. 1 hängt also von drei Voraussetzungen ab:

— Der Hilfesuchende muß zu dem genannten *Personenkreis* gehören (im allgemeinen wird auf der Grundlage eines ärztlichen Gutachtens entschieden);

— es muß *wegen der Behinderung oder des Leidens* dieser Person in Verbindung mit den Besonderheiten des Einzelfalles erforderlich sein, die Hilfe in einer der genannten Einrichtungen zu gewähren (wobei der vorausgesetzte Kausalzusammenhang zwischen Behinderung bzw. Leiden und dem Erfordernis des Anstaltsaufenthalts immer wieder Anlaß zu Zuständigkeitsstreitigkeiten gibt; eingehend dazu Knopp/Fichtner 1979, § 100 Rz. 6);

— der Hilfesuchende muß einer *Hilfe in besonderen Lebenslagen* i. S. d. § 27 Abs. 1 (z. B. Krankenhilfe, Eingliederungshilfe für Behinderte) bedürfen, die von der *Einrichtung* angeboten wird.

2. Nach § 100 Abs. 1 Nr. 2 die Versorgung *Behinderter* mit *Körperersatzstücken, größeren orthopädischen und größeren anderen Hilfsmitteln* i. S. d. § 81 Abs. 1 Nr. 3 (wobei „größere" gem. § 1 Abs. 1 der VO zur Durchführung des § 81 Abs. 1 Nr. 3 des BSHG vom 12. 5. 1975 [oben 2.6.2.] bedeutet, daß der Preis des einzelnen Hilfsmittels mindestens 350 DM erreicht; was darunter liegt, bleibt also in der sachlichen Zuständigkeit des örtlichen Trägers). Wenn man bedenkt, daß z. B. ein elektrischer Rollstuhl im Durchschnitt 9.000 DM kostet, so wird deutlich, daß auch dieser Aufgabenbereich kostenintensiv ist.

3. Die *Hilfe zur Überwindung besonderer sozialer Schwierigkeiten* nach § 72, wenn es erforderlich ist, die Hilfe in einer *Anstalt,* einem *Heim* oder einer *gleichartigen Einrichtung* oder in einer *Einrichtung zur teilstationären Betreuung* zu gewähren (§ 100 Abs. 1 Nr. 5).

4. Die *Hilfe zum Besuch einer Hochschule* im Rahmen der *Eingliederungshilfe für Behinderte* nach §§ 39 ff. (§ 100 Abs. 1 Nr. 6).

5. Schließlich alle Hilfen, die *gleichzeitig* mit den zu oben *Nr. 1 und 3* genannten Hilfeleistungen (einschließlich der Tuberkulosehilfe und der Bestattungskosten nach § 15) zu gewähren sind (§ 100 Abs. 2). Mit dieser Ausdehnung der sachlichen Zuständigkeit des überörtlichen Trägers (also einer Art „Annexkompetenz") soll vermieden werden, daß örtlicher und überörtlicher Träger bei engem Sachzusammenhang nebeneinander zuständig

sind und damit unnötigen Verwaltungsaufwand treiben (zur Ausnahme vgl. § 100 Abs. 2, 2. Halbs.).

*Beispiele:* Der überörtliche Träger ist sachlich zuständig auch für die Blinddarmoperation eines pflegebedürftigen Behinderten, die nach seiner Aufnahme in das Pflegeheim im benachbarten städtischen Krankenhaus durchgeführt wird; und ebenso für die Bestattungskosten, wenn der Behinderte am Ort des Pflegeheimes bestattet wird.

(2) Nach § 119 Abs. 5 S. 1 ist der überörtliche Träger ferner sachlich zuständig für die Gewährung von Sozialhilfe an Deutsche, die ihren gewöhnlichen Aufenthalt im Ausland haben und im Ausland der Hilfe bedürfen (ein nicht gerade häufiger Fall).

(3) Von der durch § 99 eröffneten Möglichkeit, die sachliche Zuständigkeit der überörtlichen Träger durch *Landesrecht* auszuweiten, haben einige Länder Gebrauch gemacht. So ist z. B. der *überörtliche* Träger sachlich zuständig für die Hilfe für Krebskranke (u. a. Hilfe zur Pflege in einer Anstalt) in Nordrhein-Westfalen (§ 1 der 3. AVO zum AG-BSHG) oder für die Sozialhilfe für Ausländer und Staatenlose in Bayern (Art. 7 AG-BSHG).

(4) Vor allem die recht komplizierte und unklare Fassung des § 100 Abs. 1 Nr. 1 ist in der Praxis häufig Gegenstand von Streitigkeiten zwischen örtlichen und überörtlichen Trägern über die Zuständigkeit und damit die (naturgemäß am meisten interessierende) Kostentragung. Eine Neuregelung der sachlichen Zuständigkeit örtlicher und überörtlicher Träger wird deshalb diskutiert, zumal durch die in einzelnen Ländern durchgeführte oder eingeleitete Verwaltungsreform die Verwaltungskraft der örtlichen Träger gestärkt wurde (Mergler 1978, 4 ff.).

(5) Außer der *sachlichen* Zuständigkeit, also der Festlegung von *Aufgabenbereichen* der zwei verschiedenen Typen von Trägern (örtlichen und überörtlichen) regelt das BSHG eine weitere Kompetenzverteilung, nämlich die nach *räumlichen Gesichtspunkten:*

## 3.3. Örtliche Zuständigkeit der Sozialhilfeträger

### 3.3.1. Die Regel

(1) Für die Sozialhilfe *örtlich* zuständig ist derjenige (sachlich zuständige) Sozialhilfeträger, in dessen Bereich sich der Hilfesuchende *tatsächlich aufhält* (§ 97 Abs. 1 S. 1).

*Zweck* des § 97 Abs. 1 S. 1 ist es, eine einfache Regelung zu schaffen, mit deren Hilfe die örtliche Zuständigkeit *leicht* und vor allem *schnell* festzustellen ist, damit Kompetenzschwierigkeiten vermieden und die oft erforderlichen schnellen Hilfeleistungen ermöglicht werden.

Das BSHG geht also aus guten Gründen weiter als § 30 Abs. 1 SGB-AT, wonach die Vorschriften des Sozialgesetzbuches für alle Personen gelten, die ihren Wohnsitz oder gewöhnlichen Aufenthalt in seinem Geltungsbereich haben.

*Gleichgültig* ist vor allem, ob der Aufenthalt ein nur vorübergehender ist (z. B. Besuch, Druckreise). *Nicht entscheidend* sind demnach auch Wohnsitz, polizeiliche Anmeldung, freiwilliger oder unfreiwilliger Aufenthalt, Vorliegen einer Aufenthaltsgenehmigung, Zweck oder Ursache der Anwesenheit usw.

(2) Nun liegt der tatsächliche Aufenthalt eines Hilfeempfängers notwendigerweise immer im örtlichen Zuständigkeitsbereich sowohl eines örtlichen als auch eines überörtlichen Trägers (vom Sonderfall des § 119 Abs. 5 einmal abgesehen): Denn jeder örtliche Träger liegt in einem Gebiet, das zugleich ein überörtlicher Träger räumlich abdeckt:

Der Hilfesuchende, der sich in der Stadt München bzw. im Landkreis Siegen – als örtlichen Trägern – tatsächlich aufhält, hält sich auch im räumlichen Zuständigkeitsbereich der überörtlichen Träger „Bezirk Oberbayern" bzw. „Landschaftsverband Westfalen-Lippe" tatsächlich auf.

Es bedarf also zwischen den beiden in Betracht kommenden Sozialhilfeträgern noch der Zuständigkeitsabgrenzung durch die sachliche Zuständigkeit.

*Beispiel:* Der Sozialhilfeempfänger Riedl aus Augsburg, der nicht gegen Krankheit versichert ist, besucht das Oktoberfest in München; nach einem „Wies'nbummel" muß er wegen einer plötzlichen Erkrankung stationäre Krankenhilfe erhalten (§ 37). Örtlich zuständig ist der Träger, in dessen Bereich er sich tatsächlich aufhält. Nun hält sich Riedl im örtlichen Zuständigkeitsbereich von zwei Sozialhilfeträgern auf: der Stadt München (als örtlichem Träger) und dem Bezirk Oberbayern (als überörtlichem Träger). Es muß also noch anhand der §§ 99, 100 geklärt werden, ob die Stadt München oder der Bezirk Oberbayern sachlich zuständig ist (und damit letztlich die Kosten der Krankenhilfe zahlen muß); liegt ein Regelfall vor – also kein Fall des Ausnahmekatalogs nach § 100 Abs. 1 -, so ist die Stadt München als örtlicher Träger örtlich und sachlich zuständig.

An diesem Beispiel zeigt sich zugleich, daß man die *örtliche Zuständigkeit* nicht mit dem Begriff des *örtlichen Trägers* verwechseln darf: örtlich zuständig kann ein örtlicher, aber auch ein überörtlicher Träger sein. Die endgültige Zuordnung des Hilfefalls in kostenmäßiger Hinsicht entscheidet sich dann anhand der sachlichen Zuständigkeit.

(3) Ein örtlich zuständiger Sozialhilfeträger ist oft darauf angewiesen, den Hilfeempfänger außerhalb seines räumlichen Zuständigkeitsbereichs unterzubringen, etwa weil entsprechende Einrichtungen (Pflegeheime usw.) oder Plätze darin fehlen bzw. zum Zeitpunkt der notwendigen Hilfeleistung nicht frei sind.

*Beispiel:* Der Sozialhilfeempfänger Flender aus Olpe (Landkreis Olpe) muß sich einer Operation unterziehen, die nur im Kreiskrankenhaus Siegen (Kreis Siegen) fachgerecht durchgeführt werden kann; er wird deshalb in das Siegener Krankenhaus gebracht.

Veranlaßt nun der örtlich zuständige Träger (im Beispiel: Kreis Olpe) die Unterbringung des Hilfeempfängers außerhalb seines Bereichs oder stimmt er einer solchen Unterbringung zu, weil der Hilfeempfänger oder seine Angehörigen den benötigten Platz selbst gefunden haben, so bleibt nach § 97 Abs. 2 S. 1 die örtliche Zuständigkeit des „verbringenden" Trägers (im Beispiel also des Kreises Olpe) und damit auch seine Pflicht zur Tragung der Kosten für die Hilfeleistung bestehen (vgl. aber die Ausnahme des S. 2!).

## 3.3.2. Die Ausnahmen

(1) Da ein *Verstorbener* keinen „tatsächlichen Aufenthalt" i. S. d. § 97 Abs. 1 S. 1 mehr haben kann, stellt § 97 Abs. 1 S. 2 klar, daß für Bestattungskosten (vgl. § 15) der Sozialhilfeträger örtlich zuständig ist, in dessen Bereich der Bestattungsort liegt.

(2) Für die Sozialhilfe für Deutsche, die ihren gewöhnlichen Aufenthalt im *Ausland* haben und im Ausland der Hilfe bedürfen, ist örtlich zuständig der (überörtliche, vgl. oben 3.2.2. b) Träger, in dessen Bereich der Hilfesuchende geboren ist (§ 119 Abs. 5 S. 2).

## 3.4. Heranziehung von Trägern

(1) Die Bestimmungen über die *Heranziehung* (§ 96 Abs. 1 S. 2 und Abs. 2 S. 2) sollen die Wirksamkeit von Maßnahmen der Sozialhilfe durch die *Mitwirkung ortsnaher Verwaltungsträger* verbessern. Deshalb können durch Landesrecht
— sowohl die *überörtlichen* Träger die örtlichen Träger
— als auch die *Landkreise* (als örtliche Träger) die ihnen zugehörigen Gemeinden oder Gemeindeverbände für die Durchführung von Aufgaben der Sozialhilfe heranziehen und ihnen dabei entsprechende Weisungen erteilen. Im Interesse einer *möglichst ortsnahen* Durchführung des BSHG wurde von diesen Ermächtigungen in den einzelnen Bundesländern auch Gebrauch gemacht.

*Beispiele:* a) Die „Satzung des Landschaftsverbands Westfalen-Lippe über die Heranziehung der örtlichen Träger der Sozialhilfe zur Durchführung von Aufgaben des überörtlichen Trägers der Sozialhilfe vom 10. 7. 1974" (GVBl. NW 1974, 683) bestimmt in § 1: „Die örtlichen Träger der Sozialhilfe führen folgende Aufgaben des überörtlichen Trägers der Sozialhilfe innerhalb des Geltungsbereichs des Bundessozialhilfegesetzes (BSHG) durch und entscheiden dabei in eigenem Namen:
1. Hilfe zur Pflege einschließlich der Leistungen gemäß § 100 Abs. 2 BSHG..." (es folgt eine Aufzählung der übrigen delegierten Aufgaben). Und § 3 bestimmt: „Den örtlichen Trägern der Sozialhilfe obliegt es ferner, für den überörtlichen Träger der Sozialhilfe Anträge auf Gewährung von Sozialhilfe entgegenzunehmen und die Entscheidungen vorzubereiten und Hilfesuchende den Anstalten, Heimen oder gleichartigen Einrichtungen zuzuführen".
Landesrechtliche Rechtsgrundlage für diese satzungsmäßige Heranziehung ist § 4 des nordrhein-westfälischen AG-BSHG.
b) Die „Satzung über die Durchführung der Sozialhilfe im Kreis Siegen" vom 1. 4. 1975 bestimmt in § 1: „Der Kreis Siegen, im folgenden örtlicher Träger der Sozialhilfe genannt, überträgt den Städten Bad Berleburg... (usw.) und den Gemeinden Burbach... (usw.) zur Entscheidung im eigenen Namen die Durchführung der ihm als örtlichem Träger der Sozialhilfe obliegenden Aufgaben, soweit in den nachstehenden Bestimmungen keine andere Regelung getroffen ist" (in § 3 bestimmt dann die Satzung, welche Aufgaben von der Übertragung ausgenommen sind).
Landesrechtliche Rechtsgrundlage für diese satzungsmäßige Heranziehung ist § 3 des nordrhein-westfälischen AG-BSHG.

62

(2) *Wichtig* bei der Heranziehungsregelung des § 96 ist: Die örtlichen Träger bzw. die Gemeinden werden nur zur *Durchführung* bestimmter Aufgaben *herangezogen* (nämlich solcher Aufgaben, bei denen eine Heranziehung der ortsnäheren Gebietskörperschaft sinnvoll ist). Diese Aufgaben *bleiben aber* solche des *heranziehenden* Trägers, der die herangezogenen Gebietskörperschaften gleichsam als „Außenstellen" für die Aufgabendurchführung einsetzt. An der sachlichen Zuständigkeit der heranziehenden überörtlichen und örtlichen Träger, d. h. an deren Trägerschaft und damit auch an deren Verantwortung ändert sich durch die Heranziehung also nichts: Sie können dem herangezogenen Träger *Weisungen* erteilen, sie haben ihm die *Kosten* der geleisteten materiellen Sozialzilfe-Aufwendungen zu ersetzen und sie entscheiden über *Widersprüche* gegen Verwaltungsakte des herangezogenen Trägers (vgl. § 96 Abs. 1 S. 2 und Abs. 2 S. 2).

Für den einzelnen Hilfebedürftigen hat diese Art von „Dezentralisierung" den Vorteil, daß die ihm vertrautere, ortsnahe Behörde mit seinem „Fall" befaßt ist.

*Beispiel:* Die pflegebedürftige Rentnerin Meier aus Burbach (Kreis Siegen) muß in ein Pflegeheim aufgenommen werden. Die Aufnahme des Antrags, die Vermittlung des Heims, die Übernahme der Heimkosten usw. führt das Sozialamt der Gemeinde Burbach durch, das dazu „herangezogen" wird (vgl. die Satzungen a) und b) im Beispiel oben (1): Zum einen zieht der *Landschaftsverband Westfalen-Lippe* bei der Hilfe zur Pflege den *Kreis Siegen* heran; zum anderen zieht der *Kreis Siegen* bei dieser Hilfeart die *Gemeinde Burbach* heran. Natürlich erhält die Gemeinde Burbach die Kosten des „Falles" vom eigentlich sachlich zuständigen Landschaftsverband (vgl. § 100 Abs. 1 Nr. 1) intern erstattet: Im *Haushalt* der vom örtlichen und vom überörtlichen Träger *herangezogenen Kommune* erscheint dann unter der Rubrik „Einnahmen" auch der Posten „Erstattung durch den örtlichen Träger" (entsprechender DM-Betrag) bzw. „Erstattung durch den überörtlichen Träger" (entsprechender DM-Betrag).

Die Heranziehung nach § 96 führt freilich nicht zwangsläufig dazu, daß die herangezogenen ortsnäheren Behörden auch tatsächlich „bürgernah" arbeiten: „Bürgernähe" bedeutet nämlich mehr als nur organisatorische Dezentralisierung (vgl. auch 3.5.1. (3) und 11.).

## 3.5. Das Sozialamt

### 3.5.1. Innendienst

(1) Während die *überörtlichen* Träger die in ihre Zuständigkeit fallenden Sozialhilfeaufgaben organisatorisch bestimmten Abteilungen zuordnen (z. B. „Abteilung für Sozialhilfe", Sozialhilfeverwaltung", „Landessozialamt"), fassen die *örtlichen* Träger die Durchführung der Sozialhilfe im wesentlichen in der Dienststelle *„Sozialamt"* zusammen (städtisches bzw. Gemeinde-Sozialamt oder Kreissozialamt).

Die administrativen Strukturen des Sozialamts sind allerdings nicht durchweg einheitlich: *Lokale Unterschiede* gibt es namentlich bei der organisatorischen Zusammenfassung oder Trennung von Funktionen, der Hierarchie und kollegialen Strukturen, der Verbindung von Innendienst und Außendienst (dazu unten 3.5.2.) sowie der Anwendung von Verwaltungs- und Bürotechniken. Trotz solcher Unterschiede im Detail lassen sich freilich typische und durchschnittliche Organisationsmuster und administrative Strukturen erkennen (Reidegeld 1980, 210): Ein solches „Durchschnitts-Sozialamt" hat z. B. die Kommunale Gemeinschaftsstelle für Verwaltungsvereinfachung skizziert (1967, 99; wiedergegeben auch bei Reidegeld 1980, 212).

(2) Die folgenden *graphischen Übersichten* (S. 64f.) zeigen einmal den „Ort" des Sozialamtes in der (traditionellen) Behördenstruktur einer Kommune (1.) und zum anderen das (traditionelle) Organisationsschema eines solchen Sozialamtes (2.), dargestellt jeweils am Beispiel der (kreisangehörigen) Stadt Siegen/Westfalen (zur Neustrukturierung der Sozialverwaltung unten 3.5.2. (3)).

(3) Das Sozialamt ist eine Behörde mit „*Komm-Struktur*". Das heißt: Es ist im wesentlichen eine „*reaktive*" Behörde, die von sich aus kaum Aktivitäten zum Aufspüren von Not entfaltet, ja aufgrund einer Kumulation von Gründen auch nicht entfalten kann: nämlich vor allem aufgrund des Zusammentreffens *büro- kratischer Organisationsformen*, die beim Hilfsbedürftigen ein beträchtliches Maß an Aktionsfähigkeit voraussetzen, mit einem *begrenzten kommunalen Etat* (vgl. unten 3.8.), mit *organisatorischen Defiziten* und mit einem *geringen Anse- hen des Amtes*, das für eine wahlpolitisch nicht sonderlich interessante Bevölke- rungsgruppe Hilfe leisten soll (Grauhahn/Leibfried 1977, 65 ff.; Bronke/Wenzel 1977, 309 ff.; Reidegeld 1980, 214). Nicht zuletzt sei auf die im Rahmen neuerer Untersuchungen artikulierte *unzulängliche Personalsituation* im Sozialamt hin- gewiesen:

Die Sozialämter üben geringe Attraktivität auf potentielle Mitarbeiter aus; demzufolge fehlt es oft an Mitarbeitern bzw. die vorhandenen Mitarbeiter sind überlastet. Ausschlag- gebend hierfür sind u. a. die gegenüber anderen Ämtern schlechteren beruflichen Auf- stiegschancen im Sozialamt (mit der Folge einer beachtlichen Personalfluktuation), das schlechte Image des Sozialamtes und die mangelhafte Publikumsbezogenheit („Bürgernä- he"), welche durch die – ganz überwiegend nur auf verwaltungsmäßige Aspekte bezogene – Ausbildung der Sachbearbeiter mitbedingt wird. Demzufolge tut eine Vielzahl von Mit- arbeitern im Sozialamt nicht freiwillig Dienst, sondern wurde dorthin versetzt. Diese Per- sonalsituation legt die Vermutung nahe, daß es zu erheblichen Defiziten beim Umgang der Sachbearbeiter mit den Sozialhilfeempfängern kommen kann (vgl. Grunow/Hegner 1979, 377 ff.; dazu auch 11.2.4.). Andererseits sollte man solche sozialwissenschaftlichen Befun- de auch nicht überinterpretieren: Selbstverständlich gibt es auf den Sozialämtern auch freundliche, zuvorkommende und hilfsbereite Sachbearbeiter, die beim Umgang mit den Sozialhilfeempfängern im Rahmen ihrer Möglichkeiten helfen.

(4) Den *Leistungsabteilungen* des Sozialamts obliegt die Prüfung von Anträgen auf Sozialhilfe sowie die *Entscheidung* über Art, Form und Umfang der zu gewährenden *wirtschaftlichen Leistungen* (d. h. Geld- und Sachleistungen); ne-

64

1. "Ort" des Sozialamts

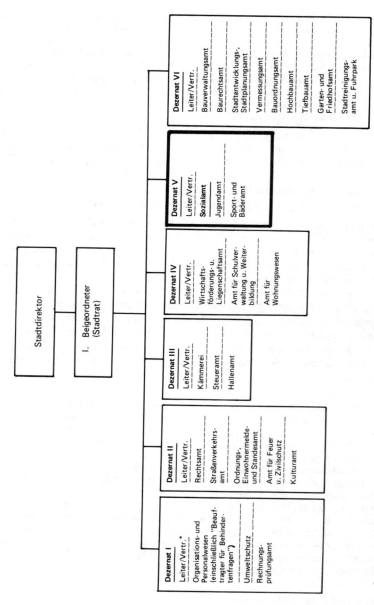

| Stadtdirektor |
| --- |

| I. Beigeordneter (Stadtrat) |
| --- |

**Dezernat I**
Leiter/Vertr.*
Organisations- und Personalwesen (einschließlich "Beauftragter für Behindertenfragen")
Umweltschutz
Rechnungsprüfungsamt

**Dezernat II**
Leiter/Vertr.
Rechtsamt
Straßenverkehrsamt
Ordnungs-, Einwohnermelde- und Standesamt
Amt für Feuer u. Zivilschutz
Kulturamt

**Dezernat III**
Leiter/Vertr.
Kämmerei
Steueramt
Hallenamt

**Dezernat IV**
Leiter/Vertr.
Wirtschaftsförderungs- u. Liegenschaftsamt
Amt für Schulverwaltung u. Weiterbildung
Amt für Wohnungswesen

**Dezernat V**
Leiter/Vertr.
Sozialamt
Jugendamt
Sport- und Bäderamt

**Dezernat VI**
Leiter/Vertr.
Bauverwaltungsamt
Baurechtsamt
Stadtentwicklungs-, Stadtplanungsamt
Vermessungsamt
Bauordnungsamt
Hochbauamt
Tiefbauamt
Garten- und Friedhofsamt
Stadtreinigungsamt u. Fuhrpark

* Vertr. = Vertreter des Dezernatsleiters

## 2. Geschäftsverteilungsplan des Sozialamts

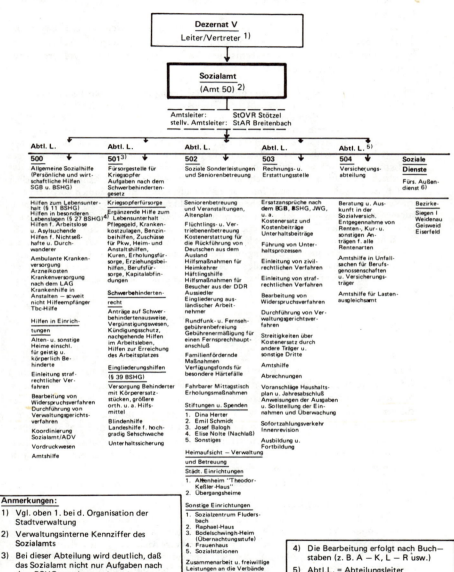

**Dezernat V**
Leiter/Vertreter [1]

**Sozialamt**
(Amt 50) [2]

Amtsleiter: StOVR Stötzel
stellv. Amtsleiter: StAR Breitenbach

**Abtl. L.** | **Abtl. L.** | **Abtl. L.** | **Abtl. L.** | **Abtl. L.** [5]

**500** | **501** [3] | **502** | **503** | **504** | **Soziale Dienste**

**Allgemeine Sozialhilfe** (Persönliche und wirtschaftliche Hilfen SGB u. BSHG) | **Fürsorgestelle für Kriegsopfer** Aufgaben nach dem Schwerbehindertengesetz | **Soziale Sonderleistungen und Seniorenbetreuung** | **Rechnungs- u. Erstattungsstelle** | **Versicherungsabteilung** | Fürs. Außendienst [6]

Hilfen zum Lebensunterhalt (§ 11 BSHG)
Hilfen in besonderen Lebenslagen (§ 27 BSHG) [4]
Hilfen f. Arbeitslose u. Asylsuchende
Hilfen f. Nichtseßhafte u. Durchwanderer
Ambulante Krankenversorgung
Arzneikosten
Krankenversorgung nach dem LAG
Krankenhilfe in Anstalten – soweit nicht Hilfeempfänger
Tbc-Hilfe

Hilfen in Einrichtungen
Alten- u. sonstige Heime einschl. für geistig u. körperlich Behinderte

Einleitung strafrechtlicher Verfahren
Bearbeitung von Widerspruchsverfahren
Durchführung von Verwaltungsgerichtsverfahren
Koordinierung Sozialamt/ADV
Vordruckwesen
Amtshilfe

Kriegsopferfürsorge
Ergänzende Hilfe zum Lebensunterhalt
Pflegegeld, Krankenkostzulagen, Benzinbeihilfen, Zuschüsse für Pkw, Heim- und Anstaltshilfen, Kuren, Erholungsfürsorge, Erziehungsbeihilfen, Berufsfürsorge, Kapitalabfindungen

Schwerbehindertenrecht
Anträge auf Schwerbehindertenausweise, Vergünstigungswesen, Kündigungsschutz, nachgehende Hilfen im Arbeitsleben, Hilfen zur Erreichung des Arbeitsplatzes

Eingliederungshilfen (§ 39 BSHG)
Versorgung Behinderter mit Körperersatzstücken, größere orth. u. a. Hilfsmittel
Blindenhilfe
Landeshilfe f. hochgradig Sehschwache
Unterhaltssicherung

Seniorenbetreuung und Veranstaltungen, Altenplan
Flüchtlings- u. Vertriebenenbetreuung
Kostenerstattung für die Rückführung von Deutschen aus dem Ausland
Hilfsmaßnahmen für Heimkehrer
Häftlingshilfe
Hilfsmaßnahmen für Besucher aus der DDR
Aussiedler
Eingliederung ausländischer Arbeitnehmer
Rundfunk- u. Fernsehgebührenbefreiung
Gebührenermäßigung für einen Fernsprechhauptanschluß
Familienfördernde Maßnahmen
Verfügungsfonds für besondere Härtefälle
Fahrbarer Mittagstisch
Erholungsmaßnahmen

Stiftungen u. Spenden
1. Dina Herter
2. Emil Schmidt
3. Josef Balogh
4. Elise Nolte (Nachlaß)
5. Sonstiges

Heimaufsicht – Verwaltung und Betreuung
Städt. Einrichtungen
1. Altenheim "Theodor-Keßler-Haus"
2. Übergangsheime

Sonstige Einrichtungen
1. Sozialzentrum Fludersbach
2. Raphael-Haus
3. Bodelschwingh-Heim (Übernachtungsstufe)
4. Frauenhaus
5. Sozialstationen

Zusammenarbeit u. freiwillige Leistungen an die Verbände der freien Wohlfahrtspflege u. sonstige soziale Vereine u. Einrichtungen

Ersatzansprüche nach dem BGB, BSHG, JWG, u. a.
Kostenersatz und Kostenbeiträge
Unterhaltsbeiträge
Führung von Unterhaltsprozessen
Einleitung von zivilrechtlichen Verfahren
Einleitung von strafrechtlichen Verfahren
Bearbeitung von Widerspruchsverfahren
Durchführung von Verwaltungsgerichtsverfahren
Streitigkeiten über Kostenersatz durch andere Träger u. sonstige Dritte
Amtshilfe
Abrechnungen
Voranschläge Haushaltsplan u. Jahresabschluß
Anweisungen der Ausgaben u. Sollstellung der Einnahmen und Überwachung
Sofortzahlungsverkehr
Innenrevision
Ausbildung u. Fortbildung

Beratung u. Auskunft in der Sozialversich.
Entgegennahme von Renten-, Kur- u. sonstigen Antträgen f. alle Rentenarten
Amtshilfe in Unfallsachen für Berufsgenossenschaften u. Versicherungsträger
Amtshilfe für Lastenausgleichsamt

Bezirke-
Siegen I
Weidenau
Geisweid
Eiserfeld

**Anmerkungen:**
1) Vgl. oben 1. bei d. Organisation der Stadtverwaltung
2) Verwaltungsinterne Kennziffer des Sozialamts
3) Bei dieser Abteilung wird deutlich, daß das Sozialamt nicht nur Aufgaben nach dem BSHG, sondern auch nach anderen Gesetzen durchführt (z. B. Bundesversorgungsgesetz)
4) Die Bearbeitung erfolgt nach Buchstaben (z. B. A – K, L – R usw.)
5) Abtl.L. = Abteilungsleiter
6) Fürs. = Fürsorgerischer

66

ben und in Verbindung mit der Entscheidung über wirtschaftliche Hilfen soll *persönliche Hilfe*, z. B. in Form von Beratung, angeboten und geleistet werden (vgl. § 8; dazu 6.1.2.).

Die Entscheidungen in den Leistungsabteilungen treffen *Verwaltungsfachkräfte* („Sachbearbeiter", die eigentlich keine Sachen, sondern Menschen „bearbeiten") im Rahmen eines hierarchischen Aufbaus (vgl. den oben wiedergegebenen Geschäftsverteilungsplan).

Die Entscheidung der *Sachbearbeiter* über die Gewährung von Sozialhilfe bedarf aber eines umfassend erhobenen Sachverhalts. Denn Grundsatz jeder Sozialhilfe ist ihre Anpassung an die sprezifischen Erfordernisse des Einzelfalls („Art, Form und Maß der Sozialhilfe richten sich nach der Besonderheit des Einzelfalles, vor allem nach der Person des Hilfeempfängers, der Art seines Bedarfs und den örtlichen Verhältnissen", § 3 und dazu noch unten 4.5.). Der Sachbearbeiter im „Innendienst" kann eine solche umfassende Sachverhaltsermittlung aber nicht nur vom Schreibtisch aus leisten. Er muß vielmehr von der spezifischen Situation des Hilfesuchenden „vor Ort" erfahren. Dies kann er zwar selbst tun; meist wird aber seine Fachkunde dafür nicht ausreichen: Er ist nämlich vor allem eine im Verwaltungs- und Sozialhilferecht geschulte Fachkraft und erledigt Geld- und Sachleistungen durch Verwaltungsakte mit den Mitteln der Subsumtionstechnik (Zuordnung des Sachverhalts zu den Tatbestandsmerkmalen einer Norm). Der Sachbearbeiter im Innendienst braucht also vielfach den fachkundigen „Ermittlungsbeamten im Außendienst", der „vor Ort" im persönlichen Umgang mit dem Hilfesuchenden und seiner unmittelbaren Umwelt die individuell wechselnden Anspruchsvoraussetzungen für die Hilfeleistung überprüft und die Entscheidung über die je adäquate behördliche Reaktion ermöglicht:

### 3.5.2. Außendienst

(1) Dieser Außendienst, meist „*Familienfürsorge*" (oder „*allgemeiner Sozialdienst*") genannt und i. d. R. mit *Sozialarbeitern* besetzt, ist in verschiedenen Organisationsmodellen denkbar und in der Praxis auch vorzufinden: Er kann organisatorisch z. B. dem Sozialamt, aber auch dem Jugendamt bzw. dem Gesundheitsamt zugeordnet sein, aber auch eine eigenständige Abteilung der Sozialverwaltung bilden. Unabhängig von seiner Organisationsform hat aber dieser behördliche „fürsorgerische Ermittlungsdienst" die Aufgabe, auch für die Leistungsabteilungen der Sozialämter unmittelbar im sozialen Feld Nottatbestände zu ermitteln und Hilfsbedürftigkeit festzustellen bzw. das Vorliegen von Voraussetzungen für den (Weiter-)Bezug von Sozialhilfeleistungen zu überprüfen.

*Beispiel:* Beim Sachbearbeiter (Innendienst) Baier des Sozialamts Neustadt spricht die Rentnerin Huber vor, um sich zu erkundigen, ob (wirtschaftliche) Sozialhilfe gewährt werden könne. Der Sachbearbeiter kann freilich in dem Gespräch trotz aller Bemühungen eine Reihe von Fragen nicht näher klären (etwa die Frage nach den Wohnverhältnissen und unterhaltspflichtigen Angehörigen); er bittet deshalb den Außendienst (nämlich die für den Stadtteil zuständige Sozialarbeiterin der Familienfürsorge) durch Hausbesuch die persönlichen und wirtschaftlichen Verhältnisse von Frau Huber festzustellen und einen Hilfsplan zu unterbreiten.

*Weitere Beispiele* für die Rolle des Sozialarbeiters bei der Durchführung der Sozialhilfe finden sich unter 6.2.10. (vgl. den dortigen Bericht des Sozialarbeiters) und unter 6.3.5.9.7 (bei der Feststellung des Grads der Pflegebedürftigkeit).

Nach Beendigung des Ermittlungs- bzw. Kontrollvorgangs berichtet der Außendienst dem *Innendienst,* der dann den Fall weiterbearbeitet, nämlich die rechtlichen Voraussetzungen für die Hilfeleistung prüft und dann *allein* darüber entscheidet. Diese Einordnung des Außendienstes ist im wesentlichen erklärlich durch die Überbetonung des innerdienstlichen Verwaltungshandelns, in dessen Vorfeld der Außendienst seine Hilfsfunktion ausübt. Neben dieser – hauptsächlich als *Ermittlungs- und Kontrolldienst* geleisteten – Tätigkeit hat die Familienfürsorge weitergehendere Aufgaben, nämlich vor allem

— dem Hilfesuchenden die Ansprüche und Zuständigkeiten im gesamten System der sozialen Sicherung zu interpretieren und mögliche Hilfsquellen zu vermitteln;
— im Rahmen einer umfassend verstandenen Lebenshilfe (unter Einbezug der materiellen Hilfen) mit dem Hilfesuchenden zu arbeiten, damit dieser befähigt wird, sich selbst zu helfen;
— als Vermittler und Koordinator zu den sozialen Leistungen des Jugendamts, des Gesundheitsamts, des Arbeitsamtes, der Sozialversicherungsträger usw. sowie den Beratungs- und Betreuungsdiensten der freien Wohlfahrtsverbände zu handeln (dazu Schelenz 1980, 153 ff.).

(2) Die *Trennung von Innendienst und Außendienst* sowie die Zusammenarbeit zwischen der Leistungsabteilung des Sozialamts und der Familienfürsorge ist freilich nicht nur ein Problem der organisatorischen Struktur und Anbindung, sondern auch ein *Problem divergierender Berufsgruppen* mit spezifischen Orientierungen und mit unterschiedlichen Kompetenzverteilungen: Während sich die *Sozialarbeiter* in der Mehrheit vor allem klientenorientierten Standards ihrer Berufsgruppe verpflichtet fühlen, d. h. sich mehr mit den individuellen, psychologischen, pädagogischen und sozialen Bezügen der Sozialhilfe befassen, herrscht bei den *Sachbearbeitern* eher eine verfahrensorientierte, d. h. an den rechtlichen und finanziellen Aspekten des Falls ausgerichtete Haltung vor (dazu eingehend Haisch 1979, 263 ff.; Reidegeld 1980, 213). Die aus dieser spezifischen Orientierung resultierenden Konflikte zwischen Sozialarbeitern und Sachbearbeitern werden durch die *Kompetenzverteilung* noch verstärkt: Die Sozialarbeiter haben im Hinblick auf die materielle Hilfeleistung nur ein „Vorschlagsrecht", während die Entscheidung dem Innendienst obliegt. Umgekehrt sind die Sachbearbeiter bei der Entscheidungsfindung auf Informationen der Sozialarbeiter angewiesen, die aber oft nicht den verwaltungsrechtlichen Erfordernissen entsprechen (vgl. Kühn 1975, 135; Hegner/Schmidt 1979, 190; Grunow/Hegner 1979, 372).

(3) Nicht nur durch die arbeitsteilige „Betreuungs-Struktur" des *Sozialamts* werden aber die Lebenszusammenhänge von Hilfsbedürftigen lediglich aspekthaft behandelt. Hinzu kommt, daß die gleichen Problemgruppen von Hilfsbedürftigen i. d. R. mit einer Reihe *anderer Stellen* der Verwaltung in Kontakt kommen bzw. kommen müssen (Jugendamt, Gesundheitsamt, Wohnungsamt, Ordnungsamt usw. und Sozialarbeitern des Jugendamts, Gesundheitsamts usw.). Die umfassende Hilfsbedürftigkeit dieser Gruppen und ihre Lebenszusammenhänge stehen zu den vorhandenen Organisationsformen der Sozialverwaltung aber gleich-

sam quer: Jede Stelle mit ihren speziellen Hilfeleistungen, ihren spezialisierten „Helfer-Profis" und ihren speziellen Zuständigkeiten betreut den jeweiligen Klienten nur segmentartig. „*Mehrfachbetreuung*" gehört deshalb heute zu den Alltäglichkeiten der Sozialverwaltung und der behördlichen Sozialarbeit (Reidegeld 1980, 212 f.).

(4) Die *Nachteile* einer solchen Parzellierung von Diensten und Kompetenzen liegen auf der Hand: Soziale Not wird in verschiedene Kompetenzbereiche zerlegt, die Hilfe wird von verschiedenen Fachkräften wahrgenommen und nicht einheitlich als umfassende soziale Betreuung geleistet, die Effektivität der Hilfe leidet und die Übersichtlichkeit für den Klienten geht verloren (vgl. Kühn 1975, 135).

Um diese negativen Folgen der Parzellierung von Behörden, Diensten und Zuständigkeiten im Hinblick auf eine umfassende und bedarfsgerechte Versorgung der Klienten zu beseitigen oder zumindest erheblich zu verringern, werden seit längerem Überlegungen angestellt, *neue Organisationsmodelle der Sozialverwaltung* zu verwirklichen bzw. zumindest den Innen- und Außendienst in einem integrierten Organisationsmodell zusammenzufassen (vgl. Flamm 1967; Empfehlungen . . . 1982). In den einzelnen Kommunen gibt es dafür die unterschiedlichsten Veränderungsansätze, die versuchen, die sozialarbeiterische Betreuung sowie die Gewährung materieller Hilfe organisatorisch zu integrieren und nach Stadtteilprinzip, Zielgruppenprinzip und Integration einzelfallbezogener und einzelfallübergreifender Arbeit zu ordnen sowie die Aufgaben nach funktionalen Gesichtspunkten aufzuteilen (grob skizziert: bei Vorrang des psychosozialen Aspekts des Falles übernimmt der Sozialarbeiter die Sachbearbeitung und die Entscheidung, bei Vorrang des materiellrechtlichen Aspekts der Verwaltungssachbearbeiter, bei Gleichrangigkeit beider Aspekte wird die Bearbeitung und Entscheidung gemeinsam vorgenommen).
Die unterschiedlichen *Modelle* der Neustrukturierung (z. B. in Berlin, Bremen, Duisburg, Heilbronn, Karlsruhe, Köln, Trier) haben dabei neben Zustimmung auch massive Kritik erfahren, sofern sie anstelle einer wirklichen Neugestaltung eine oberflächliche Neuzuordnung vorgenommen haben, sofern sie also nicht eine inhaltliche, problembezogene und auf eine Verbesserung der Arbeitsbedingungen sozialer Arbeit (z. B. Abbau von Hierarchien) zielende Neustrukturierung bewirkten, sondern die Neuorganisation auf sozialtechnokratische Perspektiven und auf eine Steigerung administrativer Effizienz verengt haben (im einzelnen dazu lesenswert: Hartwieg 1972, 223 ff.; Pitschas 1976, 50 ff.; Reidegeld 1980, 209 ff.; Müller/Otto 1980).
Unabhängig von einer Neuorganisation der sozialen Dienste scheint sich freilich in allen Bereichen der Sozialadministration die Tendenz abzuzeichnen, daß nicht nur die Sachbearbeiter, sondern auch die *Sozialarbeiter* die Vielfalt und Vielschichtigkeit der Probleme „ihrer" Klienten derart definieren und transformieren, daß sie auf administrativ bearbeitbare Fälle und rechtlich fixierte Ansprüche auf Hilfe zurückgeschraubt werden (dazu Olk/ Otto 1981, 126; Lau/Wolff 1981, 205).
(5) Ein interessantes Beispiel für die Gestaltung des Verhältnisses zwischen Sozialverwaltungsfachkräften und Sozialarbeitern sind die im folgenden abgedruckten „*Bremer Grundsätze*" (vgl. BldW 1981, 186):

# Bremer Grundsätze

über die Arbeitsteilung zwischen Sozialverwaltungsfachkräften der wirtschaftlichen Sozial- und Jugendhilfe und den behördlichen sozialpädagogischen Fachkräften

## 1. Allgemeine Funktionsabgrenzung

### 1.1. Sozialverwaltungsfachkräfte

● Beratung in Fragen der Sozialhilfe und anderen sozialrechtlichen Angelegenheiten im Sinne des Sozialgesetzbuches — Allgemeiner Teil

● Entscheidung über wirtschaftliche Hilfen nach den jeweiligen gesetzlichen Bestimmungen

● persönliche Hilfe im Sinne des § 8 BSHG in Form der rechtlichen Beratung in Fragen der Sozialhilfe und sonstigen sozialen Angelegenheiten einschließlich der Vermittlung an die bezirklichen und zentralen Sozialdienste.

### 1.2. Sozialpädagogische Fachkräfte

● Beratung in sozialpädagogischen und persönlichen Fragen

● Sicherstellung des sozialpädagogischen und persönlichen Bedarfs im Sinne des § 8 BSHG sowie ggf. Vermittlung materieller Hilfen durch die bezirklichen oder zentralen Sozialdienste für wirtschaftliche Sozial- und Jugendhilfe

● gutachtliche Stellungnahmen bei verschiedenen Hilfen in besonderen Lebenslagen.

### 1.3. Gegenseitige Informationspflicht

Falls von sozialpädagogischen Fachkräften sozialpädagogische Hilfen gewährt werden, sind die Sozialverwaltungsfachkräfte über Art und Ziel der Hilfe zu unterrichten, wenn sie im gleichen Fall wirtschaftliche Hilfe leisten.

Die Sozialverwaltungsfachkräfte informieren die sozialpädagogischen Fachkräfte in allen Fällen wirtschaftlicher Hilfeleistung durch Übersendung einer Bescheiddurchschrift. Unabhängig davon müssen die Sozialverwaltungsfachkräfte die sozialpädagogischen Fachkräfte informieren, wenn nach vorliegenden Kriterien angenommen werden kann, daß neben dem wirtschaftlichen auch ein sozialpädagogischer Bedarf abzudecken ist (Mehrfachproblematik).

### 1.4. Einigungspflicht — Konfliktlösung

Wollen die Sozialverwaltungsfachkräfte der gutachtlichen Stellungnahme von sozialpädagogischen Fachkräften bei Anfragen auf wirtschaftliche Leistungen nicht entsprechen, so muß der Vorgang mit dem Ziel der Einigung zwischen beiden Fachkräften erörtert werden. Kommt eine Einigung nicht zustande, so ist die Entscheidung gemeinsam

mit den Leitern der betroffenen zielgruppenbezogenen Sozialdienste herbeizuführen. Letzte Entscheidungsinstanz ist bei diesen Konflikten die Bezirksleitung.

### 1.5. Mitwirkung der sozialpädagogischen Fachkräfte

Die sozialpädagogischen Fachkräfte wirken bei allen wirtschaftlichen Hilfen mit, für deren Entscheidung es auch ihrer Fachqualifikation bedarf. Bei Konflikten über die Notwendigkeit der Mitwirkung ist das unter 1.4. dieser Grundsätze genannte Verfahren anzuwenden.

## 2. Spezielle Funktionsabgrenzung

### 2.1. Laufende Hilfe zum Lebensunterhalt und/oder einmalige Hilfen

Alle für die abschließende Bearbeitung eines Antrages notwendigen Unterlagen hat regelmäßig der Hilfesuchende zu erbringen. Auf der Grundlage des Hauptantrages, der erforderlichen Unterlagen und etwaiger zusätzlicher Erklärungen entscheidet ausschließlich die Sozialverwaltungsfachkraft, es sei denn, daß sozialpädagogische Fachkräfte mitwirken, weil im Rahmen des wirtschaftlichen Bedarfs auch ein sozialpädagogischer Bedarf abzudecken ist. Dies gilt z. B. immer bei Vorliegen von Räumungsklagen.

Sind ausschließlich wirtschaftliche Hilfen in Form der Hilfe zum Lebensunterhalt zu leisten, so sind die Aktivitäten von den Sozialverwaltungsfachkräften wahrzunehmen. Dieses gilt auch für alle evtl. notwendig werdenden Außendiensttätigkeiten.

### 2.2. Hilfe in besonderen Lebenslagen

Bei den nachfolgend genannten Hilfen sind immer sozialpädagogische Fachkräfte zu beteiligen, weil auch ihre spezielle Fachqualifikation erforderlich ist:

● Hilfe zur Familienplanung (§§ 37a und b BSHG)

● Eingliederungshilfe für Behinderte

● Hilfe zur Pflege; Landespflegegeld

● Hilfe zur Weiterführung des Haushalts

● Hilfe zur Überwindung besonderer sozialer Schwierigkeiten (§ 72 BSHG).

Für die hier nicht genannten übrigen Hilfen in besonderen Lebenslagen gilt die Regelung unter Ziffer 2.1. dieser Grundsätze entsprechend.

aus: BIdW 1981, 186

### 3.6. Sonstige Aufgaben der Sozialhilfeträger

Aus dem Kreis der sonstigen Aufgaben von Sozialhilfeträgern im Zusammenhang mit der Durchführung des BSHG ist insbesondere hinzuweisen auf
— die Amtshilfe (§§ 3 ff. SGB X, die seit dem 1. 1. 1981 an die Stelle des früheren § 117 BSHG getreten sind);
— die Pflicht zur Aufklärung, Beratung und Auskunft (§§ 13–15 SGB-AT i. V. m. § 8 BSHG; vgl. 2.5. und 3.7.2.2.3.).

Der „Bericht der Bundesregierung über die Erfahrungen mit den Vorschriften des Sozialgesetzbuches – Allgemeiner Teil – über die Aufklärungs-, Beratungs- und Auskunftspflicht in allen Sozialleistungsbereichen . . ." (BT-Dr. 8/2454) stellt zwar fest, daß auch im Aufgabenbereich Sozialhilfe die Pflichten zur Aufklärung, Beratung und Auskunftserteilung „umfangreich und intensiv" erledigt werden (S. 4,10). Dieses ausgesprochen positive Ergebnis, das freilich im wesentlichen nur auf Stellungnahmen der Länder im Rahmen der Vorarbeiten zu diesem Bericht beruht, steht im Widerspruch zu Befunden neuerer einschlägiger sozialwissenschaftlicher Untersuchungen: Gute Aufklärung, Beratung und Auskunft hängen leider immer noch mehr von Zeit und Gutwilligkeit einzelner Beamter oder Sachbearbeiter der Behörden ab (Grunow/Hegner 1979, 359 und unten 11.2.3.).

### 3.7. Verhältnis der Sozialhilfeträger zu den Trägern der freien Wohlfahrtspflege

#### 3.7.1. Allgemeines

Das BSHG regelt die Sozialhilfe als *öffentlich-rechtliche* Aufgabe, die *öffentlich-rechtlichen Trägern* obliegt (§§ 9, 96 Abs. 1 und oben 3.1.): Diese öffentlich-rechtlichen (staatlichen) Träger sind verpflichtet, die Sozialhilfe zu gewähren, also Maßnahmen und Leistungen in Form der persönlichen Hilfe, Geld- und Sachleistungen (vgl. § 8) zu erbringen.
   Gleichwohl konnte und wollte der Gesetzgeber nicht daran vorbeigehen, daß zahlreiche Maßnahmen und Leistungen, die das BSHG umschreibt, seit langem auch durch Mitarbeiter und in Einrichtungen von *nichtstaatlichen* („freien") humanitären und karitativen gesellschaftlichen Kräften erbracht werden,

etwa in Alten- und Pflegeheimen, Erholungsheimen, Müttergenesungsheimen, Heimen und Werkstätten für Behinderte, Erziehungs- und Kinderheimen, Sonderschulen, Sonderkindergärten, Haus- und Krankenpflegestationen, Ehe-, Erziehungs-, Schwangerschafts- und Suchtberatungsstellen, Mahlzeitdiensten („Essen auf Rädern") usw.

Die Existenz dieser „*freien Wohlfahrtspflege*" und ihre konkurrierende Tätigkeit im Bereich sozialer Hilfen machten es notwendig, ihr Verhältnis zu den staatlichen (im folgenden der Einfachheit halber: „öffentlichen") Sozialhilfeträgern zu regeln, also gleichsam die „Terrains" abzugrenzen und das Miteinander – im Sinne einer wirksamen Ergänzung zum Wohle des Hilfesuchenden – festzulegen. Das BSHG hat freilich nur dieses Verhältnis zueinander geregelt, *nicht* aber die *Tätigkeit* der Träger der freien Wohlfahrtspflege; diese bleiben in der *Gestaltung ihrer Arbeit frei* (unten 3.7.2.3.2.).

## 3.7.2. Regelung des Verhältnisses von freier Wohlfahrtspflege und öffentlicher Sozialhilfe

### 3.7.2.1. Die freie Wohlfahrtspflege

(1) § 10 Abs. 1 stellt deklaratorisch fest, daß die Tätigkeit der *freien Wohlfahrtspflege,* nämlich der Kirchen und Religionsgesellschaften des öffentlichen Rechts sowie der Verbände der freien Wohlfahrtspflege, als Träger sozialer Aufgaben von den Bestimmungen des BSHG unbeeinflußt bleibt. Zu den Trägern der freien Wohlfahrtspflege gehören mithin:

- die *Kirchen* und *Religionsgemeinschaften öffentlichen Rechts* (z. B. die Katholische Kirche), deren Kenntnis hier vorausgesetzt werden kann;
- die *Verbände der freien Wohlfahrtspflege,* die überwiegend in folgenden Spitzenverbänden zusammengeschlossen sind:

1. Die *Arbeiterwohlfahrt* – AWO – (1919 gegründet, aus der deutschen Arbeiterbewegung hervorgegangen und ursprünglich Wohlfahrtsorganisation der SPD, der sie auch heute eng verbunden ist);
2. der *Deutsche Caritasverband* – DCV – (der auf den 1890 gegründeten „Volksverein für das katholische Deutschland" zurückgeht und die von den deutschen Bischöfen anerkannte institutionelle Zusammenfassung und Vertretung der katholischen Caritas);
3. der *Deutsche Paritätische Wohlfahrtsverband* – DPWV – (aus der 1920 gegründeten „Vereinigung der freien privaten gemeinnützigen Kranken- und Pflegeanstalten Deutschlands" hervorgegangen und ohne konfessionelle oder parteipolitische Bindung);
4. das *Deutsche Rote Kreuz* – DRK – (nationale Rotkreuzgesellschaft der Bundesrepublik und ursprünglich – i. S. der 1862 aufgestellten Forderungen H. Dunants – um die Betreuung Verwundeter auf den Schlachtfeldern bemüht);
5. das *Diakonische Werk* der Evangelischen Kirche in Deutschland – DW – (setzt die Tätigkeit des 1884 entstandenen Central-Ausschusses für die Innere Mission und des 1946 gegründeten Hilfswerks der Evangelischen Kirche in Deutschland fort);
6. die *Zentralwohlfahrtsstelle der Juden in Deutschland* – ZWSt – (1917 gegründet und heute Spitzenorganisation der jüdischen Wohlfahrtspflege).

Diese sechs Spitzenverbände der freien Wohlfahrtspflege sind in der *Bundesarbeitsgemeinschaft der Freien Wohlfahrtspflege* zusammengeschlossen, die in allen Fragen der freien Wohlfahrtspflege berät und koordiniert.

Die sechs genannten „Riesen" im sozialpolitischen Geschehen sind freilich *dezentral strukturiert* in zahlreichen Vereinen, Fachverbänden, Genossenschaften, GmbHs usw. Diese Verschachtelungen und Verflechtungen (einem Konzern nicht unähnlich) erlauben nur wenigen einen Durch- und Überblick, ein Zustand, der einen Caritas-Mitarbeiter aus der Freiburger Zentrale zu dem Satz verleitet haben soll: „Da schaut kein Rechnungshof durch, nein, noch schlimmer, die Rechnungshöfe glauben, daß sie durchsteigen" (Dillmann 1981, 86).

Eine eingehende Darstellung der Verbände der freien Wohlfahrtspflege, insbesondere ihrer Geschichte, Organisation, Programmatik, Aktivitäten, Mitarbeiter und Funktion in der Sozialpolitik findet sich in dem sehr lesenswerten Buch von Bauer (1978), der nicht nur Materialien zusammenstellt, sondern die freien

Wohlfahrtsverbände auch kritisch analysiert (S. 19–114; vgl. auch Brandt 1981, 82 ff.; Heinze/Olk 1981, 24 ff.).

(2) Die *Bedeutung* der freien Wohlfahrtspflege in der Bundesrepublik ergibt sich daraus, daß etwa drei Millionen Menschen von ihr arbeitstäglich betreut werden. Von den 402 000 Betten in Alten- und Pflegeheimen entfallen 60 % auf Einrichtungen der freien Wohlfahrtspflege, von den 727 000 Betten in Krankenhäusern und Spezialkliniken 35 %, von den 305 000 Betten in Heimen für Kinder und Jugendliche 65 %; über 1 Mio. Plätze in Kindergärten werden von den freien Wohlfahrtsverbänden zur Verfügung gestellt. In den Einrichtungen der Verbändewohlfahrt sind insgesamt 520 000 Mitarbeiter hauptberuflich beschäftigt (daneben ein Vielfaches an ehrenamtlichen Helfern), darunter 50 000 in fürsorgerischen und pädagogischen Berufen, 21 000 in gewerblichen, hauswirtschaftlichen und Verwaltungsberufen sowie 160 000 in Heil- und Pflegeberufen (alle Zahlen nach Brück 1981, 305 f. weitere Zahlen bei Lüers 1977, 254 f. und Bauer 1980, 488 ff.).

(3) Im vorliegenden Rahmen kann auf grundsätzliche Probleme des *Dualismus* zwischen „öffentlichen" Sozialhilfeträgern und „freien" Trägern der Wohlfahrtspflege sowie auf die Probleme der freien Wohlfahrtspflege selbst (Ziele, Strukturen, Methoden usw.), ihre Rolle in Staat und Sozialpolitik usw. nicht näher eingegangen werden (dazu z. B. Vogel 1966; Danckwerts 1966; Rinken 1971; Dankwerts/Prestien 1974; Lüers 1977, 248 ff.; Bauer 1978; Wegener 1978; Dörrie 1979, 127 ff.; Bauer 1980, 488 ff.; Heinze/Olk 1981, 94 ff.). Hingewiesen sei hier nur auf einige Stichworte:

— Die Begriffe „öffentlich" und „frei" dürfen nicht mißverstanden werden. Der Begriff „frei" ist insofern berechtigt, als das BSHG den freien Trägern keine Pflichten auferlegt, sondern ihnen nur den Raum schafft, sich im Rahmen selbstgewählter Aufgaben sowie eigener Initiativen zu entfalten und ihnen allenfalls eine gewisse Anpassung abverlangt, um in den Genuß der für ihre Arbeit mitbenötigten öffentlichen Mittel zu kommen (Zacher 1964, 58 und unten 3.7.2.2.1.1. (3) und (4)). Eine Wohlfahrtspflege aber, die (auch) von einer Finanzierung der öffentlichen Träger lebt, ist insofern „öffentlich", als sie gesellschaftlich notwendige Aufgaben übernimmt, damit aber in gesamtgesellschaftliche Zusammenhänge verflochten ist und deshalb kaum mehr die Position der sich vom Staat prinzipiell absetzenden autonomen Gruppierungen einnehmen kann. Das Wort „frei" sagt auch nichts aus über die Freiheitlichkeit der freien Wohlfahrtspflege, schon gar nicht als wäre die freie Wohlfahrtspflege freiheitlich, die öffentliche dagegen weniger oder nicht freiheitlich (Zacher 1964, 58). Eine Wohlfahrtspflege, die von vorgegebenen weltanschaulichen Positionen ausgeht, ist insofern „unfrei", als sie Interessen und Bedürfnisse von Hilfsbedürftigen zumindest dann nicht aus deren Lebenszusammenhang erfüllen kann, wenn sie diese Interessen und Bedürfnisse anders interpretiert als die Betroffenen selbst.

— Es ist andererseits nicht zu übersehen, daß die große Chance der freien Wohlfahrtspflege auf Gebieten liegt, die von der öffentlichen Sozialhilfe – jedenfalls solange diese oft noch so schematisierend und bürokratisch verfährt wie heute – nur unzureichend abgedeckt werden können. Gemeint sind die innovatorischen und experimentellen Aufgaben in der sozialen Arbeit (man denke nur an die Alternativformen zur Heimunterbringung alter Menschen). Hier kommt den freien Trägern eine Schrittmacherfunktion zu. Dabei kommt es aber auf das „Unbürokratische" an, das der freien Wohlfahrtspflege Initiativkraft und Möglichkeit des Experiments gibt. Freilich muß sich die freie Wohlfahrtspflege zu solch initiativem und Experimente nicht scheuendem Vorgehen auch freimachen. Daß gerade in konfessionell gebundenen Verbänden bestimmte Traditionen und Arbeitsweisen dem entgegenstehen, kann nicht völlig geleugnet werden. Ebensowenig kann eine starke Tendenz zur Bürokratisierung der Wohlfahrtsverbände bestritten werden, die auch aus der öffentlichen Subventionierung und den Bedingungen der Förderungswürdigkeit resultiert. Diese Tendenz zu bürokratisch verwalteten (Groß-)Organisationen (mit hauptberuflichen Funktionären und mit hierarchischen Strukturen) erschwert Initiativen und Experimente an der „Basis". Selbstverständlich gibt es innerhalb (und außerhalb) der großen Wohlfahrtsverbände, die das soziale Feld weitgehend unter sich aufgeteilt haben, immer auch Freiräume für neue Ansätze der sozialen Arbeit im Bereich der Sozialhilfe. Nur können solche Beispiele nicht widerlegen, daß solche Initiativen und Experimente von den großen Verbänden als „Unkraut in einem sonst wohlbestellten Garten" (Lüers 1977, 280) nicht immer gerne gesehen werden. „Graswurzelbewegungen" (Selbsthilfegruppen, Frauenhäuser u. a.), die materiell und rechtlich wenig gesichert sind, sind unter dem Zwang längerfristiger Bestandssicherung auf die etablierten Wohlfahrtsverbände und auf die Integration in diese „intermediären Organisationen" angewiesen.

### 3.7.2.2. Grundsätze der Zusammenarbeit

3.7.2.2.1. Grundsätze der Zusammenarbeit im allgemeinen

Die Zusammenarbeit im allgemeinen erfolgt in einer zweifachen Weise: einmal *funktional*, zum anderen *organisatorisch:*

3.7.2.2.1.1. Funktionale Zusammenarbeit

(1) Bei der funktionalen Zusammenarbeit *im allgemeinen* ist zunächst zu beachten, daß nach § 10 Abs. 2 die öffentlichen Träger der Sozialhilfe bei der Durchführung des BSHG mit den Trägern der freien Wohlfahrtspflege zusammenarbeiten und dabei deren Selbständigkeit in Zielsetzung und Durchführung ihrer Aufgaben achten sollen (Gebot der Zusammenarbeit bei Respektierung unterschiedlicher Ziele der freien Träger).

(2) Die Durchführung der verschiedenen vom BSHG geregelten Hilfen setzt das Vorhandensein entsprechender *Einrichtungen* voraus.

*Beispiel:* Die Eingliederungshilfe für Behinderte zur Ausübung einer der Behinderung entsprechenden Beschäftigung setzt z. B. eine entsprechend geeignete Werkstatt für Behinderte voraus (§§ 39, 40 Abs. 2).

Damit ist aber nicht gesagt, daß solche Einrichtungen von den *öffentlichen* Trägern der Sozialhilfe bereitzustellen sind, d. h. daß sie selbst Träger der Einrichtungen sind. Sie sollen vielmehr „darauf hinwirken, daß die zur Gewährung der Sozialhilfe geeigneten Einrichtungen ausreichend zur Verfügung stehen" (§ 93 Abs. 1 S. 1). Den *öffentlichen* Trägern bleibt also die *Gesamtverantwortung* dafür, daß im Bereich der Sozialhilfe durch behördliche *und* freie Tätigkeit das

Erforderliche geschieht. *Aber:* Die *öffentlichen* Träger sollen *keine eigenen* Einrichtungen neu schaffen, soweit geeignete Einrichtungen der Träger der *freien Wohlfahrtspflege vorhanden sind, ausgebaut* oder *geschaffen werden können* (§ 93 Abs. 1 S. 2). Letzteres bedeutet, daß die öffentlichen Sozialhilfeträger nicht nur da untätig bleiben sollen, wo bereits ausreichend nichtstaatliche („freie") Einrichtungen bestehen, sondern auch da, wo diese erst in Zukunft von einem Träger der freien Wohlfahrtspflege geschaffen werden können (sofern natürlich die organisatorischen, finanziellen und personellen Voraussetzungen beim freien Träger gegeben sind und in angemessener Frist mit der Inbetriebnahme der Einrichtung gerechnet werden kann; Knopp/Fichtner 1979, § 93 Rz. 3).

(3) Soweit Einrichtungen ausgebaut oder neu geschaffen werden, sollen die Träger freier Wohlfahrtspflege hierfür *öffentliche Hilfen* erhalten. Diese Hilfen können in verschiedener Weise gewährt werden, etwa durch Bereitstellung eines Grundstücks, Überlassung von Gebäuden, durch öffentliche Subventionen.

*Beispiel:* Die Stadt München als örtlicher Träger der Sozialhilfe überläßt dem Diakonischen Werk für die Einrichtung einer Suchtberatungsstelle ein ihr gehörendes Gebäude kostenlos zur Nutzung.

(4) § 93 sagt freilich nichts darüber aus, *wer* die Einrichtungen der freien Wohlfahrtspflege *finanziert.* Geht man aber davon aus, daß die Gesamtverantwortung der öffentlichen Träger für die Durchführung des BSHG durch § 93 nicht berührt wird (BT-Dr. 3/1799, 56), so *trägt die freie Wohlfahrtspflege zur Realisierung dieser Verantwortung bei,* wenn sie geeignete Einrichtungen zur Gewährung der Sozialhilfe ausbaut oder schafft. Dann können die öffentlichen Träger aber nicht erwarten, daß die Träger der freien Wohlfahrtspflege allein aus eigenen Mitteln die Einrichtungen ausbauen oder schaffen. Offen bleibt freilich bei dieser Überlegung, in welchem Ausmaß den freien Trägern öffentliche Gelder zufließen sollen. Die Bundesregierung ging zwar davon aus, daß die freien Träger „ihre Einrichtungen mindestens überwiegend aus eigener Kraft schaffen" müssen (Bericht über die 216. Sitzung des Bundesrates vom 18. 3. 1960, zitiert bei Gottschick/Giese 1981, § 93 Rz. 6.1). Aber auch wenn man von diesem Grundgedanken ausgeht, verbleibt den Sozialhilfeträgern hinsichtlich des dann noch zu konkretisierenden Ausmaßes der Unterstützung mit öffentlichen Mitteln ein Ermessensspielraum, für den die zu § 10 Abs. 3 S. 2 entwickelten Kriterien (u. a. die Finanzkraft des öffentlichen Trägers) heranzuziehen sind (unten 3.7.2.3.2.(3); so wohl auch Knopp/Fichtner 1979, § 93 Rz. 6). Letztlich hängt die Entscheidung im konkreten Einzelfall von den *Kräfteverhältnissen in den politischen Gremien* des Sozialhilfeträgers ab, in denen Vertreter oder „Lobbyisten" der freien Wohlfahrtspflege in ihrer Eigenschaft als Rats- bzw. Ausschußmitglieder Einfluß auf Vergabe und Verteilung öffentlicher Mittel nehmen können (Hegner/Schmidt 1979, 182).

Die öffentliche Hand knüpft die Vergabe von Zuschüssen an die freie Wohlfahrtspflege freilich mancherorts an bestimmte *Bedingungen,* wie z. B. die Einflußnahme auf die Auswahl und die Besoldung der Mitarbeiter und die Aufbringung eines bestimmten Eigenanteils der Kosten durch den freien Träger aus Spendenmitteln, Mitgliedsbeiträgen o. ä.

(5) Das BSHG macht es den öffentlichen Trägern der Sozialhilfe weiterhin zur Pflicht, die *Verbände* der freien Wohlfahrtspflege (also nicht alle Träger der freien Wohlfahrtspflege) im Rahmen ihrer Mitbeteiligung bei der Durchführung der Sozialhilfe finanziell angemessen zu unterstützen (§ 10 Abs. 3 S. 2).

Die Bestimmung des § 10 Abs. 2 S. 3 entspricht der bereits im früheren Fürsorgerecht geübten Praxis, die sich vor allem deshalb herausgebildet hat, weil die Verbände der freien Wohlfahrtspflege nicht mehr hinreichend über eigenes Vermögen oder sonstige Einnahmen verfügen, die ihnen gestatten, ohne öffentliche Hilfe ihren Aufgaben nachzukommen (darüber hinaus gilt auch hier das oben zu (4) a. E. Gesagte).

Die Unterstützung der freien Wohlfahrtsverbände kann dabei in jeder Form gewährt werden, die für ihre Tätigkeit im Rahmen des BSHG von Nutzen ist. Zumeist handelt es sich um *finanzielle* Zuwendungen,

z. B. um Zuschüsse zu Organisationskosten, insbesondere zu laufenden Personal- und Sachkosten von sozialen Einrichtungen und Diensten, oder um Zins- und Tilgungsleistungen für Darlehen, die für die Schaffung von sozialen Einrichtungen und Diensten beansprucht werden mußten.

Das Wort „angemessen" heißt, daß diese Finanzaufwendungen für den öffentlichen Sozialhilfeträger (v. a. gemessen an seiner Finanzkraft) zumutbar sind und damit seinem Leistungsvermögen entsprechen. Auf der anderen Seite bedeutet das Wort „angemessen", daß die Zuwendungen auf das Maß der Mitbeteiligung des Verbandes der freien Wohlfahrtspflege abzustimmen sind (Knopp/Fichtner 1979, § 10 Rz. 10).

Letztlich hängt auch hier die Entscheidung im konkreten Einzelfall von den Kräfteverhältnissen in den politischen Gremien des Sozialhilfeträgers ab (oben (4) a. E.).

(6) Einen besonders gelagerten Sachverhalt regelt § 10 Abs. 5, nämlich die *Heranziehung* eines *Verbandes der freien Wohlfahrtspflege* bei der Durchführung von Aufgaben der öffentlichen Sozialhilfeträger. Eine solche Heranziehung führt zu einer weitgehenden Unterstellung des freien Wohlfahrtsverbandes unter den öffentlichen Sozialhilfeträger. Aus diesen Gründen setzt die Heranziehung nach § 10 Abs. 5 immer das *Einverständnis* des freien Wohlfahrtsverbandes voraus. Im Rahmen der Heranziehung hat der *öffentliche* Träger aber das Weisungsrecht und die Sachkontrolle, weil die Heranziehung („Beteiligung" bzw. „Übertragung") nur im *Innenverhältnis* erfolgt.

*Beispiel:* Der Caritas-Verband beteiligt sich an einem behördlich geführten Lager für Aussiedler an der Durchführung einzelner Hilfen: Er übernimmt die Verpflegung und Bekleidung der Aussiedler, er übernimmt die Lagerküche, er übernimmt Betreuungsfunktionen, etwa die berufliche Weiterbildung oder die Freizeitgestaltung der Jugendlichen. Da eine solche Heranziehung des Caritas-Verbandes nur im Innenverhältnis erfolgt, kann sich der Hilfeempfänger im Lager bei Beschwerden letztlich nur an den öffentlichen Sozialhilfeträger halten (muß also Rechtsbehelfe – Widerspruch und Klage, unten 9.2. – gegen diesen richten); der Caritas-Verband hat Anspruch auf Ersatz seiner Aufwendungen aus dem bestehenden öffentlich-rechtlichen Auftragsverhältnis (Knopp/Fichtner 1979, § 10 Rz. 13).

### 3.7.2.2.1.2. Organisatorische Zusammenarbeit (Arbeitsgemeinschaften)

Das *organisatorische Zusammenwirken* zwischen den öffentlichen Sozialhilfeträgern und den Trägern der freien Wohlfahrtspflege ist dem Grunde nach in § 95 festgelegt. Die dort genannten *Arbeitsgemeinschaften* sind als Institutionen ständigen Aushandelns, Ausbalancierens und Überlegens zur Lösung von Sach- und Kooperationsproblemen, nicht aber – wie es manchmal geschieht – schon als die Lösung der Probleme gedacht. Der Bundesgesetzgeber hat es allerdings dem Landesrecht (und den Bedürfnissen der Praxis) überlassen, ob und in welcher Weise es zusätzliche Bestimmungen über die Bildung von Arbeitsgemeinschaften erlassen und welche Zuständigkeiten er derartigen Gremien einräumen will (Happe 1967, 125 ff.).

Zur gemeinsamen Durchführung von Aufgaben der Sozialhilfe bestehen deshalb z. B. auf der Ebene der Kreise und kreisfreien Städte Arbeitsgemeinschaften der örtlichen Träger der Sozialhilfe mit den Verbänden der freien Wohlfahrtspflege, auf Landesebene Landesarbeitsgemeinschaften der öffentlichen und freien Wohlfahrtspflege, auf Bundesebene der Deutsche Verein für öffentliche und private Fürsorge in Frankfurt.

Dem *Deutschen Verein für öffentliche und private Fürsorge,* gegründet 1880 als Deutscher Verein für Armenpflege und Wohltätigkeit (vgl. Fichtner 1980, 162 ff.), kommt in der Sozialhilfe eine überragende, um nicht zu sagen eine „marktbeherrschende" Stellung zu (zur Geschichte des Vereins Orthband 1980 und kritisch Lüers 1980, 44 ff., Tennstedt 1981, 72 ff.) Dieser *bürgerlich-rechtliche Verein,* dessen Mitglieder u. a. Landkreise, Städte und Gemeinden, überörtliche Träger der Sozialhilfe und sonstige Behörden, Verbände der freien Wohlfahrtspflege und Einzelpersonen sind, gehört zwar nicht zur Exekutive, steht ihr doch aber infolge der Dominanz der kommunalen und behördlichen Interessen sehr nahe. Die zahlreichen Empfehlungen, Gutachten, Stellungnahmen usw. des Deutschen Vereins binden die Exekutive und die politischen Instanzen nicht unmittelbar; sie beeinflussen aber maßgeblich die Praxis der Exekutive und die Entscheidungen des Bundes- und Landesgesetzgebers oft in ganz entscheidendem Maße. Wir werden in den folgenden Abschnitten immer wieder in Einzelfragen auf die Tätigkeit des Deutschen Vereins stoßen (einen guten Einblick in das breite Tätigkeitsspektrum vermittelt der Geschäftsbericht des Deutschen Vereins 1980/1981, in: NDV 1982, 5 ff.).

Daneben besteht eine Reihe anderer Arbeitsgemeinschaften, in denen die Träger der Sozialhilfe bzw. die freie Wohlfahrtspflege entweder „unter sich" bleiben (z. B. Bundesarbeitsgemeinschaft der überörtlichen Träger der Sozialhilfe in Münster; Bundesarbeitsgemeinschaft der Freien Wohlfahrtspflege in Bonn; Arbeitsgemeinschaften der Kreissozialamtsleiter) oder mit anderen Sozialleistungsträgern Arbeitsgemeinschaften bilden (z. B. Bundesarbeitsgemeinschaft für Rehabilitation in Frankfurt).

3.7.2.2.2. *Grundsätze der Zusammenarbeit bei der Durchführung der Sozialhilfe in einem Einzelfall*

3.7.2.2.2.1. Der Ausgangspunkt

Die Durchführung der Sozialhilfe hat ihren Ausgangspunkt in dem *öffentlich-rechtlichen Sozialhilfeverhältnis*, das zwischen dem *Hilfeempfänger* und dem *öffentlichen Träger der Sozialhilfe* besteht: Normadressat der verschiedenen Ansprüche nach dem BSHG sind nämlich ausschließlich die *öffentlichen Sozialhilfeträger* (§ 9); diese bewilligen hoheitlich die Sozialhilfeleistungen nach den dafür maßgebenden Vorschriften des BSHG. Wünschen des Hilfeempfängers, die sich auf die Gestaltung der Hilfe richten, soll entsprochen werden, soweit sie angemessen sind und keine unvertretbaren Mehrkosten erfordern (§ 3 Abs. 2). Liegt aber die Entscheidung darüber fest, ob und in welcher Form Sozialhilfe durchzuführen ist, so kommt es nunmehr darauf an, *von wem* die bewilligte Hilfe *tatsächlich durchgeführt* wird: Denn als „Leistungserbringer" stehen ja nicht nur die öffentlichen Sozialhilfeträger, sondern auch die freie Wohlfahrtspflege zur Verfügung (oben 3.7.1. und 3.7.2.1.). Die beiden potentiellen „Leistungserbringer" stehen aber nicht gleichrangig nebeneinander: Nach § 10 Abs. 4 sollen die öffentlichen Träger nämlich davon *absehen*, im *Einzelfall* Maßnahmen durchzuführen, wenn die *Hilfe durch die freie Wohlfahrtspflege gewährleistet wird.*

*Beispiel:* Benötigt ein Hilfesuchender häusliche Pflege und kann er diese durch eine Pflegekraft des Caritas-Verbandes erhalten (und wünscht er dies auch, § 3 Abs. 2), dann soll der öffentliche Träger (z. B. der Landkreis) von der Beauftragung einer eigenen Pflegekraft absehen.

Nimmt der Hilfeempfänger die von der *freien Wohlfahrtspflege* bereitgestellte Hilfe an, so entstehen in dem *Dreiecksverhältnis* zwischen dem Hilfeempfänger, der freien Wohlfahrtspflege und dem öffentlichen Sozialhilfeträger unterschiedliche Rechtsbeziehungen (unten 3.7.2.2.2.2.); anders ist es aber, wenn der Hilfeempfänger die vom *öffentlichen* Träger bereitgestellte Hilfe in Anspruch nimmt (unten 3.7.2.2.2.3.).

3.7.2.2.2.2. Hilfe durch die freie Wohlfahrtspflege

(1) Wird die Hilfe durch die freie Wohlfahrtspflege durchgeführt, so entsteht eine Dreiecksbeziehung zwischen dem *Sozialhilfeträger*, dem *Hilfeempfänger* und dem *Träger der freien Wohlfahrtspflege.* Diese Dreiecksbeziehung, die eine Reihe schwieriger Rechtsfragen aufwirft, soll im folgenden der Anschaulichkeit halber am Fall des Heimaufenthalts eines Hilfeempfängers im Heim eines freien Wohlfahrtsverbandes skizziert, d. h. nur in ihren Grundzügen dargestellt werden (Einzelheiten z. B. bei Dahlinger 1979, 214 ff.; Giese 1979, 241 ff.; Igl 1979, 218 ff.). Abschließend wird die Dreiecksbeziehung an einem Schaubild verdeutlicht.

*Beispiel:* Klaus Schäfer, Empfänger von Hilfe zum Lebensunterhalt (zu dieser Hilfeart unten 6.2.) in München, wünscht und findet Aufnahme in einem Münchener Altenheim der Arbeiterwohlfahrt. Dann führt dieser Verband der freien Wohlfahrtspflege die Hilfe in Form von Sachleistungen (Unterkunft, Verpflegung usw.) und persönlicher Hilfe durch; er verantwortet die gesamte Betreuung im Altenheim.

(2) Die vom freien Träger der Wohlfahrtspflege durchgeführte Hilfe (z. B. Heimunterbringung oder Hauspflege) verursacht natürlich Kosten.

Das BSHG sieht freilich nicht vor, daß der *freie Träger* Ersatz dieser Kosten kraft *Gesetzes* (z. B. durch gesetzlichen Forderungsübergang bzw. Anspruchsüberleitung oder aus eigenem Recht) vom Sozialhilfeträger verlangen kann; *zwischen den beiden Trägern* besteht also *kein gesetzliches Erstattungsverhältnis.* Nun ist es aber so, daß der *Hilfesuchende* mit der Entgegennahme der vom *freien* Träger durchgeführten Hilfe nicht seinen Anspruch gegen den *Sozialhilfeträger* auf die ihm gesetzlich zustehende Hilfe aufgibt. Er macht nur von der rechtlichen Möglichkeit Gebrauch, daß die Hilfe auch durch einen freien Träger durchgeführt werden kann. Die Kosten des freien Trägers für die Durchführung der Hilfe können dann *aber aus dem Anspruch des Hilfeempfängers gegen den Sozialhilfeträger* (in dem Umfang, wie der Anspruch reicht) finanziert werden:

Rechtlich geschieht dies z. B. bei einem Heimaufenthalt dadurch, daß der Hilfeempfänger die ihm vom öffentlichen Träger in Geld ausbezahlte Sozialhilfe an den Heimträger weiterleitet, d. h. seinen Heimaufenthalt damit bezahlt, oder dadurch, daß sich der Heimträger den Sozialhilfeanspruch des Hilfeempfängers abtreten läßt und dann das Geld vom öffentlichen Sozialhilfeträger erhält. Die rechtlichen Gestaltungsformen sind hier im einzelnen vielfältig (dazu Igl 1978a, 208 ff.; Giese 1979, 245.).

In der *Praxis* bestehen vielfach rechtliche *Vereinbarungen* zwischen freien Wohlfahrtsverbänden als Heimträgern und öffentlichen Sozialhilfeträgern, die sich auf die Heimbenutzung von Sozialhilfeempfängern beziehen (vgl. auch § 93 Abs. 2). Der Grund liegt darin, daß der freie Heimträger eine rechtsverbindliche Kostenzusage des Sozialhilfeträgers für den Sozialhilfeempfänger wünscht, um sich hinsichtlich der vom Heimbewohner zu bezahlenden Heimkosten abzusichern und um den Rechnungs- und Zahlungsverkehr zu erleichtern. Auch der Sozialhilfeträger wünscht vom privaten Heimträger vielfach verbindliche Zusagen über die Aufnahme und die Art der Betreuung des Hilfeempfängers (Dahlinger 1979, 216 f.).

(3) Für die *Heimkosten,* die von den öffentlichen Trägern der Sozialhilfe für Hilfeempfänger an Heime der freien Wohlfahrtspflege zu zahlen sind, bestehen keine gesetzlichen Festlegungen, aber fast ausnahmslos *Pflegesatzvereinbarungen* (Dahlinger 1976, 33 f.).

So haben etwa in *Nordrhein-Westfalen* die Spitzenverbände der freien Wohlfahrtspflege mit den kommunalen Spitzenverbänden und den Landschaftsverbänden allgemeine Grundsätze über die Vereinbarung von Pflegesätzen und Nebenleistungen festgelegt, die von den Sozialhilfeträgern an die Träger von Heimen und sonstigen Einrichtungen der freien Wohlfahrtspflege zu zahlen sind (Allgemeine Vereinbarung vom 24. 6. 1969, in Kraft seit 1. 1. 1970). Die danach von den Vertragspartnern dieser Vereinbarung gebildete *Pflegesatzkommission* vereinbart jeweils durch besondere Pflegesatzvereinbarung „Normalpflegesätze" oder aber unter besonderen Voraussetzungen „Sonderpflegesätze" für Alten- und Pflegeheime, Blindenheime, Heime für körperlich und geistig Behinderte, für Gefährdete, Einrichtungen für Nichtseßhafte, Heime für Suchtgefährdete, Mütter- und Säuglingsheime u. ä.

Diese Pflegesatzvereinbarungen, die von den beteiligten Heimträgern und den öffentlichen Trägern auf freiwilliger Grundlage abgeschlossen werden, binden die Beteiligten beim Abschluß von Einzelverträgen, bestimmten also als „Rahmenverträge" über die Pflegesätze den Inhalt des zwischen dem Hilfeempfänger und dem Heimträger bestehenden Heimvertrags.

(4) Im Verhältnis zwischen dem *freien Träger und dem Sozialhilfeempfänger* besteht ein *privatrechtlicher Vertrag* (Giese 1979, 241 ff.; zur Problematik des Heimvertrages inbes. Igl, 1980, 1981 a u. 1981 b).

Bei einem *Heimvertrag* handelt es sich in der Regel um einen sog. gemischten Vertrag, d. h. um einen Vertrag, in dem jeweils Elemente verschiedener Vertragstypen enthalten sind. So stehen als Leistungen der Heimträger z. B. bei Altenwohnheimverträgen die Wohnungsüberlassung (Miete), die Wohnungsreinigung und die Verpflegung, bei Altenheimverträgen die Betreuung, Pflege und Beherbergung im Vordergrund. Hinsichtlich des Heimvertrags, der zwischen Heimbewohner und Heimträger geschlossen wird, sind vor allem die Vorschriften des *Heimgesetzes* (vom 7. 8. 1974, BGBl. I, S. 1873) von Bedeutung. Dieses Heimgesetz, das den Zweck hat, die Interessen und Bedürfnisse der Heimbewohner zu schützen (§ 2 Heimgesetz) gilt für Altenheime, Altenwohnheime, Pflegeheime und gleichartige Einrichtungen, die alte Menschen sowie pflegebedürftige oder behinderte Volljährige nicht nur vorübergehend aufnehmen und betreuen, soweit es sich nicht um Krankenhäuser, Tageseinrichtungen oder Einrichtungen der beruflichen Rehabilitation handelt (§ 1 Heimgesetz). Die Vorschrift des § 4 Heimgesetz bestimmt, daß zwischen dem Träger und dem Bewohner ein Heimvertrag abzuschließen und der Bewerber vorher schriftlich über die zur Beurteilung des Vertrages erforderlichen Angaben zu informieren ist; diese beiden Verpflichtungen berühren aber die inhaltliche Ausgestaltung des Heimvertrages nicht (zur Problematik näher Giese 1979, 241 ff.). Das erwähnte Heimgesetz gilt – dies zur Klarstellung – natürlich auch für Heime der öffentlichen Sozialhilfeträger.

(5) Abschließend soll ein *Schaubild* dieses Dreiecksverhältnis verdeutlichen (vgl. S. 80).


### 3.7.2.2.2.3. Hilfe durch öffentliche Sozialhilfeträger

Macht der Hilfeempfänger keinen Gebrauch von seinem Wahlrecht zugunsten eines *freien* Trägers oder entscheidet er sich für eine Durchführung der Hilfe durch den *öffentlichen* Träger der Sozialhilfe,

kommt also in unserem obigen Beispiel Klaus Schäfer in ein von der Stadt München getragenes Altersheim,

so wird die Hilfe auch vom öffentlichen Sozialhilfeträger vollzogen, der dann die gesamte Ausführungsverantwortung trägt.

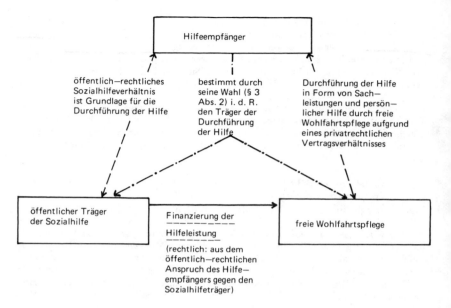

Die Rechtsbeziehungen zwischen einem öffentlich-rechtlichen Heimträger und dem Hilfeempfänger (Heimbewohner) können sowohl privatrechtlich als auch öffentlich-rechtlich ausgestaltet sein (Einzelheiten bei Giese 1979, 243; Igl 1979, 218 ff.). Dies hängt davon ab, ob der öffentliche Träger die jeweilige Einrichtung als Anstalt öffentlichen Rechts ausgestaltet hat und betreibt (die dann einer Benutzungsordnung unterliegt) oder ob er die Einrichtung nach bürgerlichem Recht betreibt (was in der Praxis die Regel ist).

### 3.7.2.2.3. Die Zusammenarbeit bei der Beratung

Schon lange vor Inkrafttreten des BSHG haben die Verbände der freien Wohlfahrtspflege in beachtlichem Umfang Beratung Hilfesuchender in Fragen der Fürsorge und in sonstigen sozialen Angelegenheiten durchgeführt. Das BSHG knüpft an diese Tradition an und gestattet den freien Wohlfahrtsverbänden Beratung in *Fragen der Sozialhilfe* – als eine Form persönlicher Hilfe – in gleichem Umfang wie den öffentlichen Trägern (§ 8 Abs. 2 S. 1).

*Keine Gleichrangigkeit* besteht hingegen für die Beratung in „sonstigen sozialen Angelegenheiten": Soweit diese Beratung auch von Verbänden der freien Wohlfahrtspflege wahrgenommen wird, „ist der Ratsuchende zunächst hierauf zu verweisen" (§ 8 Abs. 2 S. 2). Das bedeutet freilich nicht, daß der öffentliche Träger den Ratsuchenden mit dem Hinweis auf die Beratung eines freien Verbandes wegschicken kann. Denn abgesehen von dieser Hinweispflicht des öffentlichen Trägers bleibt dessen Beratungspflicht bestehen (z. B. wenn der Ratsuchende nicht durch einen freien Verband beraten werden möchte).

Bei solchen „sonstigen sozialen Angelegenheiten" geht es namentlich um Rechtsfragen zu Leistungen nach anderen Sozialgesetzen als dem BSHG sowie um Rechtsfragen, die eng mit Problemen des Ratsuchenden verbunden sind (z. B. Ehe- und Wohnungsprobleme, Probleme am Arbeitsplatz).

Zu der für Mitarbeiter von Wohlfahrtsverbänden wichtigen Frage des Verhältnisses von § 8 Abs. 2 zum *Rechtsberatungsgesetz* von 1935 (i. d. F. vom 2. 3. 1974, BGBl. I, S. 469) vgl. Knopp/Fichtner 1979, § 8 Rz. 24 ff.; pauschal kann man aber für Mitarbeiter von Wohlfahrtsverbänden sagen, daß die Gefahr, wegen Verstoßes gegen das Rechtsberatungs- gesetz belangt zu werden, kaum größer ist, als vom Blitz erschlagen zu werden.

Die Beratung durch freie Wohlfahrtsverbände hat ihren guten Sinn: Ratsuchen- de, die zu ihnen kommen, sind zuvor oft (zu Unrecht) durch das Netz sozialer Sicherheit gefallen, es wurden ihnen ihre Ansprüche verschwiegen, sie waren von einer Stelle zur anderen geschickt worden oder auf eine Art und Weise behandelt worden, wie sie Giese anschaulich beschreibt (Giese/Melzer 1974, 52). Bera- tungsstellen der freien Wohlfahrtsverbände (oder sonstiger Hilfsverbände) sehen sich hingegen gern als Anwälte der Klienten gegenüber öffentlichen Institutionen (Stauss 1969).

### 3.7.2.3. Zusammenfassende Gesamtschau

#### 3.7.2.3.1. „Vorfahrtsberechtigung" der freien Wohlfahrtspflege

(1) Aus den oben (3.7.2.) genannten Bestimmungen folgt ein gewisser *Vorrang der freien Wohlfahrtspflege*, nämlich
— ein *Vorrang* hinsichtlich der zur Gewährung der Sozialhilfe geeigneten *Ein- richtungen* (§ 93 Abs. 1 S. 2), also z. B. Heimen, Anstalten, Ehe- und Erzie- hungsberatungsstellen der freien Wohlfahrtspflege;
— ein *Vorrang* im Bereich der *Hilfe im Einzelfall* (§ 10 Abs. 4);

etwas anderes gilt nur für *Geldleistungen*, die das BSHG nicht (mehr) zu den typischen Leistungen der freien Wohlfahrtspflege zählt (§ 10 Abs. 4, 2. Halbs.): Diese kann also Hilfen im Rahmen des BSHG grundsätzlich nur in Form von *Sachhilfen* und *persönlichen Hilfen* (nicht aber von finanziellen Hilfen) durchführen. Gewährt sie gleichwohl Geldlei- stungen, so können diese z. B. den Sozialhilfeanspruch schmälern (Nachrang der Sozialhil- fe gegenüber tatsächlichen Leistungen Dritter, § 2 Abs. 1, soweit nicht § 78 Abs. 1 ein- greift; vgl. unten 6.2.9.(8)) oder unter den Voraussetzungen des § 121 vom Sozialhilfeträger erstattet werden *(Beispiel:* Der Caritas-Verband hilft an einem Wochenende einem hun- gernden Hilfesuchenden; dem Verband sind die angemessenen Aufwendungen gem. § 121 zu ersetzen).

— ein *Vorrang* hinsichtlich der *Beratung in „sonstigen sozialen Angelegenhei- ten"* (§ 8 Abs. 2. S. 2).

(2) Mit Hilfe dieser *„Vorfahrtsberechtigungen"* (Luers 1977, 272) sichert das BSHG der freien Wohlfahrtspflege den Vorrang auf bestimmte Funktionsberei- che, in denen die *öffentlichen* Träger folglich nur *subsidär* tätig werden können.

Dadurch ändert sich freilich nichts an der Tatsache, daß sich der *Anspruch auf Sozialhilfe* allein gegen den *öffentlichen Träger* richtet, während die freie Wohl-fahrtspflege im Rahmen der „Vorfahrtsberechtigungen" nur anstelle der öffent-lichen Träger Leistungen des BSHG (Sachleistungen und persönliche Hilfen) anbietet und erbringt.

Die Regelung dieser sog. *institutionellen Subsidiarität* ist für die öffentlichen Träger inso-fern vorteilhaft, als sie ihnen die – grundsätzlich nicht ungern gesehene – Möglichkeit eröffnet, soziale Aufgaben den freien Trägern zu überantworten. Ein negativer Aspekt (unter anderen) sollte dabei freilich nicht übersehen werden: Dieser negative Aspekt liegt darin, daß sich die öffentlichen Träger im Gegensatz zu den freien für die Übernahme einer sozialen Aufgabe häufig nicht frei entscheiden können, sondern nehmen müssen, was „üb-rig bleibt": Mit einem gewissen Zwang kommen also auf die öffentlichen Träger soziale Aufgaben zu, die vielfach undankbar und mit hohem Risiko des Mißerfolges belastet sind (Motsch 1980, 57, 59). Der Bereich der Arbeit mit Obdachlosen könnte für diese Feststel-lung viele Beispiele liefern.

### 3.7.2.3.2. „Unterstützungspflicht" der öffentlichen Träger

(1) Aus der Zusammenschau der genannten Vorschriften (3.7.2.2.1.1.) ergibt sich eine „Pflicht" der öffentlichen Träger, die Tätigkeit der freien Wohlfahrtspflege zu *unterstützen:* Denn soweit die freien Träger bei der Durchführung von Sozialhilfeleistungen durch Hilfe im Einzelfall oder durch Ausbau und Schaf-fung von geeigneten Einrichtungen vorrangig in Aktion treten, liegt ihre Tätig-keit nach der immanenten Logik des BSHG nicht außerhalb, sondern *innerhalb des Bereichs der Sozialhilfe.* Nichtsdestoweniger bleiben aber die öffentlichen Träger letztlich für den Vollzug des BSHG, also für die Erbringung von Sozial-hilfeleistungen verantwortlich. Haben nun die öffentlichen Träger aufgrund der genannten „Vorfahrtsberechtigungen" gegenüber der freien Wohlfahrtspflege zurückzutreten, so konkretisiert sich ihre Letztverantwortung zu einer „Pflicht" zur (v. a.) finanziellen Unterstützung der vom freien Träger ergriffenen Maßnah-men.

Was die finanzielle Unterstützung angeht, so könnte man (verkürzt) auch sagen, daß die Tätigkeit der freien Wohlfahrtspflege eine – durch die „Vorfahrtsberechtigungen" bedingte – finanzielle Ersparnis der staatlichen Hilfe darstelle; der erwachsende Vorteil ist dann durch finanzielle Leistungen der öffentlichen Träger auszugleichen.

Nur: mit der – i. d. R. auf eine finanzielle „Unterstützungspflicht" reduzierten – Letztverantwortung der öffentlichen Träger sind *keine unmittelbaren Aufsichts- und Kontrollbefugnisse* gegenüber den freien Trägern verbunden: Die freien Trä-ger sind hier also – anders als die öffentlichen – tatsächlich „frei", frei nämlich von Rechts- und Fachaufsicht sowie von den Vorschriften des BSHG. Im we-sentlichen bleibt den öffentlichen Trägern mithin nur die Möglichkeit, dem frei-en Träger, der sich nicht im Rahmen des Gesetzes (oder der Bedingungen des Sozialhilfeträgers bei der Gewährung der Unterstützung) hält, künftig keine Unterstützung zukommen zu lassen.

Die Voraussetzungen für die Unterstützung und ihren Zweck sind nämlich meist festgelegt, so daß Vorstellungen der staatlichen Sozialbürokratie auch für die „freien" Träger verbindlich werden können. Die freien Träger können auch verpflichtet werden, staatliche Vorschriften des Haushaltsrechts zu beachten; sie müssen deshalb auch bürokratische Verfahren und Strukturen einführen. Der Entzug der Unterstützung kann als Druckmittel angedroht oder realisiert werden (weitgehend ungeklärt ist z. B., ob, in welchem Umfang und wie lange der Staat verpflichtet ist, für eine unterstützte Einrichtung bzw. eine subventionierte Planstelle eines Sozialarbeiters bei einem freien Träger Subventionen fortzugewähren).

(2) Die „Unterstützungspflicht" in diesem Sinne darf freilich nicht mißverstanden werden: Die Träger der freien Wohlfahrtspflege haben *keinen Rechtsanspruch* auf eine Subventionierung aus öffentlichen Mitteln, insbesondere auch nicht auf eine Unterstützung in *bestimmter Form* oder in *bestimmter Höhe*. Die Entscheidung, ob und auf welche Weise eine Unterstützung erforderlich und in welcher Höhe sie angemessen ist, liegt im *pflichtgemäßen Ermessen* des Sozialhilfeträgers. Dieses Ermessen ist aber insoweit gebunden, als die Sozialhilfeträger die Unterstützung gewähren müssen, wenn nicht beachtliche Gründe dagegen sprechen. Ein freier Träger der Wohlfahrtspflege könnte also im Einzelfall die Verwaltungsgerichte allenfalls mit der Behauptung anrufen, der Träger der Sozialhilfe habe von seinem Ermessen fehlerhaften Gebrauch gemacht. Dies wäre etwa der Fall, wenn bei Gewährung von Zuschüssen der Gleichheitsgrundsatz ohne stichhaltige Gründe verletzt würde.

Die *rechtliche* Basis für die finanziellen Beziehungen zwischen den öffentlichen und freien Trägern ist also in diesem Bereich recht „dünn". Jede Entscheidung stellt hier ein Politikum mit allen Vorteilen und Nachteilen politischer Lösungen dar. Dieser Bereich muß deshalb besonderer Gegenstand einer Sozialplanung sein, deren Umrisse sich jetzt allmählich erkennen lassen (Holland/Jessen/Siebel/Walther 1980, 413 ff.).
Anders ist es natürlich bei den Hilfen der freien Wohlfahrtspflege im *Einzelfall*, für welche die freien Träger Erstattung verlangen können, soweit der Anspruch des Hilfeempfängers reicht (oben 3.7.2.2.2.2.).

(3) Das Ausmaß der finanziellen Unterstützung, die von den öffentlichen Trägern an die freie Wohlfahrtspflege gewährt wird, ist von Träger zu Träger (je nach dessen finanzieller Leistungskraft, nach dem Umfang der sozialen Aufgabe usw.) naturgemäß örtlich und von Jahr zu Jahr unterschiedlich:

Nur um *beispielhaft* einen (nicht repräsentativen) Eindruck zu vermitteln: Der Landkreis Siegen hat als (mittelgroßer) örtlicher Träger der Sozialhilfe im Rahmen der *allgemeinen Zusammenarbeit* (oben 3.7.2.2.1.1.) mit den freien Trägern an Zuschüssen zur *laufenden Arbeit* der freien Wohlfahrtspflege (u. a. im Bereich der Altenbetreuung) 1977 ca. 300 000 DM sowie an Zuwendungen zur Schaffung von *Einrichtungen* der freien Träger (u. a. zur Schaffung von Altenpflegeheimplätzen) ca. 400 000 DM geleistet (nicht hierhier gehören die Zahlungen im Rahmen der Zusammenarbeit im Einzelfall, oben 3.7.2.2.2.2.). Hinzu kamen noch – was die Übersicht für den Außenstehenden erschwert – Zuschüsse, die „vor Ort" von den kreisangehörigen Städten und Gemeinden an die gleichen, aber auch

an andere freie Träger gewährt wurden (die freien Träger können also oft innerhalb eines örtlichen Trägers mehrere Stellen „anzapfen"!).
Wer sich für diese Frage näher interessiert, möge den *Verwaltungshaushalt* eines örtlichen Sozialhilfeträgers (z. B. einer kreisfreien Stadt oder eines Landkreises) studieren.
Aus dem Kreis der überörtlichen Sozialhilfeträger sei hier exemplarisch auf den Bezirk Oberbayern hingewiesen, der im Jahre 1980 Projekte und Maßnahmen der Verbände der freien Wohlfahrtspflege (Ausbau oder Errichtung von Alten- und Pflegeheimen, Wohnheimen und Werkstätten für Behinderte, Pflegestationen u. ä.) insgesamt mit 15,3 Millionen DM förderte (Süddt. Zeitung vom 31. 3. 1980, 17).

### 3.7.3. Verfassungsmäßigkeit der Regelung

Die Verfassungsmäßigkeit der Regelung des Verhältnisses zwischen der freien Wohlfahrtspflege und den öffentlichen Sozialhilfeträgern, die ja den Bereich der Sozialhilfe im wesentlichen Umfang „staatsungebundenen" Trägern öffnet, war schon während des Gesetzgebungsverfahrens und dann nach Inkrafttreten des BSHG aus vielerlei Gründen heftig umstritten (angeführt wurden u. a.: Verletzung des Selbstverwaltungsrechts der Gemeinden nach Art. 28 Abs. 2 GG, Eingriff in die Verwaltungshoheit der Länder (Art. 83, 30 GG), Verstoß gegen Gleichheit und Freiheit des Bekenntnisses und der Weltanschauung (Art. 3 Abs. 3, Art. 4, Art. 33 Abs. 3, Art. 140 GG, Art. 136 RV 1919); eingehend dazu Zacher 1964, 85 ff.). Die Problematik wurde Gegenstand der grundlegenden Entscheidung des BVerfG vom 18. 7. 1967 (BVerfGE 22, 180 ff.), in der die Vereinbarkeit der §§ 10 und 93 mit dem Grundgesetz bejaht wurde (unbedingt lesen!). Seitdem ist es um die damals so heftig und kontrovers diskutierte verfassungsrechtliche Problematik recht still geworden (Brück 1981, 306).

## 3.8. Finanzierung der Sozialhilfe

### 3.8.1. Finanzierung der öffentlichen Sozialhilfe(träger)

(1) Das BSHG ist ein Bundesgesetz, das von den *Ländern* als eigene Angelegenheit ausgeführt wird (Art. 72, 74 Nr. 7, 83 GG). Die Länder tragen die sich aus diesem Gesetz ergebenden Ausgaben, soweit nicht ausdrücklich etwas anderes bestimmt ist (Art. 104 a GG).

Dies ist z. B. in § 66 BSHG für einzelne Leistungen der TBC-Hilfe geschehen, bei denen der Bund die Hälfte der Aufwendungen trägt (weitere Beispiele bei Knopp/Fichtner 1979, § 66 Rz. 3). Es handelt sich hier aber nur um einen sehr kleinen Teil der gesamten Sozialhilfeausgaben.

Die *Länder* haben das Nähere über die Kostentragung in ihren Ausführungsgesetzen zum BSHG geregelt. Im allgemeinen ist von den Ländern bestimmt worden, daß die *örtlichen und überörtlichen Träger der Sozialhilfe* die Kosten für die ihnen obliegenden Aufgaben tragen (vgl. z. B. Art. 12 des bayer. AG-BSHG).

(2) Die *Sozialhilfeträger* müssen nun allerdings diese Kosten auch finanzieren. *Wie* die Mittel für die Finanzierung der Sozialhilfeausgaben im einzelnen aufgebracht werden, richtet sich nach landesrechtlichen Bestimmungen, die nicht einheitlich ausgestaltet sind. Entsprechend vielförmig sind daher die Spielarten der Finanzierung der Sozialhilfe:

Steuern, Beteiligung an Steuern, Zuweisungen von Globalbeträgen, volle oder teilweise Erstattung von Einzelleistungen, prozentuale Deckung des gesamten Finanzbedarfs, Schuldendienstbeihilfen, Zuweisungen für Investitionen usw. Alle diese Formen, die in der Praxis vorkommen, hängen auch von der unterschiedlichen Steuer- und Wirtschaftskraft der Länder und Kommunen ab, von der unterschiedlichen Konstruktion der überörtlichen Sozialhilfeträger u. a.

(3) Im folgenden können daher nur die *wichtigsten Grundzüge* der *Finanzierung des Haushalts von Sozialhilfeträgern* dargestellt werden, aus denen (unter anderem) die Sozialhilfeausgaben bestritten werden (dazu näher Flamm/Gastiger 1975, 164 ff.). Für die *Kommunen* läßt sich allerdings folgendes sagen:

Da das *gemeindliche Steueraufkommen* nach der bestehenden Finanzverfassung *nicht ausreichend* ist, sind Gemeinden und Kreise auf eine Beteiligung an den Steuereinnahmen des *Landes* angewiesen. Diese erfolgt im Wege eines *Finanzausgleichs* zwischen dem Land einerseits und den Gemeinden sowie Gemeindeverbänden andererseits; geregelt ist dieses Ausgleichsverfahren in den *Finanzausgleichsgesetzen der Länder* (dazu Voigt 1975). Die den Gemeinden und Gemeindeverbänden aus der Finanzmasse des Landes zukommenden Beträge nennt man *Finanzzuweisungen.*

In Zahlen sieht dies so aus: An der Finanzierung der Sozialhilfeausgaben sind die *kommunalen Gebietskörperschaften* zu rd. 80 Prozent, die *Länder* über den Finanzausgleich zu knapp 20 Prozent beteiligt (Sozialbericht 1980, 122).

(4) Die Sozialhilfeausgaben werden im wesentlichen finanziert:
   1. aus den *allgemeinen Einnahmen* der Sozialhilfeträger, nämlich

— bei den *Kommunen* im wesentlichen aus *Steuereinnahmen* (v. a. der Beteiligung an der Einkommens- und Gewerbesteuer, Einnahmen aus der Grundsteuer usw.) aus *Finanzzuweisungen* (sog. Schlüsselzuweisungen, die sich nach der Ausgabenbelastung und der Steuerkraft der einzelnen Kommunen richten, sowie zweckgebundenen Zuweisungen) gemäß den Finanzausgleichsgesetzen der *Länder* (dazu Voigt 1975), *Beiträgen, Gebühren und Entgelten* für bestimmte kommunale Leistungen und (soweit es sich nicht um laufende Ausgaben handelt) aus *Kreditaufnahmen;*
— bei den *Landkreisen*, denen eigene Steuern im Gegensatz zu den Kommunen kaum zur Verfügung stehen, im wesentlichen aus der *Kreisumlage* (die am Steueraufkommen der kreisangehörigen Kommunen gemessen wird), aus *Finanzzuweisungen des Landes* usw. (s. o.);
— bei den *überörtlichen* Trägern der Sozialhilfe (soweit sie kommunale Gebietskörperschaften sind, wie z. B. in Bayern und Nordrhein-Westfalen) aus den *Umlagen* von Kreisen und kreisfreien Städten und aus *Finanzzuweisungen des Landes;* sofern die

86

überörtlichen Träger keine kommunalen Gebietskörperschaften sind (z. B. in Rheinland-Pfalz), finanziert das Land die auf den überörtlichen Träger entfallenden Sozialhilfeausgaben unmittelbar aus dem Landeshaushalt.

2. aus den *Einnahmen,* die sich für die Sozialhilfeträger aus der *Durchführung des BSHG* ergeben, nämlich vor allem aus

- der *„Eigenfinanzierung"* in Form von: Kostenbeitrag bzw. Aufwendungsersatz (§§ 11, 29, 43, Kostenersatz gem. §§ 92–92 c, Ersatzleistungen von Unterhaltspflichtigen gem. §§ 90, 91, Ersatzleistungen von anderen Sozialleistungsträgern, etwa gesetzlichen Krankenkassen gem. § 1531 RVO); zu diesem Bereich näher unten 8.);
- der *Kostenerstattung* anderer sachlich zuständiger Träger (§ 103 ff.; dazu unten 8.3.) sowie der *Erstattung* durch örtliche bzw. überörtliche Träger im Fall der Heranziehung (oben 3.4.).

Mehr als dieser, dem ersten Verständnis dienende Grundtatbestand der Finanzierung der Sozialhilfe kann im vorliegenden Rahmen nicht dargestellt werden. Über die „Technik" der Finanzierung sollten aber die Gesamtzusammenhänge nicht übersehen werden, die eine Reihe von *Restriktionen kommunaler Sozialverwaltung* und damit auch der Sozialhilfeverwaltung bedingen (eingehend Voigt 1977, 3 ff.). Dazu gehört auch der *Gesamtzusammenhang* von *wirtschaftlicher Struktur* und *Entwicklung* sowie *öffentlichen Finanzen:*

(5) Die Finanzierung der Sozialhilfe befindet sich nämlich in einem Dilemma, das stellvertretend für das Dilemma des „Steuerstaates, der Sozialstaat sein will" (Grauhahn/Leibfried 1977, 67) steht:

Während sich die Leistungen der Sozialhilfeträger, soweit sie über die gesetzliche Pflicht *hinaus* gewährt werden, nach den vorhandenen Mitteln richten können, muß sich für die *Pflichtleistungen* der Sozialhilfeträger die Aufbringung der Mittel *nach der Höhe der zu leistenden Ausgaben richten* (zu den Ausgabenziffern näher unten 12.2.). Die Sozialhilfeträger können insofern also Hilfeleistungen, zu denen sie verpflichtet sind, nicht allein im Rahmen des ihnen finanziell *tatsächlich Möglichen* erbringen, sondern müssen tatbestandlich festgelegte Rechtsansprüche befriedigen und *dafür die nötigen Deckungsmittel aufbringen.* Diese Deckung wird aber zum großen Teil durch *Steuermittel* geleistet, ist also eng mit der wirtschaftlichen Entwicklung verflochten: Wirtschaftliche Stagnation oder Rezession, die mit relativ hoher Arbeitslosigkeit einhergehen, bedeuten stagnierende oder sogar rückläufige Steuereinnahmen. Steigen aber die Ausgaben (u. a. weil dann die Zahl der anspruchsberechtigten Hilfsbedürftigen zunimmt), so muß versucht werden, ein Gleichgewicht zwischen steigenden Ausgaben und stagnierenden bzw. sinkenden Einnahmen wieder herzustellen. Die Möglichkeiten, diese Situation aus eigener Kraft zu meistern, sind für die Sozialhilfeträger begrenzt: Die eigenen Einnahmequellen sind weitgehend ausgeschöpft und auf die Kreditfinanzierung kann nur noch in beschränktem Umfang ausgewichen werden, weil die bereits hohe Verschuldung die finanzielle Leistungsfähigkeit in Frage stellt. Wer aber nicht genug Geld hat bzw. bekommen kann, um seinen gesetzlich festgelegten Verpflichtungen nachzukommen, wird zunächst versuchen, seine Ausgaben zu drosseln. Soweit er dies überhaupt nicht oder nur in engen Grenzen tun kann, wird er durch Einflußnahme auf den *Gesetzgeber* versuchen, wenigstens einen Teil seiner ausgabenintensiven Aufgaben loszuwerden. Er wird auch prüfen, welche Ausgaben er *ohne den Gesetz-*

*geber* reduzieren kann. Er wird weiterhin versuchen, *neue Einnahmequellen* zu erschlie-
ßen; und schließlich wird er *Schulden* machen, um ein Gleichgewicht zwischen Einnahmen
und Ausgaben zu erreichen. Alle diese Möglichkeiten werden von den Sozialhilfeträgern
nicht nur erwogen (dazu Voigt 1977 a, 493 ff.), sondern auch in die Tat umgesetzt: So wird
z. B. versucht, das ausgabenintensive Risiko der Pflegebedürftigkeit von der Sozialhilfe auf
die Sozialversicherung abzuwälzen; es werden z. B. Einsparungen bei Personalausgaben
(und damit auch bei der notwendigen persönlichen Hilfe), bei „Kann"- und „Soll-Leistungen" (durch restriktive Handhabung von Ermessensspielräumen) und bei Investitionen für
soziale Einrichtungen diskutiert und praktiziert; der Bund wird um eine stärkere Beteiligung an den Kosten der Sozialhilfe angegangen; die Kreditaufnahmen nehmen konstant zu
usw. (Rehm 1977, 73 ff.; Keese 1977, 79 ff.). Daß bei den praktizierten Einsparungen nicht
nur „Balkönchen und Arabesken" abgetragen werden, die nicht unbedingt notwendig sind
(Rehm 1976, 78), sondern auch zuungunsten der Bedürftigsten Leistungskürzungen und
Restriktionen bei sozialen Diensten erfolgen, dürfte keine abwegige Annahme sein; denn
in Zeiten ökonomischer Krisen setzen sich Sparstrategien erfahrungsgemäß dort am stärks-
ten durch, wo die gesellschaftlichen Kräfte am schwächsten sind (vgl. auch unten 13.).

## 3.8.2. Finanzierung der Verbände der freien Wohlfahrtspflege

Die Haushaltsetats der freien Wohlfahrtsverbände stammen zum einen aus *Ei-
genmitteln:* Mitgliedsbeiträgen bzw. Umlagen der Mitgliedsbeiträge von ange-
schlossenen Vereinigungen; aus dem Anteil beim Verkauf von Wohlfahrtsbrief-
marken; Vermögenserträgen; Leistungsentgelten, die von Benutzern – „Selbst-
zahlern" – der Einrichtungen und Dienste erhoben werden; Spenden, Haus- und
Straßensammlungen, bei konfessionellen Verbänden auch kirchlichen Kollek-
ten.

Zur *Ergänzung der Eigenmittel* stehen Erlöse der ARD-Lotterie „Ein Platz an der Sonne",
der ZDF-Aktion „Sorgenkind", der Lotterie „Glücksspirale" sowie Mittel verschiedener
Stiftungen und Kuratorien zur Verfügung. Daneben erhalten die Spitzenverbände direkt
Mittel aus dem Bundesjugendplan für spezielle Wohlfahrtsaufgaben.

An *öffentlichen Geldern* kommen Leistungsentgelte für die Inanspruchnahme
von Einrichtungen und Diensten durch Hilfeempfänger ein, die von den Sozialleistungsträgern (u. a. auch den Sozialhilfeträgern, oben 3.7.2.2.2.2.) gezahlt werden; ferner Zuwendungen, zweckgebundene Zuschüsse und Projektfinanzierun-
gen nach dem JWG und dem BSHG (oben 3.7.2.2.1.1.). Finanzstatistiken, Haus-
haltspläne, Informationen über Finanzierungsmethoden und Spendenbeschaf-
fung der freien Wohlfahrtsverbände sind allerdings nicht leicht zugänglich (Bauer 1978, 100; einige Zahlen bei Bauer 1980, 491 u. Dillmann 1981, 86 f.).

## 3.9. Übersicht über die Organisation der Sozialhilfe

Das *Schaubild 1* gibt eine Übersicht über die organisatorische Durchführung der Aufgaben der Sozialhilfe hinsichtlich der öffentlichen und freien Träger (in Anlehnung an Frank 1977, 38); das *Schaubild 2* soll – vereinfacht – die wesentlichen Finanzströme verdeutlichen, aus denen (unter anderem) die Aufgaben der Sozialhilfe (im Hinblick auf die öffentlichen und die freien Träger) finanziert werden.

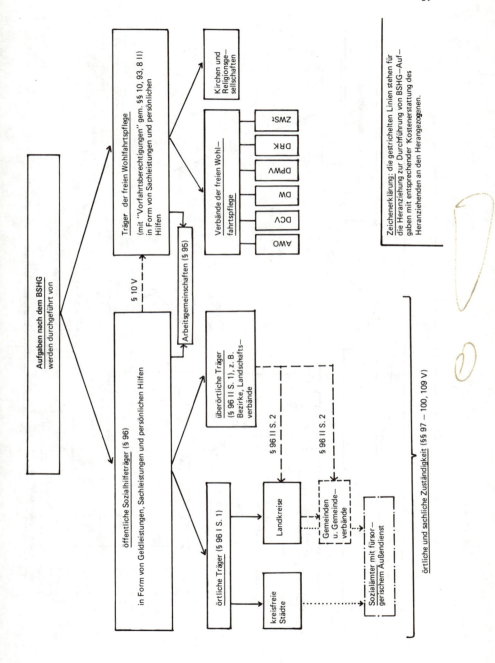

90

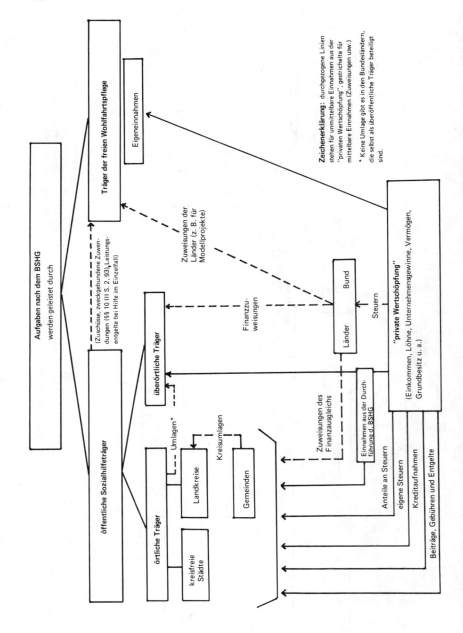

**Aufgaben nach dem BSHG** werden geleistet durch

**Träger der freien Wohlfahrtspflege**

Eigeneinnahmen

**Zeichenerklärung:** durchgezogene Linien stehen für unmittelbare Einnahmen aus der "privaten Wertschöpfung", gestrichelte für mittelbare Einnahmen (Zuweisungen usw.)

\* Keine Umlage gibt es in den Bundesländern, die selbst als überörtliche Träger beteiligt sind.

(Zuschüsse, zweckgebundene Zuwendungen (§§ 10 III S. 2, 93) Leistungsentgelte bei Hilfe im Einzelfall)

Zuweisungen der Länder (z. B. für Modellprojekte)

**öffentliche Sozialhilfeträger**

überörtliche Träger

Finanzzuweisungen

Bund

Länder

Steuern

"private Wertschöpfung"

(Einkommen, Löhne, Unternehmensgewinne, Vermögen, Grundbesitz u. a.)

örtliche Träger

Umlagen\*

Landkreise

Kreisumlagen

Gemeinden

kreisfreie Städte

Zuweisungen des Finanzausgleichs

Einnahmen aus der Durchführung d. BSHG

Anteile an Steuern

eigene Steuern

Kreditaufnahmen

Beiträge, Gebühren und Entgelte

# 4. Grundsätze der Sozialhilfe

## 4.1. Vorbemerkung

Das BSHG wird durch eine Reihe *spezieller Grundsätze* beherrscht, die der Sozialhilfe einen ganz eigenständigen Charakter verleihen (Müller-Tochtermann 1962, 449 ff.; Schlüsche 1972, 123 ff.). Diese Grundsätze haben eine besondere *Steuerungsfunktion* für den Vollzug des BSHG: Sie sind für die Anwendung und Auslegung seiner Vorschriften als Rahmen und Leitlinien maßgebend, innerhalb und anhand derer das Gesetz und seine Durchführung zu gestalten sind. Wie so oft bei Grundsätzen, besteht auch bei ihnen freilich die Gefahr, daß sie zu unabänderlichen Dogmen und inhaltslosen Formeln erstarren oder ihre volle Problematik erst bei der konkreten Umsetzung in die Praxis offenbaren.

## 4.2. Aufgabe der Sozialhilfe

(1) Nach § 1 Abs. 2 S. 1 ist es *Aufgabe der Sozialhilfe,* dem Hilfeempfänger die Führung eines Lebens zu ermöglichen, das der Würde des Menschen entspricht.

Die Vorschrift spricht vom *„Empfänger der Hilfe",* nicht aber vom *„Hilfesuchenden"* (beide Begriffe werden im BSHG streng unterschieden). Ein während der Beratungen des BSHG gemachter Vorschlag des Deutschen Vereins für öffentliche und private Fürsorge, in der Vorschrift neben dem „Empfänger der Hilfe" auch den „Hilfesuchenden" zu nennen, wurde vom federführenden Ausschuß mit der Begründung abgelehnt, § 1 Abs. 2 S. 1 setze der Natur der Sache nach den Empfang von Sozialhilfe voraus (BT-Dr. 3/2673, 3). Dies überzeugt freilich nicht. Nach § 5 setzt die Sozialhilfe ein, sobald dem Träger der Sozialhilfe bekannt wird, daß die Voraussetzungen für die Gewährung vorliegen. Der dem Sozialhilfeträger bekanntgewordene Anspruchsberechtigte fällt also schon in den Verantwortungsbereich der Sozialhilfe (und nicht erst der Empfänger von Hilfe). Dann muß aber die Zielsetzung des § 1 Abs. 2 S. 1 bereits dem bekanntgewordenen Hilfesuchenden gegenüber gelten (also z. B. die Art des Umganges mit ihm bestimmen). Das BVerwG verwendet in einigen Entscheidungen zu § 1 Abs. 2 S. 1 den Begriff „Hilfesuchender" (z. B. in BVerwGE 23, 153; 25, 27), freilich ohne auf das oben aufgeworfene Problem einzugehen (wie hier im Ergebnis Gottschick/Giese 1981, § 1 Rz. 4.1). Darüber hinaus könnte der Einbezug des Hilfesuchenden in die Funktionsbestimmung des § 1 Abs. 2 S. 1 mit Blick auf § 5 als rechtsnormative Grundlage für eine Aktivierung der Sozialhilfeverwaltung gedeutet werden (Grauhan/Leibfried 1977, 72 f.).

(2) § 1 Abs. 2 S. 1, der an Art. 1 Abs. 1 GG anknüpft und in den §§ 1 Abs. 1 S. 2, 9 SGB-AT eine Entsprechung hat, wird in der Literatur – nur um einige Beispiele zu nennen – als die „königliche Norm" des BSHG (Schellhorn/Jirasek/Seipp 1981, § 1 Rz. 3), als „ein das ganze Sozialhilferecht beherrschender Leitsatz" (Jehle/Schmitt 1979, § 1 Anm. 4 a), als „verbindliche Richtschnur für die Ausgestaltung und für die Auslegung des BSHG" (Freudenthal 1979, 31) bezeichnet.

Diese und ähnliche Wendungen, deren Aufzählung sich unschwer fortsetzen ließe, zeigen, daß die zentrale Bedeutung des § 1 Abs. 2 S. 1 als Leitgrundsatz des Sozialhilferechts unbestritten ist.

Es ist allerdings eine bekannte Erfahrung des juristischen Alltags, daß die Interpretation von Rechtsnormen und Rechtsbegriffen umso schwieriger ist, je allgemeiner die Aussagen sind, die sie enthalten. Dies gilt auch für die Interpretation von § 1 Abs. 2 S. 1, der wegen der hohen Allgemeinheit der Wendung von der „Führung eines Lebens . . ., das der Würde des Menschen entspricht" erst konkretisiert werden muß (vgl. Stolleis 1981). Dieser Prozeß der „Verbesonderung" (Engisch 1953, S. 78) des in § 1 Abs. 2 S. 1 enthaltenen allgemeinen Gedankens ist ein Prozeß, der über die Stufe der spezielleren, dem allgemeinen Gedanken untergeordneten Gedanken bis zur untersten Stufe der Konkretisierung des allgemeinen Gedankens im Einzelfall führt. Ein solcher Transformationsprozeß, der vom sozialpolitischen Leitgrundsatz bis zur Entscheidungsgrundlage im Einzelfall „herabsteigt", liegt im Aufgabenbereich sämtlicher Träger staatlichen Handelns im Rahmen der Sozialhilfe. Besonders deutlich – und i. d. R. auch publik – wird dieser Transformationsprozeß in der *Gerichtspraxis,* der im folgenden exemplarisch skizziert werden soll (eingehend dazu Trenk-Hinterberger 1980, 46 ff.):

Was bislang aus dieser Gerichtspraxis an Konkretisierungsversuchen bekannt wurde, hat allerdings nur *fragmentarischen Charakter.* Eine Analyse der Rechtsprechung zeigt nämlich, daß entweder Konkretisierungsversuche auf „mittlerer" Abstraktionsebene vorgenommen wurden,

— z. B. daß der tatsächliche Bedarf, der zur Führung eines menschenwürdigen Lebens nötig ist, nicht eine statische Größe sei, weil die Anschauungen darüber in gewissen Grenzen wandelbar seien und dabei auf die jeweils herrschenden Lebensgewohnheiten und Erfahrungen verwiesen werde (BVerwGE 25, 317; 35, 180 f.); daß die Hilfe so bemessen sein müsse, daß die Menschenwürde des Hilfeempfängers keinen Schaden nehme (BVerwGE 27, 63); daß der Interventionspunkt der Sozialhilfe dann erreicht sei, wenn der Hilfesuchende so weit in seiner Lebensführung, gemessen an seiner Umwelt, absinkt, daß seine Menschenwürde Schaden nimmt (BVerwGE 36, 256); daß sich der Begriff des menschenwürdigen Lebens nicht allein als eine Formel für das physiologisch Notwendige umschreiben lasse (BVerwGE 35, 180; weitere Formulierungen oben 2.4. und bei Trenk-Hinterberger 1980, 48 ff.),

oder aber, daß dezisionistisch für den Einzelfall eine verbindliche Konkretisierung erfolgte,

— z. B. daß die Anschaffung eines gebrauchten Fernsehapparates für 90 DM *nicht* eine von der Menschenwürde her gebotene Notwendigkeit sei (BVerwGE 48, 239).

(3) Man wird freilich nicht übersehen dürfen, daß der Begriff der enschenwürdigen Lebensführung eben nicht in der Weise „abklärbar" ist wie die Frage eines Marktforschers nach der Beliebtheit eines Waschmittels. Die Hauptschwierigkeit liegt in dem Anspruch, den Gehalt der „menschenwürdigen Lebensführung" zu bestimmen, einem Anspruch, der durch das Bewußtsein seiner Uneinlösbarkeit

ergänzt wird: uneinlösbar, weil auch mit empirischen Methoden nur in bescheidenem Umfang und nie in einem „objektiven" Bild eingefangen werden kann, was menschenwürdige Lebensführung (mit ihrer Offenheit in die Zeit) sein könnte. Gleichwohl erscheinen die Bemühungen der Gerichtspraxis nützlich, dem Begriff der menschenwürdigen Lebensführung – soll § 1 Abs. 2 S. 1 nicht zu einer folgenlosen Deklamation herabsinken – durch *kasuistisches Vorgehen* weitere Konkretisierungen und Interpretationshilfen für andere Vorschriften des BSHG abzuringen. Bedenklich wird es freilich dann, wenn § 1 Abs. 2 S. 1 lediglich als normative „Krücke" benutzt wird, nach der die Rechtspraxis mit frappanter Selbstsicherheit und mit bemerkenswerter Einseitigkeit greift, um die *Ablehnung* von Leistungen an Hilfesuchende zu rechtfertigen. Beispiele dafür gibt es genug:

„Die Führung eines menschenwürdigen Lebens hängt nicht von der Teilnahme an einer Schulwanderung oder Klassenfahrt ab" (VG Düsseldorf, in: ZfF 1979, 18); eine menschenwürdige Lebensführung erfordert auch bei einem ausgesprochen kalten Schlafzimmer keinen Teppichboden, denn „durch das Tragen warmer Hausschuhe läßt sich der gleiche Erfolg erzielen" (VGH Baden-Württemberg, in: FEVS 21, 219, 221); es steht fest, „daß es angesichts der weit verbreiteten Gewohnheit, für bestimmte einmalige Anlässe Kleidung zu mieten und gebrauchte Kleidung älterer Geschwister zu tragen, nicht die Menschenwürde eines Hilfeempfängers (vgl. § 1 Abs. 2 BSHG) verletzt, ihn auf gut erhaltene und gepflegte Gebrauchtkleidung zu verweisen" (Hess. VGH, in: FEVS 28, 32); es „ist aber nicht von der Menschenwürde her gebotene Notwendigkeit", sich über das Hören des Rundfunks, die Benutzung einer Leihbücherei, den Besuch unterhaltender Veranstaltungen ernsten oder leichteren Charakters u. ä. hinaus auch des Fernsehens bedienen zu können (BVerwGE 48, 239; s. im übrigen auch die Ausführungen zum „notwendigen Lebensunterhalt" i. S. des § 11 Abs. 1 S. 1 unten 6.2.2.).

Solche und andere Beispiele (vgl. Trenk-Hinterberger 1980, 48 ff.; OVG Münster, in: FEVS 28, 231) legen die Vermutung nahe, daß es keinem undurchdringlichen Gesetz des Zufalls unterliegt, in welchen Fällen sich die Rechtsprechung des § 1 Abs. 2 S. 1 erinnert. Und angesichts solcher Beispiele wird auch die Skepsis verständlich, die manche gegen die Konkretisierungspraxis zu dieser Vorschrift hegen (Werkentin 1974, 296; Rode 1979, § 9 Rz. 14; Stahlmann 1980, 21).

## 4.3. Ziel der Sozialhilfe

(1) *Ziel der Sozialhilfe* ist es, den Hilfeempfänger soweit wie möglich zu befähigen, unabhängig von ihr zu leben; hierbei muß er nach seinen Kräften mitwirken (§ 1 Abs. 2 S. 2). Nach diesem programmatischen Satz soll die Sozialhilfe also auf eine Veränderung der Situation des Hilfeempfängers gerichtet sein mit dem Ziel, *sich selbst überflüssig zu machen.* Sie soll im Grunde genommen nur vorübergehend eintreten und dabei helfen, die Eigenkräfte des Hilfeempfängers zu entfalten und sie für eine eigenverantwortliche Lebensgestaltung einzusetzen (BVerw-

GE 23, 153). Hinter dieser Zielvorstellung verbirgt sich nicht etwa primär das Bestreben, dem Staat nach Möglichkeit Ausgaben zu ersparen, sondern ein bestimmtes Menschenbild: Der Staat hat nur die Voraussetzungen für eine Selbsthilfe zu schaffen, nicht aber dem einzelnen abzunehmen, was dieser selbst oder in Gruppen bewältigen kann (vgl. noch unten 4.4.1.). Die Sozialhilfe soll vor allem keine dauerhafte, attraktive Alternative zur materiellen Selbstversorgung (insbesondere durch Einsatz der eigenen Arbeitskraft) sein: „Versorgungsstaatliches Denken ist dem BSHG fremd" sagt kurz und bündig die Begründung zum Entwurf des BSHG (BT-Dr. 3/1979, 38).

(2) Wenn die Sozialhilfe ihrer Intention nach nur eine vorübergehende staatliche Hilfestellung sein soll, dann muß sie auch erwarten können, daß der Hilfsbedürftige an der Bewältigung seiner Notsituation aktiv *mitwirkt;* ihm sind deshalb verschiedene *Mitwirkungspflichten* auferlegt. Diese Pflichten können zwar nicht unmittelbar zwangsweise durchgesetzt werden; erfüllt der Hilfeempfänger sie aber nicht, dann muß er mit nachteiligen Folgen hinsichtlich der Hilfeleistung rechnen. Das bedeutet freilich nicht, daß jemand, der nicht mitwirkungswillig ist, einfach seinem Schicksal überlassen werden darf. Denn zum Ziel einer Sozialhilfe, die Hilfestellung zur Selbsthilfe sein will, gehört es auch, daß der *Mitwirkungswille* des Hilfeempfängers geweckt, gestärkt oder auch wachgehalten wird (Gottschick/Giese 1981, § 1 Rz. 7.1.). Hier liegt ein weites Betätigungsfeld für die persönliche Hilfe durch geeignete Fachkräfte der Sozialarbeit (vgl. auch § 102).

Zu den Mitwirkungspflichten im Sinne eines *„Selbsthilfestrebens"* gehören z. B. die in den §§ 18 Abs. 1, 25 Abs. 1 genannten Pflichten zur Beseitigung der Bedürftigkeit durch Einsatz der eigenen Arbeitskraft (ferner z. B. §§ 64 Abs. 2, 136 Abs. 2). Zu diesen und den sog. *verfahrensmäßigen Mitwirkungspflichten* nach den §§ 60 ff. SGB-AT einschließlich der dort normierten Grenzen der Mitwirkung und den Folgen fehlender Mitwirkung Näheres bei Meier 1976 und unten 5.8.).

(3) Die Fassung des § 1 Abs. 2 S. 2 („soweit wie möglich") weist allerdings darauf hin, daß die Sozialhilfe es häufig mit Hilfeempfängern zu tun hat, bei denen das Ziel der Sozialhilfe *nicht, nicht mehr oder nicht in vollem Umfang* erreicht werden kann (eingehend Galperin 1970, 75 f.):

So wird z. B. bei der Hilfe zum Lebensunterhalt (unten 6.2.) die größte homogene Gruppe von den Rentnern (davon fast 80 % Frauen) gebildet, denen mit der Sozialhilfe die unzureichende Rente aufgebessert oder der Heimaufenthalt bezuschußt wird, den sie mit dieser Rente nicht bezahlen könnten. Und bei einer Reihe von Hilfen in besonderen Lebenslagen (unten 6.3.) ist es gerade so, daß die Sozialhilfe einsetzt, weil Selbsthilfe nur noch in bescheidenem Umfang oder überhaupt nicht (mehr) möglich ist (z. B. Krankenhilfe, Hilfe zur Weiterführung des Haushalts und Hilfe zur Pflege). In den genannten Fällen nimmt die Sozialhilfe Aufgaben wahr, bei denen Hilfe zur Selbsthilfe überhaupt nicht erwartet werden kann (wie soll sich der „Sozialrentner" von der Sozialhilfe unabhängig machen?) oder bei denen man Hilfe zur Selbsthilfe gar nicht voraussetzen kann (soll der schwer Körperbehinderte befähigt werden, sich selbst zu pflegen?). Sozialhilfe als Hilfe zur Selbsthilfe kann in diesen Fällen allenfalls als persönliche Hilfe sinnvoll sein, etwa als Stützung des

Lebenswillens und der Selbstbehauptung gegen Resignation oder Verzweiflung (Müller 1978, 416 ff.). Aber auch für diesen Restbereich an Hilfe zur Selbsthilfe ist die Sozialhilfe nicht besonders gut gerüstet: Die Zahl der vorhandenen Fachkräfte der Sozialarbeit entspricht bei weitem nicht der gestellten Aufgabe. Dieses Defizit an Fachkräften und damit an persönlicher Zuwendung, die Hilfe zur Selbsthilfe nun einmal braucht, besteht im übrigen auch bei der Hilfe zur Selbsthilfe für die Gruppen von Hilfeempfängern, denen die Sozialhilfe eine Art „Zwischenfinanzierung" gewährt und die – mit entsprechend fachkundiger Unterstützung – den Status des Sozialhilfeempfängers abstreifen könnten. Letztlich sollte man aber auch nicht die Grenzen einer individuell ansetzenden Hilfe zur Selbsthilfe übersehen, die dort liegen, wo die Verhältnisse und Bedingungen in der Umwelt des Hilfesuchenden jede Hoffnung auf Veränderung durch eigene Kraft absurd erscheinen lassen.

(4) Auf die vielschichtigen Gründe für die *Diskrepanz* zwischen Anspruch und Wirklichkeit der Sozialhilfe als „Hilfe zur Selbsthilfe" gibt eine neuere Untersuchung interessante Hinweise (Grunow/Hegner 1979, 353 f.): Danach glaubt nur ein verschwindend geringer Prozentsatz der Sachbearbeiter und Sozialarbeiter (jeweils weniger als 5 %), daß mehr als die Hälfte der Hilfeempfänger durch die Sozialhilfe befähigt wird, wieder unabhängig von ihr zu leben; lediglich knapp ein Viertel der Sozialarbeiter und ein Fünftel der Sachbearbeiter glauben, daß mehr als 20 % der Hilfeempfänger wieder unabhängig von der Sozialhilfe werden können. Neben dieser pessimistischen Selbsteinschätzung der für die Hilfe zur Selbsthilfe „zuständigen" Mitarbeiter gibt es gute Gründe für die Annahme, daß Dauer und Intensität der Betreuung als Mittel der Hilfe zur Selbsthilfe keineswegs nur von der Problemlage des Klienten, sondern auch von den subjektien Präferenzen der Sozialarbeiter bei der „Auswahl" von Klienten abhängen (eine solche „Selektion" nach den unterschiedlichsten Kriterien ist angesichts der hohen Fallzahlen pro Sozialarbeiter allerdings verständlich).

(5) Die Zielsetzung des BSHG, dem Hilfeempfänger die Befähigung zur Selbsthilfe zu verleihen, soll durch die *vorbeugende* Hilfe unterstützt werden (§ 6 Abs. 1), um eine drohende Notlage ganz oder teilweise abzuwenden (vgl. z. B. § 36: vorbeugende Gesundheitshilfe). Auch die *nachgehende* Hilfe, die dazu dienen soll, künftige erneute Notlagen von vornherein abzuwehren und die vorhergehende Hilfe sichern (§ 6 Abs. 2), ergänzt diese Zielsetzung des BSHG.

Einige der in Betracht kommenden Arten vorbeugender oder nachgehender Hilfe erschienen dem Gesetzgeber so bedeutsam, daß er sie in Sonderbestimmungen geregelt hat (vgl. § 6 Abs. 2 S. 2). Bei anderen Vorschriften des BSHG wird § 6 – trotz seines mehr programmatischen Charakters – stets „mitzudenken" sein (auch wenn die Praxis dazu neigen sollte, zu sehr auf das Programmatisch-Unverbindliche des § 6 abzustellen). „Paradefall" einer solchen „mitgedachten" Anwendung des § 6 ist die Vorschrift des § 15 a, aufgrund derer eine Übernahme von Mietschulden des Hilfebedürftigen geboten ist, um einer unmittelbar bevorstehenden Obdachlosigkeit nach Verlust der Wohnung vorzubeugen (vgl. unten 6.2.6.).

96

## 4.4. Nachrang der Sozialhilfe

### 4.4.1. Allgemeines

(1) Nach § 2 erhält Sozialhilfe nicht,

„wer sich selbst helfen kann oder wer die erforderliche Hilfe von anderen, besonders von Angehörigen oder von Trägern anderer Sozialleistungen, erhält". (Abs. 1). „Verpflichtungen anderer, besonders Unterhaltspflichtiger oder der Träger anderer Sozialleistungen, werden durch dieses Gesetz nicht berührt. Auf Rechtsvorschriften beruhende Leistungen anderer, auf die jedoch kein Anspruch besteht, dürfen nicht deshalb versagt werden, weil nach diesem Gesetz entsprechende Leistungen vorgesehen sind." (Abs. 2).

Schlüsselt man diesen *Grundsatz des Nachrangs* (auch Prinzip der fürsorgerischen bzw. materiellen Subsidiarität) anhand des § 2 Abs. 1 und Abs. 2 im einzelnen auf, so wird ersichtlich, daß die Sozialhilfe nachrangig ist gegenüber
1. Möglichkeiten der Selbsthilfe (§ 2 Abs. 1, 1. Alt.),
2. tatsächlichen Leistungen Dritter (§ 2 Abs. 1, 2. Alt.),
3. Leistungsverpflichtungen Dritter (§ 2 Abs. 2 S. 1) und
4. bestimmten Ermessensleistungen anderer (§ 2 Abs. 2 S. 2).

   Die Aufzählung dieser vorrangigen Hilfsquellen, die sich als gesetzlich typisierte „Normalfälle" der Bewältigung sozialer Notlagen verstehen lassen, macht zugleich deutlich, daß die Sozialhilfe einen *Ausnahmecharakter* haben soll: *Ihr Leistungsgrund ist der anderweitig nicht gedeckte Bedarf* (vgl. schon oben 2.2.2. und Giese 1975, 129 ff.).

*Beispiele:* Eine alleinerziehende Mutter mit Kindern hat kein oder nicht genügend eigenes Einkommen bzw. erhält keinen oder zu wenig Unterhalt; eine verwitwete 70jährige hat eine zu niedrige Rente; ein Kranker (z. B. freischaffender Künstler) ist nicht krankenversichert; die Krankenversicherung zahlt einem Versicherten die Aufwendungen für Zahnersatz nur teilweise (vgl. § 182 c RVO); ein Arbeitsloser erhält kein bzw. ein zu geringes Arbeitslosengeld usw.

(2) Hängt die Sozialhilfe aber grundsätzlich von vorrangigen Hilfsquellen ab, so muß sie diese *ständig im Auge behalten*. Dies hat insbesondere folgende Konsequenzen:

— Einmal können *Änderungen* in den übrigen (vorrangigen) Sozialleistungsbereichen unmittelbare Rückwirkungen auf die Sozialhilfe haben. Die Sozialhilfe muß also wie ein Seismograph die Bewegungen in den übrigen Sozialleistungsbereichen registrieren (z. B. Rentenerhöhungen) und entsprechend darauf reagieren (z. B. durch Kürzung der Sozialhilfe); Näheres zu diesen Rückwirkungen bei Frank 1980, 24 f.; Reidegeld 1979, 324 f.
— Zum anderen kann der Grundsatz des Nachrangs gegenüber anderen Hilfsquellen *mißbraucht*, nämlich in eine „Abschiebungs- und Weiterverweisungs-Praxis" verkehrt werden, wenn der Hilfesuchende vom Sachbearbeiter des Sozialamts, einem „Nachrang/Vorrang-Spezialisten", ohne hinreichende Gründe auf andere Hilfsquellen ver-

wiesen wird („Klagen Sie doch zuerst gegen ihre unterhaltspflichtigen Eltern; gehen Sie zuerst zu ihrer Krankenversicherung ..." u. ä. m.). Insofern ähnelt das Prinzip Nachrang/Vorrang dem Prinzip Zuständigkeit/Unzuständigkeit.

(3) Das *Prinzip der Subsidiarität* ist der öffentlichen Fürsorge seit jeher eigen (Sachße/Tennstedt 1980, S. 14). Das hinter ihm stehende *ideologische Konzept* ist freilich vielschichtig und variiert im historischen Ablauf (dazu eingehend Klanberg 1981, 36).

So wird z. B. in einem „Handbuch für die mit der Armenpflege betrauten Behörden des Herzogtums Nassau" von 1818 zunächst der Subsidiaritätsgrundsatz so formuliert: „Die Verbindlichkeit zur öffentlichen Armenversorgung soll subsidiarisch sein. Ehe diese in Anspruch zu nehmen ist, sind vor allem die dazu vermögenden Verwandten oder besondere Kooperationen, z. B. Assekuranz- oder Unterstützungskassen verpflichtet, die Versorgung der Bedürftigen zu übernehmen." Es folgt dann eine Rangliste der Subsidiarität, vom Ehepartner angefangen, über die Gemeindekassen bis zur Kasse des Herzogtums. Diese Rangliste soll, wie ausdrücklich begründet wird, dem Schutz der Kasse des Herzogtums und damit auch des Herzogs dienen (zit. nach Lüers 1977, 273).
Sicher ist das *ideologische Konzept* des Subsidiaritätsprinzips neuerer Prägung – vor allem bei der Subsidiarität gegenüber Selbsthilfemöglichkeiten – wesentlich auch durch das Gedankengut liberaler Staats- und Gesellschaftstheorien des 18. und 19. Jahrhunderts beeinflußt, wonach – verkürzt ausgedrückt – die Sicherung und Gestaltung der eigenen Existenz vornehmlich dem einzelnen Individuum selbst und seiner Initiative überlassen bleibt, die Verantwortlichkeit der Gemeinschaft dagegen auf Ausnahmesituationen beschränkt ist und nur eintritt, wenn und soweit die eigenen Mittel des Individuums nicht hinreichen (Sachße 1980, 448). Sicher hat auch das Subsidiaritätsdenken der katholischen Soziallehre, wie es namentlich in der Enzyklika „Quadragesimo anno" von 1931 formuliert wurde, einen maßgeblichen Einfluß ausgeübt (vgl. Desch 1967, 217 f.; Barabas/Sachße 1976, 360 ff.; Sachße 1980, 448 ff.; aber nicht nur bei der fürsorgerischen Subsidiarität, sondern auch bei der institutionellen Subsidiarität, also im Bereich des Verhältnisses von staatlicher und freier/konfessioneller Wohlfahrtspflege; vgl. oben 3.7.). Und sicherlich steht hinter dem Subsidiaritätsprinzip auch der Gedanke, daß eine Maßnahme, welche die Motivation zur Selbsthilfe und damit zur Realisierung persönlicher Entfaltung beeinträchtigt, – jedenfalls als widerlegbare Vermutung – keine nützliche Hilfe sei
Interessanterweise kennt z. B. auch das Fürsorgerecht der DDR in fast wörtlicher Übereinstimmung zum BSHG den Nachrang der – dort so genannten – „Sozialfürsorge" gegenüber der Selbsthilfe (vgl. Faude 1977, 182; 1981, 78).

## 4.4.2. Der Nachrang im einzelnen

### 4.4.2.1. Selbsthilfe

In dieser Alternative („... *wer sich selbst helfen kann* ...") geht das Gesetz davon aus, daß derjenige, der in eine Notlage geraten ist, diese durch Selbsthilfe abwenden kann, indem er
1. sein *Einkommen* (§§ 11 Abs. 1, 28, 76 ff.)
2. sein *Vermögen* (§§ 11 Abs. 1, 28, 88 f.) und
3. seine *Arbeitskraft* (§§ 18 ff.) einsetzt (unten 1) sowie
4. vorhandene *Ansprüche gegenüber Dritten* selbst realisiert (unten 2):

(1) In welchem Maß Selbsthilfe beim Einsatz von Einkommen, Vermögen und Arbeitskraft gefordert wird, ist an anderer Stelle noch im einzelnen zu behandeln (unten 6.2.9., 6.2.10., 6.3.4.). Hingewiesen sei hier aber schon darauf, daß der Einsatz des Einkommens bzw. der Arbeitskraft bei der Hilfe zum Lebensunterhalt und bei der Hilfe in besonderen Lebenslagen unterschiedlich behandelt werden: Bei der *Hilfe in besonderen Lebenslagen* muß das *Einkommen* nur in bestimmtem Umfang eingesetzt werden (bei der Hilfe zum Lebensunterhalt hingegen im vollen); und der Einsatz der *Arbeitskraft* wird bei der *Hilfe in besonderen Lebenslagen nicht* verlangt (denn einem Auszubildenden, Kranken, Pflegebedürftigen usw. kann Einsatz der Arbeitskraft sinnvollerweise nicht zugemutet werden). Beim *Vermögenseinsatz* im Rahmen der *Hilfe in besonderen Lebenslagen* bringt § 88 Abs. 3 S. 2 eine gewisse Erleichterung.

(2) Sich selbst helfen kann *auch*, wer durch die Geltendmachung eines *realisierbaren Anspruchs* die Mittel für die Deckung seines Bedarfs rechtzeitig und ausreichend zu erlangen vermag (vgl. z. B. BVerwGE 21, 212; 38, 308): Denn wenn § 2 Abs. 1 denjenigen von der Gewährung von Hilfe ausschließt, der sich selbst helfen kann, so stellt er klar, daß auch zukünftige Möglichkeiten zur Bedarfsbefriedigung zu beachten sind. Damit können freilich nur solche Möglichkeiten gemeint sein, die nach Lage des einzelnen Falles geeignet sind, den Bedarf in angemessener Zeit zu decken. Es liegt auf der Hand, daß etwa derjenige, der um Hilfe zum Lebensunterhalt nachsucht, nicht auf einen Rentenanspruch verwiesen werden kann, der im günstigsten Fall mehrere Monate nach Eintritt der Hilfsbedürftigkeit erfüllt wird. Andererseits würde es sich aber auch nicht mit dem Nachranggrundsatz vertragen, wenn der einzelne sich ohne Rücksicht auf die Möglichkeit der Bedarfsbefriedigung von dritter Seite an den Sozialhilfeträger erfolgreich halten könnte, um diesem dann nach erfolgter Hilfeleistung die Durchsetzung seiner Ansprüche gegen den Dritten „aufzuhalsen", wenn er selbst bei rechtzeitigem Tätigwerden die Bedarfsdeckung durch Dritte hätte herbeiführen können. Dies kann natürlich nur dann der Fall sein, wenn es sich um *realisierbare Ansprüche* handelt *(Beispiel:* Der unterhaltspflichtige Ehemann einer Mutter mit drei unmündigen Kindern darf also nicht „unbekannt verzogen", d. h. unauffindbar sein). Das Verweisen auf Selbsthilfe kann daher dann zulässig sein, wenn z. B. die begehrte Hilfe einen Aufschub bis zur Realisierung des Anspruchs gegen einen Dritten (auch durch Erwirken einer gerichtlichen einstweiligen Verfügung) duldet.

Die Pflicht, bestehende Ansprüche zu realisieren, kann freilich nicht nur durch *objektive* Gründe ausgeschlossen sein (z. B. wenn der unterhaltspflichtige Vater unauffindbar ist), sondern auch dann entfallen, wenn die Pflicht zur Selbsthilfe durch Realisierung eines Anspruchs für den Sozialhilfeempfänger *subjektiv unzumutbar* ist.

*Beispiel:* An die Weigerung einer nichtehelichen Mutter, den Kindesvater zu benennen, dürfen aus *diesem* Grund keine sozialhilferechtlich nachteiligen Folgen (Verweigerung oder Rückforderung von Sozialhilfe) für sie und ihr Kind geknüpft werden; selbst die Gefahr, daß ein solches Schweigerecht mißbraucht werden kann, muß im schutzwürdigen Interesse derjenigen Mütter, die aus *beachtlichen* Gründen (Konfliktlage, Gewissenspflicht) schweigen, in Kauf genommen werden (VG Berlin, in: ZfF 1980, 273 ff.; einschränkend dagegen das – noch nicht rechtskräftige – Urteil des OVG Berlin, in: Soziale Arbeit 1981, 448 ff.: nur bei glaubhafter Berufung der Mutter auf eine besondere – moralische oder rechtliche – Konfliktlage).

### 4.4.2.2. Tatsächliche Leistungen Dritter

In dieser Alternative geht das Gesetz davon aus, daß dann, wenn ein anderer *tatsächlich Hilfe leistet*, die Notlage im Umfang der tatsächlich geleisteten Hilfe behoben wird und demzufolge ein entsprechend geringerer oder gar kein Bedarf an Sozialhilfe besteht. Dabei spielt es *keine Rolle*, ob die Hilfeleistung des anderen aufgrund einer gesetzlichen, vertraglichen oder sittlichen Verpflichtung oder freiwillig erbracht wird. Als Beispiele nennt das Gesetz Leistungen von Angehörigen und von Trägern anderer Sozialleistungen.

Der *Hauptfall* des § 2 Abs. 1, 2. Alt. sind Leistungen von Sozialleistungsträgern: Zahlt z. B. die Krankenversicherung einen Zuschuß zum Zahnersatz (§ 182 c RVO), dann besteht in Höhe dieses Zuschusses kein Bedarf an Leistungen der Sozialhilfe; nur für den Restbetrag kommt Krankenhilfe gem. § 37 in Betracht.

### 4.4.2.3. Leistungsverpflichtungen Dritter

§ 2 Abs. 2 S. 1 stellt klar, daß das BSHG *Verpflichtungen anderer* unberührt läßt. Eine solche *Klarstellung* ist sinnvoll, weil in der Praxis die Rangordnung zugunsten der Sozialhilfe immer wieder durchbrochen wird und – wie oben 4.4.2.1. (2) gezeigt – im Interesse des Hilfesuchenden auch durchbrochen werden muß.

*Beispiele:* Eine beantragte Altersrente wird erst nach einer Bearbeitungszeit von mehreren Monaten bewilligt; zwischenzeitlich hat der Rentenantragsteller keine andere Möglichkeit, seinen Lebensunterhalt zu bestreiten. Oder: Der Unterhaltsanspruch einer Mutter mit drei noch nicht schulpflichtigen Kindern kann gegenwärtig nicht realisiert werden, weil der geschiedene Ehemann „unbekannt verzogen" ist.

Da die Sozialhilfe also in vielen Fällen gezwungen ist, zur Behebung der aktuellen Notsituation für säumige Schuldner des Hilfesuchenden gewissermaßen mit einem *„Überbrückungsgeld"* einzutreten, muß ihr – über die Klarstellung des § 2 Abs. 2 S. 1 hinaus – ein Instrumentarium zur Herstellung der von der Rechtsordnung gewollten Rangfolge zur Verfügung stehen. Dieses Instrumentarium ist in § 90 (Überleitung der Ansprüche eines Hilfeempfängers gegen einen vorverpflichteten Schuldner) sowie in Sonderbestimmungen anderer Gesetze geregelt, die § 90 vorgehen (§§ 1531 ff. RVO, 77 AVG, 109 RKnG, 292 LAG). Bei der Herstellung der Rangfolge der Sozialhilfe im Verhältnis zu *nach bürgerlichem Recht Unterhaltspflichtigen* gelten nach § 91 Besonderheiten, die den Nachrang der Sozialhilfe modifizieren (Näheres unter 8.1.).

### 4.4.2.4. Ermessensleistungen anderer

Mit § 2 Abs. 2 S. 2 will das BSHG verhindern, daß andere öffentliche Stellen die Gewährung von Ermessensleistungen, die auf Rechtsvorschriften beruhen, verweigern, indem sie auf die Sozialhilfe und deren Hilfeleistungen verweisen.

*Beispiel:* Eine bei der AOK Neustadt krankenversicherte Altersrentnerin, die zugleich Sozialhilfeempfängerin ist (weil sie nur eine „Mini-Rente" bezieht), beantragt bei der Krankenkasse einen Zuschuß zu einer notwendigen Erholungskur; dann kann die Kasse nicht unter Berufung auf ihr Ermessen (§ 187 RVO i. V. m. der Kassensatzung) den Zuschuß mit der Begründung ablehnen, die Rentnerin solle sich an die Sozialhilfe wenden, die in § 36 eine entsprechende Hilfeleistung vorsehe.

### 4.4.3. Ausnahmen vom Nachrang

Der Nachrang der Sozialhilfe – namentlich gegenüber Einkommen und Vermögen des Hilfesuchenden – würde, wenn er konsequent und ausnahmslos durchgeführt würde, letztlich dazu führen, daß der Hilfesuchende erst seinen letzten Pfennig und sein letztes Hemd einsetzen bzw. verwerten müßte, bevor er Sozialhilfe erhielte. Es liegt auf der Hand, daß der Nachrang der Sozialhilfe nicht in dieser Weise ausnahmslos durchgehalten werden kann. Das Gesetz sieht vielmehr eine Reihe von Ausnahmen vor, die den Hilfesuchenden aus den unterschiedlichsten Erwägungen in differenzierter Weise durch Schon- und Freibeträge vor dem Einsatz seines gesamten Einkommens und Vermögens schützen. Wir werden darauf noch im Zusammenhang mit dem Einsatz von Einkommen und Vermögen bei den einzelnen Hilfearten näher einzugehen haben (unten 6.2.9. und 6.3.4.). Um jedoch bereits hier eine Vorstellung von den Ausnahmen vom Grundsatz des Nachrangs zu geben, soll auf zwei *Beispiele* hingewiesen werden:

So enthält das BSHG in § 88 Abs. 2 eine Aufzählung von *Vermögensgegenständen*, deren Einsatz nicht verlangt werden kann, die sozialhilferechtlich mithin als nicht existent gelten (z. B. Familien- und Erbstücke, die aus Gründen der Familientradition oder des Andenkens an Verstorbene für den Hilfeempfänger von besonderer Bedeutung sind). Und nach § 43 Abs. 2 wird den Eltern behinderter Kinder unter bestimmten Umständen nicht zugemutet, sich an den Kosten der *Eingliederungsmaßnahmen* für ihr Kind finanziell zu beteiligen. Diese Regelung bezweckt, die Eltern behinderter Kinder möglichst nicht höher als die Eltern nicht behinderter Kinder mit Kosten zu belasten; es soll erreicht werden, „daß die unentbehrliche aktive Mitarbeit der Eltern bei der Eingliederung ihrer Kinder in die Gesellschaft nicht etwa aus Gründen der Kostenbelastung erlahmt" (Petersen 1975, 119; dazu noch unten 6.3.5.6.6.).

## 4.5. Individualisierung in der Sozialhilfe

### 4.5.1. Der Grundsatz des § 3 Abs. 1

(1) Nach § 3 Abs. 1 richten sich Art, Form und Maß der Sozialhilfe „nach der Besonderheit des Einzelfalles, vor allem nach der Person des Hilfeempfängers, der Art seines Bedarfs und den örtlichen Verhältnissen". Der in dieser Vorschrift normierte *„Grundsatz der Individualisierung"* ist gleichfalls ein für die Sozial-

hilfe charakteristischer Leitgedanke. Durch ihn unterscheidet sich die Sozialhilfe insbesondere von der Sozialversicherung, die einzelnen typischen Notlagen durch im wesentlichen tatbestandsmäßig typisierte und im vorhinein festgelegte Leistungen zu begegnen sucht:

Bei Eintritt des Versicherungsfalles (z. B. bei Erreichen des Rentenalters) wird nämlich nur geprüft, ob die Tatbestandsvoraussetzungen für die Leistungsgewährung vorliegen. Ist dies der Fall, so wird die Leistung (z. B. die Rente) gewährt, ohne daß im Einzelfall geprüft würde, ob der Empfänger auch bedürftig ist oder Art und Ausmaß der Leistung seiner konkreten Lebenssituation gerecht werden. Die Sozialhilfe hingegen soll auch untypische Notlagen erfassen und in der Lage sein, sich soweit wie möglich den Besonderheiten des Einzelfalles anzupassen.

(2) Der Grundsatz der Individualisierung entfaltet sich dabei auf *drei verschiedenen Ebenen* (vgl. auch Giese 1981, 321 f.):

1. *Individualisierung bei der Feststellung einer Notlage:*

Die Antwort auf die Frage, wie in einer Notlage geholfen werden soll, setzt zunächst voraus, daß *Klarheit über die Notlage* besteht: Der Sozialhilfeträger muß also ermitteln, inwieweit und warum dem Hilfeempfänger die Mittel und Kräfte fehlen, eine bestimmte (finanzielle, psychische usw.) Notsituation aus eigener Kraft zu überwinden (insofern ist der Bezug zwischen Individualisierungsgrundsatz und dem Subsidiaritätsprinzip evident!); der Sozialhilfeträger muß dabei – wie § 3 Abs. 1 beispielsweise, also nicht erschöpfend hervorhebt – etwa auf das Alter, die Zugehörigkeit zu einem Familienverband, die finanziellen Verhältnisse, die Wohnverhältnisse, die Situation am Arbeitsplatz, die psychische Situation und vieles andere mehr eingehen.

2. *Individualisierung der Hilfegestaltung:*

Die Ausrichtung der Hilfe an der individuell unterschiedlichen Notlage von Hilfeempfängern erfordert eine entsprechend *individuell gestaltete Hilfeleistung* (Beratung und Betreuung mit ihrem breiten Spektrum an denkbaren Aktivitäten, Gewährung von Geldleistungen, Zuteilung eines „Platzes" im Rahmen einer Kurmaßnahme, Vermittlung pflegerischer Hilfe usw.).

Sowohl die Individualisierung bei der Feststellung der Notlage als auch die Individualisierung bei der Hilfegestaltung setzen ein intensives Eingehen auf den Hilfeempfänger voraus, soll die Hilfeleistung effektiv im Sinne der Aufgabe und des Zieles der Sozialhilfe sein (oben 4.2. und 4.3.). Solches intensives Eingehen auf das hilfsbedürftige Individuum ist notwendig personalintensiv. Wenn es aber an einer ausreichenden Zahl von qualifizierten Mitarbeitern (Sachbearbeitern im Innendienst bzw. Sozialarbeitern im Außendienst) fehlt oder das ohnehin knapp bemessene Personal der Sozialhilfeträger zu einem nicht unbeträchtlichen Teil mit administrativen Aufgaben, mit der Ermittlung vorrangiger Hilfsmöglichkeiten (z. B. Ermittlung und Berechnung des anzurechnenden Einkommens des Hilfeempfängers) u. a.m. belastet ist, so geht dies zu Lasten einer effektiven Sozialhilfe für den Einzelnen.

3. *Individualität der Sozialhilfeleistung:*

In eine Notlage kann sowohl eine Einzelperson als auch eine Personenmehrheit geraten.

Das geltende Sozialhilferecht hat sich jedoch dafür entschieden, vom Anspruch jedes *einzelnen Hilfsbedürftigen* auszugehen und demgemäß auf dessen *individuellen* Bedarf abzustellen (BVerwGE 50, 75; 55, 150, st. Rspr.; Giese 1975, 129 f.). Das BSHG erkennt also keinen „Gruppenbedarf" und deshalb auch keinen „Gruppenanspruch "an: Anspruchsberechtigt ist im Sozialhilferecht jeweils die *Einzelperson,* nicht eine Gruppe oder ein bestimmter Personenkreis (z. B. eine Wohngemeinschaft von Jugendlichen mit besonderen sozialen Schwierigkeiten oder ein „Verein zur Förderung des Schutzes mißhandelter Frauen"). Die Frage der Zugehörigkeit des Hilfsbedürftigen zu einer Gemeinschaft wirkt sich allenfalls auf die Höhe des Bedarfs aus (z. B. auf die Höhe des Regelsatzes bei der Hilfe zum Lebensunterhalt; vgl. unten 6.2.3.2.1. (1)). Zur Problematik einer solchen Individualität der Sozialhilfeleistungen noch unten 4.5.3. (4).

Sieveking (1981) hat die Auswirkungen dieser spezifischen Form der Verrechtlichung (oben 1.2.) jüngst am Beispiel der Problematik der Finanzierung von sog. „Frauenhäusern" aufgezeigt, wo sich ein Widerspruch zwischen individueller Berechtigung und gemeinschaftsbezogenem Organisationsinteresse – gerichtet auf Errichtung, Betrieb und Finanzierung einer solchen Einrichtung – auftut: So bestehen erhebliche Zweifel an der *juristischen* Realisierbarkeit sowohl des Vorschlags, einen „Anspruch auf Generalunkosten bei Betrieb eines Frauenhauses" im BSHG zu verankern, als auch des Gedankens, eine Art „Aufgabennorm" – wobei Aufgabe die Finanzierung eines Frauenhauses wäre – in das BSHG einzufügen (Sieveking 1981, 23; zu Individualität und subjektivem Recht allgemein Preuß 1980).

Zu dem obigen Beispiel – Finanzierung von Frauenhäusern – vgl. das Ergebnis der Studientagung des DV zu dieser Problematik (s. auch Bock/Gross/Senger 1981). Hier wurden die Vor- und Nachteile der Anwendung der §§ 72, 27 Abs. 2, 100 und 103 sowie der Schaffung eines besonderen Paragraphen für mißhandelte Personen – etwa § 72 a oder § 73 – und Alternativen einer Finanzierung der Frauenhäuser außerhalb des BSHG diskutiert. Mit „Frauenhäusern" sowie grundsätzlich mit den verschiedenen Bedeutungsinhalten des Individualisierungsprinzips befaßt sich der sehr lesenswerte Beitrag von Giese 1981, 321 ff.

(3) Der Grundsatz individueller Sozialhilfe nach der Besonderheit des Einzelfalls hat sein *Hauptanwendungsgebiet* naturgemäß in Verbindung mit dem *Ermessensspielraum bei Form und Maß der Sozialhilfe* (nach § 4 Abs. 2) und vornehmlich bei solchen Sozialhilfen, die nicht als „Muß-Leistungen", sondern nur als *„Soll"*- oder *„Kann-Leistungen"* gewährt werden (dazu unten 5.2.2. und 5.2.3.).

Einen *weiteren Anwendungsbereich* für den Individualisierungsgrundsatz (in Verbindung mit Ermessensspielräumen) eröffnen auch die zahlreichen Vorschriften, in denen Begriffe wie „Härte" (z. B. § 88 Abs. 3), „besondere Härte" (z. B. § 91 Abs. 3), „Vertretbarkeit" (z. B. § 12 Abs. 1 S. 2), „Zumutbarkeit" (z. B. §§ 15, 18 Abs. 3, 43 Abs. 1), „Angemessenheit" (z. B. §§ 11 Abs. 3, 23 Abs. 3, 69 Abs. 2) eine Rolle spielen.

(4) Der Individualisierungsgrundsatz wird ferner im Hinblick auf die *Familie* des Hilfesuchenden näher ausgestaltet: Nach § 7 sollen bei der Gewährung der Sozialhilfe die besonderen Verhältnisse in der Familie des Hilfesuchenden berücksichtigt werden; die Sozialhilfe soll die Kräfte der Familie zur Selbsthilfe anregen und den Zusammenhalt der Familien festigen. (Die Vorschrift weist damit auch auf das Ziel der Sozialhilfe – Hilfe zur Selbsthilfe

– hin und formuliert zugleich eine Zielvorstellung des Außendienstes der Sozialhilfe, also der sog. „Familienfürsorge"; zu letzterer oben 3.5.2. und BT-Dr. 3/1799, 33). Welche Bedeutung der Vorschrift freilich in der Praxis tatsächlich zukommt, ist schwer abzuschätzen. In der Rechtsprechung wird sie jedenfalls gelegentlich bei der Auslegung einzelner Vorschriften des BSHG herangezogen (vgl. etwa BVerwGE 30, 19 ff., wonach der Grundsatz der familiengerechten Hilfe nach § 7 verlangt, daß jedenfalls die Haushalte mit minderjährigen Kindern gem. § 70 fortgeführt werden, es sei denn, daß die Kinder zu ihrem eigenen Wohle aus dem Haushalt der Familie herausgenommen werden sollten).

## 4.5.2. Das grundsätzliche Dilemma des Individualisierungsgrundsatzes

(1) Damit Sozialhilfe nicht mehr oder weniger willkürliche Austeilung öffentlicher Gelder wird, kann die Frage des in § 3 Abs. 1 angesprochenen „Bedarfs" nicht von der subjektiven Bewertung des einzelnen Hilfesuchenden abhängen, sondern muß sich im Kern nach irgendwie „objektivierten" Bedarfskriterien richten. Damit gerät aber der Grundsatz der Individualisierung in ein Spannungsverhältnis zu dem Erfordernis „objektivierter" Bedarfskriterien, die eine verwaltungsmäßige Generalisierung und damit auch Gleichbehandlung ermöglichen. Dieses offensichtliche Dilemma (grundlegend dazu Giese 1975, 129 ff.) führt zu einer Relativierung des Individualisierungsgrundsatzes: Nicht der Hilfsbedürftige wird zum „Herrn der fürsorgerischen Situation" (Scherpner), nicht seine subjektiven Bedürfnisse oder sein „real" erkennbarer Bedarf sind der alleinige Maßstab der Hilfe, sondern auch der von der Sozialadministration vorbestimmte (z. T. standardisierte, pauschalierte und schematisierte) Bedarf. Gerade die Sicherung der ökonomischen Basis, d. h. die Behebung materieller Notlagen wird auf diese Weise massenhaft „abhandelbar": Es werden Anträge gestellt, Formen und Regeln beachtet, Fristen eingehalten, Materialien und Beweise geliefert, Berechnungen angestellt usw. Dabei schaffen Standardisierung, Pauschalierung und Schematisierung auf der einen Seite positive Elemente wie Sicherheit und geregelte Abläufe, bedingen aber auf der anderen Seite Vereinfachung und Abstraktion von der tatsächlichen sozialen Situation, um „meßbare" Tatbestände registrieren zu können. Letztlich ist der Sozialhilfeempfänger also – verkürzt formuliert – eine Mischung aus hilfsbedürftigem Durchschnittsmensch und jeweils konkret hilfsbedürftiger Einzelperson.

(2) Ein Hauptfall der Relativierung des Individualisierungsgrundsatzes ist bei der Hilfe zum Lebensunterhalt angesiedelt: Hier erfolgt eine Pauschalierung und Standardisierung des „objektiv" notwendigen Lebensunterhalts durch sog. Regelsätze, also Geldbeträge in bestimmter Höhe (vgl. unten 6.2.3.), die einer Veränderung im Hinblick auf den Einzelfall nur in engen Grenzen zugänglich sind (§ 22 Abs. 1 S. 2); hierher gehören auch die Mehrbedarfszuschläge, die bestimmten Personengruppen (z. B. den über 65jährigen) pauschaliert gewährt werden (so v. a. § 23; dazu unten 6.2.3.4.); und hierher gehören auch die sog. einmaligen Beihilfen (vgl. unten 6.2.4.) soweit sie – wie es zunehmend geschieht – pauschaliert und schematisiert gewährt werden (insbesondere die Bekleidungs- und Brennstoffbeihilfe).

Bei der Hilfe in besonderen Lebenslagen ist der Individualisierungsgrundsatz namentlich beim (pauschalierten) *Pflegegeld* (§ 69 Abs. 4; unten 6.3.5.9.) relativiert. Auf einer anderen Ebene ist der Grundsatz in der Weise eingeschränkt, daß beim Einkommen des Hilfesuchenden als einer Möglichkeit der Selbsthilfe (§ 2 Abs. 1!) *pauschalierte Einkommensgrenzen* festgelegt werden, unter denen ein Einsatz des Einkommens (also eine Selbsthilfe) des Hilfeempfängers grundsätzlich nicht verlangt werden kann (§§ 69 ff; vgl. unten 6.3.4.).

### 4.5.3. „Schattenseiten" und Gefahren des Individualisierungsgrundsatzes

(1) Der Individualisierungsgrundsatz soll der Sozialhilfe *Vielseitigkeit, Beweglichkeit und Anpassungsfähigkeit* verleihen. Das ist eine gute Seite. Es darf freilich nicht übersehen werden, daß gerade das Verfahren nach diesem Grundsatz, nämlich nur dann zu leisten, wenn es (und was) der konkrete Bedarf des Einzelnen erfordert, eben auch eine konkrete und ins einzelne gehende *Bedarfsprüfung* erfordert, d. h. eine Durchleuchtung des Einzelfalles. Diese konkrete Durchführung des Individualisierungsgrundsatzes trägt aber dazu bei, der Sozialhilfe ihren (immer noch) diskriminierenden und stigmatisierenden Charakter zu verleihen. Die Bedarfsprüfung erfordert nämlich eine Kontrolle der persönlichen Lebensverhältnisse, und zwar eine *kontinuierliche Kontrolle*, da jede Änderung des konkreten Bedarfs im Einzelfall die Änderung der konkreten Hilfe zur Folge haben kann: „Wegen der sich ständig wandelnden Lage des Hilfesuchenden und der dieser Lage anzupassenden Hilfe wird der Sozialhilfefall gleichsam täglich erneut regelungsbedürftig" (BVerwGE 25, 309). Die erforderliche Kontrolle bricht aber in die schützende Anonymität der Privatsphäre des einzelnen ein und ist deshalb nicht dazu angetan, die Entfaltung personaler Werte zu fördern. Vom Hilfeempfänger kann die Kontrolle als belastend, entmündigend und diskriminierend empfunden werden. Ein weiteres kommt hinzu: Individualisierung der Sozialhilfe hat auch zur Folge, daß der Hilfsbedürftige nicht von vornherein weiß, ob die Behörde in seinem Fall einen Bedarf anerkennt, noch anerkennt, nicht mehr anerkennt, nicht in der erwarteten Höhe anerkennt usw. Neben *Angst- und Kontrollmechanismen* tritt also die *Instabilität der Versorgungslage* (eingehend Stahlmann 1980, 32 ff., 51 f.).

Die Regelsätze der Hilfe zum Lebensunterhalt und andere Pauschalierungen und Schematisierungen der Sozialhilfe bilden demgegenüber eine relativ stabile und verläßliche Lebenssituation (sieht man einmal von der Frage nach der angemessenen Höhe von Regelsätzen ab; dazu Stahlmann 1980, 16 ff.). Nicht zu Unrecht wird insofern eine Pauschalierung und Schematisierung der Sozialhilfe begrüßt (eingehend Schäfer 1966, 161 ff.). Die Gefahren einer solchen (relativen) Regelmäßigkeit, Schematisierung und Pauschalierung können dann freilich in der „Entpersönlichung" der Sozialhilfe liegen, die zwar als „Zahlstelle" die ökonomische Existenz einigermaßen sichert, aber letztlich nicht mehr tut, als den „Fall" in einem Computer zu speichern, der dann die fällige Auszahlung der Regelsätze steuert, während die persönliche Hilfe unter den Tisch fällt, obwohl § 8 Abs. 1 sie an erster Stelle nennt und gerade sie die Hilfe zur Selbsthilfe fördern kann (dazu instruktiv Giese 1980, 354 f.; vgl. auch Stahlmann 1980, 33 f.: „tendenziell eine dem Verhältnis Bank/Kunden ähnliche" Beziehung). Der Behauptung, die Ersetzung von Sozialämtern „durch eine reine Berechnungs- und Zahlstelle wäre ein großer Fortschritt" (Seibert 1978, 118), muß unter diesem Aspekt deshalb widersprochen werden.

(2) Die Funktion des Individualisierungsgrundsatzes kann ferner insoweit verfälscht werden, als die konkrete Hilfeleistung, die auf den einzelnen abzustimmen und damit grundsätzlich flexibel ist, zuungunsten des Hilfsbedürftigen auch von *Sparzwängen* beeinflußt wird, die aus den zu schwachen Kommunalhaushalten resultieren („Individualisierung als Instrument der Sparpolitik"). Daß Anspruch und Realität des Individualisierungsgrundsatzes, in der angedeuteten Weise sehr wohl auseinanderfallen können, zeigt eine Untersuchung zur Praxis dieses Grundsatzes bei örtlichen Trägern der Sozialhilfe in Bayern (Rauch 1982).

(3) Die Komplexität des BSHG und die Ausdifferenzierung seiner Einzelbestimmungen mit den dazugehörigen Verordnungen, Empfehlungen, Richtlinien usw. hat zur Entwicklung eines „Antragssystems" geführt, das mit einem *umfangreichen Formularwesen* verbunden ist. Durch dieses Formularwesen werden freilich „Standard-Fragen" für bestimmte Daten (Einkommen-, Wohn-, Familienverhältnisse usw.) „vorprogrammiert". Die „Vorprogrammierung" von Fragen kann aber den Blick für andere Fragen verstellen und zu einem routinemäßigen „Abfragen" verführen, das die Problemlage aus der „vorprogrammierten" Sicht des Sozialhilfeträgers und nicht (auch) aus der Sicht des Hilfsbedürftigen definiert, damit aber die Intention des Individualisierungsgrundsatzes verfehlt. Hier kommt es vor allem darauf an, ob sich der Fragende (Sachbearbeiter oder Sozialarbeiter) mit der Vorprogrammierung zufriedengibt (Hege 1974, 19). Jede fließbandartige Abfertigung verfehlt die (auch) sozialpädagogische Funktion des Individualisierungsgrundsatzes, nämlich das Aufzeigen umfassender Hilfemöglichkeiten im Hinblick auf die konkrete Lebenssituation des Betroffenen.

(4) Auf ein Letztes sei hier noch kurz hingewiesen: Der Individualisierungsgrundsatz des BSHG begünstigt die Tendenz zur *Individualisierung sozialer Probleme* und damit eine Sicht, die dazu neigt, kollektive Prozesse (wie Arbeitslosigkeit, Situation auf dem Wohnungsmarkt, fehlende Ausbildungsmöglichkeiten usw.) zu Einzelschicksalen zu stilisieren, um sie dann als individuelle Problemlagen und individuelles Versagen durch individuelle Beratung, Erziehung, Therapie, Geldleistung usw. zu „Pädagogisieren", „Psychologisieren", „Monetarisieren" usw. Eine solche, durch den Individualisierungsgrundsatz begünstigte Vereinzelung des „Klienten" bezieht ihre Begründung (auch) aus der individualisierenden Orientierung des Klientenbegriffs in der Praxis der Sozialarbeit (dazu Hege 1974, 48), die ihrerseits wieder durch das rechtlich abgesicherte Individualisierungsprinzip in einer solchen Tendenz bestärkt werden könnte (dazu Tennstedt 1976, 144 f.; Badura/ Gross 1976, 107; Rose 1976, 141; Knieschewski 1980, 290). Zu der Berücksichtigung des gesellschaftlichen Bezuges individueller Notlagen und den Möglichkeiten einer allgemeineren Problembehandlung im Rahmen des BSHG – wiederum exemplifiziert an der Frage der „Frauenhäuser" – vgl. Giese 1981, 323 ff.

## 4.5.4. Berücksichtigung von Wünschen des Hilfeempfängers

Nach § 3 Abs. 2 soll *Wünschen des Hilfeempfängers*, die sich auf die Gestaltung der Hilfe richten, entsprochen werden, soweit sie angemessen sind und keine unvertretbaren Mehrkosten erfordern (vgl. auch § 33 S. 2 SGB-AT).

§ 3 Abs. 2 unterstreicht – mit der ergänzenden Vorschrift des § 3 Abs. 3 (Wunsch nach Unterbringung in einer bestimmten Einrichtung) – den Individualisierungsgrundsatz des § 3 Abs. 1 besonders aus der Sicht des Hilfeempfängers, der die Hilfe nach Möglichkeit mitgestalten soll (BT-Dr. 3/1799, 38). Dabei ist § 3 Abs. 2 und 3 mitbestimmend für das Verhältnis zwischen den (öffentlichen) Sozialhilfeträgern und der freien Wohlfahrtspflege (vgl. oben 3.7.), indem er – nach der herrschenden Interpretation – letztlich besagt, daß die Einrichtungen der freien Träger und der öffentlichen Träger grundsätzlich austauschbar sind (BVerwGE 35, 290). Insbesondere soll es das eigene finanzielle Interesse eines Trägers der Sozialhilfe an der Vollbelegung seiner Einrichtungen (z. B. Altenheime) für sich allein noch nicht rechtfertigen, angemessene Wünsche von Hilfeempfängern auf Unterbringung in entsprechenden Einrichtungen der freien Wohlfahrtspflege mit dem Hinweis auf unvertretbare Mehrkosten abzulehnen (BVerwGE a. a. O.; Jehle 1968, 101).

§ 3 Abs. 2 versucht also einen *Mittelweg* zwischen einem weitgehenden Wunsch-recht des Hilfeempfängers hinsichtlich der Gestaltung der Hilfe und einer aus-schließlich im Belieben des Sozialhilfeträgers liegenden Entscheidung über die Hilfegestaltung, in dem nur „angemessene" und „keine unvertretbaren Mehrko-sten" erfordernden Wünsche berücksichtigt werden sollen. Solche Wünsche können sich etwa beziehen auf ein Verbleiben im gewohnten Lebenskreis (am-bulante statt stationäre Hilfe), auf die Betreuung durch eine bestimmte Einrich-tung oder bei der Heimunterbringung auf die Trägerschaft.

In der Praxis wirft § 3 Abs. 2 u. a. Probleme in Bezug auf die Kostenproblematik auf („keine unvertretbaren Mehrkosten"), die freilich nicht auf ein vordergründiges „So-billig-wie-möglich-Prinzip" reduziert werden darf (dazu Igl/Giese, in: ZfSH 1982, 65 ff.).

*Beispiele:* Dem 67jährigen Sozialhilfeempfänger Hans Hoppe wird als Maßnahme der vor-beugenden Gesundheitshilfe ein Erholungsaufenthalt zugebilligt (§ 36). Will sich Hans Hoppe im Heim „Waldesruhe" des Caritas-Verbandes erholen, so ist dieser Wunsch – sofern das Heim für einen solchen Erholungsaufenthalt geeignet ist – angemessen und erfordert dann keine „unvertretbaren" Mehrkosten, wenn die Aufenthaltskosten in „Wal-desruh" nicht erheblich über denen eines kommunalen Heims liegen (Jehle 1968, 101; lesenswert zum Ganzen BVerwGE 35, 287 ff.).
Würde Hans Hoppe krank und würde er statt der Unterbringung in der üblichen Pfle-geklasse eines Krankenhauses die Unterbringung in der 1. Klasse (Privatstation) wünschen, ohne daß dafür zwingende medizinische Gründe vorliegen, so würde seinem Wunsch nicht entsprochen werden (vgl. VG München, in: ZfF 1965, 315).

## 4.6. Schaubild zu den Grundsätzen der Sozialhilfe

Die dargestellten Grundsätze der Sozialhilfe sollen im folgenden anhand eines *Schaubilds* optisch verdeutlicht werden:

107

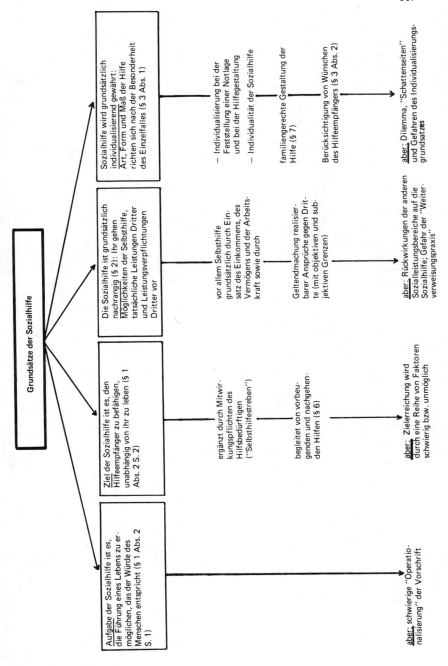

**Grundsätze der Sozialhilfe**

---

Aufgabe der Sozialhilfe ist es, die Führung eines Lebens zu ermöglichen, das der Würde des Menschen entspricht (§ 1 Abs. 2 S. 1)

**aber:** schwierige "Operationalisierung" der Vorschrift

---

Ziel der Sozialhilfe ist es, den Hilfeempfänger zu befähigen, unabhängig von ihr zu leben (§ 1 Abs. 2 S. 2)

ergänzt durch Mitwirkungspflichten des Hilfsbedürftigen ("Selbsthilfestreben")

begleitet von vorbeugenden und nachgehenden Hilfen (§ 6)

**aber:** Zielerreichung wird durch eine Reihe von Faktoren schwierig bzw. unmöglich

---

Die Sozialhilfe ist grundsätzlich nachrangig (§ 2): Ihr gehen Möglichkeiten der Selbsthilfe, tatsächliche Leistungen Dritter und Leistungsverpflichtungen Dritter vor

vor allem Selbsthilfe grundsätzlich durch Einsatz des Einkommens, des Vermögens und der Arbeitskraft sowie durch

Geltendmachung realisierbarer Ansprüche gegen Dritte (mit objektiven und subjektiven Grenzen)

**aber:** Rückwirkungen der anderen Sozialleistungsbereiche auf die Sozialhilfe; Gefahr der "Weiterverweisungspraxis"

---

Sozialhilfe wird grundsätzlich individualisierend gewährt: Art, Form und Maß der Hilfe richten sich nach der Besonderheit des Einzelfalles (§ 3 Abs. 1)

– Individualisierung bei der Feststellung einer Notlage und bei der Hilfegestaltung
– Individualität der Sozialhilfe

familiengerechte Gestaltung der Hilfe (§ 7)

Berücksichtigung von Wünschen des Hilfeempfängers (§ 3 Abs. 2)

**aber:** Dilemma, "Schattenseiten" und Gefahren des Individualisierungsgrundsatzes

# 5. Der Anspruch auf Sozialhilfe

## 5.1. Allgemeines

(1) Ein wesentliches Element in der Ablösung der traditionellen Armenfürsorge durch die Sozialhilfe sollte die Verankerung des Grundsatzes sein, daß auf die Pflichtleistungen der Sozialhilfe ein *Rechtsanspruch* besteht (BT-Dr. 3/1979, 32; dieser Grundsatz wurde allerdings bereits vor Inkrafttreten des BSHG durch die Rechtsprechung für Pflichtleistungen der Fürsorge anerkannt, vgl. oben 2.4. (2)).

Eine solche rechtlich abgesicherte Position ist in Abgrenzung zu der teilweise mit Willkür behafteten früheren Armenpflege von großer Bedeutung für den Hilfsbedürftigen, der unabhängig von der moralischen oder ethischen Bewertung seiner Notlage auf der Gewährung von Hilfe bestehen können soll (vgl. noch unten 5.5.1.). Da er i.d.R. als einzelner gegenüber der staatlichen Sozialhilfeverwaltung auftreten muß, bildet eine solche rechtliche „Grundsicherung" des Hilfsanspruchs die unerläßliche Garantie, auch in Konfliktfällen Hilfeleistung (notfalls gerichtlich) erstreiten und beziehen zu können.

(2) Da *Form* und *Maß* der Sozialhilfe entsprechend dem Prinzip der Individualisierung (oben 4.5.), von Ausnahmen abgesehen, nicht durch das Gesetz selbst, sondern nach der Lage des *Einzelfalles* zu bestimmen sind, kann sich hierauf der Rechtsanspruch nicht beziehen. Er kann nur darauf gerichtet sein, daß der Hilfsbedürftige bei Vorliegen der gesetzlichen Voraussetzungen Hilfe erhält. Der Rechtsanspruch auf die Sozialhilfe ist daher ein *Anspruch dem Grunde nach; ihn* kann der Hilfsbedürftige im Rechtswege verfolgen. Entscheidungen der Sozialhilfeträger über *Form* und *Maß* der Sozialhilfe sind dagegen grundsätzlich nur über die gerichtliche Nachprüfung von *Ermessensfehlern* im Rechtswege angreifbar (zuständig sind die Verwaltungsgerichte; vgl. unten 9.).

(3) Diese grundsätzlichen Überlegungen zum „Ob" und „Wie" der Sozialhilfe werden – in unmittelbarem Zusammenhang mit dem Individualisierungsgrundsatz nach § 3 – im BSHG durch § 4 zusammengefaßt: Danach besteht auf Sozialhilfe ein Anspruch, soweit das BSHG bestimmt, daß die Hilfe zu gewähren *ist* (Abs. 1 S. 1); über *Form* und *Maß* der Sozialhilfe ist nach *pflichtmäßigem Ermessen* zu entscheiden, soweit das BSHG das Ermessen nicht ausschließt (Abs. 2). § 4 stellt als „Schlüssel-Norm" (Wertenbruch 1967, 343 ff.) mithin klar, daß dem Hilfsbedürftigen eine unterschiedlich abgesicherte Rechtsposition verliehen ist, die sich im einzelnen aus den nachfolgenden Vorschriften des BSHG ergibt.

(4) Bei Durchsicht dieser Vorschriften stellt man nun fest, daß das Gesetz die Rechtsposition des Hilfsbedürftigen in *zweifacher* Hinsicht unterschiedlich ausgestaltet hat, nämlich
— einmal bei der „*Ob-Frage*", also bei der Frage, ob eine Hilfe gewährt werden muß, soll oder kann (unten 5.2.),

— zum anderen für die „*Wie-Frage*", also bei der Frage nach Form und Maß der Hilfe (unten 5.3.).

Im folgenden sollen die unterschiedlichen „*Verdichtungen*", die das BSHG bei der Leistungsgewährung unterscheidet, skizziert werden (zu den „Anspruchsverdichtungen" anschaulich Henke 1977, 218 f.):

## 5.2. Die „Ob-Frage"

Bei der „Ob-Frage" unterscheidet das BSHG einerseits „*Ist-Hilfen*" und andererseits „*Ermessens-Hilfen*"; bei letzteren unterscheidet es *Soll-* und *Kann-Hilfen*, die dem Sozialhilfeträger einen kleineren bzw. größeren Ermessensspielraum zubilligen. Andere Leistungsvorschriften als die Ist-, Soll und Kann-Hilfen verwendet das BSHG nicht.

### 5.2.1. „*Ist-Hilfen*"

Auf solche Hilfen hat der Hilfesuchende einen *Rechtsanspruch:* Bei ihnen bestimmt das BSHG, daß sie erbracht werden *müssen.* Gesetzestechnisch spricht das BSHG bei Ist-Hilfen von „ist zu gewähren".

*Beispiel:* „Kranken ist Krankenhilfe zu gewähren" (§ 37 Abs. 1). Neben der Hilfe zum Lebensunterhalt (§ 11 Abs. 1) sind solche Muß-Leistungen die Mehrzahl der Hilfen in besonderen Lebenslagen (§§ 37 a, 37 b, 38 Abs. 1, 39 Abs. 1 S. 1, 49 Abs. 1, 67, 68 Abs. 1, 72 Abs. 1).

Beantragt z. B. der Sozialhilfeempfänger Rolf Depner die Kostenübernahme für ein nach zahnärztlichem Gutachten (mit beigefügtem Kostenvoranschlag) notwendiges Gebiß, dann muß der zuständige Sozialhilfeträger die beantragte Krankenhilfe (§ 37) bewilligen und kann Depner nicht etwa darauf verweisen, statt auf einem Gebiß zu bestehen künftig breiartige Speisen zu essen.

*Form* und *Maß* dieser Hilfen (also das „Wie" der Hilfeleistung) stehen aber – bis auf ganz wenige Ausnahmen – im pflichtgemäßen Ermessen des Sozialhilfeträgers (unten S. 5.3. (2)).

*Fazit:* Die Rechtsposition des Hilfesuchenden wird bei „Ist-Hilfen" nur hinsichtlich der „*Wie-Frage*" abgeschwächt; ausnahmsweise wird sie es – wie wir noch sehen werden – auch bei der „Wie-Frage" nicht.

### 5.2.2. „*Kann-Hilfen*"

Bei Leistungen, die das BSHG mit der Formulierung „kann ... gewährt werden" umschreibt, entscheidet der Sozialhilfeträger nach *pflichtgemäßem Ermessen* über das „Ob" der Hilfe. Der Hilfesuchende kann also von den Verwaltungsgerichten nur überprüfen lassen, ob die Entscheidung des Sozialhilfeträgers (oder ihre Unterlassung) deshalb rechtswidrig ist, weil die gesetzlichen Grenzen des

Ermessens überschritten sind oder von dem Ermessen in einer dem Zweck der Ermächtigung nicht entsprechenden Weise Gebrauch gemacht worden ist (§ 114 VwGO).

*Beispiel:* Eine „Kann-Hilfe" regelt § 30 Abs. 1 S. 1: „Personen, denen eine ausreichende wirtschaftliche Lebensgrundlage fehlt oder bei denen sie gefährdet ist, kann Hilfe gewährt werden" (weitere Beispiele: §§ 11 Abs. 2, 15 a, 27 Abs. 2, 36 Abs. 1 S. 2, 2. HS, 39 Abs. 1 S. 2).

Beantragt z. *B.* der Sozialhilfeempfänger Rolf Depner eine Hilfe zum Aufbau der Lebensgrundlage nach § 30 in Höhe von 65 000 DM, um ein Elektrofachgeschäft einzurichten, so hat er nur einen Anspruch darauf, daß der zuständige Sozialhilfeträger nach pflichtgemäßem Ermessen darüber entscheidet, ob er die Hilfe gewährt. Hat der Sozialhilfeträger bei seiner Entscheidung anhand eines Gutachtens der örtlichen Industrie- und Handelskammer die Überzeugung gewonnen, daß im Hinblick auf die bestehende Konkurrenzsituation die Einrichtung eines Elektrofachgeschäfts nicht erfolgversprechend ist, so hat er im Rahmen seines pflichtgemäßen Ermessens entschieden, wenn er die Hilfe nach § 30 ablehnt (VG Hannover, in: ZfF 1974, 17 f.).

Auch bei den „Kann-Hilfen" liegt das „Wie" *(Form und Maß)* der Hilfegewährung im pflichtgemäßen Ermessen des Sozialhilfeträgers (unten 5.3.).

*Fazit:* Die Rechtsposition des Hilfesuchenden wird bei „Kann-Hilfen" also durch eine *doppelte* Ermessensausübung abgeschwächt, nämlich sowohl hinsichtlich des „Ob" als auch hinsichtlich des „Wie".

## 5.2.3. „Soll-Hilfen"

Bei den „Soll-Hilfen", die man im BSHG an der Formulierung „soll ... gewährt werden" erkennt, darf die Hilfe nur versagt werden, wenn dies *besondere Gründe,* die der Sozialhilfeträger dartun und notfalls beweisen muß, rechtfertigen. Das Ermessen des Sozialhilfeträgers ist also stark eingeschränkt (man spricht auch von „gebundenem Ermessen"). Vorschriften über Soll-Hilfen sind für den Sozialhilfeträger also grundsätzlich verbindlich, lassen aber ausnahmsweise bei Vorliegen *besonderer (atypischer) Umstände* ein Abweichen von der angeordneten Regel zu. In einem Rechtsstreit hat das Verwaltungsgericht dann nachzuprüfen, ob der besondere Umstand ein atypischer im Sinne des Gesetzes ist (Näheres bei Gottschick/Giese 1981, § 4 Rz. 9.2.).

*Beispiel:* Eine „Soll-Hilfe" regelt § 36 Abs. 1 S. 1:„Personen, bei denen nach ärztlichem Urteil eine Erkrankung oder ein sonstiger Gesundheitsschaden einzutreten droht, soll vorbeugende Gesundheitshilfe gewährt werden." (Weitere Beispiele: §§ 70, Abs. 1, 75 Abs. 1).

Beantragt z. *B.* der Sozialhilfeempfänger Rolf Depner aufgrund eines amtsärztlichen Gutachtens eine Erholungskur (gem. § 36 Abs. 1 S. 1 und Abs. 2), dann hat der Sozialhilfeträger diesen Antrag grundsätzlich zu bewilligen; er darf ihn nur ablehnen, wenn er besondere Umstände darlegt, die eine Ablehnung des Antrags rechtfertigen (etwa wenn Depner bereits mehrere Erholungskuren bewilligt bekam, von diesen Kuren aber aufgrund ständigen Alkoholkonsums mehr krank als erholt zurückkam; dann wird der Träger freilich andere Hilfen, z. B. Krankenhilfe gem. § 37, in Betracht ziehen müssen).

Auch bei den „Soll-Hilfen" liegt das „*Wie*" (*Form und Maß*) der Hilfegewährung im pflichtgemäßen Ermessen des Sozialhilfeträgers (unten 5.3.).
  *Fazit:* Die Rechtsposition des Hilfesuchenden ist bei „Soll-Hilfen" also grundsätzlich nur hinsichtlich der „*Wie-Frage*" abgeschwächt.

### 5.3.  Die „Wie-Frage"

(1) Für die *Form* und das *Maß* der Hilfe, also das „*Wie*" der Leistung, gilt bei allen Hilfen – gleich ob Ist-, Soll- oder Kann-Hilfen –, daß der Sozialhilfeträger grundsätzlich nach pflichtgemäßem Ermessen entscheidet (§ 4 Abs. 2).

Ausdrücklich wird das „Wie" erwähnt z. B. in den §§ 25 Abs. 2, 30 Abs. 3, 40 Abs. 4, 56 Abs. 2 (in Form eines Kann-Ermessens) und in den §§ 50 Abs. 3, 56 Abs. 1, 68 Abs. 2 (in Form eines Soll-Ermessens). Das bei den Kann- bzw. Soll-Hilfen zur Ermessensausübung Gesagte gilt hier entsprechend.
  Würde im Fall des Rolf Depner (bei 5.2.2.) der Sozialhilfeträger die beantragte Hilfe nach § 30 bewilligen, so könnte er nach pflichtgemäßem Ermessen entscheiden, ob er die 65 000 DM als Beihilfe oder als Darlehen auszahlt (§ 30 Abs. 3).

(2) In einigen wenigen Fällen wird das Ermessen hinsichtlich des „*Wie*" ausgeschlossen. Es handelt sich dabei um Muß-Leistungen, bei denen sich der Gesetzgeber in bezug auf die *Form* und das *Maß* der Hilfe *festgelegt* hat (§ 69 Abs. 3: zu gewähren ist „Pflegegeld", also eine *Geldleistung*; § 67 Abs. 2: als Blindenhilfe ist eine *Geldleistung* zu gewähren; §§ 67 Abs. 2, 69 Abs. 4 S. 1, s. HS, 23. Abs. 1 und 2: zu gewähren ist ein Blindengeld, ein Pflegegeld bzw. ein Mehrbedarf in *bestimmter* bzw. in *prozentualer* Höhe).

(3) Neben dem Ermessen hinsichtlich des „Wie" der Leistung spielt das Ermessen der Sozialhilfeträger in einer Reihe von Einzelbestimmungen eine Rolle, z. B. beim Einsatz des Einkommens (§§ 78 Abs. 2, 85), bei der Heranziehung Unterhaltspflichtiger (§§ 90, 91) oder beim Kostenersatz (§§ 92 a Abs. 1 S. 2, 1. HS). Auf diese Vorschriften, die nicht unmittelbar die Leistungsgewährung betreffen, wird noch später eingegangen.

### 5.4.  Entscheidungshilfen bei der „Ob-" und „Wie-Frage"

Um soweit wie möglich eine Gleichbehandlung der Hilfesuchenden bei der Anwendung des BSHG zu gewährleisten, haben die Sozialhilfeträger durchweg Verwaltungsrichtlinien zur Durchführung dieses Gesetzes erlassen, die in der Praxis eine sehr wichtige Rolle spielen (vgl. 2.6.2. und 5.9.(3)). In diesen Richtlinien wird (unter anderem) auch die Ermessenausübung der Sachbearbeiter hin-

sichtlich des „Ob" und „Wie" von Hilfeleistungen erläutert und „gesteuert"
(dazu Giese/Melzer 1974, 53 f.). In gewissem Umfang wird auch eine *Selbstbindung* der Sozialhilfeträger herbeigeführt: Wenn sich nämlich bei der Ausübung
des Ermessens eine bestimmte Verwaltungspraxis gebildet hat, darf der Sozialhilfeträger in gleichgelagerten Fällen nicht ohne sachlichen Grund von seiner bisherigen Praxis abweichen (vgl. Hess. VHG, in: FEVS 19, 172 ff.; Gottschick/
Giese 1981, § 4 Rz. 9.3.). Gleichwohl bleibt in der Praxis für die Ausübung eines
Ermessens durch den Sachbearbeiter noch genügend Spielraum, um die Besonderheiten des Einzelfalles (Individualisierungsgrundsatz!) berücksichtigen zu
können (vgl. aber auch unten 5.9.(3)).

## 5.5. Bedarfsdeckungsprinzip und Anspruch auf Sozialhilfe

Aus der Gesamtkonzeption der Sozialhilfe im allgemeinen und aus den Grundsätzen des Sozialhilferechts im besonderen wird gefolgert, daß *die Sozialhilfe
regelmäßig eine öffentliche Nothilfe ist, die für eine Einzelperson in einer individuellen gegenwärtigen Notlage zur Deckung eines konkreten individuellen Bedarfs geleistet wird, der durch vorrangig einzusetzende Mittel nicht gedeckt werden kann* (vgl. z. B. BVerwGE 58, 70 f.). Aus diesem *„Bedarfsdeckungsprinzip"*
(dazu Giese 1975, 129 ff.; ferner z. B. BVerwGE a. a. O.) ergeben sich grundlegende Konsequenzen für den Anspruch auf Sozialhilfe, die im BSHG zwar nicht
ausdrücklich normiert sind, aber als denknotwendige Folgen des Bedarfsdek-
kungsprinzips eine wichtige Rolle bei der praktischen Durchführung des Gesetzes spielen:

### 5.5.1. Grundsatz: Die Gründe für die Notlage sind irrelevant

Besagt das Bedarfsdeckungsprinzip, daß die Sozialhilfe einer konkreten individuellen Notlage abhelfen soll, dann kann es für die *Gewährung* dieser Hilfe *nicht*
darauf ankommen, aus welchen *Gründen* der Hilfesuchende in die Notlage geraten ist (so das BVerwG in st. Rspr., z. B. BVerwGE 29, 102; 32, 274; 35,
362).

Die Betonung liegt hier auf *„Gewährung":* Die Sozialhilfe muß zunächst für die Beseitigung der Notlage sorgen. Nach den Gründen für die Notlage kann sie zwar fragen, aber
nicht um die Hilfe zu verweigern, sondern um zu prüfen, ob sie unter Umständen zurückgezahlt werden muß, wenn die Notlage vorsätzlich oder grobfahrlässig herbeigeführt wurde (vgl. § 92 a und unten 8.2.1.1.1.).

Eine eng begrenzte *Ausnahme* von diesem Grundsatz sieht § 25 vor: Danach
können bestimmte Gründe in der Person des Hilfsbedürftigen, welche die Notlage verursachen oder ihre Fortdauer bewirken, zu einer Kürzung oder Versagung der Hilfe zum Lebensunterhalt (in einem Sonderfall – § 29 a – auch der

114

Hilfe in besonderen Lebenslagen) führen; zu dieser Vorschrift, bei der es also ausnahmsweise auf die Gründe der Notlage ankommt, näher unten 6.2.8.4.

## 5.5.2. Grundsatz: Keine Sozialhilfe für die Vergangenheit

(1) Besagt das Bedarfsdeckungsprinzip, daß man nur hier und heute sozialhilfs-bedürftig sein kann, dann kann Hilfe nur für die *Gegenwart* (und Zukunft, soweit die Notlage anhält), aber *nicht für die Vergangenheit* verlangt werden: Denn eine konkrete Notlage in der Vergangenheit läßt sich grundsätzlich nicht durch eine Leistung in der Gegenwart überwinden (so das BVerwG in st. Rspr., z. B. BVerwGE 21, 281; 40, 346; 45, 238; 58, 71; 58, 150).

*Beispiel:* Der Hilfesuchende Rolf Regus kann nicht bei seinem ersten Kontakt mit dem zuständigen Sozialamt verlangen, daß ihm Hilfe zum Lebensunterhalt auch für die zurück-liegenden fünf Jahre gewährt wird, in denen er bereits sozialhilfebedürftig gewesen sei. Denn abgesehen davon, daß die frühere Notlage umso schwieriger festzustellen ist, je weiter sie zurückliegt, könnte eine Gewährung von Hilfe zum Lebensunterhalt für die letzten fünf Jahre die frühere Notlage nicht „rückwirkend" aus der Welt schaffen. Die Sozialhilfe ist eben keine „Entschädigung" für eine dem Sozialhilfeträger nicht bekannt gewordene und vom Hilfesuchenden durchlittene Notlage.

(2) Eine *Ausnahme* vom Grundsatz der Gegenwärtigkeit der Notlage muß frei-lich gelten

— einmal dann, wenn der Hilfesuchende gegen die Ablehnung seines Hilfeantrags frist-gemäß Widerspruch erhoben hat und die Voraussetzungen für die Hilfegewährung vom Ablehnungstag an bestanden haben (BVerwG, in: FEVS 3, 225; 14, 363, BVerw-GE 40, 346),
— zum anderen dann, wenn der zuständige Sozialhilfeträger die Hilfe schuldhaft verzö-gert oder gesetzeswidrig verweigert hat (BVerwG, in: FEVS 16, 362; BVerwGE 21, 281).

Denn in diesen Fällen hat der Sozialhilfeträger nicht auf eine ihm bekanntgewor-dene (damals gegenwärtige) Notlage so reagiert, wie es das BSHG vorschreibt; dann kann er sich aber nicht mit seinem „Fehlverhalten" hinter dem Prinzip der Gegenwärtigkeit der Notlage verschanzen.

## 5.5.3. Grundsatz: Keine Übernahme von Schulden durch die Sozialhilfe

(1) Besagt das Bedarfsdeckungsprinzip, daß die Sozialhilfe bei bei einer konkre-ten gegenwärtigen Notlage Unterstützung gewährt und knüpft sie an diese, nicht aber an frühere Notlagen an (oben 5.5.2.), dann kann sie grundsätzlich auch *nicht* zur Begleichung früherer *Aufwendungen* und *Schulden* des Hilfesuchenden ge-

115

währt werden (BVerwG in st. Rspr., z. B. BVerwGE 20, 115; 20, 192; 21, 209; 48, 185).

Dieser Grundsatz hat seine Berechtigung zweifellos dann, wenn die Übernahme von Schulden dazu führen würde, daß die Sozialhilfe als eine Art „Staatsbürgschaft" ohne weiteres z. B. Finanzierungslücken bei Ratengeschäften im Interesse von Gläubigern des Hilfesuchenden finanzieren bzw. als eine Art staatlicher „Schuldendienst" über die Bezahlung von Tilgungsraten (einer Kaufpreisforderung, einer Amortisationshypothek usw.) zur Vermögensbildung des Hilfesuchenden dienen würde (BVerwGE 37, 16 f.; 41, 23; 48, 185).

(2) Andererseits sind Fälle denkbar, in denen die Übernahme von Schulden geboten sein kann: Dann nämlich, wenn dadurch, daß die Schulden nicht bezahlt würden, eine *neue Notlage* herbeigeführt würde, die wiederum nur mit Einsatz von Sozialhilfe behoben werden könnte (vgl. BVerwGE 48, 185 f.).

Hat z. B. der hilfesuchende Rentner Rolf Regus einen einfachen Kohlenofen auf Raten gekauft, um damit seine Altbauwohnung zu heizen, und ist er wegen seiner kargen Rente seit vier Monaten die Raten schuldig, so daß nun der Lieferant den in seinem Eigentum verbliebenen Ofen zurückholen will, dann droht eine neue Notlage (Unbeheizbarkeit der Wohnung eines Sozialhilfeberechtigten), der sinnvollerweise durch Begleichung der Schulden vorgebeugt wird (statt zuzusehen, wie der Ofen abgeholt wird, um dann Sozialhilfe zur Anschaffung eines Ofens zu leisten).

(3) Ausdrücklich sieht das BSHG eine Möglichkeit zur *Schuldenübernahme* in § 15 a vor (Hilfe zur Sicherung der Unterkunft oder zur Behebung einer vergleichbaren Notlage; dazu unten 6.2.6.).
Einen weiteren Fall der Schuldenübernahme regelt § 121 (Hilfegewährung in einem Eilfall ohne rechtliche oder sittliche Pflicht anstelle des Sozialhilfeträgers):

Er kommt vor allem in Betracht, wenn die Kosten des Krankenhausaufenthaltes eines Hilfesuchenden von sonstigen Sozialleistungsträgern nicht übernommen werden und der Hilfesuchende (über das Krankenhaus) die Kostenübernahme durch den Sozialhilfeträger beantragt (vgl. Gutachten des DV, in: NDV 1968, 255).
Oder: Hat im obigen Fall ein Freund von Rolf Regus den Kohlenofen gekauft und zur Verfügung gestellt, dann hat er unter den Voraussetzungen des § 121 Anspruch auf Erstattung seiner Aufwendungen.
(4) Neben diesen Fällen der ausnahmsweisen Schuldenübernahme, bei denen der Gedanke der *Vorbeugung einer Notlage* eine wesentliche Rolle spielt (vgl. § 6), ist eine Schuldenübernahme dann angebracht, wenn der Hilfesuchende die Schulden nur gemacht hat, weil der *Sozialhilfeträger säumig* war (vgl. BVerwGE 21, 209).

So z. B., wenn im obigen Fall Rolf Regus im Dezember Antrag auf Gewährung eines Kohlenofens (als einmalige Beihilfe; vgl. unten 6.2.4.) gestellt hat, weil der alte Ofen nicht mehr funktioniere und die Wohnung ansonsten unbeheizt bliebe, und der Sachbearbeiter sich mit der Erledigung des Antrags so lange Zeit läßt, daß Rolf Regus den Ofen auf Raten kaufen muß, um nicht in der eiskalten Wohnung krank zu werden.

(5) Hilfsbedürftigen, die so verschuldet sind, daß sie nicht mehr weiterwissen, wird der Sozialhilfeträger aber – unabhängig von der Frage einer Schuldenübernahme – persönliche Hilfe (§ 8 Abs. 1) zu leisten haben: Der Grundsatz der Hilfe zur Selbsthilfe (§ 1 Abs. 2 S. 2) gebietet es, mit dem Hilfsbedürftigen alle Möglichkeiten von Einsparungen zu analysieren, mit den Gläubigern und Gerichtsvollziehern zu verhandeln, Stundung, Verzicht oder Abschluß von tragbaren Tilgungsplänen zu erreichen usw. Hier ist vor allem der sozialarbeiterische Außendienst angesprochen (soweit er dazu personell überhaupt in der Lage ist).

### 5.5.4. Grundsatz: Keine Übertragung, Pfändung, Verpfändung und Vererbung des Anspruchs auf Sozialhilfe

(1) Besagt das Bedarfsdeckungsprinzip, daß einer ganz bestimmten Einzelperson mit einem ganz bestimmten Bedarf in einer konkreten gegenwärtigen Notlage geholfen wird, dann ist der Anspruch auf Sozialhilfe ein *höchstpersönliches* Recht, das nicht von der Person des Hilfesuchenden losgelöst oder statt seiner geltend gemacht werden, also nicht übertragen, gepfändet oder verpfändet werden kann (§ 4 Abs. 1 S. 2, der i. V. m. § 37 SGB-AT den Vorschriften des SGB-AT zur Übertragung, Pfändung und Verpfändung – §§ 53 Abs. 2, 54 Abs. 2 – vorgeht; Knopp/Fichtner 1979, § 4 Rz. 8).

Anders ist es freilich, wenn dem Hilfempfänger die Hilfe *ausgezahlt* wurde: Denn nur der *Anspruch* auf Sozialhilfe ist ein höchstpersönliches Recht; der Geldbetrag der Sozialhilfe auf einem Bankkonto oder in der Geldbörse des Hilfempfängers genießt *nicht* den Schutz des § 4 Abs. 1 S. 2 (mit der Sozialhilfe soll der Hilfempfänger etwa seinen Lebensunterhalt bestreiten, indem er z. B. Lebensmittel kauft und damit Geld auf andere „überträgt"). Einen gewissen Schutz bietet aber § 55 SGB-AT, der die Kontenpfändung und die Pfändung von Bargeld an bestimmte Voraussetzungen knüpft (bitte lesen!): Bei der Kontenpfändung soll der Berechtigte nämlich über ein Guthaben, das durch Überweisung einer Sozialleistung auf sein Konto entstanden ist, trotz einer vorliegenden Pfändung innerhalb einer Frist von 7 Tagen (nach der Gutschrift) durch Überweisung oder Abheben verfügen können. Im Bereich der Sozialhilfe verlangt der mit dieser Vorschrift verstärkte Schutz des Hilfempfängers besondere Beachtung. Darüber hinaus schützen auch die Pfändungsfreigrenzen (vgl. §§ 55 Abs. 3 SGB-AT, 850 c ZPO).

(2) Besagt das Bedarfsdeckungsprinzip, daß einer ganz bestimmten Einzelperson mit einem ganz bestimmten Bedarf in einer konkreten gegenwärtigen Notlage geholfen wird, dann kann der Sozialhilfeanspruch grundsätzlich *nicht vererblich* sein (BVerwG in st. Rspr., zuletzt BVerwGE 58, 58 ff.): Der Hilfesuchende nimmt seine Notlage gewissermaßen mit ins Grab (die Vorschriften des SGB-AT zur Sonderrechtsnachfolge und Vererbung, §§ 56–59, gelten also insoweit nicht). Sollte durch den Tod des Hilfesuchenden ein *anderer* in eine sozialhilferechtlich beachtliche Notlage geraten, dann muß die Sozialhilfe eben die Notlage *dieser* Person – abgestellt auf *deren* Bedarf – beheben; mit der persönlichen Notlage des

*verstorbenen* Hilfesuchenden hat dies nichts zu tun (BVerwGE 58, 71).

Die Vererblichkeit des Sozialhilfeanspruchs wird von der Rechtsprechung auf Grund dieser Überlegung sogar dann verneint, wenn der Hilfesuchende im Verlauf des Gerichtsverfahrens stirbt, mit dem er die Hilfegewährung durchsetzen will (BVerwGE 58, 68 ff.: dort war die Klägerin, die Hilfe zur Pflege begehrte, während des Revisionsverfahrens gestorben; die Eltern der Frau wollten den Anspruch als Erben weiterverfolgen).

Offen ist in der Rechtsprechung des BVerwG noch, was zu gelten hat, wenn im Zeitpunkt des Todes die Sozialhilfe *bereits zuerkannt* war oder nur deshalb noch nicht gewährt wurde, weil der Sozialhilfeträger den Fall *säumig* behandelt hat (für Vererblichkeit Gottschick/Giese 1981, § 4 Rz. 6.2: zu Recht, weil hier schon beim Tode des Hilfesuchenden eine wirtschaftliche Vermögenslage bestand, die auch nach seinem Tode ausgleichsfähig ist, und weil ansonsten der Sozialhilfeträger in nicht gerechtfertigter Weise begünstigt bzw. sein Fehlverhalten prämiert würde).

## 5.5.5. Grundsatz: Keine Verrechnung mit Sozialhilfeansprüchen

Besagt das Bedarfsdeckungsprinzip, daß die Sozialhilfe eine Hilfe zur Überwindung einer gegenwärtigen Notlage darstellt und die Hilfe zum Lebensunterhalt (unten 6.2.) so zu bemessen ist, daß sie ausreicht, diese Notlage zu beheben, dann ist *grundsätzlich* eine Aufrechnung oder Verrechnung von in der Vergangenheit zu Unrecht gezahlter Hilfe zum Lebensunterhalt (z. B. weil der Hilfeempfänger Arbeitsentgelt bezog, das bei der Berechnung der Hilfe nicht berücksichtigt wurde) mit einer laufenden Hilfe zum Lebensunterhalt *ausgeschlossen:* Denn mit der Hilfe zum Lebensunterhalt wird eine Leistung erbracht, die ausreichen soll, den Hilfeempfänger mit den notwendigsten Mitteln für das tägliche Leben zu versehen; eine Kürzung dieser Hilfe würde eine Unterschreitung des vom BSHG zugestandenen Bedarfsniveaus zur Folge haben: Der Sozialhilfeträger darf also grundsätzlich nicht mit der einen Hand nehmen, was er mit der anderen geben müßte (BVerwGE 29, 300; 40, 77 f.; 58, 153; BVerwG, in: DÖV 1981, 60).

*Ausnahmsweise* soll eine Verrechnung zulässig sein, wenn der Hilfeempfänger sog. *Schonvermögen* besitzt (dazu 6.2.9.2. (3) ); denn die Verweisung des Hilfebedürftigen auf dieses Vermögen führt nicht notwendig zu einer Kürzung der zum Lebensunterhalt notwendigen Mittel (vgl. z. B. BVerwGE 29, 300 f.). Ob das Verrechnungsverbot auch im Falle des *Erschleichens* von Sozialhilfe (z. B. durch betrügerisches Verhalten) gilt, ist fraglich (offengelassen von BVerwG, in: DÖV 1981, 60); in der Praxis wird offenbar eine Verrechnung im Rahmen dessen für zulässig angesehen und durchgeführt, was nach § 25 Abs. 2 für die  Einschränkung der Hilfe zum Lebensunterhalt bei schuldhaftem Verhalten vorgesehen ist (vgl. unten 6.2.8.4.). Eine Aufrechnung ist freilich dann nicht ausgeschlossen, wenn Leistungen der Hilfe in besonderen Lebenslagen aufgerechnet wird und der Hilfeempfänger trotz der Kürzung der Hilfe genügend Einkommen und Vermögen hat. Zu beachten ist im übrigen, daß § 51 Abs. 2 SGB-AT, der den Umfang der Aufrechnung gegen Ansprüche auf „laufende Geldleistungen" regelt, für die Sozialhilfe, die keine solchen laufenden Geld-

118

leistungen (sondern nur eine Kette monatlicher Neubewilligungen) kennt, nicht gilt (vgl. Giese 1981, § 51 Rz. 7; BVerwG, in: DÖV 1981, 60).

## 5.6. Verzicht auf Sozialhilfeansprüche

Daß jemand auf einen ihm zustehenden Sozialhilfeanspruch *verzichtet*, dürfte zu den *seltenen Ausnahmen* gehören, ist aber im Rahmen des § 46 SGB-AT möglich (schriftliche Verzichtserklärung gegenüber dem Sozialhilfeträger, die jederzeit mit Wirkung für die Zukunft widerrufen werden kann).

Sollte z. *B.* ein Hilfeempfänger brieflich beim zuständigen Sozialhilfeträger auf die Hälfte seiner Blindenhilfe (§ 67) verzichten, weil er meint, der Staat müsse in der gegenwärtigen Krise der öffentlichen Finanzen sparen, so darf sich der Träger freilich nicht mit einem begeisterten Dankschreiben begnügen und künftig nur noch die Hälfte der Hilfe zahlen (so aber ein westfälischer Sozialhilfeträger in diesem – nicht erfundenen – Fall; vgl. Westfälische Rundschau vom 24. 3. 1981, 3); er wird vielmehr durch Beratung und persönliche Hilfe zu klären haben, ob der Verzicht auch im wohlverstandenen Interesse des Hilfeempfängers liegt (vgl. Frank 1977, 29).

## 5.7. Ansprüche von Ausländern in der Bundesrepublik und Deutschen im Ausland

Auf die Fragen des Sozialhilfeanspruchs für *Ausländer,* die sich in der Bundesrepublik tatsächlich aufhalten, sowie für *Deutsche,* die ihren gewöhnlichen Aufenthalt im Ausland haben und im Ausland der Hilfe bedürfen, wird in einem besonderen Abschnitt näher eingegangen (unten 10.).

## 5.8. Anspruch auf Sozialhilfe und Mitwirkungspflichten des Hilfsbedürftigen

### 5.8.1. Mitwirkungspflichten und Selbsthilfe

(1) Bereits bei den Grundsätzen des Sozialhilferechts sahen wir (oben 4.3.), daß die Pflicht des Hilfsbedürftigen, alles in seinen Kräften und Mitteln stehende zu tun, um von der Sozialhilfe unabhängig zu werden (§§ 2 Abs. 1, 11 Abs. 1 S. 1, 28), zugleich die Pflicht beinhaltet, hieran nach seinen Kräften *mitzuwirken* (§ 1 Abs. 2 S. 2). Dahinter steht sicher auch (aber nicht nur) der Gedanke, die öffentlichen Mittel möglichst kurzfristig und sparsam einzusetzen. Die Mitwirkungspflichten, die der Gesetzgeber unter diesem Aspekt vorsieht, beziehen sich dabei nicht auf verwaltungsmäßige Notwendigkeiten, sondern auf *normative Wertungen und Verhaltenserwartungen,* an denen das „Selbsthilfestreben" des Hilfsbedürftigen gemessen wird.

Zu den ausdrücklich geregelten Mitwirkungspflichten dieses Typs gehört z. B. § 18 Abs. 1: „Jeder Hilfesuchende muß seine Arbeitskraft zur Beschaffung des Lebensunterhalts für sich und seine unterhaltsberechtigten Angehörigen einsetzen." (dazu und zu der unterschiedlichen Intensität dieser Mitwirkungspflicht näher unten 6.2.8.).

Bei der *Verweigerung* der vom Gesetzgeber erwarteten Selbsthilfe bzw. des vom Gesetzgeber erwarteten Strebens, das er für die Selbsthilfe als notwendig erachtet, sieht das BSHG den *völligen* oder den *teilweisen Ausschluß des Sozialhilfeanspruchs* vor (vgl. §§ 25 Abs. 1 und 2, 29 a, 64 Abs. 2 S. 2, 67 Abs. 4, 136 Abs. 2 S. 2). Die Mitwirkungspflichten unter dem Aspekt der *Selbsthilfe* sind also zwar nicht unmittelbar erzwingbar, haben aber mittelbar Folgen für den Anspruch, wenn sich der Hilfesuchende bzw. Hilfeempfänger der erwarteten Mitwirkung entzieht.

(2) Eine ausführliche Darstellung dieser und der im folgenden behandelten Mitwirkungspflichten des Sozialhilfeempfängers mit einer Differenzierung dieser Pflichten hinsichtlich der einzelnen Hilfearten des BSHG und der Versuch einer Systematisierung finden sich bei Meier (1976).

## 5.8.2. Mitwirkungspflichten und verwaltungsmäßige Durchführung der Sozialhilfe

### 5.8.2.1. Allgemeines

Neben den Mitwirkungspflichten unter dem Aspekt der *Selbsthilfe* gibt es eine Reihe von Mitwirkungspflichten, deren Erfüllung im Interesse einer *richtigen und baldigen Entscheidung* notwendig ist, weil der Sozialhilfeträger andernfalls nicht oder nur unter beträchtlichen Schwierigkeiten in der Lage wäre, eine sachgerechte Entscheidung zu treffen. Mitwirkungspflichten dieser Art haben vor allem die Funktion, dem Sozialhilfeträger die verwaltungsmäßige Durchführung seiner Aufgaben zu erleichtern; andererseits liegen sachgerechte Entscheidungen selbstverständlich auch im Interesse des Hilfsbedürftigen.

Solche „verfahrensrechtlichen" Mitwirkungspflichten (und die Folgen fehlender bzw. nachgeholter Mitwirkung) sind namentlich in den §§ 60 bis 67 SGB-AT für den gesamten, vom Sozialgesetzbuch erfaßten Sozialleistungsbereich geregelt (dazu z. B. Rüfner 1977, 347 ff.). Für die *Sozialhilfe* ergeben sich aus diesen Vorschriften insbesondere folgende:

### 5.8.2.2. Mitwirkungspflichten und Folgen bei fehlender Mitwirkung nach dem SGB-AT

#### 5.8.2.2.1. Mitwirkungspflichten im einzelnen

(1) *Pflicht zur Angabe von Tatsachen gem. § 60 SGB-AT:*
Wer Sozialhilfe beantragt oder erhält muß

1. dem Sozialhilfeträger alle Tatsachen angeben, die für die Leistung erheblich sind (§ 60 Abs. 1 Nr. 1 SGB-AT),

also insbesondere Auskunft geben über Einkommen, Vermögen, Familienverhältnisse und unterhaltspflichtige Personen, Gesundheitszustand, Alter usw.
Die Leistungsbewilligung bzw. der Leistungsbezug hängen vielfach von der richtigen und vollständigen Beantwortung der in Formblättern gestellten Fragen, oft nur von einer – manchmal als unerheblich erscheinenden – Frage ab. Nur wenn die Vordrucke oder direkten Anfragen der Sozialhilfeträger genau ausgefüllt bzw. beantwortet werden, können unnötige Rückfragen, aufwendige Verwaltungsverfahren, lange Laufzeiten, Ablehnungen, zu niedrige Festsetzungen oder Sanktionsmaßnahmen vermieden werden. Der Hilfeberechtigte muß also sehr sorgfältig die Formulare, Anlagen, Merkblätter usw. der Träger durchlesen. Andererseits ist der Sozialhilfeträger, der es i. d. R. mit den sog. sozial schwachen Schichten zu tun hat, verpflichtet, diesen zur Erlangung und Wahrung der ihnen vom Gesetz zugedachten Rechte und Vorteile nach Kräften beizustehen, etwa beim Ausfüllen von Anträgen zu beraten und zu unterstützen (vgl. § 8 Abs. 2; OVG Lüneburg, in: FEVS 11, 16; Giese/Melzer 1974, 28 ff.);

2. auf Verlangen des Sozialhilfeträgers der Erteilung der erforderlichen Auskünfte durch Dritte zustimmen, wenn ohne diese Zustimmung die Auskunft nicht zu erlangen ist (§ 60 Abs. 1 Nr. 1 SGB-AT),

also vor allem die *Entbindung von der Schweige- bzw. Geheimhaltungspflicht* erteilen (z. B. der Ärzte, Krankenhäuser, anderer Sozialleistungsträger, Arbeitgeber, Banken usw.).
In den Antragsformularen der Sozialhilfeträger findet sich deshalb durchweg (sinngemäß) der Satz: „Die Behörden, Banken und Sparkassen ermächtige ich zur Auskunfterteilung über meine Vermögensverhältnisse bzw. Konten." Eine Entbindung von der Schweige- bzw. Geheimhaltungspflicht ist aber nicht erforderlich, wenn die Mitteilung des Geheimnisses im Rahmen der Amtshilfe notwendig ist (vgl. §§ 67 ff. SGB X – Verwaltungsverfahren').

3. Änderungen in den Verhältnissen, die für die Sozialhilfegewährung erheblich sind, unverzüglich mitteilen (§ 60 Abs. 1 Nr. 2 SGB-AT),

also vor allem Änderungen der Einkommens-, Vermögens-, Familien- und gesundheitlichen Verhältnisse.

4. Beweismittel für seine Angaben benennen und auf Verlangen des Sozialhilfeträgers auch Beweisurkunden darüber vorlegen (§ 60 Abs. 1 Nr. 3 SGB-AT),

also z. B. Personalausweis, Nachweise über Einkünfte – wie Bescheinigung über Lohn, Arbeitslosengeld oder Arbeitslosenhilfe -, Renten-, Wohngeld-, Kindergeldbescheid, Mietvertrag, Mietquittungen, Unterlagen über Versicherungsbeiträge usw. Es ist sinnvoll, wenn der Hilfesuchende solche oder andere erhebliche Unterlagen gleich beim ersten Gang zum Sozialamt bzw. bei der Antragstellung vorlegen kann.

(2) *Pflicht zum persönlichen Erscheinen gem. § 61 SGB-AT:*
Wer Sozialhilfe beantragt oder erhält, soll auf Verlangen des Sozialhilfeträgers zur mündlichen Erörterung des Antrags oder zur Vornahme anderer für die

Entscheidung über die Sozialhilfe notwendigen Maßnahmen *persönlich erscheinen.* Der Sinn dieser Vorschrift liegt auf der Hand: Da es dem Sozialhilfeträger oft nicht möglich ist, alle mit der Sozialhilfe zusammenhängenden Fragen schriftlich zu klären, soll eine unmittelbare Kommunikation möglich sein, soweit es zur Entscheidung über die Sozialhilfe nötig ist.

Das persönliche Erscheinen ist für den Hilfesuchenden bzw. Hilfeempfänger oft schon deshalb sinnvoll, weil er im Gespräch mit dem Sachbearbeiter seine Probleme und Erwartungen leichter und verständlicher auseinandersetzen kann als auf dem Schriftweg; wer sich dabei schwertut oder generell Angst vor dem Sozialamt hat, sollte zu Verhandlungen und Besprechungen mit einem Beistand erscheinen (vgl. § 13 Abs. 4 SGB X – Verwaltungsverfahren-), z. B. mit einem sachkundigen Sozialarbeiter eines Trägers der freien der Wohlfahrtspflege. Die Kosten des persönlichen Erscheinens, insbesondere Fahrtkosten, dürften regelmäßig aber nicht dem Hilfsbedürftigen angelastet, sondern sollten als Verwaltungskosten vom Sozialhilfeträger übernommen werden (vgl. § 65a Abs. 1 S. 2 SGB-AT). In der Praxis der Sozialhilfe wird der Hilfeberechtigte freilich oft (statt der Anordnung des persönlichen Erscheinens) vom Sozialarbeiter des „Außendienstes" einen Hausbesuch erhalten.

(3) *Pflicht zu Untersuchungen gem. § 62 SGB-AT:*
Wer Sozialhilfe beantragt oder erhält, soll sich auf Verlangen des zuständigen Sozialhilfeträgers ärztlichen und psychologischen Untersuchungsmaßnahmen unterziehen, soweit diese für die Entscheidung über die Sozialhilfe notwendig sind (und nicht etwa durch ärztliche Atteste oder Krankheitspapiere geklärt werden können).

Sozialhilfeleistungen hängen nämlich (z. B. im Fall der Krankheit, Gesundheitsgefährdung, geistigen Behinderung usw.) oft von der Frage ab, welche Gesundheitsstörungen vorliegen, ob eine Heilung oder Linderung möglich ist, ob und in welchem Umfang die Arbeitsfähigkeit des Leistungsberechtigten z. B. infolge Krankheit und Gebrechen gemindert ist usw. Die Klärung dieser wichtigen Fragen ist i. d. R. nur durch ärztliche bzw. psychiatrische Untersuchungen möglich (zu den Grenzen dieser Mitwirkungspflicht vgl. unten 5.8.2.2.2.); Näheres bei Möllhoff 1975, 225 ff.).

(4) *Pflicht zur Heilbehandlung gem. § 63 SGB-AT:*
Wer wegen Krankheit oder Behinderung Sozialhilfe beantragt oder erhält, soll sich auf Verlangen des zuständigen Sozialhilfeträgers einer Heilbehandlung unterziehen, wenn zu erwarten ist, daß sie eine Besserung seines Gesundheitszustands herbeiführen oder eine Verschlechterung verhindern wird.

Bei Suchtkranken wird der Sozialhilfeträger in seiner Ermessensentscheidung sinnvollerweise unter anderem zu erwägen haben, ob der Abhängige motiviert oder bereit ist, eine entsprechende Heilbehandlung (Entzug und Entwöhnung) in Anspruch zu nehmen. (Zu den Grenzen der Mitwirkungspflicht nach § 63 SGB-AT allgemein unten 5.8.2.2.2.).

(5) *Pflicht zur Teilnahme an berufsfördernden Maßnahmen gem. § 64 SGB-AT:*
Wer wegen Minderung der Erwerbsfähigkeit (z. B. wegen einer Behinderung) oder wegen Arbeitslosigkeit Sozialhilfe beantragt oder erhält, soll auf Verlangen

des Sozialhilfeträgers an berufsfördernden Maßnahmen teilnehmen, wenn bei
angemessener Berücksichtigung seiner beruflichen Neigung und Leistungsfähigkeit zu erwarten ist, daß sie seine Erwerbs- oder Vermittlungsfähigkeit auf Dauer
fördern oder erhalten werden.

Dazu gehören z. B. Maßnahmen, um Behinderten eine angemessene und geeignete Er-
werbs- oder Berufstätigkeit auf dem allgemeinen Arbeitsmarkt oder in einer Werkstatt für
Behinderte zu ermöglichen (vgl. §§ 40 Abs. 1 Nr. 4, 5, 6 und Abs. 2).

### 5.8.2.2.2. *Grenzen der Mitwirkung und Folgen fehlender Mitwirkung*

(1) Alle in den §§ 60 bis 64 SGB-AT genannten Mitwirkungspflichten unterliegen der Beschränkung des § 65 SGB-AT:

Zur Wahrung der *körperlichen Integrität* und der *Persönlichkeitssphäre* bestimmt § 65
Abs. 1 SGB-AT grundsätzlich, daß die in Anspruch genommene Sozialhilfe und die Mitwirkungspflicht des Hilfesuchenden bzw. Hilfeempfängers in einem angemessenen Verhältnis zueinander stehen müssen; außerdem bestehen die Mitwirkungspflichten nicht,
wenn sie dem Hilfebedürftigen aus einem wichtigen Grund (z. B. dessen geistigen Behinderung) nicht zugemutet werden können. Das Gleiche gilt, wenn sich der Träger die erforderlichen Kenntnisse durch einen geringeren Aufwand als der Hilfsbedürftige (z. B. aufgrund seines Alters oder Bildungsstands) selbst beschaffen kann.
Die Grenzen der Mitwirkungspflicht bei der *Untersuchung* und *Heilbehandlung* sind in
§ 65 Abs. 2 konkret genannt (bitte lesen!); dieser Absatz enthält – nicht erschöpfend – die
wichtigsten Ablehnungsgründe. So können Untersuchungen und Behandlungen dann abgelehnt werden, wenn im Einzelfall ein Schaden für Leben oder Gesundheit nicht mit
hoher Wahrscheinlichkeit ausgeschlossen werden kann oder wenn sie mit erheblichen
Schmerzen verbunden sind oder wenn sie einen erheblichen Eingriff in die körperliche
Unversehrtheit bedeuten. Die Frage der Zumutbarkeit wird hierbei in jedem Einzelfall
durch erfahrene Fachärzte zu beurteilen sein.

(2) Die Sozialhilfeträger sind zwar von Amts wegen zur Aufklärung des sozialhilferechtlich relevanten Sachverhalts verpflichtet (vgl. unten 7.1.). Kommt aber
der Hilfesuchende bzw. Hilfeempfänger seinen Mitwirkungspflichten nicht nach
und wird hierdurch die Aufklärung des Sachverhalts erheblich erschwert, könnte
der Sozialhilfeträger – jedenfalls nach dem Wortlaut des § 66 Abs. 1 S. 1 SGB-
AT „ohne weitere Ermittlungen bis zur Nachholung der Mitwirkung ganz oder
teilweise versagen oder entziehen, soweit die Voraussetzungen der Leistung
nicht nachgewiesen sind."

Für den Bereich der Sozialhilfe erscheint es jedoch fraglich, ob die in der Vorschrift vorgesehene gänzliche oder teilweise Versagung „ohne weitere Ermittlungen" ein stets zuläs-
siges und taugliches Druckmittel sein kann. Bei der Hilfe zum Lebensunterhalt wird man
zunächst den Grundgedanken des § 25 Abs. 2 berücksichtigen müssen: Wenn nach dieser
Vorschrift ein Verhalten, das der erwarteten Mitwirkung (Selbsthilfestreben!) widerspricht, nur zu einer Einschränkung der Hilfe „auf das zum Lebensunterhalt Unerläßliche"
zulässig ist, dann muß dies auch für die Folgen einer fehlenden „verwaltungsmäßigen"
Mitwirkung nach § 66 SGB-AT gelten. Auch bei der Hilfe in besonderen Lebenslagen

erscheint die Versagung oder Entziehung der Hilfe „ohne weitere Ermittlungen" als zu weitgehend. Vielmehr kann hier (aber auch bei der Hilfe zum Lebensunterhalt) eine fehlende Mitwirkung des Betroffenen den Sozialhilfeträger nicht aller Betreuungspflichten entheben, sondern muß dazu führen, daß alle Möglichkeiten, v. a. der Beratung, ausgeschöpft werden, um die erforderliche Mitwirkung zu erreichen (vgl. dazu die in BVerwGE 29, 99 ff. entwickelten Grundsätze zur Beratungspflicht). Dies wird namentlich dann der Fall sein, wenn in Betracht kommt, daß die Mitwirkung z. B. wegen hohen Alters, Krankheit, Behördenangst, Schreibungewandtheit oder Sprachschwierigkeiten unterbleibt (OVG Berlin, in: FEVS 26, 424; Giese 1981, § 66 Rz. 8).

Eine Versagung und Entziehung von Sozialhilfeleistungen ist allerdings nur unter den strengen Voraussetzungen des § 66 Abs. 3 SGB-AT zulässig: Danach ist ein *schriftlicher* Hinweis erforderlich, der hinreichend bestimmt dem Betroffenen auf die vorgesehene Versagung als Folge der bisher fehlenden, genau zu bezeichnenden Mitwirkung hinweist, falls nicht binnen einer genau zu bestimmenden, nicht zu knappen Frist diese Mitwirkung nachgeholt werde (vgl. VG Hannover, in: ZfF 1979, 111).

(3) Die Möglichkeit des *Nachholens* der Mitwirkung (§ 67 SGB-AT) scheidet für den Träger der Sozialhilfe unter gewöhnlichen Umständen aus, weil die Ausrichtung der Sozialhilfe auf die Behebung gegenwärtiger Notlagen grundsätzlich eine rückwirkende Leistung ausschließt (zu einem Fall des Nachholens der Mitwirkung durch den Hilfesuchenden vgl. Bay. VGH, in: FEVS 28, 260).

## 5.9. Probleme bei der Einlösung des Anspruchs auf Sozialhilfe

(1) Ohne Zweifel kann die Verbürgung eines prinzipiellen Rechtsanspruchs auf Sozialhilfe gegenüber dem früheren Fürsorgerecht als ein *Element gesetzgeberischen Fortschritts* angesehen werden. Man kann deshalb auch eine gewisse Euphorie mancher verstehen, die beim Inkrafttreten des BSHG meinten, daß sich durch die Zuerkennung des Rechtsanspruchs die Stellung des Hilfesuchenden der eines Anspruchsberechtigten auf Leistungen in der Sozialversicherung genähert und damit in gewisser Weise das Anspruchsdenken über das Fürsorgedenken gesiegt habe (so Duntze 1961, 226). Heute, nach zwanzigjähriger Erfahrung mit dem Gesetz, sieht man die Dinge freilich etwas nüchterner. Diese Ernüchterung wird etwa in den Worten eines namhaften Kenners des Sozialhilferechts sichtbar, der kurz und bündig feststellt: „Der prinzipielle Rechtsanspruch hat sich zwar juristisch, aber nicht gesellschaftlich durchgesetzt" (Frank 1980, 26).

(2) Es bedarf keiner tiefschürfenden rechtssoziologischen Überlegungen, um zu der Erkenntnis zu gelangen, daß die Sozialhilfe lediglich die Möglichkeit bietet, den vom BSHG definierten Hilfsbedürftigen bestimmte Leistungen (i. d. R. Geldleistungen) in einer bestimmten Organisationsform zufließen zu lassen. In welchem *Umfang* und warum gerade in *diesem Umfang* das Leistungsangebot der Sozialhilfe auch *tatsächlich angenommen* wird, wie groß also die Diskrepanz zwischen formaler Berechtigung und tatsächlicher Inanspruchnahme ist, hängt von einer Reihe objektiver und subjektiver Faktoren ab, auf

die noch näher eingegangen wird (unten 11.). Im vorliegenden Zusammenhang soll auf zwei spezifische Aspekte hingewiesen werden, die mit der Struktur des Sozialhilfeanspruchs (unten 3) und mit dem Vorhandensein bestimmter Institutionen und Fachkräfte zusammenhängen (unten 4):

(3) Der Anspruch auf Sozialhilfe ist bereits seiner *rechtlichen Struktur nach limitiert:* Durch die abgestufte Verbindlichkeit von Ist-, Soll- und Kann-Leistungen entwickeln die einzelnen Hilfeansprüche nämlich eine unterschiedlich starke „Schubkraft". Diese abgestufte Verbindlichkeit und die Verwendung zahlreicher unbestimmter Rechtsbegriffe („notwendiger Lebensunterhalt", „zumutbar", „angemessen", „Härte" usw.) lassen dem Sozialhilfeträger einen relativ großen Spielraum bei der Ausgestaltung der Sozialhilfe. Dieser Spielraum des Trägers wird zwar durch Verwaltungsrichtlinien und – soweit ergangen – auch durch die Rechtsprechung in groben Umrissen abgesteckt; von „Ermessenswillkür" (so aber Lange 1977, 319) kann deshalb keine Rede sein. In der Praxis der Sozialhilfegewährung lassen sich aber Beispiele nennen, in denen der Spielraum auch negative Konsequenzen hat. Dies gilt etwa für den Bereich der einmaligen Beihilfen (unten 6.2.4.), also zumeist finanziellen Hilfen, mit denen der Betroffene die nicht aus der laufenden Hilfeleistung bestreitbaren Ausgaben für größere Anschaffungen (Bekleidung, Hausrat usw.) bezahlen soll: Grundsätzlich muß jede einzelne solcher Anschaffungen beantragt, begründet und vom Sachbearbeiter (gegebenenfalls nach Befürwortung durch den Sozialarbeiter des Außendienstes) anerkannt werden; dabei scheinen die Sachbearbeiter eher zu einer restriktiven Handhabung des Ermessensspielraums zu neigen (Grunow/Hegner 1978, 490). An diesem Beispiel zeigt sich, welche Konsequenzen die rechtliche Konstruktion eines Anspruchs auf Sozialhilfe für die Möglichkeiten seiner Einlösung in der alltäglichen Praxis haben kann (und in der Praxis auch hat).

Eine Reihe lesenswerter Beiträge zum behördlichen Ermessen in der Sozialhilfe (aus der Sicht der Sozialverwaltung und der Sozialarbeit) findet sich in BldW 1981, Heft 8. Mit der Pflicht zur Veröffentlichung von Ermessensrichtlinien befaßt sich eingehend Krahmer (1981 a).

(4) Die Realisierung der Sozialhilfeansprüche stößt noch auf eine andere Schwierigkeit: Sie hängt nämlich davon ab, daß die vom Hilfsbedürftigen benötigten *Güter* und *Dienste* auch *tatsächlich bereitstehen*. Bei der Hilfe zum Lebensunterhalt (unten 6.2.) ist dies – soweit es sich um laufende Geldleistungen handelt – i. d. R. kein Problem: Mit der gewährten Geldleistung kann sich der Hilfsbedürftige die benötigten Güter (Essen, Kleidung, Unterkunft usw.) oder Dienste (Haareschneiden, Schuhreparaturen usw.) auf dem Markt „kaufen". Anders ist es aber vor allem bei den *Hilfen in besonderen Lebenslagen* (unten 6.3.), wenn für die Hilfeleistung, auf die der Bedürftige einen Anspruch hat, die notwendigen organisatorischen Bedingungen fehlen: Was nützt etwa einem schwer körperbehinderten und pflegebedürftigen Menschen ein Anspruch auf Hilfe zur Pflege (§§ 68 f.), wenn kein Angehöriger, Nachbar oder Freund zur Pflege bereit oder in der Lage ist, ambulante Pflegedienste (Sozialstationen, Pflegekräfte usw.) fehlen und im Pflegeheim kein Platz frei ist? (zum Defizit in der pflegerischen Versorgung Grönert 1981, 30 ff., und unten 6.3.5.9.2.1.). Oder was nützt einem psychisch Kranken ein Anspruch auf Eingliederungshilfe (§§ 39 ff.), wenn für die gebotene Hilfeform (z. B. eine bestimmte Therapie) keine Fachkraft zur Verfügung steht? An diesen Beispielen wird deutlich, daß die Realisierung von Sozialhilfeansprüchen oft mit dem Vorhandensein von Institutionen und Personen korrespondiert, die zur Durchführung der Hilfe in der Lage sind. Das BSHG verlangt deshalb vom Sozialhilfeträger, der die Hilfe zu gewähren bzw. zu gewährleisten hat (oben 3.1.), folgerichtig in § 93 Abs. 1 S. 1: „Die Träger der Sozialhilfe sollen darauf hinwirken, daß die zur Gewährung

der Sozialhilfe geeigneten Einrichtungen ausreichend zur Verfügung stehen" (und zwar Einrichtungen jeder Art, die für die Durchführung des BSHG von Bedeutung sind, vgl. BT-Dr. 3/1799, 56; zur Bereitstellung der zur Ausführung von Sozialleistungen erforderlichen sozialen Dienste und Einrichtungen vgl. auch §§ 1 Abs. 2, 17 Abs. 1 Nr. 2 SGB-AT). Auch diese Aspekte muß man stets berücksichtigen, wenn pauschal vom „Rechtsanspruch auf Sozialhilfe" gesprochen wird. Denn diese Aspekte rühren nicht nur an die Verantwortung der Sozialhilfeträger nach dem BSHG, sondern implizieren auch verfassungsrechtliche Überlegungen zum Hilfe-Soll der Sozialhilfe (dazu Hartwieg 1972, 223 ff.; Pitschas 1977, 141 ff.; Sieveking 1981, 27 ff.).

## 5.10. Schaubild zum Anspruch auf Sozialhilfe

Die dargestellten Grundzüge des Anspruchs auf Sozialhilfe und die in Zusammenhang mit diesem Anspruch stehenden Bereiche sollen im folgenden anhand eines *Schaubilds* optisch verdeutlicht werden:

126

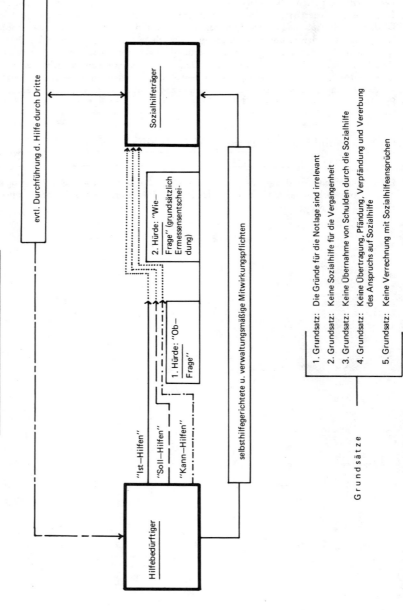

Der Anspruch auf Sozialhilfe und annexe Bereiche

evtl. Durchführung d. Hilfe durch Dritte

Sozialhilfeträger

Hilfebedürftiger

"Ist—Hilfen"

"Soll—Hilfen"

"Kann—Hilfen"

1. Hürde: "Ob—Frage"

2. Hürde: "Wie—Frage" (grundsätzlich Ermessensentscheidung)

selbsthilfegerichtete u. verwaltungsmäßige Mitwirkungspflichten

Grundsätze

1. Grundsatz: Die Gründe für die Notlage sind irrelevant

2. Grundsatz: Keine Sozialhilfe für die Vergangenheit

3. Grundsatz: Keine Übernahme von Schulden durch die Sozialhilfe

4. Grundsatz: Keine Übertragung, Pfändung, Verpfändung und Vererbung des Anspruchs auf Sozialhilfe

5. Grundsatz: Keine Verrechnung mit Sozialhilfeansprüchen

# 6. Materielles Sozialhilferecht

## 6.1. Arten und Formen der Sozialhilfe

### 6.1.1. Arten der Sozialhilfe

(1) Das BSHG kennt *zwei* Hilfearten, nämlich die *Hilfe zum Lebensunterhalt* und die *Hilfe in besonderen Lebenslagen* (§ 1 Abs. 1):

Aufgabe der *Hilfe zum Lebensunterhalt* ist es, die allen Menschen eigentümlichen *Grundbedarfe des täglichen Lebens* (Ernährung, Unterkunft, Kleidung u. a.) zu decken; ihre sachlichen Voraussetzungen sind in den §§ 11 bis 25 geregelt (unten 6.2.).

Die *Hilfe in besonderen Lebenslagen*, die Gegenstand der §§ 27 bis 75 ist, erfaßt *qualifizierte Bedarfssituationen*, bei denen in der Regel davon ausgegangen wird, daß der Hilfesuchende zwar in der Lage ist, seinen laufenden Lebensunterhalt zu bestreiten, die Aufbringung der Mittel für einen *besonderen Bedarf* jedoch seine Kräfte übersteigt (unten 6.3.).

(2) Betrachtet man die *Leistungsvoraussetzungen* bei den beiden Hilfsarten, so fällt bereits bei den jeweils grundlegenden Vorschriften ein bemerkenswerter Unterschied auf.

*Die Hilfe zum Lebensunterhalt* erhält der, der seinen notwendigen Lebensbedarf nicht aus eigenen Kräften und Mitteln, vor allem aus Einkommen und Vermögen, beschaffen kann (§§ 11 Abs. 1 S. 1). Der Gesetzgeber stellt also an jemanden, der Hilfe zum Lebensunterhalt erhalten möchte, *hohe Anforderungen:* Der Hilfesuchende muß vorrangig sein Einkommen und Vermögen sowie seine Arbeitskraft grundsätzlich voll einsetzen; erst dann, wenn ihm auf diese Weise die existenzielle Grundsicherung nur zum Teil oder überhaupt nicht selbst gelingt, kommt Hilfe zum Lebensunterhalt in Betracht. Der Gesetzgeber erwartet vom Hilfesuchenden demnach eine *weit gespannte Selbsthilfe.*

Bei der *Hilfe in besonderen Lebenslagen* hingegen sind die Selbsthilfeerwartungen des Gesetzgebers nicht so hoch geschraubt: Diese Hilfeart wird nämlich bereits dann gewährt, wenn dem Hilfesuchenden die Aufbringung der Mittel aus dem Einkommen und Vermögen nicht *zuzumuten* ist (§ 28); zugemutet wird die Aufbringung der Mittel i. d. R. dann nicht, wenn das Einkommen bestimmte Grenzen unterschreitet. Für die Hilfe in besonderen Lebenslagen gelten mithin bezüglich des Einsatzes von Einkommen – aufgrund bestimmter Einkommensgrenzen (§§ 79 ff.; unten 6.3.4.2.1.) – wesentlich günstigere „Konditionen" als bei der Hilfe zum Lebensunterhalt. Auch bei den Vorschriften über den Einsatz des Vermögens ist teilweise eine Besserstellung vorgesehen (§ 88 Abs. 3 S. 2; unten 6.3.4.5.). Und die Pflicht zum Einsatz der Arbeitskraft besteht bei der Hilfe in besonderen Lebenslagen nur in einem Ausnahmefall (unten 6.3.4.5.).

(3) Mit der Unterscheidung in die genannten zwei Hilfearten trägt der Gesetz-

geber bewußt dem Phänomen Rechnung, daß es neben der Gruppe von Menschen, die einer Unterstützung für die existenzielle Grundsicherung bedürfen, eine andere Gruppe von Menschen gibt, die für ganz bestimmte Typen von Not- und Bedarfslagen einer differenzierten Hilfe bedürfen (jemand der z. B. pflegebedürftig, krank oder behindert ist, braucht eben mehr und anderes als eine existenzielle Grundsicherung, die ein Gesunder benötigt). Bei der Hilfe in besonderen Lebenslagen tritt deshalb auch der bereits dargestellte Individualisierungsgrundsatz noch stärker in den Vordergrund.

Ihrem *finanziellen Umfang* nach überwiegen die Ausgaben für die Hilfe in besonderen Lebenslagen die für die Hilfe zum Lebensunterhalt bei weitem (rd. 8,2 Milliarden DM gegenüber 3.9 Milliarden DM im Jahre 1979, obwohl die Zahl der Empfänger von Hilfe in besonderen Lebenslagen sogar kleiner ist als die der Empfänger von Hilfe zum Lebensunterhalt; dazu näher unten 12.). Diese Relationen zeigen deutlich die *Kostenintensität der Hilfen in besonderen Lebenslagen.*

(4) Im Sozialgesetzbuch werden die beiden Hilfearten der Sozialhilfe in *einer* Vorschrift (§ 9 SGB-AT) zusammengefaßt und zwei Gruppen von Menschen zugeordnet, nämlich

— solchen Personen, die nicht in der Lage sind, aus eigenen Kräften ihren Lebensunterhalt zu bestreiten, sowie
— solchen Personen die nicht in der Lage sind, sich in besonderen Lebenslagen selbst zu helfen.

Die Abgrenzung der Gruppen der potentiellen Hilfeempfänger anhand der Kriterien des „Nicht-in-der-Lage-Sein, aus eigenen Kräften seinen Lebensunterhalt zu bestreiten", und des „Sich-nicht-selbst-helfen-Können in einer besonderen Lebenslage" sind relativ in dem Sinne, daß sie nicht definitorisch, sondern lediglich typologisch diejenigen Personengruppen beschreiben, die als Sozialhilfeempfänger in Betracht kommen; der Gesetzgeber hat insofern „normative Realtypen" (Larenz 1975; Leenen 1971) gebildet, unter die angesichts der Vielfalt der Lebensumstände keine Subsumtion möglich ist, sondern denen bestimmte Personen „mehr oder weniger" zugeordnet werden (dazu näher Rode 1979, § 9 Rz. 4 und 5.).

## 6.1.2. Formen der Sozialhilfe

Als *Formen* der Sozialhilfe kennt das BSHG „persönliche Hilfe, Geldleistung oder Sachleistung" (§ 8 Abs. 1):

(1) *Geldleistungen* erhält der Hilfesuchende vor allem bei der Hilfe zum Lebensunterhalt: Der typische Fall ist der Geldbetrag, der einem einkommensschwachen Hilfsbedürftigen überwiesen oder ausgehändigt wird, um seinen Grundbedarf an Ernährung, Unterkunft, Kleidung, Körperpflege usw. zu decken (unten 6.2.). Andere Geldleistungen erfolgen z. B. bei der Hilfe zum Aufbau einer Lebensgrundlage (§ 30), dem Taschengeld für Heimbewohner (§21 Abs. 3) und dem Pflegegeld (§69 Abs. 3).

In manchen Fällen ist es nicht erforderlich, die Geldleistung endgültig zu gewähren; in solchen Fällen genügt die Gewährung eines Darlehens, wie sie z. B. ausdrücklich in §§ 15a, 27 Abs. 2, 30 Abs. 3 vorgesehen ist (Näheres zur Geldleistung als Darlehen bei Gottschick/ Giese 1981, § 8 Rz. 5.2. ff.).

Darüber hinausgehend bestimmt der durch Art. 21 Nr. 1 des 2. HStruktG neu eingeführte § 15b, daß dann, wenn laufende Leistungen zum Lebensunterhalt voraussichtlich nur für „kürzere Zeit" zu gewähren sind, Geldleistungen als Darlehen gewährt werden können. Durch diese Neuregelung, die übrigens die spätere Umwandlung des Darlehens in einen Zuschuß nicht ausschließt, wenn wider Erwarten eine Besserung der Einkommensverhältnisse nicht eintritt, soll die Möglichkeit der Darlehensgewährung flexibler gestaltet werden. Als „kürzere Zeit" sieht der Gesetzgeber einen Zeitraum von sechs Monaten an (BT-Dr. 9/842, 86). Es bleibt abzuwarten, wie „flexibel" die Praxis die Möglichkeit der Darlehensgewährung handhaben wird.

(2) *Sachleistungen* bestehen vor allem in Gegenständen und Werkleistungen, z. B. im Bereitstellen eines Rollstuhls, in der Ausgabe verbilligter Eintrittskarten für kulturelle Veranstaltungen, in der Gewährung ärztlicher Leistungen usw. Vorwiegend werden Sachleistungen aber bei der Unterbringung in Anstalten, Heimen oder gleichartigen Einrichtungen gewährt (z. B. in Form von vorbereiteten Speisen, durch Bereitstellen der Unterkunft und der Einrichtungsgegenstände).

Dabei darf man den Begriff „Sachleistung" freilich nicht so verstehen, daß der *Sozialhilfeträger* stets *selbst* die Sachleistung als solche (also den konkreten Gegenstand oder die konkrete Werkleistung) erbringt. Wie wir schon sahen (oben 3.1.) und noch sehen werden (unten 6.3.3.) muß sich der Sozialhilfeträger meist eines *Dritten* bedienen, um die Sachleistung zu erbringen: Soll z. B. jemand orthopädische Schuhe als Sachleistung der Eingliederungshilfe für Behinderte erhalten (§ 40 Abs. 1 Nr. 2), dann muß der Sozialhilfeträger diese Leistung „über" einen Dritten, etwa eine orthopädische Schuhmacherwerkstatt erbringen. Dadurch ändert sich aber nichts an der Tatsache, daß der Sozialhilfeträger die Leistung gewährt (bzw. gewährleistet) und seiner Letztverantwortung dadurch Rechnung trägt, daß er die von dem Dritten bereitgestellten Gegenstände oder Werkleistungen diesem bezahlt. Insofern werden Sachleistungen an den Hilfeempfänger in der Praxis meist über Geldzahlungen des Sozialhilfeträgers an Dritte vermittelt.

(3) Die *persönliche Hilfe* umfaßt alle Hilfen, die nicht Geld- oder Sachleistungen sind. Die persönlichen Hilfen, die es in den mannigfaltigsten Erscheinungsformen gibt, lassen sich weder abschließend aufzählen noch inhaltlich erschöpfend beschreiben. Im wesentlichen handelt es sich dabei um ein *breites Spektrum an Beratungs- und Betreuungsaktivitäten – von der allgemeinen Lebensberatung über die fürsorgerische Betreuung in bestimmten Problemsituationen (z. B. Vereinsamung im Alter) bis hin zur spezifischen Beratung in Fragen der Sozialhilfe* (§ 8 Abs. 2 S. 1). Durch diese kurze Beschreibung ist die Wichtigkeit der persönlichen Hilfen nur angedeutet. Richtig eingesetzt können sie vor allem drohenden Notlagen vorbeugen, Auswege aus bestehender Hilfsbedürftigkeit weisen und die Unabhängigkeit von der Sozialhilfe für die Zukunft sichern.

Darüberhinaus könnte die Betonung der persönlichen Hilfe unter sozialpolitischen Gesichtspunkten die längst überfällige Umorientierung von der in der Bundesrepublik vorherrschenden „Einkommensstrategie" in Richtung auf eine „Dienstleistungsstrategie" (Badura/Gross 1976, 12) fördern, die auf Deckung solcher Defizite abzielt, die nicht allein von der Einkommenssituation abhängig sind.

Die persönliche Hilfe, die man gerne als Kernbereich der Sozialhilfe bezeichnet und die vom Gesetzgeber in § 8 Abs. 1 ganz bewußt an erster Stelle genannt wird (BT-Dr. 3/1799, 33), ist freilich sowohl ein *personelles* als auch ein *technisch-organisatorisches* Problem, das komplexe Zusammenhänge von Qualität und Quantität der Hilfe sowie von finanziellen, verwaltungsorganisatorischen und personellen Voraussetzungen der Hilfe beinhaltet. Auf diese Zusammenhänge kann hier nicht im einzelnen eingegangen werden (dazu Giese 1965, 17 ff. und die Referate der Fachtagung: „Die persönliche Hilfe, ein Kernbereich der sozialen Arbeit, NDV 1976, 129 ff.); die Zusammenhänge sollen aber exemplarisch an einem Gedankengang verdeutlicht werden:
Persönliche Hilfe braucht *Zeit*, meist viel Zeit, um dem Hilfesuchenden durch Rat und Tat beizustehen. Die Zeit für den einzelnen Hilfesuchenden wird aber knapp und die persönliche Hilfe fällt dürftig aus (oder unterbleibt ganz), wenn Sachbearbeiter oder Sozialarbeiter durch Überlastung, nämlich durch hohe „Fallzahlen", nicht wirklich Hilfe leisten, sondern allenfalls „Flickschusterei" betreiben können (Clemens 1976, 136 f.). Die Zeit für den einzelnen Hilfesuchenden wird vor allem umso knapper, je mehr gerade der Bereich der persönlichen Hilfen von Sparmaßnahmen beim Mitarbeiterstab betroffen wird (zur Fragwürdigkeit solcher Maßnahmen schon unter volkswirtschaftlichen Gesichtspunkten Fughe 1976, 140). Wenn sich die Sozialhilfe aber (unter anderem) aus solchen Gründen primär an der *materiellen* Hilfeleistung orientiert bzw. zwangsläufig orientieren i.iuß (Hartwieg 1972, 228), dann klaffen die Absichten des Gesetzgebers und das tatsächliche Angebot an persönlichen Hilfen, das von den Sozialhilfeträgern gewährt (oder gewährleistet) wird, weit auseinander. Daß dieser Zustand für unbefriedigend gehalten wird, zeigt sich an einigen Reformbestrebungen im Bereich der Sozialverwaltung, bei denen es (auch) darum geht, die vorhandenen Ressourcen für persönliche Hilfen zu koordinieren, um zumindest ein Neben- und Gegeneinander von Hilfen zu vermeiden (oben 3.5.2.(4)). Reformbestrebungen gibt es auch im Bereich der Gesetzgebung:

(4) Der – in der 8. Legislaturperiode nicht mehr Gesetz gewordene – Entwurf eines Vierten Gesetzes zur Änderung des Bundessozialhilfegesetzes (BT-Dr. 8/2534; vgl. unten 13.) sah in einem neuen Abs. 2 eine umfassendere Beschreibung der persönlichen Hilfe vor, als sie das geltende Recht kennt.
An die Stelle des geltenden § 8 Abs. 2 S. 1 sollte die Formulierung des § 8 Abs. 2 n. F. treten: „Zur persönlichen Hilfe gehören die im Einzelfall erforderliche Beratung sowie allgemeine Lebenshilfe und persönliche Betreuung."
Dadurch sollte zum Ausdruck gebracht werden, daß die Sozialhilfe nicht nur Beratung, sondern „allgemeine Lebenshilfe" gewährt. In einem neuen Abs. 4 sollte klargestellt werden, daß persönliche Hilfe als Ermessensleistung auch dann zu den Aufgaben der Sozial-

hilfe gehört, wenn im übrigen die Voraussetzungen der Hilfe zum Lebensunterhalt oder der Hilfe in besonderen Lebenslagen nicht gegeben sind:

„Persönliche Hilfe kann auch unabhängig von den Leistungsvoraussetzungen der Abschnitte 2 und 3 gewährt werden."

Ob sich durch eine solche Gesetzesreform Impulse für die Praxis und „eine Rechtfertigung für den damit verbundenen vermehrten personellen und sächlichen Aufwand ergeben" würden, wäre freilich abzuwarten.

(5) Abschließend sei noch ein weiterer Aspekt der persönlichen Hilfe angedeutet: Die Sozialhilfeverwaltung hat es – mehr als andere Bereiche der Verwaltung – mit einem „Publikum" zu tun, bei dem die Fähigkeit und die Bereitschaft zur Kooperation mit der Verwaltung eingeschränkt ist oder sogar fehlt. Die Gründe dafür liegen sowohl bei der Verwaltung als auch bei den Hilfebedürftigen selbst; solche Gründe führen etwa dazu, daß viele Betroffene die ihnen von Rechts wegen zustehenden Leistungen der Sozialhilfe nicht in Anspruch nehmen (dazu noch unter 11.). Persönliche Hilfe – besonders in der Form der Beratung, wie sie das BSHG betont – könnte deshalb auch ein Instrument der „Bürgernähe" der Verwaltung, der „Entbürokratisierung" und damit eine Brücke sein, über die hinweg die Kooperation von Hilfsbedürftigem und Verwaltung zustande kommen könnte. Dazu wäre aber noch eine intensivere Überprüfung, Diskussion und Weiterentwicklung dieses Instruments vor allem in methodischer und organisatorischer Hinsicht notwendig.

(6) § 11 S. 2 SGB-AT nennt die „persönliche Hilfe" ausdrücklich als Beispiel für eine *als Dienstleistung ausgestaltete Sozialleistung*. Mit dieser Erwähnung im Sozialgesetzbuch wird die gesteigerte Bedeutung der Dienstleistungen angesichts der traditionellen „monetären Schlagseite" (Zacher) unseres Sozialleistungssystems anerkannt.

Zu den von der juristischen Dogmatik in der Vergangenheit stark vernachlässigten Dienstleistungen vgl. jüngst Klages 1981; Krause 1981 a und 1981 b; Merten 1981; Pfaffenberger 1981; Schäfer 1981a.

## 6.2. Die Hilfe zum Lebensunterhalt

### 6.2.1. Der Kreis der Hilfeberechtigten

(1) Der *Kreis der Personen,* die Hilfe zum Lebensunterhalt beanspruchen können, wird in § 11 bestimmt:

„(1) Hilfe zum Lebensunterhalt ist dem zu gewähren, der seinen notwendigen Lebensunterhalt nicht oder nicht ausreichend aus eigenen Kräften und Mitteln, vor allem aus seinem Einkommen und Vermögen, beschaffen kann. Bei nicht getrennt lebenden Ehegatten sind das Einkommen und das Vermögen beider Ehegatten zu berücksichtigen; soweit minderjährige, unverheiratete Kinder, die dem Haushalt ihrer Eltern oder eines Elternteiles angehören, den notwendigen Lebensunterhalt aus ihrem Einkommen und Vermögen nicht beschaffen können, sind auch das Einkommen und das Vermögen der Eltern oder des Elternteiles zu berücksichtigen.

(2) Hilfe zum Lebensunterhalt kann in begründeten Fällen auch insoweit gewährt werden, als der notwendige Lebensunterhalt aus dem nach Abs. 1 zu berücksichtigenden Einkommen und Vermögen beschafft werden kann. In diesem Umfange haben die in Abs. 1 genannten Personen dem Träger der Sozialhilfe die Aufwendungen zu ersetzen.

(3) Hilfe zum Lebensunterhalt kann auch dem gewährt werden, der ein für den notwendigen Lebensunterhalt ausreichendes Einkommen oder Vermögen hat, jedoch einzelne für seinen Lebensunterhalt erforderliche Tätigkeiten nicht verrichten kann; von dem Hilfeempfänger kann ein angemessener Kostenbeitrag verlangt werden.

*Beispiel:* Der Anspruch der Ehefrau und der Kinder eines Studierenden auf Hilfe zum Lebensunterhalt richtet sich nach § 11 Abs. 1. Unter den in dieser Vorschrift genannten Voraussetzungen hat jeder Angehörige der Familie des auszubildenden Ehemannes und Familienvaters einen selbständigen Rechtsanspruch auf Hilfe zum Lebensunterhalt. Sozialhilfe erhält nicht, wer sich selbst helfen kann oder die erforderlichen Hilfen von anderen erhält. Die Ehefrau und die Kinder erhalten im Beispielsfall die erforderliche Hilfe nicht. Als Möglichkeit der Selbsthilfe kann insbesondere nicht eine Einflußnahme auf den Ehemann bzw. Vater angesehen werden, das Studium abzubrechen, da ein solcher Schritt einer Ehefrau nicht zuzumuten ist und auch dem Grundsatz der familiengerechten Hilfe (§ 7) widersprechen würde. Zu beachten ist auch, daß bis 31. 12. 1981 die Leistungen nach dem Bundesausbildungsförderungsgesetz (BAföG) auch verheirateten Studenten gewährt wurden, die über kein Einkommen verfügten; mit dieser Regelung hatte sich der Gesetzgeber implizit auch für eine Unterstützung der Familie der Studenten nach dem BSHG entschieden, da dem Ehemann nicht zugemutet werden konnte, auf seinen durch das BAföG eingeräumten Rechtsanspruch zu verzichten (DV, Gutachten VI (1978), Nr. 262; für den Studenten gilt aber seit 1. 1. 1982 der § 26, vgl. 6.2.7.3.).

Hilfe zum Lebensunterhalt soll dem Hilfesuchenden oder – um der vom GG und vom BSHG verbrieften Rechtsstellung des Hilfeempfängers besser gerecht zu werden – dem Hilfeberechtigten die *Befriedigung der notwendigen Bedürfnisse des täglichen Lebens i. S. eines sozio-kulturellen Existenzminimums* (vgl. 6.2.2.) gewährleisten. Hier liegt der Unterschied der Hilfe zum Lebensunterhalt zu der Hilfe in besonderen Lebenslagen (§§ 27 ff.), die bestimmten „qualifizierten" Bedarfssituationen begegnen will (vgl. 6.1.1.). Nach § 11 Abs. 1 S. 1 ist Hilfe zum Lebensunterhalt demjenigen zu gewähren, „der seinen notwendigen Lebensunterhalt nicht oder nicht ausreichend aus eigenen Kräften und Mitteln, vor allem aus seinem Einkommen oder Vermögen, beschaffen kann".

Die Vorschrift knüpft an das Vorbild des § 5 RGr. an. Dort hieß es: „Hilfsbedürftig ist, wer den notwendigen Lebensbedarf für sich und seine unterhaltsberechtigten Angehörigen nicht oder nicht ausreichend aus eigenen Kräften und Mitteln beschaffen kann und ihn auch nicht von anderer Seite, insbesondere von Angehörigen erhält".

(2) § 11 Abs. 1 unterscheidet sich allerdings vom früheren § 5 RGr. dadurch, daß nach geltendem Recht *jeder* Hilfeberechtigte, der in *seiner* Person die einzelnen Leistungsvoraussetzungen erfüllt, einen unmittelbaren *individuellen Anspruch* auf Hilfe zum Lebensunterhalt hat; Haushaltsvorstand und unterhaltsabhängige Haushaltsangehörige werden also nicht mehr gemeinsam veranlagt.

Nach § 5 RGr. wurde demgegenüber die Hilfebedürftigkeit auf den Hilfebedürftigen und seine unterhaltsberechtigten Angehörigen zusammen bezogen. Unmittelbare Folge der

Neuregelung ist, daß der Haushaltsvorstand nicht mehr ohne weiteres das Recht hat, die Sozialhilfeleistungen auch für seine volljährigen Angehörigen zu beantragen und in Empfang zu nehmen, sondern dafür einer Vollmacht bedarf.

Hat also das Bestehen einer Unterhaltsverpflichtung keinen Einfluß auf die Beurteilung der Hilfsbedürftigkeit i. S. des § 1, so bleiben doch die *familiären Beziehungen nicht völlig außer Betracht:* Einmal wird das Zusammenleben in einem gemeinsamen Haushalt unabhängig vom Bestehen einer gesetzlichen Unterhaltspflicht insofern berücksichtigt, als dann, wenn ein Hilfesuchender mit *Verwandten oder Verschwägerten* in *Haushaltsgemeinschaft* lebt, *vermutet* wird, daß er von dem Mitglied bzw. den Mitgliedern seiner Haushaltsgemeinschaft Leistungen zum Lebensunterhalt in dem Umfang erhält, wie es nach dessen bzw. deren Einkommen und Vermögen erwartet werden kann (s. §§ 16, vgl. 6.2.7.1. u. 6.2.7.2.). Darüber hinaus wird das Bestehen einer Familien- bzw. Haushaltsgemeinschaft bei der *Bemessung der Regelsätze* berücksichtigt, die für den Haushaltsvorstand und die Haushaltsangehörigen verschieden hoch sind (s. § 2 Regelsatz-VO; vgl. 6.2.3.2.1.). Schließlich sind die Ehegatten, ihre minderjährigen unverheirateten Kinder sowie die Partner einer eheähnlichen Gemeinschaft, wenn sie in einem Haushalt zusammenleben, zu einer *„Bedarfsgemeinschaft"* zusammengeschlossen, auch wenn jeder einzelne Hilfesuchende einen eigenen Anspruch auf Hilfe hat.


Nach Ansicht des Bundesverwaltungsgerichts drückt sich in dem Konzept der Bedarfsgemeinschaft die Erfahrung des täglichen Lebens aus, daß *die eng miteinander Lebenden aus einem Topf wirtschaften,* und es deshalb geboten ist, auch in gewissem Umfang die *Mittel zusammenzufassen,* die den einzelnen Mitgliedern dieser Wirtschafts- und Lebensgemeinschaft zufließen (BVerwG, NDV 1973, 109).
Die Bedeutung des § 11 Abs. 1 S. 2 läßt sich wie folgt veranschaulichen: Leben ein Vater und seine *volljährige* Tochter in einem Haushalt zusammen, so sind bei der Entscheidung über die Hilfe zum Lebensunterhalt für jede der beiden Personen die Einkommens- und Vermögensverhältnisse getrennt in Ansatz zu bringen; verfügt die Tochter über kein eigenes Einkommen oder Vermögen und erhält sie auch keine ausreichenden Leistungen von ihrem Vater, so hat sie, unabhängig von der Einkommenslage des Vaters, Anspruch auf Hilfe zum Lebensunterhalt; ist der Vater nach den einschlägigen bürgerlich-rechtlichen Vorschriften (§§ 1601 ff. BGB) unterhaltpflichtig, so kann der Sozialhilfeträger zum Ersatz seiner Aufwendungen für die Tochter deren Unterhaltsanspruch gegen ihren Vater nach §§ 90, 91 (vgl. 8.1.2.) auf sich überleiten. Ist die Tochter *minderjährig und unverheiratet,* so sind für die Prüfung der Frage, ob sie Anspruch auf Hilfe zum Lebensunterhalt hat, primär ihr eigenes Einkommen und Vermögen einzusetzen (§ 11 Abs. 1 S. 1); kann ihr Bedarf daraus nicht gedeckt werden, so sind wegen der bestehenden Bedarfsgemeinschaft auch Einkommen und Vermögen ihres Vaters heranzuziehen (§ 11 Abs. 1 S. 2 HS 2), wobei natürlich der eigene Bedarf des Vaters gleichfalls zu berücksichtigen ist. Kommt es darauf an, zu entscheiden, ob der Vater Hilfe zum Lebensunterhalt erhält, so ist allein auf sein Einkommen und Vermögen abzustellen, wie sich aus der Fassung des § 11 Abs. 1 S. 2 HS 2 ergibt; Einkommen und Vermögen der Tochter bleiben hier außer Betracht, allerdings kommen ggf. die §§ 90, 91 zur Anwendung (Gottschick/Giese 1981, § 11 Rz. 8.4.).

Bei der Bedarfsfeststellung von Ehegatten sind mithin *beide* Einkommen und Vermögen, bei der Bedarfsfeststellung minderjähriger unverheirateter Kinder im Haushalt eines oder beider Elternteile das *elterliche* Einkommen und Vermögen zu berücksichtigen.

Kinder i. S. der vorgenannten Vorschriften sind sowohl eheliche als auch nichteheliche Kinder.

(3) § 11 Abs. 2 S. 1 sieht, abweichend von der grundsätzlichen Regelung des § 11 Abs. 1 S. 1 – „echte Sozialhilfe" (Giese) –, vor, daß der Sozialhilfeträger *„in begründeten Fällen"* (z. B. wenn Einkommen und Vermögen erst nach längeren Ermittlungen festgestellt werden können) im Rahmen der „erweiterten Hilfe" auch tätig werden darf, obgleich der notwendige Lebensunterhalt letztendlich aus Einkommen und Vermögen der Hilfesuchenden bestritten werden kann. (Für die Hilfe in besonderen Lebenslagen findet sich in § 29 eine Parallelvorschrift dazu vgl. 6.3.4.3.).

(4) Nach § 11 Abs. 3 kann Hilfe zum Lebensunterhalt auch demjenigen gewährt werden,

„der ein für den notwendigen Lebensunterhalt ausreichendes Einkommen hat, jedoch einzelne für seinen Lebensunterhalt erforderliche Tätigkeiten nicht verrichten kann; von dem Hilfeempfänger kann ein angemessener Kostenbeitrag verlangt werden."

Gedacht ist hier vor allem an Personen, die – ohne völlig hilflos zu sein – einige für den Lebensunterhalt erforderliche Verrichtungen nicht mehr ausüben können (z. B. Einkaufen, Kochen, Körperpflege). Als Hilfe kommt in der Regel die Vermittlung der zur Ausführung dieser Verrichtungen erforderlichen Leistungen in Betracht (z. B. Essen auf Rädern, Beschäftigung einer Hilfe für Einkäufe und Besorgungen, Übernahme der Kosten der Wohnungsreinigung u. a. m). In diesem Falle kann der Sozialhilfeträger von dem Hilfeempfänger einen angemessenen Kostenbeitrag verlangen.

*Beispiel:* Der alleinstehende Rentner R. ist infolge einer Operation für einige Wochen bettlägerig und kann infolgedessen seinen Haushalt nicht mehr versorgen. R. ist „Hilfe zur Weiterführung des Haushalts" ((§ 70; vgl. 6.3.5.10.), nicht Hilfe nach § 11 Abs. 3 gewähren; denn die letztgenannte Vorschrift kommt nur zur Anwendung, wenn „die zu ersetzenden Tätigkeiten für die Lebensführung nur ergänzende Bedeutung" (Knopp/Fichtner 1979, § 11 Rz. 4) haben. § 11 Abs. 3 greift nur in Fällen eines *teilweisen* Funktionsverlustes ein.

## 6.2.2. *Der notwendige Lebensunterhalt*

(1) Was zum *„notwendigen Lebensunterhalt"* i. S. des § 11 Abs. 1 S. 1 gehört, wird vom Gesetz nirgendwo definiert, sondern lediglich in § 12 anhand einzelner Bedarfsgruppen näher erläutert:

„(1) Der notwendige Lebensunterhalt umfaßt besonders Ernährung, Unterkunft, Kleidung, Körperpflege, Hausrat, Heizung und persönliche Bedürfnisse des täglichen Lebens. Zu den persönlichen Bedürfnissen des täglichen Lebens gehören in vertretbarem Umfange auch Beziehungen zur Umwelt und eine Teilnahme am kulturellen Leben.

(2) Bei Kindern und Jugendlichen umfaßt der notwendige Lebensunterhalt auch den besonderen, vor allem den durch das Wachstum bedingten Bedarf."

(2) Auch für den grundlegenden Begriff des *Bedarfs* fehlt es an einer Definition.

Unterschieden werden kann zwischen
— Bedarf i. S. des notwendigen Lebensunterhalts (§§ 12 ff.),
— Bedarf in den besonderen, vom Gesetz genau bezeichneten Lebenslagen (§§ 27 ff.), sowie
— Bedarf i. S. des § 27 Abs. 2, d. h. in anderen besonderen Lebenslagen (vgl. zu dieser Unterscheidung DV, NDV 1961, 247).

(3) Was der notwendige Lebensunterhalt *im einzelnen* umfaßt, „ist nach den Umständen des Einzelfalles unter Berücksichtigung der Verkehrsanschauung" zu beurteilen: es ist mehr als das zum Lebensunterhalt Unerläßliche (vgl. § 25 Abs. 2, § 64 Abs. 2) und mehr als der notdürftige Unterhalt i. S. des § 1611 Abs. 1 BGB, jedoch weniger als der angemessene Unterhalt (§ 1610 Abs. 1 BGB). Am nächsten kommt dem Begriff des notwendigen Lebensunterhalts wohl der entsprechende Begriff in § 850 d ZPO (Knopp/Fichtner 1979, § 12 Rz. 1; s. ferner Petersen 1972).

Aus der Formulierung „besonders" in § 12 Abs. 1 S. 1 ergibt sich, daß diese Vorschrift die einzelnen Bedürfnisse nicht abschließend aufzählen will, sondern auch andere und weitere Bedürfnisse berücksichtigt werden können: Maßstab ist auch hier letztlich der in § 1 Abs. 2 S. 1 verankerte Grundsatz, daß es Aufgabe der Sozialhilfe ist, dem Empfänger der Hilfe die Führung eines menschenwürdigen Lebens zu ermöglichen:

„Der Begriff des menschenwürdigen Lebens läßt sich nicht allein als eine Formel für das physiologisch Notwendige umschreiben. Zugleich wird auf die jeweils herrschenden Lebensgewohnheiten und Erfahrungen verwiesen. Ähnlich wie bei der Festlegung der Regelsätze ist deshalb und zugleich mit Rücksicht auf die Tatsache, daß nicht alle den Bedarf bestimmenden Faktoren genau feststellbar sind, davon auszugehen, daß auch bei der Bestimmung des notwendigen Heizungsbedarfs gewisse Toleranzen mit dem Begriff des notwendigen Lebensunterhalts vorgegeben sind und insoweit lediglich geprüft werden kann, ob mit gehöriger Sorgfalt verfahren worden ist. ... Wegen des Gebots der Individualisierung der Hilfe (§ 3 Abs. 1 BSHG) wäre es allerings rechtsfehlerhaft, wenn die Feuerungsbeihilfe durchweg ohne Rücksicht auf die Verhältnisse des Einzelfalles allein nach pauschalierenden Merkmalen festgelegt würde. Zu Recht weist das Berufungsgericht auf verschiedene, den Bedarf recht erheblich beeinflussende Zustände hin: Größe des Haushalts und der Wohnung, Gesundheitszustand und Alter der Hilfesuchenden. Diese Aufzählung ist nicht abschließend. ... Indessen kann auch hinsichtlich dieser im einzelnen Falle zu ermittelnden Umstände nicht ein bestimmter Betrag zur Deckung des Bedarfes erwartet werden. Auch hier kann letztlich nur die sorgfältige Beobachtung des einzelnen

Falles, notfalls unter Heranziehung – zur Beurteilung einzelner Bedürfnisse – sachkundiger Personen (Arzt, Heizungsfachmann usw.) entscheidend sein" (BVerwGE 35, 178 ff., 180–182).

Das vorstehende Zitat erläutert sehr anschaulich, nach welchen Rechtsgrundsätzen der Bedarf auch nach Ansicht der höchstrichterlichen Rechtsprechung ermittelt werden muß.

*Bedarf* ist mithin eine *Sammelbezeichnung* für die sozialen Leistungen, die einem Hilfeberechtigten nach dem BSHG zustehen; er wird durch die Ausgestaltung der Sozialhilfe im Einzelfall konkretisiert (vgl. DV, NDV 1961, 247); Regelbedarf und Mehrbedarf bezeichnen dabei die Leistungen, die im Rahmen der Hilfe zum Lebensunterhalt gewährt werden.

(4) Letztendlich muß „die Hilfe so bemessen sein, daß die Menschenwürde des Hilfeempfängers keinen Schaden nimmt" (BVerwGE 36, 256 ff, 258; vgl. auch 2.4). Dazu gehört auch die Wahrung des „status socialis", d. h. die Teilnahme am Leben in der Gemeinschaft, wie sie § 12 Abs. 1 S. 2 „in vertretbarem Umfange" gewährleistet.

(5) Die Hilfe zum Lebensunterhalt bezweckt also, das sog. *konventionelle Existenzminimum* zu gewährleisten, d. h. dasjenige Minimum an Bedürfnisbefriedigung, das nach Anschauung der Gesellschaft für eine menschenwürdige Existenz erforderlich ist einschließlich der Kosten der Partizipation an einem sozialen System (Klanberg 1980, 262).

*Beispiel* (BVerwG, ZfS 1981, 342 ff.): Der Umstand, daß ein Kraftfahrzeug heutzutage ein übliches Mittel zur Fortbewegung ist, besagt nicht, daß es zugleich eine von der Menschenwürde her gebotene Notwendigkeit darstellt. Der notwendige Lebensunterhalt umfaßt mithin nicht den Aufwand für das Halten eines Kraftfahrzeugs.

Das sozialhilferechtliche und das steuerrechtliche „Existenzminimum" stimmen übrigens nicht überein. Das führt zu dem „skurilen Ergebnis" (Frank 1980, 37), daß jemand, der Hilfe zum Lebensunterhalt benötigt, unter Umständen trotzdem Lohnsteuer zahlen muß mit der Folge, daß de facto die Sozialhilfe, die auf das Nettoeinkommen abstellt, diese Steuern zahlt. Denn das Steuerrecht läßt nur solche Einkünfte grundsätzlich steuerfrei, die innerhalb des Grundfreibetrages liegen, der z.B. für 1981 4 212 DM für Alleinstehende bzw. 8 424 DM für Ehegatten betrug.

*Beispiel:* (Frank 1980, 38): Eine ledige Mutter mit 2 Kindern, die auf Hilfe zum Lebensunterhalt angewiesen sind (die Väter sind unbekannt) und die monatlich 200 DM Miete zahlt sowie ca. 100 DM für einmalige Lebensbedürfnisse benötigt, hat einen Bedarf von rd. 11 600 DM. Sie erhält Kindergeld von insgesamt 1 800 DM jährlich. Ihr Brutto-Arbeitsverdienst beträgt DM 800, ihr Netto-Verdienst 756, 10 DM (Sozialversicherungsbeiträge, die von der Sozialhilfe als Kürzung anerkannt werden, bleiben außer Betracht.) In diesem Fall – 1980 – sind rd. 500 DM Lohnsteuer an das Finanzamt abzuführen und die Sozialhilfe hat diesen Betrag als Mehrleistung zu erbringen.

Frank weist zu Recht darauf hin, daß hier Armut besteuert werde, was auch der seit 1981 wieder eingeführte Kinderfreibetrag nicht verhindere.

### 6.2.3. Die laufenden Leistungen zum Lebensunterhalt in Gestalt der Regelsätze

### 6.2.3.1. Die Natur und der Gegenstand der Regelsätze

(1) Nach Maßgabe des § 22 Abs. 1 BSHG werden *laufende Leistungen* zum Lebensunterhalt außerhalb von Anstalten, Heimen und gleichartigen Einrichtungen nach sog. *Regelsätzen* gewährt. Die Leistungsbemessung erfolgt lediglich dann abweichend von diesen Regelsätzen, wenn „dies nach der Besonderheit des Einzelfalles" geboten ist.

Zuständig für die Festsetzung der *Höhe* der Regelsätze sind die *Länder* (§ 22 Abs. 3)

Nach § 3 Abs. 3 der Verordnung zur Durchführung des § 22 des Bundessozialhilfegesetzes (Regelsatzverordnung) v. 20. 7. 1962 (BGBl. I, S. 515) i. d. F. der VO v. 10. 5. 1971 (BGBl. I, S. 451) werden in der Regel die laufenden Leistungen zum Lebensunterhalt abweichend von den Regelsätzen in Höhe der tatsächlichen Kosten der Unterbringung gewährt, sofern diese einen angemessenen Umfang nicht übersteigen, wenn ein Hilfeempfänger in einer anderen Familie oder bei anderen Personen als bei seinen Eltern oder einem Elternteil untergebracht wird. Diese Regelung betrifft insbesondere Kinder, Jugendliche oder alte und pflegebedürftige Menschen; bezweckt wird, die Leistungen zum Lebensunterhalt an die Lebenshaltung der anderen Personen, in deren Haushalt der Hilfebedürftige untergebracht ist, anpassen zu können und auf diese Weise durch die Höhe der Leistungen einen Anreiz zur Aufnahme von Pfleglingen in eine Pflegefamilie zu schaffen (Petersen 1972, 12). Ein weiterer Fall, in dem die „offene Hilfe" (d. h. die außerhalb von Anstalten, Heimen und gleichartigen Einrichtungen gewährte laufende Hilfe zum Lebensunterhalt) abweichend von den Regelsätzen festgesetzt wird, ist dann gegeben, wenn nach § 25 Abs. 2 unter den dort bezeichneten Voraussetzungen die Hilfe „bis auf das zum Lebensunterhalt Unerläßliche" eingeschränkt wird (vgl. 6.2.8.4.). Diese Möglichkeit besteht gegenüber Hilfesuchenden, die ihr Einkommen oder Vermögen in der Absicht gemindert haben, die Voraussetzungen für die Gewährung der Hilfe herbeizuführen, sowie gegenüber Hilfeempfängern, die trotz Belehrung ihr unwirtschaftliches Verhalten fortsetzen oder ihr Arbeitsverhältnis von sich aus gelöst oder schuldhaft verloren haben oder sich weigern, an einer Maßnahme zur beruflichen Ausbildung, Fortbildung oder Umschulung teilzunehmen (Petersen 1972, 12; vgl. zu Einzelheiten 6.2.8.4.).

(2) Der Begriff „Regelsätze", der an die Stelle des Ausdrucks „Richtsätze" getreten ist, der früher in der öffentlichen Fürsorge verwandt wurde (zur historischen Entwicklung Hofmann/Leibfried 1980; Leibfried 1981 b), soll den Sachverhalt kennzeichnen, daß in gleich gelagerten Fällen, d. h. in Fällen, in denen der Regelbedarf besteht, einheitliche und das heißt insbesondere *gleich hohe* Leistungen gewährt werden. Wegen dieser Beschränkung der Anwendbarkeit der Regelsätze auf „*Regelfälle*" wird die Frage, ob durch diese Regelsätze der Grundsatz der Individualisierung, eines der Grundprinzipien der Sozialhilfe (vgl. 4.5.) eingeschränkt wird, zum Teil verneint (Petersen 1972, 17). In diesem Zusammenhang wird darauf hingewiesen, daß die Leistungen, wie bereits erwähnt, *abweichend* von den Regelsätzen zu bemessen sind, „soweit dies nach der Besonderheit des Einzelfalles geboten ist" (§ 22 Abs. 1 S. 2). Diese Ausnahmeregelung verpflichtet

dazu, höhere oder geringere Leistungen zu gewähren, als es die Regelsätze vorsehen, wenn der Bedarf des Hilfeempfängers vom Regelbedarf abweicht.

Beispiele für einen solchen abweichenden Bedarf sind etwa das Angewiesensein auf fremde Hilfe, ein aufgrund der körperlichen Konstitution erhöhter Ernährungsbedarf, sowie die typisierten Voraussetzungen, an die § 23 die Anerkennung eines Mehrbedarfs knüpft (vgl. 6.2.3.4.).

(3) Ein Abweichen von den Regelsätzen wegen der Besonderheit des Einzelfalles ist naturgemäß nach oben oder nach unten möglich. Die *zweite* Möglichkeit ist, abgesehen von dem im Gesetz ausdrücklich erwähnten Fällen, aus verfassungsrechtlichen Gründen, die ein Unterschreiten des zur Gewährleistung des Existenzminimums Erforderlichen verbieten (vgl. 2.4.), *kaum denkbar.*

Knopp/Fichtner (1979, § 22 Rz. 4) halten ein Abweichen von den Regelleistungen nach unten nur ausnahmsweise für zulässig, „wenn z. B. durch die gesetzlichen Mehrbedarfszuschläge (§ 41 Abs. 2, 53 Abs. 2) bei befristeter Hilfe Einkommen erreicht werden, die nach dem Ende der Hilfe nicht wieder erreicht werden können, so daß die Höhe der Leistungen ein Anreiz für ihren möglichst langen Bezug gibt", d. h. wenn m. a. W. durch die Höhe der Sozialhilfeleistung der Arbeitsanreiz geschwächt werden könnte. Allerdings sind an der Zulässigkeit des Abweichens von den Regelleistungen auch für diesen Ausnahmefall Zweifel erlaubt, weil die gesetzlichen Mehrbedarfsfälle Situationen eines erhöhten Regelbedarfs sind, der dann wohl auch ein verfassungsrechtlich garantiertes „erhöhtes" sozio-kulturelles Existenzminimum indiziert. Der an Art. 1 GG anknüpfenden Aufgabe des BSHG, „dem Empfänger der Hilfe die Führung eines Lebens zu ermöglichen, das der Würde des Menschen entspricht" (§ 1 Abs. 2 S. 1) würde es angesichts der ohnehin knapp bemessenen Regelsätze widersprechen, über die vom Gesetz ausdrücklich erfaßten Fälle hinaus „nach unten" abzuweichen (so zu Recht Krüger 1965, 98). Insofern ist die Individualisierung „nach unten" aus Rechtsgründen eingeschränkt, sind, vorbehaltlich der Fälle von „Arbeitsscheu" und „unwirtschaftlichem Verhalten", d. h. der gesetzlich normierten Ausnahmen (die im übrigen u. E. auch eng auszulegen sind; vgl. 6.2.8.4.) die Regelsätze zugleich als Mindestsätze anzusehen (vgl. auch 2.4.).

Auch das Individualisieren „nach oben" ist praktisch eingeschränkt, da das Gesetz die wichtigsten in Betracht kommenden Fälle in den Vorschriften über den Mehrbedarf regelt (vgl. 6.2.3.4.).

Das bedeutet, daß zumindest im Bereich der *monetären* Leistungen der Individualisierungsgrundsatz (§ 3 Abs. 1: „Art, Form Maß der Sozialhilfe richten sich nach der Besonderheit des Einzelfalles, vor allem nach der Person des Hilfeempfängers, der Art seines Bedarfs und den örtlichen Verhältnissen"; vgl. 4.5.) *erheblich durchbrochen* worden ist. Hauptgrund für diese Durchbrechung des Individualisierungsgrundsatzes ist die Notwendigkeit, die mit der Sozialhilfegewährung verbundenen *Verwaltungsabläufe zu schematisieren,* mithin ein technisches Erfordernis. Hinzu kommt, daß das „Anti-Schematisierungs-Postulat" (Giese) des § 3 Abs. 1 nicht so verstanden werden kann, daß die subjektive Befindlichkeit des einzelnen Hilfeempfängers darüber entscheidet, welches Maß an Hilfe erforderlich ist, ihm „die Führung eines Lebens zu ermöglichen, das der Würde des Menschen entspricht" (§ 1 Abs. 2). Der „anderweitig nicht gedeckte

Bedarf" (vgl. § 2 Abs. 1). muß *letztlich in Form gesellschaftlich akzeptierter Mindeststandards* definiert werden, weil dem Anspruch auf solidarische Hilfe der Gemeinschaft Grenzen zu setzen sind (Schäfer 1976, 157; vgl. auch 1.3., 4.5.2.).

In diesem Zusammenhang ist bereits an anderer Stelle (vgl. 6.2.2.(3)) darauf hingewiesen worden, daß der erwähnte Mindeststandard, welcher der Menschenwürde entspricht, nicht absolut, sondern nur im jeweiligen historischen und gesellschaftlichen Rahmen festzulegen ist: Schäfer (1976, 158) weist zu Recht darauf hin, daß die Festlegung von Abgrenzungen zwischen Bedürftigkeit und Nicht-Bedürftigkeit immer eine gesellschaftlich bedingte Aussage ist, die deswegen eigentlich auch nicht ein kognitives, sondern ein dezisionistisches, d. h. ein Wertungs- und Entscheidungsproblem ist.

(4) § 22 Abs. 2 ermächtigt den Bundesminister für Jugend, Familie und Gesundheit, im Einvernehmen mit dem Bundesminister für Arbeit und Sozialordnung und dem Bundesminister der Finanzen durch Rechtsverordnung mit Zustimmung des Bundesrates Vorschriften über Inhalt und Aufbau der Regelsätze zu erlassen; die Rechtsverordnung kann einzelne laufende Leistungen von der Gewährung nach Regelsätzen ausnehmen und über ihre Gestaltung Näheres bestimmen. Von dieser Ermächtigung ist durch Erlaß der „Verordnung zur Durchführung des § 22 des Bundessozialhilfegesetzes (Regelsatzverordnung)" v. 20. 7. 1962 Gebrauch gemacht worden (vgl. 2.6.2.).

(5) Diese Regelsatz-VO stimmt weitgehend mit dem früheren § 11 a S. 2 RGr. überein: „Der Bundesminister des Inneren kann im Einvernehmen mit dem Bundesminister der Finanzen und dem Bundesminister für Arbeit mit Zustimmung des Bundesrates Verwaltungsvorschriften über den Aufbau der Richtsätze einschließlich der Beihilfen für Unterkunft und über ihr Verhältnis zum Arbeitseinkommen erlassen". Allerdings ist an die Stelle der früheren „Verwaltungsvorschriften" nunmehr das Erfordernis einer „Rechtsverordnung", mithin eines materiellen Gesetzes getreten. Dadurch wird die Sozialhilfeadministration strenger, als das bei Verwaltungsvorschriften der Fall ist, an das formelle, d. h. vom Parlament erlassene Gesetz gebunden. Das Grundgesetz verlangt in Art. 80 Abs. 1 S. 2, daß Inhalt, Zweck und Ausmaß der der Bundesregierung, einem Bundesminister oder den Landesregierungen durch Gesetz erteilten Rechtsetzungsbefugnis im Gesetz selbst bestimmt werden; dies bedeutet gegenüber dem früheren Rechtszustand, daß die Verantwortung des Parlaments für die Festsetzung und Bemessung der laufenden Leistungen zum Lebensunterhalt gestärkt worden ist, mithin der exekutivische Charakter der Sozialhilfe zurückgedrängt worden ist.

(6) *Inhaltlich* beruht die Verordnung auf Untersuchungen des Arbeitskreises „Aufbau der Regelsätze" des *Deutschen Vereins für öffentliche und private Fürsorge*, die zur Erstellung eines *Warenkorbes* geführt haben, der die Fortschreibung bzw. Aktualisierung eines entsprechenden Bedarfsschemas aus dem Jahre 1955 darstellt (vgl. DV, NDV 1962, 59 ff.) und zwischenzeitlich überarbeitet worden ist (vgl. Petersen 1972; krit. Werkentin 1974, Hofmann 1980 und 1980 a; jüngst Galperin 1981).

Das *Verfahren* bei der Aufstellung und die *Zusammensetzung* des Warenkorbs sind vom Deutschen Verein veröffentlicht worden (vgl. Petersen 1972; es handelt sich allerdings nur um einen Teil des umfangreichen Materials). Die Lektüre dieser Publikation ist dringend jedem zu empfehlen, der sich mit der Problematik der Sozialhilfe und der Bestimmung des sozialhilferechtlichen Existenzminimums befassen will. Um einen Eindruck zu vermitteln, sollen hier nur einige „Posten" der sog. Bedarfsgruppen des Warenkorbs genannt werden, die dem Sozialhilfeempfänger zugestanden werden:

— In der Bedarfsgruppe *„Ernährung"* für Erwachsene (monatlich): 2385 g Schwarzbrot, 640 g Weizenmehl, 6100 g Kartoffel, 100 g Spinat, 410 g Zwiebeln, 160 g Zitronen, 40 g Erdnüsse, 225 g Schweinebraten, 70 g Kalbfleisch, 90 g Salami, 570 g Butter u. a. m.;

— in der Bedarfsgruppe *„Kochfeuerung und Beleuchtung (ohne Heizung) sowie weiterer elektrischer Aufwand"* für den alleinstehenden Haushaltsvorstand (monatlich): 18 cbm Gasverbrauch für Kochfeuerung und 16 kWh Stromverbrauch für Beleuchtung und den Betrieb elektrischer Geräte (Hofmann 1980 hat errechnet, daß man damit z. B. täglich 20 Minuten Licht, 1 Stunde Kühlschrank und 30 Minuten Radio bestreiten könnte);

— in der Bedarfsgruppe *„Instandhaltung von Schuhen, Kleidung und Wäsche sowie kleinere Instandsetzungen von Hausrat, Neubeschaffung von Wäsche und von Hausrat von geringem Anschaffungswert"* (für den alleinstehenden Haushaltsvorstand): jährlich 1 Oberhemd, einmal Schuhe Besohlen, vierteljährlich 1 Paar Socken u. a. m.;

— in der Bedarfsgruppe *„Körperpflege und Reinigung"* (für den alleinstehenden Haushaltsvorstand): monatlich 60 g Seife und 50 g Zahncreme, einmal im Monat Haarschneiden, sonstiges zur Körperpflege („z. B. Hansaplast oder Hustenbonbons", Petersen 1972, 42) u. a. m.;

— in der Bedarfsgruppe *„persönliche Bedürfnisse des täglichen Lebens"* (für den alleinstehenden Haushaltsvorstand) monatlich: 5 Blatt Briefpapier, 4 Briefmarken, Abonnement einer Zeitung, 50 g Tabak, 300 g Kaffee, 6 Straßenbahnfahrkarten, 1/2 Kinokarte, 1 Taschenbuch (als „Abgeltung von sonstigen kulturellen Bedürfnissen", Petersen 1972, 45), 3 Flaschen Bier („für die Bewirtung eines Gastes", Petersen 1972, 45), eine Eisenbahnrückfahrkarte (30 km) u. a. m.

Die auf der Grundlage dieses Warenkorbs errechneten *Lebenshaltungskosten* dienen dann als Grundlage für die Festsetzung der Höhe des Regelsatzes.

(7) Die Bedeutung der Regelsätze und der Untersuchungen, auf denen sie basieren, d. h. der *Warenkörbe*, liegt darin, daß sie quantitativ und qualitativ das Sozialhilfeniveau und damit in der Praxis auch die sog. Armutsgrenze (vgl. 1.3.) bestimmen: Die Regelsatz-Warenkorb-Struktur ist damit einer der entscheidenden Parameter für die sozio-ökonomische Lage der Armutsbevölkerung der Bundesrepublik Deutschland (Hofmann/Leibfried 1980, 415). Hofmann/Leibfried üben mit Rücksicht auf die große praktische Bedeutung der Warenkorb-Festsetzung scharfe Kritik daran, daß diese wichtigen Berechnungsgrundlagen nicht durch Gesetz oder im Verordnungswege festgelegt, sondern vom *Deutschen Verein für öffentliche und private Fürsorge*, einer Art „Koordinationskartell" der gesamten öffentlichen und privaten Wohlfahrtspflege, errichtet in der Rechtsform eines privaten Vereins, ausgeführt würden (a. a. O., S. 5). Sie bemängeln insbesondere, daß der zuständige Arbeitskreis des Deutschen Vereins zwar einen Warenkorb erstellt habe, der erklärtermaßen über dem Existenzminimum zu liegen hatte, ohne sich auch Vorstellungen über Inhalt und Umfang dieses Existenzminimums zu machen (a. a. O., S. 7). Massive Kritik an den Regelsätzen, u. a. fußend auf einem Versuch, unter Warenkorb-Bedingungen zu leben („Fuldaer Warenkorb-Experiment"), übt auch Stahlmann (1980), der vom „Strafcharakter

der Sozialhilferegelsätze" spricht, den er in der der Sozialhilfe innewohnenden, „auf dem Schuldprinzip beruhenden individuellen Zurechnung der Notsituation" verankert sieht (S. 39).
Differenziert zu dieser Problematik jüngst Stolleis 1981, der auch auf die Risiken des politischen Willensbildungsprozesses hinweist, die eine Verlagerung der Kompetenz zur Festlegung der Regelsätze von der Exekutive auf das Parlament in sich birgt.
Zu den Vorstellungen des Deutschen Vereins und seiner Erwiderung auf diese Kritik vgl. NDV 1980, S. 397 ff.

(8) Gegen diese „ökonomistische" Definition des Existenzminimums, wie sie letztlich dem Warenkorb-Konzept zugrunde liegt, läßt sich einwenden, daß dabei eine Konzentration auf käufliche Marktgüter stattfindet, wobei dann andere gleichfalls wichtige menschliche Bedürfnisse, die nicht durch Marktgüter zu befriedigen sind, deren Befriedigung jedoch auch Voraussetzung einer menschenwürdigen Existenz ist, tendenziell zu kurz kommen (vgl. Scherl 1978, 86). Was den „Warenkorb" als solchen angeht, so legt er Preise zugrunde, zu denen Sozialhilfeempfänger die Waren häufig wegen geschäftlicher Unbeholfenheit, fehlender Marktkenntnis und mangelnder Mobilität (z. B. Beschränkung auf Einkaufsmöglichkeiten in ihrem Wohngebiet) nicht erstehen können, weil sie dafür mehr zahlen müssen als andere Verbraucher. Auch kaufen Sozialhilfeempfänger oft billigere, kurzlebigere Waren von häufig minderer Qualität mit der Folge, daß sie im Einzelfall teurer einkaufen als notwendig. (In der angelsächsischen Literatur wird dieser Aspekt unter der Fragestellung „Why the poor pay more" diskutiert; vgl. Williams (ed.) 1977).

Zu beachten ist, daß ein bestimmtes Begehren möglicherweise nicht als zum „notwendigen Lebensunterhalt" gehörig anzusehen ist, wohl aber Gegenstand einer „Hilfe in besonderer Lebenslage" sein kann:
So hat das Bundesverwaltungsgericht im Jahre 1975 es abgelehnt, ein Fernsehgerät unter dem Aspekt „persönliche Bedürfnisse" im Sinne der Pflege der Beziehungen zur Umwelt und der Teilnahme am kulturellen Leben zum notwendigen Lebensunterhalt nach § 12 Abs. 1 zu zählen, es aber für möglich gehalten, daß dem Antragsteller im Rahmen der Tuberkulosehilfe, die er gleichfalls beanspruchen konnte, ein gebrauchtes, aber gebrauchsfähiges Fernsehgerät zur Verfügung gestellt wird (BVerwG, NDV 1975, 350 f; vgl. dazu auch Schulte/Trenk-Hinterberger, 1979 c und unten 14.).

Der Umstand, daß der Bemessung der Leistungen der „Hilfe zum Lebensunterhalt" ein „Warenkorb" zugrunde liegt, der sich am Verbrauch eines spezifischen Haushaltstyps orientiert, zeigt, daß das Sozialhilferecht das „soziokulturelle Existenzminimum" verbrauchsbezogen, nicht einkommensbezogen bestimmt.

Die oben (1.3.) beschriebenen unterschiedlichen Konzepte für die Messung von Armut haben deshalb für die Sozialhilfe nur eine sehr begrenzte Bedeutung (zu der Alternative Verbrauchsorientierung versus Einkommensbezogenheit der Gundsicherung s. Klanberg 1980; zu der „einkommensbezogenen" Variante der Fürsorge vgl. das unten 10.4. erwähnte niederländische Beispiel).

### 6.2.3.2. Der Inhalt der Regelsätze im einzelnen

(1) Die Regelsätze werden der Höhe nach zum Teil von den Regierungen der Bundesländer, zum Teil auch aufgrund der landesrechtlichen Ausführungsgesetze zum BSHG (vgl. 3.6.) von den örtlichen Sozialhilfeträgern im Rahmen bestimmter, landesrechtlich vorgeschriebener Mindest- bzw. Höchstregelsätze bestimmt. Ein Überblick über die Entwicklung der Höhe der Regelsätze zeigt, daß sie einander mehr und mehr annähern und die Berücksichtigung eventueller regionaler Unterschiede in den Lebenshaltungskosten in zunehmendem Maße an Bedeutung verliert.

Nach § 1 Regelsatz-VO umfassen die Regelsätze „die laufenden Leistungen für Ernährung, Kochfeuerung, Beschaffung von Wäsche von geringem Anschaffungswert, Instandhaltung von Kleidung, Wäsche und Schuhen in kleinerem Umfang, Körperpflege, Beschaffung von Hausrat in geringem Anschaffungswert, kleinere Instandsetzungen von Hausrat, Beleuchtung, Betrieb elektrischer Geräte, Reinigung und persönliche Bedürfnisse des täglichen Lebens" (§ 1 Abs. 1). Laufende Leistungen der im vorstehenden Absatz 1 bezeichneten Art sind nach Regelsätzen zu gewähren, so weit nicht das BSHG und die Regelsatz-VO anderes bestimmen. Die Möglichkeit dazu sieht § 22 Abs. 2 HS 2 vor, wenn es dort heißt: „Die Rechtsverordnung kann einzelne laufende Leistungen von der Gewährung nach Regelsätzen ausnehmen und über ihre Gestaltung Näheres bestimmen".

In § 3 Regelsatz-VO ist von dieser Ausnahmemöglichkeit insoweit Gebrauch gemacht worden, als laufende Leistungen für *Unterkunft, Heizung und Unterbringung* in Höhe der *tatsächlichen Aufwendungen bzw. Kosten* gewährt werden, wenn sie einen angemessenen Umfang nicht überschreiten. Der *Grund* für diese Regelung besteht darin, daß die genannten Kosten *unterschiedlich hoch* sind und deshalb auch bei einer Berücksichtigung dieser Faktoren in den Regelsätzen doch jeweils hätten gesondert festgestellt werden müssen; deshalb erschien es zweckmäßiger, sie von vornherein außerhalb der Regelsätze zu belassen (Petersen 1972, 24 f.).

Von der Gewährung nach Regelsätzen ausgenommen sind ferner Leistungen für die Neubeschaffung von Kleidung, Wäsche, Schuhe und Hausrat sowie für deren Instandsetzung, da der Bedarf der Hilfeberechtigten insofern unterschiedlich ist, sich beispielsweise nach der Dauer des Bezuges der Hilfe zum Lebensunterhalt richtet. (Hilfeempfänger, die bereits seit längerer Zeit laufende Hilfe zum Lebensunterhalt erhalten, werden in der Regel einen höheren Bedarf an neu zu beschaffender Kleidung u. a. haben als solche Hilfeberechtigte, die erst seit kurzer Zeit laufende Hilfe zum Lebensunterhalt beziehen, da bei ihnen in der Mehrzahl der Fälle noch ein gewisser Bestand vorhanden sein wird.)

Kritisch ist zu dieser Regelung anzumerken, daß die Herausnahme der Kosten für Neuanschaffungen der vorstehenden Art dazu führt, daß die Möglichkeit des Sozialhilfeempfängers, mit den ihm als Hilfe zum Lebensunterhalt gewährten Leistungen frei zu wirtschaften (i. S. der Dispositionsmöglichkeit über das „Ob" und „Wie" von Anschaffungen), eingeschränkt wird. Der z. T. bereits realisierte Vorschlag, Asylanten in Zukunft in verstärktem

Maße Sozialhilfe in Gestalt von Sachleistungen anstelle von Geldleistungen zu gewähren, zielt deshalb auch auf eine verstärkte Kontrolle dieses Personenkreises ab (vgl. FAZ, Nr. 92 v. 22. 4. 1980).

(2) Das BSHG und die Regelsatz-VO regeln nicht konkret das *Ausmaß des Bedarfs* und den *Umfang* der nach Regelsätzen zu gewährenden *Leistungen.* Lediglich mittelbar ergibt sich aus § 25 Abs. 2, wonach die Hilfe zum Lebensunterhalt nur in bestimmten, eng umgrenzten Ausnahmefällen „auf das zum Lebensunterhalt Unerläßliche" eingeschränkt werden darf, daß mehr als das zur Sicherung eines Existenzminimums unbedingt Erforderliche gewährt werden muß. Maßstab für den nach § 12 BSHG zu gewährenden „notwendigen Lebensunterhalt" (der nach dem Gesagten das „zum Lebensunterhalt Unerläßliche" übersteigt), soll die in § 1 Abs. 2 S. 1 niedergelegte Aufgabe der Sozialhilfe sein, dem Empfänger der Hilfe die Führung eines Lebens zu ermöglichen, das der Würde des Menschen entspricht" (vgl. 2.4.). In der Praxis wird die Frage, welche Lebensführung der Würde des Menschen entspricht, anhand von Untersuchungen über den Lebensstandard beurteilt, der in der Bevölkerung besteht:

Angaben über die Wirtschaftsrechnungen der privaten Haushalte liefern die Erhebungen des Statistischen Bundesamtes, die, insofern den unterschiedlichen Haushaltsgrößen und Haushaltseinkommen Rechnung tragend, verschiedene Haushaltstypen unterscheiden. Für die Zwecke der Bemessung der Regelsätze werden die Lebens- und Verbrauchsgewohnheiten der unteren Verbrauchergruppe zugrunde gelegt, da sie am ehesten dem typischen Haushalt von Sozialhilfeempfängern entsprechen sollen. Die untere Verbrauchergruppe umfaßt ausschließlich kleine Haushalte (Zwei-Personen-Haushalt) und überwiegend ältere Personen; sie kommt deshalb in der Größe der Haushalte weitgehend den nach Regelsätzen unterstützten Hilfeempfängern gleich. Außerdem umfassen die Haushalte dieser Verbrauchergruppe lediglich nicht im Erwerbsleben stehende Personen mit geringem Einkommen, worin sie gleichfalls weitgehend den nach Regelsätzen unterstützten Hilfeempfängern entsprechen, die überwiegend nicht im erwerbsfähigen Alter stehen; zugleich entspricht die untere Verbrauchergruppe damit dem Erfordernis des Verhältnisses der Regelsätze zum Arbeitseinkommen, wie es in § 22 Abs. 3 S. 2 niedergelegt ist. (Nach dieser Vorschrift ist bei der Festsetzung der Regelsätze darauf Bedacht zu nehmen, daß sie zusammen mit den Durchschnittsbeträgen für die Kosten der Unterkunft unter dem im Geltungsbereich der jeweiligen Regelsätze erzielten durchschnittlichen Netto-Arbeitsentgelt unterer Lohngruppen zuzüglich Kindergeld bleiben, es sei denn, die Verpflichtung, den Lebensunterhalt durch die Regelsätze im notwendigen Umfang zu sichern, stehe dem – insbesondere bei größeren Haushaltsgemeinschaften – entgegen; vgl. 6.2.3.2.2.). Ein weiterer Aspekt, der bei der Bemessung der Regelsätze gesondert Berücksichtigung findet, sind ernährungsphysiologische Erkenntnisse über die Anforderungen, die an eine vollwertige Ernährung zu stellen sind (Petersen 1972, 30 ff. eingehend Ardjah 1981 u. Wirths 1981).

(3) Der Schematismus der Regelsätze wird nicht zuletzt mit Rücksicht auf die dadurch eintretende *Verwaltungserleichterung* allgemein akzeptiert, demgegenüber stößt die Pauschalierung des Mehrbedarfs (vgl. 6.2.3.4.) bei allzu fiskalisch argumentierenden Kritikern auf Ablehnung.

144

So heißt es beispielsweise bei Molitor (1977, 311), es „sollte in diesem Teilbereich wieder der Ermessensspielraum des Fürsorgeträgers – und zwar nach unten und oben – in sein Recht gesetzt werden". Hier wird also für einen Teilbereich zugunsten einer Rückkehr zum alten Fürsorgerecht mit allen seinen – nicht zuletzt im Ermessen wurzelnden – Unzulänglichkeiten plädiert und einer Aufweichung des – an sich schon recht beschränkten (vgl. 5.) – Anspruchs auf Sozialhilfe das Wort geredet.

Der Wert eines festen Rechtsanspruchs, der eine Leistung in einer bestimmten Höhe verbrieft, besteht darin, daß er dem Berechtigten eine freie und sichere Stellung gegenüber der gewährenden Verwaltung verleiht. Diese Freiheit ist umso wichtiger, je mehr die Leistung bzw. Hilfe für den Empfänger existenznotwendig ist; die freiheitsverbürgende Funktion des Rechtsanspruchs wiegt umso schwerer, je größer das „Angewiesensein" des Leistungsempfängers auf die Leistung ist (und dieses „Angewiesensein" ist bei der Fürsorge besonders groß). Das Recht vermittelt also zwischen Freiheit und Hilfe und es entkleidet die „Fürsorge" auch der ihr insbesondere früher anhaftenden moralischen Wertungen (vgl. zum „Gedanken der Freiheit durch das Gesetz" W. Bogs 1969; s. auch Hartmann 1979, 663.)

### 6.2.3.2.1. Die Höhe der Regelsätze

(1) Im Bundesdurchschnitt liegt der Regelsatz für die Hilfe zum Lebensunterhalt eines Haushaltsvorstandes, der sog. Eckregelsatz, im Jahre 1982 bei DM 338.

Rückblickend haben sich die Regelsätze wie folgt entwickelt:

| | | | | |
|---|---|---|---|---|
| 1961 | DM 78.– | | 1971 | DM 188.– |
| 1962 | DM 107.– | | 1972 | DM 203.– |
| 1963 | DM 107.– | | 1973 | DM 218.– |
| 1964 | DM 114.– | | 1974 | DM 236.– |
| 1965 | DM 118.– | | 1975 | DM 252.– |
| 1966 | DM 120.– | | 1976 | DM 268.– |
| 1967 | DM 129.– | | 1977 | DM 287.– |
| 1968 | DM 131.– | | 1978 | DM 290.– |
| 1969 | DM 137.– | | 1979 | DM 297.– |
| 1970 | DM 155.– | | 1980 | DM 309.– |
| | | | 1981 | DM 328.– |

(Quelle: Bundesminister für Arbeit und Sozialordnung, Statistisches Taschenbuch 1981: Arbeits- und Sozialstatistik, Bonn 1981)

Die Höhe der Regelsätze in den einzelnen *Bundesländern* ist dem *Schaubild* auf S. 147 zu entnehmen.

Nach § 2 Abs. 1 Regelsatz-VO sind Regelsätze für den *Haushaltsvorstand* und für *sonstige Haushaltsangehörige* festzusetzen. Der Regelsatz für den Haushaltsvorstand (Eckregelsatz) gilt auch für *alleinstehende* Personen. Er hat die in § 1 Regelsatz-VO genannten Leistungen auch insoweit zu umfassen, als diese zur allgemeinen Haushaltsführung gehören (§ 2 Abs. 2 Regelsatz-VO).

Diese nach § 2 Abs. 2 Regelsatz-VO dem Haushaltsvorstand zugebilligten Leistungen der allgemeinen Haushaltsführung beziehen sich auf die Generalunkosten der Haushaltsführung, umfassen also im wesentlichen den nicht teilbaren Aufwand für Energieversorgung, kleinere kulturelle Bedürfnisse (Rundfunk, Fernsehen, Tageszeitung), kleinere allgemeine Instandhaltungskosten sowie Schwund, Verderb und nicht voll ökonomische Wirtschaftsführung (Knopp/Fichtner 1979, § 22 Rz. 7).

*Haushaltsvorstand* ist derjenige, der die Generalunkosten der Haushaltsführung trägt (BVerwGE 15, 306; BVerwG in: NDV 1966, 155).

Der Grundsatz der Gleichberechtigung von Mann und Frau (Art. 3 Abs. 2 GG) verbietet es, den Regelsatz des Haushaltsvorstandes dem Ehemann zuzuweisen und die Ehefrau in jedem Falle als Haushaltsangehörige zu behandeln. Der Regelsatz des Haushaltsvorstandes ist vielmehr dem Haushaltsmitglied zuzubilligen, das tatsächlich die Lasten und Generalunkosten des Haushalts trägt. Bei Ehegatten ist es allerdings nicht erforderlich, im einzelnen zu prüfen, wer tatsächlich die oben genannten Generalunkosten trägt, da beiden Ehegatten gemeinschaftlich der Regelsatz für einen *Haushaltsvorstand und einem* (i. d. R. erwachsenen) *Angehörigen* zusteht (Knopp/Fichtner 1979, § 22 Rz. 8).

Dazu das Bundesverwaltungsgericht: „Beteiligen sich beide Eheleute . . . an diesen Lasten und Generalunkosten, so ist die Differenz zwischen den Richtsätzen für den Haushaltsvorstand und für einen Haushaltsangehörigen je nach der Höhe ihrer Beteiligung unter den Partnern aufzuteilen. Trägt ein Partner die Lasten und Generalunkosten des Haushalts nicht allein, läßt sich auch ein bestimmtes Beteiligungsverhältnis nicht feststellen, so ist schließlich jedem Partner die Hälfte der Differenz zwischen den Richtsätzen zu bewilligen" (BVerwGE 15, 306 ff., 314, zu der dem heutigen § 22 entsprechenden früheren Rechtslage nach den RGr.).

(2) Die Einteilung der Regelsatzgruppen für Haushaltsangehörige in § 2 Abs. 3 Regelsatz-VO beruht gleichfalls auf Untersuchungen des *Deutschen Vereins für öffentliche und private Fürsorge*. Aus dem bereits erwähnten „Warenkorb" (6.2.3.1.) werden Bedarfsunterschiede zwischen Erwachsenen, Jugendlichen und Kindern *unterschiedlicher Lebensaltersgruppen* herausgelesen, die vor allem auf einen *altersmäßig unterschiedlich hohen Ernährungsbedarf* zurückgeführt werden (ob allerdings diese Begründung tragfähig ist, erscheint zweifelhaft). Bei Erwachsenen werden, wie bereits bemerkt, auch noch Bedarfsunterschiede nach der Stellung in der Haushaltsgemeinschaft – Haushaltsvorstand oder sonstiger erwachsener Haushaltsangehöriger – gemacht. An diesen Unterschieden in der Höhe des Bedarfs knüpft dann die Differenzierung der Regelsätze an.

Der Satz für den Haushaltsvorstand, der Eckregelsatz, wird mit 100 % gleichgesetzt; die Regelsätze für die sonstigen Haushaltsangehörigen werden in *Vomhundertsätzen dieses Eckregelsatzes* ausgedrückt (Näheres bei Petersen 1972, 47 ff.; vgl. im übrigen das *Schaubild* auf S. 147):

Die Regelsätze für sonstige Haushaltsangehörige sind nach Maßgabe des § 2 Abs. 3 Regelsatz-VO wie folgt festzusetzen:
1. Für Haushaltsangehörige bis zur Vollendung des 7. Lebensjahres in Höhe von 45 vom Hundert des Regelsatzes des Haushaltsvorstandes,

2. für Haushaltsangehörige vom Beginn des 8. bis zur Vollendung des 11. Lebensjahres in Höhe von 65 vom Hundert des Regelsatzes des Haushaltsvorstandes,
3. für Haushaltsangehörige vom Beginn des 12. bis zur Vollendung des 15. Lebensjahres in Höhe von 75 vom Hundert des Regelsatzes des Haushaltsvorstandes,
4. für Haushaltsangehörige vom Beginn des 16. bis zur Vollendung des 21. Lebensjahres in Höhe von 90 vom Hundert des Regelsatzes des Haushaltsvorstandes,
5. für Haushaltsangehörige vom Beginn des 22. Lebensjahres an in Höhe von 80 vom Hundert des Regelsatzes des Haushaltsvorstandes.

(3) Für die *Bemessung* der Hilfe zum Lebensunterhalt in Form von Regelsätzen kommt es also darauf an,
— ob der Hilfeberechtigte eine *alleinstehende Person* ist (als solche ist er Haushaltsvorstand eines Einpersonen-Haushaltes),
— *Vorstand eines Haushaltes*, dem andere Personen angehören (in diesem Falle steht ihm der Eckregelsatz zu), oder aber ob er *sonstiger Haushaltsangehöriger* ist.

Über die Zuordnung – Eckregelsatz oder Regelsatz für sonstige Haushaltsangehörige – entscheidet die Stellung, die der Hilfeberechtigte tatsächlich im Haushalt einnimmt. Dabei wird nicht auf den Familienstand abgestellt, sondern auf die Haushaltsgemeinschaft: typische Merkmale dafür sind gemeinsames Wohnen, gemeinsame Wirtschaftsführung und gemeinsames Familienleben, wobei eine Haushaltsgemeinschaft sogar dann vorliegen kann, wenn dieses Zusammenleben unter dem Zwang der Verhältnisse und unfreiwillig erfolgt (Schellhorn/Jirasek/Seipp 1981, Rz. 5 zu § 2 Regelsatz-VO).

(4) Nach § 22 Abs. 3 obliegt die Festsetzung der Höhe der Regelsätze den zuständigen *Landesbehörden* oder *den von ihnen bestimmten Stellen.* Sie erfolgt gemäß § 22 Abs. 2 im Rahmen der Regelsatzverordnung, wobei die tatsächlichen Lebenshaltungskosten und örtlichen Unterschiede Berücksichtigung finden sollen.

Die in den einzelnen Bundesländern geltenden Regelungen sind jeweils den Ausführungsgesetzen der Länder zum Bundessozialhilfegesetz zu entnehmen. In Bayern beispielsweise sind die örtlichen Träger für die Festsetzung der Regelsätze zuständig; das Staatsministerium für Arbeit und Sozialordnung bestimmt im Einvernehmen mit dem Staatsministerium des Inneren *Mindestbeträge,* die nicht unterschritten werden dürfen (Art. 16 AGBSHG).

Der Unterschied zwischen dem höchsten und dem niedrigsten Regelsatz betrug im Jahre 1955 mehr als 33 1/3 %; heute macht der Unterschied knapp 6 % aus (NDV 1980, 399).

(5) Die folgende Abbildung zeigt die Regelsätze nach § 22 im Bundesgebiet und in Westberlin für das Jahr 1982 (S. 147).

(6) *Beispiele:*
(1) Ein alleinstehender, 30jähriger Mann, der im Hause seines Onkels wohnt, keine Einkünfte hat und über kein Vermögen verfügt, hat beispielsweise in Siegen (Nordrhein-Westfalen) einen Regelbedarf im Rahmen der Hilfe zum Lebensunterhalt von 338 DM.
(2) Ein Ehepaar mit 1 Kind von 9 Jahren, wohnhaft in Frankfurt/M. (Hessen) hat unter gleichen Voraussetzungen einen Gesamtbedarf von 833 DM (340 DM + 272 DM + 221 DM).
(3) Lebt die Familie im Beispielsfall (2) in einer 3-Zimmer– Altbauwohnung, deren Miete 490 DM beträgt, so erhöht sich ihr Bedarf um diese Kosten der Unterkunft und beläuft sich auf insgesamt 1.323 DM.

Regelsätze nach § 22 BSHG im Bundesgebiet und in Berlin (West)

Stand: 1. Januar 1982

| Bundesland | Haushaltsvorstände und Alleinstehende (Eckregelsatz) | Haushaltsangehörige | | | | |
|---|---|---|---|---|---|---|
| | DM | Bis zur Vollendung des 7. Lebensjahres DM | v. Beginn d. 8. b. z. Vollendg. des 11. Lebensjahres DM | v. Beginn des 12. b. z. Vollendung d. 15. Lebensjahres DM | v. Beginn des 16. b. z. Vollendg. d. 21. Lebensjahres DM | v. Beginn des 22. Lebensjahres an DM |
| Baden-Württemberg | 340,– | 153,– | 221,– | 255,– | 306,– | 272,– |
| Bayern Mindestregelsätze | 328,– | 148,– | 213,– | 246,– | 295,– | 262,– |
| Bremen | 340,– | 153,– | 221,– | 255,– | 306,– | 272,– |
| Hamburg | 344,– | 155,– | 224,– | 258,– | 310,– | 275,– |
| Hessen | 340,– | 153,– | 221,– | 255,– | 306,– | 272,– |
| Niedersachsen | 338,– | 152,– | 219,– | 253,– | 304,– | 270,– |
| Nordrhein-Westfalen | 338,– | 152,– | 220,– | 254,– | 304,– | 270,– |
| Rheinland-Pfalz Höchstbeträge | 340,– | 153,– | 221,– | 255,– | 306,– | 272,– |
| Mindestbeträge | 336,– | 151,– | 218,– | 252,– | 302,– | 269,– |
| Saarland | 336,– | 151,– | 218,– | 252,– | 302,– | 269,– |
| Schleswig-Holstein | 334,– | 150,– | 217,– | 251,– | 301,– | 267,– |
| Berlin (West) | 345,– | 155,– | 224,– | 259,– | 311,– | 276,– |
| Rechnerischer Durchschnitt rd. | 338,– | 152,– | 220,– | 254,– | 304,– | 270,– |

(Die Sätze sind ab 1. 1. 1982 gültig. Der NDV veröffentlicht jeweils zum Jahresbeginn die in den einzelnen Bundesländern geltenden Sätze.)

(4) Lebt der Antragsteller im Beispielsfall (1) nicht im Hause seiner Eltern, sondern zusammen mit seinem Bruder, der über ein mtl. Einkommen von 1.700 DM verfügt, in einer 2-Zimmerwohnung, die 380 DM Warmmiete kostet, so werden diese Mietkosten nur anteilmäßig, nämlich zur Hälfte berücksichtigt (und auch nur, wenn der Bruder nicht mehr als den auf ihn entfallenden Mietanteil übernimmt und die Vermutung des § 16 – Haushaltsgemeinschaft – widerlegt ist). Der Gesamtbedarf des Antragstellers beläuft sich demnach auf 528 DM (338 DM + 190 DM).
(Illustrative Beispiele enthält auch der Darmstädter Sozialhilfeführer, 1982).

### 6.2.3.2.2. Das Verhältnis der Regelsätze zum Arbeitseinkommen

(1) Durch Art. 21 Nr. 6 des 2. HStruktG ist in § 22 Abs. 2 durch Streichung der Worte „sowie über das Verhältnis der Regelsätze zum Arbeitseinkommen" die Ermächtigung des Bundesministers für Jugend, Familie und Gesundheit zum Erlaß von Vorschriften über das Verhältnis der Regelsätze zum Arbeitseinkommen durch Rechtsverordnung aufgehoben worden. Stattdessen ist in § 22 Abs. 3 nach Satz 1 folgende Formulierung eingeführt worden:

„Bei der Festsetzung der Regelsätze ist darauf Bedacht zu nehmen, daß sie zusammen mit den Durchschnittsbeträgen für die Kosten der Unterkunft unter dem im Geltungsbereich der jeweiligen Regelsätze erzielten durchschnittlichen Netto-Arbeitsentgelt unterer Lohngruppen zuzüglich Kindergeld und Wohngeld bleiben, soweit nicht die Verpflichtung, den Lebensunterhalt durch die Regelsätze im notwendigen Umfang zu sichern, bei größeren Haushaltsgemeinschaften dem entgegensteht".

Adressat des neuen § 22 Abs. 3 S. 2 sind – wie dies früher auch für den § 4 Regelsatz-VO galt, der durch die neue Vorschrift ersetzt worden ist – nicht die einzelnen Träger der Sozialhilfe selbst, sondern die für die *Festsetzung der Regelsätze zuständigen Stellen.* Das Verhältnis der Regelsätze zum Arbeitseinkommen darf daher nur bei der Festsetzung der Regelsätze, *nicht* aber auch bei der Festsetzung der Hilfe zum Lebensunterhalt *im Einzelfall* berücksichtigt werden. Durch den Zusatz, „soweit nicht die Verpflichtung, den Lebensunterhalt durch die Regelsätze im notwendigen Umfang zu sichern, insbesondere bei größeren Haushaltsgemeinschaften dem entgegensteht", wird klargestellt, daß eine Überschneidung zwischen Arbeitseinkommen und regelsatzmäßiger Unterstützung, wie sie insbesondere bei kinderreichen Familien vorkommen kann, zulässig ist: Die Sicherstellung des notwendigen Lebensunterhalts soll insofern den Vorrang vor der Einhaltung der angemessenen Relation der Sozialhilfeleistungen zum Arbeitseinkommen der arbeitenden Bevölkerung haben.

Ursache dafür, daß insbesondere bei kinderreichen Familien die Summe der Sozialhilfeleistungen das Arbeitsentgelt übersteigen kann, ist der Umstand, daß das *Arbeitseinkommen* reines *Entgelt für die Arbeitsleistung* ist und die *familiäre* Situation *nicht* berücksichtigt, während die Sozialhilfeleistungen der Zahl der Familienangehörigen Rechnung tragen.

(2) Die Vorschrift des § 22 Abs. 3 S. 2 erhält ihre eigentliche Bedeutung auf dem Hintergrund des Prinzips des Nachrangs der Sozialhilfe (vgl. 4.4.) – hier konkret des Nachrangs gegenüber der Hilfe zur Selbsthilfe durch Einsatz der eigenen

Arbeitskraft. Die Vorschrift beruht wie die frühere des § 4 Regelsatz-VO auf der Überlegung, daß die Leistungen der Sozialhilfe in einem „angemessenen" Verhältnis zum Einkommen der erwerbstätigen Bevölkerung stehen sollen (Schellhorn/Jirasek/Seipp 1981, § 4 Regelsatz-VO Rz. 1).

Diese Formel vom „angemessenen Verhältnis" bedeutet natürlich, daß die Leistungen der Sozialhilfe (als einer Art „Sozialeinkommen") *keine attraktive Alternative* zur eigenen Erwerbstätigkeit sein dürfen. Dahinter verbirgt sich wohl auch die Befürchtung, daß bei Aufgabe des Grundsatzes „Sozialeinkommen dürfen Erwerbseinkommen nicht übersteigen" die „Faulen" auf Kosten der „Fleißigen" leben könnten (vgl. auch BT-Dr. 9/842, 87: „Es muß erstrebenswert bleiben, seinen Lebensunterhalt durch Arbeit sicherzustellen ...").

Seinen klassischen Ausdruck hat dieser Grundsatz in dem Prinzip der *„less eligibility"* gefunden, das die englische Poor Law Commission 1834 wie folgt beschrieben hat: „The first and most essential of all conditions, a principle which we find universally admitted, even by those whose practice is at variance with it, is that his situation on the whole shall not be made really or apparently so eligible as the situation of the independent labourer of the lowest class" (zit. nach Checkland 1974, 335). Danach sollte die öffentliche Armenhilfe unter dem Niveau des niedrigsten Arbeitslohns liegen, um nicht Faulheit und Müßiggang Vorschub zu leisten, („Every penny bestowed that tends to render the condition of the pauper more eligible than that of the independent labourer, is a bounty on indolence and vice".).

Die Regelsätze – bis 1961 Fürsorgerichtsätze – sind im Durchschnitt von 1955–1980 von 55 DM auf 309 DM gestiegen (= 562 %). In diesem Zeitraum erhöhten sich die Lebenshaltungskosten um 216,9 %, die Bruttolöhne um 577 %. Diese Entwicklung zeigt, daß die Regelsätze nur knapp mit den Löhnen Schritt gehalten haben; *die Relation Regelsatz-Lohn ist nicht verbessert worden* (DV, NDV 1980, 410; grundlegend dazu im übrigen Deininger 1981).

In der Praxis wirkt die Respektierung des Abstandes zwischen Höhe der Regelsätze und Netto-Arbeitsentgelt unterer Lohngruppen als *Bremse für eine Verbesserung des Leistungsniveaus der Sozialhilfe*. Angesichts der Zielsetzung der Hilfe zum Lebensunterhalt, das „soziokulturelle Existenzminimum" zu gewährleisten, kann dieser Zustand deswegen nicht befriedigen, weil möglicherweise zur Erhaltung dieses Minimums notwendige Leistungserhöhungen unterbleiben. Die Rücksichtnahme auf die Löhne mag politisch geboten erscheinen (vgl. dazu Gerster 1981, 418 f.), sachgerecht ist sie schon deshalb nicht, weil ja die in Bezug genommenen Löhne selbst nicht notwendigerweise ihren Beziehern das soziokulturelle Existenzminimum garantieren. Tiefgreifende Reformvorschläge, die eine Anbindung der Regelsätze an den gesellschaftlichen Durchschnittslohn – z. B. 80 % desselben – vorsehen (Hofmann/Leibfried 1980), oder die, ähnlich wie es in den USA geschieht, getrennte Bedarfssätze und Leistungssätze an die Stelle der Regelsätze setzen möchten und dann aus der Differenz zwischen (höherem) Bedarfsstandard und (niedrigerem) Zuteilungsstandard, d. h. praktisch aus dem Zurückbleiben des Leistungsniveaus hinter dem anerkannten Bedarf Argumentationshilfen und politische Mobilisierungseffekt in Richtung auf eine Hebung des Leistungsniveaus erwarten (Leibfried 1981 b), können wichtige Denkanstöße geben, haben aber wohl kaum Aussicht auf Verwirklichung. Das gegenwärtig geltende Warenkorbprinzip wird auch in Zukunft beibehalten werden, allerdings ist seine Fortschreibung mittlerweile wohl allgemein als notwendig anerkannt (vgl.

Fichtner 1981 b, 415). Im Rahmen dieser Fortschreibung sollten sowohl die auf dem Tisch liegenden Reformvorschläge als auch ausländische Erfahrungen und Konzepte leidenschaftslos diskutiert werden (ein interessantes Konzept hat beispielsweise Townsend 1979, 247 ff. vorgelegt, der 60 Indikatoren für die Teilhabe am Leben in der Gemeinschaft („indicators of the ‚style of living‘ of the population") entwickelt hat, die differenzierter und präziser erscheinen als alles das, was in der Bundesrepublik Deutschland bislang im Rahmen der Warenkorb-Diskussion erörtert worden ist; dazu auch Leibfried 1981 a, 268 ff.).

### 6.2.3.2.3. Die Erhöhung der Regelsätze

Von großer praktischer Bedeutung für die Zukunft ist die durch Art. 21 2. HStruktG eingeführte neue Vorschrift des § 22 Abs. 4:

„Für die Jahre 1982 und 1983 tritt an die Stelle einer Neufestsetzung der Regelsätze nach Abs. 3 mit Wirkung von 1. Januar 1982 und vom 1. Januar 1983 eine Erhöhung der zu diesen Zeitpunkten geltenden Regelsätze um jeweils drei vom Hundert."

Zu dieser einschneidenden Vorschrift, die bewirkt, daß der Anstieg der Regelsätze in den Jahren 1982 und 1983 deutlich *unter* dem des *Preisniveaus* und dem der *Nettolöhne* und *-gehälter* liegen wird, heißt es in der Begründung des Bundesrates, auf dessen Vorschlag die Neuregelung zurückgeht, lapidar:

„Die Regelsätze werden nach einem im Jahre 1970 aufgestellten Warenkorb ermittelt, der z. T. nicht mehr den Verbrauchergewohnheiten entspricht. Bis zum Inkrafttreten eines neuen Bemessungsschemas soll daher ein fester Vomhundertsatz für die Erhöhung der Regelsätze maßgebend sein." (BT-Dr. 9/842, 87).

Die Änderung des § 22 führt insbesondere dazu, die Befugnisse der Länder bei der Gestaltung der Regelsätze zu erweitern. Im übrigen beruht die Beschneidung des Anstiegs der Regelsätze auf der Überlegung, daß der Anstieg der Sozialhilfeausgaben die kommunalen Haushalte in der Vergangenheit stark belastet hat und eine noch weitergehende Belastung den Gemeinden nicht zugemutet werden soll. Aus diesem Grunde soll die öffentliche Hand die Möglichkeit erhalten, bei der Festsetzung der Regelsätze die Haushaltslage mitzuberücksichtigen. Im übrigen heißt es in der Begr. (BT-Dr. 9/842, 87):

„In Zeiten geringer Lohnzuwächse und steigender Lebenshaltungskosten darf dem nichterwerbstätigen Sozialhilfeempfänger für den Lebensunterhalt nicht mehr zur Verfügung stehen, als einem Berufstätigen. Es muß erstrebenswert bleiben, seinen Lebensunterhalt durch Arbeit sicherzustellen und unabhängig von Sozialhilfe zu leben."
   Ob dieses zuletzt erwähnte Ziel dadurch erreicht werden kann, daß generell für alle Sozialhilfeempfänger die Leistungen beschnitten werden, ist an sich schon höchst fragwürdig. Es kommt hinzu, daß in Zeiten hoher Arbeitslosigkeit das dem Sozialhilfeempfänger angesonnene Streben nach Sicherstellung seines Lebensunterhalts durch Arbeit in vielen Fällen nicht realisierbar ist.

## 6.2.3.3. Die Aufwendungen für Unterkunft und Heizung

Nach § 22 Abs. 2 HS 2 kann die Rechtsverordnung des Bundesministers für Jugend, Familie und Gesundheit über Inhalt und Aufbau der Regelsätze einzelne laufende Leistungen von der Gewährung nach den Regelsätzen ausnehmen. Dies ist hinsichtlich der laufenden Aufwendungen für Unterkunft und Heizung geschehen. Sie werden in Höhe der tatsächlichen Aufwendungen gewährt.

Zu den Kosten der Unterkunft gehören auch die Belastungen, welche ein *Eigenheim* mit sich bringt (z. B. Reparaturkosten u.ä.). Was die *Miete* angeht, so wird in dem Fall, daß die tatsächliche Miete das „vertretbare Maß" übersteigt, diese nur dann voll berücksichtigt, wenn und soweit es unmöglich oder unzumutbar ist, durch bestimmte Maßnahmen die Aufwendungen dafür zu senken. Dementsprechend heißt es in § 3 Regelsatz-VO im Anschluß an den Grundsatz, daß laufende Leistungen für die Unterkunft in Höhe der tatsächlichen Aufwendungen gewährt werden: „Soweit die Aufwendungen für die Unterkunft den der Besonderheit des Einzelfalls angemessenen Umfang übersteigen, sind sie als Bedarf der Personen, deren Einkommen und Vermögen nach § 11 Abs. 1 des Gesetzes zu berücksichtigen sind, so lange anzuerkennen, als es diesen Personen nicht möglich oder zuzumuten ist, durch einen Wohnungswechsel, durch Vermieten oder auf andere Weise, die Aufwendungen zu senken" (§ 3 Abs. 1 Regelsatz-VO). Wegen des gebotenen Schutzes der Wohnung ist die Vorschrift des § 3 Abs. 1 S. 2 „sehr weit auszulegen und nur anzuwenden, wenn ohne jede Härte eine Senkung der Aufwendungen zu erreichen ist" (Knopp/Fichtner 1979, § 22 Rz. 10). Auch hier kommt es auf den Einzelfall an. Handelt es sich um alte oder kranke Menschen und droht andererseits Streit, ein Prozeß oder sogar eine Kündigung, so wird man – jedenfalls solange die Gefahr von unerträglichen Schwierigkeiten besteht – eine Unzumutbarkeit im Sinne des § 3 Abs. 1 der oben genannten Regelsatzverordnung annehmen können. In diesen Fällen wäre daher die Zahlung der tatsächlichen Miete, auch wenn sie über die gesetzlich zulässige Grenze hinausgeht, möglich (Gutachten des DV v. 9. 12. 1964, in: NDV 1964, 78).
In der Praxis sind Anhaltspunkt für die Angemessenheit der Kosten der Unterkunft mancherorts die Höchstbeträge für die Miete und Belastung nach § 8 des WoGG.

Die *Miete* umfaßt die üblichen *Mietnebenkosten*, z. B. Müllabfuhr und Entwässerungsgebühren, Gemeinschaftsbeleuchtung, Untermietzuschläge, Gemeinschaftsantenne, Gebäude-, Fußweg- und Schornsteinreinigung, sonstige Umlagen, Zuschläge für Einbaumöbel, Zählergebühren, Kosten der Hausverwaltung (vgl. Finke 1965, 93 ff.).

Die Leistungen für die Abdeckung der Kosten der Unterkunft sollen das *Unterbringungsbedürfnis* des Hilfeberechtigten befriedigen; es sind jedoch beispielsweise bei der Unterstützung eines freiberuflich tätigen bildenden Künstlers nicht zusätzliche Aufwendungen für einen Atelierraum abzudecken, da mit den Mitteln der Fürsorge lediglich die Beseitigung der Hilfsbedürftigkeit herbeizuführen, nicht aber die künftige Fortsetzung der künstlerischen Tätigkeit sicherzustellen ist (OVG Berlin, in: Soziale Arbeit 1961, 122 f.).

*Die Aufwendungen für Heizung* lassen sich auf dreierlei Weise berücksichtigen, nämlich einmal als *Teil der Aufwendungen für die Unterkunft*, wenn die Heizungskosten durch den Mietzins mitabgegolten sind (sog. warme Miete), ferner als *laufende Leistung bei Hilfe zum Lebensunterhalt* neben den Regelsatzleistun-

152

gen, wenn die Heizungskosten neben der Miete laufend bezahlt werden müssen und auch nicht unangemessen hoch sind, schließlich als *einmalige Beihilfe* (Feuerungsbeihilfe), wenn der Hilfeempfänger selbst für seinen Heizungsbedarf sorgen muß (Knopp/Fichtner 1979, § 22 Rz. 12).

*Einmalige Leistungen für Heizung* kommen also nur in Betracht, wenn der Hilfesuchende

— sich die Brennstoffe selbt beschaffen muß,
— er bei einer zentralbeheizten Wohnung keine laufende Vorauszahlung zu entrichten hat und die Zahlungen nach dem von ihm selbst zu bestimmenden tatsächlichen Verbrauch für seine Wohnung leisten muß, oder wenn
— er bei zentralbeheizten Wohnungen am Ende der Heizperiode eine Nachzahlung erbringen muß.

(Zu der komplizierten Berechnung einmaliger pauschalierter Heizungshilfe vgl. DV 1977, 40 ff.).

### 6.2.3.4. Die Fälle des sog. Mehrbedarfs

(1) In bestimmten Situationen wird Hilfeberechtigten über den Regelbedarf des § 22 hinaus ein sog. *Mehrbedarf* zugebilligt. Nach § 23 Abs. 1 ist ein Mehrbedarf von jetzt *20 %* (bis 31. 12. 1981, d. h. vor Inkrafttreten des 2. HStruktG 30 %) des maßgebenden Regelsatzes anzuerkennen

1. für Personen, die das *65. Lebensjahr vollendet* haben,
2. für Personen *unter 65 Jahren*, die *erwerbsunfähig i.S. der gesetzlichen Rentenversicherung* sind,
3. für *werdende Mütter* vom Beginn des 6. Schwangerschaftsmonats an,
4. für *Tuberkulosekranke* während der Dauer der Heilbehandlung, soweit nicht im Einzelfalle ein abweichender Bedarf besteht.

Für Personen, die mit *zwei oder drei Kindern unter 16 Jahren* zusammenleben und *allein* für deren Pflege und Erziehung sorgen, ist ein Mehrbedarf von 20 v. H. des maßgebenden Regelsatzes anzuerkennen, soweit nicht im Einzelfall ein abweichender Bedarf besteht; bei vier oder mehr Kindern erhöht sich der Mehrbedarf auf 40 v. H. des maßgebenden Regelsatzes. Für Behinderte, die das 15. Lebensjahr vollendet haben und denen Eingliederungshilfe nach § 40 Abs. 1 Nr. 3 bis 5 gewährt wird (vgl. 6.3.5.6.), ist ein Mehrbedarf von 40 v. H. des maßgebenden Regelatzes anzuerkennen, soweit nicht im Einzelfall ein abweichender Bedarf besteht.

(2) Ein Mehrbedarf in *angemessener Höhe* ist anzuerkennen,
1. für *Erwerbstätige*, vor allem für Personen, die trotz beschränkten Leistungsvermögens einem Erwerb nachgehen, sowie
2. für *Kranke, Genesene, Behinderte* oder von einer *Krankheit* oder *Behinderung Bedrohte*, die einer *kostenaufwendigeren Ernährung* bedürfen.

Die Mehrbedarfsregelung für Erwerbstätige bezweckt, Sozialhilfeempfängern einen Anreiz zu geben, sich selber um die Ausübung einer Erwerbstätigkeit zu bemühen (vgl. noch unten (6); zu Einzelheiten vgl. § 23 Abs. 2–5).

Diese Mehrbedarfszuschläge sind ggf. zu kumulieren; allerdings gilt dies nicht für die Fälle des Abs. 3 (Behinderte) und Abs. 1 Nr. 2 (Erwerbsunfähige i. S. der gesetzlichen Rentenversicherung) sowie Abs. 4 Nr. 1 (in ihrem Leistungsvermögen beschränkte Erwerbstätige). Logischerweise kommt auch eine Kumulation nicht in Betracht für die Fälle des § 23 Abs. 1 Nr. 1 (Personen, die das 65. Lebensjahr vollendet haben) und Nr. 2 (Personen, die zwar noch keine 65 Jahre alt sind, jedoch erwerbsunfähig i. S. der gesetzlichen Rentenversicherung sind), da Nr. 2 lediglich die Regelung der Nr. 1 zeitlich vorverlegt.

(3) Die *Kürzung* des generellen Mehrbedarfs von 30 v.H. auf 20 v. H. die auf einen entsprechenden Vorschlag des Bundesrates zurückgeht, wird damit gerechtfertigt, daß „in Anbetracht der stark gestiegenen Regelsätze . . . ein genereller Mehrbedarf von 30 v. H. des maßgeblichen Regelsatzes nicht mehr bedarfsgerecht" erscheint (Begr. in BT-Dr. 9/842, 88). Der Inhalt des Zuschlages sei vielmehr detailliert zu untersuchen, und bis dahin sei es gerechtfertigt, einen Mehrbetrag von 20 v. H. pauschal einzuräumen. Die Neuregelung läßt überdies ein Abweichen von dem pauschalierten Mehrbetrag nicht nur bei höherem, sondern bei jedem abweichenden Bedarf zu, wenn dies nach der Besonderheit des Einzelfalles angezeigt erscheint; damit soll dem Grundsatz weitestmöglicher Individualisierung der Leistung (vgl. 4.5.) stärker als bisher Rechnung getragen werden. Allerdings wird der Sozialhilfeträger das Abweichen vom gesetzlich für den Regelfall vorgesehenen Pauschalsatz im Streitfalle zu begründen haben.

In Anlehnung an eine bereits im Entwurf eines Vierten Gesetzes zur Änderung des BSHG (vgl. 2.6.2.) vorgesehene Regelung wird künftig ein Mehrbedarf für *werdende Mütter* nicht mehr generell, sondern erst vom *Beginn des 6. Schwangerschaftsmonats* an vorgesehen, und zwar aus der nicht überzeugenden Überlegung heraus, „daß regelmäßig erst von diesem Zeitpunkt an höherer Bedarf insbesondere an kostenaufwendigerer Ernährung besteht" (Begr. in BT-Dr. 9/842, 88). Auch hier ist allerdings eine frühere Anerkennung dieses höheren Bedarfs in begründeten Einzelfällen aufgrund des entsprechenden allgemeinen Vorbehaltes in § 22 Abs. 1 S. 2 möglich.

Die Berücksichtigung von *Tuberkulosekranken* in der Mehrbedarfsregelung, die früher nicht vorgesehen war, resultiert daraus, daß bei diesem Personenkreis künftig die Leistungen zum Lebensunterhalt nicht mehr Bestandteil der Hilfe in besonderen Lebenslagen sind; dementsprechend ist in § 48 Abs. 2 die Nr. 3 getrichen worden (vgl. 6.3.5.7.).

Eine *Krankenkostenzulage* wird freilich nur gewährt, wenn nach *ärztlichem* Urteil (in Form einer ärztlichen Bescheinigung) eine die Lebenshaltung wesentlich verteuernde Kost unbedingt erforderlich ist (die Sozialämter verfügen i.d.R. über Listen, in denen die Krankheiten zusammengestellt sind, bei denen nach der überwiegenden ärztlichen Meinung eine Krankenkostenzulage erforderlich bzw.nicht erforderlich ist). Der Deutsche Verein für öffentliche und private Fürsorge hat für verschiedene Krankenkostenzulagen „Warenkörbe" aufgestellt (Empfehlungen zur Gewährung von Krankenkostenzulagen in der Sozialhilfe, 1974). So sind z. B. (Stand: 1980) für Erwachsene als monatliche Krankenkostenzulagen vorgesehen: 40 DM bei Magenerkrankungen (z. B. akute Nierenentzündung) und 162 DM bei Diabetes mellitus (Zuckerkrankheit). Die Krankenkostenzulage wird allerdings i.d.R. nur befristet gewährt und muß nach Fristenablauf gegebenenfalls weiterbewilligt werden (vgl. auch (6.3.5.4.2.(2)).

(4) *Beispiel* (Vergleich des Mehrbedarfs in den Jahren 1981 und 1982):
*Für 1981*: Das kinderlose Ehepaar Aderhold ist ohne Einkommen. Es beantragt Hilfe zum Lebensunterhalt. Herr Aderhold ist 65 Jahre als, seine Ehefrau 35 Jahre alt. Frau Aderhold ist erwerbsunfähig im Sinne der gesetzlichen Rentenversicherung (vgl. § 1247

Abs. 2 RVO); sie ist außerdem schwanger. Sieht man die Frau als Haushaltsvorstand an (weil sie zwei Mehrbedarfszuschläge zu erwarten hat und sich dadurch ein günstigeres Berechnungsergebnis ergibt), so stehen der *Ehefrau* zu: der Regelsatz (328 DM) + 30 % davon nach § 23 Abs. 1 Nr. 2 (98,40 DM) + 30 % davon nach § 23 Abs. 1 Nr. 3 (98,40 DM), insgesamt also 524,80 DM; dem *Ehemann* stehen zu: der Regelsatz (262 DM) + 30 % davon nach § 23 Abs. 1 Nr. 1 (78,60 DM), insgesamt also 340,60 DM. Belaufen sich die Kosten der Warm-Miete z. B. auf 400 DM, so steht dem Ehepaar insgesamt eine monatliche Hilfe zum Lebensunterhalt in Höhe von 1265,40 DM zu.

*Für 1982*: Der Ehefrau stehen zu: der Regelsatz (338 DM) + 20 % davon nach § 23 Abs. 1 Nr. 2 (67,60 DM) + 20 % davon nach § 23 Abs. 1 Nr. 3 (67,60 DM) für den Fall, daß Frau Aderhold bereits im 6. Schwangerschaftsmonat ist. Insgesamt erhält Frau Aderhold damit 473,20 DM, während sie im Jahre 1981 trotz der geringeren Regelsätze wegen des damals geltenden Mehrbedarfes in Höhe von 30 v. H. – gegenüber heute 20 v. H. – noch 524,80 DM erhalten hätte. Dem Ehemann stehen zu: der Regelsatz (270 DM) + 20 % davon nach § 23 Abs. 1 Nr. 1 (54 DM), insgesamt also 324 DM (gegenüber 340,60 DM im Jahre 1981). Belaufen sich die Kosten der Warm-Miete z. B. auf 400 DM so steht dem Ehepaar insgesamt eine monatliche Hilfe zum Lebensunterhalt in Höhe von 1.197,20 DM zu (während es im Jahre 1981 noch Anspruch auf insgesamt DM 1.265,40 hatte).

Das Beispiel zeigt, daß die Kürzungen der Sozialhilfe zu einer erheblichen Schlechterstellung des Kreises der Sozialhilfeempfänger führen, die Anspruch auf einen Mehrbedarf haben.

(5) Für *erwerbstätige Blinde* sowie für *Behinderte*, deren Behinderung so schwer ist, daß sie als Beschädigte die Pflegezulage nach den Stufen III, IV oder V gem. § 35 Abs. 1 S. 1 BVG erhalten würden, ist der Mehrbedarf nach § 23 Abs. 3 in Höhe des Erwerbseinkommens anzuerkennen, wenn dieses im Monat 50 % des Regelsatzes des Haushaltsvorstandes nicht übersteigt; liegt das Erwerbseinkommen über diesem Betrag, so beträgt der Mehrbedarf 50 % des Regelsatzes eines Haushaltsvorstandes sowie 25 % des diesen Betrag übersteigenden Erwerbseinkommens (entsprechendes gilt für stark sehbehinderte Personen, s. § 24 Abs. 1 S. 2). Auch diese differenzierte Regelung dient dazu, Anreize zur Ausübung einer Erwerbstätigkeit zu geben.

Dieses austarierte System der differenzierten Anrechnung eigener Einkünfte aus Erwerbstätigkeit zeichnet das deutsche Sozialhilferecht gegenüber den entsprechenden Regelungen in anderen Ländern (vgl. z. B. die USA, Großbritannien) aus; anstatt wie in diesen Ländern durch stärkeren Zwang die Sozialhilfeempfänger zur Ausübung einer Erwerbstätigkeit anzuhalten – ein solches Vorgehen prägt insbesondere die Sozialhilfeprogramme in den USA (vgl. Leibfried 1979 b, 215; Leibfried/Römmermann 1979) –, wird in der Bundesrepublik versucht, die „Armutsfalle" (poverty trap), die darin besteht, daß durch die völlige Anrechnung jedes Erwerbseinkommens die Motivation zur Aufnahme einer Erwerbstätigkeit untergraben wird, dadurch zu umgehen, daß durch materielle Anreize dem Sozialhilfeempfänger die Ausübung einer Erwerbstätigkeit nahegelegt wird.

Die vorstehend skizzierte Regelung hat ihr Vorbild in §§ 11 b – 11 d RGr. Insbesondere die 2. Novelle zum BSHG hat jedoch gegenüber den RGr. und dem BSHG in seiner früheren Fassung dadurch eine Verbesserung gebracht, daß die Diskrepanz zwischen den Leistungen und Vergünstigungen für Blinde und für andere Schwerstbehinderte verringert wurde. Die VO zur Durchführung des § 24 Abs. 2 S. 1 des Bundessozialhilfegesetzes v.

28. 6. 1974 (vgl. oben 2.6.2.), die auf Grund des § 24 Abs. 2 erlassen worden ist, führt im einzelnen auf, wer als *„Behinderter"* i.S. des § 24 Abs. 2 S. 1 anzusehen ist:
„Behinderte im Sinne des § 24 Abs. 2 Satz 1 des Gesetzes sind

1. Personen mit Verlust beider Beine im Oberschenkel, bei denen eine prothetische Versorgung nicht möglich ist oder die eine weitere wesentliche Behinderung haben,
2. Ohnhänder,
3. Personen mit Verlust dreier Gliedmaßen,
4. Personen mit Lähmungen oder sonstigen Bewegungsbehinderungen, wenn diese Behinderungen denjenigen der in den Nummern 1–3 genannten Personen gleichkommen,
5. Hirnbeschädigte mit schweren körperlichen und schweren geistigen oder seelischen Störungen und Gebrauchsbehinderung mehrerer Gliedmaßen,
6. Personen mit schweren geistigen oder seelischen Behinderungen, die wegen dauernder und außergewöhnlicher motorischer Unruhe ständiger Aufsicht bedürfen,
7. andere Personen, deren dauerndes Krankenlager erfordernder Leidenszustand oder deren Pflegebedürftigkeit so außergewöhnlich ist, daß ihre Behinderung der Behinderung der in den Nummern 1–5 genannten Personen vergleichbar ist.
Als Gliedmaße gilt mindestens die ganze Hand oder der ganze Fuß."
Die Vorschrift ist hier in ihrem Wortlauf vollständig wiedergegeben worden, um zu verdeutlichen, wie *eng* die Sonderregelung für den Mehrbedarf für Blinde und Behinderte ist, d. h. wie *groß* die *Behinderung* sein muß, damit ein Mehrbedarf anerkannt wird bzw. ein Behinderter, der *trotz* dieser erheblichen Behinderung einer *Erwerbstätigkeit* nachgeht, das daraus bezogene Entgelt ganz oder teilweise behalten darf. Hier dürfte einer der Orte im Sozialhilferecht sein, an welchen eine Leistungsverbesserung mit am ehesten einzusetzen hätte.

(6) *Rechtsdogmatisch* gesehen ist die Vorschrift des § 24 eine Sonderregelung, die an die Stelle des in § 23 Abs. 4 geregelten allgemeinen Mehrbedarfs für erwerbstätige Personen tritt; der Unterschied zwischen beiden Vorschriften besteht darin, daß in den Fällen des § 24 das Gesetz selbst die Höhe des anzuerkennenden Mehrbedarfs bestimmt, mithin die Sozialhilfeverwaltung kein Ermessen hat (Gottschick/Giese 1981, § 24 Rz. 2).
Die Bedeutung der Mehrbedarfsregelung gegenüber dem Regelbedarf (vgl. § 22) ist auf dem Hintergrund des Individualisierungsgrundsatzes (vgl. 4.5.) zu sehen, der einer Schematisierung der Leistungsgewährung, wie sie das BSHG vorsieht, Grenzen setzt:
§ 22 Abs. 1 S. 2 bestimmt, wie bereits ausgeführt, daß die laufenden Leistungen zum Lebensunterhalt abweichend von den Regelsätzen zu bemessen sind, „soweit dies nach der Besonderheit des Einzelfalles geboten ist"; § 23 schreibt nun diese Abweichung von den Regelsätzen für bestimmte, *wiederum schematisierte* Fälle vor, wobei für die in Abs. 1, 2 u. 3 geregelten Fälle auch die Höhe der Abweichung – vorbehaltlich des Bestehens eines abweichenden Bedarfes im Einzelfalle – vorgeschrieben wird, während im Falle des Abs. 4 die Festsetzung der Höhe den Trägern der Sozialhilfe überlassen bleibt („angemessene Höhe").

Was diese *„Angemessenheit"* angeht, so heißt es dazu beispielsweise in den bay. SH-Richtl. 23.05, allerdings für die alte Mehrbedarfsregelung (30 v. H.):

„(1)Als Mehrbedarf für Erwerbstätige (§ 23 Abs. 3 HS. 1) ist mindestens ein Betrag in Höhe des bereinigten Erwerbseinkommens (§ 76) anzuerkennen, wenn dieses 1/4 des Regelsatzes eines Haushaltsvorstandes nicht übersteigt. Übersteigt das bereinigte Erwerbseinkommen diesen Betrag, so beträgt der Mehrbedarf 1/4 des Regelsatzes eines Haushaltsvorstandes zuzüglich 30 v. H. des 1/4 des Regelsatzes übersteigenden Erwerbseinkommens, jedoch im allgemeinen nicht mehr als 50 v. H. des Regelsatzes eines Haushaltsvorstandes.

(2) Bei Personen, die trotz beschränkten Leistungsvermögens oder unter Aufwendung besonderer Tatkraft einem Erwerb nachgehen (§ 23 Abs. 3 HS. 2), ist mindestens folgender Mehrbedarf anzuerkennen: Ein Betrag in Höhe des bereinigten Erwerbseinkommens (§ 76), wenn es 30 v. H. des Regelsatzes eines Haushaltsvorstandes nicht übersteigt; übersteigt es diesen Betrag, so beträgt der Mehrbedarf 30 v. H. des Regelsatzes eines Haushaltsvorstandes zuzüglich 30 v. H. des übersteigenden Erwerbseinkommens, jedoch im allgemeinen nicht mehr als 75 v. H. des Regelsatzes eines Haushaltsvorstandes."

Diese Richtlinie beruht im wesentlichen auf den Empfehlungen des Deutschen Vereins für öffentliche und private Fürsorge über den Mehrbedarfszuschlag (vgl. im einzelnen Knopp/Fichtner 1979, § 23 Rz. 17–20) und dürfte auch in Zukunft in ähnlicher Weise, allerdings abgestimmt auf das gesenkte Mehrbedarfsniveau von 20 v. H. inhaltlich Bestand haben (die Sozialämter haben oft Tabellen zum Ablesen dieses Mehrbedarfs).

*Beispiel*: Ein alleinstehender Schwerbehinderter, dessen Minderung der Erwerbstätigkeit 50 % betrug und der sich monatlich 520 DM verdiente durch eine Tätigkeit als Wachmann an vier Abenden in der Woche, hatte Anspruch auf einen Mehrbedarf, der sich aus 30 % des Regelsatzes (in Bayern: Mindestsatz von 316 DM) zuzüglich 30 % des bereinigten Erwerbseinkommens von 510 DM (vgl. § 3 Abs. 5 VO zu § 76), das 30 % des Regelsatzes überstieg, d. h. sich bei einem Regelsatz von 316 DM auf 219,36 DM (= 94,80 + 124,56 DM) belief (für 1981).

## 6.2.3.5. Die zusätzlichen Leistungen

### 6.2.3.5.1. Die Übernahme von Krankenversicherungsbeiträgen

§ 13 enthält eine materiell dem Sozialversicherungsrecht zugehörige Vorschrift, welche die Übernahme von *Krankenversicherungsbeiträgen* zum Gegenstand hat.

Für Personen, die i.S. des § 313 RVO weiterversichert sind, sowie für Rentenantragsteller, die nach § 315 a RVO krankenversicherungspflichtig sind, enthält die Vorschrift die *Verpflichtung* des Sozialhilfeträgers, bei Hilfsbedürftigkeit i.S. des § 11 Abs. 1 die Krankenversicherungsbeiträge zu übernehmen.

(§ 313 RVO räumt Versicherten, die aus der Versicherungspflicht ausscheiden oder davon befreit werden, das Recht ein, sich unter bestimmten Voraussetzungen freiwillig zu versichern; § 315 a RVO bestimmt, daß Personen, die eine Rente in der Rentenversicherung der Arbeiter oder der Angestellten beantragt haben, jedoch die Voraussetzungen für den Bezug der Rente nicht erfüllen – im letzteren Fall besteht Versicherungspflicht gem. § 165 Abs. 1 Nr. 3 RVO – gleichwohl der Rentenversicherung angehören.)

*Beispiel*: Für einen in Strafhaft befindlichen Antragsteller sind die Krankenversicherungsbeiträge nicht vom Sozialhilfeträger zu übernehmen. Denn die Übernahmeverpflichtung besteht nur im Rahmen des § 11 Abs. 1 und des § 2 (Nachrang). Die Übernahme der Krankenversicherungsbeiträge scheidet also aus, wenn die Krankenversorgung auf andere Weise sichergestellt wird. Das ist in der Strafhaft der Fall. Bezeichnenderweise ordnet auch § 216 Abs. 1 Nr. 1 RVO das Ruhen der Krankenhilfe für in Strafhaft befindliche Versicherte an (DV, Gutachten IV, Nr. 154).

In sonstigen Fällen *können* Beiträge für eine *freiwillige* Krankenversicherung übernommen werden (Kann-Leistung), soweit sie angemessen sind.

*„Angemessen"* ist lt. Stellungnahme des Bundesrates zum Regierungsentwurf der 2. Novelle zum BSHG (BT-Dr. 5/3495, 24) dahin auszulegen, daß die Beitragssätze der gesetzlichen Krankenkassen, die mit Zustimmung der Aufsichtsbehörde festgesetzt werden, stets angemessen sind (Gottschick/Giese 1981, § 13 Rz. 11). In diesem Zusammenhang ist anzumerken, daß Beiträge zu privaten Krankenversicherungen angemessen sind, wenn sie nach Grund und Höhe dem Satz der gesetzlichen Krankenkassen entsprechen.

Auch wenn § 13 Abs. 2 S. 1 HS. 1 die Übernahme von Beiträgen nicht davon abhängig macht, daß die Voraussetzungen des § 11 Abs. 1 – „Hilfsbedürftigkeit" – vorliegen, ist davon auszugehen, daß die Sozialhilfeträger diese Vorschrift grundsätzlich *nur dann anwenden,* wenn auch *Anspruch auf Hilfe zum Lebensunterhalt* besteht, es sei denn, es liege bei einer Erkrankung lediglich eine geringe Überschreitung der Bedarfssätze vor (Knopp/Fichtner 1979, Rz. 12 d zu § 13). Die Sozialhilfeträger sind *verpflichtet,* die Beiträge für eine freiwillige Krankenversicherung zu übernehmen, wenn laufende Hilfe zum Lebensunterhalt voraussichtlich nur für *kurze Dauer* gewährt werden muß (§ 13 Abs. 2 S. 1 HS. 2); dadurch sollen den Betroffenen die mit einer Auflösung und mit einer späteren Neubegründung des Versicherungsverhältnisses verbundenen Nachteile erspart werden. (Es versteht sich im übrigen, daß derartige, vom Sozialhilfeträger übernommene Beitragszahlungen nicht das Einkommen des Hilfeberechtigten i.S. des § 76 Abs. 2 Nr. 3 mindern; vgl. § 13 Abs. 2 S. 2).

In dem Umfang, in dem Sozialhilfeberechtigte Leistungen der Krankenversicherung erhalten, haben sie keinen Anspruch auf Krankenhilfe (§ 37); entsprechend dem Subsidiaritätsprinzip gehen also die Leistungen der Krankenversicherung der Krankenhilfe vor (6.3.5.4.3.).
*Beispiel:* Die Frau eines in der AOK versicherten Arbeiters ist nach ihrer Scheidung nicht mehr bei ihrem Mann familienversichert (§ 205 RVO). Die geschiedene Frau kann aber nach § 176 b Abs. 1 Nr. 1 RVO der AOK freiwillig beitreten (innerhalb eines Monats nach Rechtskraft des Scheidungsurteils). Falls die Frau nicht selbst arbeitet und deshalb versichert ist, wäre sie gut beraten, einen Antrag auf Weiterversicherung bei der AOK zu stellen; und der Sozialhilfeträger würde vernünftigerweise die Beiträge für die freiwillige Weiterversicherung übernehmen.

## 6.2.3.5.2. Die Übernahme der Kosten einer Alterssicherung

Als Hilfe zum Lebensunterhalt können auch die Kosten übernommen werden, die erforderlich sind, um die Voraussetzungen eines Anspruchs auf eine angemessene Alterssicherung oder auf ein angemessenes Sterbegeld zu erfüllen (§ 14).

Durch diese Regelung soll dem Hilfeberechtigten die Möglichkeit gegeben werden, eine begonnene Alterssicherung bzw. Sterbegeldversicherung aufrecht zu erhalten. Dies liegt *auch im Interesse der Sozialhilfeträger*, die auf diese Weise möglicherweise in Zukunft entlastet werden.

Ist *beispielsweise* ein Hilfeberechtigter in der gesetzlichen Rentenversicherung pflichtversichert, erfüllt er jedoch noch nicht die zeitlichen Voraussetzungen für das Altersruhegeld, so ist es aus Kostengesichtspunkten für den Sozialhilfeträger günstiger, die Weiterzahlung der noch notwendigen Beiträge für die Anspruchsvoraussetzungen auf das Altersruhegeld zu übernehmen, als selber später für die Alterssicherung aufkommen zu müssen. Entsprechendes kann für jede andere, auch private Einrichtung oder Form der Altersversorgung gelten.

Bei der Ermessensentscheidung – *„können"* – sind sowohl Erwägungen hinsichtlich der Person des Hilfesuchenden als auch fiskalische Überlegungen anzustellen.

„Für die Entscheidung, ob und in welcher Höhe Versicherungsbeiträge übernommen werden können, ist maßgebend, daß die Beitragshöhe und die Dauer der Leistung in einem angemessenen Verhältnis zu der Entlastung des Sozialhilfeträgers stehen müssen, die dieser durch den Eintritt des Versorgungsfalles erwarten kann (mindestens Deckung eines Bedarfs, für den sonst Hilfe zum Lebensunterhalt gewährt werden müßte)" (Knopp/Fichtner 1979, § 14 Rz. 4).

### 6.2.3.5.3. Die Übernahme von Bestattungskosten

Nach § 15 sind die erforderlichen Kosten einer Bestattung zu übernehmen, soweit dem hierzu Verpflichteten nicht zugemutet werden kann, die Kosten zu tragen.

Bereits die RGr. enthielten eine ähnliche Vorschrift: „Nötigenfalls ist der Bestattungsaufwand zu bestreiten" (§ 6 Abs. 1 S. 2 RGr.).

Bei der Entscheidung der Frage, ob dem Verpflichteten die Kostentragung zuzumuten ist, sind vor allem die Höhe des Nachlasses und des voraussichtlichen Bestattungsaufwandes, die persönlichen und wirtschaftlichen Verhältnisse des Verpflichteten, sowie etwaige besonders enge menschliche Beziehungen zum Verstorbenen zu berücksichtigen. Die Antwort auf die Frage, in welcher Höhe die Aufwendungen, etwa für einen Grabstein, erforderlich sind, hängt von den jeweiligen zeitgebundenen wirtschaftlichen und sozialen Verhältnissen ab. So ist der Sozialhilfeträger nicht etwa nur zur Übernahme der Kosten eines einfachen Grabkreuzes, sondern der Kosten eines „einfachen, aber würdigen" Grabsteines verpflichtet (VG Augsburg in: ZfF 1971, 39).

Verpflichtete i.S. des § 15 sind primär die Erben (vgl. § 1968 BGB), an zweiter Stelle die Unterhaltsverpflichteten (vgl. §§ 1360a Abs. 2, 1615 Abs. 2, 1713 Abs. 2 BGB). Eine Pflicht zur Tragung der Bestattungskosten kann sich jedoch auch aus bestimmten Haftungsvorschriften ergeben (z. B. §§ 844 BGB, 19 Abs. 3 S. 2 StVG, 3 Abs. 1 S. 2 HaftpflG).

Über die Zumutbarkeit der Kostentragung entscheidet der Sozialhilfeträger nach pflichtgemäßem Ermessen. In der Regel kann dem Verpflichteten die Tragung der Kosten zugemutet werden, wenn und soweit der Bestattungsaufwand aus dem Nachlaß gedeckt werden kann (Knopp/Fichtner 1979, § 15 Rz. 8).

### 6.2.3.6. Die Berechnung der laufenden Hilfe zum Lebensunterhalt in der Praxis

(1) In der Praxis muß zur Beantwortung der Frage, ob, und wenn ja, in welchem Umfang Hilfe zum Lebensunterhalt gewährt werden muß, eine Berechnung aufgestellt werden, die den vom BSHG zugestandenen finanziellen Bedarf einerseits sowie die eigenen Mittel des Hilfesuchenden andererseits gegenüberstellt und in Höhe der Differenz zwischen Bedarf und vorhandenen Mitteln Hilfe zum Lebensunterhalt in Geld zuerkennt.

Bei dieser *Bedarfsberechnung* sind zu berücksichtigen:
— der jeweils maßgebende *Regelsatz* (s. § 2 Regelsatz-VO; vgl. 6.2.3.2.1.);
— ein etwaiger *Mehrbedarf* (s. §§ 23, 24; vgl. 6.2.3.4.);
— ein etwaiger *Sonderbedarf* (s. § 3 Abs. 1; vgl. 4.5.1. und 4.5.2.);
— die anrechenbaren *tatsächlichen Aufwendungen für Unterkunft und Heizung* (s. § 3 Regelsatz-VO; vgl. 6.2.3.3.);
— evtl. die Beiträge zu einer *Krankenversicherung* (s. § 13; vgl. 6.2.3.5.1.), zur *Alterssicherung* oder für eine *Sterbegeldversicherung* (s. § 14; vgl. 6.2.3.5.2.).

Dabei ist zu berücksichtigen, daß nicht getrennt lebende Ehegatten und minderjährige unverheiratete Kinder, die im Haushalt ihrer Eltern leben, sowie die Partner einer eheähnlichen Gemeinschaft (s. § 122) eine *Bedarfsgemeinschaft* bilden mit der Folge, daß bei der Prüfung der Bedürftigkeit ihr Einkommen und Vermögen insgesamt berücksichtigt werden müssen (s.§ 11 Abs. 1 S. 2; vgl. 6.2.1.).

Dem so errechneten *Bedarf* ist das *einzusetzende Einkommen* (s. §§ 76–78) gegenüberzustellen (vgl. 6.2.9.). (Zunächst sind also die für die einzelnen Mitglieder der Bedarfsgemeinschaft geltenden Regelsätze zu ermitteln, dann evtl. Mehrbedarfe, Sonderbedarf und Bedarfe nach §§ 13,14 sowie die Kosten der Unterkunft und Heizung. Von der Gesamtsumme sind Einkommen und einzusetzendes Vermögen abzuziehen. Die Differenz ist als laufende Hilfe zum Lebensunterhalt der Hilfeberechtigten an die Bedarfsgemeinschaft auszuzahlen; vgl. das Schema S. 160).

Ein *Beispiel* für die „Technik" dieser Berechnung (unter Verwendung der üblichen Formulare) findet sich unter 6.2.10. („Der Fall ‚Armut'").

(2) Schema für die Berechnung der laufenden Hilfe zum Lebensunterhalt am Beispiel einer Familie

| Bedarfe | Haushalts-vorstand (i.d.R. heute – noch – der Vater) | Haushaltsan-gehörige Er-wachsene (i.d.R. heute – noch – die Mutter) | 1. Kind Alter: | 2. Kind Alter: | 3. Kind Alter: |
|---|---|---|---|---|---|
| Regelsatz (§§ 12,22 BSHG, §§ 1,2 Regelsatz-VO) | | | | | |
| Mehrbedarf (§ 23 Abs. 1, 2 und 3 BSHG) | | | | | |
| Mehrbedarf (§ 23 Abs. 4) | | | | | |
| Kosten der Unterkunft (§ 12 BSHG;. § 3 Abs. 1 Regelsatz-VO) | | | | | |
| Kosten der Heizung (§ 12 BSHG; § 3 Abs. 1 Regelsatz-VO) | | | | | |
| Sonderbedarf (§ 3 Abs. 1), Bedarf gem. §§ 13,14 BSHG | | | | | |
| Einkommen (§ 76) z. B. – Arbeitseinkommen – Rente | | | | | |

Einzusetzen sind die im konkreten Fall in Betracht kommenden Beträge für Regelsätze (je nach Stellung im Haushalt, Lebensalter bei Kindern u. a.), Mehrbedarf, Einkommen usw.; daraus ergibt sich der Bedarfssatz. Der *auszuzahlende* Leistungsbetrag beläuft sich auf die *Differenz* zwischen *Bedarfssatz* und *einzusetzendem Einkommen und Vermögen* des Hilfesuchenden.

*Beispiel 1:* Die Eheleute A. bewohnen in Stuttgart eine Zwei-Zimmer-Mietwohnung in einem Altbau. Die Miete beläuft sich auf 450 DM monatlich. Herr A. ist 66, seine Frau 61 Jahre alt. Herr A. bezieht eine Erwerbsunfähigkeitsrente von 540 DM. Frau A. verdient als Zugehfrau an zwei Nachmittagen pro Woche netto 350 DM monatlich. Wie hoch ist die Hilfe zum Lebensunterhalt der Eheleute A.?

Die Eheleute A. haben Anspruch auf den Regelsatz für den Haushaltsvorstand – 340 DM in Baden-Württemberg – und den Regelsatz für einen Erwachsenen vom Beginn des 22. Lebensjahres an – 272 DM – (vgl. S. 147). Herr A. hat das 65. Lebensjahr vollendet und daher Anspruch auf einen Mehrbedarf von 20 % des maßgebenden Regelsatzes – 67,60 DM –; Frau A. steht ein Mehrbedarf gem. § 23 Abs. 4 Nr. 1 in „angemessener Höhe" zu – hier 161 DM (vgl. S. 156) –. Die Kosten der Unterkunft sind in tatsächlicher Höhe anzusetzen – 450 DM –. Der gesamte *Bedarf* beläuft sich auf 1.290,60 DM.

*Anzurechnen* sind die Rente von Herrn A. in Höhe von 540 DM sowie das bereinigte Arbeitseinkommen von Frau A. in Höhe von 340 DM (die Differenz des bereinigten Arbeitseinkommens zum Netto-Arbeitseinkommen ergibt sich aus § 3 Abs. 5 der Verordnung zur Durchführung des § 76 des Bundessozialhilfegesetzes v. 28. 11. 1962 (BGBl. I S. 692) i.d.F. der VO v. 23. 11. 1976 (BGBl. I S. 3234): Danach kann als „Aufwendungen für Arbeitsmittel" ein monatlicher Pauschbetrag von 10 DM berücksichtigt werden, wenn nicht im Einzelfall höhere Aufwendungen nachgewiesen werden). Dem *Bedarfsatz* von 1.290,60 DM stehen somit 880 DM als anzurechnende Einzeleinkünfte gegenüber. Die Eheleute A. können die Differenz von 410,60 DM als Hilfe zum Lebensunterhalt beanspruchen.

*Beispiel 2:* Frau W., 36 Jahre alt, hat ihren Ehemann, einen selbständigen Handelsvertreter, durch einen auf einer Ferienreise erlittenen tödlichen Unfall verloren. Frau W. hat nun allein für die gemeinsamen Kinder Peter, Thomas und Gerhard im Alter von 13, 8 und 3 Jahren zu sorgen. Familie W. bewohnt eine 4-Zimmer-Wohnung in Köln. Die Warmmiete beträgt 590 DM. Frau W. arbeitet vormittags als Schreibkraft in einer Steuerberaterpraxis; während dieser Zeit befindet sich das jüngste Kind, der 3-jährige Gerhard W., bei seiner Oma.

Frau W. verdient monatlich netto 1.180 DM. Dabei entstehen ihr Fahrkosten in Höhe von 60 DM. Für ihre drei Jungen erhält sie alle zwei Monate 740 Kindergeld (die Höhe des Kindergeldes bemißt sich nach dem Neunten Gesetz zur Änderung des Bundeskindergeldgesetzes v. 22. 12. 1981; s. BGBl. I, 1566). Da ihr Mann nicht versichert war, haben Frau W. und die Kinder keinerlei Rentenansprüche. An Vermögensgegenständen verfügt Frau W. lediglich über ein Sparguthaben in Höhe von 1.850 DM. Der Regelsatz für Frau W. als Haushaltsvorstand beläuft sich auf 338 DM (NRW), die Regelsätze für die Kinder Peter, Thomas und Gerhard auf DM 254, 220 und 152. Da Frau W. mit ihren drei Kindern zusammenlebt und allein für sie sorgt, steht ihr ein Mehrbedarf von 20 % – 67,60 DM – zu. Als zusätzlichen Mehrbedarf erhält Frau W. auf Grund ihrer Erwerbstätigkeit 225 DM (dieser Mehrbedarf kann auf Grund ihrer Erwerbstätigkeit gemäß § 23 Abs. 3 angesichts des beschränkten Leistungsvermögens der Frau W. mit 2/3 des Regelsatzes eines Haushaltsvorstandes angesetzt werden; es ist der Höchstbetrag nach den Empfehlungen des DV; vgl. Knopp/Fichtner 1979, § 23 Rz. 17–20).

Die Kosten der Unterkunft belaufen sich auf 590 DM. Der Bedarfsatz beträgt somit 1.846,60 DM.

An Einkünften sind anzurechnen das Netto-Arbeitsentgelt abzüglich des Fahrgelds (60 DM) und der Pauschale für Arbeitsmittel (10 DM; s. Beispiel 1) in Höhe von 1.110 DM sowie das Kindergeld von 370 DM im Monat. Das Sparguthaben in Höhe von 1.850 DM bleibt außer Betracht; es muß gemäß § 88 Abs. Nr. 8 nicht eingesetzt werden, weil es ein geschützter Betrag im Sinne dieser Vorschrift ist. (Nach der Verordnung zur

Durchführung des § 88 Abs. 2 Nr. 8 des BSHG 2 v. 9. 11. 1970 (BGBl. I S. 1529), geändert durch VO v. 14. 6. 1974 (BGBl. I S. 1292), sind „kleinere Beiträge oder sonstige Geldwerte" i.S. des § 88 Abs. 2 Nr. 8, wenn die Sozialhilfe vom Vermögen des Hilfesuchenden abhängig ist, bei der Hilfe zum Lebensunterhalt ein Geldwert von 2000 DM zuzüglich eines Betrages von 400 DM für jede Person, die vom Hilfesuchenden überwiegend unterhalten wird; das Sparguthaben der Frau W. liegt bereits unter dieser Grenze, so daß die anderen Ausnahmetatbestände unberücksichtigt bleiben können; vgl. noch 6.2.9.2.). Die Differenz zwischen Bedarfsatz – 1.846,60 DM und Einkünften – 1.480 DM – in Höhe von 366,60 DM steht der Familie W. als Hilfe zum Lebensunterhalt zu.

### 6.2.3.7. Die laufenden Leistungen zum Lebensunterhalt in Anstalten

Aus dem Wortlaut des § 22 Abs. 1 S. 1 („Laufende Leistungen zum Lebensunterhalt außerhalb von Anstalten, Heimen und gleichartigen Einrichtungen werden nach Regelsätzen gewährt.") ergibt sich, daß die schematisierende Regelsatz-Regelung hier nicht Platz greift. Vielmehr werden die laufenden Leistungen in *Anstalten, Heimen und gleichartigen Einrichtungen in Höhe der Unterbringungskosten*, vermindert um den Betrag des einzusetzenden Einkommens gewährt. Den wichtigsten Fall in der Praxis stellt die Altenheimunterbringung (zu einem bestimmten Tages- oder Monatssatz) dar.

In der praktischen Durchführung wird diese Regelung zumeist so gehandhabt, daß der Sozialhilfeträger die Hilfe ganz übernimmt (also z. B. die monatlichen Unterbringungskosten in Höhe von 1.500 DM an das Altersheim bezahlt) und das Einkommen (z. B. die Rente von 920 DM) des Altersheimbewohners dann ganz in Anspruch nimmt. Zum Taschengeld für Heimbewohner und zu einem Beispiel vgl. 6.2.5.

### 6.2.4. Die einmaligen Leistungen zum Lebensunterhalt

(1) Neben den laufenden Leistungen zum Lebensunterhalt werden bei einem zusätzlichen Bedarf, der nicht als durch die laufenden Leistungen gedeckt gilt und der entweder nur einmal oder unregelmäßig auftritt, *einmalige Leistungen* gewährt. Beispiele sind etwa die Beschaffung von *Kleidern, größeren Haushaltsgegenständen, Heizmaterial*:

1. Für den Kauf von *Kleidung, Wäsche und Schuhen* gibt es eine sog. *Bekleidungsbeihilfe*, die sich auf eine bestimmte Grundausstattung richtet; diese Grundausstattung ist bei Bedarf zu ergänzen.

    Nach einer Empfehlung des Deutschen Vereins für öffentliche und private Fürsorge (DV 1977) besteht die Grundausstattung z. B. für *Männer* (ab dem 16. Lebensjahr) und durchschnittliche Gebrauchsdauer:

| Art | Gesamtbedarf (Stück/Paar) | durchschnittliche Gebrauchs-dauer in Jahren |
|---|---|---|
| Wintermantel | 1 | 5 |
| Übergangs-/Regenmantel | 1 | 4 |
| Schirm | 1 | 5 |
| Anzug | 1 | 2 |
| Hose | 1 | 1 |
| Jacke | 1 | 2 |
| Strickjacke | 1 | 4 |
| Pullover | 2 | 3 |
| Ober-/Freizeithemd | 3 | 2 |
| Winterschuhe | 1 | 4 |
| Halbschuhe | 2 | 2 |
| Hausschuhe | 1 | 2 |
| Schuhreparatur (Vollbesohlung, Gummi) | 1 | 1 |
| Unterhemd* | 4 | 2 |
| Unterhose* | 7 | 2 |
| Schlafanzug | 2 | 2 |

*Davon sind in den Regelsätzen pro Jahr 2 Garnituren Unterwäsche enthalten.

Die Sozialämter haben entweder eine Preisliste für die einzelnen Bekleidungsstücke, die zumeist Preise der unteren Qualitäten enthält; aus den Einzelpreisen wird dann der Gesamtbetrag der Grundausstattung berechnet (oder der Preis des bei Bedarf zu ergänzenden einzelnen Bekleidungsstücks). Soweit eine solche Preisliste nicht existiert, richten sich die Sozialämter nach Katalogpreisen der Versandhäuser (meist des Versandhauses Quelle). Die Bekleidungsbeihilfe wird entweder in bar ausbezahlt oder es werden anstelle von Bargeld Gutscheine für bestimmte Geschäfte gegeben, in denen der Betroffene dann gleich als Sozialhilfeempfänger ausgewiesen ist (meist werden Gutscheine dann gegeben, wenn die Gefahr einer Zweckentfremdung der Bekleidungsbeihilfe besteht); mancherorts wird auch Bekleidung (neue oder gebrauchte) aus sog. Kleiderkammern zur Verfügung gestellt.

2. Für den Grundbedarf an *Hausrat* (wie Betten, Tische, Lampen, Schränke, Sitzmöbel, Haushaltsgerät usw.) gibt es eine sog. *Hausratsbeihilfe* für Hausrat in – wie es in den Sozialhilferichtlinien zumeist heißt – „einfacher Ausführung". In der Praxis wird größerer Hausrat (Möbel, Herde, Öfen) in aller Regel durch Überlassung gebrauchter Gegenstände aus Materiallagern oder über den Anzeigenmarkt gewährt; aber auch Barauszahlungen und Gutscheine sind üblich. Bei einer Reihe von Hausratsgegenständen gibt es keine einheitliche Bewilligungspraxis; dies gilt etwa für Kühlschrank, Radiogerät und Staubsauger (die Sozialhilferichtlinien stecken hier meist nur einen Rahmen für die Entscheidung des Einzelfalles ab); für die in der Praxis recht häufige Frage der Bewilligung einer Waschmaschine hat sich die Tendenz durchgesetzt, nur bei Familien mit mehreren Kindern, mit kranken, behinderten oder alten Personen eine Waschmaschine einfacher Bauart zu bewilligen.

3. *Heizungsbeihilfen* werden als einmalige Leistungen entweder pauschaliert oder in Höhe des tatsächlichen Verbrauchs gewährt. Die Höhe der Heizungsbeihilfen ist lokal recht unterschiedlich; nur um einen Eindruck zu vermitteln: in Frankfurt betrug die „Brennstoffbeihilfe" bei vorhandener Ofenheizung in einem 1 bis 2 Personenhaushalt für das Jahr 1980/81 397 DM (zu den Heizungsbeihilfen vgl. auch DV 1977).

4. Zu den einmaligen Leistungen gehören auch die Kosten für einen *notwendigen Umzug*, für eine *notwendige Wohnungsrenovierung* bei Bezug einer Wohnung und die *Kosten einer notwendigen Wohnungsbeschaffung.*
Alle – als wichtigste Beispiele genannten – einmaligen Leistungen werden nur auf *Antrag* gewährt (vgl. auch noch den Fall bei 6.2.10). Wer sich näher über die jeweilige Praxis der einmaligen Leistungen informieren will, sollte die einschlägigen Sozialhilferichtlinien, die in der Kommentarliteratur angegebene einschlägige Rechtsprechung sowie einen der inzwischen zahlreichen Leitfäden der Sozialhilfe (vgl. 11.2.3.(2)) zu Rate ziehen.
Eine recht kritische Bilanz der Praxis der einmaligen Leistungen der bayerischen Sozialhilfeträger zieht die Untersuchung von Rauch (1982).

(2) Einmalige Leistungen werden *auch solchen Hilfesuchenden* gewährt, die *keine laufenden* Leistungen zum Lebensunterhalt bekommen, jedoch einen als erforderlich anerkannten Bedarf, der bei Empfängern laufender Leistungen nicht als durch den Regelsatz abgedeckt gilt, *nicht aus eigenen Kräften und Mitteln decken können.* Diese Konstellation ist insbesondere dann gegeben, wenn das Einkommen des Hilfesuchenden den Bedarfssatz, der sich aus Regelsatzbedarf + Mehrbedarf + Bedarf für Unterkunft und Heizung zusammensetzt, nicht oder nur geringfügig übersteigt. Die entsprechende Regelung findet sich in § 21 Abs. 2:

„Einmalige Leistungen sind auch zu gewähren, wenn der Hilfesuchende zwar keine laufenden Leistungen zum Lebensunterhalt benötigt, den Lebensunterhalt jedoch aus eigenen Kräften und Mitteln nicht beschaffen kann."

In der Praxis werden Leistungen gemäß § 21 Abs. *2 bei einem Einkommen bis zu 10 % über dem maßgebenden Regelsatz* gewährt. Knopp/Fichtner (1979, § 21 Rz. 7) weisen in diesen Zusammenhang jedoch zu Recht darauf hin, daß eine solche starre Grenze mit dem Individualisierungsgrundsatz der Sozialhilfe nicht zu vereinbaren sei und daß dies auch für höhere schematische Grenzen gelte, z. B. Einkommen bis zu 10 % über dem Bedarfssatz (= Regelsatz + Kosten der Unterkunft + Mehrbedarfszuschläge; vgl. S. 160). Denn insbesondere bei den einmaligen Leistungen ist den Besonderheiten des Einzelfalles Rechnung zu tragen, wenn auch eine gewisse Pauschalierung aus Gründen rationeller und zügiger Verwaltung unvermeidlich ist (Gottschick/Giese 1981, § 21 Rz. 4).

Dies hat das Bundessozialgericht einmal in einer Entscheidung wie folgt formuliert: „Der laufende Bedarf zur Deckung des allgemeinen Lebensunterhalts kann nach dem Stand der Lebenshaltungskosten festgestellt und die dafür erforderlichen Hilfeleistungen können nach Regelsätzen gewährt werden (§§ 12,22, 23 BSHG). Bei Hilfeleistungen, die darüber hinausgehen, tritt aber der Grundsatz der individuellen Bemessung der Sozialhilfe in den Vordergrund. Er kommt besonders bei einmaligen Leistungen zum Ausdruck (§ 21 BSHG)" (BSGE 39; 183 ff., 184).
Am Beispiel einer einmaligen Feuerungsbeihilfe im Rahmen der Hilfe zum Lebensunterhalt hat das Bundesverwaltungsericht ausgeführt: „Wegen des Gebots der Individualisierung der Hilfe (§ 3 Abs. 1 BSHG) wäre es allerdings rechtsfehlerhaft, wenn die Förderungsbeihilfe durchweg ohne Rücksicht auf die Verhältnisse des Einzelfalles allein nach pauschalierenden Merkmalen festgelegt würde. Zu Recht weist das Berufungsgericht auf verschiedene, den Bedarf rechtserheblich beeinflussende Umstände hin: Größe des Haus-

halts und der Wohnung, Gesundheitszustand und Alter der Hilfesuchenden. Diese Aufzählung ist nicht abschließend. . . . Indessen kann auch hinsichtlich dieser im einzelnen Falle zu ermittelnden Umstände nicht ein bestimmter Betrag zur Deckung des Bedarfs erwartet werden. Auch hier kann letztlich nur die sorgfältige Beobachtung des einzelnen Falles, notfalls unter Heranziehung von zur Beurteilung einzelner Bedürfnisse sachkundiger Personen (Arzt, Heizungsfachmann usw.) entscheidend sein" (BVerwGE 35,178 ff., 180). In der Entscheidung weist das Bundesverwaltungsgericht auch darauf hin, daß die Berücksichtigung der oben genannten Umstände nicht dem Ermessen des Trägers der Sozialhilfe überlassen ist, vielmehr die Verwaltungsgerichte von sich aus unter Beachtung der erwähnten Gesichtspunkte feststellen müssen, ob der notwendige Lebensunterhalt des Hilfesuchenden – im Beispielsfall der notwendige Heizungsbedarf – gedeckt worden ist; dabei darf sich das Gericht allerdings maßgeblich auf die Beobachtung des zuständigen Sozialhilfeträgers und Sozialarbeiters verlassen, wenn es sich nicht um Umstände handelt, bei deren Beurteilung ein bestimmtes Fachwissen erforderlich ist; im übrigen darf das Gericht in gewissem Umfang mit Schätzungen sich begnügen (vgl. § 287 Abs. 2 ZPO).

Die Beantwortung der grundsätzlichen Frage, ob solche einmaligen Leistungen zu gewähren sind, hängt von der Höhe des Einkommens ab, das dem Hilfesuchenden über den regelsatzmäßigen Bedarfsbetrag hinaus zur Verfügung steht (vgl. dazu die vorstehenden Ausführungen). Auch hier ist je nach der Besonderheit des Einzelfalles zu entscheiden, ob und in welchem Maße der einmalige Bedarf aus diesem Einkommen gedeckt werden kann. Es sind also das jeweilige Einkommen – und zwar das Monatseinkommen (§ 79) – und der geltend gemachte Bedarf gegenüberzustellen. Der Einsatz des Einkommens richtet sich im einzelnen nach den Grundsätzen des § 84.

Dazu, ob dem sozialhilferechtlichen Bedarf das Einkommen mehrerer Monate gegenübergestellt werden kann, hat das Bundesverwaltungsgericht im Zusammenhang mit der Gewährung von Krankenhilfe zur Beschaffung von Zahnersatz (§ 37 Abs. 2) wie folgt Stellung genommen. „Zwar ist der Begriff des Einkommens im Bundessozialhilfegesetz am Bedarf zu orientieren (BVerwGE 29, 108 u. 29, 295). Dieser Satz kann aber nicht umgekehrt werden dahin, daß auch der tatsächliche Bedarf jeweils am Einkommen zu orientieren sei. Würden die Kosten der Zahnbehandlung auf mehrere Monte verteilt, so würde nämlich nicht mehr vom tatsächlichen Bedarf ausgegangen, sondern von einem fiktiven. Eine derartige Betrachtungsweise widerspricht der allgemeinen Rückbeziehung der Sozialhilfe auf die tatsächliche Notlage, in der der einzelne die Hilfe der Gemeinschaft erwarten kann. Abgesehen davon wird auf dem Umweg über die Aufteilung des Bedarfs die einer Ermessensbetätigung des Sozialhilfeträgers entzogene Bestimmung der Einkommensgrenze in § 79 BSHG umgangen werden. Der Gegenüberstellung von 1-Monats-Einkommen und Gesamtbedarf läßt sich auch nicht entgegenhalten, das gewonnene Ergebnis sei unbillig, weil auch solche Personen, die auf die Sozialhilfe nicht angewiesen seien, die Kosten einer Zahnbehandlung auf mehrere Monate verteilten. Diese Überlegung geht daran vorbei, daß das Gesetz bei der Bestimmung der Einkommensgrenze keine Unterscheidung zwischen einmaligem und verteilbarem Bedarf macht. Das wiederum findet seine Erklärung darin, daß namentlich die Hilfe in besonderen Lebenslagen nicht zu einer nachhaltigen wirtschaftlichen Herabstufung des Hilfeempfängers führen soll. Dies Ziel kann nur dann erreicht werden, wenn unabhängig von der Art des Bedarfs der Hilfesuchende durch die Belassung eines Mindesteinkommens in den Stand versetzt bleibt, die normalen Risiken des Lebens auch nach Deckung des aufgetretenen Bedarfs aufzufangen (BVerwGE 35, 362 f.; zu dieser sog. „Einmonats-Theorie" vgl. auch OVG Berlin, in: NDV 1976, 232).

Durch Art. 21 2. HStruktG ist der Absatz 2 des § 21 um folgenden Satz 2 ergänzt worden, der die (S. 165) erwähnte „Einmonats-Theorie" modifiziert:

„In diesem Falle kann das Einkommen berücksichtigt werden, das die in § 11 Abs. 1 genannten Personen innerhalb eines Zeitraums von bis zu sechs Monaten nach Ablauf des Monats erwerben, in dem über die Hilfe entschieden worden ist."

Durch diese Regelung wird der Spielraum des Sozialhilfeträgers, die künftige Einkommensentwicklung des Hilfsbedürftigen und seiner Unterhaltsverpflichteten zu berücksichtigen, erweitert (und der Druck zum Ansparen vergrößert).

(3) Von den einmaligen Leistungen zum Lebensunterhalt zu unterscheiden sind *freiwillige Zusatzleistungen,* die beispielsweise von Gemeinden und Kreisen zu besonderen Anlässen gewährt werden (z. B. *Weihnachtsbeihilfen*). Werden derartige Leistungen gewährt, ohne daß eine rechtliche Verpflichtung dazu besteht, bedeutet das nicht, daß die Behörde rechtlich überhaupt nicht gebunden ist. Sie muß vielmehr auch in einem solchen Fall beispielsweise den Gleichheitssatz (Art. 3 GG) beachten.

Das Bundesverwaltungsgericht hat es z. B. unter Berufung auf Art. 3 Abs. 3 GG, der eine Diskriminierung wegen der politischen Anschauungen verbietet, für rechtswidrig erklärt, dem Angehörigen einer nicht verbotenen politischen Organisation – der SEW in Berlin – eine Winter- und Weihnachtsbeihilfe mit der Begründun zu versagen, daß er sich in unerwünschter Weise betätige (BVerwG, in: FEVS 8, 41 ff; vgl. auch OVG Berlin, in: FEVS 7, 132 ff. – Entscheidung der Vorinstanz). Für rechtmäßig – kein Verstoß gegen den Gleichheitssatz (Art. 3 GG) – hielt demgegenüber das OVG Berlin den generellen Ausschluß von Studenten von einer derartigen Beihilfe aus der Erwägung, daß sie imstande seien, sich den „Weihnachtsbedarf" selbst zu verdienen (ZfSH 1975, 270 ff.).
Die Stadt München z. B. gewährte 1981 Haushaltsvorständen eine Weihnachtsbeihilfe in Höhe von 140 DM, Ehegatten eine solche von 120 DM, Kindern 70 DM, Heimbewohnern 80 DM (ausführlich zur Weihnachtsbeihilfe Knorr, 1979 und DV 1977 u. Krahmer, NDV 1982, 125 ff.).

(4) *Beispiel*: Die Gewährung einer Beihilfe an eine Sozialhilfeempfängerin und ihre Kinder zur Teilnahme an einer Demonstration in Bonn gegen die Anrechnung des Kindergeldes auf die Sozialhilfe ist nach Ansicht des VG Kassel – Urt. v. 12. 8. 1980, VE 196/80 – wegen des engen Bezugs der Veranstaltung zur sozialen Lage der Klägerin als notwendiger Lebensunterhalt anzusehen und verpflichtet den Sozialhilfeträger zur Gewährung einer einmaligen Beihilfe. (Der Sozialhilfeträger hat gegen dieses Urteil Berufung beim Hess. VGH eingelegt, IX OE 67/80).
Der DV kommt in einer gutachtlichen Äußerung zum (wenig überzeugend begründeten) gegenteiligen Ergebnis: Die Sozialhilfe müsse darauf gerichtet sein, „dem Hilfeempfänger zu ermöglichen, ein der Würde des Menschen entsprechendes Leben zu führen"; ohne die Gewährung der Hilfe müsse der Hilfeempfänger ein seiner Menschenwürde voll entsprechendes Leben nicht führen können. Eine Beeinträchtigung der Personenwürde trete durch die Nichtteilnahme an der Demonstration jedoch nicht ein. Die Teilnahme an einer Demonstration gehöre auch nicht zu den Bedürfnissen des täglichen Lebens (vgl. NDV 1981, 117 f.). Die gegenteilige Auffassung vertreten Hofmann/Krahmer/Stahlmann 1981 und 1981 a in ihrem Rechtsgutachten zur Problematik der „Sozialhilfe für politische Betätigung". Der Hess. VGH wird sich in seiner ausstehenden Entscheidung

über den konkreten Fall hinaus mit der allgemeinen Problematik zu befassen haben, welche Art und welches Maß von „Teilnahme an der Gemeinschaft" (§ 9 SGB – AT) dem Sozialhilfeempfänger zusteht und welchen Stellenwert aktive politische Betätigungen in diesem Zusammenhang einnehmen.

## 6.2.5. Das Taschengeld für Heimbewohner

(1) Hilfeberechtigte, die sich in einer Anstalt befinden, haben Anspruch auf ein angemessenes Taschengeld, § 21 Abs. 3:

„Die Hilfe zum Lebensunterhalt in einer Anstalt, einem Heim oder einer gleichartigen Einrichtung umfaßt auch ein angemessenes Taschengeld, es sei denn, daß dessen bestimmungsmäßige Verwendung durch oder für den Hilfeempfänger nicht möglich ist. Die zuständigen Landesbehörden können für die in ihrem Bereich vorhandenen Einrichtungen die Höhe des Taschengeldes festsetzen. Trägt der Hilfeempfänger die Kosten des Aufenthalts mindestens in Höhe des Doppelten des Regelsatzes eines Haushaltsvorstandes, so ist das Taschengeld um fünf vom Hundert seinen Einkommens, jedoch höchstens um einen Betrag bis zur Höhe von fünfzehn vom Hundert des Regelsatzes eines Haushaltsvorstandes zu erhöhen."

Die Fassung des § 21 Abs. 3 S. 3 ist durch Art. 21 Nr. 22 des 2. HStruktG verschärft worden: *Früher* galt die Regelung, daß dann, wenn der Hilfeempfänger einen Teil der Kosten des Aufenthalts selbst trug, das Taschengeld um 25 vom Hundert seines Einkommens, jedoch höchstens um einen Betrag bis zur Höhe von 20 vom Hundert des Regelsatzes des Haushaltsvorstandes erhöht werden mußte.

In der Begr. (BT-Dr. 9/842, 36) zu dieser Kürzung wird darauf hingewiesen, daß das nach einem Bedarfsmengenschema gezahlte Taschengeld nach § 21 Abs. 3 S. 1 bereits bedarfsdeckend sei, das „Zusatz-Taschengeld" nach § 21 Abs. 3 S. 3 als einkommensbezogene Leistung aber versorgungsähnlich sei und den ohnehin im Regelfall gut versorgten Heimbewohner gegenüber dem Empfänger von Hilfe zum Lebensunterhalt außerhalb von Anstalten privilegiere. Erwägungen darüber, ob z. B. zur sozialen Integration oder Rehabilitation von Heimbewohnern nicht im Gegenteil eine Erhöhung des Taschengeldes nötig wäre, spielen also in der gegenwärtigen „Sparphase" offensichtlich keine Rolle.

Durch die Gewährung dieses Taschengeldes soll dem Hilfeberechtigten ermöglicht werden, *Ausgaben zur Erfüllung persönlicher Bedürfnisse,* die in der Einrichtung, in der er sich befindet, nicht befriedigt werden, *selber zu bestreiten.* Der Anspruch entfällt, wenn der Hilfesuchende rechtlich nicht in der Lage ist, das Taschengeld bestimmungsgemäß zu verwenden und auch ein anderer es für ihn nicht bestimmungsgemäß verwenden kann (Knopp/ Fichtner 1979, § 21 Rz. 12).

Rechtlich kann ein Sozialhilfeberechtigter das Taschengeld nicht verwenden, wenn er geschäftsunfähig ist, da die Willenserklärung eines Geschäftsunfähigen nichtig ist (s. § 105 Abs. 2 BGB); in diesen Fällen kann jedoch regelmäßig ein anderer, sei es der gesetzliche Vertreter, der Anstaltsleiter u. a. Taschengeld für ihn ausgeben. Die 2. Möglichkeit – Entfallen des Anspruchs mangels bestimmungsgemäßer Verwendungsmöglichkeit – kommt allenfalls bei Personen in Betracht, die keine persönlichen Bedürfnisse haben, die nicht durch die Anstaltspflege abgedeckt werden; das mag allenfalls bei Säuglingen der Fall sein.

(2) Bei der *Höhe* des Taschengeldes wird einerseits den Umständen des Einzelfalles Rechnung getragen (§ 3 Abs. 1), andererseits jedoch nach Zweck und Altersstufe pauschaliert.

So unterscheiden beispielsweise die *bayerischen* Sozialhilferichtlinien (Bay. SH-Richtl. 21.03) zwischen

– Hilfeempfängern in einer Anstalt, einem Heim oder einer gleichartigen Einrichtung nach den Altersstufen:

a) Kinder vom Beginn des 5. Lebensjahres bis zur Einschulung (ggf. bis zur Vollendung des 6. Lebensjahres),

b) Kinder vom Beginn der Einschulung (ggf. vom Beginn des 7. Lebensjahres) bis zur Vollendung des 10. Lebensjahres,

c) Kinder vom Beginn des 11. bis zur Vollendung des 14. Lebensjahres,

d) Kinder und Jugendliche vom Beginn des 15. bis zur Vollendung des 17. Lebensjahres,

e) Jugendliche im 18. Lebensjahr,

f) Hilfeempfänger über 18 Jahre,

– Hilfeempfängern über 18 Jahren während eines Erholungsaufenthaltes,

– Hilfeempfängern, die in einer Anstalt, einem Heim oder einer gleichartigen Einrichtung leben und dort nicht ausgebildet oder beschäftigt werden, sondern außerhalb der Einrichtung berufstätig sind; dabei wird wiederum differenziert zwischen 1. Lehr- oder Berufsjahr, 2. Lehr- oder Berufsjahr, 3. Lehr-oder Berufsjahr, 4. Lehr- und den folgenden Berufsjahren.

Laut Bekanntmachung des Bayerischen Staatsministeriums für Arbeit und Sozialordnung (BStMAS) über Taschengeld für Hilfeempfänger nach dem Bundessozialhilfegesetz (BSHG) und dem Jugendwohlfahrtsgesetz (JWG) v. 27. 11. 1974 (AMBl. Nr. 3/1975) gelten für die Höhe des Taschengeldes folgende Mindestbeträge: Für Sozialhilfeberechtigte, die sich in einer Anstalt o.ä. befinden, je nach Lebensjahr 5, 12, 24, 48, 56, 80 DM, für Hilfeempfänger über 18 Jahre während eines Erholungsaufenthalts 104 DM, für berufstätige Hilfeberechtigte je nach Lehr- bzw. Berufsjahr 100, 120, 140, 160 DM. Unter bestimmten Voraussetzungen kommen Zuschläge in Betracht, so etwa ein Zuschlag von 30 % für Hilfeempfänger, die nicht mehr im volksschulpflichtigen Alter sind und eine weiterführende Schule besuchen bzw. in Berufsausbildung stehen.

(3) Der Empfänger kann über das Taschengeld im Grundsatz frei verfügen; *„nicht sinnvolle"* Verwendung des Taschengeldes berührt den Anspruch nach § 21 Abs. 3 im Grundsatz nicht; allerdings wird es für zulässig angesehen, bei wiederholten Verstößen das Taschengeld nach § 25 Abs. 2 wegen unwirtschaftlichen Verhaltens zu beschränken oder ganz zu versagen (Knopp/Fichtner 1979, § 21 Rz. 12).

Dieser zuletzt referierten Rechtsansicht kann in dieser Absolutheit nicht gefolgt werden. Das Taschengeld wird z.T. aus pädagogischen Gründen gewährt. Der Hilfeempfänger – und insbesondere der jugendliche Hilfeempfänger – soll auch lernen, mit Geld umzugehen.

Dazu gehört u.E. auch die Möglichkeit, „unsinnige" Ausgaben zu tätigen, da auch die Erfahrung, Geld „zum Fenster hinauszuwerfen" einen pädagogisch wünschenswerten Lerneffekt haben kann. Die Kürzung oder der Ausschluß des Anspruchs auf Hilfe zum Lebensunterhalt nach der Vorschrift des § 25 Abs. 2, die hier entsprechend herangezogen wird, soll hingegen ein unwirtschaftliches Verhalten sanktionieren, das den Zweck dieser Hilfeleistung, den einzelnen in Stand zu setzen, sich selbst zu unterhalten, gefährdet. Während § 25 Abs. 2 also eine Zweckverfehlung der Hilfe sanktionieren will, sind Zweifel daran erlaubt, ob eine solche Zweckverfehlung bei unwirtschaftlicher Verwendung von Taschengeld in demselben Umfang gegeben ist. Nimmt man an, daß das Taschengeld weniger einem wirtschaftlichen, als vielmehr einem persönlichen, ggf. auch pädagogischen Zweck dient, so scheidet die analoge Anwendung des § 25 Abs. 2 aus. Beim Taschengeld als Zusatz-Leistung zur Befriedigung gewisser persönlicher Bedürfnisse besteht auch nicht die Gefahr, daß bei „Verschwendung" der Mittel nochmals geleistet werden muß, wie es bei unwirtschaftlicher Verwendung der Regelsatzleistungen der Fall sein kann.

(Vgl. zur Gewährung von Taschengeld nach dem BSHG auch die Empfehlungen des DV, 1973.)

(4) *Beispiel*: Ein Rentner, der in einem Altersheim in Bayern lebt und dessen Altersruhegeld von 920,— DM mtl. nicht ausreicht, die Heimkosten von 1500 DM zu decken, erhält Hilfe zum Lebensunterhalt in dem Umfang, in dem die Heimkosten anderweitig nicht bezahlt werden. Im Jahre 1981 hatte er darüber hinaus Anspruch auf ein Taschengeld, das sich zusammensetzte aus einem Grundbetrag von 80 DM (§ 21 Abs. 3 S. 2; vgl. die vorstehend zitierte bayerische Bekanntmachung zur Höhe des Grundbetrages) und 25 % seines Einkommens (=230 DM), „jedoch höchstens einen Betrag bis zur Höhe von 20 % des Regelsatzes eines Haushaltsvorstandes" (§ 21 Abs. 3 S. 3). Demnach belief sich sein gesamtes Taschengeld auf 145,60 DM (80 DM + 65,50 DM – bezogen auf einen Regelsatz von 328 DM (=Bundesdurchschnitt für 1981). Im Jahre 1982 kann er – unter Zugrundelegung eines Regelsatzes von 338 DM (=Bundesdurchschnitt) bei gleichbleibendem Grundbetrag ein Gesamttaschengeld von 126 DM erwarten (= 5 % seines Altersruhegeldes, mit dem er die Kosten seines Aufenthalts in dem Altersheim deckt; dieser Betrag übersteigt auch nicht die Grenze von 15 % des Regelsatzes eines Haushaltsvorstandes).

(5) Es ist absehbar, daß die durch das 2. HStruktG geschaffene Neuregelung des Taschengeldes für Heimbewohner aufgrund der massiven Kritik in der Öffentlichkeit wieder revidiert wird: So ist vorgeschlagen worden, allen Heimbewohnern eine Leistung in Höhe von 120 DM monatlich zu gewähren und demjenigen, der selbst zu den Kosten des Heimaufenthaltes beiträgt, darüber hinaus weitere 5 % seines Einkommens als Zusatztaschengeld zu belassen. Es ist in Aussicht genommen, daß entsprechend der Höhe des Heimkostenbeitrags aus eigenem Einkommen die Höhe des „Taschengeldes" – hier sind stattdessen die Begriffe „Barleistung" und „Verfügungsgeld" im Gespräch – insgesamt 150 DM betragen kann.

## 6.2.6. *Die Hilfe zum Lebensunterhalt in Sonderfällen*

§ 15 a regelt die Hilfe zum Lebensunterhalt in *Sonderfällen*:

„Hilfe zum Lebensunterhalt kann in Fällen, in denen nach den vorstehenden Bestimmungen die Gewährung von Hilfe nicht möglich ist, gewährt werden, wenn dies zur Sicherung der Unterkunft oder zur Behebung einer vergleichbaren Notlage gerechtfertigt ist. Geldleistungen können als Beihilfe oder bei vorübergehender Notlage als Darlehen gewährt werden".

Die Anwendbarkeit dieser Vorschrift setzt voraus, daß die Gewährung von Hilfe zum Lebensunterhalt nach den vorausgehenden Vorschriften nicht in Betracht kommt; § 11 Abs. 2 u. 3, die Hilfe zum Lebensunterhalt trotz ausreichenden Einkommens und Vermögens vorsehen, schließen die Anwendung des § 15 a aus (Knopp/Fichtner 1979, § 15 a Rz. 2). Es steht im Ermessen des Sozialhilfeträgers, zu entscheiden, ob und in welchem Umfang – ganz oder teilweise – der Bedarf des Hilfesuchenden befriedigt werden soll.

§ 15 a ermöglicht beispielsweise die Übernahme von *Mietschulden* (ggf. auch von Gerichts- und Anwaltskosten) in Fällen, in denen eine *drohende Obdachlosigkeit vermieden* werden soll; ferner ermöglicht diese Vorschrift z. B. die Übernahme von Schulden für *Hausrat* im Rahmen des *notwendigen* Lebensunterhalts, die Übernahme von Mietkautionen sowie von Maklergebühren, wenn auf andere Weise der Notlage nicht abgeholfen werden kann (vgl. Bay. SH-Richtl. 15 a. 02 u. 15 a. 03). Das VG Hannover hat eine Leistung nur dann als zur Sicherung der Unterkunft i.S. des § 15 a notwendig angesehen, wenn Obdachlosigkeit vermieden, eine Zwangsräumung abgewendet oder ein Arbeitsplatz erhalten werden soll (Urt. v. 10. 6. 1974, in: ZfS 1974, 276 f.; so auch Bay. SH-Richtl. 15 a. 01).

*„Vergleichbare Notlage"* heißt *nicht*, daß sich die Notlage auf die *Unterkunft* beziehen muß; es kommt vielmehr als Notlage jede Situation in Betracht, die in ihrer Schwere der Sicherung der Unterkunft entspricht. Es muß sich also gleichsam um eine existenzielle Notsituation handeln; als Beispiele werden gemeinhin genannt: weite Auslandsreisen zum Besuch eines schwer erkrankten nahen Angehörigen, die *Übernahme rückständiger Energiekosten*, nicht aber z. B. etwa Hilfe zur Ausbildung dort, wo eine Förderung wegen mangelnder Voraussetzung nach dem BAföG nicht in Betracht kommt (Knopp/Fichtner 1979, § 15 a Rz. 4; vgl. 6.2.7.3.). Als vorübergehend i.S. von § 15 a S. 2 wird eine Notlage dann angesehen, wenn sie voraussichtlich nicht länger als ca. 3 Monate andauert (Bay. SH-Richtl. 15 a 04).

Im Rahmen der Hilfe nach § 15 a können auch die Kosten für die Beibehaltung von Mietwohnungen für Insassen von Justizvollzugsanstalten getragen werden; dies gilt grundsätzlich bei kurzfristigem Freiheitsentzug, bei längerem Freiheitsentzug dagegen nur dann, wenn besondere Umstände hinzukommen, z. B. besonders günstige Bedingungen für eine Resozialisierung, besonders günstiger Mietpreis, der bei Neuanmietung einer Wohnung nicht mehr zu erhalten wäre, wenn die Ersparnis in keinem Verhältnis zu der Neuaufwendung stehen würde, sowie entstehende hohe Kosten für die Unterstellung und den Transport von Möbeln (bay. SH-Richtl. 15 a. 05).

Vaskovics/Weins (1979, 36) weisen kritisch darauf hin, daß die Kann-Bestimmungen des § 15 a sich bei der von ihnen eingehend analysierten Problematik der Obdachlosigkeit „unter kommunaler Handhabung oft als wirkungslos" erwiesen hätten und halten eine Verschärfung bei manchen Adressatengruppen i.S. einer verpflichtenden Anwendung für notwendig.

## 6.2.7. Die sonstigen Voraussetzungen und Modalitäten der Gewährung der Hilfe zum Lebensunterhalt

### 6.2.7.1. Die Haushaltsgemeinschaft

(1) Die Vorschrift des § 16 enthält eine Ermächtigung an den Träger der Sozialhilfe, die Voraussetzungen der Gewährung von Hilfe zum Lebensunterhalt als nicht vorliegend zu erachten, wenn der Hilfesuchende in *Haushaltsgemeinschaft mit Verwandten oder Verschwägerten* lebt, die *ihrerseits über ein hinreichendes Einkommen bzw. Vermögen verfügen:*

„Lebt ein Hilfesuchender in Haushaltsgemeinschaft mit Verwandten oder Verschwägerten, so wird vermutet, daß er von ihnen Leistungen zum Lebensunterhalt erhält, soweit dies nach ihrem Einkommen und Vermögen erwartet werden kann. Soweit jedoch der Hilfesuchende von den in Satz 1 genannten Personen Leistungen zum Lebensunterhalt nicht erhält, ist ihm Hilfe zum Lebensunterhalt zu gewähren."

Es handelt sich bei der Vorschrift des § 16 um eine *gesetzliche Vermutung,* die, wie Satz 2 klarstellt, durch Tatsachen widerlegt werden kann.

Die Regelung knüpft an den von der Rechtsprechung zu § 5 RGr. entwickelten Grundsatz der Familiennotgemeinschaft an, der auf der Überlegung beruhte, daß die in gemeinsamem Haushalt zusammenlebenden Familienmitglieder, insbesondere Ehegatten, Verwandte und Verschwägerte als eine Art Bedarfs- und Einkommensgemeinschaft unabhängig vom Vorliegen einer bürgerlich-rechtlichen Unterhaltspflicht auch sittlich zum Einstehen für ein in Not geratenes Familienmitglied verpflichtet seien (Jehle 1958, 129).

Der Hilfesuchende muß zur *Entkräftung* dieser Vermutung nicht den vollen Gegenbeweis führen; andererseits genügt es nicht, wenn er lediglich behauptet, nicht den notwendigen Lebensunterhalt von der Haushaltsgemeinschaft zu erhalten. Er muß vielmehr *Tatsachen behaupten und glaubhaft machen* können, welche die Richtigkeit der gesetzlichen Vermutung erschüttern, so z. B. regelmäßige Geldzuwendungen, die weit unter dem notwendigen Lebensunterhalt liegen; ferner können offenkundige Tatsachen und glaubhafte Bekundungen Dritter zur Widerlegung der Vermutung herangezogen werden; im Zweifelsfalle hat der Sozialhilfeträger den Sachverhalt von Amts wegen aufzuklären (Knopp/Fichtner 1979, § 16 Rz. 9). Die Vermutung kann insbesondere auch durch die glaubhafte, dem Sozialhilfeträger gegenüber erklärte *Weigerung des Angehörigen,* dem Hilfesuchenden den notwendigen Lebensunterhalt zu gewähren, widerlegt werden (DV, Gutachten, in: NDV 1967, 121 f.).

(2) Der Begriff *„Haushaltsgemeinschaft"* ist eng auszulegen und im Sinne einer *Wohn- und Wirtschaftsgemeinschaft* zu verstehen. Im übrigen ist zum Verständnis der vorstehenden Vorschrift darauf hinzuweisen, daß damit keine eigenständige, über das bürgerliche Recht hinausgehende öffentlich-rechtliche Unterhaltsverpflichtung geschaffen wird, vielmehr lediglich, wie ausgeführt, eine gesetzliche Vermutung und eine Regelung der Beweislast niedergelegt sind. Wenn also

Verwandte bzw. Verschwägerte i.S. des § 16 trotz Leistungsfähigkeit dem Hilfesuchenden keine Leistungen zur Bestreitung seines Lebensunterhalts gewähren, so besteht nur die Möglichkeit, daß der Träger die Hilfe leistet und dann gegenüber unterhaltspflichtigen Verwandten nach §§ 90, 91 verfährt (vgl. 8.1. und Gottschick/Giese 1981, § 16 Rz. 6).

Eine praktisch bedeutsame Ausnahme von der Berufung auf die Vermutung des § 16 ist von der Rechtsprechung des Bundesverwaltungsgerichts entwickelt worden: danach ist eine Berufung des Sozialhilfeträgers auf diese Vermutung nicht zulässig, wenn dies zur Auflösung der Haushaltsgemeinschaft führen könnte (BVerwG, in: FEVS 25, 274).

Für Personen, die in einer eheähnlichen Gemeinschaft leben, gilt die Sondervorschrift des § 122:

### 6.2.7.2. Die eheähnliche Gemeinschaft

(1) „Personen, die in eheähnlicher Gemeinschaft leben, dürfen hinsichtlich der Voraussetzungen sowie des Umfanges der Sozialhilfe nicht besser gestellt werden als Ehegatten. § 16 gilt entsprechend". (§ 122).

Die Vorschrift soll verhindern, daß Personen, die in eheähnlicher Gemeinschaft leben, besser gestellt werden als Ehegatten: Das bedeutet, daß entsprechend der in § 11 für Ehegatten getroffenen Regelung auch in einer eheähnlichen Gemeinschaft *Einkommen und Vermögen des Partners* des Hilfesuchenden zu berücksichtigen sind.

„Hilfe zum Lebensunterhalt ist demnach auch dann zu versagen, wenn das Einkommen des einen Partners der eheähnlichen Gemeinschaft geeignet ist, die Hilfsbedürftigkeit des anderen zu beseitigen" (BVerwG, in: FEVS 15, 130). Dagegen kann es nicht darauf ankommen, ob nach der Regelung in § 16 BSHG vom dem Partner entsprechende Leistungen erbracht werden können. Denn die in § 122 Satz 2 BSHG vorgeschriebene entsprechende Anwendung des § 16 BSHG kann nur bedeuten, daß die Verschwägerten des Partners einer eheähnlichen Gemeinschaft ebenso zu behandeln sind wie die in § 16 BSHG genannten Verschwägerten des Hilfesuchenden (BVerwGE 39, 261 ff., 267/268).

(2) Eine *„eheähnliche Gemeinschaft"* liegt dann vor, wenn zwischen einem Mann und einer Frau eine Wohn- und Wirtschaftsgemeinschaft besteht; darauf, ob innere Bindung oder Verpflichtung zur Unterhaltsgewährung oder zur gemeinsamen Lebensführung bestehen, kommt es ebenso wenig an wie darauf, ob die Partner geschlechtliche Beziehungen unterhalten; entscheidend ist, ob sie wie in einer Ehe *„aus einem Topf"* wirtschaften (BVerwGE 15, 306 ff., 312 f.; BVerwG, in: FamRZ 1977, 392 f.). Die Annahme einer solchen „aus einem Topf" wirtschaftenden Gemeinschaft soll nach der Rechtsprechung zudem *nicht* voraussetzen, daß eine gemeinsame Kasse besteht, daß die der Befriedigung jeglichen Lebensbedarfs dienenden Güter nur gemeinsam und aufgrund gemeinsamer Planung angeschafft werden, daß jede Ausgabe nur gemeinsam bestritten wird, daß der eine Partner über ein etwa bestehendes Konto des anderen Partners verfügen

darf, daß Mieter der Wohnung im Außenverhältnis nur der eine Partner ist und dementsprechend die Miete entrichtet, während der andere Partner seinen Beitrag im Innenverhältnis leistet (BVerwG, in: FamRZ 1977, 392 f.).

Mann kann hier zu Recht fragen, wie noch von einem Wirtschaften „aus einem Topf" die Rede sein kann, wenn – so aber das BVerwG – eine gemeinsame Kasse fehlt *usw.* (vgl. Grave 1978, 153). Und man kann fragen, worin dann eigentlich noch die „*Ehe*"-Ähnlichkeit der Gemeinschaft bestehen soll, wenn lediglich ein – so weit gefaßtes – Wirtschaften „aus einem Topf" erforderlich ist. Daß bei Bruder und Schwester (vgl. DV,Gutachten VI, Nr. 306) die Anwendung des § 122 nicht in Betracht kommen soll (auch z. B. bei einem katholischen Pfarrer und seiner Haushälterin?), weil bei ihnen die Ehe nicht in Betracht kommt, erscheint als nachträglicher Versuch, die extensive Auslegung der Vorschrift durch die Rechtsprechung zu korrigieren.

Umgekehrt sollen aber nach der Rechtsprechung innere Beziehungen – z. B. Intimbeziehungen – ein wichtiges „*Indiz*" für das Bestehen einer eheähnlichen Gemeinschaft sein. (BVerwG , in: FamRZ 1977, 392 f.). Das bedeutet natürlich, daß der Sozialhilfeträger auf die Ermittlung solcher „Indizien" auch achten wird; zu den damit verbundenen Problemen vgl. (3).

Die *praktische Konsequenz* besteht u. a. darin, daß sich der Hilfesuchende das *Einkommen seines Partners anrechnen* lassen muß. Sind beide Partner sozialhilfebedürftig, so erhalten nicht beide Personen den Eckregelsatz, d. h. den Regelsatz für eine alleinstehende Person und Haushaltsvorstand, so daß nur einmal der Eckregelsatz, im übrigen der Regelsatz für den Haushaltsangehörigen gewährt wird (6.2.3.2.1.). Die Bemessung der Hilfe zum Lebensunterhalt wird also wie bei einem Ehepaar vorgenommen.

*Beispiel:* Lebt eine alleinerziehende Mutter mit zwei Kindern, die Hilfe zum Lebensunterhalt erhält, zunächst allein mit ihren Kindern in ihrer Wohnung und zieht dann ein Mann zu ihr, den sie kenngelernt hat und der als Vertreter 3500 DM (netto) verdient, dann erhält sie keine Sozialhilfe mehr (weil das Einkommen des Mannes angerechnet wird), wenn der Sozialarbeiter des Außendienstes bei einem Hausbesuch feststellt, daß sich der Mann an der Miete beteiligt, zu der gemeinsamen Haushaltsführung beisteuert, mit der Frau ein gemeinsames Schlafzimmer hat u. a.m. Eine solche „ökonomistische" Betrachtungsweise übersieht freilich, daß hier u. U. die Selbsthilfe der Frau, nämlich die (in relativer finanzieller Unabhängigkeit begonnene) Suche nach einer neuen, tragfähigen Verbindung finanziell bestraft wird: Die Frau erhält keine Sozialhilfe mehr, verliert damit ihre finanzielle Unabhängigkeit vom Mann und ist nun in der „Probephase" ökonomisch völlig vom neuen Partner abhängig.

Bei alten Leuten handhabt die Praxis die Anwendung des § 122 erfahrungsgemäß zurückhaltend. Wenn der Partner den Hilfesuchenden tatsächlich nicht unterstützt, so ist die Behörde zur Gewährung von Sozialhilfe verpflichtet; die Hilfsbedürftigkeit wird also nicht schon dadurch ausgeschlossen, daß der nicht hilfsbedürftige Partner den Unterhalt kraft rechtlicher oder sittlicher Verpflichtung an sich leisten müßte, sondern erst dadurch, daß er dem hilfsbedürftigen Partner ausreichenden Lebensunterhalt auch tatsächlich gewährt (BVerwGE 15, 315).

(3) Die Vorschrift des § 122 darf auch nur mit der Zielsetzung angewandt werden, eheähnliche Gemeinschaften hinsichtlich ihrer materiellen Grundlagen ge-

genüber Ehen nicht zu begünstigen; keinesfalls darf die Vorschrift dazu dienen, eheähnlichen Gemeinschaften die materielle Grundlage zu entziehen und dadurch derartige Verhältnisse zu bekämpfen.

Das Bundesverfassungsgericht hat die *Verfassungsmäßigkeit* der entsprechenden Regelung des früheren § 149 Abs. 5 AVAVG in Ansehung des Gleichheitsgrundsatzes (Art. 3 GG) mit der Erwägung bejaht, daß die Gleichstellung eheähnlicher Gemeinschaften mit Haushaltsgemeinschaften von Ehegatten oder von Verwandten in gerader Linie unter dem Gesichtspunkt, daß die Zugehörigkeit zu einer solchen Gemeinschaft bei ausreichendem Vermögen oder Einkommen des Haushaltsmitglieds die Bedürftigkeit des Hilfesuchenden ausschließe, sachlich gerechtfertigt sei: zum einen kommen es nämlich auf die tatsächliche Situation an, sei die Vorschrift also nicht anwendbar, wenn der Bedürftige nicht mitversorgt, wenn also nicht „aus einem Topf" gewirtschaftet werde, da es an den Tatbestandsmerkmalen der gemeinsamen Haushaltsführung fehle; zum anderen widerspreche es dem Gedanken des sozialen Rechtsstaats, daß Mittel der Allgemeinheit, die zur Hilfe für deren bedürftige Mitglieder bestimmt seien, mangels genügender Kontrolle auch in Fällen in Anspruch genommen werden könnten, in denen wirkliche Bedürftigkeit nicht vorliege, weil der Bedarf von dritter Seite gedeckt werde (BVerfGE 9, 20 ff., 34 f.).

(4) Rechtsdogmatisch stellt sich die Vorschrift des § 122 als eine *Vertypung* der nach § 2 Abs. 1 ohnehin anzustellenden *Bedarfsprüfung* dar, die sich an den praktischen Erfordernissen der Verwaltung orientiert und dem Umstand Rechnung trägt, daß eheähnliche Gemeinschaften in weit stärkerem Maße eine typische Erscheinung des sozialen Lebens sind als etwa Haushaltsgemeinschaften von Geschwistern oder von befreundeten Personen gleichen Geschlechts (BVerwGE 52, 11 ff., 13 f.).

Diese Rechtssprechung (zustimmend Rüfner 1978, 86 ff.) erscheint deswegen nicht bedenkenfrei, weil sie eine bestimmte, nicht mit einer bürgerlich-rechtlichen Unterhaltpflicht sanktionierte Form des zwischenmenschlichen Zusammenlebens, nämlich die nichteheliche Lebensgemeinschaft, leistungsmäßig schlechter behandelt als andere (z. B. gleichgeschlechtliche) Haushaltsgemeinschaften. Darüber hinaus ist zu dem immer wieder vorgebrachten Argument, Partner einer ehelichen Gemeinschaft dürften nicht besser gestellt werden als Ehepartner, zu sagen, daß die Ehe auf zahlreichen anderen Gebieten, gerade auch im Bereich der Sozialleistungen privilegiert wird, eine Abkehr von der Vorschrift des § 122 also lediglich punktuell, nicht aber insgesamt gesehen eine Besserstellung bedeuten würde.

Ferner ist darauf hinzuweisen, daß die soziologischen Voraussetzungen von ehelichen und nichtehelichen Gemeinschaften doch häufig sehr verschieden sind: Nichteheliche Gemeinschaften sind eben (und deshalb wird in vielen Fällen ja auch die Ehe nicht eingegangen) gleichsam „von Natur aus" sehr viel unbeständiger, befristeter und sehr viel stärker auf Widerruf angelegt als Ehen. Schließlich ist anzumerken, daß der Beweis der nichtehelichen Lebensgemeinschaften sehr schwer zu führen ist, andererseits die Beweisführung selbst durch die damit verbundene Aufklärung der tatsächlichen Verhältnisse doch einen erheblichen Eingriff in die Persönlichkeitssphäre der Betroffenen mit sich bringen kann. (Auswüchse in diese Richtung, die durch einschlägige Praktiken – „Schnüffelpraxis" – der dafür zuständigen Inspektoren bewirkt worden sind, sind insbesondere aus Großbritannien bekannt geworden, wo die Probleme im Zusammenhang mit „couples living together as husband and wife" und der sog. „cohabitation rule" im Fürsorgerecht, in der Fürsorgepraxis und in der Kritik daran breiten Raum einnehmen.) Der Hinweis auf Großbritannien soll freilich nicht bedeuten, daß bei uns eine solche „Schnüffelpraxis" ausgeschlossen wäre; jeder Sozialarbeiter im Außendienst weiß von der Problematik der Ermittlung solcher „eheähnlicher Gemeinschaften" sowohl hinsichtlich der Betroffenen als auch seines eigenen Berufsverständnisses, das entscheidend auf Vertrauensbeziehungen zum „Klienten" abstellt (vgl. Wagener 1978).

(5) In den Fällen der Bedarfsgemeinschaft (§ 11; vgl. 6.2.1.), der Haushaltsgemeinschaft (§ 16; vgl. 6.2.7.1.) und der eheähnlichen Gemeinschaft (§ 122; vgl. 6.2.7.2.) wird also in gewissem, im einzelnen unterschiedlichen Umfang ein *Einkommen des Hilfesuchenden unterstellt;* dabei handelt es sich in den beiden letztgenannten Fällen um Unterstellungen, die *widerlegt* werden können. In allen drei Fällen geht der Gesetzgeber davon aus, daß die Form des Zusammenlebens ein Füreinander-Eintreten einschließt, welches die Hilfsbedürftigkeit eines Mitglieds der Gemeinschaft „auffängt" und damit ausschließt.

### 6.2.7.3. Hilfe zum Lebensunterhalt für Auszubildende

Nach einigen Gerichtsentscheidungen in den Jahren 1978/79 hatte sich eine heftige Kontoverse an der Frage entzündet, ob Studenten, die (z. B. wegen Überschreitung der Höchstdauer der Förderung) keine Leistungen mehr nach dem BAföG erhalten und über keine ausreichenden Eigenmittel verfügen, nicht wenigstens Hilfe zum Lebensunterhalt erhalten können.

Eine weit verbreitete Ansicht verneinte die Zulässigkeit eines Rückgriffs auf die Hilfe zum Lebensunterhalt, weil diese nicht zu einer verkappten Ausbildungshilfe, also zum Ersatz für die vom BAföG abschließend geregelte Förderung eines Hochschulbesuchs werden dürfe (Knopp/Fichtner 1979, § 31 Rz. 1). Diese Ansicht verkannte freilich trotz aufwendiger Argumentation (z. B. Brosche 1978, 1 ff.) die einfache Tatsache, daß die Hilfe zum Lebensunterhalt nicht generell und ohne Änderung der maßgeblichen Vorschriften für eine ganze Bevölkerungsgruppe gleichsam stillschweigend ausgeschlossen sein kann; ein entsprechender Wille des Gesetzgebers wurde auch von niemand nachgewiesen (so zu Recht Giese 1978, 56; Krahmer 1978, 42 f.; Richter 1980, 77 f.; Krahmer 1981, 212 ff.; Becker-Neetz/Krahmer 1981, 36 ff., jeweils m.w.N.).

Der Gesetzgeber hat nunmehr durch Art. 21 Nr. 8 des 2. HStruktG mit Wirkung vom 1. 1. 1982 folgenden § 26 in das BSHG eingefügt:

„Auszubildende, deren Ausbildung im Rahmen des Bundesausbildungsförderungsgesetzes oder des Arbeitsförderungsgesetzes dem Grunde nach förderungsfähig ist, haben keinen Anspruch auf Hilfe zum Lebensunterhalt. In besonderen Härtefällen kann Hilfe zum Lebensunterhalt gewährt werden."

Damit ist die Streitfrage ganz im Sinne der oben zitierten weit verbreiteten Ansicht, der sich auch das BVerwG zugesellt hatte (in: FamRZ 1981, 711 f.), entschieden. Die Formulierung des § 26 bedeutet also, daß die Hilfe zum Lebensunterhalt nicht nur dann entfällt, wenn *tatsächlich* Leistungen nach den

genannten Gesetzen gewährt werden, sondern bereits dann, wenn die Schul-
oder Berufsausbildung im AFG oder im BAföG *als förderungsfähig vorgesehen
ist (ohne* daß im Einzelfall auch die Voraussetzungen für die Leistung nach diesen Gesetzen vorliegen müssen). Wenn also z. B. aus § 68 Abs. 2 Nr. 6 BAföG
folgt, daß förderungsfähig nach BAföG Studenten an Hochschulen sind, dann
bedeutet dies nach § 26, daß Hilfe zum Lebensunterhalt grundsätzlich nicht in
Betracht kommt. Es bleibt abzuwarten, wie die Praxis die *Ausnahmeregelung* des
§ 26 S. 2 handhaben wird.

Ein *Beispiel* könnte etwa der Fall sein, daß bei einem Examenssemester das unmittelbar
bevorstehende Erreichen des Studienziels konkret gefährdet würde, falls Hilfe zum Lebensunterhalt nicht geleistet und der Student statt dessen auf eine Arbeitsaufnahme oder
den Abbruch des Studiums verwiesen würde. Im übrigen dürfte die Koppelung des unbestimmten Rechtsbegriffs „besondere Härtefälle" mit einem Kann-Ermessen noch zu erheblichen Schwierigkeiten führen (vgl. Fries/Trenk-Hinterberger 1981, 552).

### 6.2.8. Die Hilfe zur Arbeit

Ausführlich regelt das BSHG in einem besonderen Unterabschnitt 2 („Hilfe zur
Arbeit") die Verpflichtung des Hilfesuchenden, seine *Arbeitskraft* einzusetzen,
und die Möglichkeiten des Sozialhilfeträger, zur Erfüllung dieser Verpflichtung
beizutragen und dazu anzuhalten. Die Regelung konkretisiert das Nachrang-
prinzip des § 2.

#### 6.2.8.1. Die Beschaffung des Lebensunterhalts durch Arbeit

(1) Die Vorschrift des § 18 lautet (in der Neufassung durch das 2. HStruktG):

„(1) Jeder Hilfesuchende muß seine Arbeitskraft zur Beschaffung des Lebensunterhalts für
sich und seine unterhaltsberechtigten Angehörigen einsetzen.
(2) Es ist darauf hinzuwirken, daß der Hilfesuchende sich um Arbeit bemüht und Gelegenheit zur Arbeit erhält; hierbei ist besonders mit den Dienststellen der Bundesanstalt für
Arbeit zusammenzuwirken. Dies gilt nicht für Hilfesuchende, denen eine Arbeitserlaubnis
nicht erteilt werden kann; § 19 bleibt unberührt, soweit kein Arbeitsverhältnis im Sinne
des Arbeitsrechts begründet wird.
(3) Dem Hilfesuchenden darf eine Arbeit nicht zugemutet werden, wenn er körperlich
oder geistig hierzu nicht in der Lage ist oder wenn ihm die zukünftige Ausübung seiner
bisherigen überwiegenden Tätigkeit wesentlich erschwert würde, oder wenn der Arbeit ein
sonstiger wichtiger Grund entgegensteht. Ihm darf eine Arbeit vor allem nicht zugemutet
werden, soweit dadurch die geordnete Erziehung eines Kindes gefährdet würde; auch sonst
sind die Pflichten zu berücksichtigen, die dem Hilfesuchenden die Führung eines Haushalts oder die Pflege eines Angehörigen auferlegt. Eine Arbeit ist insbesondere nicht allein
deshalb unzumutbar, weil
1. sie nicht einer früher beruflichen Tätigkeit des Hilfeempfängers entspricht,
2. sie im Hinblick auf die Ausbildung des Hilfeempfängers als geringerwertig anzusehen
ist,

3. der Beschäftigungsort vom Wohnort des Hilfeempfängers weiter entfernt ist als ein früherer Beschäftigungs- oder Ausbildungsort,
4. die Arbeitsbedingungen ungünstiger sind als bei den bisherigen Beschäftigungen des Hilfeempfängers."

Diese Vorschrift, die den Hilfesuchenden verpflichtet, seine Arbeitskraft einzusetzen, gilt praktisch *nur für die Hilfe zum Lebensunterhalt;* bei der Hilfe in besonderen Lebenslagen (dazu 6.3.) wird der Einsatz der Arbeitskraft nicht zugemutet (vgl. schon bei 4.4.2.1. (1) und unter 6.3.4.5. (2) mit der dort genannten seltenen Ausnahme).

„Arbeitskraft" heißt Fähigkeit zu einer Tätigkeit, die erwerbsmäßig ausgeübt werden kann und tatsächlich und rechtlich möglich ist. Die *Verpflichtung* zum Einsatz der Arbeitskraft besteht nur, *soweit der Hilfesuchende arbeitsfähig und ihm die Arbeit zumutbar ist;* bei teilweiser Arbeitsunfähigkeit besteht eine Verpflichtung, die noch vorhandene Arbeitskraft einzusetzen.

Aus der Vorschrift des § 1 Abs. 2 S. 2 HS. 2, wonach der Hilfeempfänger verpflichtet ist, nach seinen Kräften mitzuwirken, unabhängig von der Sozialhilfe zu leben, wird gefolgert, daß es ihm zuzumuten ist, sich zum Zwecke der Wiederherstellung seiner Arbeitsfähigkeit einem medizinischen Eingriff zu unterziehen, wenn die Behandlung nicht mit einer erheblichen Gefahr für Leben und Gesundheit verbunden ist (DV, Gutachten, in: NDV 1969, 144 f; vgl. auch oben 5.8.2.2.2.)
Ob dem Hilfesuchenden eine Arbeit körperlich oder geistig zugemutet werden kann, wird im Zweifelsfalle aufgrund eines *ärztlichen Gutachtens* entschieden. Im übrigen ist die Zumutbarkeit ein unbestimmter Rechtsbegriff, für dessen Auslegung auf die Besonderheiten des Einzelfalles zurückzugreifen ist (vgl. § 3 Abs. 1). Der Hilfesuchende muß seine Arbeitskraft ggf. auch außerhalb des erlernten oder bisher ausgeübten Berufes einsetzen. So ist z. B. auch nicht ausgeschlossen, einem früher geistig Arbeitenden eine körperliche Arbeit zuzuweisen.

(2) Wichtig ist, darauf hinzuweisen, daß im Sozialhilferecht die Arbeit nicht lediglich als ein wirtschaftliches Problem anzusehen ist, sondern ihr ein sozialethischer Wert als ein Mittel zur Entfaltung der Persönlichkeit zugeschrieben wird. In diesem Zusammenhang hat das Bundesverwaltungsgericht (BVerwGE 29, 99 ff., 102 ff.) ausgeführt:

„(Aber) nicht nur der Personenkreis der sog. Arbeitsunwilligen ist nicht durch einheitliche Merkmale abzugrenzen. Auch die Mittel, das Selbsthilfestreben zu fördern, sind verschiedenartig. Schon die Tatsache, daß der wirtschaftliche Erfolg und die persönliche Erfüllung, die durch die Arbeit vermittelt werden können, in vielen Fällen keinen ausreichenden Anreiz bieten, unabhängig von den verhältnismäßig niedrigen Leistungen der Sozialhilfe zu leben, zeigt, daß sich unter den Arbeitsunwilligen vielfach Personen befinden, die auch auf wirtschaftliche Druckmittel nicht ansprechbar sind. Unter diesen Umständen kann nicht davon ausgegangen werden, daß die gänzliche oder teilweise Verweigerung der Hilfe zum Lebensunterhalt allgemein ein taugliches Mittel ist, den Hilfesuchenden wieder in eine ihn selbst und seine Familie erhaltende Erwerbstätigkeit zu bringen. Nach den dem Senat vermittelten Erfahrungen der Wissenschaft und der Sozialhilfepraxis richten sich die Mittel nach den Eigenarten des jeweiligen Hilfesuchenden und reichen von der Beratung durch den Träger der Sozialhilfe über die Vermittlung einer besonders überwachten und ge-schützten Tätigkeit hin bis zur Arbeitstherapie unter ärztlich-psychologischer Anleitung und zur psychotherapeutischen Behandlung. In einzelnen Fällen scheidet eine wirksame Hilfe überhaupt aus. ... Die tatsächlichen Möglichkeiten der Hilfe sind überdies für die einzelnen Träger der Sozialhilfe verschieden. Wie sich aus § 3 BSHG, aber auch aus der Tatsache ergibt, daß die hier einschlägigen §§ 20 und 39 Abs. 2 BSHG keine Pflichtleistun-gen der Sozialhilfeträger vorsehen, können die tatsächlichen Möglichkeiten der Hilfe recht-lich nicht unberücksichtigt bleiben. Abgesehen von der verschiedenen personellen Ausstat-tung der einzelnen Träger der Sozialhilfe, die zugleich den Umfang der Beratung und die Möglichkeit eines überwachten Arbeitseinsatzes mitbestimmt, sind die diagnostischen Möglichkeiten auf dem Lande begrenzter als in der Stadt. ... Auf diesem historischen und tatsächlichen Hintergrund sind die Vorschriften des Bundessozialhilfegesetzes auszulegen. Auszugehen ist dabei davon, daß der Träger der Sozialhilfe verpflichtet ist, einen ihm bekannt gewordenen Notfall unter allen rechtlichen Gesichtspunkten daraufhin zu prüfen, welche Möglichkeiten der Hilfe sich anbieten (dazu BVerwGE 22, 319)." Das Gericht führt weiter aus, daß dem Hilfesuchenden im Falle der Arbeitsentwöhnung eine geeignete Tätigkeit angeboten werden soll (§ 20 Abs. 1) und nach § 39 Abs. 2 (vgl. 6.3.5.6.) die Möglichkeit besteht, Personen, die eine seelische Fehlhaltung aufweisen und aus diesem Grunde nicht die erforderliche Arbeitsbereitschaft aufbringen, Eingliederungshilfe zu ge-währen. Es fährt dann fort: „Schon hieraus wird ersichtlich, daß die Verweigerung einer Arbeit für sich allein den Träger der Sozialhilfe nicht berechtigt, den Hilfesuchenden aus seiner Obhut zu entlassen. Darüber hinaus folgt die fortdauernde Betreuungsverpflichtung aus dem allgemeinen Auftrag der Sozialhilfe, sich jeder die Menschenwürde bedrohenden Notlage ohne Rücksicht auf deren Ursache anzunehmen. Wird dies bedacht, so kann auch § 25 BSHG, der nach der Überschrift des Unterabschnitts 4 des Bundessozialhilfegesetzes die Folgen der Arbeitsscheu und des unwirtschaftlichen Verhaltens umschreibt, nicht so verstanden werden, daß der Träger der Sozialhilfe bei Verweigerung der Arbeitsaufnahme, gleich aus welchen Gründen auch immer, aller Betreuungsverpflichtungen ledig wäre. Das Gesetz gibt dem Träger der Sozialhilfe in § 25 lediglich die Möglichkeit, die Hilfe zum Lebensunterhalt zu versagen oder einzuschränken, läßt demnach die grundsätzliche Ver-pflichtung des Trägers der Sozialhilfe, den einzelnen Fall unter Kontrolle zu halten, unbe-rührt. Die Befugnis des Trägers der Sozialhilfe, die Hilfe zum Lebensunterhalt einzustellen oder zu kürzen, kann also nicht als Verwirkungstatbestand angesehen werden. Vielmehr handelt es sich um die Umschreibung eines Mittels, mit dem dem mangelnden Selbsthil-festreben des Hilfesuchenden begegnet werden kann, letztlich demnach um eine Hilfe. ... Der Träger der Sozialhilfe hat (jedoch) die weitere Entwicklung des Sozialhilfefalles zu beobachten. Insbesondere wird er auch darauf Bedacht zu nehmen haben, daß nach Mög-lichkeit die Entziehung oder Kürzung der Hilfe zum Lebensunterhalt nicht tatsächlich den Anspruch auf Hilfe zum Lebensunterhalt der Angehörigen des Hilfesuchenden verkürzt und der Grundsatz der familiengerechten Hilfe nicht verletzt wird (§ 25 Abs. 3 und § 7 BSHG). Ergibt sich, daß der Hilfesuchende trotz Entziehung oder Kürzung der Hilfe zum Lebensunterhalt außerstande bleibt, den notwendigen Lebensunterhalt zu beschaffen, wird also erkennbar, daß das Mittel der Entziehung oder Kürzung der Hilfe zum Lebensunter-halt untauglich sind, den Hilfesuchenden unabhängig von der Sozialhilfe zu machen, so wird der Träger der Sozialhilfe je nach den Besonderheiten des Einzelfalles und den vor-handenen Möglichkeiten der Hilfe nach weiterer diagnostischer Aufklärung des Falles ent-weder die notwendigen Hilfen in der Form der Zuweisung an eine besondere Einrichtung (§ 20 BSHG) oder der Eingliederungshilfe zu leisten oder aber notfalls die Hilfe zum Lebensunterhalt wieder aufzunehmen haben" (aaO, S. 106).

(3) Was die *Ausnahmen* von der Arbeitspflicht gemäß § 18 *Abs. 3* angeht, so werden sie *relativ eng* ausgelegt; einen „Berufsschutz" gibt es nicht.

So soll der Ausschlußgrund der *wesentlichen Erschwerung der künftigen Ausübung der bisherigen überwiegenden Tätigkeit* in erster Linie die Verminderung der beruflichen Fähigkeiten verhindern. Beispielsweise ist es danach ausgeschlossen, daß ein Uhrmacher zu groben Handarbeiten herangezogen wird oder ein Selbständiger bereits bei vorübergehender Hilfsbedürftigkeit zur Aufgabe seines Gewerbes gezwungen wird (Knopp/Fichtner 1979, § 18 Rz. 9); demgegenüber stellt es nach Ansicht des Bundesverwaltungsgerichts angesichts der heutigen Mobilität im Berufsleben nicht ohne weiteres eine vom Gesetz mißbilligte Herabstufung dar, wenn einem vormals Selbständigen die Aufnahme einer Arbeitnehmertätigkeit aufgegeben wird, wenn dadurch die Wiedereingliederung in die frühere – selbständige – Tätigkeit nicht erschwert wird, wobei es jedoch auf die Umstände des Einzelfalles ankommt (BVerwGE 32, 363). Nach Knopp/Fichtner (1979, § 18 Rz. 8) ist diese 2. Alternative des § 18 Abs. 3 S. 1 eng auszulegen.

(4) Auch wenn „*ein sonstiger wichtiger Grund*" entgegensteht, darf dem Hilfesuchenden die Ausübung einer Arbeit nicht zugemutet werden.

Diese Voraussetzung ist beispielsweise dann erfüllt, wenn der Hilfesuchende einen Grund zur fristlosen Kündigung hätte, der angebotene Arbeitsplatz durch Arbeitskampf frei geworden ist, dem Arbeitnehmer eine gesundheitlich oder sittlich bedenkliche Unterkunft zugemutet wird, durch die Arbeitsaufnahme eine Trennung von Angehörigen und eine dadurch bedingte Gefährdung ihrer Versorgung eintritt, oder ihm nicht das tarifliche oder ortsübliche Entgelt gezahlt wird (vgl. Knopp/Fichtner 1979, § 18 Rz. 10). Diese Aufzählung enthielt der alte § 78 Abs. 2 AVAVG, auf den der frühere § 18 Abs. 3 verwies; die Vorschrift hat durch das 2. Änderungsgesetz zum BSHG ihre heutige allgemeine Fassung erhalten, ohne daß mit der Neufassung eine sachliche Änderung – insbesondere eine Einengung des früheren Ausnahmekatalogs – angestrebt worden wäre (Gottschick/Giese 1981, § 18 Rz. 4.4.).

*Unzumutbar* ist eine Arbeit insbesondere dann, wenn dadurch die geordnete Erziehung oder sonstige Pflichten im Haushalt oder bei der Pflege eines Angehörigen beeinträchtigt würden (§ 18 Abs. 3 S. 2). Das bedeutet nicht, daß eine Arbeitsaufnahme unter diesen Umständen schlechthin als unzumutbar gilt; vielmehr hängt es von den Einzelumständen ab, ob und in welchem Umfang eine Arbeit zugemutet werden kann.

Bei Müttern mit Kindern bis zu 3 Jahren soll grundsätzlich keine Arbeitsaufnahme verlangt werden; z.T. wird diese Freistellung erstreckt auf alle Mütter mit noch nicht schulpflichtigen Kindern. Bei Müttern mit schulpflichtigen Kindern geht man gemeinhin davon aus, daß eine Halbtagsbeschäftigung zumutbar ist (Knopp/Fichtner 1979, § 18 Rz. 11).

Durch Art. 21 Nr. 20 des 2. HStruktG ist dem § 18 Abs. 3 nach Satz 3 ein Satz 4 angefügt worden (s.o. (1)). Durch die Änderung sollen die Tatbestände, die es einem Hilfeempfänger ermöglichen, eine Arbeit als unzumutbar abzulehnen, im Gesetz näher beschrieben werden, um Mißbräuchen bei der Inanspruchnahme von Sozialhilfe besser als bisher wirksam begegnen zu können (BT-Dr. 9/842, 86). Die Tatbestände der Nr. 1, 3 u. 4 entsprechen im wesentlichen den Regelungen des § 103 AFG; Nr. 2 soll klarstellen, daß eine Arbeit für den Hilfeempfänger insbesondere auch nicht deshalb unzumutbar ist, weil seine Ausbildung ihn zu einer höherwertigen Beschäftigung berechtigt.

(5) Man kann die Verpflichtung des Hilfesuchenden zum Einsatz seiner Arbeitskraft als eine besondere Ausprägung der vorstehend angeführten Mitwirkungspflichten ansehen (Mitwirkung dabei, von der Sozialhilfe wieder unabhängig werden; vgl. 4.3.2. (2)). *Sanktioniert* wird diese Verpflichtung nicht durch irgendwelche Zwangsmittel, sondern durch den u. U. drohenden *Anspruchsausschluß* (vgl. unten 6.2.8.4.). Das Erfordernis des Einsatzes der Arbeitskraft folgt – darauf wurde bereits hingewiesen (vgl. 4.4.2.1.) – aus dem Subsidiaritätsgrundsatz (vgl. auch Busch 1977). Die Hilfe zum Lebensunterhalt stellt insofern eine – nur unter bestimmten Voraussetzungen akzeptierte – Alternative zur „privaten Reproduktion" durch Erwerbstätigkeit dar (vgl. Barabas/Sachße 1976, 362).

*Beispiel*: Seit dem 1. 7. 1979 haben Mütter die Möglichkeit, nach dem Ablauf der Mutterschutzfrist verlängerten Mutterschaftsurlaub in Anspruch zu nehmen aufgrund des Gesetzes über den Mutterschaftsurlaub vom 25. 6. 1979 (BGBl. I, 797; zur Problematik dieses Gesetzes vgl. Friedrich-Marczyk/Schulte 1980). Von einer Mutter, die Anspruch auf Leistungen nach diesem Gesetz hat – Höchstbetrag: 750 DM mtl. – kann nicht etwa deshalb die Ausübung einer Erwerbstätigkeit verlangt werden, weil u. U. sonst für Mitglieder der Familie Hilfe zum Lebensunterhalt zu gewähren ist. Denn ein derartiges Verlangen stünde im Widerspruch zu dem Ziel des Gesetzes über den Mutterschaftsurlaub, erwerbstätigen Müttern in der ersten Zeit nach der Geburt die Doppelbelastung von Berufstätigkeit und Haushalt zu ersparen (vgl. in diesem Sinne ZfF 1980, 66). Das Beispiel zeigt anschaulich auf, wie sich Neuregelungen in anderen Sozialleistungsbereichen mittelbar auch bei der Sozialhilfe auswirken.

(6) Krahmer (1981, 42) weist zu Recht darauf hin, daß die Arbeitshilfe der §§ 18–20 „im Spannungsfeld von verschiedenen Zielsetzungen und Methoden, nämlich repressiver Wiedereingliederung ins grundlegende Tauschverhältnis (Lohn – Arbeitskraft) auf der einen Seite und sozial-päadagogischer Hilfestellung in arbeitstherapeutischen Einrichtungen auf der anderen Seite" stehe. Wie sich aus den §§ 19 und 20 im einzelnen ergibt, fußt das Sozialhilferecht nicht auf dem Entweder-Oder von Sozialhilfegewährung oder -versagung (vgl. § 25 Abs. 1), sondern sieht eine *Palette von Maßnahmen* vor, die darauf abzielen, den Hilfesuchenden in den Arbeitsprozeß zu reintegrieren, bis – über die Maßnahmen der §§ 19, 20 hinaus – hin zur Eingliederungshilfe der §§ 39 ff. Krahmer (1981, 42) kommt angesichts dieser Entwicklung im Sozialhilferecht zu dem Schluß:

„Zieht man für die Praxis die notwendigen Folgerungen aus den angestellten Überlegungen, dann werden manche Ämter grundsätzliche Neuansätze und Umstrukturierungen ihrer Arbeitshilfe vornehmen müssen."

Mit der damit angesprochenen Diskrepanz zwischen Theorie und Praxis der Sozialhilfe befaßt sich *Kap. 11.*

*6.2.8.2. Die Schaffung von Arbeitsgelegenheiten*

(1) Die Reichsverordnung über die Fürsorgepflicht (RFV; vgl. 2.3.) unterschied die sog. Arbeitsanweisung (Fürsorgearbeit) und die Pflichtarbeit:

„Die Unterstützung Arbeitsfähiger kann in geeigneten Fällen durch Anweisung angemessener Arbeit gemeinnütziger Art gewährt oder von der Leistung solcher Arbeit abhängig gemacht werden, es sei denn, daß dies eine offensichtliche Härte bedeuten würde oder ein Gesetz dem entgegensteht" (§ 17 RFV).

Fürsorgepflicht und Pflichtarbeit galten als eine besondere Form pflichtgemäßer Fürsorge; als Fürsorgearbeit wurde die Anweisung angemessener gemeinnütziger Arbeit gegen entsprechendes Entgelt bezeichnet, während Pflichtarbeit darin bestand, daß der Unterstützte zwar Fürsorgeunterstützung erhielt, diese Unterstützung jedoch von der Leistung bestimmter Arbeit abhängig gemacht wurde, für die ihm kein besonderes Entgelt zustand (DV, Gutachten, in: NDV 1952, 246 f.; Jehle 1958, 42).

Das heutige Sozialhilferecht kennt diese Unterscheidung nicht mehr. Der Sozialhilfeträger ist zunächst verpflichtet, darauf hinzuwirken, daß der Sozialhilfebedürftige eine Gelegenheit zur Arbeit bekommt. Die entsprechende Vorschrift des § 19 Abs. 1 setzt deswegen voraus, daß der Hilfesuchende zwar *zur Arbeit bereit ist, jedoch keine Arbeitsgelegenheit hat.* (Den Fall mangelnder Arbeitsgewährung oder -bereitschaft regeln §§ 20, 25.) Wie bei § 18 (vgl. 6.2.8.1.) muß die angebotene Arbeit *zumutbar* sein. Es steht im Ermessen des Sozialhilfeträgers, zu entscheiden, wie er der Verpflichtung zur Schaffung von Arbeitsgelegenheiten nachkommen will: er kann sowohl selber Arbeitsmaßnahmen initiieren als auch Dritte dazu anregen.

„Klassische" Arbeitstätigkeiten i. S. dieser Vorschrift sind z. B. Aufräumungsarbeiten in Lagerräumen, Karteiarbeit, zusätzliche Fertigungsarbeiten in einem Betrieb, auch Arbeiten verschiedener Art in besonders geschaffenen Werkstätten, Säuberungsarbeiten in öffentlichen Parkanlagen oder Sportstätten, Putzarbeiten in Heimen u. a.m (die alle im Prinzip als zumutbar gelten).

(2) Was konkrete Möglichkeiten zur Schaffung von Arbeitsgelegenheiten angeht, so kommen insbesondere *„gemeinnützige und zusätzliche"* Arbeiten in Betracht (vgl. § 19 Abs. 2 und die Beispiele bei (1)), für die entweder das übliche Arbeitsentgelt oder aber Hilfe zum Lebensunterhalt zuzüglich einer angemessenen Entschädigung für Mehraufwendungen gewährt werden. Auf tarifgerechte Vergütung hat der Hilfesuchende keinen Anspruch.

So legt beispielsweise § 3 Abs. 1 Buchst. d BAT ausdrücklich fest, daß der Bundesangestelltentarif nicht für Arbeiten i. S. des § 19 gilt.

(3) § 19 wendet sich an Personen, die (auf dem freien Arbeitsmarkt) „keine Arbeit finden können" (Abs. 1). Für Personen, die auf dem freien Arbeitsmarkt überhaupt nicht arbeiten „dürfen", kommen die §§ 18 ff. deshalb nicht in Betracht.

*Beispiel:* Ein türkischer Lehrer reiste in die Bundesrepublik Deutschland ein und stellte einen Asylantrag. Er erhielt eine Duldung von Seiten der Ausländerbehörde, welche die Auflage enthielt, daß ihm die Ausübung einer Erwerbstätigkeit nicht gestattet sei. Da der türkische Staatsangehörige somit auf dem freien Arbeitsmarkt überhaupt nicht arbeiten durfte, lagen die Voraussetzungen der §§ 18 ff. nicht vor. Die Gewährung der Hilfe zum Lebensunterhalt durfte also nicht von der Leistung einer gemeinnützigen Arbeit abhängig gemacht werden (vgl. VG Düsseldorf, Beschl. v. 6. 10. 1980, in Informationsbrief Ausländerrecht 3 (1981), S. 28 ff.; s. auch Schulte 1981 b).

(4) Gewährt der Sozialhilfeträger oder ein Dritter, der die Arbeitsmaßnahme durchführt, ein *Arbeitsentgelt,* so entsteht ein „normales" bürgerlich-rechtliches Arbeitsverhältnis, das auch die Sozialversicherungspflicht auslöst (wenn auch, wie bereits gesagt, die tarifvertraglichen Regelungen für Arbeiter und Angestellte des öffentlichen Dienstes nicht zur Anwendung kommen; allerdings soll die Arbeit nach pflichtgemäßem Ermessen unter Berücksichtigung der örtlichen Verhältnisse und der geleisteten Arbeit entlohnt werden und dem Tariflohn für vergleichbare Arbeit am Ort angeglichen sein). Wird *anstelle* des üblichen Arbeitsentgelts *Hilfe zum Lebensunterhalt* zuzüglich einer angemessenen *Entschädigung* für Mehraufwendungen – „Arbeitsprämie" (vgl. Bay. SH-Richtl. 19. 02) – gewährt, so kommt *kein* Arbeitsverhältnis i. S. des Arbeitsrechts und *kein* Beschäftigungsverhältnis i. S. des Sozialversicherungsrechts zustande, sondern ein öffentlich-rechtliches Arbeitsverhältnis eigener Art (§ 19 Abs. 3 S. 1).

Ein Sozialhilfeempfänger, der erkrankt, während er in einem derartigen Arbeitsverhältnis steht, ist also nicht krankenversichert, sondern hat Anspruch auf Krankenhilfe nach § 37 (vgl. 6.3.5.4.); dagegen ist er gegen Arbeitsunfall versichert, weil er wie ein Versicherter tätig wird (vgl. § 539 Abs. 2 RVO); ferner finden die Vorschriften über den Arbeitsschutz – Mutterschützgesetz, Jugendarbeitsschutzgesetz, Arbeitszeitordnung u. a. – Anwendung (§ 19 Abs. 3 S. 2).

(5) Das Bundesverwaltungsgericht (BVerwGE 29, 99 ff., 104 f.; vgl. 6.2.8.1.) betont, daß der Träger der Sozialhilfe im Rahmen des § 19 bei der Vermittlung von Hilfesuchenden beispielsweise im Vergleich zum Arbeitsamt eine erhöhte Verantwortung hat; er darf den Fall auch während der Dauer der Beschäftigung nicht völlig aus seiner Obhut entlassen, da es sich regelmäßig um Personen handelt, die wegen körperlicher, geistiger oder „charakterlicher" Mängel oder „seelischer Fehlhaltungen" auf dem allgemeinen Arbeitsmarkt nicht unterkommen und auch im Leben nicht ohne weiteres bestehen können.

Diese Auffassung entspricht dem grundsätzlichen Unterschied zwischen Arbeitsförderungsgesetz (AFG) einerseits und BSHG andererseits in bezug auf ihre Zielsetzung.

Im übrigen ist der Personenkreis, von dem § 19 handelt, von dem des § 20 zu unterscheiden: § 19 betrifft „Hilfesuchende, die keine Arbeit finden können", § 20 „arbeitsentwöhnte Hilfesuchende" (vgl. 6.2.8.3.).

(6) Wer sich *weigert,* eine zumutbare Arbeit auszuführen oder sich beispielsweise einer ärztlichen Begutachtung seiner Arbeitsfähigkeit wiedersetzt, muß mit

dem Ausschluß oder der Einschränkung der Hilfe rechnen (S. § 25; unten 6.2.8.4.).

### 6.2.8.3. *Die Gewöhnung an Arbeit und die Prüfung der Arbeitsbereitschaft*

(1) Bei „Arbeitsentwöhnung" oder mangelnder Arbeitsbereitschaft kann der Sozialhilfeträger Maßnahmen einleiten, die als „Beschäftigungtherapie" (Knopp/ Fichtner 1979, § 20 Rz. 2) der „Arbeitsgewöhnung" oder der „Prüfung der Bereitschaft zur Arbeit" dienen sollen. In § 20 heißt es:

„(1) Ist es im Einzelfall erforderlich, einen arbeitsentwöhnten Hilfesuchenden an Arbeit zu gewöhnen oder die Bereitschaft eines Hilfesuchenden zur Arbeit zu prüfen, soll eine hierfür geeignete Tätigkeit angeboten werden.
(2) Während dieser Tätigkeit werden dem Hilfesuchenden Hilfe zum Lebensunterhalt und eine angemessene Entschädigung für Mehraufwendungen gewährt. § 19 Abs. 3 gilt entsprechend."

Die Vorschrift spricht im Gegensatz zu §§ 18 u. 19 nicht von „Arbeit", sondern von *„Tätigkeit"* und bringt damit zum Ausdruck, daß es nicht auf die Erbringung einer produktiven Arbeitsleistung ankommt, sondern darauf, die Voraussetzungen für die künftige Ausübung einer Arbeit – Arbeitsgewöhnung und Arbeitsbereitschaft – zu wecken; dementsprechend erhält der von derartigen Maßnahmen Betroffene kein Arbeitsentgelt, sondern Hilfe zum Lebensunterhalt. Als geeignete Arbeitseinrichtungen für solche Tätigkeiten gelten besonders ausgewählte und überwachte Arbeitsstellen, halboffene Arbeitseinrichtungen und „Arbeiterkolonien", wobei letztere Einrichtungen sind, „in denen Arbeitswilligen, Obdachlosen und arbeitsentwöhnten Hilfesuchenden Gelegenheit zur Arbeit geboten wird" (Bay. SH-Richtl. 20.01).

(2) Ein früherer § 26, der es erlaubte, Personen, die sich trotz wiederholter Aufforderung beharrlich weigerten, zumutbare Arbeit zu leisten, in einer Arbeitseinrichtung unterzubringen, ist durch das 3. Änd. Ges. zum BSHG (vgl. 2.6.2.) aufgehoben worden (zur Frage der Verfassungsmäßigkeit dieser Vorschrift vgl. BVerfGE 30, 47 ff.), da von der Regelung in der Praxis kaum Gebrauch gemacht wurde und sie deshalb entbehrlich schien.

### 6.2.8.4. *Der Ausschluß des Anspruchs auf Hilfe und die Einschränkung der Hilfe*

(1) § 25 regelt, unter welchen Voraussetzungen eine *Beschränkung* oder sogar eine *völlige Einstellung* der Hilfe zum Lebensunterhalt möglich ist:

„(1) Wer sich weigert, zumutbare Arbeit zu leisten, hat keinen Anspruch auf Hilfe zum Lebensunterhalt.
(2) Die Hilfe kann auf das zum Lebensunterhalt Unerläßliche eingeschränkt werden.
1. bei einem Hilfesuchenden, der nach Eintritt der Geschäftsfähigkeit sein Einkommen oder Vermögen vermindert hat in der Absicht, die Voraussetzungen für die Gewährung oder Erhöhung der Hilfe herbeizuführen,

2. Bei einem Hilfeempfänger, der trotz Belehrung sein unwirtschaftliches Verhalten fortsetzt,

3. bei einem Hilfesuchenden, der sein Arbeitsverhältnis gelöst oder durch sein vertragswidriges Verhalten Anlaß für die Kündigung des Arbeitgebers gegeben hat oder der sich weigert, an einer Maßnahme zur beruflichen Ausbildung, Fortbildung oder Umschulung teilzunehmen, oder der die Teilnahme an einer der genannten Maßnahmen abgebrochen hat, ohne für sein Verhalten einen wichtigen Grund zu haben.

(3) Soweit wie möglich ist zu verhüten, daß die unterhaltsberechtigten Angehörigen der in den Absätzen 1 und 2 genannten Personen oder andere mit ihnen in Haushaltsgemeinschaft lebende Hilfeempfänger durch die Versagung oder die Einschränkung der Hilfe mitbetroffen werden."

Schellhorn/Jirasek/Seipp (1981, § 25 Rz. 1) rechtfertigen die Vorschrift mit der Überlegung, daß es bei Arbeitsscheuen und bei Personen, die sich unwirtschaftlich verhalten, sowohl den übrigen Hilfeempfängern gegenüber als auch im Hinblick auf die aus Mitteln der Allgemeinheit aufgebrachten Leistungen nicht zu treten wäre, ihnen die Sozialhilfe ungeschmälert zukommen zu lassen. Sie weisen allerdings darauf hin, daß es Aufgabe und Verpflichtung der Sozialhilfe sei, zu helfen, nicht zu bestrafen, so daß vor Anwendung der Vorschrift stets zu prüfen sei, welche Ursachen die Fehlhaltung des Hilfesuchenden habe und ob dieser Fehlhaltung nicht mit Hilfeangeboten entgegengewirkt werden könne (a. a.O, Rz. 2). Darüber hinaus ist unbestritten, daß die Sanktionen, die § 25 vorsieht, nur zur Anwendung gelangen dürfen, wenn der Hilfesuchende sein Fehlverhalten zu vertreten hat. Aber selbst dann ist er nicht aus der „Obhut" des Sozialhilfeträgers entlassen, denn:

„Die bloße Tatsache einer Notlage löst die Hilfsverpflichtung aus. Art und Maß der Hilfe richten sich dementsprechend grundsätzlich danach, welche Mittel geeignet und vorhanden sind, die gegenwärtige Notlage zu beseitigen und den Hilfesuchenden zu befähigen, unabhängig von der Sozialhilfe zu leben" (BVerwGE 29, 102; vgl. 6.2.8.2.). Daraus ergibt sich, daß die nach § 25 mögliche Kürzung bzw. Entziehung der Hilfe zum Lebensunterhalt als ein Mittel anzusehen ist, den Hilfesuchenden in seinem Selbsthilfestreben zu unterstützen und ihn von der Sozialhilfe unabhängig zu machen. Die Anwendung der Vorschrift darf nicht dazu führen, daß der Hilfesuchende aus der Betreuung des Sozialhilfeträgers entlassen wird. Mit Rücksicht darauf hat das Bundesverwaltungsgericht seine Rechtsauffassung wie folgt präzisiert: „Hiernach ist die Entziehung oder Kürzung der Hilfe zum Lebensunterhalt nicht nur dann ausgeschlossen, wenn von vornherein erkennbar ist, daß das angewandte Mittel untauglich ist, den vom Gesetz erstrebten Erfolg zu erreichen. Vielmehr ist die Entziehung oder Kürzung der Hilfe zum Lebensunterhalt auch dann nicht gerechtfertigt, wenn der Träger der Sozialhilfe ihm zur Verfügung stehende anderweitige, den Hilfesuchenden weniger belastende, jedoch zumindest ebenso wirksame Möglichkeiten der Hilfe als die Entziehung oder Kürzung der Hilfe zum Lebensunterhalt nicht wahrnimmt" (BVerwG, NDV 1968, 138 f.).

(2) Die Kürzung und Entziehung der Sozialhilfe kann nach dem Gesagten also nur als *ultima ratio* in Betracht kommen, und zwar als ein Mittel, dem mangelnden Selbsthilfestreben eines Hilfesuchenden zu begegnen, nicht aber als Sanktion für unsachgemäßes Verhalten; genausowenig kann die Vorschrift als ein Verwir-

kungstatbestand für den Anspruch auf Hilfe zum Lebensunterhalt angesehen werden. Wichtig ist, daß nach der Rechtsprechung die Hilfe zum Lebensunterhalt dann nicht versagt werden darf, wenn zu erkennen ist, daß die Verweigerung der Hilfe nicht den Zweck der Vorschrift, das Selbsthilfestreben des Hilfesuchenden zu fördern, zu erreichen vermag.

Allerdings bleibt es trotz der oben genannten Einschränkungen bei dem *Grundsatz*, daß die Hilfe zum Lebensunterhalt gekürzt oder ganz eingestellt werden darf. Doch weisen Mergler/Zink (1981, § 25 Rz. 14) zu Recht darauf hin, daß eine völlige Versagung von Hilfe zum Lebensunterhalt „nur in wenigen Ausnahmefällen der Absicht des Ges. gerecht werden" könne.

(3) Die Vereinbarkeit dieser Regelung mit dem *Grundgesetz* wird allgemein bejaht (Knopp/Fichtner 1979, § 25 Rz. 3; Gross 1963, 527). Die Berufung auf die Entscheidung des Bundesverwaltungsgerichts v. 22. 3. 1961 (BVerwGE 12, 129 ff.) zum Beleg der Rechtsauffassung, daß die Verweigerung jeglicher Hilfe nicht gegen Grundrechte und gegen den Sozialstaatsgrundsatz verstoße (Knopp/Fichtner 1979, § 25 Rz. 3), vermag indes nicht zu überzeugen: Zum einen äußert sich das Gericht in dieser Entscheidung nicht expressis verbis zum Sozialstaatsgrundsatz, zum anderen erging diese Entscheidung zum alten § 13 Abs. 1 S. 1 RGr. („Bei arbeitsscheuem und offenbar unwirtschaftlichem Verhalten sind die Voraussetzungen der Hilfsbedürftigkeit aufs Strengste zu prüfen, sowie Art und Maß der Fürsorge auf das Lebensunerläßliche zu beschränken."). Aus dieser Vorschrift hat das Bundesverwaltungsgericht die Befugnis des Sozialhilfeträgers zur über die Einschränkung der Fürsorgeleistungen hinausgehenden völligen Versagung dieser Leistungen mit der Überlegung gewonnen, es sei Voraussetzung der Hilfsbedürftigkeit, daß der Antragsteller den notwendigen Lebensunterhalt nicht ausreichend aus eigenen Kräften beschaffen könne; wenn der Hilfesuchende aber arbeitsscheu sei oder sich unwirtschaftlich verhalte, so könne er sich in Wahrheit seinen Lebensunterhalt durch Arbeit selbst verdienen, sei also nicht hilfsbedürftig mit dem Ergebnis, daß im konkreten Fall ein Fürsorgeanspruch nicht bestehe (a. a. O. 133). Im Anschluß an die vorstehend skizzierte, auf die Zielsetzung des § 25 Abs. 1 abstellende Argumentation des Bundesverwaltungsgerichts in seinen späteren Entscheidungen zum § 25 (vgl. insbes. 6.2.8.2.) wird man das Mittel der völligen Versagung der Hilfe zum Lebensunterhalt mit dem Grundsatz der Menschenwürde (Art. 1 GG) und dem Sozialstaatsprinzip (Art. 20 GG) in Abwägung zu bringen haben. Dann wird man aber den gesetzlichen Ausschluß des Rechtsanspruchs auf Hilfe zum Lebensunterhalt nicht primär als eine zwingende gesetzliche und den Hilfesuchenden oder Hilfeempfänger benachteiligende Rechtsfolge bei unbegründeter Verweigerung zumutbarer Arbeit ansehen dürfen (so aber Jehle 1969, 471), sondern darauf abstellen müssen, daß der gesetzliche Ausschluß des Rechtsanspruchs auf Hilfe zum Lebensunterhalt nach der Formulierung des § 25 Abs. 1 in pflichtgemäßem Ermessen des Sozialhilfeträgers steht. Dieses Ermessen hat aber den vorgenannten, mit Verfassungsrang versehenen Grundsätzen – Menschenwürde, Sozialstaatsprinzip – Rechnung zu tragen; das schließt es aber aus, es bei der Anwendung der Vorschrift dazu kommen zu lassen, daß der einzelne zum Gegenstand staatlichen Handelns wird; vielmehr ist er als selbständige, sittlich verantwortliche Persönlichkeit und als Träger von Rechten und Pflichten insbesondere dort anzuerkennen, wo es um seine nackte Existenz geht (vgl. BVerwGE 1, 159 ff.). Dazu gehört, daß man den Hilfesuchenden auch im Falle der Arbeitsverweigerung „nicht vor die Hunde gehen läßt", sondern ihm, wenn nicht das sozio-kulturelle Existenzminimum in Höhe des auf ihn anwendbaren Regelsatzes, so doch mindest das Subsistenzminimum i. S. des „zum Lebens-

bensunterhalt Unerläßlichen" (§ 25 Abs. 2) garantiert. Es ist also zu prüfen, inwieweit nicht das Ermessen, daß § 25 dem Sozialhilfeträger einräumt, im Einzelfall auch dann, wenn die Voraussetzungen der Vorschrift erfüllt sind und ein Anspruch auf Hilfe zum Lebensunterhalt nicht besteht, aus grundsätzlicheren verfassungsrechtlichen Erwägungen (vgl. auch 2.4.) gebunden wird und sich wiederum – evtl. zu einem geringeren Anspruch „auf das zum Lebensunterhalt Unterläßliche" – verdichtet.

Rode (1980, 324) ist zuzugeben, daß diese dem Wortlaut des § 25 Abs. 1 – „Wer sich weigert, zumutbare Arbeit zu leisten, hat keinen Anspruch auf Hilfe zum Lebensunterhalt" – widersprechende Auslegung dieser Vorschrift nicht zuletzt von der sozialethisch motivierten Überlegung diktiert ist, die makabere Konsequenz des „Wer nicht arbeitet, soll auch nicht essen" abzumildern. Die Berechtigung zu einer solchen Auslegung folgt aus der *„therapeutischen Funktion" der Hilfe zur Arbeit,* der die Vorschrift des § 25 Abs. 1 funktional zuzuordnen ist, wenn sie auch in einem eigenen Unterabschnitt 4 Ausschluß des Anspruchs auf Hilfe, Einschränkung der Hilfe steht. (Dieser Unterabschnitt war ursprünglich mit „Folgen bei Arbeitsscheu und unwirtschaftlichem Verhalten" überschrieben, ein Titel, der die funktionale Verknüpfung mit dem Unterabschnitt 2 Hilfe zur Arbeit deutlicher erkennen ließ.)

Ein Verbot der Sozialhilfegewährung, wie es Rode (1980, 326) annimmt, wird deshalb im § 25 Abs. 1 nicht begründet und ließe sich überdies weder mit der Gesamtsystematik des BSHG noch mit den einschlägigen Verfassungsnormen vereinbaren, so insbesondere nicht mit Art. 1 GG (vgl. zur Menschenwürde insbesondere Stolleis 1981, 100 ff; vgl. auch 2.4.). Erinnert sei auch an die Ausführungen von Bachof (1954, 42 f.) zu Art. 2 Abs. 2 S. 1 GG (Recht auf Leben und körperliche Unversehrtheit), der bereits im Jahre 1954, also lange vor Inkrafttreten des BSHG festgestellt hat:

„Es geht m. E. nicht an, diese Vorschrift nur als Verbot der Existenzvernichtung durch staatlichen Eingriff anzusehen sondern man wird darin auch, vorzüglich im Zusammenhang mit Art. 1 I, eine positive Gewährleistung des Existenzminimums zu erblicken haben... Entstehungsgeschichtlich spricht gegen die vorstehende Deutung jedenfalls nicht die Streichung des dem Art. 2 im Entwurf zunächst angehängten Satzes: „Dabei darf das Mindestmaß der zum Leben notwendigen Nahrung, Kleidung und Wohnung nicht verweigert werden". Denn diese Streichung erfolgte nicht aus grundsätzlichen Erwägungen, sondern aus reinen Zweckmäßigkeitsgründen;..."

Zu beachten ist, daß die Sozialhilfeträger eigenständig prüfen müssen, ob die Voraussetzungen der Anwendung des § 25 vorliegen. Es ist beispielsweise nicht statthaft, unter Berufung auf von der Arbeitsverwaltung angesprochene Sperrfristen die Gewährung von Hilfe zum Lebensunterhalt abzulehnen (Krahmer 1981, 41). Eine solche Praxis widerspräche der „therapeutischen Zielsetzung" der Maßnahme, wie sie vorstehend charakterisiert worden ist.

(4) Berücksichtigt werden muß darüber hinaus, daß dann, wenn der Hilfesuchende zumutbare Arbeit abgelehnt hat, jedoch wegen psychischer Krankheit oder einer seelischen Fehlentwicklung nicht anders handeln konnte, die Kürzung oder Entziehung der Hilfe zum Lebensunterhalt in jedem Falle unzulässig ist,

vielmehr *Eingliederungshilfe für Behinderte* (§ 39; vgl. 6.3.5.6.) in Betracht kommt.

(5) Nach § 25 Abs. 3 Nr. 1 kommt die Beschränkung der Hilfe auf *das zum Lebensunterhalt Unerläßliche* in Betracht, wenn ein voll geschäftsfähiger Hilfesuchender sein Einkommen oder Vermögen mindert, um dadurch die Voraussetzungen für die Gewährung von Hilfe zum Lebensunterhalt zu schaffen. Entsprechendes gilt, wenn ein Hilfeempfänger sein unwirtschaftliches Verhalten trotz Belehrung fortsetzt (§ 25 Abs. 3 Nr. 2). Ob ein Verhalten unwirtschaftlich ist, ist nach objektiven Gesichtspunkten zu beurteilen unter Berücksichtigung des Zweckes der Hilfe zum Lebensunterhalt, nämlich Hilfe zur Selbsthilfe zu sein und den Hilfesuchenden in Stand zu setzen, selbst seinen Lebensunterhalt zu verdienen.

Unwirtschaftlich verhält sich, wessen Handlungsweise jede wirtschaftlich vernünftige Einsicht oder Motivation vermissen läßt; dies kann z. B. im Betreiben kostspieliger Hobbies aus Mitteln der Hilfe zum Lebensunterhalt seinen Ausdruck finden oder im *ständigen vorzeitigen Verbrauch* der zur Verfügung gestellten Geldmittel (Knopp/Fichtner 1979, § 25 Rz. 7). Voraussetzung für die Einschränkung der Leistung ist, daß die betreffende Person in der Lage ist, ihr unwirtschaftliches Verhalten einzusehen und sich entsprechend zu verhalten. Eine einmalige Abmahnung des unwirtschaftlichen Verhaltens rechtfertigt diese Sanktion noch nicht, wie in dem Terminus „fortgesetzt" zum Ausdruck kommt; das unwirtschaftliche Verhalten muß über eine gewisse Zeitdauer praktiziert werden. Auch wer zurechenbar seine Arbeitslosigkeit herbeigeführt hat, muß mit der Kürzung der Leistung, die er als Hilfe zum Lebensunterhalt erhält, „auf das zum Lebensunterhalt Unerläßliche" rechnen. Der „unerläßliche Lebensunterhalt" ist weniger als der „notwendige Lebensunterhalt" (§ 12) oder der „notdürftige Lebensunterhalt" (vgl. 1601 Abs. 1 BGB). Im Gegensatz zum notwendigen Lebensunterhalt berücksichtigt der unerläßliche Lebensunterhalt beispielsweise nicht die Mittel zur „Pflege geistiger Interessen" oder zur „Teilnahme am kulturellen Leben". Die Einschränkung kann sich nicht nur auf das Maß der Hilfe, sondern auch auf deren Form beziehen: So können z. B. Sachleistungen statt Geldleistungen gegeben werden, kann die Miete unmittelbar an den Vermieter entrichtet werden, kommt die Bezahlung von Lebensmitteln unmittelbar an den Verkäufer oder die Ausgabe von Berechtigungsausweisen in Betracht. Nach Schellhorn/Jirasek/Seipp (1981, § 25 Rz. 22) soll bei laufenden Leistungen nach der bisherigen Praxis die Minderung der Hilfe auf *80 % der Regelsatzbemessung* möglich sein; auch komme die vollständige oder teilweise Versagung von Mehrbedarfszuschlägen in Betracht. Auch in diesem Zusammenhang ist allerdings darauf hinzuweisen, daß der Sozialhilfeträger zu einer Kürzung nicht verpflichtet ist, diese vielmehr in seinem pflichtgemäßen Ermessen steht. Angesichts der schwerwiegenden Konsequenzen, welche die Kürzung der ohnehin sehr knapp bemessenen Hilfe zum Lebensunterhalt mit sich bringt, ist an diese Ermessensprüfung (insbesondere wiederum im Lichte der Zielsetzung des BSHG und der Grundentscheidungen der Art. 1, 20 GG) ein strenger Maßstab anzulegen. Die Sozialhilferichtlinien des Bayerischen Städteverbandes und des Landkreisverbandes Bayern i. d. F. v. 1. 5. 1978 halten die Einschränkung der Hilfe zum Lebensunterhalt „um höchstens 30 v. H. des regelsatzmäßigen Bedarfs" für zulässig (Bay. SH-Richtl. 25.02).

Die *sorgfältige Erwägung* möglicher Konsequenzen der Leistungskürzung macht § 25 Abs. 3 besonders zur Pflicht, wenn er vorschreibt, daß soweit wie möglich zu verhüten ist, daß außer dem unwirtschaftlich Handelnden selbst auch seine Familienangehörigen von der Einschränkung der Hilfe betroffen werden; diese Vorschrift zeigt insofern die Grenzen des § 25 Abs. 2 auf (s. in diesem Zusammenhang auch § 7). Das Bundesverwaltungsgericht (NDV 1968, 139) führt in diesem Zusammenhang aus:

„Nach dem jetzigen System des Sozialhilferechts hat der einzelne Familienangehörige einen selbständigen Anspruch auf Hilfe zum Lebensunterhalt. Dieser Anspruch würde gekürzt, und es würde eine im Gesetz nicht begründete Haftung der Familienangehörigen für die Arbeitsunwilligkeit eines Familienmitglieds herbeigeführt, wenn die wirtschaftlichen Folgen einer Kürzung der Hilfe zum Lebensunterhalt für die Angehörigen nicht weitgehend ausgeschlossen würden. Wird aus einem Topf gewirtschaftet und sind die Angehörigen des Hilfesuchenden ebenfalls auf Sozialhilfe angewiesen, so muß bei der notwendigen Prüfung besonders sorgsam vorgegangen werden. Es gilt insbesondere zu verhüten, daß der Hilfesuchende die auf ihn zukommenden Beschränkungen in der Praxis auf seine Angehörigen überwälzt." Ein praktikables Mittel (wenn es ein solches überhaupt gibt), dem vorzubeugen, stellt vielleicht die Gewährung von Sachleistungen anstelle von Geldleistungen dar, da sie das Maß der Hilfe nicht unmittelbar beschneidet, sondern lediglich die Dispositionsbefugnis des Hilfeempfängers einschränkt.

(6) § 25 geht im übrigen als Sonderregelung der Vorschrift des § 66 SGB-AT vor, der eine Leistungsversagung in weiterem Umfange zuläßt, wenn ein Leistungsbewerber es an seiner erforderlichen Mitwirkung fehlen läßt (vgl. oben 5.8.2.2.2.).

(7) Die Möglichkeit, die Hilfe zum Lebensunterhalt zu kürzen oder gänzlich zu versagen, stellt trotz der vorangehenden „sanften Kontrolle" in Gestalt der Beratung, Vermittlung und Bereitstellung sonstiger Hilfen die *repressive Seite* der Sozialhilfe in ihrer *manifestesten Form* dar (vgl. z. B. Stahlmann 1980, 51 f., der das Element der sozialen Kontrolle in der Sozialhilfe zu Recht hervorhebt).

(8) Abschließend ein *Beispiel*, das die Praxis zu § 25 illustrieren soll: Ein Hilfesuchender, der unter Berufung auf eine ehrenamtliche Tätigkeit auf einem „Jugendhof" die Ausübung einer Erwerbstätigkeit ablehnt, hat keinen Anspruch auf Hilfe zum Lebensunterhalt (§ 25 Abs. 1). Die Beeinträchtigung der wohltätigen Arbeit des „Jugendhofes" dadurch, daß der Hilfesuchende eine entgeltliche Arbeit anderswo aufnehmen muß, ist kein „sonstiger wichtiger Grund", der einer Arbeitsaufnahme entgegenstehen kann. Ein solcher Grund muß in der Person des Hilfesuchenden begründet sein (kann also z. B. arbeitsrechtlicher oder gesundheitlicher Natur sein). Würde die drohende Beeinträchtigung des „Jugendhofes" als wichtiger Grund anerkannt, so würde eine Unterstützung dieser Einrichtung statt über das Jugendwohlfahrtsgesetz unzulässigerweise über die Sozialhilfe vorgenommen (OVG für das Land Nordrhein-Westfalen, in: Soziale Arbeit 1980, 264 ff.).

## 6.2.9. Der Einsatz des Einkommens und des Vermögens

Sowohl gegenüber dem Einsatz der Arbeitskraft als auch dem des Einkommens und Vermögens ist die Sozialhilfe grundsätzlich nachrangig (§ 2 Abs. 1; vgl. oben 4.4.).

Für die Hilfe zum Lebensunterhalt ist dies in § 11 Abs. 1 S. 1 niedergelegt:

„Hilfe zum Lebensunterhalt ist dem zu gewähren, der seinen notwendigen Lebensunterhalt nicht oder nicht ausreichend aus eigenen Kräften und Mitteln, vor allem aus seinem Einkommen und Vermögen, beschaffen kann."

Während bei der *Hilfe in besonderen Lebenslagen* Einkommen und Vermögen nur *innerhalb bestimmter Grenzen* einzusetzen sind (vgl. 6.3.4.), sind Einkommen, Vermögen und Arbeitskraft bei der *Hilfe zum Lebensunterhalt* im Grundsatz *voll* einzusetzen. Dies ergibt sich aus einer Gegenüberstellung der vorstehend zitierten Vorschrift des § 11 Abs. 1 S. 1 mit § 28; dort wird für die Hilfe in besonderen Lebenslagen bestimmt, daß sie gewährt wird, „soweit... die Aufbringung der Mittel aus dem Einkommen und Vermögen nach den Bestimmungen des Abschnitts 4 nicht zuzumuten ist." An die Stelle der Bedürftigkeitsgrenze für die Hilfe zum Lebensunterhalt tritt bei der Hilfe in besonderen Lebenslagen eine elastische Zumutbarkeitsgrenze, d. h. das Gesetz mutet dem Hilfesuchenden bei einem Einkommen oder Vermögen unter dieser Grenze nicht zu, aus eigenen Mitteln für eine besondere Lebenslage aufzukommen (vgl. schon 6.1.1.).

### 6.2.9.1. Der Begriff des Einkommens

(1) Nach § 76 Abs. 1 gehören zum Einkommen im Sinne des BSHG

„alle Einkünfte in Geld oder Geldeswert mit Ausnahme der Leistungen nach diesem Gesetz und der Grundrente nach dem Bundesversorgungsgesetz".

Nach Maßgabe des § 76 Abs. 2 sind *von dem Einkommen abzusetzen*

1. auf das Einkommen entrichtete Steuern,
2. Pflichtbeiträge zur Sozialversicherung einschließlich der Arbeitslosenversicherung,
3. Beiträge zu öffentlichen oder privaten Versicherungen oder ähnlichen Einrichtungen, soweit diese Beiträge gesetzlich vorgeschrieben oder nach Grund und Höhe angemessen sind,
4. die mit der Erzielung des Einkommens verbundenen notwendigen Ausgaben.

Das bedeutet, daß unter „Einkommen" im Sinne des Sozialhilferechts *im wesentlichen das Nettoeinkommen* zu verstehen ist.

*Beispiel* (BVerwG, ZfS 1981, 342 ff.): Der Beitrag zur Kraftfahrzeug-Haftpflichtversicherung ist wie der Beitrag zur Teilkasko- und zur Unfallversicherung und wie die Kfz-Steuer nicht als „gesetzlich vorgeschrieben" i. S. des § 76 Abs. 2 Nr. 3 anzusehen, weil sie nicht per se dem Hilfesuchenden auferlegt ist, sondern Folge seines freiwilligen Handelns – nämlich des Haltens eines Kfz – ist. Die genannten Abgaben sind mithin nicht vom Einkommen abzusetzen (vgl. dazu auch Rehnelt 1981 u. Rotter 1981; s. auch oben 6.2.2.). Lesenswert zu § 76 Abs. 2 Nr. 4 ist BVerwG, in: NDV 1981, 281 f.: Gewerkschaftsbeitrag eines Rentners als „notwendige Ausgabe".

(2) Einzelheiten regelt die *Verordnung zur Durchführung des § 76 des Bundes-sozialhilfegesetzes*, die von der Bundesregierung auf Grundlage des § 76 Abs. 3 am 28. 11. 1962 erlassen worden ist (vgl. 2.6.2.).

§ 1 dieser Verordnung stellt klar, daß bei der Berechnung der Einkünfte in Geld oder Geldeswert, die nach § 76 Abs. 1 zum Einkommen gehören, *alle* Einnahmen zugrunde zu legen sind ohne Rücksicht auf ihre Herkunft und Rechtsnatur sowie ohne Rücksicht darauf, ob sie zu den Einkunftsarten im Sinne des Einkommensteuergesetzes gehören und ob sie der Steuerpflicht unterliegen.

Die Bewertung von Einnahmen, die nicht in Geld bestehen (z. B. Kost, Wohnung und sonstige *Sachbezüge)* hat nach Maßgabe der aufgrund des § 160 Abs. 2 RVO für die Sozial-versicherung festgesetzten Werte der Sachbezüge zu erfolgen; ist ein derartiger Wert der Sachbezüge nicht festgesetzt worden, so sind die üblichen Mittelpreise des Verbrauchsortes zugrunde zu legen.

Für die Frage, was zu den Einkünften aus *nichtselbständiger Arbeit* gehört, wird auf § 19 Abs. 1 Ziff. 1 des Einkommensteuergesetzes verwiesen. Auch für die Entscheidung der Frage, welche Einkünfte zu den *„Einkünften aus Kapitalvermögen"* gehören, kommt es auf die einkommensteuerrechtliche Behandlungsweise an.

Von praktischer Bedeutung sind insbesondere die *Einkünfte aus Vermietung und Ver-pachtung.* Auch hier ist die Frage, welche Einkünfte dazu gehören, unter Rückgriff auf das Einkommensteuerrecht zu beurteilen (vgl. § 21 Abs. 1 u. 3 EStG). *„Einkünfte aus Vermie-tung und Verpachtung"* ist der Überschuß der Einnahmen über die mit ihrer Erzielung verbundenen notwendigen Ausgaben (z. B. Erhaltungsaufwand, Grundsteuern, dauernde Lasten u. a.). Zum Erhaltungsaufwand gehören die Ausgaben für Instandsetzung und Instandhaltung, nicht jedoch Ausgaben für Verbesserungen. Als Einkünfte aus der Vermie-tung von möblierten Wohnungen und Zimmern sind anzusetzen
— bei moblierten Wohnungen 80 v. H.,
— bei möblierten Zimmern 70 v. H.
— bei Leerzimmern 90 v. H. der Wohneinnahmen, es sei denn, geringere Einkünfte wür-den nachgewiesen (vgl. § 7 DVO zu § 76).

Zu weiteren Einzelheiten zu § 76 vgl. die Durchführungsverordnung zu dieser Bestim-mung im einzelnen.

(3) Entscheidend ist, daß die Einkünfte dem Berechtigten auch *tatsächlich* zufließen. Nicht zum Einkommen zählen fiktive Einkünfte (z. B. Mietwert der Wohnung im eigenen Haus) sowie treuhänderische Einnahmen sowie solche, für welche die Vermutung gilt, daß sie einem Dritten zugewendet werden (vgl. Knopp/Fichtner 1979, § 76 Rz. 3–7).

In einer Entscheidung aus dem Jahre 1965 hat das Bundesverwaltungsgericht beispielsweise entschieden, daß eine Mutter, die das ihr gewährte Zweitkindergeld ihrem einkommens-und vermögenslosen minderjährigen Kinde zuwendet, sich dieses *Kindergeld* nicht als eige-nes Einkommen auf die ihr gewährte Hilfe zum Lebensunterhalt anrechnen lassen muß (BVerwGE 20, 188 ff.). Das BVerwG führt in diesem Zusammenhang aus:

„Voraussetzung für die Anrechnung ist nämlich, daß das Zweitkindergeld Einkommen der Klägerin im Sinne des § 76 BSHG ist. § 76 BSHG spricht zwar nicht ausdrücklich aus, daß als Einkommen lediglich das Einkommen des Hilfsbedürftigen gemeint ist. Jedoch ist zu beachten, daß § 76 BSHG einen bereits in § 11 BSHG aufgestellten Grundsatz weiterführt. Die Sozialhilfe soll lediglich die Lücke schließen, die zwischen den eigenen Mitteln des Hilfsbedürftigen und den Mitteln besteht, die für den notwendigen Lebensunterhalt aufgebracht werden müssen. Abgesehen davon liegt es auf der Hand, daß der Hilfsbedürftige sich nicht solche Mittel als Einkommen zurechnen lassen muß, die er lediglich als Treuhänder oder auf andere Weise für einen Dritten in die Hand bekommt. Infolgedessen ist zu prüfen, ob das Zweitkindergeld zu den eigenen Mitteln der Klägerin zählt. Das ist nicht der Fall. Richtig ist zwar, daß nach der Regel des Kindergeldkassengesetzes vom 18. Juni 1961 (BGBl. I S. 1001) die Klägerin Empfangsberechtigte für das Zweitkindergeld ist. Indessen weist schon die Regelung des Kindergeldrechts darauf hin, daß mit dem Zweitkindergeld jedenfalls nicht die persönlichen Bedürfnisse der Mutter befriedigt werden sollen, sondern daß es das Ziel der Kindergeldgesetze ist, den Familien mit zwei oder mehr Kindern die Lasten abzunehmen, die durch die Kinder entstehen. ... Auszugehen ist davon, daß die Sozialhilfe einsetzt, wenn der Hilfsbedürftige tatsächlich nicht imstande ist, der bestehenden Hilfsbedürftigkeit aus eigenen Kräften abzuhelfen. Damit geht die Sozialhilfe von dem Grundsatz aus, daß die tatsächliche Lage des Hilfsbedürftigen das Ausmaß der Hilfe bestimmt. Diesem Grundsatz entspricht es, daß einerseits das tatsächliche Einkommen ohne Rücksicht auf den Rechtsgrund der Leistung, die Quelle und die Zweckbestimmung entscheidend ist. Die Ausnahmen in §§ 77/78 BSHG können dabei außer Betracht bleiben. Aus dem Grundsatz, daß die tatsächliche Lage des Hilfsbedürftigen Ausgangspunkt für die Hilfeleistungen ist, folgt andererseits der Grundsatz, daß es nicht Aufgabe der Sozialhilfe ist, bestehende Verbindlichkeiten des Hilfsbedürftigen abzudecken. Hiernach ist es auch grundsätzlich nicht Sache der Sozialhilfe, dem Hilfsbedürftigen Unterhaltsverpflichtungen abzunehmen. Hat der Hilfsbedürftige Einkommen, so muß er es in der Regel auch dann für sich verwenden, wenn er sich dadurch außerstande setzt, bestehende gesetzliche oder vertragliche Verpflichtungen zu erfüllen. Indessen muß dieser Grundsatz im Verhältnis der Eltern zu ihren minderjährigen Kindern eine Durchbrechung erfahren. ... Soll die Anerkennung des Rechtes zur Pflege der Kinder auch der Verwirklichung der Person dienen, so ist Art. 6 Abs. 2 GG zugleich Anwendungsfall des Satzes von der Verpflichtung des Staates zum Schutze der Menschenwürde. Sind aber Recht und Pflicht des einzelnen, seinen minderjährigen Kindern Hilfe angedeihen zu lassen, auch Ausdruck seiner Anerkennung als gemeinschafts-, vor allem aber auch familienbezogener Person, so kann die Unterhaltsleistung an die minderjährigen Kinder nicht mit der Erfüllung einer beliebigen schuldrechtlichen oder anderweitigen unterhaltsrechtlichen Verpflichtung gleichgestellt werden. ... Dem ist auch bei der Auslegung des Einkommensbegriffs des § 76 BSHG Rechnung zu tragen. Zu den Rechten der Eltern und daher auch der Mutter zählt zumindest das Recht, als Pflege den Kindern das zum Lebensunterhalt Notwendige zuzuwenden. Infolgedessen hat auch eine Mutter, die selbst hilfsbedürftig ist, das Recht, ihren Kindern wenigstens das zuzuwenden, was ihr die staatliche Gemeinschaft für die Kinder zukommen läßt. Das Kindergeld kann deshalb, soweit es zum Unterhalt von Kindern Verwendung findet, die selbst weder Einkommen noch Vermögen haben, nicht als ein die tatsächliche Hilfsbedürftigkeit der Mutter minderndes und mithin nicht als ein eigenes Einkommen der Mutter im Sinne des § 76 BSHG angesehen werden. Ob das Kindergeld auf die dem Kinde gewährte Sozialhilfe anzurechnen ist, bedarf im vorliegenden Falle keiner Entscheidung. ..." (zum Kindergeld noch unten (6)).

(4) Man kann „*Einkommen*" i. S. des **§ 76** also definieren als „die zur laufenden Deckung von Bedürfnissen und Verpflichtungen in eigenem Namen und für eigene Rechnung bestimmten Zuflüsse von Geld und Geldeswert aller Art" (Knopp/Fichtner 1979, § 76 Rz. 11).
*Nicht* zu den Einkünften zählen
– die *Leistungen der Sozialhilfe*

- die *Grundrente* nach dem Bundesversorgungsgesetz
- solche Leistungen, deren Anrechnung auf die Sozialhilfe *kraft Gesetzes ausgeschlossen* ist (z. B. § 292 Abs. 2 Nr. 1–3 i. V.m. §§ 274, 280, 284 LAG)
- Leistungen oder Zuwendungen zu den Einkünften, die *nach der Verkehrsanschauung nicht als Einkünfte* anzusehen sind (z. B. kleine Geburtstags- und Weihnachtsgeschenke, Zuwendungen bei anderen Gelegenheiten, die durch Sitte und Anstand geboten sind, Gefälligkeiten im Rahmen der Nachbarschaftshilfe, u. ä.).

(5) Eine *Einschränkung* der Vorschrift des § 76 findet sich in § 77:

„(1) Leistungen, die aufgrund öffentlich-rechtlicher Vorschriften zu einem ausdrücklich genannten Zweck gewährt werden, sind nur soweit als Einkommen zu berücksichtigen, als die Sozialhilfe im Einzelfall demselben Zweck dient.
(2) Eine Entschädigung, die wegen eines Schadens, der nicht Vermögensschaden ist, nach § 847 des Bürgerlichen Gesetzbuches geleistet wird, ist nicht als Einkommen zu berücksichtigen."

Von der Geltung des Abs. 1 werden nur solche Leistungen erfaßt, die in einer *öffentlich-rechtlichen* Vorschrift vorgesehen sind und auch *tatsächlich* erbracht werden. *Zweckgebundene* Leistungen, die auf einer anderen Rechtsgrundlage (z. B. Vertrag) beruhen, finden hier keine Berücksichtigung (so z. B. nicht Zuwendungen, die im Zusammenhang mit dem Arbeitsverhältnis stehen). Die Zweckbestimmung muß sich *ausdrücklich* aus der Vorschrift ergeben; § 77 ist deshalb nicht anwendbar, wenn die Zweckbestimmung der Leistung sich nur im Wege der Auslegung ermitteln läßt.

Zweckgebundene (d.h. als Einkommen i.S.d. Sozialhilfe zu berücksichtigende) Leistungen sind:
- das Pflegegeld aus der Unfallversicherung (vgl. § 558 RVO),
- die Pflegezulage nach § 35 BVG, Leistungen der Mutterschaftshilfe (vgl. §§ 195 ff. RVO), Wohngeld nach dem WoGG (vgl. unten S. 413)
- Leistungen nach dem Mutterschutzgesetz (§§ 11 ff. MuSchG)
- Entlassungsgeld nach § 2 Heimkehrergesetz, u. a.
  Wie sich aus dem Wort „soweit" in § 77 Abs. 1 ergibt, ist auch eine Teil-Berücksichtigung als Einkommen möglich.

(6) Umstritten ist, ob das *Kindergeld* eine zweckbestimmte Leistung i. S. des § 77 Abs. 1 ist:

Knopp/Fichtner (1979, § 77 Rz. 5) vertreten die Ansicht, daß das Kindergeld, das nach dem Bundeskindergeldgesetz Einkommen des Kindergeldberechtigten, nicht des den Anspruch auslösenden Kindes ist (vgl. auch bereits oben (3)), nicht zu einem ausdrücklich genannten Zweck gewährt wird, sondern dazu dient, die allgemein in einer Familie mit mehreren Kindern höhere Lebenshaltungskosten zu senken. Knopp/Fichtner gehen, fußend auf der Rechtsprechung des BVerwG und den einschlägigen Äußerungen des Deutschen Vereins für öffentliche und private Fürsorge, von folgenden Grundsätzen aus:

– bei Hilfsbedürftigkeit der Gesamtfamilie wird das Kindergeld voll berücksichtigt;
– bei Hilfsbedürftigkeit nur eines oder mehrerer Kinder wird das auf sie entfallende Kindergeld bei der Hilfe zum Lebensunterhalt berücksichtigt, wobei der gesamte Betrag des Kindergeldes gleichmäßig auf alle Kinder verteilt wird;
– ist nur der unterhaltsverpflichtete Kindergeldberechtigte (allein oder zusammen mit seinem Ehegatten) hilfsbedürftig, so wird das Kindergeld bei der ihm gewährten Hilfe zum Lebensunterhalt berücksichtigt, soweit nicht durch die Anrechnung die Hilfsbedürftigkeit eines Kindes ausgelöst wird;
– ist nur der nicht unterhaltsverpflichtete Kindergeldberechtigte hilfsbedürftig, so wird eine Berücksichtigung des Kindergeldes nur dann für möglich angesehen, wenn nachgewiesen wird, daß der Berechtigte das Kindergeld dem Kind nicht zuwendet; ausgeschlossen ist eine Berücksichtigung auch dann, wenn der Kindergeldberechtigte unwiderleglich dartut, daß er das Kindergeld dem Kind für Bedürfnisse außerhalb und oberhalb des notwendigen Lebensunterhaltes zuwendet.

Diesen Grundsätzen liegt einmal die (widerlegbare) Vermutung zugrunde, daß der Berechtigte das Kindergeld seinen Kindern, soweit sie über kein eigenes Einkommen verfügen, zu gleichen Teilen zukommen läßt; kann ein Kind demgegenüber seinen Lebensunterhalt aus eigenem Einkommen bestreiten, so wird davon ausgegangen, daß der Berechtigte das Kindergeld zur Bestreitung des gesamten Familienunterhalts – und damit auch seines eigenen Lebensunterhalts- verwendet. (Zu näheren Einzelheiten – und insbesondere auch zur Frage der Berücksichtigung des Kindergeldes bei der Hilfe in besonderen Lebenslagen – vgl. Knopp/Fichtner, 3. Aufl. (1974), § 77 Rz. 6; zur Anrechnung des Kindergelds als Einkommen auch 6.2.10.).

Hauser et al. (1980, 271) weisen in ihren Ausführungen über den „Beitrag ausgewählter Bereiche des Systems der sozialen Sicherung zur Vermeidung von Armut" darauf hin, daß „Kindergeld" und „Sozialhilfe" unzureichend aufeinander abgestimmt sind: Da der Regelsatz für Kinder bei der Sozialhilfe vom Alter abhänge (vgl. 6.2.3.2.1.), könne das Kindergeld bei dritten und weiteren Kindern höher oder aber niedriger als der jeweils anwendbare Regelsatz sein mit der Folge, daß etwa bei Kindern bis zu 11 Jahren eine Verminderung der Sozialhilfeleistungen für den Haushaltsvorstand eintreten könne.

Eine grundsätzliche Überprüfung des Verhältnisses von Kindergeld- und Sozialhilfeleistungen erscheint von daher geboten (dazu z. B. Niedrig 1979).

(7) Die Vorschrift des § 77 Abs. 2 wurde im Jahre 1974 durch das Dritte Gesetz zur Änderung des Bundessozialhilfegesetzes eingefügt, weil die Anrechnung von *Schmerzensgeld* (z. B. im Anschluß an einen Verkehrsunfall) als Einkommen in der Sozialhilfe als unbillige Härte angesehen wurde. Der Gesetzgeber griff damit eine entsprechende Praxis einzelner Sozialhilfeträger auf.

(8) *Zuwendungen der freien Wohlfahrtspflege* bleiben als Einkommen außer Betracht, es sei denn, die Lage des Empfängers würde durch die Zuwendung so günstig beeinflußt, daß daneben die Gewährung von Sozialhilfe ungerechtfertigt wäre (§ 78 Abs. 1).

„*Zuwendungen*" der freien Wohlfahrtspflege (dazu vgl. 3.7.2.1.) sind nur Geld- und Sachleistungen, nicht persönliche Hilfe (Knopp/Fichtner 1979, § 78 Rz. 3). Die Vorschrift stellt eine Ausnahme zur Regel des § 76 dar, wonach im Grundsatz alle Einkünfte zum Einkommen zu rechnen sind. Die Vorschrift ist zu verstehen auf dem Hintergrund der „Vorfahrtsberechtigung" der freien Wohlfahrtspflege, wie sie u. a. in § 10 Abs. 4 verankert ist (vgl. 3.7.2.3.1.): Nach dieser Vorschrift sollen die Träger der Sozialhilfe von der Durchführung eigener

Maßnahmen absehen, wenn die Hilfe im Einzelfall durch die freie Wohlfahrtspflege gewährleistet wird. Die Frage, ob derartige Zuwendungen im Einzelfall als „Einkünfte" i. S. des § 76 Abs. 1 zu berücksichtigen sind, richtet sich nach den persönlichen und wirtschaftlichen Verhältnissen des Antragstellers.

Die Berücksichtigung der persönlichen Verhältnisse – Beruf, Vorbildung, Lebensgewohnheiten u. a. – folgt nicht nur aus dem Grundsatz der Individualisierung (vgl. 4.5.1.), sondern auch daraus, daß in § 78 nicht von der „wirtschaftlichen Lage" – wie im früherem Fürsorgerecht –, sondern nur von der „Lage" die Rede ist (vgl. Knopp/Fichtner 1979, § 78 Rz. 7). Als Vergleichsmaßstab kommen andere Hilfeempfänger in Betracht, die sich in einer ähnlichen Lage befinden. Im übrigen sind auch hier die Belange der Allgemeinheit zu berücksichtigen.

(9) Zuwendungen, die ein anderer gewährt, *ohne* hierzu eine *rechtliche oder sittliche Pflicht* zu haben, sollen als Einkommen außer Betracht bleiben, soweit ihre Berücksichtigung für den Empfänger eine besondere Härte bedeuten würde (§ 78 Abs. 2). Zuwendungen, die auf einer Rechtspflicht (aus Gesetz, Vertrag oder auch Gewohnheitsrecht) beruhen oder die einer sittlichen Verpflichtung entsprechen, sind „Einkünfte" i. S. des § 76 Abs. 1. Bei § 78 Abs. 2 geht es allein um *freiwillige* Zuwendungen, wie z. B. Unterhaltsleistungen von nicht unterhaltspflichtigen Personen (z. B. Geschwistern) – vorbehaltlich der Vermutung des § 16 bei Vorliegen einer Haushaltsgemeinschaft im Rahmen der Hilfe zum Lebensunterhalt (vgl. 6.2.7.1.)–, freiwillige Leistungen von Arbeitgebern an frühere Arbeitnehmer, freiwillige Unterstützungen von Vereinen oder Verbänden an in Not geratene Mitglieder, Ehrengaben des Bundes, der Länder und der Gemeinden an verdiente Künstler u. a. (vgl. Knopp/Fichtner 1979, § 78 Rz. 8).

Leistungen die aufgrund eines Vergleichs erbracht werden, beruhen demgegenüber auf einer rechtlichen Verpflichtung. Entsprechendes gilt für Leistungen, die ein Arbeitnehmer von seinem Arbeitgeber aufgrund des Gleichheitsgrundsatzes oder betrieblicher Übung erhält.
  Nach den bay. SH-Richtl. wird die Vorschrift wie folgt gehandhabt (Nr. 78.02)
  „(1) Eine besondere Härte ist stets dann anzunehmen, wenn die Anrechnung der Zuwendungen zu deren Einstellung führen würde.
(2) Die Außerachtlassung von Zuwendungen bei Gewährung von laufender Hilfe schließt aber nicht aus, bei Entscheidungen über einmalige Leistungen die Zuwendung ganz oder teilweise zu berücksichtigen.
(3) Künstlerbeihilfen aus öffentlichen Kassen sollten unberücksichtigt bleiben. Allenfalls kann eine Anrechnung dieser Leistungen in Betracht kommen, wenn ein Bedarf im Rahmen der Hilfe zum Lebensunterhalt nicht mehr als angemessen angesehen werden kann (z. B. bei überhöhten Mieten)".

## 6.2.9.2. Der Begriff des Vermögens

(1) § 88 bestimmt:

„Zum Vermögen im Sinne dieses Gesetzes gehört das gesamte verwertbare Vermögen."

Das Gesetz gibt damit keine Definition des Vermögensbegriffs, sondern schränkt ihn lediglich dahingehend ein, daß solches Vermögen, welches *nicht* *„verwertbar"* ist, *außer Betracht* bleibt.

Gemeinhin rechnet man zum Vermögen alle beweglichen und unbeweglichen Sachen, Forderungen und sonstige Vermögenswerte. Im übrigen wird der Begriff des Vermögens i. S. des BSHG aus der *Abgrenzung zum Einkommen* gewonnen. Die Frage der Abgrenzung des Vermögens vom Einkommen ist deshalb auch von erheblicher praktischer Bedeutung, weil der Einsatz des Einkommens anders geregelt ist als der des Vermögens. (Insbesondere besteht hinsichtlich des einzusetzenden Vermögens im Gegensatz zum Einkommen kein Unterschied zwischen Hilfe zum Lebensunterhalt und Hilfe in besonderen Lebenslagen.)

Der DV hat sich in seinen „Empfehlungen für den Einsatz des Vermögens in der Sozialhilfe und der öffentlichen Jugendhilfe" (1971) für die sog. „reine Zuflußbetrachtung" (a. a. O., S. 29) entschieden. Danach sind alle Zuflüsse in Geld und Geldeswert im Bedarfszeitraum zunächst Einkommen ohne Rücksicht auf die Rechtsnatur der Zuflüsse und auf die Tatsache, ob es sich um einmalige oder laufende Zuflüsse handelt. Was nach Ablauf eines Bedarfsabschnitts noch vorhanden ist, wächst dem Vermögen zu. Ebenso sind Zuflüsse, die bereits vor Beginn des Bedarfszeitraums zugeflossen sind, Vermögen. Demnach sind

—laufende, für den Bedarfszeitraum bestimmte Einnahmen *Einkommen,*
—alle einmaligen Einnahmen und Einnahmen aus Vermögensauflösungen (z. B. Verkauf eines Grundstücks), wenn sie für den Bedarf im Bedarfszeitraum bestimmt sind, gleichfalls *Einkommen* (Vermögen werden sie erst, wenn der Hilfesuchende entsprechend darüber verfügt – z. B. ein Grundstück oder eine bewegliche Sache erwirbt – und wenn er dazu auch sozialhilferechtlich befugt ist.)

*Beispiel* (vgl. Knopp/Fichtner 1979, § 76 Rz. 11): Bekommt ein Hilfesuchender eine Lebensversicherung von 6000,- DM ausbezahlt, so kann die Sozialhilfe versagt werden, gleichgültig, ob er sie als Bargeld zu Hause aufbewahrt oder etwa auf ein Sparkonto einzahlt. War der Hilfesuchende im Zeitpunkt der Auszahlung nicht hilfsbedürftig und war die Hilfsbedürftigkeit auch nicht deutlich vorhersehbar, so kann die Verwertung des Betrages lediglich als Vermögen (§ 88) verlangt werden.

Als *Faustregel* gilt: Alle im Bedarfszeitraum zufließenden Einkünfte in Geldeswert sind Einkommen; der nach Ablauf des Bedarfsabschnitts nicht verbrauchte Teil dieser Einkünfte ist grundsätzlich Vermögen.

(2) Als *nicht verwertbares* Vermögen im vorstehend genannten Sinne (vgl. oben (1)) kann man das Vermögen ansehen, daß der Pfändung (vgl. §§ 811, 812 ZPO) nicht unterliegt.

Dazu gehören Sachen zum persönlichen Gebrauch, wie z. B. Kleidungsstücke, Wäsche, Hausrat, Nahrungs- und Heizmaterial (in bestimmten Umfang) u.ä.

(3) Nach § 88 Abs. 2 darf die Sozialhilfe *nicht* abhängig gemacht werden vom Einsatz oder von der Verwertung

„1. eines Vermögens, das aus öffentlichen Mitteln zum Aufbau oder zur Sicherung einer Lebensgrundlage oder zur Gründung eines Hausstandes gewährt wird,
2. [seit dem 1. 1. 1982 gestrichen]

3. eines angemessenen Hausrats; dabei sind die bisherigen Lebens-Verhältnisse des Hilfesuchenden zu berücksichtigen,
4. von Gegenständen, die zur Aufnahme oder Fortsetzung der Berufsausbildung oder der Erwerbstätigkeit unentbehrlich sind,
5. von Familien- und Erbstücken, deren Veräußerung für den Hilfesuchenden oder seine Familie eine besondere Härte bedeuten würde,
6. von Gegenständen, die zur Befriedigung geistiger, besonders wissenschaftlicher oder künstlerischer Bedürfnisse dienen und deren Besitz nicht Luxus ist,
7. eines kleinen Hausgrundstücks, besonders eines Familienheims, wenn der Hilfesuchende das Hausgrundstück allein oder zusammen mit Angehörigen, denen es nach seinem Tode weiter zur Wohnung dienen soll, ganz oder teilweise bewohnt,
8. kleinerer Barbeträge oder sonstiger Geldwerte; dabei ist eine besondere Notlage des Hilfesuchenden zu berücksichtigen."

Was *„kleinere Barbeträge oder sonstige Geldwerte"* i. S. des § 88 Abs. 2 Nr. 8 sind, wird in der Verordnung zur Durchführung des § 88 Abs. 2 Nr. 8 des Bundessozialhilfegesetzes v. 9. 11. 1970 näher bestimmt (vgl. 2.6.2.):

Nach dieser Verordnung sind dies z.Z. für den Hilfesuchenden 2000 DM, für den nicht getrennt lebenden Ehegatten weitere 1000 DM sowie je 400 DM für jede Person, die vom Hilfesuchenden oder seinem Ehegatten überwiegend unterhalten wird. (Nähere Einzelheiten vgl. in der VO mit Fundstelle oben 2.6.2.; gilt für 1981/82).

Wesentlich schwieriger ist in der Praxis die Frage zu beantworten, wann ein Hausgrundstück *„klein"* i. S. d. § 88 Abs. 2 Nr. 7 ist (vgl. Piepmeyer 1977, 234 ff.; Ullenbruch 1978, 112 ff.; Knopp/Fichtner 1979, § 88 Rz. 11 ff.).

Nach der Rechtsprechung des Bundesverwaltungsgerichts ist die Frage, ob ein Hausgrundstück „klein" i. S. d. § 88 Abs. 2 Nr. 7 und aus diesem Grunde „Schonvermögen" ist, nach *personenbezogenen Kriterien* (Zahl der Bewohner des Hausgrundstücks und ihre besonderen Bedürfnisse) *und* nach *sach- und wertbezogenen Kriterien* (Größe, Zuschnitt und Ausstattung der Baulichkeit; Wert des Grundstücks einschließlich der Baulichkeit) zu beurteilen (BVerwGE 47, 103 ff.; BVerwG, in: NDV 1980, 321 ff.). Für die praktische Handhabung bringt diese Formel für sog. „Kombinationstheorie" freilich nur grobe Anhaltspunkte; die Entscheidung bleibt letztlich eine Frage der Umstände des Einzelfalles. Der Praxis, der das Problem viel Kopfzerbrechen bereitet, wären verständlicherweise feste Zahlenwerte lieber.

(4) Die Sozialhilfe darf im übrigen nicht vom Einsatz oder von der Verwertung eines Vermögens abhängig gemacht werden, soweit dies für den, der das Vermögen einzusetzen hat, und für seine unterhaltsberechtigten Angehörigen eine *„Härte"* bedeuten würde (§ 88 Abs. 3). Durch diese Vorschrift soll erreicht werden, daß der Empfänger der Hilfe einen gewissen wirtschaftlichen Spielraum behält und ein Anreiz zur Selbsthilfe bestehen bleibt.

Beispiele für eine „Härte" sind: Veräußerung eines Vermögensgegenstandes (z. B. Wertpapier) zu einem ungünstigen Zeitpunkt, drohender Verlust einer Lebensversicherung, Verwertung eines Schmerzensgeldes (Knopp/Fichtner 1979, § 88 Rz. 19). Umstritten ist, ob es auch eine „Härte" darstellt, wenn ein Vermögen aus Einkommen gebildet wurde, dessen Einsatz nach BSHG nicht verlangt werden durfte.

Das BVerwG hat in einem Urteil v. 26. 1. 1966 (vgl. Rösgen 1973, 164 ff.) zum Ziel der Härtevorschrift ausgeführt: „Der Begriff der Härte im Sinne des § 88 Abs. 3 BSHG kann ... nur in Zusammenhang mit den vorangehenden Vorschriften des Bundessozialhilfegesetzes über das Schonvermögen zutreffend erläutert werden. Diese Vorschriften über das Schonvermögen sollen gewährleisten, daß die Sozialhilfe nicht zu einer wesentlichen Beeinträchtigung der vorhandenen Lebensgrundlagen führt. Dem Sozialhilfeempfänger (und seinen Angehörigen) soll – nicht zuletzt, um ihn in seinem Bestreben zu unterstützen, sich von der Sozialhilfe unabhängig zu machen – ein gewisser Spielraum in seiner wirtschaftlichen Bewegungsfreiheit erhalten bleiben. Überdies soll verhindert werden, daß die Sozialhilfe, die im Idealfall lediglich eine vorübergehende Hilfe ist, zu einem wirtschaftlichen Ausverkauf führt, damit den Willen zur Selbsthilfe lähmt und zu einer nachhaltigen sozialen Herabstufung führt. Das Ziel der Härtevorschrift kann kein anderes sein. Wenn der Gesetzgeber eine Härtevorschrift einführt, so regelmäßig deshalb, weil er mit den Regelvorschriften zwar dem dem Gesetz zugrunde liegenden typischen Lebenssachverhalt gerecht werden kann, nicht aber dem atypischen. Da die atypischen Fälle, eben wegen ihrer atypischen Ausgestaltung, nicht mit den abstrakten Merkmalen der Gesetzessprache erfaßt werden können, muß der Gesetzgeber neben den Regeltatbestand einen Ausnahmetatbestand setzen, der zwar in den einzelnen Merkmalen unbestimmt ist, jedoch bei einer sinngerechten Anwendung ein Ergebnis gestattet, daß dem Regelergebnis in seiner grundsätzlichen Zielsetzung gleichwertig ist. Damit wird aber auch bei der Härtevorschrift des § 88 Abs. 3 BSHG nicht von den Grundvorstellungen über den Zweck des Schonvermögens abgegangen, lediglich die abstrakte Umschreibung dessen, was schon Vermögen ist und was demzufolge dem Einzelnen zu belassen ist, um das Ziel der Sozialhilfe zu erreichen, wird durch die Härtevorschrift aufgelockert. Hiernach kommt es zu einer Bestimmung des Begriffs der Härte darauf an, ob die Anwendung der Regelvorschriften zu einem den Leitvorstellungen des § 88 Abs. 2 BSHG nicht entsprechenden Ergebnis führen würde."

*Beispiel:* Hilfesuchende, die eine erhebliche Zeit in Kriegsgefangenschaft verbracht hatten und aus diesem Grunde eine Kriegsgefangenenentschädigung in Höhe 12 000 DM erhielten, verwandten die ihnen von dieser Summe verbliebenen 10 000 DM für die Gründung eines angemessenen Hausstandes (Kauf von Möbeln, Einrichtungsgegenständen u. a.). Der Einsatz dieser Mittel bei der Gewährung von laufender Hilfe zum Lebensunterhalt würde eine „Härte" i. S. dieser Vorschrift darstellen. Einmal sollten die Mittel nämlich verwandt werden zur Gründung eines angemessenen Hausstandes, der seinerseits nach Maßgabe des § 88 Abs. 2 Nr. 2 geschützt ist. Neben dem *Zweck*, zu dem die Mittel verwandt werden sollten, ist aber auch der *Grund*, aus dem sie erworben wurden, zu berücksichtigen. Die Leistungen nach dem Kriegsgefangenen-Entschädigungsgesetz wurden für den erlittenen immateriellen Schaden erbracht. In diesem Zusammenhang ist zu bedenken, daß nach der – hier nicht unmittelbar anzuwendenden – Vorschrift des § 77 Abs. 2 (vgl. 6.2.9.1.) Schmerzensgeld, das aufgrund der Vorschrift des § 847 BGB gezahlt wird, nicht als Einkommen zu berücksichtigen ist; hier tritt also der Grundgedanke, daß Entschädigungen für einen immateriellen Schaden dem Empfänger zur freien Verfügung verbleiben sollen, zutage. Diesem Gesichtspunkt muß auch im Rahmen des § 88 Abs. 3 Rechnung getragen werden mit der Folge, daß das Vermögen aus der Kriegsgefangenenentschädigung freizulassen ist (vgl. DV Gutachten VI, 1978, Nr. 302).

(5) Soweit nach § 88 für den Bedarf des Hilfesuchenden Vermögen einzusetzen ist, der *sofortige* Verbrauch oder die *sofortige* Verwertung des Vermögens jedoch nicht möglich ist

oder sie für den, der das Vermögen einzusetzen hat, eine Härte bedeuten würden, *soll* die Sozialhilfe als *Darlehen* gewährt werden. Die Gewährung dieses Darlehens kann davon abhängig gemacht werden, daß der Anspruch auf Rückzahlung dinglich (z. B. durch Verpfändung, Sicherungsübereignung, Bestellung einer Hypothek) oder in anderer Weise (z. B. durch Bürgschaft) gesichert wird.

Allerdings kann die Sicherung des Rückzahlungsanspruchs bei geringfügigen oder nur kurzfristig gewährten Darlehen unterbleiben, wenn der Hilfesuchende kreditwürdig ist. Die Entscheidung, ob eine Sicherung verlangt wird und in welcher Weise sie erfolgt, liegt im pflichtgemäßen Ermessen des Sozialhilfeträgers.

(6)*Verwertung* bedeutet: Nicht geschütztes Barvermögen (einschließlich der Geldwerte) ist zur Deckung des Bedarfs einzusetzen. Bei nicht geschützten Sachwerten ist zu prüfen, ob der Hilfebedürftigkeit durch Verkauf, Vermietung, Verpachtung oder Beleihung abgeholfen werden kann; wird dies bejaht, so sind die Erlöse hieraus voll einzusetzen. Daß geschütztes Vermögen (§88 Abs. 2) *nicht* einzusetzen oder zu verwerten ist, bedeutet, daß es – sozialhilferechtlich – als *nicht existent* anzusehen ist, der Hilfeempfänger es m.a.W. nicht antasten muß.

## 6.2.10. Der Fall „Armut"

Um auch eine Vorstellung von der verwaltungsmäßigen Bearbeitung der Hilfe zum Lebensunterhalt zu vermitteln, wird im folgenden anhand der einschlägigen Formulare ein Fall (vereinfacht) dargestellt.

Achten Sie bitte bei der Durchsicht der „Akte" u. a. auf die Ermittlung der Fakten (einschließlich des Berichts des Sozialarbeiters) sowie die Berechnung und die Bewilligung der Hilfe (Hinweis: Im vorliegenden Fall wird kein Kindergeld gezahlt, sondern es werden Kinderzuschüsse gem. § 1262 RVO gewährt, neben denen Kindergeld nicht in Betracht kommt, vgl. § 8 Abs. 1 Nr. 1 BKGG).

Versuchen Sie bitte die einzelnen Schritte der Fallbearbeitung den bisherigen Ausführungen zur Organisation der Sozialhilfe und zur Hilfe zum Lebensunterhalt zuzuordnen. Beachten Sie dabei bitte, daß der Fall im Jahre 1981 spielt und deshalb die Regelsätze dieses Jahres angesetzt wurden; rechnen Sie bitte den Fall auf die Regelsätze des Jahres 1982 um (s. oben S. 147.).

Eine Fortsetzung des Falles (Heranziehung Unterhaltspflichtiger) findet sich bei 8.1.2.6.

Der Abdruck der Formulare erfolgt mit freundlicher Genehmigung des Deutschen Gemeindeverlages und des Landratsamtes Fürstenfeldbruck.

| Aktenzeichen: | III/4-411-1 | | Datum: | 1.4.1981 |
|---|---|---|---|---|

## Antrag auf Gewährung von Sozialhilfe (Grundantrag)

Begehrte Hilfe: Hilfe zum Lebensunterhalt (laufende Leistungen und Einzel-hilfen für Möbel)

### 1 Persönliche Verhältnisse und Zugehörigkeit zu bestimmten Personen-Kreisen

|  | | Hilfesuchender (HS) [x] Haushaltsvorstand (HV) bei HLU | [X] nicht getrennt lebender Ehegatte / Vater bei unverh. Minderjährigen | Mutter bei unverh. Minderjährigen |
|---|---|---|---|---|
| 1 | Name | Armut | Armut | |
| 2 | Vorname | Georg | Monika | |
| 3 | geb./verw./geschiedene | | Not | |
| 4 | geboren am | 1.4.1940 | 30.8.1942 | |
| 5 | geboren in | München | Mainz | |
| 6 | Familienstand | verheiratet | verheiratet | |
| 7 | Staatsangehörigkeit | deutsch | deutsch | |
| 8 | Konfession (Angabe freiw.) | ev. | ev. | |
| 9 | Anschrift PLZ/Wohnort/Zustellbezirk | 8034 Germering | | |
| 9.1 | Straße, Hausnummer | Planetenstraße 9 | | |
| 10 | zuletzt ausgeübter Beruf | Elektriker | Hausfrau | |
| 11 | Letzter Arbeitgeber (bei Schülern Ausbildungsstätte) | | | |
| 12 | Vormund oder Pfleger? | [X] nein [ ] Vormund [ ] Pfleger | [X] nein [ ] Vormund [ ] Pfleger | [ ] nein [ ] Vormund [ ] Pfleger |
| 12.1 | Angab.üb.Vormund/Pfleger Name, Vorname | | | |
| 12.2 | Anschrift | | | |
| 12.3 | Wirkungskreis des Pflegers | | | |
| 12.4 | Bezeichng. u. Gesch.-Zeich. d. Vormundschaftsgerichts | | | |
| 13 | Vertriebener, Flüchtling, Zugew.? | [ ]A [ ]B [ ]C [X] nein [ ] Ausweis Nr. | [ ]A [ ]B [ ]C [X] nein [ ] Ausweis Nr. | [ ]A [ ]B [ ]C [ ] nein [ ] Ausweis Nr. |
| 14 | Rentenbezug nach dem Bundesversorgungsgesetz? | [X] nein [ ] ja (KOF prüfen!) | [X] nein [ ] ja (KOF prüfen!) | [ ] nein [ ] ja (KOF prüfen!) |
| 15 | Schwerbehindertenausw.? | [ ] nein [X] ja vom 1.7.77 MdE 80 v.H. 01 | [X] nein [ ] ja vom MdE v.H. 02 | [ ] nein [ ] ja vom MdE v.H. 03 |

### 2 Angehörige und sonstige Personen im Haushalt des Hilfesuchenden (HS) bzw. des Haushaltsvorstandes (HV)

| Nr. | Name, Vorname | geb. am | Stellung zum HS/HV | Fam.-Stand | Beruf bei Schülern Ausb.-Stätte | Einkommen? | Vermögen? |
|---|---|---|---|---|---|---|---|
| 04 | Anders, Heinz | 5.1.68 | Sohn | ld. | Schüler | [X] nein [ ] ja, siehe Nr. 7 | [ ] nein [X] ja, siehe Nr. 9 |
| 05 | Armut, Michael | 8.7.72 | Sohn | ld. | Schüler | [X] nein [ ] ja, siehe Nr. 7 | [X] nein [ ] ja, siehe Nr. 9 |
| 06 | Armut, Beate | 2.2.77 | Tochter | ld. | | [X] nein [ ] ja, siehe Nr. 7 | [X] nein [ ] ja, siehe Nr. 9 |
| 07 | Armut, Ingrid | 31.12.79 | Tochter | ld. | | [X] nein [ ] ja, siehe Nr. 7 | [X] nein [ ] ja, siehe Nr. 9 |
| 08 | | | | | | [ ] nein [ ] ja, siehe Nr. 7 | [ ] nein [ ] ja, siehe Nr. 9 |
| 09 | | | | | | [ ] nein [ ] ja, siehe Nr. 7 | [ ] nein [ ] ja, siehe Nr. 9 |
| 10 | | | | | | [ ] nein [ ] ja, siehe Nr. 7 | [ ] nein [ ] ja, siehe Nr. 9 |
| 11 | | | | | | [ ] nein [ ] ja, siehe Nr. 7 | [ ] nein [ ] ja, siehe Nr. 9 |
| 12 | | | | | | [ ] nein [ ] ja, siehe Nr. 7 | [ ] nein [ ] ja, siehe Nr. 9 |
| 13 | | | | | | [ ] nein [ ] ja, siehe Nr. 7 | [ ] nein [ ] ja, siehe Nr. 9 |
| 14 | | | | | | [ ] nein [ ] ja, siehe Nr. 7 | [ ] nein [ ] ja, siehe Nr. 9 |

- 2 -

**3** | **Aufenthaltsverhältnisse im letzten Jahr. Bei Vertriebenen, Flüchtlingen und Zugewanderten ab 1. 8. 1939** (hier auch Stichtage 31. 12. 1944 und 11. 7. 1945 beachten)

| vom | bis | Ort und Straße | Grund des Wechsels | Wurde am letzten Wohnort Sozialhilfe bezogen? |
|---|---|---|---|---|
| | | s. oben 1. | | ☐ nein ☐ ja |
| | | | | Wer hat die Umzugskosten getragen? |
| | | | | |
| | | | | |

**4** | **Grenzübertritt aus dem Ausland**

Tag und Ort des Übertritts:

Ist ein Familienmitglied bereits früher aus dem Ausland gekommen? ☐ nein ☐ ja   Anschrift: ...........

Familienmitglied, das als ältestes in der Bundesrepublik oder im Land Berlin geboren ist:   Name u. Vorname: ...........   Geburtsort: ...........

**5** | **Wohnverhältnisse**

| Name und Anschrift des Vermieters | Wohnungsgröße Raum-zahl | davon beheizt | qm | Heizungsart | Kaltmiete mtl. DM | Hausabgaben (z. B. Flurlicht, Wasserg. Fahrst.) mtl. DM | Kosten der Unterkunft zus. mtl. DM | Heizungskosten-Pauschale mtl DM |
|---|---|---|---|---|---|---|---|---|
| B. Wunderzins | 5 | 5 | 85 | Kohle, Öl | 680 | 19 | 699 | 76 |
| s. oben 1. | | | | Gas-/Elektroheizung | | | | ohne  mit |
| | | | | Fernheizung | lt. Mietbescheinigung | | | |
| | | | X | Hauszentralheizung | | | | X |
| | | | | | | | | Warmwasser-bereitung |

Untervermietet sind ........ Räume ☐ leer ☐ möbliert

Wohngeld  mtl. DM  190,- (ab 1.3.1981)

Einnahmen aus Untervermietung mtl. DM .........

**6** | **Besondere Notlagen (§ 15 a BSHG). Besondere Belastungen (§ 84 BSHG)**

**Einkommensschlüsselverzeichnis zu Seite 3 ▶**

1. aus nichtselbst. Tätigkeit (Nettoerwerbseinkommen)
2. aus Land- und Forstwirtschaft
3. aus Gewerbebetrieb
4. aus sonst. selbst. Tätigkeit
5. aus Kapitalvermögen
6. aus Vermietung und Verpachtung siehe Rentabilitätsberechnung
7. aus Renten
   7.1 Berufsunfähigkeitsrente ohne Kinderzuschuß
   7.2 Erwerbsunfähigkeitsrente ohne Kinderzuschuß
   7.3 Altersruhegeld ohne Kinderzuschuß
   7.4 Unfallrente ohne Kinderzuschuß und Pflegegeld
   7.5 Sonst. Renten u. Pensionen ohne Kinderzuschuß/-zulage
   7.6 Kinderzuschuß/-zulage zu 7.1-7.5
   7.7 Pflegegeld zu 7.4
   7.8 Werksrente
8. Leistungen nach dem BVG
   8.1 Grundrente
   8.2 Sonstige
9. Leistungen nach dem LAG
   9.1 Unterhaltshilfe
   9.2 Pflegegeld
   9.3 Entschädigungsrente tatsächlich/anrechenbar

10. Leistungen nach dem AFG
    10.1 Alg oder Alhi
    10.2 Sonstige
11. Kindergeld
12. Wohngeld
13. Ausbildungs-, Erziehungs-beihilfen
14. Ausbildungsförderung
15. Unterhaltsbeiträge
16. Landw. Altersgeld
19. Sonst. Einkommen (z. B. Deputate, Sonder-zuwendungen, 13. Gehalt, Urlaubsgeld)
20. nachrichtlich sonstige soziale Leistungen (z. B. Blindengeld, Hilfe für hochgradig Sehschwache, Pflegegeld)

**Schlüsselverzeichnis zur Einkommensbereinigung Seite 3 ▶**

1. Beiträge zur freiw. Hausratversicherung
2. Beiträge zur freiw. Feuerversicherung
3. Beiträge zur freiw. Krankenversicherung
4. Beiträge zur freiw. Rentenversicherung
5. Beiträge zur freiw. Unfallversicherung
6. Beiträge zur freiw. Sterbeversicherung
7. Beiträge zur freiw. Lebensversicherung
8. Beiträge zur freiw. Haftpflichtversicherung
9. Beiträge zur PKw-Haftpflichtversicherung
10. Aufwendungen für Arbeitsmittel
11. Fahrtkosten zur Arbeitsstätte (soweit nicht erstattet)
    11.1 öffentl. Verkehrsmittel
    11.2 Mofa
    11.3 Motorrad
    11.4 Kleinst-PKw
    11.5 PKw
12. Beiträge zu Berufsverbänden
13. Mehraufwendungen für doppelte Haushaltsführung

| 7 | Einkommen der unter | 1 | und | 2 | genannten Personen | | |
|---|---|---|---|---|---|---|---|

| Personenziffer oder Name und Vorname | Einkommens-schlüssel | Arbeitgeber, Versicherungsträger, sonstige Zahlstelle mit Geschäftszeichen | Betrag mtl. DM | Insgesamt mtl. DM |
|---|---|---|---|---|
| Armut, Georg | 7.2. | Erwerbsunfähigkeitsrente der | 1.350,- | 1.350,- |
| | | Landesversicherungsanstalt | | |
| | | Schwaben/Augsburg, incl. Kinder- | | |
| | | zuschuß für 3 Kinder | | |
| Armut, Georg | 12. | Wohngeldstelle lt. Bescheid vom | 190,- | 190,- |
| | | 18.3.1981 | | |
| Anders, Heinz | 15. | Unterhalt für Heinz (regelmäßig) | 300,- | 300,- |

Der Vater von Heinz Anders lebt seit 1974 in Brasilien.

| 8 | Bereinigung des Einkommens der unter | 1 | und | 2 | genannten Personen | | | |
|---|---|---|---|---|---|---|---|---|

| Personenziffer oder Name und Vorname | Schlüsselziffer Eink.-Bereinigung | Fahrtkostenberechnung | | tatsächliche Aufwendung mtl. DM | angemessene Aufwendung mtl. DM | Insgesamt mtl. DM |
|---|---|---|---|---|---|---|
| | | km-Zahl | km-Pauschale | | | |
| Armut, Georg | 1.(Hausratsversicherung bei Bay. Versicherungskammer) | | | | | |
| | | | | | | 46,- |
| | | | | | | |
| | | | | | | |
| | | | | | | |
| | | | | | | |
| | | | | | | |

| 9 | Vermögen der unter | 1 | und | 2 | genannten Personen | | | |
|---|---|---|---|---|---|---|---|---|

| Personenziffer oder Name und Vorname | Haus- und Grundvermögen | | Kapitalvermögen / sonstiges Vermögen | |
|---|---|---|---|---|
| | Art und Lage | Einheitswert DM | Art, Bank, Kto.-Nr. | Betrag DM |
| Armut, Georg | - | | Sparbuch, Spar-kasse Germering | 2.954,- |
| Anders, Heinz | - | | - " - | 1.200,- |
| | | | | |
| | | | | |

Ergänzende Angaben:

—

| 10 | Ansprüche aus Rentenversicherung des/der ................................................................................................ |
|---|---|

10.1 Sind Beiträge gezahlt? ☐ nein ☐ ja    Anzahl der Beitragsmonate:.........................

Entrichtet bei folgenden Versicherungsträgern:...........................

................................................................................................................

10.2 Besteht Anspruch aus der Versicherung des Ehegatten oder der Eltern? ☐ nein ☐ ja,

10.3 Rente beantragt am ........................    Rentenzeichen ................................................

10.4 Rente abgelehnt am ........................    Läuft Klageverfahren? ☐ nein ☐ ja, erhoben am,..............

**11 Ansprüche aus Krankenversicherung/Krankenversorgung des/der** Armut, Georg

11.1 Versichert bei folgender Krankenkasse: AOK

als
- [ ] Pflichtversicherter
- [ ] freiw. Versicherter
- [ ] Familienangehöriger
- [ ] als freiw. vers. Rentner
- [x] pflichtvers. Rentner
- [ ] LAG-Berechtigter gem. § 276 II LAG - Beitragsregelung -
- [ ] LAG-Ber. gem. § 276 I LAG

11.2 Beschäftigungszeiten in den letzten 2 Jahren (§§ 195 a, 205 a, 214 RVO)

**12 Ansprüche aus Sterbe- und Lebensversicherung**

| Versicherte Person | Versicherung (Name, Anschrift, Az.) | Vers.-Summe DM | mtl. Beitrag DM | Fälligkeit |
|---|---|---|---|---|
| | | | | |

**13 Ansprüche nach dem Arbeitsförderungsgesetz (AFG) des/der**

13.1 Besteht Anspruch auf Alg / Alhi? [x] nein [ ] ja, Stamm-Nr.: ........ Sperrfrist vom ........ bis ........

13.2 Sonstige Ansprüche nach AFG? [x] nein [ ] ja, nämlich

**14 Ansprüche nach dem Bundesversorgungsgesetz des/der**

14.1 Liegt eine Kriegsbeschädigung vor? [x] nein [ ] ja MdE ........ v. H.

14.2 Sind Angehörige im Krieg gefallen oder an Schädigungsfolgen gestorben? [ ] nein [ ] ja, nämlich

**15 Unterhaltsansprüche** (getrennt lebender od. geschiedener Ehegatte sowie Kinder und Eltern, wenn nicht unter [ 2 ] aufzuführen)

| Name, Vorname | geb. am | Stellung zum HS | Fam.-Stand | Zahl der mj. Kinder | Beruf | genaue Anschrift |
|---|---|---|---|---|---|---|
| Armut, Peter | 5.9.11 | Vater | verw. | | Rentner | München,Saturnstraße 40 |
| Not, Anna | 13.4.22 | * | verh. | | Hausfrau | Aufkirchen,Mondstraße 10 |
| Not, Andreas | 12.1.19 | ** | verh. | | Maurer | - " - |
| | | | | | | |
| * Mutter der Hilfeempfängerin Monika Armut | | | | | | |
| ** Vater der | - " - | | - " - | | | |

Zusatzangaben zum getrennt lebenden oder geschiedenen Ehegatten: [ ] getrennt lebend seit ........

[ ] geschieden durch Urteil des LG ........ vom ........ rechtskräftig seit ........ Geschäftszeichen: ........

Begründung eines Unterhaltsanspruches: ........

[ ] Unterhaltsurteil [ ] Unterhaltsverzicht vom: ........ (Kopien zum Vorgang!)

**16 Sonstige Ansprüche** (z. B. aus Vertrag, Verkehrsunfall, Körperverletzung) des/der

Ich versichere, daß die vorstehenden Angaben voll der Wahrheit entsprechen und daß keine wichtigen Angaben verschwiegen wurden. Es ist mir bekannt, daß ich mich durch unwahre oder unvollständige Angaben der Strafverfolgung aussetze und zu Unrecht bezogene Leistungen zurückzahlen muß. Ich verpflichte mich, jede Änderung der Tatsachen, die für die Hilfe maßgebend sind, insbesondere der Einkommens-, Vermögens- und Familienverhältnisse, sofort unaufgefordert mitzuteilen. Die Behörden, Sparkassen und Banken ermächtige ich zur Auskunftserteilung über meine Vermögensverhältnisse bzw. Konten. Mir ist bekannt, daß meine Ansprüche gegen Drittverpflichtete in gesetzlich zulässigem Umfang auf den Träger der Sozialhilfe übergeleitet werden.

_Fleiß_
Unterschrift des Sachbearbeiters

_G. Armut_
Unterschrift des Antragstellers

Folgende Angaben sind noch nachzuweisen: zu Ziffer ........

Vom Antragsteller und jedem Haushaltsangehörigen und desweiteren für jedes Konto, Vertrag, Depot usw. ist eine **besondere** Erklärung abzugeben. Eine Erklärung von Minderjährigen ist zusätzlich vom Personensorgeberechtigten unter Angabe des Vertretungsverhältnisses mit zu unterschreiben.

Anlage 2 zum Antrag auf Sozialhilfe vom _1. 4. 1981_

### Erklärung über die Befreiung vom Bankgeheimnis

Antragsteller / Hilfesuchender: (Name, Vorname)      geboren am _1.4. 1940_

_Armut, Georg_

Anschrift: (Straße, PLZ, Wohnort)

_Planetenstraße 9, 8034 Germering_

Name des die Erklärung abgebenden Haushaltsangehörigen      Verw.-Verh. zum Antragsteller / Hilfesuchenden

Ich bin darüber belehrt worden, daß ich gemäß § 60 Sozialgesetzbuch – Allgemeiner Teil – (SGB) über meine Einkommens- und Vermögensverhältnisse wahrheitsgemäße und vollständige Angaben zu machen habe. Von den rückseitig abgedruckten Bestimmungen der §§ 60 und 66 SGB (Mitwirkungspflichten und Folgen fehlender Mitwirkung) sowie § 263 Strafgesetzbuch (Betrug) habe ich Kenntnis genommen. Ich weiß, daß unrichtige bzw. unvollständige Angaben strafrechtliche Verfolgung wegen Betrugs nach sich ziehen können.

Ich unterhalte **ein(en)** Sparkonto, Postsparkonto, Girokonto, Kapitalansammlungsvertrag, Bausparvertrag, Wertpapierdepot
bei: (Bezeichnung und Anschrift des Instituts)

_a) Sparkonto (Nr. 305606) bei Sparkasse Germering_

_b) Girokonto (Nr. 575351) —— " —— (Stand 30.3.81: 102,–)_

| Konto-/Vertrags-Nr. | Laufzeit des Vertrages (vom – bis) | Betrag der Einlage bzw. Vertragssumme oder Wert DM |
|---|---|---|
| _p.o._ | _1. 1. 1986_ | |
| | | _2.954,–_ |

Als Beweismittel lege ich vor: ☒ Sparbuch   ☒ letzten Kontoauszug vom _30. 3. 1981_   ☐ Vertrag

Ich ermächtige und beauftrage hiermit das angegebene Geldinstitut unter Befreiung vom Bankgeheimnis und den datenschutzrechtlichen Bestimmungen, dem Sozialleistungsträger weitere Auskünfte, insbesondere über den Kontostand und die Kontobewegungen, zu erteilen.

_Germering, 1. 4. 1981_

(Ort, Datum)

_G. Armut_

_(Erklärung für Heinz Andert vgl. Bl. 6 d. Akten)_

(Unterschrift, ggf. wie bei der Bank hinterlegt)      (Bei Minderjährigen etc. zusätzliche Unterschrift des Personensorgeberechtigten)

     (als ☐ Vater ☐ Mutter ☐ Vormund)

Stempel der Behörde, Az.      (PLZ, Ort, Datum)

Urschriftlich an      Es wird gebeten,

_Sparkasse
Germering
Goldweg 3
8034 Germering_

☒ Auskunft über den Kontostand und die Kontobewegungen

in den letzten _6_ Monaten zu erteilen.

☐ _____

_Fleißig_

(Unterschrift)

# Auszug aus dem Sozialgesetzbuch (SGB) – Allgemeiner Teil –

Vom 11. Dezember 1975 (BGBl. I S. 3015)

DRITTER TITEL: Mitwirkung des Leistungsberechtigten

### § 60 Angabe von Tatsachen

(1) Wer Sozialleistungen beantragt oder erhält, hat

1. alle Tatsachen anzugeben, die für die Leistung erheblich sind, und auf Verlangen des zuständigen Leistungsträgers der Erteilung der erforderlichen Auskünfte durch Dritte zuzustimmen,

2. Änderungen in den Verhältnissen, die für die Leistung erheblich sind oder über die im Zusammenhang mit der Leistung Erklärungen abgegeben worden sind, unverzüglich mitzuteilen,

3. Beweismittel zu bezeichnen und auf Verlangen des zuständigen Leistungsträgers Beweisurkunden vorzulegen oder ihrer Vorlage zuzustimmen.

(2) Soweit für die in Absatz 1 Nr. 1 und 2 genannten Angaben Vordrucke vorgesehen sind, sollen diese benutzt werden.

### § 66 Folgen fehlender Mitwirkung

(1) Kommt derjenige, der eine Sozialleistung beantragt oder erhält, seinen Mitwirkungspflichten nach den §§ 60 bis 62, 65 nicht nach und wird hierdurch die Aufklärung des Sachverhalts erheblich erschwert, kann der Leistungsträger ohne weitere Ermittlungen die Leistung bis zur Nachholung der Mitwirkung ganz oder teilweise versagen oder entziehen, soweit die Voraussetzungen der Leistung nicht nachgewiesen sind. Dies gilt entsprechend, wenn der Antragsteller oder Leistungsberechtigte in anderer Weise absichtlich die Aufklärung des Sachverhalts erheblich erschwert.

(2) Kommt derjenige, der eine Sozialleistung wegen Arbeitsunfähigkeit, wegen Gefährdung oder Minderung der Erwerbsfähigkeit oder wegen Arbeitslosigkeit beantragt oder erhält, seinen Mitwirkungspflichten nach den §§ 62 bis 65 nicht nach und ist unter Würdigung aller Umstände mit Wahrscheinlichkeit anzunehmen, daß deshalb die Arbeits-, Erwerbs- oder Vermittlungsfähigkeit beeinträchtigt oder nicht verbessert wird, kann der Leistungsträger die Leistung bis zur Nachholung der Mitwirkung ganz oder teilweise versagen oder entziehen.

(3) Sozialleistungen dürfen wegen fehlender Mitwirkung nur versagt oder entzogen werden, nachdem der Leistungsberechtigte auf diese Folge schriftlich hingewiesen worden ist und seiner Mitwirkungspflicht nicht innerhalb einer ihm gesetzten angemessenen Frist nachgekommen ist.

## Auszug aus dem Strafgesetzbuch

### § 263 Betrug

(1) Wer in der Absicht, sich oder einem Dritten einen rechtswidrigen Vermögensvorteil zu verschaffen, das Vermögen eines anderen dadurch beschädigt, daß er durch Vorspiegelung falscher oder durch Entstehung oder Unterdrückung wahrer Tatsachen einen Irrtum erregt oder unterhält, wird mit Freiheitsstrafe bis zu fünf Jahren oder mit Geldstrafe bestraft.

(2) Der Versuch ist strafbar.

(3) In besonders schweren Fällen ist die Strafe Freiheitsstrafe von einem Jahr bis zu zehn Jahren.

(4) § 243 Abs. 2 sowie §§ 247 und 248a gelten entsprechend.

(5) Das Gericht kann Führungsaufsicht anordnen (§ 68 Abs. 1 Nr. 2).

## Erklärung zur Zahlung von Sozialhilfe

☐ Ich bitte, die mir auszuzahlenden Geldleistungen auf folgendes Konto zu überweisen:

**Kontoinhaber**

Name: *Armüt*        Vorname: *Georg*

Straße: *Planetenstraße 9*

PLZ: *8034*   Wohnort: *Germering*

**Zahlung auf Girokonto/~~Postscheckkonto~~** (nicht Sparbuch/Postsparbuch)

Geldinstitut: *Sparkasse Germering*

Kontonummer: *57 53 51*        Bankleitzahl: *800 600 50*

Im übrigen bitte ich, die Hilfe wie folgt auszuzahlen *)

| Art der Leistung | Zahlungsempfänger | Geldinstitut | Kto.-Nr. |
|---|---|---|---|
|  |  |  |  |
|  |  |  |  |
|  |  |  |  |

☒ Ich bitte um Barzahlung – *bei der Bekleidungsbeihilfe*

Ich beauftrage das jeweils kontoführende Geldinstitut mit Wirkung auch meinen Erben gegenüber, überzahlte Beträge für Rechnung des Leistungsempfängers der hilfegewährenden Stelle zurückzuüberweisen, soweit das Guthaben dazu ausreicht. Dieser Antrag mit vorstehendem Auftrag kann nur von mir – jedoch nicht von meinen Erben – bis zum 5. eines jeden Monats, für die darauffolgende Zahlung widerrufen werden.

*Germering, 1.4. 1981*                    *G. Armit*

(Ort, Datum)                                         (Unterschrift des Zahlungsempfängers)


(Ort, Datum)                                         (seines Ehegatten)


(Ort, Datum)                                         (bei Minderjährigen beide Elternteile oder Vormund/Pfleger)

---

*) Auszufüllen, wenn an andere Personen oder Stellen gezahlt wird.

## M i e t b e s c h e i n i g u n g

Herr Georg Armut wohnt bei uns in Germering, Planetenstraße 9, mit 5 weiteren Haushaltsangehörigen, davon 4
unter 14 Jahren, seit 1971 in Miete.


Die Mietwohnung besteht aus

| | |
|---|---|
| 1 Küche | mit 12 qm |
| 1 Wohnzimmer | mit 21 qm |
| 1 Schlafzimmer | mit 18 qm |
| 2 sonstigen Wohnräumen | mit 24 qm |
| 2 Nebenräumen | mit 10 qm |
| insgesamt | 85 qm |

Die Wohnung ist leer vermietet. Sie war am 1.1.1968
bezugsfertig.


| | |
|---|---|
| Die monatliche Nettomiete beträgt | 680,-- DM |
| Entgeld für Nebenleistungen: | |
| Müllabfuhrgebühr | 14,-- DM |
| Antennengebühr | 5,-- DM |
| Heizungskosten | 76,-- DM |
| zusammen: | 775,-- DM |


Diese Angaben entsprechen der Wahrheit.
Germering, den 25.4.1981

*B. Wunderzins*

(Dr. B. Wunderzins)

Landratsamt Fürstenfeldbruck                Fürstenfeldbruck, den 6.4.81

- Sozialhilfeverwaltung -

III/4-411-1


Kreisjugendamt

-Familienhilfe

im Hause

z.Hd.


Sozialhilfe

Anlagen: 1 Abdruck
        1 Akte g. R.

Herr/Frau/Ehepaar .Georg.und.Monika.Armut.............geb.1.4.1940.und
                 .(und.Kinder)......................geb.30.8.1942.

wohnhaft in ........Planetenstraße.9,.8034.Germering...............

hat/haben für sich/und ihre Kinder..(vgl..Grundantrag)..............

Antrag auf Gewährung lfd. HLU + einmaliger HLU für Möbelanschaffung..
                                                   gestellt.
HbL, und zwar....................................................

Der Grund für die Hilfsbedürftigkeit ist dem Sozialhilfeantrag zu entnehmen.

Von der Sozialhilfeverwaltung wird bemerkt:

Die Familie ist durch Krankheit des Ernährers (multiple Sklerose)
- Herr Georg Armut verfügt über eine geringe Erwerbsunfähigkeits-
Rente - hilfebedürftig geworden. Ist neben laufender ergänzender
Hilfe zum Lebensunterhalt auch ein Bedarf an wichtigen Möbelstücken
gegeben?

Bevor über den Antrag entschieden wird, soll ein Bericht des Sozialarbeiters erstellt werden.

Es wird gebeten, folgende Fragen zu klären:

Soll eine Beihilfe für Möbel gewährt werden?

Sind sonstige Hilfen, wie z.B. für Schulbedarf der Kinder oder für
dringende Wohnungsrenovierung angezeigt?
Die Sozialhilfeverwaltung bittet, den Bericht - ggf. anläßlich eines

Hausbesuches/Besuchs am Krankenbett - auf der Rückseite dieses Vor-
drucks urschriftlich zu erstellen.

                              *Fleißig*

                    ............................
                              Fleißig

208

Bericht des Sozialarbeiters - Sachbereich Familienhilfe -

Bei Familie Armut wurde ein Hausbesuch durchgeführt. Dabei ergab sich
aus dem Gespräch mit dem Ehepaar folgendes:

Herr Armut, der wegen seiner unzureichenden Einkünfte vor einiger Zeit
die Familie verlassen wollte, ist wieder positiver eingestellt und findet sich mit der vorherrschenden Situation ab. Die Familie meistert nicht
zuletzt durch die besondere Einsatzkraft der Frau die Schwierigkeiten,
die sich immer wieder ergeben. Beide Elternteile kömmern sich auch um
die schulischen Belange der Kinder. Der lernschwache Sohn Michael ist
nun beim SD der Gemeinde und besucht eine Fördergruppe zur Hausaufgaben-
überwachung. Die Kosten werden von dort getragen. Weiterhin benötigt
die Familie, wie bereits beantragt, Bekleidungshilfen. Frau Armut hat
sich bisher auch mit gebrauchten Stücken aus Second-Hand-Läden für die
Kinder beholfen. Aber gewisse Neuanschaffungen von Hosen u. dergl. sind
nicht zu umgehen.

Auf längere Sicht muß auch die Wohnung renoviert werden, da die Räume
zuletzt vor 5 Jahren gestrichen wurden. Die Malerarbeiten würden von
einem Bekannten durchgeführt werden.

Herrn Armut habe ich anheimgestellt, Kostenvoranschläge für Bekleidung,
Malerentgelt und -material beim Sozialamt einzureichen.

Sämtliche bisher beantragten Hilfen werden befürwortet. Die Familie wird
in einem Vierteljahr wieder aufgesucht.

*Meier*

Meier                          9.4.1981
Sozialarbeiter


Urschriftlich zurück

an Ref. III/4

im Hause

mit der Bitte um Kenntnisnahme und weitere Veranlassung


. . . . . . . . . . .

Verfügung:

                    (hier wird auf das entsprechende Blatt der Akte
                    verwiesen; vgl. unten die Verfügung vom 7.4.81)

WV/zur Akte

| Landkreis Stadt | *F F 8* |
|---|---|

Hilfegruppe:

Aktenz.: *III / 4 - 411 - 1*

# Berechnung der Hilfe zum Lebensunterhalt

für *Familie Armüt*

wohnhaft *Germering*

| | Erste Neu- Festsetzung | Neufestsetzung | |
|---|---|---|---|
| Berechnung für die Zeit ab | *1. 4. 81* | | |
| I. Bedarfsberechnung | monatlich DM | monatlich DM | monatlich DM |
| **1. Regelsatz** Haushaltsvorstand / Alleinstehender . *Georg A.* | *318,—* | | |
| *2* Haush.-Angeh. bis zur Vollendung des 7. Lebensjahres *à 143,—* *Beate u. Ingrid A.* | *286,—* | | |
| *1* Haush.-Angeh. vom Beginn des 8. bis zur Vollendung des 11. Lebensjahres *Michael A.* | *207,—* | | |
| *1* Haush.-Angeh. vom Beginn des 12. bis zur Vollendung des 15. Lebensjahres *Heinz Anders* | *239,—* | | |
| Haush.-Angeh. vom Beginn des 16. bis zur Vollendung des 21. Lebensjahres | | | |
| *1* Haush.-Angeh. vom Beginn des 22. Lebensj. an *Monika A.* | *254,—* | | |
| **2. Unterkunft** Miete *699,—* DM, abzügl. Wohngeld *190,—* DM = | *509,—* | | |
| Zentrale Heizung *76,— DM* | *76,—* | | |
| Pacht . . . . . . . . . . . . . . . . . . . | | | |
| Grundstückslasten . . . . . . . . . . . . . | | | |
| **3. Krankenversicherung** . . . . . . . . . . . . Beitrag wird unmittelbar überwiesen an | | | |
| **4. Alterssicherung** (§ 14 BSHG) . . . . . . . . . . | | | |
| **5. Mehrbedarf** a) § 23 (1) ab 65. Lebensjahr, ...v.H. vom Regelsatz . . . | | | |
| b) § 23 (1) Erwerbsunfähigkeit, *30*v.H. vom Regelsatz . . | *96,—* | | |
| c) § 23 (1) Schwangerschaft, ...v.H. vom Regelsatz . . . | | | |
| d) § 23 (2) Personen, die allein für 2 oder 3 Kinder unter 16 Jahren sorgen, ...v.H. vom Regelsatz . . . . . | | | |
| e) § 23 (2) Personen, die allein für mindestens 4 Kinder unter 16 Jahren sorgen, ... v. H. vom Regelsatz . . | | | |
| f) § 23 (3) Erwerbstätige . . . . . . . . . . . | | | |
| g) § 24 Erwerbstätige Blinde . . . . . . . . . . | | | |
| h) § 53 (2) Tbc-Hilfe . . . . . . . . . . . . . . | | | |
| i) | | | |
| **Bedarfssatz** | *1.985,—* | | |

410/9205 – Berechnung – Hilfe zum Lebensunterhalt (ohne Haush.-Gem. mit Verwandten u. verschwag.) Deutscher Gemeindeverlag GmbH – 6/74

| Berechnung für die Zeit ab | *1.4.81* | | |
|---|---|---|---|
| | monatlich DM | monatlich DM | monatlich DM |
| Übertrag des Bedarfssatzes | *1.985,-* | | |

II. Anzurechnendes Einkommen
a) Bruttoarbeitsverdienst (§ 78)      mtl. ................... DM
   Abzüglich:
   Steuern
   (§ 76 (2) Ziff. 1)       ................... DM
   Pflichtbeiträge zur
   Sozial- u. Arbeits-
   losenvers.
   (§ 76 (2) Ziff. 2)       ................... DM
   Sonstige Versiche-
   rungen
   (§ 76 (2) Ziff. 3)       ................... DM
   Notwendige
   Ausgaben
   (§ 76 (2) Ziff. 4)       ................... DM
                     ................... DM = ................... DM

b) ................... Rente mtl. ................... DM
   ................... Rente mtl. ................... DM
   ................... Rente mtl. ................... DM
   ................... Rente mtl. ................... DM
   ................... Rente mtl. ................... DM
                                        ................... DM

   Abzüglich Grundrente in der KO-Fürsorge
   nach § 25 a (6) BVG ................... DM

c) Einkommen aus
   Gewerbebetrieb . . . . . . . . . . . . . .

   Land- und Forstwirtschaft . . . . . . . . . . . . .

   selbständiger Arbeit . . . . . . . . . . . . .

d) Krankenkassenleistungen . . . . . . . . . . . .

e) Unterhaltshilfe . . . . . . . . . .

f) ~~Entschädigungsrente~~   *EU - Rente* . . . .    | *1.350,-*

g) Arbeitslosengeld oder -hilfe . . . . . . . . . . . .

h) Kindergeld (BKGG) . . . . . . . . . .

i) Miet- und Pachteinnahmen . . . . . . . . . . .

j) Unterhaltsbeiträge *für Heinz Anders*    | *300,-*

k) Altersruhegeld für Landwirte . . . . . . . . . . . .

l) Sonstige Einnahmen: ...................

| Gesamteinkommen: | *1.650,-* | | |

Abzügl. zweckbestimmte Leistungen nach § 77 BSHG

| Bleiben . . . | *335,-* | | |

III. Nach Abzug des Einkommens bleibt ein ungedeckter Bedarf
von . . . . . . . . . . . . . . . . . . . .

| **Die Hilfe zum Lebensunterhalt beträgt** | *335,-* | | |

Davon werden an die Krankenkasse (siehe I, 3) unmittelbar
überwiesen . . . . . . . . . . . . . . . .

so daß dem Hilfeempfänger ausgezahlt werden . . . . .

| **Berechnet:** | *6.4.81* | | |
| **Nachgerechnet:** | | | |
| **Festgestellt** (Datum) | *[Unterschrift]* | | |

## Antrag auf Gewährung
## einer einmaligen Leistung der Sozialhilfe

**Az.:** III/4 - 411-1

6.4.81

An das **Landratsamt Fürstenfeldbruck**   **über** die Stadt – Gemeinde
- Sozialamt -

### I. Persönliche Verhältnisse

Ich – Wir – beantrage/n für mich – uns – und meine – unsere Angehörigen – mein Mündel – meinen Pflegling

Georg Armut                          1.4.40          Nichtzutreffendes streichen
(Name, bei Frauen auch Mädchenname)   (Vorname)    (Geburtstag)

| (Geburtsort, Kreis, Reg.-Bez.) | (Familienstand) | Der Hilfesuchende ist |
|---|---|---|
| wohnhaft in siehe Grundantrag _____ Straße, Nr. _____ | | Zugewanderter aus der sowjet. Besatzungszone |
| zugezogen am _____ von _____ | | |
| Staatsangehörigkeit _____ Glaubensbekenntnis _____ | | |
| Derzeitiger Beruf _____ | | |
| Arbeitgeber _____ | | |
| Ausweispapiere: _____ Nr. _____ | | |
| ausgestellt am _____ von _____ | | (Zutreffendes ankreuzen) |

die Gewährung einmaliger **Sozialhilfe zu folgendem Zweck:** | Zusatz d. Sachbearb.
für Bekleidung, und zwar:

mit folgender **Begründung:**
für mich 1 Anzug ......................... 150,-
für Ehefrau 1 Kostüm .................... 120,-
für 4 Kinder je 1 Hose .............. 200,-
und nachträgliche Übernahme für den Kauf von Betten am 15.2.81 (Rechnung über 700 DM)

Als Nachweis sind beigefügt: _____

**Aufenthaltsverhältnisse und Zugehörigkeit zum Personenkreis der Kriegsfolgenhilfe**

a) Der derzeitige Aufenthalt ist nur – vorübergehend – besuchsweise – [1]

(Begründung) _____

Der gewöhnliche Aufenthalt ist – war zuletzt – in _____

b) Der Hilfesuchende gehört nicht zum Personenkreis der Kriegsfolgenhilfe [1]

c) Der Hilfesuchende gehört zum Personenkreis der Kriegsfolgenhilfe als – Heimatvertriebener – Evakuierter – Zugewanderter aus der sowjetischen Besatzungszone und der Stadt Berlin – Ausländer und Staatenloser – Kriegsbeschädigter – Kriegshinterbliebene – [1]

Vorhandene Nachweise _____

Antragsteller ist erwerbsbeschränkt oder arbeitsunfähig wegen: _____

_____ Kriegsbeschädigt – Unfallbeschädigt _____ v. H.

Wenn arbeitslos, seit wann und warum? _____

Wurde Arbeitslosengeld oder -hilfe beantragt? _____ Wann? _____

Wenn abgelehnt: warum? _____

Mitglied der _____ -Krankenkasse in _____

Mitglieds-Nr. _____ ; (ggf.:) ausgesteuert am: _____ ; ausgeschieden am _____

Wann wurde bereits einmal Fürsorgeunterstützung oder Sozialhilfe gewährt? _____

Von welchem Fürsorge- oder Sozialhilfeträger? _____

Welche Rentenansprüche bestehen? _____

Wann und wo wurden sie geltend gemacht? _____

Kann die beantragte Hilfe zurückgezahlt werden? Nein – ja

Wenn ja: wann und wie? _____

212

**II. Angehörige des Hilfesuchenden** und solche Personen, mit denen er zusammenlebt,

| Zu- und Vornamen | Geburtstag | Verwandtschaftsverhältnis | Beruf oder Tätigkeit | Monatliches Netto-Einkommen | a) Familienstand b) Kinder |
|---|---|---|---|---|---|
| Im Haushalt | | | | | |
| 1 | | | | | |
| 2 | | | | | |
| 3 siehe Grundantrag | | | | | |
| 4 | | | | | |
| 5 | | | | | |
| Außerhalb des Haushalts (Kinder, Eltern, Großeltern, Geschwister) | | | Anschrift | | |
| 6 | | | | | |
| 7 | | | | | |
| 8 | | | | | |
| 9 | | | | | |

**III. Wirtschaftliche Verhältnisse** des/der Hilfesuchenden und der im Haushalt lebenden Angehörigen – Abschnitt I. und II. 1. –
(Nachweise beifügen!) siehe Grundantrag

| Monatliches Netto-Einkommen aus: | des Hilfe-suchenden | Nr. | Nr. |
|---|---|---|---|
| Gewerbe, Handel | | | |
| Haus- und Grundbesitz Landwirtschaft, Viehzucht | | | |
| Arbeitslosengeld (-hilfe) | | | |
| Kapital u. Vermögen | | | |
| Arb./Angest./Knappschafts/Unfallrente | | | |
| Ausgleichsleistungen nach dem LAG | | | |
| Rente nach dem BVG – Grundrente, Ausgleichsrente | | | |
| Kindergeld nach den Kindergeldgesetzen oder Zweitkindergeld | | | |
| Sonstige Einkünfte (Krankengeld, Unterhalt, Sozialhilfeleistungen usw.) | | | |
| 2. Vermögen in DM a) Bargeld | | | |
| b) Spar- und Bankguthaben | | | |
| c) Haus- und Grundbesitz | | | |
| d) sonstiges Vermögen | | | |

**IV. Wohnungsverhältnisse**

1. Monatliche Miete _____ DM
2. Monatliche Nebenleistung _____ DM
3. Anzahl der Räume _____
4. Wieviel Räume sind vermietet? _____
5. Welche Miet- und Lastenbeihilfe wird bezogen? _____ DM
Etwaige Bemerkungen: _____

Ich versichere, daß die von mir gemachten Angaben voll der Wahrheit entsprechen und daß keine für die Beurteilung der Verhältnisse maßgebenden Angaben verschwiegen wurden. Ich bin damit einverstanden, daß der Sozialhilfeträger erforderlichenfalls meine Ansprüche gegen Krankenkasse und Versicherungsanstalten, unterhaltspflichtige Angehörige und Drittverpflichtete sowie auf etwaige Versorgungsgebührnisse auf sich überleitet (§ 90 ff BSHG). Gleichzeitig erkläre ich mich damit einverstanden, daß die Geldinstitute (Banken, Sparkassen usw.) Auskunft über meine Spar- oder sonstigen Einlagen erteilen. Mir ist bekannt, daß die gewährten Leistungen der Sozialhilfe ersetzt werden müssen, falls die Voraussetzungen hierfür von mir durch vorsätzliches oder grobfahrlässiges Verhalten herbeigeführt worden sind.

Germering, den 6.4.81

Armüt

(Unterschrift d. Hilfesuch., Antragstellers od. gesetzl. Vertreters) | (Unterschrift d. Ehegatten) | (Ggf. Unterschrift d. Aufnehmenden, Dienststelle)

**Stellungnahme der Gemeinde**

Die Angaben entsprechen – nicht – der Wahrheit.

Der Notstand kann durch die beantragte Hilfe – nicht – behoben werden.
Der Antrag wird deshalb – nicht – befürwortet.

(Ort) (Datum)

**VERFÜGUNG**

I. Der Hilfesuchende erhält eine einmalige Hilfe in Höhe von _____ DM _____

Der Antrag wird abgelehnt, weil _____

II. Bescheid an den Antragsteller mit Rechtsmittelbelehrung ergangen am _____

III. Ersatzforderung (Anzeige) an _____

(Ort) (Datum)

(Unterschrift)

Landratsamt Fürstenfeldbruck        <u>7.4.81</u>
Sozialamt
III/4 - 411-1


I. <u>Aktenvermerk</u>   Sozialhilfe für Familie Armut
    (Sachverhalt, z.B. Hinweis auf Gutachten usw.)
    Die Voraussetzungen für die Gewährung von laufender Hilfe
    zum Lebensunterhalt sind gem. §§ 11 ff BSHG gegeben.

    Die Barvermögensfreigrenze nach § 88 Abs. 2 Nr. 8 BSHG i.V.m.
    der VO zu § 88 BSHG in Höhe von 4.600 DM (2.000 für Georg A.,
    1.000 für Monika A. und je 400 für die 4 Kinder) ist nicht
    überschritten.


<u>Rechtliche Begründung</u>

1. <u>Laufende Hilfen</u>:
    Nach Prüfung der Angaben aus den Antragsunterlagen anhand des
    Arbeitsblattes und aus der vorliegenden Sozialhilfebedarfs-
    und Einkommensgrenzenberechnung ergibt sich für die Zeit ab

   <u>1.4.81</u>     bis          - auf weiteres -

    Hilfeberechtigung gemäß §§ <u> 11 </u> BSHG (HLU)

                    §       BSHG (

                    §       BSHG (

2. <u>Einmalige Hilfen</u>:
    Die Voraussetzungen für die Gewährung einer einmaligen Hilfe
    in Form von <u>Bekleidungshilfe</u>     sind gemäß
    § <u> 11, 12 </u> BSHG - zusätzlich zur laufenden Hilfe - ge-
    geben.

214

Entscheid

Genehmigt wird für Herrn/Frau  _Armut_____

a) laufende Hilfe zum Lebensunterhalt in Höhe von DM  _335,-___ monatlich (Abschlagszahlung in Höhe von DM  _—————_  ).

b) einmalige Hilfe zum Lebensunterhalt in Höhe von DM  _470,-___
   (Abschlagszahlung in Höhe von DM  _—————_  ).

   laufende / einmalige Hilfe in besonderen Lebenslagen  (_____
   _____)  in Höhe von ~~DM~~ _____  monatlich
   für die Zeit vom_____  bis  _____

Verrechnung:

a) Nr. Hhst.  _4101.7301_

b) Nr. Hhst.  _4101.7302_


Weitere Auflagen

Vorlagen von  _____

Beantragung von  _Schulbedarf, Wohnungsrenovierung, Hausratsver-
                  sicherung (jährlich 46 DM)_




_Fleißig_                        _Mächtig_
_____                _____
Sachbearbeiter              Sachbereichsleiter/Referatsleiter
(Fleißig)                        (Mächtig)


  II. Genehmigte Hilfe in Kartei eingetragen

 III. Bescheid ergangen am  _8.4.81_____

  IV. W.V.  _20.6.81_ / z. Akte

# LANDRATSAMT FÜRSTENFELDBRUCK

| | |
|---|---|
| – Sozialamt –<br>III/4-411-1 | Fürstenfeldbruck, 8.4.1981<br>Tel. 93-12 |

Gegen Empfangsbestätigung
Herrn/Frau/Fam.
**Georg und Monika Armut**
**Planetenstraße 9**

**8o34 Germering**

Anlagen:

Vollzug des Bundessozialhilfegesetzes (BSHG) i. d.
F. vom 13.2.1976 (BGBl. I S. 289, ber. S. 1150)
Leistungen für: **Familie Armut**
wie nebenstehend
Kinder/s~~onstige Angehörige~~
  **Heinz, Michael, Beate, Ingrid**
Antrag vom **1.4.81**

Das Landratsamt Fürstenfeldbruck erläßt folgenden

## Bescheid:

I. a) Ab **1.4.81** wird Hilfe zum Lebensunterhalt in Höhe von monatlich **335,-** DM und ~~Hilfe in besonderen~~
~~Lebenslagen in Form von~~ _____ ~~in Höhe von~~ _____ DM ~~monatlich~~
gewährt.

   b) ~~Ab~~ _____ ~~wird die bisher gewährte Hilfe von monatlich~~ _____ DM ~~auf monatlich~~ _____ DM .
~~erhöht/gekürzt.~~

II. Der ~~Bescheid vom~~ _____ ~~wird aufgehoben.~~

III. Die Auflagen und Hinweise – siehe Rückseite – sind Bestandteil dieses Bescheides.

IV. Dieser Bescheid ist kostenfrei.

## Gründe:

Berechnung der Sozialhilfeleistungen:

1. Hilfe zum Lebensunterhalt (§§ 11 ff BSHG):

   c) Regelsatz für den Haushaltsvorstand und den Alleinstehenden ..**Georg Armut** .. **318,-** .. DM

   b) Regelsatz für ..2.. Haushaltsangehörige bis zur Vollendung
   des 7. Lebensjahres      je **143,-** DM   **286,-** DM

   c) Regelsatz für ..1.. Haushaltsangehörige vom Beginn des 8. bis
   zur Vollendung des 11. Lebensjahres      je ........... DM   **2o7,-** DM

   d) Regelsatz für ..1.. Haushaltsangehörige vom Beginn des 12. bis
   zur Vollendung des 15. Lebensjahres      je ........... DM   **239,-** DM

   e) Regelsatz für ..... Haushaltsangehörige vom Beginn des 16. bis
   zur Vollendung des 21. Lebensjahres      je ........... DM   ........... DM

   f) Regelsatz für ..1.. Haushaltsangehörige vom Beginn des
   22. Lebensjahres an      je ........... DM   **254,-** DM

   g) Aufwand für den Wohnbedarf   **incl. Heizung**   **585,-** DM

   h) Mehrbedarf nach § 23 Abs. 1 BSHG ....................................... **96,-** DM

   i) ............................................................................ **1.985,-** DM

   j) ............................................................................ ─ DM

2. Hilfe in besonderen Lebenslagen (§§ 27 ff BSHG):
   Hilfe zur Pflege für ........................................ nach § 69 Abs. BSHG   ─ DM
   Krankenkostzulage für ...................................... nach § 37 BSHG   ─ DM
   ............................................................................ ─ DM
   ............................................................................ ─ DM

Anzurechnendes Einkommen:
     **EU-Rente**      **1.350,-**
.......... **Unterhalt Heinz Anders** .................. **300,-**   **1.650,-** DM

somit auszuzahlen monatlich ............................................... **335,-** DM

Der Betrag wird Ihnen überwiesen – ~~bar ausgezahlt durch~~

.. **auf Ihr Konto bei der Kreissparkasse Germering** ..................................

         **...**

Bew.Besch.-lfd. HLU/Hbl

Die Voraussetzungen für die Gewährung von laufender Hilfe zum
Lebensunterhalt sind gem. § 11 Abs. 1 BSHG gegeben.

**Auflagen und Hinweise:**

**1. Auflagen:**
Der Hilfeempfänger hat gemäß § 60 Sozialgesetzbuch, Allgemeiner Teil, dem Sozialhilfeträger alle Tatsachen
anzugeben, die für die Leistungsgewährung erheblich sind. Änderungen in den persönlichen und wirtschaftlichen
Verhältnissen müssen insbesondere angezeigt werden, wenn der Hilfeempfänger oder dessen hilfeberechtigte Angehörige
a) den bisherigen Aufenthaltsort wechseln,
b) Einkünfte erzielen - oder in den Einkommensverhältnissen Änderungen eintreten - (z. B. Arbeitseinkünfte,
Rentenbezug),
c) Vermögen (Bar- oder Sachvermögen) erlangen,
d) ein Arbeits- oder Ausbildungsverhältnis aufnehmen,
e) in eine Anstalt oder ein Heim eintreten (z. B. Krankenhaus, Altenheim).

**2. Hinweise:**
Der Hilfeempfänger ist gemäß § 2 BSHG verpflichtet, Ansprüche gegenüber anderen (z. B. Unterhaltsverpflichteten)
und Sozialleistungsträgern (z. B. Arbeitsamt, Krankenkasse, Wohngeldstelle) vorrangig geltend zu machen.

Der Sozialhilfeträger kann nach § 92 a BSHG bei schuldhaftem Verhalten Ersatz der gewährten Leistungen fordern;
gemäß § 92 c BSHG können Erben zum Kostenersatz herangezogen werden.

Die Kostenfreiheit beruht auf § 118 Abs. 1 BSHG.

**Rechtsbehelfsbelehrung**

Gegen diesen Bescheid (diese Verfügung) kann binnen eines Monats nach seiner (ihrer) Bekanntgabe **Widerspruch** erhoben werden.
Der Widerspruch ist schriftlich oder zur Niederschrift bei dem unterfertigten Landratsamt Fürstenfeldbruck einzulegen. Sollte über
den Widerspruch ohne zureichenden Grund in angemessener Frist sachlich nicht entschieden werden, so kann Klage bei dem
B a y e r i s c h e n   Verwaltungsgericht in München, Bayerstraße 30, 8000 München 2 , schriftlich oder zur Niederschrift des
Urkundsbeamten der Geschäftsstelle dieses Gerichts erhoben werden.
Die Klage kann vor Ablauf von drei Monaten seit der Einlegung des Widerspruchs erhoben werden, außer wenn wegen beson-
derer Umstände des Falles eine kürzere Frist geboten ist.

Die Klage muß den Kläger, den Beklagten (Landkreis Fürstenfeldbruck/Freistaat Bayern) und den Streitgegenstand bezeichnen und
soll einen bestimmten Antrag enthalten. Die zur Begründung dienenden Tatsachen und Beweismittel sollen angegeben, die angefoch-
tene Verfügung soll in Urschrift oder in Abschrift beigefügt werden.

Der Klage und allen Schriftsätzen sollen ........3........ Abschriften für die übrigen Beteiligten beigefügt werden.

I. A.

.............................................

*zur Post am 9.4.81*

| | | |
|---|---|---|
| Landratsamt | Kreis- und Stadtsparkasse | Parteiverkehr: |
| Münchener Str. 32 | Fürstenfeldbruck | Mo. mit Fr. 8.00 - 12.00 Uhr |
| 8080 Fürstenfeldbruck | Kto. Nr. 8001711 | Mittwoch geschlossen |
| | BLZ 700 530 70 | |

III/4-411-1

9.4.1981

Herrn
Georg Armut
Planetenstraße 9

8034 Germering

Sozialhilfe

Sehr geehrter Herr Armut,

aufgrund ihres Antrags vom 6.4.1981 wird Ihnen eine einmalige Bekleidungsbeihilfe in Höhe von 470,-- DM gewährt. Sie können diesen Betrag bei der Kreiskasse im Landratsamt Fürstenfeldbruck abholen.

Bitte legen Sie die Belege über die ordnungsgemäße Verwendung der Beihilfe innerhalb von 3 Wochen dem Sozialamt vor.

Ein nachträglicher Zuschuß zum Kauf von Betten kann Ihnen vom Sozialamt nicht mehr gewährt werden, da es sich hierbei um einen vergangenen Bedarf handelt. Sollten Sie jedoch wieder Anschaffungen in diesem Umfang haben, werden Sie gebeten, vor dem Kauf Antrag auf Übernahme der Kosten beim Sozialamt zu stellen. Diese Kosten können dann u.U. übernommen werden.

Mit freundlichen Grüßen
I.A.

Fleißig

III/4-411-1

**I. Auszahlungsanordnung**

An die **Kreiskasse Fürstenfeldbruck**

| | |
|---|---|
| Zeitbuch-Nr. | Beleg-Nr. |

**ERFASSUNGSTEIL**

DM-Betrag in Worten: ~~dreihundertfünfunddreißig~~ -------

| 1 | 81 |
|---|---|
| SA | Haushaltsjahr |

Empfänger der Zahlung: (Name, Wohnort, Straße, Haus-Nr. Bankverbindung)

Georg Armut, Germering

| 1,7,9,0,0,0|0,0 |
|---|
| Behördennummer |

| 4,1:0,1 | 7,3:0,1 | 0,0,0,0,0 |
|---|---|---|
| GZ GLZ | GRZ | Unterkonto |
| Buchungsstelle | | |

☐ siehe Anlage

Grund der Zahlung: Hilfe zum Lebensunterhalt gem.
§§ 11, 12 BSHG für April 1981

☐ siehe Anlage

fällig

Die Leistung/Lieferung wird bestätigt:

**Haushaltsrechtlicher Vermerk:**
Die Ausgabemittel stehen haushaltsrechtlich zur Verfügung. Eintrag in die Haushaltsüberwachungsliste erfolgt durch EDV.

(Unterschrift)

Sachlich richtig und festgestellt:

*Fleißig*

Fleißig

Fürstenfeldbruck, den 10.4.1981

-LANDRATSAMT-
I. A.

*Klug*

(Unterschrift des Anordnungsbefugten)
Klug

Überwiesen mit SÜ-Auftrag

.......... am ..........

(Buchhalter)          (Kassier)

Betrag erhalten.

Fürstenfeldbruck

| 01 | Sonderschlüssel für besondere Istzahlungen und Bereinigung von Vormerkungen |
|---|---|
| 02 | U.-Nummer |
| 03 | Beleg-Nr. |
| 04 | 1,1,0   Buchungsschlüssel |
| 05 | DM SOLL   Pf V. |
| 06 | 3,3 5,0,0   DM IST   Pf V. |
| 07 | O,   Zahlungsweg |
| 08 | Jahr Nummer   Abwicklung und Verwahrungen |
| 09 | Vermögensstelle |
| 11 | Bankleitzahl |
| 12 | Bankkonto-Nr. |
| 13 | Zahlungsgrund |

erfaßt:                    geprüft:

III/4-411-1

# Auszahlungsanordnung

An die **Kreiskasse Fürstenfeldbruck**

| | |
|---|---|
| Zeitbuch-Nr. | Beleg-Nr. |

**ERFASSUNGSTEIL**

DM-Betrag in Worten: vierhundertsiebzig --------

| 1 | 81 |
|---|---|
| SA | Haushaltsjahr |

Empfänger der Zahlung: (Name, Wohnort, Straße, Haus-Nr. Bankverbindung)
**Monika Armut, Germering**

`1,7,9,0,0,0,0,0`
Behördennummer

`o 4,1 0,1 7,3 0,2 0,0,0,0`
GZ   GLZ   GRZ   Unterkonto
Buchungsstelle

☐ siehe Anlage

Grund der Zahlung: Bekleidungsbeihilfe gem.
§§ 11, 12 BSHG für Fam. Armut

☐ siehe Anlage

fällig

Die Leistung/Lieferung wird bestätigt:

(Unterschrift)

**Sachlich richtig und festgestellt:**

*Fleißig*

Fleißig

Fürstenfeldbruck, den 10.4.1981

-LANDRATSAMT-
I. A.

*Klug*

(Unterschrift des Anordnungsbefugten)
Klug

**Überwiesen mit SÜ-Auftrag**

.......... am ..........

(Buchhalter)        (Kassier)

Betrag erhalten.

Fürstenfeldbruck

| 01 | Sonderschlüssel für besondere Istzahlungen und Bereinigung von Vormerkungen |
| 02 | U.-Nummer |
| 03 | Beleg-Nr. |
| 04 | 1,1 0   Buchungsschlüssel |
| 05 | XXXXXXXXX  DM SOLL  Pf V. |
| 06 | 4,7,0,0,0  DM IST  Pf V. |
| 07 | O,2  Zahlungsweg |
| 08 | Jahr  Nummer  Abwicklung und Verwahrungen |
| 09 | Vermögensstelle |
| 11 | Bankleitzahl |
| 12 | Bankkonto-Nr. |
| 13 | Zahlungsgrund |

erfaßt:                    geprüft:

Ich verpflichte mich, die Einkaufsbelege für die Bekleidungsbeihilfe innerhalb von 3 Wochen dem Sozialamt vorzulegen.

*g. Armut*

(Anmerkung: Die Sozialämter lassen sich zumeist bei einmaligen Beihilfen - wie Bekleidungs- und Hausratsbeihilfe -
die Belege für die beschafften Gegenstände zur Kontrolle vorlegen)

## 6.3. Die Hilfe in besonderen Lebenslagen

### 6.3.1. Allgemeines

(1) Das BSHG führt in § 27 Abs. 1 *zwölf verschiedene „Typen"* der Hilfe in
besonderen Lebenslagen auf, nämlich

1. Hilfe zum Aufbau oder zur Sicherung der Lebensgrundlage
2. (bis 31. 12. 1981: „Ausbildungshilfe"; vgl. unten 6.3.5.2.)
3. vorbeugende Gesundheitshilfe
4. Krankenhilfe, sonstige Hilfe

4a. Hilfe zur Familienplanung
5. Hilfe für werdende Mütter und Wöchnerinnen
6. Eingliederungsbeihilfe für Behinderte
7. Tuberkulosenhilfe
8. Blindenhilfe
9. Hilfe zur Pflege
10. Hilfe zur Weiterführung des Haushalts
11. Hilfe zur Überwindung besonderer sozialer Schwierigkeiten
12. Altenhilfe.

(2) Gem. (§ 27 Abs. 2 ist es darüber hinaus in das Ermessen des Sozialhilfeträgers gestellt, auch in *anderen* besonderen Lebenslagen Hilfe zu gewähren, wenn sie den Einsatz öffentlicher Mittel rechtfertigen. Auf diese Weise soll den Trägern der Sozialhilfe die Möglichkeit eröffnet werden, ihre Leistungen an geänderte gesellschaftliche Verhältnisse mit neuen Notlagen und Bedarfen anzupassen, die der Gesetzgeber nicht vorhersehen konnte (BT-Dr. 3/1799, 34, 43). Darüber hinaus kann die Vorschrift auch dann zum Zuge kommen, wenn eine besondere Notlage geltend gemacht wird, welche die Gleichbehandlung mit einer im Gesetz benannten („vertypten") Notlage gebietet (BVerwG, in: FEVS 15, 321).

*Beispiel:* Franz Fuchs aus Bonn hat seine Ehefrau, die sich einer Herzoperation in München unterziehen mußte, begleitet, um während der stationären Behandlung ständig in ihrer Nähe zu sein; die Ärzte hielten die Anwesenheit des Ehemannes der sehr sensiblen Frau für dringend erforderlich. Für die Kosten der Fahrt und der Unterkunft des Ehemannes könnte § 27 Abs. 2 in Betracht kommen (Hilfe zum Lebensunterhalt scheidet aus, weil die Aufwendungen nicht zum notwendigen Lebensunterhalt gehören dürften; ebenso Krankenhilfe nach § 37, da Franz Fuchs nicht selbst krank war); weiteres Beispiel zu § 27 Abs. 2 bei VG Berlin, in: ZfF 1980, 207 ff.

In der Praxis scheint es freilich für die Vorschrift des § 27 Abs. 2 kaum praktische Vorbilder zu geben (Fichtner 1979, 184). Die Chancen zur Weiterentwicklung von Hilfen in besonderen Lebenslagen, die § 27 Abs. 2 ausdrücklich bietet, werden also offenbar nicht genutzt (was angesichts der Finanzlage der Sozialhilfeträger nicht als Vorwurf, sondern nur als Feststellung gemeint sein kann).

(3) Wird die Hilfe in besonderen Lebenslagen als *Anstalts- und Heimhilfe* gewährt,

also z. B. bei Gewährung von Krankenhilfe in einem Krankenhaus, bei Eingliederungshilfe für Behinderte in einem heilpädagogischen Heim, bei Hilfe zur Pflege in einem Altenpflegeheim,

dann ist der Aufenthalt in diesen Einrichtungen ohne gleichzeitige Gewährung von *Mitteln zum Lebensunterhalt* nicht denkbar (denn die Hilfeleistung besteht dort – i. d. R. in Form eines bestimmten Pflegesatzes – in einer Art stationärer „Gesamtversorgung"). Deshalb bestimmt § 27 Abs. 3, daß die Hilfe in besonderen Lebenslagen, die in einer Anstalt, einem Heim oder einer gleichartigen Einrichtung oder in einer Einrichtung der sog. halboffenen Hilfe (z. B. Tagesstätte für behinderte Kinder) gewährt wird, *den in der Einrichtung gewährten Lebensunterhalt* (z. B. die Verpflegung, Unterbringung usw.) *mitumfaßt.*

Da dieser „mitgeleistete" Lebensunterhalt aber aufs engste mit der gewährten Hilfe in besonderen Lebenslagen verknüpft ist, wird er als eine Art „Annex-Leistung" hinsichtlich der Selbsthilfe *nicht* wie die *„selbständige"* Hilfe zum Lebensunterhalt behandelt, sondern als *Teil der Hilfe in besonderen Lebenslagen* angesehen (BT-Dr. 3/1799, 43): Für den Einsatz des Einkommens etwa gelten also die besonderen Einkommensgrenzen der Hilfen in besonderen Lebenslagen.

(4) Die Hilfe in besonderen Lebenslagen ist es – jedenfalls ihrer übergreifenden Konzeption nach –, welche die Sozialhilfe nach dem BSHG von der „Fürsorge" oder der „Armenpflege" unterscheiden soll: Sie soll primär nichts mit der materiellen „Armut" zu tun haben, die mehr der Hilfe zum Lebensunterhalt zugeordnet ist. Der Intention des Gesetzgebers nach soll sie vielmehr die Bewältigung *schwieriger besonderer Lebenssituationen* dienen, in denen sich der einzelne – aus welchen Gründen auch immer – nicht selbst helfen kann: Das *„Humanitäre"* soll dabei gegenüber dem „Materiellen" seinen besonderen Rang erhalten (Preller 1970, 527; Brück 1981, 299).

Allerdings scheinen die Erwartungen, die manche auf diesen humanitären Rang der Hilfe in besonderen Lebenslagen und auf die von ihnen ausgehenden gesellschaftlichen Impulse setzten („...daß dabei z. B. die vorbeugende Gesundheitshilfe Teil einer allgemeinen Gesundheitssicherung sein oder werden kann, die Hilfe für Behinderte Ansatzpunkt einer modernen Rehabilitation, die Ausbildungshilfe Teil auf dem Wege zu einer modernen Bildungsgesellschaft, die Gefährdetenhilfe Teil einer modernen Justiz, die Altenhilfe Teil einer neuzeitlichen Entwicklung auf der Grundlage der Erkenntnisse der Gerontologie...", Preller 1970, 527), noch weit entfernt von den heutigen Realitäten.

Über die humanitäre Intention der Hilfen in besonderen Lebenslagen sollte man freilich nicht vergessen, daß diese Hilfen Geld, zum Teil sogar viel Geld (z. B. bei der Hilfe zur Pflege) kosten. Nimmt aber der Finanzbedarf bei den Hilfen in besonderen Lebenslagen solche Dimensionen an, daß mit den Mitteln, die den Sozialhilfeträgern zur Verfügung stehen, im wesentlichen gleichsam nur noch der „Elementarbedarf" befriedigt werden kann, für die zusätzlichen Aufgaben, nämlich vor allem die persönliche Hilfe und Zuwendung, aber nur wenig oder gar nichts übrigbleibt, dann entfernt sich die Hilfe in besonderen Lebenslagen von der ihr zugeschriebenen humanitären Zielvorstellung:

Muß z. B. der Pflegesatz in einem Altenpflegeheim so bemessen werden, daß er mit den Mitteln der Sozialhilfe auch „finanzierbar" ist und muß deshalb an Pflegekräften, Sozialarbeitern und anderen „Helfern" gespart werden, dann bedeutet dies in der täglichen Praxis: „Mißbrauch von Schlafmitteln und Beruhigungsmitteln, um Patienten elf, zwölf und mehr Stunden ruhigzustellen; Festbinden zeitweise verwirrter Patienten; keine Hilfe beim Gang zur Toilette; kein An- und Auskleiden von Patienten, also Zwang zur Bettlägerigkeit; keine Aktivierung und Betreuung. Hier findet nicht Pflege und Betreuung, sondern täglich unterlassene Hilfeleistung statt" (so Grönert 1980, 407 f., der Vorsitzende der Bund-Länder-Arbeitsgruppe „Aufbau und Finanzierung ambulanter und stationärer Pflegedienste").

Seit Jahren wird deshalb von verschiedenen Seiten gefordert, die Sozialhilfe so umzugestalten und fortzuentwickeln, daß die *persönliche Hilfe* in besonderen Lebenslagen und die Bereitstellung der dafür erforderlichen Dienste und Einrichtungen zu den eigentlichen Kernaufgaben der Sozialhilfe werden (vgl. z. B. Arbeiterwohlfahrt 1978, 12 ff.)

### 6.3.2. Die besonderen Lebenslagen in der Praxis

In einer bestimmten Notlage kann ein Bedarf allein nach einer *einzigen* Hilfe in besonderen Lebenslagen bestehen. In der Praxis wird allerdings eine bestimmte Notlage oft den Einsatz mehrerer Hilfen in besonderen Lebenslagen *nebeneinander* erfordern („Eine Hilfe kommt selten allein"; dazu anschaulich Kommunale Gemeinschaftsstelle für Verwaltungsvereinfachung 1977).

Einfaches *Beispiel:* Die Sozialhilfeempfängerin Gabi Gloger, alleinerziehende Mutter mit drei minderjährigen Kindern, erkrankt an einem Leberleiden und muß für vier Wochen ins Krankenhaus. In der Notlage „Krankheit" kommen für die Mutter, wenn sie nicht krankenversichert ist, folgende Hilfen in besonderen Lebenslagen in Betracht:

| *Krankheit* der Mutter | *Krankenhilfe* (§ 37) für den Krankenhausaufenthalt |
| --- | --- |
| | *Hilfe zur Weiterführung des Haushalts* (§§ 70, 71) für die häusliche oder außerhäusliche Versorgung der Kinder |

Gelegentlich ist in einer bestimmten Notsituation das Nebeneinander bzw. die Abgrenzung und der gegenseitige Ausschluß von Hilfen in besonderen Lebenslagen nicht unproblematisch. Darauf wird noch bei den einzelnen Hilfen, bei denen dieses Problem auftaucht, näher eingegangen.

### 6.3.3. Die Hilfe in besonderen Lebenslagen und ihre „Erbringer"

Die meisten Hilfen in besonderen Lebenslagen, die § 27 Abs. 1 nennt, sind in engem Zusammenhang mit dem *Grundsatz der institutionellen Subsidiarität* der öffentlichen Sozialhilfe zu sehen (oben 3.7.2.). Diese Hilfen werden nämlich in großem Umfang nicht von den öffentlichen Trägern, sondern von der *freien Wohlfahrtspflege* geleistet (vgl. dazu die Angaben zu Einrichtungen der freien Träger oben 3.7.2.1.(2)).
Erhält nun der Hilfebedürftige eine der in § 27 Abs. 1 genannten Hilfen in Einrichtungen oder durch Personal der freien Wohlfahrtspflege, z. B. vorbeugende Gesundheitshilfe (§ 36) in einem Erholungsheim der Arbeiterwohlfahrt,

Krankenhilfe (§ 37) in einem Krankenhaus des Diakonischen Werks oder Hauspflege im Rahmen der Hilfe zur Pflege (§ 68) durch eine Pflegekraft der Caritas, so stellt sich die Frage der Finanzierung dieser Hilfen. Der *Rechtsanspruch des Hilfesuchenden* auf die jeweilige Hilfe richtet sich ja (wie wir oben 3.1., 3.7.1. 3.7.2.2.2.1. schon sahen) *gegen den öffentlichen Sozialhilfeträger;* gewährt nun aber ein Träger der freien Wohlfahrtspflege diese Hilfe, so werden die Kosten, die dem freien Träger aus seiner Leistung erwachsen, insoweit durch den öffentlichen Träger finanziert, *als der Anspruch des Hilfeberechtigten reicht* (Muß-, Soll- bzw. Kann-Leistung). In einer großen Zahl von Fällen besteht die Aufgabe der öffentlichen Sozialhilfeträger mithin auch darin, als eine Art *„Zahlstelle"* die nach §§ 27 ff. von anderer Seite (i. d. R. der freien Wohlfahrtspflege) erbrachten Hilfeleistungen *zu finanzieren,* sie gewissermaßen von anderen für den Hilfesuchenden zu „kaufen" bzw. diesem Geld zu geben, damit er diese Hilfen selbst „kaufen" kann.

*Anders* aber, wenn die *öffentlichen* Träger der Sozialhilfe *selbst* Einrichtungen betreiben und dort die Hilfeart gewähren (z. B. Pflege im städtischen Altenpflegeheim) oder selbst bestimmte Arten der Hilfe leisten (z. B. Darlehen nach § 30 oder persönliche Betreuung nach § 72 Abs. 2). Denn dann „kaufen" sie für den Hilfesuchenden nicht die Leistung bei einem Dritten, sondern erbringen diese Hilfeleistung selbst.

## 6.3.4. *Der Einsatz von Einkommen, Vermögen und Arbeitskraft*

Im folgenden wird der Einsatz von Einkommen, Vermögen und Arbeitskraft *vor* den einzelnen Hilfetypen der Hilfe in besonderen Lebenslagen behandelt (also nicht wie bei der Darstellung der Hilfe zum Lebensunterhalt erst *nach* der Hilfe als solcher). Der Grund liegt darin, daß für die einzelnen Hilfetypen der Hilfe in besonderen Lebenslagen unterschiedliche Einkommensgrenzen gelten, auf die bei den einzelnen Hilfetypen Bezug genommen wird. Diese Bezugnahme erscheint verständlicher und didaktisch sinnvoller, wenn die Fragen der jeweiligen Einkommensgrenzen schon bekannt sind.

### 6.3.4.1. *Die einsatzpflichtigen Personen*

Sozialhilfe ist grundsätzlich nachrangig gegenüber dem Einsatz von *Einkommen, Vermögen* und *Arbeitskraft*(§ 2 Abs. 1; oben 4.4.). Während aber bei der *Hilfe zum Lebensunterhalt* nach §§ 11 Abs. 1, 18 Abs. 1 Einkommen, Vermögen und Arbeitskraft grundsätzlich *voll* einzusetzen sind, bestimmt § 28 für die *Hilfe in besonderen Lebens*lagen, daß *Einkommen* und *Vermögen* nur insoweit einzusetzen sind, als dies

- dem *Hilfesuchenden* (wenn er alleinstehend ist),
- dem *Hilfesuchenden und seinem Ehegatten* (wenn er verheiratet ist und nicht getrennt lebt),
- dem *Hilfesuchenden und seinen Eltern* (wenn er minderjährig und unverheiratet ist sowie bei seinen Eltern lebt)

*zuzumuten* ist. *Inwieweit* den in § 28 gekannten Personen, die – wie in § 11 Abs. 1 – in der Konstellation „zusammenlebende Ehegatten bzw. zusammenlebende Eltern und minderjährige unverheiratete Kinder" als eine „Selbsthilfe-Gemeinschaft" betrachtet werden (i. d. R. spricht man von „Bedarfsgemeinschaft", oben 6.2.1.),

der Einsatz von Einkommen und Vermögen zuzumuten ist, wird in den Einzelregelungen der §§ 79 bis 87 (Einsatz des Einkommens) und der §§ 88, 89 (Einsatz des Vermögens) bestimmt.

Der Einsatz der *Arbeitskraft* wird in § 28 nicht genannt: Er wird bei der Hilfe in besonderen Lebenslagen sinnvollerweise nicht erwartet (zu einer *Ausnahme* unten 6.3.4.5.), da für den Empfänger einer solchen Hilfe (z. B. für einen Kranken) im allgemeinen ohnehin ein Einsatz der Arbeitskraft nicht zumutbar ist.

## 6.3.4.2. Der Einsatz des Einkommens

Der Staat kann nicht jedem ohne Rücksicht auf seine Einkommensverhältnisse Hilfe in besonderen Lebenslagen gewähren. Dies würde dem Grundsatz des Nachrangs der Sozialhilfe widersprechen und überdies dazu führen, daß die vorhandenen Mittel dann bei den Personen nicht für die erforderliche Hilfe ausreichen würden, die sich nicht aus ihrem Einkommen helfen können. Andererseits kann der Einsatz des Einkommens bei der Hilfe in besonderen Lebenslagen auch nicht undifferenziert verlangt werden. Es gilt hier also, die richtige Differenzierung und Abstufung zu finden.

Das *gesetzliche Instrument,* mit dessen Hilfe festgestellt wird, inwieweit der Einsatz des Einkommens (als Form der Selbsthilfe) zur Bewältigung der besonderen Lebenslagen zugemutet werden kann, ist die *Einkommensgrenze.* Sie bewirkt, daß das *unter* dieser Grenze („Selbsthilfe-Grenze") liegende Einkommen *grundsätzlich unberücksichtigt* bleibt, also nicht eingesetzt werden muß (zu den Ausnahmen unten 6.3.4.2.3.); das *über* der Grenze liegende Einkommen kann „angemessen" zu den Kosten herangezogen werden (unten 6.3.4.2.2.; zum Begriff des Einkommens oben 6.2.9.1.).

Das BSHG regelt *drei* unterschiedlich hohe Einkommensgrenzen, die jeweils für bestimmte Hilfen in besonderen Lebenslagen oder (innerhalb der Hilfen) für bestimmte Hilfemaßnahmen gelten (unten 6.3.4.2.1.).

Bei der *Festlegung* dieser unterschiedlich hohen Einkommensgrenzen ging der Gesetzgeber von der zweifellos richtigen Überlegung aus, daß man auch beim Einsatz des Einkommens nicht alle schwierigen Lebenslagen über einen Kamm scheren kann, sondern daß für die Festsetzung der Einkommensgrenzen „vor allem Art und Dauer des Bedarfs und die Schwere der Belastung maßgebend sind" (BT-Dr. 3/1799, 34). Nun sind dies keine Kriterien, die sich ohne weiteres in exakte rechnerische Größen oder Geldbeträge umsetzen lassen, sondern die auch wertenden Einstellungen gegenüber unterschiedlichen Lebenslagen zugänglich sind. So einleuchtend es auch sein mag, daß etwa bei dauernder erheblicher Pflegebedürftigkeit (§ 69 Abs. 3) die Art und die Dauer des Bedarfs größer, aber auch der „Schicksalsschlag" härter sind als bei Gefährdung der Gesundheit (§ 36), und der Pflegebedürftige deshalb durch eine höhere Einkommensgrenze „geschont" werden muß als der

„nur" Erholungsbedürftige, so fraglich können andere Festsetzungen von Einkommens-grenzen sein. Exemplarisch sei dies hier für die Einkommensgrenze bei der Blindenhilfe angedeutet, die gem. § 81 Abs. 2 wesentlich höher ist als z. B. die Einkommensgrenze bei der Eingliederungshilfe für geistig Behinderte in Anstalten (gem. § 81 Abs. 1 Nr. 1): Dem Blinden wird von vornherein also ein erheblich größerer „Freibetrag" zugestanden als z. B. einem Schizophrenen, der in einer psychiatrischen Klinik untergebracht ist. Eine Begrün-dung für diese Unterscheidung wird man in den Gesetzesmaterialien zum BSHG vergeb-lich suchen. Der Gesetzgeber führt lediglich zur Einkommensrenze bei der Blindenhilfe aus: „Angesichts der schweren Belastung durch die Blindheit kann es nicht vertreten wer-den, bei der Gewährung der Blindenhilfe von der allgemeinen Einkommensgrenze auszu-gehen. Andererseits kann von einer Einkommensgrenze nicht ganz abgesehen werden . . ." (BT-Dr. 3/1799, 53). Die „Berechnungen" und Wertungen, auf denen die skizzierte unter-schiedliche Einstufung beruht, werden dadurch freilich nicht transparent; sie müssen wohl auch im Zusammenhang mit gesellschaftlichen Einschätzungen und Vorurteilen gegenüber Blindheit und „sonstiger" Behinderung gesehen werden.

## 6.3.4.2.1. Die Einkommensgrenzen

### 6.3.4.2.1.1 Allgemeine Einkommensgrenze

(1) Für die meisten Hilfen in besonderen Lebenslagen gilt die *allgemeine* Ein-kommensgrenze nach § 79 BSHG.

Ihr liegt folgende Grundüberlegung zugrunde: Wer in eine der im BSHG umschriebenen besonderen Lebenslagen gerät, der kann auch in die Gefahr kommen, seinen Lebensunter-halt nicht mehr ausreichend decken zu können, wenn er zusätzlich finanzielle Mittel zur Bewältigung der besonderen Lebenssituation mobilisieren bzw. vom bisherigen Lebensun-terhalt abzweigen muß. Wer reich ist, dem fällt dies nicht schwer. Wer gar nichts hat, dem garantiert die Sozialhilfe den Grundbedarf des Lebensunterhalts durch die „Hilfe zum Lebensunterhalt". Bei demjenigen aber, der mit seinem Einkommen zwischen diesen bei-den Extremen liegt, stellt sich die Frage, wieviel von seinem Einkommen ihm zunächst zur Deckung des Lebensunterhalts als *„Eigenbedarf"* verbleiben muß und wieviel er dann (als Selbsthilfe) zur Überwindung der besonderen Lebenslage einsetzen soll. Es muß also eine Einkommensgrenze gezogen werden und unterstellt werden: Soundso viel wird als zur Deckung des Eigenbedarf als notwendig anerkannt; wer mehr als diesen anerkannten „Freibetrag" des Eigenbedarfs zur Verfügung hat, der kann und soll grundsätzlich im Rahmen der staatlichen Hilfe mithelfen (und sich selbst helfen); wer weniger als den Frei-betrag zur Verfügung hat, dem hilft der Staat in der besonderen Lebenslage, ohne (grund-sätzlich) Selbsthilfe des Betroffenen durch Einkommenseinsatz zu verlangen. Die Festle-gung dieses „Soundso viel" des Eigenbedarfs ist eine schwierige und problematische Auf-gabe. Der Gesetzgeber hat sie so gelöst, daß er auf den Maßstab des *Regelsatzes der Hilfe zum Lebensunterhalt* zurückgriff und dem Hilfesuchenden als Eigenbedarf eine Art „er-weiterten" Warenkorb zugestand. Damit nahm er freilich auch die mit der Zusammenset-zung des Warenkorbs und der Ermittlung der Regelsatzhöhe verbundenen Probleme (oben 6.2.3.1. (3)) in den Bereich der Hilfe in besonderen Lebenslagen „mit" (allerdings hat die in letzter Zeit entflammte Diskussion zur Regelsatzproblematik – oben 6.2.3.1. (3) – noch nicht auf die Einkommensgrenzen der Hilfe in besonderen Lebenslagen übergegriffen).

(2) Diese *allgemeine* Einkommensgrenze des § 79 hat der Gesetzgeber zusammengesetzt aus:

1. Einem *Grundbetrag* in Höhe des *Doppelten des Regelsatzes eines Haushaltsvorstandes.*

Der Regelsatz ist in den einzelnen Bundesländern unterschiedlich hoch (oben 6.2.3.2.1.); legt man den Bundesdurchschnitt von 1982 zugrunde, so wären dies 2 × 338 = 676 DM.
Ursprünglich hatte der Gesetzgeber nur das Eineinhalbfache des Regelsatzes vorgesehen (BT-Dr. 3/1799, 52), den Betrag dann aber im Verlauf des Gesetzgebungsverfahrens erhöht, weil er ihm doch zu niedrig erschien (BT-Dr. 3/2673, 8). Auch an diesem Verfahren zeigt sich die Problematik einer adäquaten Festlegung der Eigenbedarfsgrenze.

2. Den *Kosten der Unterkunft.*

Dies sind i. d. R. die Miete (einschließlich Nebenkosten), nach h. M. aber nicht die Kosten für Sammelheizung und Warmwasserversorgung (Knopp/Fichtner 1979, § 79 Rz. 8 m. w. N.); allerdings wird man hier angesichts der unterschiedlichen Umlagepraktiken (Sternel 1979, 396 ff.) wohl differenzieren müssen (Gutachten des DV V/1975, 33 f.). Zu den Kosten der Unterkunft in den „eigenen vier Wänden" gehören u. a. Instandhaltungskosten, öffentliche Abgaben, Versicherungsbeiträge usw., nicht aber Tilgungsraten auf Baudarlehen (oben 5.5.3.).

3. Einen *Familienzuschlag* von *80 % des Regelsatzes eines Haushaltsvorstands,* und zwar
- bei *volljährigen* Hilfesuchenden: für den nicht getrennt lebenden Ehegatten und für jede Person, die vom Hilfesuchenden oder seinem nicht getrennt lebenden Ehegatten bisher überwiegend unterhalten wurde oder der sie nach der Entscheidung über die Sozialhilfegewährung unterhaltspflichtig werden (§ 79 Abs. 1 Nr. 3),
- bei *minderjährigen* Hilfesuchenden: für einen Elternteil (wenn die Eltern zusammenleben) sowie für den Hilfesuchenden selbst und für jede Person, die von den Eltern oder dem Hilfesuchenden bisher überwiegend unterhalten wurde oder der sie nach der Entscheidung über die Gewährung der Sozialhilfe unterhaltspflichtig werden (§ 79 Abs. 2 Nr. 3, 1. HS; Ausnahmen für den Familienzuschlag des Hilfesuchenden sieht der 2. HS vor).

Hier wird also mit Hilfe eines *pauschalierten Familienzuschlags* der – gleichfalls *pauschalierte* – *Grundbedarf* (oben 1), insgesamt also die Einkommensgrenze erhöht, um der unterschiedlichen Größe der Bedarfsgemeinschaft sowie der in ihr bestehenden Unterhaltsbelastungen und Unterhaltsverpflichtungen, damit also dem unterschiedlichen Eigenbedarf Rechnung zu tragen.

(3) Die *Berechnung* der allgemeinen Einkommensgrenze soll an folgendem *Beispiel* (zu § 79 Abs. 1) verdeutlicht werden:

Das Ehepaar Weinmann lebt mit seinen Kindern Marianne und Sigbert (4 und 7 Jahre) in einer Wohnung, die 600 DM Miete kostet; das (bereinigte) Einkommen des Ehemannes beträgt (einschließlich Kindergeld und Wohngeld) 1900 DM. Im Haushalt lebt noch die Mutter des Ehemannes, die eine Witwenrente von 190 DM bezieht. Die (einkommenslose) Ehefrau stellt Antrag auf Krankenhilfe (§ 37) in Höhe von 500 DM für die Restkosten eines Zahnersatzes, weil die AOK, bei der sie mitversichert ist (§ 205 RVO), lediglich 95 % der Zahnersatzkosten trägt (§ 182 c RVO). Die Einkommensgrenze berechnet sich wie folgt:

| | | |
|---|---|---|
| 1. Grundbetrag | 676 DM | |
| (= 2 × 338 DM) | | |
| 2. Kosten der Unterkunft | 600 DM | |
| 3. Familienzuschläge für | | (aufgerundet auf |
| a) Ehegatten | 271 DM | volle DM) |
| b) Kind Marianne | 271 DM | |
| c) Kind Sigbert | 271 DM | |
| d) Mutter des Ehemannes | 271 DM | |
| (da die Witwenrente zu niedrig ist, muß sie überwiegend unterhalten werden; dazu Gottschick/Giese 1981, § 79 Rz. 7.4.) | | |
| insgesamt: | 2360 DM | |

Das vorhandene Einkommen (1900 DM) liegt also *unterhalb* der maßgeblichen Einkommensgrenze: Der hilfesuchenden Ehefrau und ihrem Ehemann kann deshalb eine Beteiligung an den 500 DM Restkosten für den Zahnersatz nicht zugemutet werden; die beantragte Krankenhilfe ist also in vollem Umfang zu gewähren.

Weitere *Beispiele* für die Berechnung nach § 79 Abs. 2 finden sich z. B. bei Zink/Korff 1978, 64; Gottschick/Giese 1981, § 79 Rz. 10; Frank 1977, 80.

### 6.3.4.2.1.2 Besondere Einkommensgrenze gem. § 81 Abs. 1

(1) Für bestimmte Hilfen in besonderen Lebenslagen und für bestimmte Hilfsmaßnahmen (innerhalb der Hilfearten) gilt die *besondere Einkommensgrenze* des § 81 Abs. 1 (bitte lesen): Der Gesetzgeber geht in dieser Vorschrift von der Annahme aus, daß in den dort genannten „schweren Fällen" ein *höherer Eigenbedarf* anzuerkennen ist; bei der Berechnung der Einkommensgrenze tritt deshalb an die Stelle des Doppelten des Regelsatzes als Grundbetrag ein *höherer* Betrag, nämlich das *Dreifache* des Regelsatzes eines Haushaltsvorstandes (1982 also im Bundesdruchschnitt 1014 DM). Im übrigen setzt sich die besondere Einkommensgrenze zusammen wie die allgemeine Einkommensgrenze (also dreifacher Regelsatz als „erhöhter" Grundbetrag plus Kosten der Unterkunft und Familienzuschläge).

Von 1962 bis 1981 war der Betrag der besonderen Einkommensgrenze in einem *bezifferten* DM-Betrag festgelegt (1981: 1073 DM!). Mit der seit dem 1. 1. 1982 geltenden Fassung des § 81 Abs. 1 (vgl. Art. 21 Nr. 24 des 2. HStruktG) wird der Betrag durch eine *Relation zum Regelsatz* des Haushaltsvorstands ausgedrückt; damit erhöht sich die besondere Einkommensgrenze mit der Erhöhung dieses Regelsatzes.

Verfolgt man die *Entwicklung* des Grundbetrages nach § 81 Abs. 1 seit Inkrafttreten des BSHG, so stellt man fest, daß er ursprünglich (also im Jahre 1962) rd. das *Fünffache* des damaligen Regelsatzes der Hilfe zum Lebensunterhalt betrug. Durch die einkommensorientierte Anpassung gem. des (bis zum 31. 12. 1981 geltenden) § 81 Abs. 5 hatte sich diese Relation aber *zuungunsten* des Hilfsbedürftigen geändert: 1981 betrug der Grundbetrag (nämlich 1073 DM, s.o.) nur noch rd. das Dreifache des damaligen Regelsatzes. Durch die Veränderung dieser Relation war aber letztlich eine *Ersparnis* für die Sozialhilfeträger eingetreten, die durch die seit dem 1. 1. 1982 geltende Fassung des § 81 Abs. 1 festgeschrieben wurde.

Auf die verschiedenen Fälle des § 81 Abs. 1 wird – des besseren Verständnisses halber – *bei den einzelnen Hilfearten und Hilfemaßnahmen* eingegangen, für die der erhöhte Grundbetrag und damit die besondere Einkommensgrenze in Betracht kommt.

(2) Zur Durchführung des § 81 Abs. 1 Nr. 3 erging eine besondere Verordnung (oben 2.6.2.), zu deren Erlaß die Bundesregierung gem. § 81 Abs. 5 ermächtigt ist: Danach sind „größere orthopädische oder größere andere Hilfsmittel" i. S. d. § 81 Abs. 1 Nr. 3 solche, deren (Bruttokauf-) Preis mindestens 350 DM beträgt. Diese VO spielt nicht nur für die besondere Einkommensgrenze eine Rolle, sondern auch für die sachliche Zuständigkeit (vgl. § 100 Abs. 1 Nr. 2 und oben 3.2.2. (1)).

## 6.3.4.2.1.3 Besondere Einkommensgrenze gem. § 81 Abs. 2 und 3

(1) Für *zwei* Fälle ist in § 81 Abs. 2 eine *besonders hohe Einkommensgrenze* vorgesehen: Bei der Blindenhilfe (§ 67) und beim Pflegegeld für Schwerbehinderte – z. B. Querschnittgelähmte – (§§ 69 Abs. 4 S. 2, 24 Abs. 2) gilt ein Grundbetrag in Höhe des *Sechsfachen* des Regelsatzes eines Haushaltsvorstandes (1982 also im Bundesdurchschnitt 2028 DM). Der Gesetzgeber sieht also die beiden genannten Lebenssituationen für den Betroffenen als *besonders hart* und als *kostenintensiv* an und erhöht deshalb ensprechend die besondere Einkommensgrenze.

Näher betrachtet wertet der Gesetzgeber die in § 81 Abs. 2 genannten Lebenssituationen als genau *doppelt* so hart und kostenintensiv wie die Lebenssituationen, in denen die besondere Einkommensgrenze des § 81 Abs. 1 gilt: Der Grundbetrag nach § 81 Abs. 2 ist nämlich doppelt so hoch wie der nach § 81 Abs. 1. Im übrigen erfolgt die Berechnung wie bei der allgemeinen Einkommensgrenze (also: sechsfacher Regelsatz plus Kosten der Unterkunft plus Familienzuschlag; letzterer erhöht sich gem. § 81 Abs. 3 auf die Hälfte des Grundbetrags nach Abs. 1 für den nicht getrennt lebenden Ehegatten, wenn beide Ehegatten blind oder schwerbehindert sind). Von 1962 bis 1981 war der Betrag des § 81 Abs. 2 in einem *bezifferten* DM-Betrag festgelegt (1981 : 2146 DM!). Ursprünglich (also 1962) betrug der Grundbetrag des § 81 Abs. 2 rd. das *Zehnfache* des damaligen Regelsatzes, 1981 durch die schon oben (6.3.4.2.1.2) beschriebene Anpassung nur noch rd. das Sechsfache. Durch die seit dem 1. 1. 1982 geltende Fassung wird diese Relation also festgeschrieben (s.o.).

(2) Letztlich werden auch hier – wie bei der allgemeinen Einkommensgrenze des § 79 und der besonderen Einkommensgrenze des § 81 Abs. 1 – die Schwierigkeiten und Probleme, aber auch die Fragwürdigkeit deutlich, die ein System von Einkommensgrenzen als Maßstab für den anzuerkennenden Eigenbedarf und für

die zumutbare Selbsthilfe des Betroffenen (in Form der Eigenbeteiligung mit einem Einkommensteil) bei der Überwindung einer besonderen Lebenssituation in sich birgt. Die Ankoppelung an den Regelsatz in den §§ 79 und 81 ist deshalb im Grunde genommen nicht mehr als ein primitives Werkzeug, um ein solches System *in der Praxis überhaupt durchführbar* zu machen.

### 6.3.4.2.2. Einsatz über der Einkommensgrenze

(1) Soweit das zu berücksichtigende Einkommen die maßgebliche Einkommensgrenze (§§ 79, 81) *übersteigt,* ist dem Hilfesuchenden die Aufbringung der Mittel für die Bewältigung der besonderen Lebenslage *„in angemessenem Umfang"* zuzumuten (vgl. § 84 Abs. 1 S. 1).

Darüber, welcher Umfang *„angemessen"* ist, welcher konkrete Eigenanteil an der Hilfe dem Betroffenen mithin als Selbsthilfe zugemutet werden kann, sagt das Gesetz nichts und kann dies wegen der jeweiligen Besonderheiten des konkreten Einzelfalles auch nicht tun. Das Individualisierungsprinzip (§ 3 Abs. 1) kommt mithin auch hier voll zum Tragen. Allerdings schreibt § 81 Abs. 1 S. 2 vor, welche Umstände der Sozialhilfeträger (unter anderem) zu berücksichtigen hat: Es sind dies „vor allem die Art des Bedarfs, die Dauer und Höhe der erforderlichen Aufwendungen sowie besondere Belastungen des Hilfesuchenden und seiner unterhaltsberechtigten Angehörigen". Für den Sozialhilfeträger, der seine Entscheidung nach pflichtgemäßem Ermessen zu treffen hat,

(so zu Recht die h. M., z. B. Gottschick/Giese 1981, § 84 Rz. 5 m. w. N., da es hier letztlich um das *Maß* der vom Sozialhilfeträger unter Abzug der Eigenbeteiligung des Hilfsbedürftigen zu gewährenden Hilfe geht und darüber gem. § 4 Abs. 2 nach pflichtgemäßem Ermessen zu entscheiden ist),

ergeben sich aus den in § 81 Abs. 1 S. 2 aufgezählten Umständen zwar einige Anhaltspunkte für die Bemessung des Eigenanteils des Hilfesuchenden; letztlich ändert sich dadurch aber nichts an der Tatsache, daß die Spanne möglicher Eigenbeteiligung des Hilfesuchenden zwischen voller Heranziehung und voller Freilassung liegt. Denn eine Regelung, die wie in § 81 Abs. 1 S. 1 so „offen" gestaltet ist, erlaubt so gut wie keine verallgemeinerungsfähigen Aussagen. Bezeichnend ist etwa, daß die einschlägige Rechtsprechung nur Einzelfallaussagen enthält, die für eine Verallgemeinerung ungeeignet sind (Giese/Melzer 1974, 53). Die Praxis behilft sich deshalb mit einer recht ausführlichen „Check-Liste", die meist in Verwaltungsrichtlinien niedergelegt ist und die im wesentlichen auf den „Empfehlungen (des Deutschen Vereins für öffentliche und private Fürsorge) für die Anwendung der §§ 84 ff. BSHG" (1975) beruht. In dieser „Liste" werden zahlreiche Beispiele für die in § 81 Abs. 1 S. 2 genannten Umstände aufgeführt:

So werden z. B. als „besondere Belastungen", die von dem Teil des Einkommens, der die Einkommensgrenze übersteigt, abzuziehen sind, angeführt

- Aufwendungen für Aus- und Weiterbildung,
- Umzugskosten, Tilgung von Mietrückständen,
- Schuldverpflichtungen, insbesondere Abzahlungsverpflichtungen für die notwendige Beschaffung von Möbeln und Hausrat,
- Aufwendungen im Zusammenhang mit besonderen Familienereignissen (wie Geburt, Heirat oder Tod).

*Beispiel:* Die alleinerziehende Rosi Ruback, Mutter einer 10jährigen Tochter, benötigt laut ärztlichem Gutachten dringend (und unbelastet von ihrer Erziehungsaufgabe) einen vierwöchigen Erholungsaufenthalt in einem Müttergenesungsheim als Maßnahme der vorbeugenden Gesundheitshilfe (§ 36). In der Zeit ihrer Abwesenheit muß ihre Tochter versorgt werden. Die AOK, bei der Frau Ruback krankenversichert ist, übernimmt die Kosten einer Haushaltshilfe nicht (vgl. § 185 b RVO: nur bei Kindern bis zur Vollendung des achten Lebensjahres). Liegt das monatliche Einkommen von Frau Ruback 100 DM über der Einkommensgrenze der Hilfe, die hier in Betracht kommt (nämlich Hilfe zur Weiterführung des Haushalts gem. § 70 mit der allgemeinen Einkommensgrenze nach § 79 Abs. 1), dann ist zu ermitteln, welcher Eigenteil ihr von diesen 100 DM als Selbsthilfe zuzumuten ist. Dabei sind v. a. die abzugsfähigen besonderen Belastungen anzusetzen, z. B. die Monatsraten für einen noch nicht abgezahlten Kühlschrank, für ein Bett der Tochter u. ä. Erst der dann verbleibende Betrag kommt als Eigenanteil in Betracht; und die Hilfeverpflichtung des Trägers der Sozialhilfe ist auf den „Restbetrag" begrenzt, dessen Aufwendung Frau Ruback nicht zugemutet werden kann.

Vielfach wird der Eigenanteil des Hilfesuchenden *unter* den Kosten der beantragten Hilfe (hier also der Haushalts- und Betreuungshilfe) liegen, so daß es sich aus der Sicht des Hilfesuchenden auf jeden Fall „lohnt", den Antrag auf diese Hilfe zu stellen.

(2) Zu beantworten bleibt schließlich die Frage, welcher *Zeitraum* für die Gegenüberstellung des monatlichen Einkommens, von dem § 79 spricht, mit dem Bedarf des Betroffenen nach einer Hilfe in besonderen Lebenslagen maßgeblich ist. Grundsätzlich kann dies nur das Einkommen sein, das *im Bedarfszeitraum* erworben wird: Denn das Maß der Hilfsbedürftigkeit in einer (auch zeitlich) konkreten Notlage läßt sich prinzipiell nur ermitteln, wenn auch die Selbsthilfemöglichkeiten des Hilfesuchenden in diesem *gleichen* Zeitraum berücksichtigt werden. Von diesem „Grundsatz der Gleichzeitigkeit", den man auch als „Grundsatz der Spiegelbildlichkeit" bezeichnen könnte, machen nur § 84 Abs. 2 und Abs. 3 eine Ausnahme:

Die praktisch bedeutsamere ist die des § 84 Abs. 3 (bitte lesen). Würde etwa im obigen Beispiel des Zahnersatzes von Frau Weinmann (6.3.4.2.1.1.) das zu berücksichtigende Einkommen 15 DM über der maßgeblichen Einkommensgrenze liegen, so könnte dieser Betrag nach § 84 Abs. 3 insgesamt *viermal* als Eigenanteil berücksichtigt werden (einmal für den Entscheidungsmonat plus drei weitere Monate), also nicht nur einmal, wie es der Grundsatz der Gleichzeitigkeit ansonsten gebieten würde. Die Selbsthilfemöglichkeit des Betroffenen wird hier also – aus vernünftigen Erwägungen heraus – auf mehrere Monate „gestreckt" (im konkreten Fall könnte freilich von einer Eigenbeteiligung dennoch abgesehen werden, weil der Betrag von insgesamt 60 DM nicht wesentlich über der Einkommensgrenze liegt; vgl. Gottschick/Giese 1981, § 84 Rz. 11).

6.3.4.2.3. Einsatz unter der Einkommensgrenze

(1)Dem Hilfsbedürftigen, dessen Einkommen *unter* der maßgeblichen Einkommensgrenze liegt, wird – wie schon erwähnt – *grundsätzlich keine* Selbsthilfe durch Einsatz dieses Einkommens zugemutet: Denn dieser Hilfsbedürftige hat ja weniger Geld zur Verfügung als ihm der Gesetzgeber (mit dem Instrument der Einkommensgrenze) an notwendigem Eigenbedarf zugesteht. Gleichwohl sieht das BSHG aus unterschiedlichen Gründen *vier Ausnahmen* vor, die abschließend in § 85 geregelt sind (bitte lesen). In diesen Ausnahmefällen kann der Sozialhilfeträger vom Hilfesuchenden einen Eigenanteil auch aus dem Einkommen verlangen, das unter der maßgeblichen Einkommensgrenze (§§ 79, 81) liegt.

Die *Hauptfälle* des § 85 sind die sog. *„häusliche Ersparnis"* bei Hilfen in einer *Anstalt, einem Heim oder einer gleichartigen Einrichtung bzw. in einer Einrichtung zur teilstationären Betreuung* (§ 85 Nr. 3 S. 1; unten (2) sowie die sog. *„Anstaltspflege"* (§ 85 Nr. 3 S. 2; unten (3)).

(2) Der *Grund* für die Regelung des § 85 Nr. 3 S. 1 leuchtet ohne weiteres bei folgendem *Beispiel* ein: Ein an Gelbsucht erkranktes (nicht krankenversichertes) 10jähriges Kind muß vier Wochen stationär in einem Krankenhaus behandelt werden und erhält deshalb Krankenhilfe (§ 37), die gem § 27 Abs. 3 auch den im Krankenhaus gewährten Lebensunterhalt umfaßt (und den der Pflegesatz des Krankenhauses mitberücksichtigt; vgl. oben 6.3.1. (3)). Das Kind ist also in der Zeit seines Krankenhausaufenthaltes „rundum versorgt". Dadurch wird aber der Haushalt der Eltern entlastet („ein Esser weniger"); deshalb soll für den Sozialhilfeträger die Möglichkeit bestehen, eine solche *„häusliche Ersparnis"* ganz oder *teilweise als Eigenanteil* an der Hilfe zu verlangen. Nun wäre es allerdings recht schwer und aufwendig, diese Ersparnis auf Mark und Pfennig auszurechnen. Die Praxis arbeitet deshalb – unter Billigung der Rechtsprechung (z. B. VGH Baden-Württemberg, in: FEVS 23, 265) – mit *prozentualen Anteilen des Regelsatzes* der Hilfe zum Lebensunterhalt (in unserem Beispiel könnte man etwa 70 % des Regelsatzes für ein 10jähriges Kind ansetzen, der gegenwärtig im Bundesdurchschnitt 220 DM beträgt). Es gibt freilich auch Fälle, in denen die Abwesenheit des Hilfesuchenden finanzielle Folgen haben kann, welche die häusliche Ersparnis *aufwiegen* (wenn z. B. die Hausfrau und Mutter im Krankenhaus ist: Besuchsfahrten der „Restfamilie" ins Krankenhaus, Geschenke an die Mutter und an deren Schwester, die den Haushalt inzwischen weiterversorgt). In solchen Fällen wird der Sozialhilfeträger von einem Eigenanteil gem. § 85 Nr. 3 S. 1 absehen können.

(3) Die in der Praxis wichtige Vorschrift des § 85 Nr. 3 S. 2 kommt in erster Linie für *alleinstehende* Personen in Betracht, die auf *Dauer der Pflege in einem* (Alters-) *Pflegeheim* bedürfen. Auch diese Personen werden durch die ihnen geleistete Hilfe in der besonderen Lebenslage „Pflegebedürftigkeit" (§§ 68 f.) einschließlich des (gem. § 27 Abs. 3) mitgewährten Lebensunterhalts in der Einrichtung, in der sie untergebracht sind, „rundum versorgt": Ihr zum Lebensunterhalt notwendiger Eigenbedarf wird also (über den zu zahlenden Pflegesatz) vom Sozialhilfeträger sichergestellt. Dann braucht aber auf das Einkommen des Hilfsbedürftigen (als Mittel der *Selbsthilfe* zur Sicherung des Eigenbedarfs) grundsätzlich keine Rücksicht genommen zu werden. In der Praxis wird deshalb in solchen Fällen der Einsatz des Einkommens unter der maßgeblichen Einkommensgrenze (§§ 79, 81 Abs. 1 Nr. 5) in *vollem* Umfang verlangt.

Das ist aber nicht alles: Die Kosten einer stationären Pflege sind nämlich für die meisten älteren Pflegebedürftigen nicht bezahlbar, weil die enorm hohen Pflegekosten (monatlich ca. 2.600 DM) ihre Rente bei weitem übersteigen (dazu noch unten 6.3.5.9.1.). Die dann auf Sozialhilfe angewiesenen Pflegebedürftigen erwartet aber eine unangenehme Überraschung: Liegt ihre Rente *unter* der Einkommensgrenze, so muß sie *voll* eingesetzt werden (§ 85 Nr. 3 S. 2, s. o.). Liegt sie *über* der Einkommensgrenze (z. B. mit 500 DM), dann wird zunächst der *unter* der Einkommensgrenze liegende Rententeil *voll* als Eigenanteil angesetzt; der *über* der Grenze liegende Rententeil wird gem. § 84 Abs. 1 „in angemessenem Umfang" als Eigenanteil zugemutet (was in der Praxis meist 100 % bedeutet, in unserem Beispiel also 500 DM): Nach h. M. sind nämlich die §§ 84 und 85 *nebeneinander* anwendbar (also § 84 für das *über* der Einkommensgrenze, § 85 für das *unter* der Einkommensgrenze liegende Einkommen; vgl. Knopp/Fichtner 1979, § 85 Rz. 1 m. w. N.). Auch für Pflegebedürftige mit einer relativ hohen Rente bleibt dann meist nur ein Taschengeld (oben 6.2.5.) von rd. 120 DM und weniger. Den meisten, die damit über ihre in einem langen Arbeitsleben „verdiente" Rente nicht mehr verfügen können, ist dieses Ergebnis kaum verständlich zu machen.

### 6.3.4.3. „Erweiterte Hilfe" nach § 29

(1) Fassen wir die bisherigen Ausführungen zum Einsatz des Einkommens bei der Hilfe in besonderen Lebenslagen rückblickend zusammen, so sehen wir, daß die Hilfe in dem Umfang *nicht* gewährt wird, als dem Hilfesuchenden und den in § 28 genannten Personen die Aufbringung der Mittel selbst zuzumuten ist: Die Hilfe wird also *abzüglich* des einzusetzenden Eigenanteils geleistet. Wie die Erfahrungen der Praxis zeigen, läßt sich dieses Prinzip nicht ausnahmslos durchhalten. Es kann nämlich Fälle geben, in denen es angebracht ist, *zunächst* durch den Träger der Sozialhilfe die Hilfe in *vollem* Umfang zu gewähren, obwohl die Aufbringung der Mittel zum Teil zugemutet werden kann.

So kann z. B. der Fall eintreten, daß in dringenden Fällen eine Prüfung der Einkommensverhältnisse nicht möglich ist und daher der Sozialhilfeträger zunächst die Hilfe in vollem Umfang gewährt. Oder: Bei einer Heimunterbringung des Hilfeempfängers lehnt es der Heimträger aus psychologischen und verwaltungstechnischen Gründen ab, von den Heimbewohnern den ihnen zugemuteten Eigenanteil unmittelbar einzuziehen.

In solchen Fällen der – wie das BSHG formuliert – *„erweiterten Hilfe"*, in denen der Sozialhilfeträger gem. § 29 S. 1 volle Hilfe gewähren kann, sind der Hilfeempfänger und die in § 28 genannten Personen gem. § 29 S. 2 zum *„Aufwendungsersatz"* in Höhe des zumutbaren Eigenanteils verpflichtet (zur Parallelvorschrift des § 11 Abs. 2 S. 2 für die Hilfe zum Lebensunterhalt vgl. oben 6.2.1.). Der *Aufwendungsersatz* nach § 29 S. 2, der eine *Sonderform der Eigenbeteiligung* ist (Giese 1975, 26), stellt also verfahrensmäßig den Nachrang der Sozialhilfe wieder her.

(2) § 29 gilt allgemein für alle Hilfen in besonderen Lebenslagen. Eine „Abwandlung" dieser Vorschrift enthalten die §§ 43 Abs. 1, 58 (bei der Eingliederungshilfe für Behinderte und bei der Tuberkulosenhilfe), die auf den gleichen praktischen Erwägungen wie § 29 beruhen: Der Unterschied zu § 29 liegt darin, daß es der Gesetzgeber bei diesen Hilfearten

für notwendig hält, dem Sozialhilfeträger eine *Pflicht* zur Gewährung der Hilfe in vollem Umfang aufzuerlegen, und den Hilfeempfänger sowie die in § 28 genannten Personen zu einem *„Kostenbeitrag"* in Höhe der zumutbaren Eigenbeteiligung zu verpflichten.

### 6.3.4.4. Sonderregelungen

(1) Vor Inkrafttreten des BSHG wurde der von der Bundesregierung beschlossene „Entwurf eines Bundessozialhilfegesetzes" mit Hilfe eines *Verwaltungsplanspiels* im Land Nordrhein-Westfalen auf mögliche Schwächen und Lücken erprobt (dazu Nelles 1961, 72 ff.). Die Ergebnisse dieses Planspiels veranlaßten den Gesetzgeber zu einer Reihe von Änderungen und Ergänzungen des Entwurfs; dazu gehörte auch die Einfügung der heutigen §§ 83 und 87 (BT-Dr. 3/2673, 9; Nelles 1961, 78). Es hatte sich nämlich in der simulierten Praxissituation gezeigt, daß es nach der Gesamtsituation eines Hilfesuchenden häufig möglich oder nötig sein kann, mehrere Bestimmungen, die verschiedene Hilfen in besonderen Lebenslagen betreffen, *nebeneinander* anzuwenden

(vgl. schon das Beispiel oben 6.3.2.: Krankheit kann Bedarf nach Krankenhilfe gem. § 37 *und* nach Hilfe zur Weiterführung des Haushalts gem. § 70 auslösen; oder: in einer Familie bedarf ein Kind der Tuberkulosenhilfe nach §§ 48 ff., ein anderes der Eingliederungshilfe nach §§ 39 ff.).

Für das mögliche Zusammentreffen mehrerer Bestimmungen für verschiedene Hilfen in besonderen Lebenslagen mit unterschiedlichen Einkommensgrenzen und für die Möglichkeit eines mehrfachen Bedarfs wurden deshalb die – teilweise recht komplizierten – *Konkurrenz- und Kollisionsregeln der §§ 83 und 87* eingeführt (bitte lesen), denen hier nicht im einzelnen nachgegangen werden kann (Näheres in den gängigen Kommentaren, Jehle 1965, 191 ff. und S. 418 f.).

(2)Die Vorschrift des § 86, die eine Sonderregelung für den Einsatz des Einkommens bei der Ausbildungshilfe, der Eingliederungsbehilfe für Behinderte und der Tuberkulosenhilfe vorsah, ist mit Wirkung vom 1.1.1982 aufgehoben worden (vgl. Art. 21 Nr. 25 des 2. HStruktG).

### 6.3.4.5. Der Einsatz des Vermögens und der Arbeitskraft

(1) Im Gegensatz zu den Vorschriften über den Einsatz des Einkommens enthält das BSHG für den Einsatz des *Vermögens* nur zwei unterschiedliche Regelungen für die beiden Hilfearten Hilfe zum Lebensunterhalt und Hilfe in besonderen Lebenslagen:

– In § 88 Abs. 3 findet sich ein matter Hinweis auf zwei Fälle des Vorliegens einer „Härte" (oben 6.2.9.2. (4)) für den Bereich der Hilfe in besonderen Lebenslagen.
– Daneben sieht die Verordnung zur Durchführung des § 88 Abs. 2 Nr. 8 BSHG (oben 2.6.2.) bei der Festsetzung des „kleineren Barbetrages oder sonstiger Geldwerte" eine Differenzierung zwischen der Hilfe zum Lebensunterhalt und der Hilfe in besonderen Lebenslagen (mit einer Sonderregelung für Blinde und Schwerstbehinderte) vor. Danach blei-

ben unterschiedliche Beträge unberücksichtigt (sind also sozialhilferechtlich nicht existent); als Faustregel kann man sich für die Freigrenzen der Hilfen in besonderen Lebenslagen merken (Stand: 1982): für den Hilfesuchenden 4.000 DM; für seinen – nicht getrennt lebenden – Ehegatten 1.000 DM; für jede Person, die vom Hilfesuchenden oder seinem getrennt lebenden Ehegatten unterhalten wird, jeweils 400 DM.

Die *Zurückhaltung des Gesetzgebers* gegenüber einer *weiteren Differenzierung des Vermögenseinsatzes* ist zunächst erstaunlich: Denn beim Einsatz des Einkommens hat er (insbesondere durch die Festlegung von abgestuften Einkommensgrenzen) deutlich zu verstehen gegeben, daß er bei der Hilfe zum Lebensunterhalt und bei der Hilfe in besonderen Lebenslagen *unterschiedliche* Bedarfssituationen anerkennt, denen er auch durch differenzierte Anforderung an die Selbsthilfe des Betroffenen (§§ 76 bis 87) Rechnung trägt. Offenbar sind aber sowohl bei den Beratungen des BSHG als auch bei späteren Novellierungen des Gesetzes (vgl. BT-Dr. 5/3495, 15) alle Versuche gescheitert, eine differenzierte Regelung auch für den Vermögenseinsatz im Gesetz zu treffen, weil sich bei der Vielgestaltigkeit der Verhältnisse konkrete Regelungen – anders als beim Einkommenseinsatz, der es mit leichter erfaßbaren und teilbaren Geldbeträgen zu tun hat – wohl nicht entwickeln lassen. Vielleicht spielt hier auch die Sorge des Gesetzgebers vor einem „versorgungsstaatlichen Denken" (oben 4.3. (1)) eine Rolle, die durch eine Differenzierung – und damit einen Ausbau – des Vermögensschutzes gefördert werden könnte (so Giese 1979, 101).

Auch der Entwurf eines 4. Änderungsgesetzes zum BSHG (vom 2.2.1979, BT-Dr. 8/2534, 14) machte bewußt keine Anstalten, diesen Zustand zu ändern, der von der Praxis – vor allem bei der Behindertenhilfe und bei der Pflegebedürftigkeit – seit langem als unbefriedigend empfunden wird (Empfehlungen für den Einsatz des Vermögens. . . 1971, 35; Giese 1979, 367).

Dem Sozialhilfeträger ist damit freilich nicht jede Möglichkeit genommen, den *unterschiedlichen* Bedarfssituationen bei der Hilfe zum Lebensunterhalt und bei der Hilfe in besonderen Lebenslagen *auch* beim Einsatz des *Vermögens* Rechnung zu tragen. Er kann nämlich die bestehende *Diskrepanz* zwischen den *abgestuften Einkommensgrenzen* bei Hilfen in besonderen Lebenslagen und den für das gesamte BSHG im wesentlichen *einheitlichen* Vorschriften über den *Vermögenseinsatz* dadurch „mildern", daß er beim Einsatz des *Vermögens* – orientiert am Individualisierungsgrundsatz – *großzügiger verfährt:* Je höher die maßgebliche Einkommensgrenze der begehrten Hilfe in besonderen Lebenslagen ist, desto großzügiger sollte von der Möglichkeit Gebrauch gemacht werden, einen Fall der „Härte" i. S. d. § 88 Abs. 3 anzunehmen und so von einem Vermögenseinsatz abzusehen (oder gem. § 89 ein Darlehen als Hilfe in Betracht zu ziehen).

Ein gutes Beispiel für eine solche „individualisierend-großzügigere" Handhabung des Vermögenseinsatzes stellt der in BVerwGE 32, 89 ff. entschiedene Fall dar, in dem es darum ging, ob einer Blinden Blindenhilfe nach § 67 zu gewähren war, obwohl sie ein Haus im Wert von über 100.000 DM besaß (das unstreitig kein zu schonendes „kleines Hausgrundstück" i. S. d. § 88 Abs. 2 Nr. 7 war); das BVerwG entschied im Ergebnis, daß das an die

236

Blinde gerichtete Verlangen, zunächst ihr Vermögen einzusetzen, d. h. das Haus zu veräußern, eine Härte i. S. d. § 88 Abs. 3 darstelle (bitte lesen).

(2) Daß der Einsatz der *Arbeitskraft* im Rahmen der *Hilfe in besonderen Lebenslagen nicht* zugemutet wird, liegt in der Natur der Sache (dazu schon oben 4.4.2.1. (1) und 6.1.1. (2); zu der einzigen praktisch wenig bedeutsamen Ausnahme des § 67 Abs. 4 vgl. Gottschick/Giese 1981, § 67 Rz. 8).

### 6.3.5. Der Katalog der Hilfe in besonderen Lebenslagen

Die einzelnen Typen der Hilfe in besonderen Lebenslagen werden im folgenden Abschnitt in der Reihenfolge dargestellt, die das BSHG vorsieht. Diese Reihenfolge darf man freilich *nicht als Rangfolge* mißverstehen, durch die der Gesetzgeber eine Art „Hierarchie der Wichtigkeit" einzelner Hilfetypen zum Ausdruck bringen wollte. In den §§ 30 bis 75 werden vielmehr *drei große Bereiche* nebeneinander gestellt (eine logisch zwingende Reihenfolge gibt es hier ohnehin nicht): nämlich einmal der Bereich der Lebenslagen, bei denen es an konkreten finanziellen Mitteln zum *Aufbau einer selbständigen ökonomischen Existenz* fehlt (§ 30); zum anderen der Bereich der Lebenslagen, bei denen es im wesentlichen um *körperliche und psychische Notlagen* (sowie deren Folgen) geht (§§ 36 bis 71); schließlich der Bereich der Lebenslagen, bei denen *Sozialisationsdefizite* bzw. *Desozialisationsgefahren* im Vordergrund stehen (§§ 72, 75).

Die *tatsächliche* Bedeutung der einzelnen Typen der Hilfe in besonderen Lebenslagen ist freilich unterschiedlich groß. In der Praxis ist nämlich seit Jahren eine *Konzentration auf einige wenige Hilfearten* zu beobachten: Rund 90 % aller Empfänger von Hilfe in besonderen Lebenslagen entfallen auf die Hilfe zur Pflege, die Krankenhilfe und die Eingliederungshilfe für Behinderte; die übrigen 10 % verteilen sich auf die restlichen 9 Hilfetypen (unten 12.). Diesem Phänomen trägt die folgende Darstellung insofern Rechnung, als ihr Schwergewicht bei den genannten drei „großen" Hilfetypen liegt. Eine gewisse Ausnahme von der Konzentration auf die Hilfe zur Pflege, die Krankenhilfe und die Eingliederungshilfe für Behinderte soll bei der Altenhilfe gemacht werden, um – exemplarisch – den Standort dieses im BSHG vorgesehenen Hilfetyps im Rahmen einer umfassenden kommunalen Altenhilfe zu verdeutlichen.

### 6.3.5.1. Hilfe zum Aufbau oder zur Sicherung der Lebensgrundlage (§ 30)

#### 6.3.5.1.1. Allgemeines

Mit diesem Hilfetyp (einer „Kann-Hilfe") wollte der Gesetzgeber dem Hilfesuchenden in erster Linie den Aufbau oder die Sicherung einer *selbständigen Existenz* ermöglichen und damit im Sinne von vorbeugender Hilfe (vgl. § 6 Abs. 1) und von Hilfe zur Selbsthilfe (vgl. § 1 Abs. 2 S. 2) die drohende Abhängigkeit von der Hilfe zum Lebensunterhalt abwenden oder – wenn diese Hilfe schon bezogen wird – die Unabhängigkeit von ihr bewirken.

Der Hilfetyp hat freilich nur *ganz geringe praktische Bedeutung:* Die Zahl der Empfänger von Hilfe nach § 30 und die Höhe des finanziellen Aufwands für diesen Hilfetyp sind verschwindend klein im Verhältnis zur Gesamtzahl der Empfänger und des gesamten Aufwands bei der Hilfe in besonderen Lebenslagen. Dafür gibt es gute Gründe: Der *Arbeitnehmer* kann seine (unselbständige) Existenz im wesentlichen notfalls mit Hilfe der Leistungen nach dem Arbeitsförderungsgesetz (AFG) und mit Hilfe des zuständigen Arbeitsamts „gründen". Der Selbständige kann in halbwegs aussichtsreichen Fällen mit der wohlwollenden Hilfe von Finanzierungsinstituten rechnen, also das für die selbständige Tätigkeit notwendige Kapital auf dem allgemeinen Kapitalmarkt finden. So bleiben für die Sozialhilfe i. d. R. die recht problematischen und riskanten Fälle übrig, die zudem noch besondere „Filter" passieren müssen (im folgenden 6.3.5.1.2).

### 6.3.5.1.2. Personenkreis, Gegenstand und Form der Hilfe

Der *Personenkreis,* der für § 30 in Betracht kommt, ergibt sich aus Abs. 1 und 2 sowie der vom Gesetzgeber mit diesem Hilfetyp verfolgten Intention (s. o.). Allerdings muß dieser Personenkreis besondere „Filter" passieren: Denn die Hilfe wird nur dann sinnvoll sein, wenn der Hilfesuchende für die zu fördernde selbständige Tätigkeit persönlich und fachlich geeignet ist, außerdem aber mit der selbständigen Existenz (z. B. einem Verkaufsladen) im Konkurrenzkampf bestehen, vor allem also von seinen Einkünften unabhängig von Sozialhilfe auch leben kann. Ob dies der Fall ist oder nicht, läßt sich der zuständige (örtliche) Sozialhilfeträger in der Regel durch ein *Gutachten* der Industrie- und Handelskammer bzw. Handwerkskammer bestätigen.

Als *Hilfeleistung* wird in der Regel eine Geldleistung gewährt (vgl. § 30 Abs. 3), die z. B. zur Beschaffung von Einrichtungsgegenständen für kleine Werkstätten, Läden oder Verkaufsstellen verwendet wird. Die Geldleistung kann als *Beihilfe* (d. h. als „verlorener" Zuschuß) gewährt werden, erfolgt aber gerade bei Einrichtungsgegenständen meist in Form eines *Darlehens,* das gesichert ist (z. B. durch Übertragung des Eigentums an den beschafften Gegenständen auf den Sozialhilfeträger).

### 6.3.5.1.3. Einkommensgrenze und Beispiel

Für den Hilfetyp gilt die *allgemeine* Einkommensgrenze des § 79 (oben 6.3.4.2.1.1).

*Beispiel:* Der 54-jährige Rolf Depner, der früher selbständiger Kaufmann in der Elektrobranche war und seit geraumer Zeit keine abhängige Tätigkeit finden kann, erhält seit 1976 Hilfe zum Lebensunterhalt. Im Januar 1981 beantragt er beim Sozialamt der Stadt Hannover eine Beihilfe von 65.000 DM, um eine selbständige Existenz, nämlich ein Elektrofachgeschäft in Hannover aufzubauen. Zur Vorbereitung seiner Ermessensentscheidung nach § 30 wird das Sozialamt die fachlichen und persönlichen Voraussetzungen des Antragstellers prüfen sowie gegebenenfalls ein Gutachten der zuständigen Industrie- und Handelskammer einholen. Kommt es z. B. aufgrund des Gutachtens zu der Überzeugung, daß im Hinblick auf die bestehende Konkurrenzsituation die Einrichtung eines Elektrofachgeschäfts nicht erfolgversprechend und deshalb nicht dazu geeignet ist, den Antragsteller für die Zukunft von der Hilfe zum Lebensunterhalt unabhängig zu machen, so entscheidet es

238

im Rahmen seines pflichtgemäßen Ermessens, wenn es eine Hilfe nach § 30 ablehnt (VG Hannover, in: ZfF 1974, 17 f. und oben 5.2.2). Kommt das Sozialamt z. B. aufgrund eines anderslautenden Gutachtens zu einer Bewilligung der Hilfe, so kann es statt der beantragten Beihilfe ein gesichertes Darlehen (mit bestimmter Laufzeit und bestimmten Tilgungsraten) gewähren. *Oder:* Ein freischaffender Künstler hat keinen Anspruch nach § 30 auf eine Beihilfe zur Einrichtung eines Ateliers, wenn nicht zu erwarten ist, daß er durch künstlerische Tätigkeit seinen Lebensunterhalt verdienen kann (so OVG Berlin, in: FEVS 29, 56 ff.).

### 6.3.5.2. Aufgehoben seit 1.1.1982: Ausbildungshilfe (§§ 31 ff.)

Mit diesem Hilfetyp (einer „Muß-Hilfe") wollte der Gesetzgeber jungen Menschen – in Sonderfällen auch älteren Hilfesuchenden – eine *angemessene Schul- und Berufsausbildung* sichern. Nachdem aber inzwischen anerkannt ist, daß die schulische und berufliche Bildung *primär* eine *gesamtgesellschaftliche* (und nicht kommunal-fürsorgerische) Aufgabe ersten Ranges darstellt

(vgl. auch § 3 SGB-AT, der Bildungs- und Arbeitsförderung unter den sozialen Rechten an erster Stelle nennt),

hatte die Ausbildungshilfe nach dem BSHG namentlich seit Bestehen des *Arbeitsförderungsgesetzes* (AFG) von 1969 und des *Bundesausbildungsförderungsgesetzes* (BAföG) von 1971 eine ausgesprochene *Lückenbüßerfunktion:* Sie war also auf besondere Einzelfälle beschränkt, die von AFG und dem BAföG sowie einer Reihe anderer Rechtsvorschriften (dazu Knopp/Fichtner 1979, § 31 Rz. 6) nicht erfaßt wurden.

Die Ausbildungshilfe nach §§ 31 ff. hatte deshalb seit mehreren Jahren eine *stark rückläufige Tendenz:* Die Zahl der Empfänger von Ausbildungshilfe und der finanzielle Aufwand für diesen Hilfetyp sanken von Jahr zu Jahr und betrugen nach den letzten verfügbaren Daten (von 1979) knapp 1,5 % aller Empfänger bzw. rund 0,3 % des Gesamtaufwands bei der Hilfe in besonderen Lebenslagen.

Mit Wirkung vom 1.1.1982 hat der Gesetzgeber deshalb den gesamten Unterabschnitt 3 (§§ 31 bis 35) durch Art. 21 Nr. 10 des 2. HStruktG aufgehoben (vgl. die Begründung in BT-Dr. 9/842, 88).

### 6.3.5.3. Vorbeugende Gesundheitshilfe (§ 36)

#### 6.3.5.3.1. Allgemeines

Der in § 36 geregelte Hilfetyp („Soll-Hilfe"; für Vorsorgeuntersuchungen teils „Kann-", teils „Muß-Hilfe") soll nach dem Grundsatz „*Vorbeugen ist besser als heilen*"

– zum einen dem *Interesse des Hilfesuchenden* an der Erhaltung seiner Gesundheit dienen, also verhüten, daß sich Schwächezustände, Überlastungen und andere die Gesundheit be-

einträchtigende Erscheinungen zu Krankheiten oder anderen Gesundheitsschäden entwik-
keln,

– zum anderen einer *wirtschaftlichen Verwendung öffentlicher Mittel* dienen, weil die für
eine bereits eingetretene Gesundheitsschädigung aufzuwendenden Kosten im allgemeinen
höher sind als die Kosten für präventive Maßnahmen.

Die vorbeugende Gesundheitshilfe des BSHG ist allerdings nicht als Ansatzpunkt für eine umfassende präventive Gesundheitssicherung (dazu Abholz 1980,
284 ff.) konzipiert. Sie dient vielmehr als „Lückenbüßerin" dem Ausgleich qualitativ unzureichender Regelungen im Bereich der vorrangigen Systeme der sozialen Sicherung. Mit dem Ausbau der sozialen Krankenversicherung sowohl
hinsichtlich des gesicherten Personenkreises als auch hinsichtlich präventiver
Aufgaben und Leistungen der Krankenkassen würde die vorbeugende Gesundheitshilfe des BSHG überflüssig werden (vgl. Arbeiterwohlfahrt 1978, 15).

Die nicht unbeträchtlichen Lücken der vorrangigen Sozialleistungssysteme zeigen die
statistischen Zahlen: Rund 7 % aller Empfänger von Hilfe in besonderen Lebenslagen
erhalten Leistungen der vorbeugenden Gesundheitshilfe nach § 36; der finanzielle Aufwand für diesen Hilfetyp beträgt ca. 1 % des gesamten Aufwands für die Hilfe in besonderen Lebenslagen (1979 rd. 100 Mio. DM).

### 6.3.5.3.2. *Personenkreis und Maßnahmen der Hilfe*

(1) Personen, bei denen nach dem Urteil eines *Arztes* (d. h. nach dem Gutachten
eines Privat- oder Amtsarztes) eine Erkrankung oder eine Gesundheitsschädigung mit hoher Wahrscheinlichkeit zu erwarten ist („droht"), soll vorbeugende
Gesundheitshilfe gewährt werden (z. B. für Gymnastikstunden bei Haltungs-
schäden). Zu den Maßnahmen der vorbeugenden Gesundheitshilfe gehören vor
allem *Erholungskuren*, besonders für Kinder, Jugendliche und alte Menschen
sowie für Mütter in geeigneten Müttergenesungsheimen; diese Erholungskuren
werden seit dem 1.1.1982 allerdings nur dann finanziert oder bezuschußt, wenn
sie nach *amts-* oder *vertrauensärztlichem* Gutachten im Einzelfall erforderlich
sind (§ 36 Abs. 2 i. d. F. des Art. 21 Nr. 11 des 2. HStruktG).

Fraglich ist freilich, ob die Einschränkung auf Erholungs*kuren* (bis 31.12.1981: „Erholungs
*maßnahmen")* nicht die bisherige Möglichkeit flexibler medizinischer Antworten auf er-
kannte drohende Gesundheitsschäden zunichte machen und das Ansteigen der Zahl der
wesentlich teureren Erholungskuren zur Folge haben könnte.

(2) Vorbeugende Gesundheitshilfe kann auch in Form von *Vorsorgeuntersuchun-*
*gen* zur Früherkennung von Krankheiten gewährt werden. Praktische Bedeutung haben im wesentlichen diejenigen Vorsorgeuntersuchungen, die zu gewähren sind, „soweit Versicherte nach den Vorschriften der gesetzlichen Krankenversicherung ... Anspruch auf diese Maßnahmen haben" (§ 36 Abs. 1 S. 2 HS 2).
Nach § 181 RVO bestehen Ansprüche auf folgende Maßnahmen (dazu Kraus-
kopf/Schroeder-Printzen 1981, §§ 181–181 b Rz. 1. ff.):

1. Kinder bis zur Vollendung des 4. Lebensjahres auf (insgesamt acht) Untersuchungen zur Früherkennung von Krankheiten, die eine normale körperliche und geistige Entwicklung des Kindes in besonderem Maße gefährden,

2. Frauen vom Beginn des 20. Lebensjahrs und Männer vom Beginn des 45. Lebensjahrs an einmal jährlich auf eine Untersuchung zur Früherkennung von Krebserkrankungen.

(3) Zusätzlich zu diesen Hilfen bestehen die *gesetzlichen Aufgaben des Gesundheitsamtes* (§ 36 Abs. 3; dazu Neumann 1979, 36 ff.), nämlich insbesondere die *Mütter- und Kinderberatung,* die *Krebsberatung,* die *Beratung für Suchtgefährdete und Süchtige* sowie der *Schutz der Bevölkerung vor ansteckenden Krankheiten* (v. a. Impfungen gegen solche Krankheiten wie Kinderlähmung, Diphterie usw.). Soweit Krebs- und Mütterberatungsstellen kostenlose Vorsorgeuntersuchungen durchführen, kann der Hilfesuchende auf diese Möglichkeit verwiesen werden.

(4) Für *Krankenversicherte* und ihre *mitversicherten Familienangehörigen* sind Vorsorge- und Erholungsmaßnahmen der Krankenversicherung gegenüber der vorbeugenden Gesundheitshilfe nach dem BSHG *vorrangig:* Nur soweit keine Versicherungsansprüche bestehen, kommt also dieser Hilfetyp zum Zuge.

Bei der vorbeugenden Gesundheitshilfe des § 36 handelt es sich mithin – wie schon angedeutet – überwiegend um Leistungen des örtlichen Sozialhilfeträgers für nicht Krankenversicherte (bzw. für Krankenversicherte ohne Anspruch gegenüber der Versicherung auf die gewünschte Leistung oder auf die Leistung in vollem Umfang); dabei geht es um die Übernahme der Kosten durch den Sozialhilfeträger, nicht um Bereithaltung der Leistung selbst. Diese Leistungen sind denen der Krankenkassen zum Teil angeglichen; zum Teil werden sie gemeinsam mit den Krankenkassen erbracht (z. B. im Rahmen der Erholungsmaßnahmen); zum Teil werden die Leistungen in der Praxis vertragsweise auf Kosten der Sozialhilfeträger von den Krankenkassen durchgeführt, die über die dafür erforderliche Sachkompetenz verfügen.

### 6.3.5.3.3. Einkommensgrenze und Beispiel

Für die vorbeugende Gesundheitshilfe nach § 36 gilt die *allgemeine* Einkommensgrenze des § 79.

*Beispiel:* Nach dem Gutachten des Amtsarztes Dr. M. Abuse des Gesundheitsamtes Neustadt benötigt die 16-jährige (einkommens- und vermögenslose) Tochter Eva des Bauarbeiters Bodo Müller wegen einer Anfälligkeit der Atmungswege einen 4-wöchigen Kuraufenthalt in einer Spezialeinrichtung an der Nordsee. Die Kosten des Aufenthaltes betragen 850 DM; die AOK, bei der Bodo Müller pflichtversichert (und Eva „familienversichert") ist, leistet satzungsgemäß (vgl. § 187 RVO) einen Zuschuß in Höhe von 150 DM, so daß noch 700 DM aufzubringen sind. Beträgt das Einkommen des Herrn Müller (bereinigt) 1.600 DM, so liegt es unter der für die „Bedarfsgemeinschaft Müller" maßgeblichen Einkommensgrenze gem. § 79 Abs. 2:

| | |
|---|---:|
| Grundbetrag (=doppelter Regelsatz des Haushaltsvorstandes) | 676 DM |
| + Kosten der Unterkunft | 450 DM |
| + Familienzuschlag für Eva und einen Elternteil | 542 DM |
| insgesamt | 1.668 DM |

Die Aufbringung der Restkosten von 700 DM aus dem vorhandenen Einkommen kann nur in ganz beschränktem Umfang zugemutet werden: Es ist nämlich zu prüfen und (nach pflichtgemäßem Ermessen) zu entscheiden, ob der Einsatz des Einkommens in Höhe der ersparten Aufwendungen für den häuslichen Lebensunterhalt von Eva für die Zeit ihrer 4-wöchigen Abwesenheit verlangt wird (§ 85 Nr. 3 und oben 6.3.4.2.3. (2)).

### 6.3.5.4. Krankenhilfe (§ 37)

#### 6.3.5.4.1. Allgemeines

Dieser Hilfetyp (eine „Muß-Hilfe") ist – wie die vorbeugende Gesundheitshilfe nach § 36 – *im wesentlichen ein „Lückenbüßer":* Die Krankenhilfe nach dem BSHG dient vor allem dem Ausgleich unzureichender Regelungen im Bereich der sozialen Sicherung für den Fall der Krankheit, kommt also vor allem für Personen in Betracht, die überhaupt keinen bzw. einen unzureichenden Schutz im Krankheitsfalle genießen.

Mit einem weiteren Ausbau der sozialen Krankenversicherung würde die Krankenhilfe des BSHG, die ohnehin nur in der Kostenübernahme besteht, weitgehend überflüssig werden. Gegenwärtig hat sie aber noch eine beachtliche Bedeutung: Sie wird rd. einem Drittel aller Empfänger von Hilfe in besonderen Lebenslagen gewährt und beansprucht ca. 10 % der Gesamtausgaben für die Hilfe in besonderen Lebenslagen (1979: rd. 750 Mio. DM).

#### 6.3.5.4.2. Personenkreis und Maßnahmen der Hilfe

(1) Wenn nach § 37 Abs. 1 *„Kranken"* Krankenhilfe zu gewähren ist, dann muß der Hilfesuchende eine *„Krankheit"* haben, um Leistungen nach § 37 zu erhalten. Das BSHG enthält freilich – ebenso wie die RVO für die gesetzliche Krankenversicherung – keine Definition der Begriffe „Kranker" bzw. „Krankheit". Die Praxis der Sozialhilfeträger und der (für die Sozialhilfe zuständigen) Verwaltungsgerichte (u. a. BVerwGE 30, 62 ff.) orientiert sich aber im wesentlichen am Krankheitsbegriff, wie er in der Rechtsprechung des *Bundessozialgerichts* (BSG) für den Bereich der gesetzlichen Krankenversicherung entwickelt worden ist: Danach ist Krankheit ein regelwidriger Körper- oder Geisteszustand, der die Notwendigkeit einer (ärztlichen) Heilbehandlung zur Folge hat, wobei die Heilbehandlung auf eine Besserung, Linderung oder Verhütung einer Verschlimmerung gerichtet sein muß (u. a. BSGE 33, 202 ff.; 39, 167 ff.; dazu Krauskopf/Schroeder-Printzen 1981, § 182 Rz. 2.1 f.).

Zu beachten ist allerdings, daß die *Arbeitsunfähigkeit,* die zur Definition des Krankheitsbegriffs in der gesetzlichen Krankenversicherung gehört, für die *Krankenhilfe nach dem BSHG keine* Rolle spielt: Denn im Gegensatz zur Krankenhilfe in der gesetzlichen Krankenversicherung, zu der neben den Leistungen für die Heilbehandlung auch das Krankengeld als Einkommensersatz (d. h. zur Sicherung der ökonomischen Existenz) gehört (vgl. § 182 Abs. 1 RVO), umfaßt die *Krankenhilfe des BSHG* nur Leistungen für die *Heilbehandlung;* die *ökonomische Existenz* wird für den Bereich der Sozialhilfe durch die *Hilfe zum Lebensunterhalt* sichergestellt.

Wird also eine Störung von der *sozialgerichtlichen* Rechtsprechung *nicht* als „Krankheit" i. S. der gesetzlichen Krankenversicherung anerkannt, so kann man davon ausgehen, daß sie auch vom Sozialhilfeträger nicht als „Krankheit" i. S. des BSHG angesehen wird.

*Beispiel:* Nach der Rspr. des BSG ist die Legasthenie (Lese-Rechtschreibschwäche) *keine* Krankheit i. S. der RVO, fällt also nicht in den Leistungsbereich der gesetzlichen Krankenversicherung. Dann kommt aber für einen Legastheniker auch nicht die Krankenhilfe nach dem BSHG in Betracht (sondern u. U. die Eingliederungshilfe für Behinderte, unten 6.3.5.6.2.).

(2) Nach § 37 Abs. 2 umfaßt die Krankenhilfe

**1. die *ärztliche und zahnärztliche (ambulante) Behandlung:***

Der Kranke hat dabei freie Arztwahl. Er kann jeden niedergelassenen Arzt oder Zahnarzt in Anspruch nehmen, der sich bereit erklärt, die Behandlung für eine Vergütung zu übernehmen, welche die Ortskrankenkassen, in deren Bereich der Arzt oder Zahnarzt niedergelassen ist, für ihre Mitglieder zahlt (§ 37 Abs. 3). In der Praxis vereinbaren die Träger der Sozialhilfe freilich oft unmittelbar mit den Kassenärztlichen oder Kassenzahnärztlichen Vereinigungen bestimmte Behandlungssätze.

Der Hilfesuchende, der keinen Anspruch auf ärztliche oder zahnärztliche Behandlung gegen einen Versicherungsträger hat, erhält vom Sozialamt einen *„Krankenbehandlungsschein"* (für ärztliche bzw. zahnärztliche Behandlung), den er dem Arzt aushändigt und der in seiner Funktion dem Krankenschein in der gesetzlichen Krankenversicherung entspricht: Die Ärzte reichen die Scheine bei der Kassenärztlichen oder der Kassenzahnärztlichen Vereinigung ein, die dem Träger der Sozialhilfe vierteljährlich eine Gesamtrechnung zuleiten.

**2. die *Versorgung mit Arzneimitteln, Verbandmitteln und Zahnersatz:***

also z. B. mit Medikamenten, Brillen, Bädern, Massagen usw. Die Apotheker rechnen dann i. d. R. über den Apothekerverein, die Optiker, Masseure, Krankengymnastinnen, Sanitärgeschäfte usw. unmittelbar mit dem Träger der Sozialhilfe ab.

Bei der Versorgung mit Zahnersatz (also z. B. einem Gebiß) verlangt der Sozialhilfeträger – außer in Notfällen – zunächst einen Kostenvoranschlag des Zahnarztes (in Anlehnung an die Regelung im Bereich der gesetzlichen Krankenversicherung).

**3. die *Krankenhausbehandlung:***

soweit nach ärztlichem Urteil eine stationäre Behandlung notwendig ist. In nicht dringenden Fällen nehmen die Krankenhäuser Hilfesuchende allerdings nur auf, wenn der Träger der Sozialhilfe die Übernahme der Kosten vorher ausdrücklich zugesichert hat (i. d. R. stellt der Sozialhilfeträger einen „Verpflichtungsschein" zur Übernahme der Krankenhauskosten in Höhe der allgemeinen Pflegeklasse aus). In Notfällen kann die Krankenhausaufnahme auch ohne vorherige Kostenverpflichtung übernommen werden.

Kann der Hilfesuchende nach den Ermittlungen des Krankenhauses die Kosten nicht oder nur teilweise aus eigenen Mitteln tragen und besteht auch kein realisierbarer, die vollen Kosten deckender Anspruch gegen einen anderen Sozialleistungsträger, so muß das Krankenhaus unverzüglich beim Träger der Sozialhilfe die Kostenübernahme beantragen.

**4.** *sonstige zur Genesung, zur Besserung oder zur Linderung der Krankheitsfolgen erforderliche Leistungen:*

Dazu gehören z. B. die notwendigen Fahrtkosten des Kranken zum Arzt, zum Krankenhaus und die entsprechenden Rückfahrtkosten sowie Beihilfen für Besuchsfahrten der Angehörigen ins Krankenhaus. Dazu gehören z. B. ferner Genesungskuren nach einer Krankheit in Sanatorien, Kurkliniken usw. (i. S. einer „Anschlußheilbehandlung").

In der bisherigen Sozialhilfepraxis wurden die *Krankenkostzulagen (Diätzulagen)*, die den krankheitsbedingten Ernährungsbedarf eines Hilfeempfängers decken, überwiegend als Teil der Krankenhilfe und damit unter den günstigeren einkommensmäßigen Voraussetzungen der Hilfe in besonderen Lebenslagen gewährt. Seit dem 1.1.1982 sind die Krankenkostzulagen als „Mehrbedarf in angemessener" Höhe geregelt (§ 23 Abs. 4 Nr. 2; vgl. Art. 21 Nr. 7 des 2. HStruktG). Damit werden die Krankenkostzulagen nur nach den Vorschriften über den Einsatz des Einkommens bei der Hilfe zum Lebensunterhalt (also unter Bedingungen, die für den Hilfebedürftigen ungünstiger sind) gewährt (vgl. oben 6.2.3.4. (3)).

Nach § 37 Abs. 2 S. 2 sollen die Leistungen der Krankenhilfe nach dem BSHG „in der Regel den Leistungen entsprechen, die nach den Vorschriften über die gesetzliche Krankenversicherung gewährt werden".

Der Gesetzgeber, der diese Vorschrift mit Wirkung vom 1.1.1982 einfügte (vgl. Art. 21 Nr. 12 des 2. HStruktG), geht also davon aus, daß der Leistungsrahmen der gesetzlichen Krankenversicherung für den Regelfall jeden krankheitsbedingten Bedarf deckt und eine Notwendigkeit, im Rahmen der Sozialhilfe darüber hinausgehende Leistungen vorzusehen, deshalb grundsätzlich nicht besteht (BT-Dr. 9/842, 89). So dürfte z. B. die Übernahme der Kosten für einen *Telefonanschluß* und der monatlichen Grundgebühr, wenn es bei einer Krankheit zu lebensbedrohlichen Zuständen kommt, eine trotz § 37 Abs. 2 S. 2 zu gewährende erforderliche Leistung sein (zur früheren Rechtslage vgl. Hess. VGH, in: FEVS 1973, 410; Pfahler 1980, 39).

### 6.3.5.4.3. Vorrangige Sozialleistungen

Von entscheidender Bedeutung für die Krankenhilfe nach dem BSHG sind – wie schon angedeutet – die Leistungen der *gesetzlichen Krankenversicherung:* Denn diesen Leistungen gegenüber ist die Sozialhilfe *nachrangig* (§ 2 und oben 4.4.). Die Sozialhilfeträger müssen deshalb stets den Leistungskatalog der gesetzlichen Krankenversicherung im Auge behalten (soweit es sich um krankenversicherte Hilfesuchende handelt); vor allem müssen sie die gesetzgeberische Entwicklung in diesem Sozialleistungsbereich und die einschlägige Rechtsprechung der Sozialgerichte registrieren (etwa zum Krankheitsbegriff oder zum Begriff des „Heilmittels"; dazu Marburger 1981, 94 ff.).

### 6.3.5.4.4. Einkommensgrenze, sachliche Zuständigkeit und Beispiel

Für die Krankenhilfe gilt grundsätzlich die *allgemeine* Einkommensgrenze des § 79.

Eine *Ausnahme* sieht lediglich § 81 Abs. 1 Nr. 6 vor (bitte lesen): Nach Ablauf von drei Monaten der Krankheit ist unter den geforderten besonderen Voraussetzungen von der erhöhten Einkommensgrenze – mit einem Grundbetrag von gegenwärtig 1.014 DM – auszugehen, weil nach Ansicht des Gesetzgebers die Notlage von längere Zeit schwer erkrankten Personen nach Art und Schwere derjenigen der in § 81 Abs. 1 Nr. 1 bis 5 genannten Personen gleichzuachten ist (BT-Dr. 7/308, 18).

*Sachlich zuständig* ist grundsätzlich der *örtliche* Träger der Sozialhilfe; im Falle stationärer Krankenhilfe für die in § 100 Abs. 1 Nr. 1 genannten Personen ist ausnahmsweise der überörtliche Träger sachlich zuständig (dazu oben 3.2.2.(1)).

*Beispiel:* Vgl. den oben 6.3.4.2.1.1. (3) behandelten Fall der Restkosten für einen Zahnersatz für Frau Weinmann.

### 6.3.5.4.5. Hilfe bei Schwangerschaft oder bei Sterilisation; Hilfe zur Familienplanung (§§ 37 a und 37 b)

(1) Als im Jahre 1976 der *Schwangerschaftsabbruch* in bestimmtem Umfang straffrei gestellt wurde, sollte ein Rechtszustand beseitigt werden, der Frauen millionenfach in die Ungesetzlichkeit getrieben hatte. Über die Reform des Strafrechts hinaus sollte ferner durch „flankierende" Maßnahmen sichergestellt werden, daß Schwangere in gesetzlich straffreien Fällen wegen ihrer wirtschaftlichen Verhältnisse nicht benachteiligt werden: Die Beratung und Behandlung bei einem Schwangerschaftsabbruch wurden deshalb als Leistungen der gesetzlichen Krankenversicherung (freilich nicht ohne deren Widerstand) ausgestaltet (vgl. § 200 f RVO). Außerdem war der Gesetzgeber der Überzeugung, daß im „Vorfeld" der Schwangerschaft geholfen werden müsse, um eine sinnvolle Familienplanung zu ermöglichen und um unerwünschte Schwangerschaften zu vermeiden. Vorgesehen wurde deshalb, daß jeder in der gesetzlichen Krankenversicherung Versicherte Anspruch auf Leistungen bei einer nicht rechtswidrigen *Sterilisation* durch einen Arzt hat und ferner einen Anspruch erhält, sich durch einen Arzt über Fragen der *Empfängnisregelung* beraten und sich empfängnisregelnde Mittel verordnen zu lassen (§§ 200 e, 200 f RVO).

(2) Für Personen, welche die genannten sozialversicherungsrechtlichen Leistungen nicht erhalten und die nicht über die erforderlichen Mittel für die Durchführung dieser Maßnahmen verfügen, wurden entsprechende Hilfen im BSHG vorgesehen (§§ 37 a, 37 b; bitte lesen):

(3) Bei einem nicht rechtswidrigen *Abbruch einer Schwangerschaft* oder bei einer nicht rechtswidrigen *Sterilisation* sind die Kosten vom örtlichen Träger der Sozialhilfe in gleichem Umfang wie von der Krankenkasse zu übernehmen, wenn der Eingriff von einem Arzt vorgenommen wird (§ 37 a – eine „Muß-Hilfe" – i. V. m. § 200 f RVO).

*Nicht rechtswidrig* ist der Schwangerschaftsabbruch dann, wenn er nicht gegen die geltenden strafrechtlichen Bestimmungen, nämlich die §§ 218, 218 a StGB, verstößt: Dies ist –

vereinfacht – dann der Fall, wenn die Frau eine Beratungsstelle aufgesucht hat und der Eingriff dann von einem Arzt wegen einer Gefahr für das Leben oder die Gesundheit der Frau („medizinische Indikation"), wegen voraussichtlicher Gesundheitsschädigung des Kindes („eugenische Indikation"), wegen einer Sexualstraftat an der Schwangeren nach den §§ 176 bis 179 StGB – insbesondere einer Vergewaltigung – („ethische Indikation") oder wegen einer sozialen Notlage durchgeführt wird.

Die *Sterilisation* (einer Frau oder eines Mannes) ist nicht rechtswidrig, wenn sie mit *Einwilligung* des Betroffenen vorgenommen wird. Im übrigen gibt es keine allgemeingeltenden Vorschriften über die Voraussetzungen einer rechtmäßigen Sterilisation.

(4) Bei der Hilfe zur *Familienplanung* nach § 37 b (einer „Muß-Hilfe") sind von örtlichen Sozialhilfeträgern nicht nur die Kosten der ärztlichen Beratung einschließlich der erforderlichen Untersuchung zu übernehmen, sondern *auch* die Kosten der ärztlich verordneten *empfängnisregelnden Mittel* (zu denen v. a. die Antikonzeptiva, wie Anti-Baby-Pille, Pessar usw., gehören).

Hier besteht also ein wichtiger Unterschied zur gesetzlichen Krankenversicherung: Der *Versicherte* muß nämlich die Kosten für ärztlich verordnete *empfängnisregelnde Mittel selbst* tragen (§ 200 e RVO). Erfüllt aber der Versicherte die Voraussetzungen für die Gewährung der Hilfe zur Familienplanung nach dem BSHG, so kann er die Übernahme der Kosten für diese Mittel vom Sozialamt des örtlichen Trägers der Sozialhilfe verlangen (für den Nicht-Versicherten gilt von vornherein § 37 b).
*Beispiel:* Die bei der AOK Münster krankenversicherte alleinstehende Studentin Hilde Hegel (vgl. §§ 165 Abs. 1 Nr. 5, 173 d RVO) erhält von ihrem behandelnden Arzt die Anti-Baby-Pille verordnet; da die AOK die Kosten für die „Pille" nicht übernimmt, kann Hilde Hegel die Kostenübernahme vom Sozialamt Münster verlangen, wenn z. B. ihr „BAföG" unter der Einkommensgrenze des § 79 liegt (676 DM + Kosten der Unterkunft); § 26 steht dem nicht entgegen (er gilt ja nur bei HLU; vgl. 6.2.7.3.).

(5) Für die Hilfen nach §§ 37 a und 37 b gilt die *allgemeine* Einkommensgrenze des § 79.

Über die Zahl der Empfänger von Hilfe nach den §§ 37 a, 37 b und den entsprechenden finanziellen Aufwand geben die Statistiken des Statistischen Bundesamtes keine Auskunft (die Hilfen nach §§ 37 a und 37 b werden nämlich statistisch mit der Krankenhilfe nach § 37 zusammengefaßt). Man wird aber nicht fehlgehen in der Annahme, daß ihre Bedeutung in der Praxis nicht groß ist.

(6) Die in der gesetzlichen Krankenversicherung und im BSHG vorgesehenen „flankierenden" Maßnahmen können allerdings nur dann die ihnen vom Gesetzgeber zugewiesene Funktion erfüllen, wenn sie von den Betroffenen auch tatsächlich in vollem Umfang und ungehindert in Anspruch genommen werden können. Dies wird aber nicht selten dadurch erschwert oder sogar unmöglich gemacht, daß sich z. B. Ärzte scheuen, eine soziale Notlagenindikation zu bescheinigen; daß es zu wenig überkonfessionelle Beratungsstellen gibt; daß Kreistage beschließen, Schwangerschaftsabbrüche dürften in kommunalen Krankenhäusern bei sozialer Notlage nicht vorgenommen werden; daß zahlreiche konfessionelle Krankenhäuser den Eingriff verweigern usw. (vgl. Analyse und Dokumentation zum § 218 StGB ... 1979, 5 ff.).

## 6.3.5.5. Hilfe für werdende Mütter und Wöchnerinnen (§ 38)

### 6.3.5.5.1. Allgemeines

Auch dieser Hilfetyp (eine „Muß-Hilfe") hat im wesentlichen die Aufgabe, für Frauen, welche keinen ausreichenden Versicherungsschutz genießen, die im Zusammenhang mit Schwangerschaft, Entbindung und Wochenbett entstehenden Aufwendungen sicherzustellen.

Da das Netz der sozialen Sicherung für werdende Mütter und Wöchnerinnen „oberhalb" der Sozialhilfe inzwischen sehr eng geknüpft ist und deshalb nur relativ wenige Frauen durch die Maschen dieses Netzes fallen, spielt die Hilfe nach § 38 in der Praxis nur eine bescheidene Rolle: Sie gehört zu den Hilfetypen, deren Empfängerzahl und finanzieller Aufwand weit unter 1 % der Gesamtzahl bzw. der Gesamtkosten bei der Hilfe in besonderen Lebenslagen liegen.

### 6.3.5.5.2. Personenkreis und Gegenstand der Hilfe

(1) Der berechtigte *Personenkreis* ergibt sich aus § 38 Abs. 1: Anspruchsberechtigt sind demnach werdende Mütter (wobei die Schwangerschaft i. d. R. durch eine Bescheinigung des behandelnden Arztes nachgewiesen wird) und Wöchnerinnen (wobei mit der etwas altertümlichen Bezeichnung Frauen gemeint sind, die entbunden haben).

Zu beachten ist allerdings, daß „Entbindung" als anspruchsauslösender Faktor nicht jede Entbindung ist, sondern daß nach Lebend-, Tot-, Früh- und Fehlgeburt (mit unterschiedlichen Folgen für den Leistungsanspruch) differenziert wird (vgl. Krauskopf/Schroeder-Printzen 1981, Vor § 195 Rz. 2.2).

(2) Die Leistungen der Hilfe nach § 38 richten sich i. d. R. nach den Leistungen, die in der *gesetzlichen Krankenversicherung* vorgesehen sind (§ 38 Abs. 2 S. 2 i. V. m. §§ 205 a, 195 ff. RVO). Es sind dies insbesondere (§ 38 Abs. 2 S. 1):

1. *Ärztliche Betreuung und Hebammenhilfe;*
   (wobei zur ärztlichen Betreuung u. a. die in den sog. „Mutterschafts-Richtlinien" vorgesehenen Untersuchungen vor und nach der Entbindung gehören; zu diesen Richtlinien Krauskopf/Schroeder-Printzen 1981, § 196 Rz. 1.1.).
2. *Versorgung mit Arznei-, Verband- und Heilmitteln;*
3. ein *Pauschbetrag* von gegenwärtig 100 DM (vgl. §§ 205 a, 198 RVO )
   (allerdings u. a. nur dann, wenn sich die Hilfesuchende rechtzeitig und regelmäßig den in den Mutterschafts-Richtlinien vorgesehenen Untersuchungen unterzogen hat. Der Pauschbetrag ist also auch als Anreiz gedacht, an diesen Untersuchungen teilzunehmen und damit der immer noch hohen Säuglings- und Müttersterblichkeit entgegenzuwirken).
4. *Pflege in einer Entbindungs- oder Krankenanstalt* (vgl. §§ 205 a, 199 RVO);
5. *Mutterschaftsgeld,* das als einmalige Leistung nach der Entbindung gezahlt wird und das gegenwärtig 150 DM beträgt (vgl. §§ 205 a, 200 b RVO).
   Daneben kommen – allerdings nicht als Leistung nach § 38, sondern als Leistung der Hilfe zum Lebensunterhalt – zusätzliche einmalige Beihilfen für die Schwangere (z. B. für

Schwangerschaftskleidung) und für das Neugeborene (v. a. eine „Erstlingsausstattung") in Betracht.

### 6.3.5.5.3. Vorrangige Leistungen, Einkommensgrenze und Beispiel

(1) *Vorrangig* sind – wie schon angedeutet – insbesondere Leistungen der *gesetzlichen Krankenversicherung* sowie Leistungen nach dem *Mutterschutzgesetz* (das in § 13 ein Mutterschaftsgeld vorsieht).

Zu beachten ist, daß der Vater eines *nichtehelichen* Kindes verpflichtet ist, der Mutter u. a. die Kosten der Entbindung zu erstatten, soweit diese nicht vom Arbeitgeber oder durch Versicherungsleistungen abgedeckt werden (§§ 1615 k i. V. m. 1615 n BGB). Der Sozialhilfeträger kann diesen Anspruch der nichtehelichen Mutter nach §§ 90, 91 auf sich überleiten (dazu allgemein unten 8.1.2.).

(3) *Beispiel:* Das Ehepaar Frei erwartet unverhofft das erste Kind. Der Ehemann betreibt mit mäßigem Erfolg eine Imbißbude; er ist privatversichert, hat aber keine Versicherungsansprüche für den Fall einer Entbindung seiner Ehefrau. Diese ist nicht krankenversichert. Beträgt die Miete 450 DM und das bereinigte Einkommen des Ehemannes im Monatsdurchschnitt 1.350 DM, dann hat Frau Frei auf die Hilfe nach § 38 einen Anspruch, weil das Einkommen der „Bedarfsgemeinschaft Frei" unter der maßgeblichen Einkommensgrenze liegt. Diese beträgt nämlich gem. § 79 Abs. 1:

| | |
|---|---:|
| Grundbetrag (doppelter Regelsatz des Haushaltsvorstandes) | 676 DM |
| + Kosten der Unterkunft | 450 DM |
| + Familienzuschlag (für den Ehegatten) | 271 DM |

| | |
|---|---:|
| insgesamt | 1.397 DM |

### 6.3.5.6. Eingliederungshilfe für Behinderte (§§ 39 ff.).

#### 6.3.5.6.1. Allgemeines

(1) Sozialleistungen zur Eingliederung Behinderter sind in den letzten Jahrzehnten immer dringender geworden. Die Gründe liegen vor allem darin, daß mehr Menschen als früher von einer körperlichen, geistigen oder seelischen Behinderung betroffen werden, und daß die Möglichkeiten wirksamer Hilfe sich wesentlich verbessert haben: Den Behinderten kann heute wirksamer als früher geholfen werden, weil vor allem in der Medizin und in der Heilpädagogik, aber auch auf anderen Gebieten neue Hilfsmöglichkeiten gefunden und darüber hinaus zahlreiche neuartige Einrichtungen für Behinderte geschaffen wurden. Die immer vielseitiger gewordenen Hilfen umfassen außer medizinischen Leistungen insbesondere psychotherapeutische, arbeits- und bewegungstherapeutische, heilpädagogische und schulisch-pädagogische sowie Maßnahmen der Berufsausbildung.

Alle diese Maßnahmen gehören zur *„Rehabilitation"*

bzw. „Eingliederung" als einer Hilfe „die notwendig ist, um die Behinderung abzuwenden, zu beseitigen, zu bessern, ihre Verschlimmerung zu verhüten oder ihre Folgen zu mildern" und dem Behinderten oder von Behinderung Bedrohten „einen seinen Neigungen und

Fähigkeiten entsprechenden Platz in der Gemeinschaft, insbesondere im Arbeitsleben, zu sichern" (§ 10 SGB-AT; zum Begriff der Rehabilitation eingehend Mrozynski 1979, 3 ff.; Thust 1980, 21 ff.; Schulin 1980, 20 ff.).

(2) Die *Durchführung der Rehabilitation* liegt in der Bundesrepublik bei einer Reihe von Trägern, zu denen insbesondere die *gesetzliche Kranken-, Unfall-* und *Rentenversicherung,* die *Kriegsopferversorgung,* die *Arbeitsförderung* und die *Sozialhilfe* gehören. Mit dem im Jahre 1974 ergangenen „Gesetz über die Angleichung der Leistungen zur Rehabilitation" sollte nun vor allem erreicht werden, daß die von den verschiedenen Trägern bis dahin unterschiedlich gewährten Leistungen zur Rehabilitation einander angeglichen werden (die Sozialhilfe und die Beamtenversorgung blieben freilich ausgeklammert). Trotz dieses Gesetzes ist aber der Umgang mit dem weiterhin unübersichtlichen und wenig systematisierten Rehabilitationsrecht unter anderem dadurch erschwert, daß die Ursache der Behinderung und die Zugehörigkeit zu einem bestimmten Personenkreis (z. B. den Versicherten, den Kriegsopfern) über die Zuständigkeit eines Leistungsträgers entscheidet und daß Art und Schwere der Behinderung maßgebend sind für diverse Leistungen (dazu Thust 1980, 15 f.; Schulin 1980, 16 ff.).

Die *Sozialhilfe* erbringt in bestimmten Fällen auch Leistungen zur Rehabilitation (das BSHG nennt sie *„Eingliederungshilfe für Behinderte"),* wenn der Behinderte keine Ansprüche gegen andere Rehabilitationsträger hat (Nachrang der Sozialhilfe): Sie ist damit für Behinderte wichtig, wenn kein anderer Träger zu Leistungen verpflichtet ist oder gleichartige Leistungen erbringt. Gerade in den Bereichen der *„sozialen"* Rehabilitation (d. h. der Eingliederung in die Gesellschaft) und der *vorschulischen* Rehabilitation, in denen die anderen Rehabilitationsträger fast keine Leistungen erbringen, ist die *Sozialhilfe praktisch der alleinige* Rehabilitationsträger. Dagegen ist auf dem Gebiet der *medizinischen, schulischen* und *beruflichen* Rehabilitation eine *Entlastung* der Sozialhilfe eingetreten:

So sind viele Behinderte in die *Sozialversicherung* einbezogen worden: Durch das Gesetz über die Sozialversicherung Behinderter vom 7.5.1975 sind diejenigen Behinderten in der gesetzlichen Kranken- und Rentenversicherung pflichtversichert, die in anerkannten Werkstätten für Behinderte beschäftigt werden oder in Anstalten, Heimen oder gleichartigen Einrichtungen ein bestimmtes Mindestmaß an Arbeitsleistung erbringen. Schwerbehinderte, die weder erwerbstätig sind noch in einer Einrichtung beschäftigt werden, haben seit 1975 das Recht zum freiwilligen Beitritt zur gesetzlichen Krankenversicherung (§ 176 c RVO) und können durch Zahlung freiwilliger Rentenversicherungsbeiträge nach Erfüllung einer zwanzigjährigen Wartezeit eine Erwerbsunfähigkeitsrente erwerben (§ 1247 Abs. 3 Buchst. b) RVO). Für behinderte Kinder eines selbst in der gesetzlichen Krankenversicherung Versicherten wird die Familienkrankenhilfe ohne Altersbegrenzung durchgeführt, wenn die Kinder wegen ihrer Behinderung nicht in der Lage sind, sich selbst zu unterhalten (§ 205 Abs. 3 S. 4 RVO).

Für den Bereich der *Sonderschulen* ist zumeist die *Schulverwaltung* zuständig; die *Arbeitsverwaltung* trägt z. B. regelmäßig die Kosten der berufsfördernden

Maßnahmen für Behinderte in anerkannten Werkstätten für Behinderte (Einzelheiten in § 58 Abs. 1 S. 4 AFG).
Knappe und gut verständliche Informationen u. a. über Sozialleistungen für Behinderte enthält der Behinderten-Kalender für die Jahre 1980, 1981 und 1982 (jeweils im „Rechts-Lexikon").

(3) Die am Ende dieses Abschnitts wiedergegebene *Tabelle* zu den gesetzlichen Leistungsträgern für die Rehabilitation Behinderter zeigt einmal das schwer zu durchschauende Geflecht von Trägern, berechtigten Personen und Arten der Hilfe, zum anderen den „Ort" der Sozialhilfe im Bereich der Rehabilitation (vgl. Spalte 4 der Tabelle). (Quelle: Landesbehindertenplan 1978, 254). Aus der Tabelle wird der beträchtliche Partikularismus der Rehabilitationsträger deutlich.
Die anschließend abgedruckte *Übersicht über das Rehabilitations-Leistungsrecht* zeigt schon optisch den Nachrang der Sozialhilfe: So kommen z. B. Leistungen für ärztliche und zahnärztliche Behandlung nach § 40 Abs. 1 Nr. 1 BSHG nur dann in Betracht, wenn nicht die in den übrigen Spalten genannten Träger leistungspflichtig sind. Und umgekehrt zeigt sich die herausragende Bedeutung der Sozialhilfe bei den „heilpädagogischen Maßnahmen für Kinder, die noch nicht im schulpflichtigen Alter sind" (Quelle: Bundesarbeitsgemeinschaft für Rehabilitation 1978, 38 ff.).
Der Abdruck erfolgt mit freundlicher Genehmigung der Bundesarbeitsgemeinschaft für Rehabilitation.

(4) Die bisherige *statistische Erfassung* Behinderter („Gesamtbehindertenzahl") begnügte sich in der Regel damit, die Anzahl der Personen aufzuzeigen, bei denen ein regelwidriger körperlicher, geistiger und/oder seelischer Zustand vorliegt. Ein derartiges Vorgehen kann schon deshalb nicht zu aussagefähigen Zahlen führen, weil nicht vorgegeben werden kann, wann ein solcher von der Norm abweichender Zustand vorliegt. Denn die Anschauungen über „normal" und „anormal" gehen hier sehr weit auseinander; und je nach Fixierung der Grenze ergeben sich schon rein rechnerisch ganz unterschiedliche Zahlenangaben. Daraus ergibt sich der mangelnde Aussagewert dieser zahlenmäßigen Angaben, weil nicht dargelegt werden kann, wo die Grenze zwischen „behindert" und „nicht behindert" zu ziehen ist. Das bisher gewonnene statistische Material (1976: rd. 4,3 Mio Behinderte: Thust 1980, 17) muß allein unter diesem Gesichtspunkt schon als wenig brauchbar bezeichnet werden. Es kommt hinzu, daß solche Erhebungen allenfalls Ursachen von Behinderungen (z. B. „Taubheit"), nicht aber die Behinderungen selbst, die sich erst in Form von Aktionsdefiziten darstellen und Rückschlüsse auf Rehabilitations-Bedürfnisse zulassen würden, aufzeigen können (über die Größe der Aktionsdefizite sagt z. B. die Bezeichnung „taub" nicht aus; vielmehr muß der Taube konkret angeben, in welchen Aktivitäten er durch die Taubheit eingeschränkt ist und welche Bedeutung dieser Behinderung speziell bei ihm beizumessen ist).
Kann man deshalb auch keine brauchbaren Zahlenangaben zum *Anteil* der Empfänger von Eingliederungshilfe für Behinderte nach dem *BSHG* an der *Gesamtzahl* der Behinderten machen, so läßt sich doch an den Zahlen der *Sozialhilfestatistik* die Bedeutung dieses Hilfetyps zumindest im Hinblick auf die Empfängerzahlen und den finanziellen Aufwand veranschaulichen: Nach den letzten Erhebungen (1978/79) erhielten rd. 170.000 Personen Eingliederungshilfe für Behinderte (= rd. 16 % aller Empfänger von Hilfe in besonderen Lebenslagen); die Ausgaben beliefen sich auf knapp 2,5 Milliarden DM (= rd. 29 % des Gesamtaufwands für die Hilfe in besonderen Lebenslagen; vgl. unten 12.).

# Gesetzliche Leistungsträger für die Rehabilitation Behinderter

Stand: 9. Mai 1978

| Arten der Behinderung (Personenkreis): / Arten der Hilfe: | 1 — Alle Leiden (außer Spalten 5 und 6) und zwar: wenn krankenversichert und rentenversichert | 2 — wenn krankenversichert aber nicht rentenversichert | 3 — wenn rentenversichert aber nicht krankenversichert | 4 — wenn nicht krankenvers. u. nicht rentenversichert (auch nicht als Familienangehöriger) | 5 — Arbeitsunfall einschl. Unfall beim Besuch von Kindergarten, Schule, Hochschule. Berufskrankheit | 6 — Kriegs-/Wehrdienstbeschädigung. Impfschaden o. a | 7 — Alle Leiden (Spalten 1-6), wenn Zuständigkeit ungeklärt |
|---|---|---|---|---|---|---|---|
| **I. Auskunft** | Auskunftsstellen für Rehabilitation | | | | | | |
| **II. Beratung durch den Leistungsträger** | Rentenversicherungsträger / Krankenkasse; in Berufsfragen: Rentenversicherungsträger im Zusammenwirken mit dem Arbeitsamt; Arbeitsamt, wenn keine 180 Monate Versicherungszeit | Krankenkasse; in Berufsfragen: Arbeitsamt | Rentenversicherungsträger / Krankenkasse; in Berufsfragen im Zusammenwirken mit dem Arbeitsamt; Arbeitsamt, wenn keine 180 Monate Versicherungszeit | Sozialhilfeträger im Zusammenwirken mit dem Gesundheitsamt, dem Landesarzt; in Berufsfragen: Arbeitsamt | Unfallversicherungsträger; bei kassenärztl. Behandlung im Zusammenwirken mit der Krankenkasse; in Berufsfragen: im Zusammenwirken mit dem Arbeitsamt | Versorgungsamt im Zusammenwirken mit der Krankenkasse / in Berufsfragen: Fürsorgestelle für Kriegsopfer / Hauptfürsorgestelle im Zusammenwirken mit dem Arbeitsamt | vorleistungspflichtiger Träger: entsprechend Spalte 7 Ziffern III bis VII |
| **III. Medizinische Leistungen** – insbesondere: ärztliche und ggf. zahnärztliche Behandlung. Arznei- und Verbandmittel, Heilmittel incl. Krankengymnastik sowie u. a. Bewegungs- und Sprachtherapie, Körperersatzstücke, orthopädische und andere Hilfsmittel, Belastungserprobung und Arbeitstherapie, auch in Krankenhäusern, Kur- und Spezialeinrichtungen | Rentenversicherungsträger / Krankenkasse | Krankenkasse | Rentenversicherungsträger, sonst – soweit nicht Dritte vorrangig verpflichtet: Sozialhilfeträger | Sozialhilfeträger, soweit nicht Dritte vorrangig verpflichtet | bei den berufsgenossenschaftlichen Heilverfahren: Unfallversicherungsträger; sonst Krankenkasse | Versorgungsamt / Krankenkasse | vorleistungspflichtiger Träger: Rentenversicherungsträger für Personenkreis nach Spalte 4, Sozialhilfeträger |
| **IV. Förderung des Besuches von:** a) Sonderkindergarten b) Schule (Vorschule, Sonderschule, Grundschule, Hauptschule, weiterführende Schule) c) Fachoberschule, Berufsfachschule, Berufsaufbauschule, Fachschule, höhere Fachschule, Akademie, Hochschule | Rentenversicherungsträger nur c) in besonderen Fällen | a) Sozialhilfeträger b) Schulträger, ergänzend Sozialhilfeträger: Amt für Ausbildungsförderung (für obere Klassen) c) Amt für Ausbildungsförderung, ergänzend Sozialhilfeträger | Rentenversicherungsträger nur c) in besonderen Fällen | a) Sozialhilfeträger b) Schulträger, ergänzend Sozialhilfeträger: Amt für Ausbildungsförderung (für obere Klassen) c) Amt für Ausbildungsförderung, ergänzend Sozialhilfeträger | Unfallversicherungsträger | Hauptfürsorgestelle für Kriegsopfer | vorleistungspflichtiger Träger: Sozialhilfeträger |
| **V. Berufsfördernde Leistungen** | Rentenversicherungsträger im Zusammenwirken mit dem Arbeitsamt; Arbeitsamt (siehe oben) | Arbeitsamt | Rentenversicherungsträger im Zusammenwirken mit dem Arbeitsamt; Arbeitsamt (siehe oben) | Arbeitsamt | Unfallversicherungsträger im Zusammenwirken mit dem Arbeitsamt | Hauptfürsorgestelle im Zusammenwirken mit dem Arbeitsamt | vorleistungspflichtiger Träger: Arbeitsamt |
| **VI. Ergänzende Leistungen** – insbesondere: Übergangsgeld, Krankengeld, Unterhaltsbeihilfe, Reisekosten, Behindertensport, sonstige Leistungen zur Sicherung des Rehabilitationszieles, soziale Sicherung der Behinderten | Rentenversicherungsträger / Krankenkasse / Arbeitsamt (siehe oben) | Krankenkasse; zu berufsfördernden Leistungen: Arbeitsamt | Rentenversicherungsträger / Arbeitsamt (siehe oben) | Sozialhilfeträger, soweit nicht Dritte vorrangig verpflichtet; zu berufsfördernden Leistungen: Arbeitsamt | Unfallversicherungsträger; bei kassenärztlicher Behandlung: im Zusammenwirken mit der Krankenkasse | Versorgungsamt/Fürsorgestelle f. Kriegsopfer/Hauptfürsorgestelle im Zusammenwirken mit der Krankenkasse; zu berufsfördernden Leistungen: im Zusammenwirken mit dem Arbeitsamt | vorleistungspflichtiger Träger: Träger der Grund-Vorleistung entsprechend Spalte 7 Ziffern III bis V |
| **VII. Nachgehende Hilfe im Arbeitsleben** | Hauptfürsorgestelle in Zusammenarbeit mit dem Arbeitsamt und dem Träger der Renten- oder Unfallversicherung, der die Rehabilitation durchgeführt hat. | | | | | | vorleistungspflichtiger Träger: Hauptfürsorgestelle |

# Fundstellennachweis*)

| Stichwort | Träger Krankenversicherung | Unfallversicherung | Rentenversicherung | Altershilfe für Landwirte | Soziale Entschädig. b. Gesundheitssch. | Schwerbehindertenhilfe | Arbeitsförderung | Sozialhilfe |
|---|---|---|---|---|---|---|---|---|
| Ärztliche und zahnärztliche Behandlung | § 182 Abs. 1 Nr. 1a RVO, § 13 Abs. 1 Nr. 1 KVLG | § 557 Abs. 1 Nr. 1 RVO | § 1237 Nr. 1 RVO*), § 14 Nr. 1 AVG, § 36 Nr. 1 RKG (ärztl. Behandlung) | § 7 Abs. 2 Satz 2 GAL (ärztl. Behandlung) | §§ 11 Abs. 1 Nr. 1, 12 Abs. 1 BVG | | | § 40 Abs. 1 Nr. 1 BSHG |
| Allgemeine Ausbildung z. B. hauswirtschaftliche Lehrgänge | | § 569a Nr. 5 RVO | | | | | § 40 i. V. m. § 58 Abs. 1 AFG, §§ 15 u. 19 A Reha | § 40 Abs. 1 Nr. 8 BSHG, § 16 Eingliederungshilfe-VO |
| Arznei- und Verbandmittel | § 182 Abs. 1 Nr. 1b RVO, § 13 Abs. 1 Nr. 2 KVLG | § 557 Abs. 1 Nr. 2 RVO | § 1237 Nr. 2 RVO*), § 14 Nr. 2 AVG, § 36 Nr. 2 RKG | § 7 Abs. 2 Satz 2 GAL | §§ 11 Abs. 1 Nr. 2, 12 Abs. 1 BVG | | | § 40 Abs. 1 Nr. 1 BHSG |
| Ausbildungsgeld | | | | | | | § 40 i. V. m. § 58 AFG, § 24 A Reha | |
| Behandlung mit Unterkunft und Verpflegung in Kur- und Spezialeinrichtungen | § 184a RVO, § 17a KVLG | § 559 RVO | § 1237 RVO, § 14 AVG, § 36 RKG | § 7 Abs. 2 Satz 1 GAL | §§ 11 Abs. 2, 12 Abs. 3 BVG | | | § 40 Abs. 1 Nr. 1 BSHG, § 6 Nr. 1 Eingliederungshilfe-VO |
| Behindertensport | § 193 Nr. 1 RVO, § 21 Abs. 1 KVLG | § 569a Nr. 3 RVO | § 1237 Abs. 1 Nr. 4 RVO, § 14b Abs. 1 Nr. 4 AVG, § 36 Abs. 1 Nr. 4 RKG | § 7 Abs. 2 Satz 2 GAL | §§ 10 Abs. 3, 11a BVG | | | § 40 Abs. 1 Nr. 1 BSHG, § 6 Nr. 2 Eingliederungshilfe-VO |
| Belastungserprobung und Arbeitstherapie | § 182 Abs. 1 Nr. 5 RVO i. V. m. § 182d RVO, §§ 13 Abs. 1 Nr. 5, 16 Abs. 3 KVLG | § 557 Abs. 1 Nr. 5 RVO | § 1237 Nr. 5 RVO*), § 14 Nr. 5 AVG, § 36 Nr. 5 RKG | § 7 Abs. 2 Satz 1 GAL | §§ 11 Abs. 1 Nr. 9, 12 Abs. 1 BVG | | | § 40 Abs. 1 Nr. 4 und 5 BSHG |
| Berufliche Anpassung, Fortbildung, Ausbildung und Umschulung einschl. eines zur Teilnahme an diesen Maßnahmen erforderlichen schulischen Abschlusses | | § 567 Abs. 1 Nr. 3 RVO | § 1237a Abs. 1 Nr. 3 RVO, § 14a Abs. 2 Nr. 3 AVG, § 36a Abs. 1 Nr. 3 RKG | | § 26 Abs. 2 Nr. 3 BVG i. V. m. VO zur KOF | | § 40 ff. i. V. m. § 58 Abs. 1 AFG, §§ 14 ff. A Reha | § 40 Abs. 1 Nr. 4 und 5 BSHG, §§ 13 Abs. 1 und 2, 14 Abs. 1, 2 und 3 Eingliederungshilfe-VO |
| Berufsfindung und Arbeitserprobung, Berufsvorbereitung einschl. einer wegen der Behinderung erforderlichen Grundausbildung | | § 567 Abs. 1 Nr. 2 RVO | § 1237a Abs. 1 Nr. 2 RVO, § 14a Abs. 1 Nr. 2 AVG, § 36a Abs. 1 Nr. 2 RKG | | § 26 Abs. 2 Nr. 2 BVG i. V. m. VO zur KOF | | § 40 i. V. m. § 58 Abs. 1 AFG, § 19 A Reha i. V. m. § 24 A Reha u. §§ 28–35 A Reha | § 40 Abs. 1 Nr. 6 BSHG, §§ 13 Abs. 1 Nr. 9 BSHG, 16 Eingliederungshilfe-VO |
| Betriebshilfe | § 34 KVLG | § 779b RVO | | § 7 Abs. 1 i. V. m. Abs. 3 GAL | | | | |
| Erforderliche Kosten, die mit einer berufsfördernden Leistung im Zusammenhang stehen | | § 569a Nr. 1 RVO | § 1237b Abs. 1 Nr. 2 RVO, § 14b Abs. 1 Nr. 2 AVG, § 36b Abs. 1 Nr. 2 RKG | | § 26 Abs. 3 Nr. 3 BVG | | § 56 Abs. 3 Nr. 3 AFG, §§ 28 ff., 52 ff. A Reha | |

*) Alphabetisch nach dem Anfangsbuchstaben geordnet.
**) Während einer Rehabilitationsmaßnahme der Rentenversicherung.

# Fundstellennachweis *)

| Stichwort / Träger | Kranken-versicherung | Unfall-versicherung | Renten-versicherung | Altershilfe für Landwirte | Soziale Entschädig. b. Gesundheitssch. | Schwerbehinderten-hilfe | Arbeits-förderung | Sozialhilfe |
|---|---|---|---|---|---|---|---|---|
| Häusliche Krankenpflege | § 185 RVO, § 18 KVLG | §§ 557 Abs. 1 Nr. 6, 558 RVO | | | §§ 11 Abs. 1Nr. 7, 12 Abs. 1 BVG | | | §§ 68, 69 BSHG |
| Haushaltshilfe | § 185b RVO, § 35 KVLG | §§ 569a Nr. 4, 779c RVO | § 1237b Abs. 1 Nr. 5 RVO, § 14b Abs. 1 Nr. 5 AVG, § 39b Abs. 1 Nr. 5 RKG | § 7 Abs. 1 GAL | §§ 11 Abs. 4, 12 Abs. 1, 26 Abs. 3 und 4 BVG | | § 56 Abs. 3 Nr. 5 AFG, § 51 A Reha | § 70 BSHG |
| Heilmittel einschließlich Kranken-gymnastik, Bewegungstherapie, Sprachtherapie und Beschäftigungs-therapie | §§ 182 Abs. 1 Nr. 1a bzw. Nr. 1b, 184 RVO, § 13 Abs. 1 Nr. 1 bzw. 2, 17 KVLG | § 557 Abs. 1 Nr. 3 RVO | § 1237 Nr. 3 RVO**), § 14 Nr. 3 AVG, § 36 Nr. 3 RKG | § 7 Abs. 2 Satz 2 GAL | §§ 11 Abs. 1 Nr. 3, 12 Abs. 1 BVG | | | § 40 Abs. 1 Nr. 1 BSHG |
| Heilpädagogische Maßnahmen für Kinder, die noch nicht im schul-pflichtigen Alter sind | | § 567 Abs. 2 RVO | | | | | | § 40 Abs. 1 Nr. 2a BSHG, § 11 Eingliederungs-hilfe-VO |
| Heilstättenbehandlung (Tbc) | siehe Krankenhaus-pflege | § 556 Abs. 2 RVO | § 1244a RVO, § 21a AVG, § 43a RKG | § 7 Abs. 2 Satz 1 GAL | §§ 11 Abs. 1 Nr. 6, 12 Abs. 1 BVG | | | §§ 48 ff. BSHG |
| Hilfe zu einer angemessenen Schul-bildung | | § 567 Abs. 1 Nr. 3 u. Abs. 2 RVO | | | | | § 16 Abs. 2 letzter Satz, § 17 Abs. 2 letzter Satz, § 19 Abs. 2 A Reha | § 40 Abs. 1 Nr. 3 BSHG, § 12 Eingliede-rungshilfe-VO |
| Hilfe zu einer Ausbildung für eine sonstige angemessene Tätigkeit | | § 567 Abs. 1 Nr. 4 RVO | | | | | § 40 AFG i. V. m., § 58 Abs. 1 AFG, §§ 15 u. 19 A Reha i. V. m. §§ 24 ff. A Reha | §§ 40 Abs. 1 Nr. 4, 43 Abs. 2 Nr. 4 BSHG, § 13 Abs. 3, 17 Abs. 1 Ein-gliederungs-hilfe-VO |
| Hilfe zum Lebensunterhalt | siehe Krankengeld | siehe Übergangsgeld | siehe Übergangsgeld | | siehe Übergangsgeld | | siehe Ausbildungsgeld und Übergangsgeld | §§ 41, 42 BSHG |
| Hilfen zur Erhaltung oder Erlangung eines Arbeitsplatzes einschl. Leistun-gen zur Förderung der Arbeits-aufnahme sowie Eingliederungshilfe für Arbeitnehmer | | § 567 Abs. 1 Nr. 1 RVO | § 1237a Abs. 1 Nr. 1 RVO, § 14a Abs. 1 Nr. 1 AVG, § 36a Abs. 1 Nr. 1 RKG | | § 26 Abs. 2 Nr. 1 BVG i. V. m. VO zur KOF | siehe Nachgehende Hilfe im Arbeitsleben | §§ 49, 53, 54 i. V. m. § 58 AFG i. V. m. § 20 A Reha i. V. m. §§ 37–50a A Reha | § 40 Abs. 1 Nr. 6 BSHG, § 17 Eingliederungs-hilfe-VO |
| Hilfe zur Gründung und Erhaltung einer selbständigen Existenz bzw. zur Sicherung der Erwerbsgrundlagen | | §§ 567 Abs. 1, 613 RVO | | § 9 GAL (m. Einschränkung) | § 17 (bei Beein-trächtigung der Erwerbsgrundlagen), § 26 Abs. 4 BVG i. V. m. § 14 VO zur KOF | | | § 30 BSHG |
| Hilfe zur Teilnahme am Leben in der Gemeinschaft | | §§ 556 Abs. 1, 569a Nr. 5 RVO | | | | | | §§ 40 Abs. 1 Nr. 8, 43 Abs. 2 Nr. 3 BSHG, § 19 Eingliederungs-hilfe-VO |

*) Alphabetisch nach dem Anfangsbuchstaben geordnet.

**) Während einer Rehabilitationsmaßnahme der Rentenversicherung.

Fundstellennachweis *)

| Stichwort / Träger | Krankenversicherung | Unfallversicherung | Rentenversicherung | Altershilfe für Landwirte | Soziale Entschädig. b. Gesundheitssch. | Schwerbehindertenhilfe | Arbeitsförderung | Sozialhilfe |
|---|---|---|---|---|---|---|---|---|
| Körperersatzstücke, orthopädische und andere Hilfsmittel (sowie Änderung, Instandsetzung, Ersatzbeschaffung, Ausbildung) | § 182 Abs. 1 Nr. 1c RVO i. V. m. § 182b RVO §§ 13 Abs. 1 Nr. 3 16 Abs. 2 KVLG | § 557 Abs. 1 Nr. 4 RVO Verordnung vom 18. Juli 1973 | § 1237 Nr. 4 RVO**) § 14 Nr. 4 AVG § 3c Nr. 4 RKG | § 7 Abs. 2 Satz 2 GAL | §§ 11 Abs. 1 Nr. 8, 12 Abs. 1, 13, Verordnung zu § 11 Abs. 3 und 13 BVG | | § 53 Abs. 1 i. V. m. § 58 Abs. 1 AFG §§ 47, 48 A Reha | § 40 Abs. 1 Nr. 2 BSHG §§ 7, 8, 9, 10 Eingliederungshilfe-VO |
| Kosten für Unterkunft und Verpflegung, wenn die berufsfördernden Maßnahmen mit einer Unterbringung außerhalb des eigenen oder elterlichen Haushalts verbunden sind | | § 567 Abs. 1 Satz 2 RVO | § 1237a Abs. 1 Satz 2 RVO § 14a Abs. 1 Satz 2 AVG § 36a Abs. 1 Satz 2 RKG | | § 26 Abs. 2 BVG i. V. m. VO zur KOF | | § 56 Abs. 3 Nr. 3a AFG § 33 A Reha | § 40 Abs. 1 Nr. 4, 43 Abs. 1 BSHG |
| Krankengeld | §§ 182 Abs. 1 Nr. 2, 185c, 186 RVO §§ 19, 20, 20a KVLG | siehe Übergangsgeld | siehe Übergangsgeld | | siehe Übergangsgeld | | siehe Übergangsgeld | siehe Hilfe zum Lebensunterhalt |
| Krankenhauspflege | § 184 RVO § 17 KVLG | § 559 RVO | | | §§ 11 Abs. 1 Nr. 5, 12 Abs. 1 BVG | | | § 40 Abs. 1 Nr. 1 BSHG |
| Nachgehende Hilfe im Arbeitsleben | | | | | | § 28 Abs. 2 u. 3 SchwbG i. V. m. § 4 SchwbAV | | § 40 Abs. 1 Nr. 7 BSHG § 17 Eingliederungshilfe-VO |
| Reisekosten | § 194 RVO § 21b KVLG | §§ 569a Nr. 2, 569b RVO | § 1237b Abs. 1 Nr. 3, 1241g Abs. 1 RVO §§ 14b Abs. 1 Nr. 3, 18g Abs. 1 AVG §§ 38b Nr. 3, 40g Abs. 1 RKG | § 7 Abs. 2 Satz 2 GAL | §§ 24, 26 Abs. 3 Nr. 6 BVG | | § 56 Abs. 3 Nr. 4 AFG §§ 34, 39 u. 40 A Reha | § 40 Abs. 4 BSHG § 21 Eingliederungshilfe-VO |
| Sonstige Hilfen der Arbeits- und Berufsförderung, um Behinderten eine angemessene und geeignete Erwerbs- und Berufstätigkeit auf dem allgemeinen Arbeitsmarkt oder in einer Werkstatt für Behinderte zu ermöglichen | | § 567 Abs. 1 Nr. 4 RVO | § 1237a Abs. 1 Nr. 4 RVO § 14a AVG § 36a RKG | | § 26 Abs. 2 Nr. 4 BVG i. V. m. VO zur KOF | | § 56 Abs. 3 Nr. 6 AFG §§ 37-55a A Reha | § 40 Abs. 2 BSHG § 17 Abs. 2 Eingliederungshilfe-VO |
| Sonstige Leistungen | § 193 Nr. 2 RVO § 21a Nr. 2 KVLG | §§ 569a Nr. 5, 563, 567 Abs. 4 RVO | § 1237b Abs. 1 Nr. 1, 1242 RVO §§ 14 Abs. 1 Nr. 6, 19 AVG §§ 38b Abs. 1 Nr. 1, 41 RKG | | §§ 11 Abs. 3, 26 Abs. 3 Nr. 5 BVG | | § 56 Abs. 3 Nr. 6 AFG §§ 37-55a A Reha | §§ 10, 19, 20 Eingliederungshilfe-VO |
| Übergangsgeld | siehe Krankengeld | §§ 560, 561, 562, 568, 568a RVO | § 1237b Abs. 1 Nr. 1, 1240, 1241 ff. RVO §§ 14b Abs. 1 Nr. 1, 17, 18 AVG §§ 38b Abs. 1 Nr. 1, 39, 40 ff. RKG | | §§ 16-16f 26 Abs. 3 Nr. 1, 26a BVG | | § 59 ff. AFG § 25 A Reha | siehe Hilfe zum Lebensunterhalt |
| Wohnungshilfe | | §§ 556 Abs. 1, 569a, Nr. 5 RVO | | | § 25 VO zur KOF | siehe Nachgehende Hilfe im Arbeitsleben | § 56 Abs. 3 Nr. 6 AFG § 50 A Reha | § 40 Abs. 1 Nr. 6a BSHG § 18 Eingliederungshilfe-VO |

*) Alphabetisch nach dem Anfangsbuchstaben geordnet.
**) Während einer Rehabilitationsmaßnahme der Rentenversicherung.

## 6.3.5.6.2. Personenkreis der Behinderten

(1)Eingliederungshilfe (als „Muß-Hilfe") erhalten „Personen, die nicht nur vor-übergehend körperlich, geistig oder seelisch wesentlich behindert sind"; diesen Personen „stehen die von einer Behinderung Bedrohten gleich" (§ 39 Abs. 1 S. 1, Abs. 2 S. 1).

In anderen Fällen, in denen die Behinderung z. B. nicht „wesentlich" ist, sieht das BSHG „Kann-Leistungen" vor (§ 39 Abs. 1 S. 2).

(2) Mit den Begriffen, die § 39 Abs. 1 und 2 verwendet, läßt sich freilich noch nicht viel anfangen: Offen bleibt z. B., wann jemand „körperlich behindert" oder unter welchen Voraussetzungen eine Behinderung „wesentlich" ist. Der Gesetzgeber hat diese sehr allgemeinen Formulierungen aber ganz bewußt ge-wählt, um der weiteren Entwicklung der Erkenntnisse auf dem Gebiet der Behindertenforschung Rechnung tragen zu können. Die Aufgabe, die allgemein gehaltenen Begriffe der genannten Vorschriften für die praktische Arbeit der Sozialhilfeträger zu „operationalisieren", hat er dem Verordnungsgeber überlas-sen (vgl. § 47), der auf neue Erkenntnisse und Entwicklungen rascher reagieren kann. Entsprechend der Ermächtigung in § 47 hat dann die Bundesregierung mit Zustimmung des Bundesrates die „Verordnung nach § 47 des Bundessozialhilfe-gesetzes", die sog. „Eingliederungshilfe-Verordnung" (EinglVO) vom 25.5.1964 erlassen (sie ist inzwischen mehrfach geändert worden und gilt gegenwärtig i. d. F. vom 1. 2. 1975; vgl. 2.6.2). Diese Verordnung enthält nähere Umschrei-bungen der Begriffe „körperlich wesentlich behindert" (§ 1 EinglVO), „geistig wesentlich behindert" (§ 2 EinglVO), „seelisch wesentlich behindert" (§ 3 Ein-glVO), „nicht nur vorübergehend" (§ 4 EinglVO) und „von Behinderung be-droht" (§ 5 EinglVO).

Vor der Weiterlektüre dieses Abschnitts sollten unbedingt die genannten Vorschriften der EinglVO gelesen werden.

Gerade am Merkmal „wesentlich", das darauf abstellt, in welchem Umfang die Fähigkeit des Behinderten zur Eingliederung in die Gesellschaft beeinträchtigt ist, zeigt sich, daß es im BSHG nicht nur auf die Ursache der Behinderung (z. B. Taubheit oder Psychose) ankommt, sondern daß für den Einbezug in den berechtigten Personenkreis und für den Leistungsumfang auch die konkret-funktionale Auswirkung der Behinderung entscheidend ist. Damit ist freilich nur eine Leitlinie formuliert; ob die konkrete Behinderung im Einzelfall tatsächlich „wesentlich" ist, läßt sich grundsätzlich nur anhand der besonderen Verhältnisse eben dieses Einzelfalls beantworten (auch hier spielt also der Individualisierungs-grundsatz – § 3 Abs. 1 – eine wichtige Rolle). Es kommt mithin auf die Person des Betroffenen (z. B. sein Alter, seine bisherige berufliche Tätigkeit, seine Fä-higkeiten und Veranlagungen), seine Familienverhältnisse, seine bestehenden und künftigen Beziehungen zum Leben in der Gemeinschaft und anderes mehr an.

Eine wichtige Hilfestellung bei der Entscheidung, ob eine solche „wesentliche" Behinde-rung vorliegt, aber natürlich auch bei der Entscheidung, ob jemand überhaupt „körperlich", „geistig" oder „seelisch" behindert ist oder ob eine Behinderung „droht", leisten dem Sozialhilfeträger (und im Streitfall dem Richter) Begutachtungen von *Fachleuten* (vor allem von Ärzten der Gesundheitsämter und von niedergelassenen oder stationär tätigen Fachärzten, ferner – wenn auch offenbar mit geringerem „Gewicht" – von Fachpsychologen, Heilpädagogen, Sozialpädagogen usw. (vgl. §§ 5, 24 EinglVO; zur Begutachtung z. B. der Legasthenie Schulte/Trenk-Hinterberger 1982, 70 f.).

### 6.3.5.6.3. Aufgabe und Maßnahmen der Hilfe

(1) Die *Aufgabe* der Eingliederungshilfe wird im § 39 Abs.3 durch mehrere allgemeine Zielvorstellungen umrissen, die für den Hilfetyp insgesamt maßgeblich sind: Danach soll die Eingliederungshilfe eine drohende Behinderung verhüten oder eine vorhandene Behinderung oder deren Folgen beseitigen oder mildern und den Behinderten in die Gesellschaft eingliedern. Dazu gehört vor allem, dem Behinderten die Teilnahme am Leben in der Gemeinschaft zu ermöglichen oder zu erleichtern, ihm die Ausübung eines angemessenen Berufs oder einer sonstigen angemessenen Tätigkeit zu ermöglichen oder ihn soweit wie möglich unabhängig von Pflege zu machen.

Im Hinblick auf die umfassende Beschreibung des Personenkreises, der nach § 39 Abs. 1 und 2 Anspruch auf Eingliederungshilfe hat, hielt es der Gesetzgeber für angezeigt, an die *Grenzen* dieses Hilfetyps zu erinnern und ausdrücklich klarzustellen, daß die Gewährung der Eingliederungshilfe von der *Aussicht auf Erfolg* der Eingliederungsmaßnahmen *im Einzelfall* abhängig ist (vgl. § 39 Abs. 4). Diese Klarstellung soll vor allem der Abgrenzung von den reinen („hoffnungslosen") Pflegefällen dienen, bei denen eine Eingliederung i. S. der Aufgabenstellung nach § 39 Abs. 3 nicht mehr zu realisieren ist (und für die dann Hilfe zur Pflege nach §§ 68, 69 in Betracht kommt). Das de facto entscheidende Wort sprechen hier die in § 24 EinglVO genannten *Sachverständigen*, also z. B. Ärzte, Pädagogen, Psychologen; angesichts der geradezu stürmischen Fortschritte im Bereich der medizinischen, pädagogischen und psychologischen Behindertenforschung sowie in der Behandlung und Rehabilitation Behinderter und Pflegebedürftiger dürfte freilich eine klare Prognose über Erfolgsaussicht oder Erfolglosigkeit der Aufgabenerfüllung i. S. des § 39 Abs. 4 zunehmend schwieriger werden (dazu auch 6.3.5.9.5. (2).

Eine so umfassende und wegen der Individualität des hilfebedürftigen Behinderten zugleich differenzierte Aufgabe, wie sie § 39 Abs. 3 für die Eingliederungshilfe umschreibt, erfordert entsprechend umfassende und differenzierte Hilfsmaßnahmen, deren Art und Umfang letztlich nicht vollständig erfaßt werden kann und angesichts der sich wandelnden und fortschreitenden Erkenntnisse auch nicht abschließend festgelegt werden darf. Das Gesetz nennt deshalb ganz bewußt nur die (nach derzeitigem Erkenntnisstand) *besonders bedeutsamen Maßnahmen* der Eingliederungshilfe (§ 40, der durch §§ 6 ff. EinglVO ergänzt wird; bitte lesen).

### 6.3.5.6.3.1. Maßnahmen nach § 40 Abs. 1

Als besonders bedeutsame Maßnahmen der Eingliederungshilfe nennt § 40 Abs. 1:

1. die ambulante oder stationäre Behandlung oder sonstige ärztlich verordnete Maßnahmen zur Verhütung, Beseitigung oder Milderung der Behinderung (§ 40 Abs. 1 Nr. 1);

zu den letzteren gehören u. a. Heil- und Krankengymnastik, Sprachheilbehandlung sowie die in § 6 EinglVO umschriebenen Kuren und Leibesübungen.

2. die Versorgung mit Körperersatzstücken sowie mit orthopädischen oder anderen Hilfsmitteln (§ 40 Abs. 1 Nr. 2);

dazu gehören z. B. Prothesen, orthopädische Schuhe, Rollstühle (vgl. § 7 EinglVO), Hilfe zur Beschaffung eines Kraftfahrzeugs (§ 8 EinglVO) sowie die in §§ 9,10 EinglVO umschriebenen „anderen Hilfsmittel" (bitte lesen); recht kompliziert ist die Rechtslage freilich bei der Hilfe zur Beschaffung eines Kraftfahrzeugs (vgl. eingehend Knopp/Fichtner 1979, § 40 Rz. 23–33; BVerwGE 36, 254 ff.). Für den Behinderten ist besonders wichtig, daß der Bereich der „anderen Hilfsmittel" im BSHG (i. V. m. der EinglVO) *wesentlich weiter* gefaßt ist als etwa in der *gesetzlichen Krankenversicherung*, der Behinderte also u. U. Anspruch auf Finanzierung von Hilfsmitteln hat, die nicht in den Leistungsbereich der gesetzlichen Krankenversicherung fallen. Dazu zwei *Beispiele:* Während Schreibmaschinen und Tonbandgeräte für Blinde nicht zu den Hilfsmitteln nach §§ 182 Abs. 1 Nr. 1 Buchst. c), 182 b RVO gehören, von der Krankenkasse also nicht gezahlt werden (dazu Krauskopf/Schroeder-Printzen 1981, § 182 b Rz. 5), sind die Kosten für diese Geräte vom Sozialhilfeträger nach § 40 Abs. 1 Nr. 1 i. V. m. § 9 Abs. 2 Nr. 1 und 5 EinglVO zu übernehmen. Nach § 9 Abs. 1 Nr. 12 EinglVO gehören zu den „anderen Hilfsmitteln" *auch Gebrauchsgegenstände des täglichen Lebens,* wenn der Behinderte wegen Art und Schwere seiner Behinderung auf diese Gegenstände angewiesen ist. Eine armamputierte Hausfrau, die zum Ausgleich ihrer Behinderung z. B. auf eine Waschmaschine angewiesen ist, kann die Kosten für diese Maschine zwar nicht von ihrer Krankenkasse verlangen, wohl aber vom zuständigen Sozialhilfeträger.

3. heilpädagogische Maßnahmen für Kinder, die noch nicht im schulpflichtigen Alter sind (§ 40 Abs. 1 Nr. 2 a);

dazu gehören u. a. der Besuch von heilpädagogischen Kindergärten („Sonderkindergärten"), die Teilnahme an Therapien bei Verhaltensstörungen, Elternanleitung zum Programm der Maßnahmen. Mit diesen und anderen Maßnahmen soll der Erkenntnis Rechnung getragen werden, daß der Erfolg von Eingliederungshilfen ganz besonders von deren möglichst frühzeitigem Einsetzen abhängt.

4. die Hilfe zu einer angemessenen Schulbildung und die Hilfe zum Besuch weiterführender Schulen (§ 40 Abs. 1 Nr. 3);

bei dieser Vorschrift (und dem sie ausführenden § 12 EinglVO) geht es im wesentlichen um Maßnahmen, die nicht schon zu den Pflichtaufgaben der Schulträger gehören, also z. B. um eine schulbegleitende heilpädagogische Betreuung (§ 12 Nr. EinglVO) oder um eine Unterbringung in einem speziellen Internat mit einem speziellen pädagogisch-psychologischen Konzept für die jeweilige Behinderung (z. B. die Legasthenie; dazu Schulte/Trenk-Hinterberger 1982, 72).

5. Hilfe zur Ausbildung für einen angemessenen Beruf oder für eine sonstige angemessene Tätigkeit (§ 40 Abs. 1 Nr. 4);

als Hilfemaßnahmen kommen vor allem in Betracht: Hilfen zur Erreichung einer qualifizierten Berufsausbildung (soweit nicht vorrangig die Bundesanstalt für Arbeit leistungspflichtig ist), z. B. in einem *Berufsbildungswerk*, in dem behinderte *Jugendliche* mit besonderen ausbildungsbegleitenden ärztlichen, pädagogischen und sozialen Hilfen bei gleichzeitiger Unterbringung in einem Internat zu einem Berufsabschluß geführt werden können; Hilfen zur Ausbildung für eine sonstige angemessene Tätigkeit, wenn die Ausbildung für einen Beruf z. B. wegen der Schwere der Behinderung nicht möglich ist (für diese Hilfe stehen vor allem die Werkstätten für Behinderte zur Verfügung; vgl. 6.3.5.6.3.2.). Den Umfang und die Voraussetzungen der Hilfen umschreibt der nicht leicht verständliche § 13 EinglVO.

6. die Hilfe zur Fortbildung, zur Umschulung und zum Aufstieg im Berufsleben (§ 40 Abs. 1 Nr. 5);

diese Hilfemaßnahmen (näher ausgeführt in § 14 EinglVO) kommen vor allem dann in Betracht, wenn keine vorrangigen Ansprüche gegen die Bundesanstalt für Arbeit nach AFG und dem Berufsbildungsgesetz bestehen. Soweit Umschulung in Betracht kommt, stehen vor allem die *Berufsförderungswerke* zur Verfügung (d. h. Einrichtungen für die Umschulung *erwachsener Behinderter*, die neben der praktischen und theoretischen Berufsausbildung eine ausbildungsbegleitende ärztliche Heilbehandlung und eine geeignete sozialpsychologische, sozialpädagogische und behindertensportliche Betreuung anbietet; kritisch zu den Berufsförderungswerken Seyd 1979, 169 ff.)

7. die Hilfe zur Erlangung eines geeigneten Platzes im Arbeitsleben und nachgehender Hilfe (§ 40 Abs. 1 Nr. 6 und 7);

bei diesen Hilfemaßnahmen (vgl. auch § 17 EinglVO) geht es vor allem – in Zusammenarbeit mit dem Arbeitsamt – um persönliche Hilfe bei der Vermittlung eines Behinderten auf dem freien Arbeitsmarkt und um die nachgehende Betreuung in Zusammenarbeit vor allem mit Ärzten und Heilpädagogen (z. B. Betriebsbesuche u. ä.).

8. die Hilfe bei der Beschaffung und Erhaltung einer Wohnung, die den besonderen Bedürfnissen des Behinderten entspricht (§ 40 Abs. 1 Nr. 6 a);

diese Hilfemaßnahmen (i. V. m. § 18 EinglVO) betreffen i. d. R. den Personenkreis, für den aufgrund körperlicher Behinderung der Zugang zur Wohnung oder auch die Wohnung selbst besondere bauliche Voraussetzungen erfüllen müssen. Dazu gehören z. B. die Anlegung von Rampen zum Hauseingang, die Verbreiterung von Türen für Rollstuhlfahrer, der Einbau eines Aufzugs für einen Querschnittsgelähmten (unter Einschaltung der zuständigen Baubehörde; vgl. noch 6.3.5.6.8. (2)), aber auch Umzugskosten, wenn z. B. wegen einer eingetretenen Behinderung von einer Etagenwohnung in eine Parterrewohnung umgezogen werden muß (zum Ganzen Fabian 1981, 76 ff.; die Möglichkeiten des § 40 Abs. 1 Nr. 6a werden freilich in der Praxis nicht allzu oft genutzt).

9. Die Hilfe zur Teilnahme am Leben in der Gemeinschaft (§ 40 Abs. 1 Nr. 8);

mit dieser Vorschrift (i. V. m. § 19 EinglVO) soll dem Gedanken Rechnung getragen werden, daß eine Teilhabe am Leben in der Gemeinschaft für den Behinderten vorrangig im täglichen Umfang mit seinen nichtbehinderten Mitmenschen besteht, und zwar nicht nur mit seinen Familienangehörigen, sondern darüber hinaus mit allen Personen, die aufgrund gemeinsamer Interessen und Bedürfnisse dem Behinderten helfen können, das Gefühl der Isolierung zu überwinden. Dazu gehört z. B., daß der Behinderte unterstützt werden soll, Kontakt zu Nichtbehinderten aufnehmen zu können (z. B. durch Eintritt in einen Verein und Übernahme des Vereinsbeitrags), an Veranstaltungen teilzunehmen und Einrichtungen zu besuchen (z. B. Theaterbesuche mit Übernahme der Eintrittskosten) sowie daß dem Behinderten Hilfsmittel (z. B. Radio, Fernsehgerät) bereitgestellt werden, um am Zeitgeschehen teilzunehmen, wenn wegen der Schwere der Behinderung anders eine Teilnahme am Leben in der Gemeinschaft nicht oder nur unzureichend möglich ist. Die große Bedeutung der persönlichen Hilfe liegt hier auf der Hand.

10. die in den §§ 20 bis 22 EinglVO genannten Hilfen (bitte lesen).

6.3.5.6.3.2. Maßnahmen nach § 40 Abs. 2 und 3

Wegen der Art und der Schwere der Behinderung sind oft *arbeits- und berufsfördernde* Maßnahmen nach § 40 Abs. 1 Nr. 4, 5 und 6 mit dem Ziel der Eingliederung auf dem *allgemeinen Arbeitsmarkt nicht mehr möglich*. Solchen Behinderten soll aber nach Möglichkeit die Gelegenheit zur Ausübung einer der Behinderung entsprechenden Beschäftigung, insbesondere in einer *Werkstatt für Behinderte* gegeben werden:

Die Werkstätten für Behinderte sind Einrichtungen der beruflichen Rehabilitation. In ihnen erhalten Behinderte, die wegen ihrer Behinderung vom allgemeinen Arbeitsmarkt nicht aufgenommen werden, sowohl eine Ausbildung als auch Arbeitsplätze bzw. Beschäftigungsmöglichkeiten (die für das BSHG maßgebende Legaldefinition findet sich in § 52 SchwerbehindertenG: Voraussetzung für die Aufnahme eines Behinderten ist danach u. a. , daß er in der Lage ist, „ein Mindestmaß wirtschaftlich verwertbarer Arbeitsleistung zu erbringen"). Die dürren Worte des § 40 Abs. 2 und 3 und der §§ 52 ff. SchwerbehindertenG lassen nicht erkennen, welche *Fülle von finanziellen, rechtlichen und sozialen Problemen* sich hinter der Einrichtung „Werkstatt für Behinderte" verbirgt: Angefangen von der Stellung der Bundesanstalt für Arbeit im Hinblick auf Organisation, Finanzierung und Zielsetzung der Werkstätten (dazu Stolleis 1980, 4 ff.), über die Trennung in Eingangsverfahren, Arbeitstrainingsbereich und Arbeitsbereich (mit unterschiedlichen Kostenträgern), die Vergütung der Behinderten, die Abhängigkeit der Werkstätten von Produktionsaufträgen (und Terminen) der freien Wirtschaft, das Problem der betrieblichen Mitbestimmung und des Arbeitnehmerstatus, die Sinnfrage der „Arbeit" in „Werkstätten" und den Arbeitsbegriff unserer Gesellschaft, die oft (auch aus der Sicht der Behinderten ?) mechanischstereotypen Arbeitsabläufe – um nur einiges zu nennen (dazu z. B. Thust 1980, 100 ff.; ferner Cramer 1981; Dahlinger 1979 a, 72 ff.; Jantzen 1979, 195 ff.); zur Organisation der Werkstätten vgl. die Dritte Verordnung zur Durchführung des SchwbG (Werkstättenverordnung) v. 13.8.1980 (BGBl. I, S. 1365; dazu Cramer 1981; Weber 1981, 436 ff.).

6.3.5.6.3.3. Beihilfen zu Besuchsfahrten

Der Behinderte, der eine Maßnahme der Rehabilitation in Anspruch nehmen will, muß oft eine mehr oder weniger weite räumliche Trennung von seiner Familie und von anderen ihm nahestehenden Personen in Kauf nehmen. Die Einrichtungen der Rehabilitation (z. B. Internate, Heime, Berufsbildungs- und Berufsförderungswerke, Werkstätten für Behinderte) sind nämlich räumlich konzentriert und liegen damit meist nicht in der Nähe vom Wohnort des Behinderten und seiner Angehörigen.

So sind etwa die rd. 20 *Berufsförderungswerke* über das gesamte Bundesgebiet verstreut. Für die Behinderten bedeutet das oft: Unterbringung in Internaten, Lockerung von familiären Bindungen, von Verpflichtungen in der Ehe und in der Kindererziehung, damit aber auch Gefahr für den familiären Zusammenhalt und für die psychische Situation des Behinderten.

Der Gesetzgeber hat deshalb in § 40 Abs. 4 die Möglichkeit von Beihilfen zu Besuchsfahrten des Behinderten zu seinen Angehörigen und der Angehörigen zum Behinderten vorgesehen. Die Entscheidung über die Gewährung einer Besuchsbeihilfe trifft der Sozialhilfeträger im Rahmen seines nicht gebundenen Ermessens („können"!).

Dabei kommt aber den konkreten Umständen des Einzelfalls entscheidende Bedeutung zu (handelt es sich um einen längerfristigen oder um einen kurzfristigen Aufenthalt in der Einrichtung; geht es um nahestehende oder um weit entfernte Verwandte oder Angehörige – wobei der Kreis dieser Personen großzügig zu ziehen ist –, mit denen ohnehin kein Kontakt bestand; ist der Besuch zur Erreichung des Ziels oder zur Absicherung der Eingliederungsmaßnahme nützlich oder sogar notwendig; kann ein Angehöriger durch die Reisebeihilfe zum Besuch motiviert werden, auch wenn er wirtschaftlich auf die Beihilfe nicht angewiesen ist usw; vgl. BVerwGE 35, 99 ff.).

6.3.5.6.3.4. Lebensunterhalt für Behinderte und andere Personen

Bis zum 31.12.1981 umfaßte die Eingliederungshilfe in bestimmten Fällen (nämlich den in § 40 Abs. 1 Nr. 3 bis 5 genannten) nicht nur die Maßnahmen für die Rehabilitation als solche, sondern *auch den Lebensunterhalt* des Behinderten (§ 41).

§ 41 (sowie § 42, der die Erhöhung von Regelsätzen für Angehörige des Behinderten vorsah), wurde mit Wirkung vom 1.1.1982 *aufgehoben* (vgl. Art. 21 Nr. 14 des 2. HStruktG). Damit wird die Hilfe zum Lebensunterhalt bei Behinderten nicht mehr unter den für die Eingliederungshilfe als Hilfe in besonderen Lebenslagen geltenden Einkommensgrenzen gewährt. Fraglich ist, ob diese Aufgliederung in verschiedene Leistungsarten sinnvoll ist, weil die Eingliederung des Behinderten in den gesamten Lebensbereich des behinderten Menschen umfassender einheitlicher Vorgang ist. Der „Spareffekt" dieser Neuregelung wurde im übrigen schon im Jahre 1978 auf 2,4 Mio DM geschätzt (BT-Dr. 8/2534, 17).

**6.3.5.6.4.** Abgrenzung zu anderen Hilfen in besonderen Lebenslagen und zur Jugendhilfe

(1) Die Eingliederungshilfe für Behinderte geht anderen Hilfen in besonderen Lebenslagen, vor allem der vorbeugenden Gesundheitshilfe (§ 36) und der Krankenhilfe (§ 37) vor, wenn die entsprechenden Maßnahmen *gerade wegen der Behinderung* erforderlich sind.

*Beispiel:* Eine nicht krankenversicherte Hausfrau stürzt in ihrer Küche und bricht das Bein. Droht von der Beinverletzung keinerlei Behinderung, dann ist für die ärztliche Behandlung Krankenhilfe nach § 37 zu gewähren. Würde aber trotz der Maßnahmen nach § 37 eine körperliche Behinderung zurückbleiben, ist Eingliederungshilfe zu gewähren (§ 39 Abs. 2 S. 2); das ist für die Betroffene vor allem wegen der erhöhten Einkommensgrenze (vgl. 6.3.5.6.5.) von Bedeutung. Mit anderen Worten: Vorbeugende Gesundheitshilfe und Krankenhilfe sind für die der Erhaltung oder Wiederherstellung der Gesundheit dienenden notwendigen Maßnahmen solange zu gewähren, bis anzunehmen ist, daß trotz dieser Maßnahmen eine Behinderung eintreten wird (was Fachleute zu bescheinigen haben, vgl. § 5 EinglVO). Sobald dies angenommen werden muß, sind die bei der drohenden Behinderung notwendigen ärztlichen oder ärztlich verordneten Maßnahmen (§ 40 Abs. 1 Nr. 1) der Eingliederungshilfe zuzurechnen.

Zur Abgrenzung der Eingliederungshilfe für Behinderte von der Hilfe zur Pflege vgl. 6.3.5.9.5.

(2) Vor allem dann, wenn es um die stationäre Durchführung *heilpädagogischer* Maßnahmen geht (vgl. § 40 Abs. 1. Nr. 2 a), neigen die Sozialhilfeträger gelegentlich zu dem Einwand, für solche Maßnahmen seien nicht sie (unter dem Gesichtspunkt der Eingliederungshilfe), sondern vorrangig die *öffentliche Jugendhilfe* zuständig, der u. a. die Erziehungshilfe in einem Heim oder einer sonstigen Einrichtung obliege (vgl. §§ 5, 6 JWG).

Die *Abgrenzung* zwischen der Eingliederungshilfe nach dem BSHG und der Jugendhilfe ist in der Tat nicht einfach und auch nicht unumstritten (dazu allgemein Giese 1977, 372 ff.; Zeitler 1979, 152 ff.).

Generell wird man davon auszugehen haben, daß die Eingliederungshilfe gegenüber den Leistungen der Jugendhilfe umfassender und zugleich auch spezieller, klarer umrissen und insbesondere wegen § 43 Abs. 2 (vgl. 6.3.5.6.6.) für den Minderjährigen und seine Eltern hinsichtlich des Einsatzes der eigenen Mittel in der Regel günstiger ist. Im Einzelfall wird es entscheidend darauf ankommen, ob eine nicht nur vorübergehende wesentliche Behinderung vorliegt oder droht (vgl. § 39 Abs. 1 S. 1, Abs. 2 S. 1) und damit *allgemeine Erziehungshilfen nicht die adäquaten Hilfemaßnahmen wären*. Bei nicht wesentlichen Behinderungen – bzw. drohenden Behinderungen – i. S. d. § 39 Abs. 1 S. 2, Abs. 2 (also z. B. bei Entwicklungsstörungen oder Lernschwierigkeiten) wären hingegen die Hilfen zur Erziehung nach dem JWG (z. B. Beratung in einer Erziehungsberatungsstelle, Teilnahme an heilpädagogischen Spiel- oder Gymnastikgruppen) als Ergänzung und Unterstützung der Familienerziehung die adäquate und gegenüber der Eingliederungshilfe vorrangigen Hilfemaßnahmen (dazu eingehend Gutachten des Deutschen Vereins, in: NDV, 82 ff; zur Abgrenzung bei der Legasthenie Schulte/Trenk-Hinterberger 1982, 78 ff. mit Hinw. auf die Rspr.). Hier wird viel vom Gutachten eines Psychiaters bzw. erfahrenen Facharztes oder Fachpsychologen abhängen.

6.3.5.6.5. Einkommensgrenzen und sachliche Zuständigkeit

(1) Bei *drei* Hilfemaßnahmen der Eingliederungshilfe für Behinderte gilt die *besondere* Einkommensgrenze der § 81 Abs. 1; bei ihnen setzt der Gesetzgeber also die Anforderungen an den Einsatz des Einkommens niedriger an, schont mithin das Einkommen in größerem Umfang. Es sind dies:

— Maßnahmen der Eingliederungshilfe in einer Anstalt, einem Heim oder einer gleichartigen Einrichtung oder in einer Einrichtung zur teilstationären Betreuung (§ 81 Abs. 1 Nr. 1), z. B. bei einer Unterbringung in einer Werkstatt für Behinderte mit angegliedertem Wohnheim;
— die ambulante Behandlung und die Durchführung sonstiger ärztlicher oder ärztlich verordneter Maßnahmen im Rahmen der Eingliederungshilfe (§ 81 Abs. 1 Nr. 2), z. B. bei Bestrahlungen, Heil- und Krankengymnastik;
— die Versorgung mit Körperersatzstücken sowie mit größeren orthopädischen oder größeren anderen Hilfsmitteln nach § 40 Abs. 1 Nr. 2 (§ 81 Abs. 1 Nr. 3), z. B. mit einer Armprothese oder einem Rollstuhl (zum Begriff „größere" vgl. 3.2.2. (1) 2.).

Für *alle anderen* Maßnahmen der Eingliederungshilfe gilt die *allgemeine* Einkommensgrenze des § 79.

(2) Der *überörtliche* Träger der Sozialhilfe ist *sachlich zuständig* (vgl. § 100 Abs. 1):
— wenn die Eingliederungshilfe stationär oder teilstationär zu gewähren ist, also z. B. in einem Heim, einem Berufsförderungswerk mit angeschlossenem Internat (vgl. 3.2.2.(1)1.);
— für die Versorgung mit Körperersatzstücken, größeren orthopädischen und größeren anderen Hilfsmitteln (vgl. 3.2.2.(1)2.);
— für die Hilfe zum Besuch einer Hochschule im Rahmen der Eingliederungshilfe (§ 40 Abs. 1 Nr. 4 und § 13 Abs. 1 Nr. 5 EinglVO und 3.2.2.(1)4.).

Für *alle anderen* Leistungen ist der *örtliche* Träger der Sozialhilfe zuständig (zu Aufgaben und Leistungen der örtlichen und überörtlichen Sozialhilfeträger für Behinderte vgl. Maas 1981, 534 ff. und Dahlinger 1981, 530 ff.).
Die Regelung der sachlichen Zuständigkeit gilt – wie wir schon sahen (3.4.) – in der Praxis oft letztlich „nur" für die *Kostenträgerschaft* (also für die Frage, wer *letztlich* die Maßnahmen *zahlen* muß): Denn hinsichtlich der organisatorischen Durchführung ist es in der Regel so, daß die *örtlichen* Träger der Sozialhilfe, also die kreisfreien Städte und Landkreise, zur Durchführung von Maßnahmen der Eingliederungshilfe „herangezogen" werden können. Das bedeutet, daß sie dann über Anträge auf solche Maßnahmen selbst entscheiden (der Behinderte sich also unmittelbar an sie wenden kann) und lediglich im *Innenverhältnis* zum überörtlichen Träger eine Verrechnung der Kosten für die Maßnahme erfolgt.

6.3.5.6.6. Einsatz des Einkommens und Vermögens bei Eingliederungshilfe für Behinderte bis zum 21. Lebensjahr (§ 43 Abs. 2)

(1) Bei einer Reihe von Hilfemaßnahmen für Behinderte *unter 21 Jahren* hat der Gesetzgeber die *Eltern beim Einkommens- und Vermögenseinsatz entlastet.*

Damit soll ein Ausgleich der besonderen Belastungen von Eltern behinderter Kinder gegenüber Eltern nichtbehinderter Kinder bewirkt werden; zugleich will man erreichen, daß die Motivation der Eltern zu der unentbehrlichen aktiven Mitarbeit bei der Eingliederung ihrer Kinder in die Gesellschaft nicht etwa aus wirtschaftlichen Erwägungen beeinträchtigt wird (vgl. auch BVerwGE 48, 228 ff.).

Auf diesem Hintergrund ist § 43 Abs. 2 S. 1 zu sehen, der bestimmt:

„Hat der Behinderte das einundzwanzigste Lebensjahr noch nicht vollendet, so ist den in § 28 genannten Personen die Aufbringung der Mittel nur für die Kosten des Lebensunterhalts zuzumuten ..." (es folgt die Aufzählung der vier Arten von Maßnahmen, bei denen dies der Fall ist, nämlich *u. a.* bei *heilpädagogischen* Maßnahmen für noch nicht schulpflichtige Kinder und bei Hilfe zu einer angemessenen *Schulbildung, wenn* diese Maßnahmen in besonderen *Einrichtungen* für Behinderte durchgeführt werden).

Der Hilfesuchende und seine Eltern haben also in den Fällen des § 43 Abs. 2 *nicht* die Kosten der *Eingliederungsmaßnahmen* (z. B. heilpädagogischer Art) zu tragen; ihnen darf vielmehr nur die Aufbringung der *Kosten für den Lebensunterhalt* des noch nicht 21jährigen Behinderten in der *teil-* oder *vollstationären Einrichtung* zugemutet werden (z. B. in einem Tageskindergarten oder einer Heimsonderschule der Caritas für geistig behinderte Kinder).

(2) In der *früheren* (bis 31. 12. 1981 geltenden) Fassung sah § 43 Abs. 2 vor, daß bei Eingliederungsmaßnahmen in Einrichtungen von den betroffenen Eltern nur die Kosten *„in Höhe der für den häuslichen Lebensunterhalt ersparten Aufwendungen"* zu zahlen waren: Ausschlaggebend waren also die in der *Familie* für den Behinderten „eingesparten" Kosten (wobei in der Praxis diese Kosten pauschaliert und bei Unterbringung in einer Teilzeiteinrichtung mit rd. 100 DM, in einer Vollzeiteinrichtung mit rd. 300 DM angesetzt wurden). Diese Fassung des § 43 Abs. 2 wurde (auf Vorschlag der Unionsmehrheit im Bundesrat) aufgrund der Unterstellung geändert, „daß die bisherige Regelung den Wunsch nach Heimaufnahme fördert, weil nur sehr geringe materielle Opfer gefordert werden, um die schwere Last der persönlichen Betreuung des behinderten Kindes an den Staat abzugeben" (BT-Dr. 9/842, 89).

Bei der *jetzigen* Fassung des § 43 Abs. 2 stehen hingegen die der *Einrichtung* für den Lebensunterhalt des Behinderten entstehenden Kosten im Mittelpunkt. Bei der Beurteilung der Frage, *was* zu den Kosten des Lebensunterhalts zählt und *wie* diese Kosten zu ermitteln sind (Pauschale oder konkrete Berechnung?), bestehen in der Praxis erhebliche Meinungsunterschiede: Die zuständigen überörtlichen Sozialhilfeträger sind überwiegend der Ansicht, daß hierzu nicht nur die Kosten der Ernährung, Kleidung usw., sondern auch die Kosten der Unterkunft und v. a. die Personalkosten zählen; sie setzen die Kosten des Lebensunterhalts bei einer *Vollzeiteinrichtung* (z. B. Heimsonderschule) daher mit einer Pauschale von bis zu 850 DM (!) mtl. (bei *Teilzeiteinrichtungen* soll es wie bisher sein). Die Eltern müssen dann nach ihrem finanziellen Leistungsvermögen (also nach den §§ 70 ff.) zu diesen Kosten beitragen (je nachdem, ob ihr Einkommen über oder unter der Einkommensgrenze des § 81 liegt; vgl. S. 230, 232 und das Beispiel S. 264).

Mittlerweile haben Politiker aller Fraktionen des Bundestags die Änderung des § 43 Abs. 2 zum Nachteil der Eltern als Fehler eingestuft (vgl. z. B. Frankf. Rundschau v. 30. 4. 1982, 1); massive Bedenken haben auch die Behindertenverbände und die Träger der freien Wohlfahrtspflege geäußert.

## 6.3.5.6.7. *Sonderbestimmungen*

(1) Der Behinderte muß oft *rasch und unkompliziert* zu den Leistungen kommen, die ihm aufgrund der gesetzlichen Regelungen zustehen. Die überaus komplizierte rechtliche Situation im Bereich der Rehabilitation Behinderter (vgl. 6.3.5.6.1.) birgt freilich die Gefahr in sich, daß eine sofort notwendige Hilfe an Zuständigkeitsfragen scheitern würde, wenn nicht einem Träger eine Art „Feuerwehrfunktion" übertragen wäre. Der Gesetzgeber verpflichtet deshalb den Sozialhilfeträger, solche rasch notwendigen Hilfen, deren Verzögerung z. B. zu einer Härte für den Behinderten oder zu einer Verschlimmerung seines Leidens führen würde, unter den in § 44 genannten Voraussetzungen im Wege der *Vorausleistung* unverzüglich zu erbringen. Nach Klärung der Kostenträgerschaft kann der Sozialhilfeträger dann vom zuständigen Träger (z. B. der Krankenversicherung) Ersatz seiner Aufwendungen verlangen (§ 90 bzw. die entsprechenden Vorschriften anderer Gesetze, z. B. §§ 1531 ff. RVO).

(2) Soweit für die Durchführung von Eingliederungsmaßnahmen ein Träger der Sozialhilfe zuständig ist und das RehaAnglG demzufolge nicht gilt, ist nach Maßgabe des § 46 ein *Gesamtplan* aufzustellen. Der Sozialhilfeträger hat bei der Aufstellung des Gesamtplans, der eine so weit wie möglich vollständige und dauerhafte Eingliederung sicherstellen soll, und bei der Durchführung von nahtlos ineinandergreifenden Maßnahmen mit dem Behinderten und den sonst im Einzelfall Beteiligten, vor allem mit dem behandelnden Arzt, dem Gesundheitsamt, dem Jugendamt und und dem Arbeitsamt zusammenzuwirken.

Da Rehabilitation ein dynamischer Prozeß ist, muß der Gesamtplan fortlaufend den sich ergebenden neuen Situationen angepaßt werden, was vielfältige Probleme, insbesondere organisatorischer Art aufwirft (vor allem hinsichtlich der beteiligten Stellen, die Eingliederungsmaßnahmen erbringen). Hier hängt es entscheidend von der Qualität des Gesamtplans ab, ob er ein wirksames Instrument der Eingliederung des Behinderten oder aber aufgrund seiner möglicherweise immanenten Statik ein Hemmschuh im dynamischen Prozeß der Rehabilitation ist. In der Praxis hat der Gesamtplan freilich noch keine große Bedeutung.

(3) Der 12. Abschnitt des BSHG (§§ 123 bis 126 c) enthält *Sonderbestimmungen* zur Sicherung der Eingliederung Behinderter, die *über das Leistungsrecht des BSHG hinausgehen* (und im Grunde genommen auch nicht in das BSHG gehören). Mit diesen Vorschriften soll sichergestellt werden, daß ein Behinderter oder sein Personenberechtigter so rechzeitig wie möglich über die für den Behinderten in Betracht kommenden Eingliederungsmaßnahmen beraten wird.

Nach dem im Jahre 1973 zum 12. Abschnitt des BSHG vorgelegten Bericht der Bundesregierung (vgl. § 126 c) haben die genannten Sonderbestimmungen bis dahin nicht den erwünschten Erfolg gehabt (BT-Dr. 7/654). Nachdem die §§ 124 bis 126 c aber seit 1974 nicht mehr für Personen gelten, die für sich oder ihre Familienangehörigen Leistungen von der gesetzlichen Krankenversicherung erhalten (das sind mehr als 90 % der Bevölkerung), aber auch für eine ganze Reihe anderer Personen nicht mehr maßgeblich sind (vgl. § 123, S. 2), ist ihre praktische Bedeutung so gering, daß es über sie auch nichts Aussagekräftiges zu berichten gibt.

## 6.3.5.6.8. *Beispiele*

(1) *Beispiel 1:* Der 9-jährige Bodo Bertel aus Siegen leidet an einer schweren Legasthenie mit zusätzlicher depressiver Neurose, die nach fachärztlichem Attest eine nicht nur vorübergehende wesentliche seelische Behinderung i. S. d. § 39 Abs. 1 S. 1 i. V. m. §§ 3 S. 2 Nr. 4 EinglVO darstellt. Nach diesem Gutachten steht ferner fest, daß die Legasthenie als Ursache der Neurose nur dann wirksam behandelt werden kann, wenn Bodo stationär in einer „Heimschule" untergebracht wird, in der die Schulbildung von einer speziellen Legastheniker-Therapie begleitet wird. Die Eltern von Bodo beantragen beim Landschaftsverband Westfalen-Lippe in Münster die Übernahme der Kosten für den Aufenthalt in der Heimschule (der Aufenthalt in der Schule kostet 2.200 DM monatlich).

Da stationäre Maßnahmen der Eingliederungshilfe i. S. d. § 100 Abs. 1 Nr. 1 erforderlich sind, ist der überörtliche Träger der Sozialhilfe, also der Landschaftsverband, sachlich zuständig (vorrangige Leistungsträger sind nicht ersichtlich). Für die in Betracht kommende Hilfemaßnahme, nämlich Hilfe zu einer angemessenen Schulbildung (§ 40 Abs. 1 Nr. 3 i. V. m § 12 Nr. 1 und 2 EinglVO) gilt die Regelung des § 43 Abs. 2 S. 1 Nr. 2: Danach kommt ein Kostenbeitrag der Eltern in Höhe der Kosten des Lebensunterhalts von Bodo Bertel in der Heimschule in Betracht. Angenommen, der Landschaftsverband setzt diese Kosten des Lebensunterhalts als Pauschale in Höhe von 850 DM mtl. fest: Dann trägt der *Landschaftsverband* auf jeden Fall die Kosten für die eigentlichen *Eingliederungsmaßnahmen*, z. B. therapeutischer Art (also die *über* 850 DM hinausgehenden Kosten). Die Höhe des Beitrags der *Eltern* zu den *Kosten des Lebensunterhalts* von Bodo (= 850 DM) richtet sich nach §§ 79 ff.; es ist also entscheidend, ob das Einkommen der Eltern über oder unter der Einkommensgrenze des § 81 Abs. 1 liegt.

(2) *Beispiel 2:* Das Ehepaar Kreuter aus München hat zwei Kinder im Alter von 4 und 6 Jahren. Herr Kreuter, seit 3 Jahren nach einem Badeunfall querschnittsgelähmt, arbeitet als Verwaltungsangestellter in einem Krankenhaus. Sein (bereinigtes) monatliches Einkommen beträgt einschließlich Kindergeld 1.900 DM. Frau Kreuter ist Hausfrau ohne eigenes Einkommen; auch die Kinder haben keinerlei Einkommen. Einsatzpflichtiges Vermögen ist nicht vorhanden; die Warm-Miete beträgt 500 DM monatlich.

Herr Kreuter kann die Stufen zu seiner Parterre-Wohnung stets nur mühsam mit seinem Rollstuhl und nur durch die Hilfe seiner Frau überwinden. Er stellt nunmehr beim Sozialamt der Stadt München (als dem örtlich und sachlich zuständigen Sozialhilfeträger) einen Antrag auf Übernahme der Kosten für den Bau einer Rampe (die nach Auskunft der Baubehörde den DIN-Normen für Wohnungen von Rollstuhlfahrern entsprechen würde) nach § 40 Abs. 1 Nr. 6 a.

Die maßgebliche Einkommensgrenze nach § 79 Abs. 1 beträgt:

| | |
|---|---:|
| Grundbetrag (= doppelter Regelsatz für den Haushaltsvorstand) | 682 DM |
| + Kosten für Unterkunft | 500 DM |
| + Familienzuschläge (für die Ehefrau und die Kinder), insgesamt | 819 DM |
| Einkommensgrenze nach § 79 Abs. 1: | 2.001 DM |

Da das Einkommen unter der maßgeblichen Einkommensgrenze liegt, hat Herr Kreuter Anspruch auf *volle* Übernahme der Kosten für den Bau der Rampe (nur als Hinweis: Würde das Einkommen diese Einkommensgrenze *übersteigen*, so würde gem. § 84 Abs. 1 ein *Eigenanteil* in angemessenem Umfang verlangt; vgl. 6.3.4.2.2).

Hinweis: Der Eckregelsatz beträgt in München 341 DM.

*6.3.5.7. Tuberkulosenhilfe (§§ 48 ff.)*

6.3.5.7.1. Allgemeines

Die Tuberkulosenhilfe (im wesentlichen eine „Muß-Hilfe") nimmt als eigenständiger Hilfetyp innerhalb des BSHG eine *Sonderstellung* unter den Hilfen in besonderen Lebenslagen ein: Sie erfüllt nämlich nach § 48 Abs. 1 nicht nur *fürsorgerische* Aufgaben (nämlich Förderung und Sicherung der Heilung des Tbc-Kranken), sondern auch eine *gesundheitspolitische* Aufgabe (nämlich Schutz der Umgebung des Kranken gegen die Übertragung der Tuberkulose).

Die Aufnahme der Tuberkulosenhilfe in das BSHG entsprach seinerzeit den Notwendigkeiten einer wirksamen Bekämpfung der Tb; ihr Verbleib im BSHG war solange zu vertreten, als es sich um eine Volksseuche mit überdurchschnittlichen sozialen Auswirkungen handelte.

Bis Ende der 40er Jahre war die Tuberkulose nämlich nur in sehr begrenztem Umfang heilbar. Lange Krankheitsdauer und häufige Rückfälle beeinträchtigten i. d. R. den sozialen Status des Kranken; die nicht unberechtigte Furcht der Umgebung zog darüber hinaus auch gesellschaftliche Ächtung nach sich und oft kam es infolge der Erkrankung zu echter wirtschaftlicher Not (vgl. Neumann 1979, 52).

Inzwischen hat sich aber in der medizinischen Fachwelt und in der Sozialhilfepraxis auf Grund der medizinischen Fortschritte in der Behandlung Tbc-Kranker

(wenige Krankheiten können heute so sicher beherrscht werden wie die Tb – mit einer relativ unkomplizierten Therapie bei immer kürzer werdender stationärer Behandlung; dazu Neumann 1979, 52)

die Erkenntnis durchgesetzt, daß es nicht mehr notwendig ist, die Tuberkulosenhilfe im BSHG als selbständige Hilfeart beizubehalten (vgl. z. B. Arbeiterwohlfahrt 1978, 16). Ein völliger Abbau sozialer Hilfen kommt freilich wegen der ungleichen Verteilung mit weit überdurchschnittlicher Häufigkeit der Tb in den „unteren" Sozialschichten, die keine Hilfen von vorrangigen Sozialleistungsträgern erhalten, noch nicht in Betracht; denkbar wäre aber z. B., den bisherigen Hilfetyp in der vorbeugenden Gesundheitshilfe, der Krankenhilfe und der Eingliederungshilfe für Behinderte aufgehen zu lassen.

Im Zusammenhang mit dem starken Rückgang der Tbc-Kranken und infolge der Tatsache, daß für die Hilfe bei Tuberkulose andere Sozialleistungsträger (vorrangig) schon jetzt in weitem Maße eintreten (vgl. 6.3.5.7.2.), sind die Zahlen der Hilfeempfänger und die Aufwendungen der Sozialhilfeträger für diesen Hilfetyp seit vielen Jahren rückläufig: Im Jahre 1979 betrug die Zahl der Empfänger von Tuberkulosenhilfe nur noch 2 % aller Empfänger von Hilfe in besonderen Lebenslagen; der finanzielle Aufwand für diesen Hilfetyp belief sich auf rd. 0,8 % des Gesamtaufwands für die Hilfe in besonderen Lebenslagen (damit ist der niedrigste Stand seit Einführung des BSHG erreicht, vgl. auch unten 12.).

### 6.3.5.7.2. Vorrangige Leistungsträger

Die Hilfen für Tuberkulosekranke gehört in den Aufgabenbereich verschiedener Stellen:

(1) Die *Gesundheitsämter* nehmen die gesundheitspolizeilichen Maßnahmen und die notwendigen ärztlichen Aufgaben wahr, z. B. die „Fahndung" nach Anstekkungsquellen, die Vorsorgeuntersuchungen, die Diagnose der Erkrankung usw. (vgl. § 3 des Gesetzes über die Vereinheitlichung des Gesundheitswesens vom 3. 7. 1934 und die dazu ergangenen Durchführungsverordnungen).

Darüberhinaus ist das Gesundheitsamt die zentrale Stelle, von der aus nicht nur gesundheitspolizeiliche, sondern auch Maßnahmen der Sozialhilfe insofern ausgehen, als das Gesundheitsamt zugleich die Antragstelle auf Leistungen der Tuberkulosenhilfe ist. Das ist auch sinnvoll und zweckmäßig, weil die Tb nach § 3 Abs. 1 Nr. 18 BSeuchG eine meldepflichtige Krankheit ist; liegt aber eine Meldung und damit der „Vorgang" beim Gesundheitsamt, dann liegt es auch nahe, daß der Kranke den Antrag auch beim Gesundheitsamt stellen kann (§ 63 Abs. 1; Antragstelle ist außerdem die Aufenthaltsgemeinde; in beiden Fällen gibt das Gesundheitsamt eine gutachtliche Stellunganhme ab). Das Gesundheitsamt kann sogar – wird ein Antrag von Kranken nicht gestellt – *von sich aus* Tb-Hilfe beim Sozialhilfeträger beantragen (§ 63 Abs. 2). Ferner hat das Gesundheitsamt Beratungs- und Aufklärungspflichten sowie Weisungsbefugnisse gegenüber dem Kranken (§ 64).

Die zentrale Stelle stellt das Gesundheitsamt aber nicht nur für die Sozialhilfeträger dar, sondern für alle Sozialleistungsträger, die zur Hilfegewährung im Fall der Tuberkulose verpflichtet sind (vgl. §§ 132, 133 und sogleich unter (2) ).

(2) *Außerhalb* der Sozialhilfe und *vorrangig vor den Sozialhilfeträgern* sind zur Hilfegewährung für Tuberkulosekranke verpflichtet (vgl. § 132):

— die *Träger der Sozialversicherung*, soweit der Kranke entsprechende Versicherungsansprüche hat (z. B. in der gesetzlichen Rentenversicherung nach § 1244 a RVO, in der gesetzlichen Krankenversicherung nach §§ 182 ff. RVO);
— die *Träger der Kriegsopferversorgung* (also die Versorgungsämter und Fürsorgestellen für Kriegsopfer), wenn die Tb eine sog. Schädigungsfolge i. S. des § 1 BVG ist;
— die *Träger der Versorgung*, die nach dem BVG durchgeführt wird (durch die Versorgungsverwaltung), z. B. nach dem Häftlingshilfegesetz, dem Soldatenversorgungsgesetz, dem Gesetz über den zivilen Ersatzdienst;
— die *Bundesanstalt für Arbeit* (z. B. für berufsfördernde Leistungen gem. § 56 AFG).

Daneben kommen eine Reihe *weiterer Stellen* in Betracht, von denen hier herausgehoben seien:

— der Dienstherr, Träger der Versorgungslast und Arbeitgeber für Bedienstete und Versorgungsempfänger (also z. B. „Pensionäre") des *öffentlichen Dienstes*, die einen eigenständigen Anspruch auf Tb-Hilfe haben (§ 127);

— die *Strafvollzugsbehörde*, wenn dem Tuberkulosekranken aufgrund strafgerichtlicher Maßnahmen die Freiheit entzogen ist (§ 131) und
 — die *privaten Krankenversicherungsunternehmen*, wenn der Kranke einen entsprechenden Versicherungsanspruch hat.

Man sieht also schon anhand der genannten wichtigsten vorrangigen Leistungsverpflichteten, die v. a. in den Sonderbestimmungen der §§ 132 bis 137 aufgezählt sind, welche große Rolle gerade bei der Tuberkulosehilfe nach dem BSHG der *Nachrang* der Sozialhilfe gegenüber einem nicht gerade einfach zu überblickkenden Geflecht an Leistungen im Fall einer Tuberkulose spielt.

### 6.3.5.7.3. *Personenkreis und Maßnahmen der Hilfe*

(1) Tuberkulosenhilfe nach dem BSHG erhalten im wesentlichen der *Kranke* und der *Genesene*,

aber *auch Minderjährige und deren Mütter* (nach § 57), wenn sie in Wohngemeinschaft mit einem ansteckungsfähigen Tuberkulosekranken leben (als präventive Hilfe zur Vermeidung der Krankheitsübertragung).

(2) Die Hilfe umfaßt (vgl. § 48 Abs. 2):
 — Heilbehandlung (§ 49),
 — Hilfe zur Eingliederung in das Arbeitsleben (§ 50),
 — Sonderleistungen (§ 56),
 — vorbeugende Hilfe (§ 57).

Die bis zum 31. 12. 1981 in den §§ 48 Abs. 2 Nr. 3, 51 bis 55 geregelte *Hilfe zum Lebensunterhalt* für Tuberkulosekranke ist seit dem 1. 1. 1982 *aufgehoben* worden (vgl. Art. 21 Nr. 16 des 2. HStruktG). Der Gesetzgeber hielt die bisherige Regelung für sachlich nicht mehr gerechtfertigt (BT-Dr. 9/842, 90). Hilfe zum Lebensunterhalt wird für Tbc-Kranke mithin nur noch nach dem §§ 11 ff. geleistet, also nicht mehr im Rahmen der Tuberkulosenhilfe mit ihren für den Hilfebedürftigen günstigeren Voraussetzungen bezüglich des Einkommenseinsatzes. Der „Spareffekt" dieser Neuregelung wurde im übrigen schon 1978 auf 20,3 Mio DM geschätzt (BT-Dr. 8/2534, 17).
 In § 49 Abs. 2 wurde mit Wirkung vom 1. 1. 1982 die Nr. 5 („Behandlung in Kur- und Badeorten") gestrichen, weil diese Maßnahme „den Grundregeln der Seuchenbekämpfung" widerspreche (vgl. Art. 21 Nr. 17 des 2. HStruktG und BT-Dr. 9/842, 90). Gestrichen wurde ferner § 56; § 66 hat nunmehr den Wortlaut: „Der Bund trägt zur Hälfte die Aufwendungen, die dem Träger der Sozialhilfe durch den Vollzug der §§ 50, 56 und 57 entstehen. Persönliche und sämtliche Verwaltungskosten bleiben hierbei außer Ansatz." (vgl. Art. 21 Nr. 19 und 20 des 2. HStruktG).

### 6.3.5.7.4. *Einkommensgrenze, sachliche Zuständigkeit und Beispiel*

(1) Die Einkommensgrenze richtet sich nach der Art der Leistung: Für die Sonderleistungen und die vorbeugende Hilfe gilt die *allgemeine* Einkommensgrenze des § 79; für die Heilbehandlung und die Hilfe zur Eingliederung in das Arbeitsleben gilt die *besondere* Einkommensgrenze gem. § 81 Abs. 1 Nr. 4. *Ohne* Rück-

sicht auf Einkommen und Vermögen wird die Sonderleistung „Mitwirkung bei der Wohnungsbeschaffung" (§ 56 Abs. 1 Nr. 2) gewährt.

(2) *Sachlich zuständig* ist der *überörtliche* Träger der Sozialhilfe (vgl. § 100 Abs. 1 Nr. 3 und 3.2.2.(1) ).

### 6.3.5.8. Blindenhilfe (§ 67)

#### 6.3.5.8.1. Allgemeines

Mit diesem Hilfetyp (einer „Muß-Hilfe") bezweckte der Gesetzgeber den Ausgleich der durch die Blindheit bedingten Mehraufwendungen (§ 67 Abs. 1 und BT-Dr. 3/1799/49). Inzwischen wurde diese Aufgabe in allen Bundesländern (zuletzt 1978 in Hessen) weitestgehend von einschlägigen *Landesgesetzen* übernommen, die der Hilfe nach § 67 *vorgehen* (vgl. die Aufzählung bei Knopp/ Fichtner 1979, § 67 Rz. 2).

Die praktische Bedeutung des § 67 ist deshalb *verschwindend gering:* Die Zahl der Empfänger dieses Hilfetyps betrug 1979 nur noch 1.124 Personen (sie dürfte inzwischen noch weiter gesunken sein). Zahlreiche Reformvorschläge schlagen deshalb eine Streichung des § 67 vor (u. a. Arbeiterwohlfahrt 1978, 16).

§ 67 wurde – was die Höhe der Blindenhilfe (Abs. 2) und ihre regelmäßige Anpassung (Abs. 6) anbetrifft – mit Wirkung vom 1. 1. 1982 geändert (vgl. Art. 21 Nr. 21 des 2. HStruktG: 750 DM (für Blinde unter 18 J. 350 DM), eingefroren für 1982 u. 1983).

Im folgenden soll statt einer Darstellung der Blindenhilfe nach dem BSHG der praktischen Bedeutung halber das *Landesblindengeldgesetz von Nordrhein-Westfalen* – auszugsweise – als „Muster" eines der oben genannten Landesgesetze wiedergegeben werden.

#### 6.3.5.8.2. Landesblindengeldgesetz von Nordrhein-Westfalen als Beispiel

Dieses Gesetz (vom 16. 6. 1970 i. d. F. vom 11. 7. 1978, GV NW. 1970, 435 bzw. 1978, 290) bestimmt u. a.:

#### § 1

(1) Blinde, die das erste Lebensjahr vollendet haben, erhalten zum Ausgleich der durch die Blindheit bedingten Mehraufwendungen Blindengeld. Als Blinde im Sinne dieses Gesetzes gelten auch Personen,
a) deren Sehschärfe auf dem besseren Auge nicht mehr als $^1/_{50}$ beträgt,
b) bei denen durch Buchstabe a nicht erfaßte, nicht nur vorübergehehnde Störungen des Sehvermögens von einem solchen Schweregrad vorliegen, daß sie der Beeinträchtigung der Sehschärfe nach Buchstabe a gleichzuachten sind.

#### § 2

(1) Blinde erhalten nach Vollendung des achtzehnten Lebensjahres Blindengeld in Höhe des Mindestbetrages der Pflegezulage für Blinde nach dem Bundesversorgungsgesetz. Blinde, die das achtzehnte Lebensjahr noch nicht vollendet haben, erhalten Blindengeld in Höhe von fünfzig vom Hundert des Betrages nach Satz 1.

(2) Befindet sich der Blinde in einer Anstalt, einem Heim oder einer gleichartigen Einrichtung und werden die Kosten des Aufenthaltes ganz oder teilweise aus Mitteln öffentlich-rechtlicher Leistungsträger getragen, so verringert sich das Blindengeld nach Absatz 1 um die aus diesen Mitteln getragenen Kosten, höchstens jedoch um 50 vom Hundert der Beträge nach Absatz 1; ...

### § 3

(1) Leistungen, die der Blinde zum Ausgleich der durch die Blindheit bedingten Mehraufwendungen nach anderen Rechtsvorschriften erhält, werden auf das Blindengeld angerechnet. ...

### § 6

(1) Die Landschaftsverbände führen dieses Gesetz im Auftrage des Landes durch. Die Gemeinden nehmen die Anträge entgegen, wirken auf ihre Vervollständigung hin und leiten sie weiter.

### § 7

Zuständig für die Gewährung des Blindengeldes ist der Landschaftsverband, in dessen Bereich der Blinde sich aufhält oder in dessen Bereich er im Falle des § 1 Abs. 2 Satz 2 seinen gewöhnlichen Aufenthalt hatte.

### § 8

Die Kosten tragen die Landschaftsverbände. Verwaltungskosten werden nicht erstattet.

### § 9

(1) Blindengeld wird auf Antrag gewährt.

Die in § 3 genannten anzurechnenden Leistungen sind insbesondere die Pflegezulage für Kriegsblinde nach § 35 BVG, das Pflegegeld bei Blindheit nach einem Arbeitsunfall gem. § 558 RVO und die Pflegezulage nach § 269 LAG (für blinde Empfänger von Kriegsschadensrenten).

Die Leistungsgewährung erfolgt (auch in den anderen Bundesländern) ohne Rücksicht auf das Einkommen und das Vermögen des Blinden.

## 6.3.5.9. Hilfe zur Pflege (§§ 68, 69)

### 6.3.5.9.1. Allgemeines

(1) Die gestiegene Lebenserwartung, die Erfolge der Medizin bei der Erhaltung von Leben nach schweren Unfällen oder Krankheiten, die Veränderung des Krankheitsspektrums und die Schädigungen durch die allgemeinen Lebens- und Umweltbedingungen – um nur einige Ursachen zu nennen – haben zur Folge, daß immer mehr Angehörige vor allem der älteren Generation pflegebedürftig werden, also infolge von Behinderung (z. B. Lähmung nach einem Unfall), Krankheit (z. B. Schlaganfall) und Altersgebrechlichkeit so hilflos sind, daß sie nicht ohne Pflege bleiben können.

Sie benötigen z. B. Hilfe beim Essen und Trinken, beim Aufstehen und Zubettgehen, beim An- und Auskleiden, bei der Begleitung innerhalb und außerhalb ihrer Wohnung, bei Entleerungsvorgängen, bei Injektionen und Einnahme von Arzneimitteln, bei der hauswirtschaftlichen Versorgung, bei der Kommunikation mit der Umwelt usw. (umfassend dazu: Recht auf Pflege 1980).

Über die Zahl dieser Menschen, die zu den Hilflosesten im Land gehören, gibt es keine detaillierten Angaben. Nach einer Untersuchung, die im Auftrag des Bundesministeriums für Familie, Jugend und Gesundheit (BMFJG) erstellt wurde, leben in der Bundesrepublik rd. 1,5 Millionen Pflegebedürftige *zu Hause* (vgl. Anzahl und Situation zu Hause lebender Pflegebedürftiger 1980, 39 ff.; Grönert 1981, 30 f.). Die Bund-Länder-Arbeitsgruppe „Aufbau und Finanzierung ambulanter und stationärer Pflegedienste" schätzt in ihrem 1980 erstellten Bericht die Zahl der in *stationären* Einrichtungen, z. B. in Altenpflegeheimen, untergebrachten Pflegebedürftigen auf rd. 250.000 (Grönert 1981, 31).

(2) Pflegebedürftigkeit ist damit zu einem gängigen Lebensrisiko geworden: Angesichts der genannten Schätzungen (bezogen auf die Gesamtzahl betagter Menschen) müssen sich die meisten Älteren darauf einrichten, eines Tages pflegebedürftig zu werden.

Typische, allgemeine Lebensrisiken werden nun in unserem System der sozialen Sicherung grundsätzlich in der *Sozialversicherung* aufgefangen. Ausgerechnet das inzwischen so gängige Lebensrisiko der Pflegebedürftigkeit bildet hier aber – von einigen Sonderfällen abgesehen – eine Ausnahme. Die Solidargemeinschaft der Versicherten tritt nämlich für die Masse der Pflegebedürftigen *nicht* ein:

Nur einige Gruppen der Pflegebedürftigen haben eine mehr oder minder ausreichende „gehobene" soziale Sicherung für den Fall der Pflegebedürftigkeit: Das sind diejenigen mit Ansprüchen aus der gesetzlichen Unfallversicherung (vgl. § 558 RVO), nach dem Bundesversorgungsgesetz (vgl. § 35 BVG), nach dem Lastenausgleichsgesetz (vgl. § 267 Abs. 1 S. 6 LAG), nach den beamtenrechtlichen Beihilfevorschriften und in einigen Bundesländern nach Landespflegegeldgesetzen (dazu Dahlem 1977, 327 f.; Raible 1980, 267; Bericht der Bund-Länder-Arbeitsgruppe 1980, 35 ff.)

(3) Das Recht der *gesetzlichen Krankenversicherung*, dem man auf den ersten Blick das Risiko der Pflegebedürftigkeit zuzuordnen geneigt wäre, läßt es freilich nach fast einhelliger Auffassung *nicht* zu, die Lage der Pflegebedürftigen zu verbessern. Das geltende Krankenversicherungsrecht kennt nämlich im wesentlichen *zwei „Sperren"*, die einer befriedigenden krankenversicherungsrechtlichen Lösung des Pflegekostenproblems entgegenstehen:
   1. Da gibt es zunächst die *Unterscheidung zwischen Behandlungsfall und Pflegefall*, obwohl sich dieses Begriffspaar im kodifizierten Krankenversicherungsrecht nicht findet und die Unterscheidung medizinisch meist nur unbefriedigend möglich ist (dazu eingehend Rolshoven 1978).

Vor allem bei der Gewährung von *Krankenhauspflege* nach § 184 RVO, also bei der Frage nach der Finanzierung eines Krankenhausaufenthalts, ist die Unterscheidung Behandlungsfall – Pflegefall von entscheidender Bedeutung: Nur wenn der Krankenhausaufenthalt *medizinisch* – und darauf liegt die Betonung – erforderlich ist, liegt nämlich ein *Behandlungsfall* vor, der in den Leistungsbereich der gesetzlichen Krankenversicherung gehört. Medizinisch notwendig ist der Krankenhausaufenthalt nach der ständigen Rechtsprechung des Bundessozialgerichts also nur dann, wenn sich eine vorliegende Krankheit *allein mit den Mitteln des Krankenhauses* mit einiger Aussicht auf Erfolg beeinflussen läßt. Dabei kommt es nicht auf einen Heilungserfolg an; es genügt vielmehr, daß sich der Behandlungserfolg auf die Verhütung einer Verschlimmerung, auf die Linderung von Beschwerden oder lediglich auf die Verlängerung des Lebens erstreckt. Ist das Leiden aber mit den Mitteln des Krankenhauses nicht mehr beeinflußbar und dienen die Maßnahmen des Krankenhauses lediglich dem Zweck, *einem Zustand der Hilflosigkeit zu begegnen*, ohne daß sie im Rahmen eines zielstrebigen Heilplanes durchgeführt werden, dann liegt ein *Pflegefall* vor; und der Pflegefall geht *nicht* zu Lasten der Krankenversicherung (vgl. z. B. BSGE 28, 199 ff.; BSG, in: NDV 1980, 43 f.; eingehend dazu Schroeder-Printzen 1978, 617 ff.). Die gleichen Grundsätze gelten auch bei der Gewährung häuslicher Krankenpflege nach § 185 RVO (anstelle eines an sich gebotenen Krankenhausaufenthaltes) und bei der Behandlung in Kur- und Spezialeinrichtungen nach § 184 a RVO.

Der Entscheidung des *behandelnden Arztes*, ob eine Behandlungsbedürftigkeit oder lediglich eine Pflegebedürftigkeit vorliegt, kommt somit eine erhebliche Bedeutung zu. Es ist bekannt, daß in vielen Fällen bei solchen Entscheidungen auf die persönlichen Verhältnisse des Patienten Rücksicht genommen wird und die Notwendigkeit eines Krankenhausenthaltes nur attestiert wird, damit der Betroffene Leistungen seiner Krankenversicherung erhält. Neben der „Kulanz" gegenüber dem Patienten spielt auch der Gesichtspunkt der vollen Kapazitätsauslastung im Krankenhaus eine Rolle und führt zu großzügig bemessenen Verlängerungen des Krankenhausaufenthaltes. Im Zeichen eines erheblichen Bettenabbaues und einer kürzeren Verweildauer zum Zwecke der Kostendämpfung im Gesundheitswesen wird es allerdings zunehmend schwieriger, diese Verhaltensweisen (die von den Krankenkassen nicht selten in gewissen Grenzen toleriert werden) zu realisieren. Gleichwohl ist weiterhin eine keineswegs unerhebliche Fehlbelegung von Krankenhausbetten nicht zu leugnen.

2. Eine zweite „Sperre" stellt der *Versicherungsfall der „Krankheit"* dar: Leistungsgrund der Krankenversicherung ist die Krankheit; und Krankheit ist nach der ständigen Rechtsprechung des Bundessozialgerichts (vgl. 6.3.5.4.2.) etwas anderes als Pflegebedürftigkeit. Die gesetzliche Krankenversicherung ist danach nur für einen regelwidrigen Körper- oder Geisteszustand zuständig, der die Notwendigkeit medizinischer Behandlung zur Folge hat. Keine Leistungspflicht der Krankenkassen besteht also, wenn die Hilfemaßnahme allein eine *Hilfe im Bereich der allgemeinen Lebensführung* ist (wie Hilfe beim Essen, Trinken, Ankleiden usw.; vgl. oben (1)).

Wird also jemand nach seinem Krankenhausaufenthalt als pflegebedürftig entlassen und zu Hause gepflegt, dann übernimmt die gesetzliche Krankenversicherung nicht die Kosten der

Pflegemaßnahmen (wie Hilfe beim Essen, Trinken, Ankleiden, Waschen usw.; anders aber bei ärztlich angeordneten oder überwachten *Behandlungsmaßnahmen*). Inwieweit Pflegebedürftige die Kosten der Pflege gleichwohl durch die Krankenkassen im Wege der „Kulanz" (und durch Unterstützung des behandelnden Arztes) erhalten, ist nicht bekannt. Indirekte Leistungen erbringen die Krankenkassen teilweise durch Zuschüsse an „Sozialstationen" u. ä., die sich die ambulante Pflege zur Aufgabe gemacht haben.

*Gegen* die Trennung von *Behandlungsbedürftigkeit* und *Pflegebedürftigkeit* sowie gegen die *Ausgrenzung der Pflegebedürftigkeit aus dem Krankheitsbegriff der RVO* wurde von vielen Seiten mit vielerlei Argumenten Kritik geübt. Darauf soll hier freilich ebensowenig eingegangen werden wie auf die viel diskutierten Vorschläge zur Neuordnung der Pflegekostenregelung, die z. B. eine *Erweiterung der Krankenversicherung*, eine *eigene Pflegeversicherung* oder ein *Pflegegesetz* vorsehen.

Aus der umfangreichen Literatur vgl. z. B. Dahlem 1977, 325 ff.; Eichner 1979, 103 ff.; Thesen des Deutschen Vereins 1980, 177 ff.; Grönert 1980, 404 ff.; Raible 1980, 267 ff.; Grönert 1981, 30 ff.; Raible 1981, 290 ff.). Da alle bislang vorgeschlagenen Lösungen Mehrausgaben in Milliardenhöhe erfordern würden, dürfte angesichts der gegenwärtigen Finanzlage und der geänderten Prioritäten eine Reform der Pflegekostenregelung in weite Ferne gerückt sein.

Wichtiger ist für den vorliegenden Zusammenhang eine andere Frage: Wenn der Pflegebedürftige stationär (z. B. in einem Altenpflegeheim) oder zu Hause untergebracht und gepflegt wird, die Krankenkasse aber die Pflegekosten nicht übernimmt, *wer zahlt dann überhaupt* und *unter welchen Voraussetzungen* die Kosten der Pflegemaßnahmen?

(4) Die Antwort auf diese Frage ist relativ einfach:
Der finanzielle Aufwand vor allem für die personalintensive *stationäre* Pflege übersteigt regelmäßig die Leistungskraft des einzelnen. Dazu muß man wissen, daß sich die monatlichen Pflegekosten z. B. in nordrhein-westfälischen Altenpflegeheimen bereits dem Betrag von 3.000 DM nähern (vgl. auch 6.3.5.9.3.1.). Reicht aber das Einkommen des Pflegebedürftigen – z. B. seine Rente – für die anfallenden Kosten nicht aus, so wird er zu einem Fall für die *Sozialhilfe*. Dieser unaufhaltsame Abstieg im System der sozialen Sicherung sei an einem *Beispiel* verdeutlicht:

Frau Anna Meier, 68jährig, schwer erkrankt, wird in die Klinik eingeliefert und dort behandelt. Im Rahmen dieser Behandlung im Krankenhaus übernimmt ihre Krankenkasse (z. B. die AOK) sämtliche Kosten; die Rente von Anna Meier wird nicht angetastet, ja Frau Meier wird sogar entlastet, weil sie Verpflegungskosten, Heizung usw. spart. Als die Ärzte erkennen, daß ihre Patientin wohl für längere Zeit ein „Pflegefall" bleiben würde, sucht man für die Hilflose einen Platz im Pflegeheim. Und mit dem Umzug vom Krankenhaus ins Heim beginnt der Abstieg der Frau Meier: Sie, die jahrzehntelang fleißig als Buchhalterin gearbeitet und ihre Beiträge an die gesetzliche Krankenversicherung gezahlt hatte, kann von ihrer guten Rente von 1.800 DM die monatlichen Pflegesatzkosten von 2.600 DM nicht zahlen. Für den restlichen Betrag muß die Sozialhilfe in die Bresche springen. Anna Meier wird zur Sozialhilfeempfängerin mit einem kleinen Taschengeld. Erniedrigt – wie sie meint – zur Almosenempfängerin versteht sie die Welt nicht mehr.

(5) Die aufgezeigten Lücken im „gehobenen" System der sozialen Sicherung haben für das „Basissystem", die Sozialhilfe (als „Ausfallbürge") schwerwiegende Konsequenzen: *Die Hilfe zur Pflege nach dem BSHG ist der kostenträchtigste Hilfetyp der Sozialhilfe.* Sie wendet dafür mehr als die Hälfte der gesamten Ausgaben für die Hilfen in besonderen Lebenslagen auf (und mehr als ein Drittel des gesamten Sozialhilfeaufwandes; umfangreiches Zahlenmaterial enthalten die Statistiken „Empfänger von Hilfe zur Pflege" 1979, 759 ff.; „Leistungen der Sozialhilfe für Pflegebedürftige" 1980, 198 ff.; vgl auch unten 12.).

Damit erbringt die Sozialhilfe in beträchtlichem Umfang Gelder für die Behebung andauernder finanzieller Massennotstände (de facto) in Form von rentenähnlichen Dauerleistungen (dazu sogleich unten) und wird dadurch bei der Durchführung anderer ihr obliegender Aufgaben stark beeinträchtigt.

(6) Die Sozialhilfe als „Ausfallbürge" kennt *zwei verschiedene Möglichkeiten* der Hilfe für Pflegebedürftige: einmal die *Hilfe bei häuslicher Pflege* und zum anderen die *Hilfe bei Heimpflege.* Für beide Hilfemöglichkeiten bestehen unterschiedliche Voraussetzungen, deren Prüfung den Beteiligten in der Praxis erhebliche Schwierigkeiten bereitet.
   Im folgenden wird *zunächst* die Hilfe bei häuslicher Pflege („Hauspflege"), *danach* die Hilfe bei Heimpflege dargestellt.

## 6.3.5.9.2. Hauspflege

### 6.3.5.9.2.1. *Die Lage der zu Hause lebenden Pflegebedürftigen*

Über die Lage der *zu Hause* lebenden Pflegebedürftigen gab es bis in die jüngste Zeit hinein kaum Informationen. Die bereits eingangs erwähnte, vom Bundesministerium für Familie, Jugend und Gesundheit in Auftrag gegebene Untersuchung hat diese Informationslücke nunmehr weitgehend geschlossen: Sie hat nicht nur die Zahl der Hilfsbedürftigen, sondern auch die Art ihrer Versorgung, die Struktur der Haushalte und die Belastungen der Pflegepersonen ermittelt:

Danach leben in der Bundesrepublik rd. 1,5 Millionen Pflegebedürftige zu Hause; etwa 600.000 von ihnen benötigen Pflege in erheblichem Umfang. Die Untersuchung vermittelt auch einen Eindruck von den *Belastungen,* die mit dieser Pflege verbunden sind und die mehr Zeit in Anspruch nehmen und weit mehr körperliche Anstrengungen kosten als die Betreuung eines Babys: Mehr als zwei Drittel der erheblich Pflegebedürftigen brauchen Hilfe beim Aufstehen und Zubettgehen, beim Aus- und Anziehen und beim Waschen; 41 % muß beim Essen und Trinken geholfen werden, mehr als einem Drittel beim Verrichten der Notdurft.
   Die Hauptlast der Betreuung tragen die *Angehörigen* (vor allem die Frauen): in 85 % der Fälle haben sie allein oder zusammen mit anderen die Pflege und hauswirtschaftliche Versorgung übernommen; Freunde und Nachbarn sind in 17 % der Fälle beteiligt. Ambulante

Dienste helfen in 9 % der Fälle mit, beschränken sich aber meist darauf, Medikamente und Spritzen zu verabreichen; allein haben sie die Pflege bei 4 % der Betroffenen übernommen. Nicht die ambulanten Dienste sind also die Träger der häuslichen Pflege, sondern Angehörige und Nachbarn, die bislang in der Diskussion meist nur nebenher erwähnt worden sind. Für die Angehörigen bedeutet die Pflege meist eine große finanzielle, zeitliche, physische und psychische Belastung. Darüber hinaus sind die äußeren Bedingungen für Pflege durch Angehörige, Freunde und Nachbarn oft unzureichend: Viele Wohnungen sind z. B. nicht den Bedürfnissen der Pflegebedürftigen und den Erfordernissen der Pflege entsprechend ausgestattet (es fehlen Badezimmer, Zentralheizung usw.). Die genannten Belastungen und Bedingungen der Pflege bergen die Gefahr in sich, daß die Bereitschaft, Pflege von Angehörigen zu übernehmen, abnimmt, wenn Anerkennung und Unterstützung durch die Gesellschaft nicht verstärkt werden.

Ferner besteht ein *hohes Defizit an ambulanten pflegerischen Diensten.* Ihr Fehlen bedeutet einerseits Überlastung von Angehörigen, die keinen Urlaub machen können und auch sonst viel weniger Freizeit als andere haben, und andererseits tatsächliche Mängel in der Versorgung der Pflegebedürftigen. Schließlich spielen Maßnahmen der *Rehabilitation,* die langfristig eine Reduzierung der Pflegebedürftigkeit bewirken könnten, *kaum eine Rolle.*

### 6.3.5.9.2.2. *Personenkreis der Hilfe*

(1) *Pflegebedürftig* sind Personen, die *infolge von Krankheit oder Behinderung so hilflos sind, daß sie nicht ohne Wartung und Pflege bleiben können,* d. h. daß sie zu den gewöhnlichen und regelmäßig wiederkehrenden Verrichtungen im Ablauf des täglichen Lebens der Hilfe anderer bedürfen (§ 68 Abs. 1 i. V. m. § 69 Abs. 3 S. 1).

(2) Zu den genannten „Verrichtungen" gehören nach st. Rspr. nur die *„personenbezogenen Verrichtungen",* wie z. B. Aufstehen und Zubettgehen, Körperpflege, An- und Auskleiden, Verrichten der Notdurft, Nahrungsaufnahme, Bewegung innerhalb und außerhalb der Wohnung; *nicht* zu diesen Verrichtungen gehören hingegen – und dies ist eine wesentliche Einschränkung des Begriffs der Pflegebedürftigkeit – die *„hauswirtschaftlichen Verrichtungen",* wie z. B. Zubereiten der Mahlzeiten, Wäsche waschen, Zimmer reinigen, es sei denn – hier wird das Abgrenzungsproblem sichtbar –, daß eine „regelmäßig als hauswirtschaftliche Verrichtung zu bewertende Handreichung im Einzelfall zur personenbezogenen Verrichtung" wird (BVerwG, in: NDV 1978, 218 ff.) So wäre es z. B. beim Bettenmachen in einem Fall, in dem der Pflegebedürftige bettlägerig ist.

Die Aufzählung dieser „personenbezogenen" Verrichtungen zeigt, daß nur Verrichtungen der sog. *Grundpflege* in Betracht kommen, daß es also lediglich um die Erhaltung der körperlichen Existenz geht. *Nicht* dazu gehören Verrichtungen der sog. *Behandlungspflege* (z. B. Verrichtungen der Heimdialyse nierenkranker Pflegebedürftiger) und Verrichtungen der „aktivierenden" Pflege (wie Maßnahmen der Rehabilitation zur „Schonung" der Krankenkassen umschrieben werden).

(3) Wartung und Pflege sollen nach der Intention des Gesetzgebers möglichst in der *eigenen Häuslichkeit* des Pflegebedürftigen, also in der vertrauten Umgebung, gewährt werden, um die Aufnahme in ein Heim – mit all ihren bekannten Konsequenzen – hinauszuschieben oder zu vermeiden bzw. einen Heimaufenthalt zu verkürzen.

Auch finanzielle Erwägungen spielen eine Rolle: Die häusliche Pflege erfordert nämlich in der Regel nicht einen so großen finanziellen Aufwand wie die Heimpflege (vgl. BVerw-GE 29, 109).

Bei der „Umsetzung" dieser Intention unterscheidet der Gesetzgeber grundlegend danach, ob die häusliche Wartung und Pflege

— durch *Personen, die dem Pflegebedürftigen nahestehen,* oder im Wege der *Nachbarschaftshilfe* übernommen werden (6.3.5.9.2.3.) oder
— durch *besondere Pflegekräfte,* wenn die häusliche Wartung und Pflege nicht (oder nur zum Teil) von nahestehenden Personen oder Nachbarn übernommen werden (6.3.5.9.2.4.).

### 6.3.5.9.2.3. Pflege durch Nahestehende oder Nachbarn

### 6.3.5.9.2.3.1. Vorüberlegung

Die Bereitschaft von Familienangehörigen, Freunden oder Nachbarn, den Pflegebedürftigen möglichst in seiner gewohnten Umgebung zu versorgen, kann und will der Gesetzgeber aus naheliegenden Gründen nicht erzwingen. Er kann lediglich versuchen, bestehende familiäre, freundschaftliche, nachbarschaftliche, emotionale Bindungen gerade in der besonderen Belastung, die Pflegebedürftigkeit mit sich bringt, zu aktivieren oder zu stärken und damit zugleich die Hilfsbereitschaft der „Primärgruppen" wie Familie, Freundeskreis oder Nachbarschaft zu mobilisieren. Der Gesetzgeber versucht dies auf zweierlei Weise:
— Zum einen *appelliert* er in § 69 Abs. 1 S. 1 an die Sozialhilfeträger, darauf hinzuwirken, „daß Wartung und Pflege durch Personen, die dem Pflegebedürftigen nahestehen, oder im Wege der Nachbarschaftshilfe übernommen werden."

Hier geht es also darum, im persönlichen Gespräch die Selbsthilfekräfte in den genannten Primärgruppen zu aktivieren. Der dabei in erster Linie geforderte Sozialarbeiter des „Außendienstes" (vgl. 3.5.2.) ist freilich oft vor schwierige und kaum lösbare Probleme gestellt, wenn Wünsche und Interessen des Pflegebedürftigen (und des Sozialhilfeträgers) mit den Interessen der in Betracht kommenden Pflegepersonen oder mit objektiven Gegebenheiten in diametralem Gegensatz stehen, etwa wenn die in Betracht kommenden Pflegepersonen berufstätig sind und durch die Übernahme der Pflege (bei Aufgabe der Berufstätigkeit) erhebliche Einkommensverluste hinnehmen müßten oder wenn die Wohnverhältnisse der Aufnahme eines Pflegebedürftigen entgegenstehen. Hier bleibt nicht selten nur die Aufnahme in ein Heim – sogar gegen den Willen des Pflegebedürftigen (vgl. 6.3.5.9.3.2.) – als letzter Ausweg übrig.

— Zum anderen schafft der Gesetzgeber *finanzielle Anreize,* um die Pflegebereitschaft nahestehender Personen oder Nachbarn zu erhöhen.

Die Betonung liegt hier auf *„Anreiz":* Denn die von nahestehenden Personen oder Nachbarn geleistete Hilfe ist – folgt man dem Ausgangspunkt des Gesetzgebers – ihrem Wesen nach immateriell motiviert, also gerade unentgeltlich (vgl. BVerwGE 29, 108 ff.; BVerwG, in: NDV 1975, 26 f.). Mit den im BSHG vorgesehenen finanziellen Anreizen soll dann aber nicht der Nachrang der Sozialhilfe (§ 2) durchbrochen, sondern eine Stützung und Absicherung der immateriellen Motivation der (Selbst-)Hilfe innerhalb der Primärgruppe begünstigt werden (vgl. BVerwG a. a. O.). Dies bedeutet freilich zugleich, daß diese finanziellen Anreize nicht dazu dienen, den tatsächlichen Pflegeaufwand abzugelten, d. h. dem pflegenden Nahestehenden oder Nachbarn ein wirtschaftlich äquivalentes Entgelt zu verschaffen. Und dies bedeutet ferner, daß die im BSHG vorgesehenen finanziellen Anreize bei weitem nicht die finanziellen Defizite auszugleichen vermögen, die in den Haushalten hingenommen werden müssen, in denen ein Pflegebedürftiger betreut wird. Dies hat die erwähnte Untersuchung des BMFJG deutlich vor Augen geführt.

Art und Umfang der finanziellen Anreize sowie die Ausgestaltung des auf sie gerichteten *Anspruchs des Hilfebedürftigen* macht das BSHG vom *Grad der Pflegebedürftigkeit* abhängig. Dabei lassen sich zum einen die *allgemeine* Pflegebedürftigkeit (die § 69 Abs. 2 zugrundeliegt) und zum anderen die – in *drei verschiedene Grade* unterteilte – *besondere* Pflegebedürftigkeit (§ 69 Abs. 3 und 4) unterscheiden. Das Begriffspaar allgemeine Pflegebedürftigkeit – besondere Pflegebedürftigkeit taucht zwar nicht im BSHG auf; die Unterscheidung ergibt sich aber zwangsläufig aus den Tatbestandsmerkmalen der §§ 68, 69:

### 6.3.5.9.2.3.2. *Allgemeine Pflegebedürftigkeit*

(1) *Allgemeine* Pflegebedürftigkeit im Sinne des § 68 Abs. 1 i. V. m. § 69 Abs. 2 liegt vor, wenn der Pflegebedürftige so hilflos ist, daß er nicht ohne Wartung und Pflege bleiben kann, also zu den gewöhnlichen und regelmäßig wiederkehrenden Verrichtungen im Ablauf des täglichen Lebens *nicht nur geringfügige Hilfeleistungen* anderer braucht.

Diese Umschreibung ist allerdings noch weiter konkretisierungsbedürftig. Sie gestattet nämlich noch keine brauchbare Abgrenzung zur besonderen Pflegebedürftigkeit i. S. d. § 69 Abs. 3 und 4. Vereinfacht kann man allenfalls sagen, daß die allgemeine Pflegebedürftigkeit – oder mit den Worten des BVerwG die „*Pflegebedürftigkeit minderen Grades*" (BVerwG, in: NDV 1975, 27) – dann vorliegt, wenn die Grenze der besonderen Pflegebedürftigkeit noch nicht erreicht ist.

Auf die Frage, wann eine solche allgemeine Pflegebedürftigkeit vorliegt, gibt die Kasuistik der Rechtsprechung keine befriedigende Antwort. Die Praxis der Sozialhilfeträger behilft sich hier deshalb oft mit – recht dubiosen – „Verrichtungs-Listen": So wird z. B. bis zu einer bestimmten Zahl von personenbezogenen Verrichtungen, die nicht mehr allein ausgeführt werden können, allgemeine Pflegebedürftigkeit angenommen, ab einer bestimmten Zahl von Verrichtungen besondere Pflegebedürftigkeit u. a. m.

Die *Feststellung* der Verrichtungen, die nicht mehr allein ausgeführt werden können, erfolgt i. d. R. durch den Amtsarzt des Gesundheitsamtes. Dieser entscheidet freilich oft nicht aufgrund eines eigenen Hausbesuchs, sondern aufgrund eines Berichtes des Sozialarbeiters des Außendienstes und des Attests eines Hausarztes (dazu auch 6.3.5.9.2.3.3. und das Formularbeispiel unter 6.3.5.9.7.).

(2) Bei Vorliegen allgemeiner Pflegebedürftigkeit hat der *Pflegebedürftige* Rechtsanspruch auf Erstattung der *angemessenen Aufwendungen* für eine Pflegeperson (aber nicht auf eine Bezahlung der Pflegeperson; vgl. § 69 Abs. 2 S. 2 HS 1).

Zu diesen angemessenen Aufwendungen gehören z. B. notwendige Fahrtkosten vom Wohnort der Pflegeperson zur Wohnung des Pflegebedürtigen, Mehrkosten für Reinigung der Kleidung usw. Diese Aufwendungen müssen tatsächlich entstanden sein; sie werden also nur erstattet, wenn sie nachgewiesen sind (vgl. BVerwG, in: NDV 1975, 26 f.).

Weiterhin kann der Träger der Sozialhilfe *angemessene Beihilfen* gewähren (§ 69 Abs. 2 S. 2 HS 2), z. B. ein Taschengeld für die Pflegeperson. Auch der Zweck dieser Beihilfen, die neben den angemessenen Aufwendungen gewährt werden können, soll es sein, nahestehende Personen zur Übernahme der Pflege zu motivieren. Schließlich kann der Sozialhilfeträger *Beiträge für eine angemessene Alterssicherung der Pflegeperson* übernehmen, wenn diese wegen der Wartung und Pflege eine versicherungspflichtige Beschäftigung nicht oder nicht mehr im bisherigen Umfang ausübt und damit das Risiko auf sich nimmt, im Alter keine oder keine ausreichende Rente zu erhalten (Näheres unten 6.3.5.9.2.3.3. (2) ).

(3) Alle drei genannten Leistungen, die § 69 Abs. 2 S. 2 vorsieht und die der Intention des Gesetzgebers nach Anreize für die Pflegepersonen sein sollen, wären freilich empirisch daraufhin zu überprüfen, ob sie überhaupt in signifikanter Weise den erstrebten Anreiz bewirken bzw. ob ihre Anreizwirkung überhaupt genügend (durch entsprechende Leistungsgewährung) ausgeschöpft wird:
In *Zahlen* betrachtet erhalten nur rd. 20 % aller Empfänger häuslicher Pflege Leistungen nach § 69 Abs. 2 S. 2 (die übrigen nach § 69 Abs. 3 S. 1); und nur Bruchteilen eines Prozents der Empfänger häuslicher Pflege werden Beiträge für die Alterssicherung der Pflegeperson gewährt (vgl. Empfänger von Hilfe zur Pflege 1979, 765; Leistungen der Sozialhilfe für Pflegebedürftige 1980, 198).

### 6.3.5.9.2.3.3. Besondere Pflegebedürftigkeit

(1) Bei der *besonderen* Pflegebedürftigkeit unterscheidet das Gesetz – wie schon erwähnt – *drei verschiedene Grade*, nämlich die *erhebliche* (1.), die *außergewöhnliche* (2.) und die *Pflegebedürftigkeit Schwerbehinderter* (3.). Für alle drei Grade der besonderen Pflegebedürftigkeit sieht das BSHG ein *pauschaliertes Pflegegeld* vor, das je nach Grad unterschiedlich hoch ist. Das Pflegegeld selbst ist *nicht zur Abgeltung des Pflegebedarfs* bestimmt, sondern dient in erster Linie zur Erhaltung der Pflegebereitschaft (vgl. BVerwGE 29, 108 ff.).

Während also der Pflegebedürftige „minderen Grades" nach § 69 Abs. 2 S. 2 lediglich einen Rechtsanspruch auf Ersatz angemessener, *tatsächlich entstandener* Aufwendungen hat (daneben kommen angemessene Beihilfen und Beiträge zur Alterssicherung der Pflegeperson als Ermessensleistungen in Betracht), hat der „besonders" Pflegebedürftige einen Rechtsanspruch darauf, daß ihm *ohne* das Erfordernis eines Nachweises von tatsächlich entstandenen Aufwendungen ein pauschaliertes *Pflegegeld* zu leisten ist (Aufwendungen, die diesen Pauschbetrag übersteigen, können gem. § 69 Abs. 5 zusätzlich ersetzt werden). Das

Pflegegeld soll also gleichfalls kein Entgelt für die Pflegeperson sein. Es wird vielmehr gewährt, um dem Pflegebedürftigen von vornherein zu ermöglichen, Aufwendungen ohne Einzelnachweis aufzufangen, weil davon ausgegangen wird, daß ein besonders Pflegebedürftiger derartige Aufwendungen regelmäßig haben wird (vgl. BVerwG, in: NDV 1975, 27).

Im Einzelnen gilt folgendes:

## 1. Erhebliche Pflegebedürftigkeit

Nach § 69 Abs. 3 S. 1 ist einem Pflegebedürftigen, der das 1. Lebensjahr vollendet hat und so hilflos ist, daß er für die gewöhnlichen und regelmäßig wiederkehrenden Verrichtungen im Ablauf des täglichen Lebens *in erheblichem Umfang* der Wartung und Pflege *dauernd* bedarf, ein Pflegegeld zu gewähren.

Wann Wartung und Pflege in „erheblichem Umfang dauernd" erforderlich sind, ist im Gesetz nicht geregelt; allgemein gültige brauchbare Grundsätze lassen sich auch nur sehr eingeschränkt entwickeln: Denn die Beurteilung hängt davon ab, in welchem Umfang die physischen und/oder psychischen Kräfte als Folge körperlicher und/oder geistiger Krankheit oder infolge des Alters auf absehbare Zeit gemindert sind. Das ist eine nicht schematisierend zu beantwortende, sondern eine Frage der Umstände des Einzelfalls und damit eine Frage der Würdigung diesbezüglicher tatsächlicher Feststellungen (vgl. BVerwG, in: NDV 1975, 27; NDV 1978, 219).

Ein Anhaltspunkt, der freilich mit der gebotenen Vorsicht zu betrachten ist, wäre der Umstand, daß die Summe der genannten „personenbezogenen" Verrichtungen mindestens eine Reihe von Stunden täglich erfordert. Im einzelnen gibt es dazu in der Rechtsprechung eine umfangreiche Kasuistik, die z. B. bei Dendorfer/Rönneke 1980, 242 ff. referiert wird.

Hingewiesen sei hier ausdrücklich darauf, daß erhebliche dauernde Pflegebedürftigkeit auch dann angenommen wird, wenn ein geistig Behinderter zwar physisch in der Lage ist, die gewöhnlichen Verrichtungen (z. B. Anziehen, Essen, Trinken usw.) selbst auszuführen, diese aber nur auf Aufforderung hin vornimmt oder ohne Anleitung und Aufsicht durch einen Dritten nicht oder nicht richtig vornehmen würde (vgl. OVG Berlin, in: FEVS 14, 225 ff.; Bay. VGH, in: FEVS 17, 44 ff.; OVG Hamburg, in: FEVS 28, 245 ff.).

Das pauschalierte *Pflegegeld* für diesen Grad der Pflegebedürftigkeit beträgt z. Z. 276 DM monatlich (§ 69 Abs. 4 S. 1 HS 1; zur regelmäßigen Anpassung dieses Betrags vgl. S. 279.

## 2. Außergewöhnliche Pflegebedürftigkeit

Nach § 69 Abs. 4 S. 1 HS 2 ist das pauschalierte Pflegegeld von z. Z. 276 DM angemessen zu erhöhen, wenn der Zustand des Pflegebedürftigen *außergewöhnliche* Pflege erfordert.

Wann eine solche „außergewöhnliche" Pflegebedürftigkeit vorliegt, ist gesetzlich nicht definiert. Man kann allenfalls in einem ersten Zugriff sagen, daß außergewöhnliche Pflegebedürftigkeit dann vorliegt, wenn der Pflegeaufwand höher ist als bei erheblicher Pflegebedürftigkeit, die Voraussetzungen der Pflegebedürftigkeit Schwerbehinderter (unten 3.) aber nicht vorliegen. Allgemein gültige brauchbare Grundsätze lassen sich also auch hier nur sehr eingeschränkt entwickeln; entscheidend sind vielmehr die Umstände des Einzelfalls und damit die Würdigung der entsprechenden tatsächlichen Feststellungen.

Im einzelnen gibt es in der Rechtsprechung auch zur Eingrenzung der außergewöhnlichen Pflegebedürftigkeit eine reichhaltige Kasuistik, die z. B. bei Dendorfer/Rönneke 1980, 244 f. referiert wird. So hat z. B. das OVG Berlin (in FEVS 11, 57 f.) das „Außergewöhnliche" der Pflegebedürftigkeit in der Peinlichkeit und Unangenehmlichkeit beim An- und Ablegen eines Urinals (Harnglas) und bei der Reinigung der durch die Notdurft besonders verschmutzten Kleidung und Wäsche gesehen.

Die *Höhe des Pflegegeldes* bei außergewöhnlicher Pflegebedürftigkeit liegt – *je nach dem Grad* dieser Pflegebedürftigkeit – zwischen 276 DM (also dem derzeitigen Pflegegeld bei erheblicher Pflegebedürftigkeit) und 750 DM (also dem gegenwärtigen Pflegegeld bei der Pflegebedürftigkeit Schwerbehinderter; vgl. unten 3.); auf die Bestimmung des Grades der außergewöhnlichen Pflegebedürftigkeit wird noch unten näher eingegangen (3.).

**3. Pflegebedürftigkeit Schwerbehinderter**
Behinderte, die zum Personenkreis des § 24 Abs. 2 gehören, erhalten nach § 69 Abs. 4 S. 2 ein Pflegegeld in Höhe von (gegenwärtig) 750 DM; bei diesen Behinderten sind die Voraussetzungen für die Gewährung eines Pflegegeldes stets als erfüllt anzusehen.

Zu § 24 Abs. 2 ist eine Verordnung vom 28. 6. 1974 ergangen (vgl. 2.6.2.; bitte lesen), die eine Reihe von Personen aufzählt, die als Behinderte i. S. dieser Vorschrift gelten (z. B. Ohnhänder, Personen mit dem Verlust dreier Gliedmaßen). Hier ist also die Bestimmung des Grades der Pflegebedürftigkeit durch den in der VO aufgestellten „Katalog" wesentlich vereinfacht (zu diesem „Katalog" vgl. 6.2.3.4.(5) ).

**4. Anpassung des Pflegegeldes**
Seit dem 1. 1. 1982 wird nach § 69 Abs. 6 das Pflegegeld jeweils (erstmals mit Wirkung vom 1. 1. 1984 an) um den Vomhundertsatz verändert, um den die Renten aus der Rentenversicherung der Arbeiter nach § 1272 Abs. 1 RVO verändert werden. Die Veränderung wird also nicht von der Entwicklung der Pflegekosten, sondern der Renten abhängig gemacht.

(2) Immer dann, wenn Pflegegeld gezahlt wird, ist zu prüfen, ob *Beiträge für eine angemessene Alterssicherung der Pflegeperson oder der besonderen Pflegekraft* zu übernehmen sind. Die Übernahme solcher Beträge ist nach § 69 Abs. 3 S. 2 seit dem 1. 1. 1982 allerdings nur dann vorgesehen, wenn die Alterssicherung „*nicht anderweitig sichergestellt ist.*":

Das BVerwG stellt bei der Prognose, ob die Alterssicherung der Pflegeperson bzw. der besonderen Pflegekraft ausreichend anderweitig sichergestellt ist, entscheidend darauf ab, ob die Pflegeperson bzw. die besondere Pflegekraft in ihrem Alter unabhängig von *Sozialhilfe (Hilfe zum Lebensunterhalt)* wird leben können (BVerwGE 56, 96 ff.). Es erscheint aber fraglich, ob die Angemessenheit der Altersversorgung einer Pflegeperson schon dann zu bejahen ist, wenn die voraussichtlichen Einkünfte den einfachen Sozialhilfebedarf erreichen. Näher läge es, von einer ausreichenden Alterssicherung erst dann auszugehen, wenn die voraussichtlichen Einkünfte die Einkommengrenze des § 79 Abs. 1 Nr. 1 und 2 erreichen. Daß sich die restriktive Rechtsprechung des BVerwG für viele Pflegepersonen ungünstig auswirkt und u. U. den auch mit der Beitragsübernahme bezweckten Anreiz zur Pflege teilweise entwertet, dürfte nicht ohne weiteres von der Hand zu weisen sein.

Die Zahl der Empfänger von Pflegegeld mit Leistungen für die *Alterssicherung einer Pflegeperson* bzw. Pflegekraft ist allerdings *verschwindend gering* und beträgt – wie auch bei der allgemeinen Pflegebedürftigkeit (oben 1.) – nur Bruchteile eines Prozentes aller Empfänger von Pflegegeld (vgl. Leistungen der Sozialhilfe für Pflegebedürftige 1980, 198).

Es ist freilich kaum anzunehmen, daß tatsächlich nur in so wenigen Fällen der Pflege die Voraussetzungen für die Gewährung von Beiträgen zur Alterssicherung vorliegen. Die Sozialämter scheinen hier entweder die Bedeutung dieses Instruments der Alterssicherung zu verkennen und nicht zu sehen, daß sie künftige Sozialhilfefälle schaffen, oder sie verweigern eine Leistung, die eindeutig zu gewähren ist.

(3) Aus den bisherigen Ausführungen wurde bereits deutlich, welche entscheidende Bedeutung den tatsächlichen Feststellungen im Einzelfall für die unterschiedlichen Grade der Pflegebedürftigkeit zukommt. Diese Feststellungen werden in der Regel von Sozialarbeitern des Außendienstes getroffen und durch Gutachten von Amtsärzten ergänzt (vgl. das Formularbeispiel unter 6.3.5.9.7.). Die Problematik eines solchen Verfahrens der „Eingruppierung" Pflegebedürftiger liegt auf der Hand: Weil sich brauchbare Grundsätze für die Festlegung und Abgrenzung der unterschiedlichen Grade von Pflegebedürftigkeit nur in bescheidenem Umfang entwickeln lassen, bleibt dem Sozialarbeiter, dem Amtsarzt und dem Sachbearbeiter ein großer „Feststellungs-Spielraum" mit beträchtlichen finanziellen Konsequenzen (je nachdem, welcher Grad an Pflegebedürftigkeit festgestellt wird). Dieser Spielraum bringt einerseits die Chance, die Hilfe nach der Besonderheit des Einzelfalls zu gewähren (nicht selten nach dem Grundsatz „im Zweifel für den Pflegebedürftigen"), birgt andererseits aber auch die Gefahr in sich, daß jede „Eingruppierung" des konkreten Einzelfalls zu Kontroversen führen kann (zwischen Sozialarbeiter und Sachbearbeiter, Amtsarzt und Sozialarbeiter, Pflegebedürftigem und Sachbearbeiter usw.) und der Pflegebedürftige in letzter Konsequenz in einem Rechtsstreit mit dem Sozialhilfeträger einer bis in intime Details gehenden, oft entwürdigenden *„Taxierung" seiner Hilflosigkeit* unterworfen wird. Der folgende Urteilsauszug, der dies illustrieren soll, steht für viele. In dieser Entscheidung wurde um den Grad der Pflegebedürftigkeit einer 72jährigen Frau gestritten, die an starken Veränderungen in den Gelenken mit Teilversteifungen, allgemeiner Arterio- und Cerebralsklerose sowie an Zuckerharnruhr litt. In der Entscheidung (BVerwG, in: NDV 1978, 220) heißt es u. a.:

„Das betrifft vor allem die Benutzung der Toilette der Klägerin und das damit im Zusammenhang stehende Leeren des Nachtstuhls durch die Hilfsperson... Die anscheinend zur Gewohnheit gewordene ständige Benutzung des Nachtstuhls im Zimmer scheint ... einer – durchaus verständlichen – Bequemlichkeit der Klägerin zu dienen. Ein im Zusammenhang damit notwendig werdendes Tätigwerden der Pflegeperson könnte aber nicht als ein für die Gewährung von Pflegegeld sprechender Grund anerkannt werden...".

(4) Wird der Pflegebedürftige nicht den ganzen Tag über zu Hause gepflegt, sondern zur Entlastung der Pflegeperson stundenweise oder tagsüber in einer der – nicht gerade zahlreich vorhandenen – *teilstationären Einrichtungen* (z. B. einer

Sondertagesstätte), dann kann nach § 69 Abs. 4 S. 3 das Pflegegeld angemessen gekürzt werden. Was „angemessen" ist, richtet sich dabei u. a. nach der Dauer der täglichen teilstationären Unterbringung. Die Praxis arbeitet hier i. d. R. mit pauschalen Kürzungen von bis zu 25 %; die Besonderheiten des Einzelfalles dürfen durch solche Pauschalierungen freilich nicht übergangen werden.

#### 6.3.5.9.2.4. Pflege durch besondere Pflegekräfte

Ist *neben* oder *an Stelle* der Wartung und Pflege durch nahestehende Personen die Heranziehung einer *„besonderen Pflegekraft"* erforderlich, so müssen hierfür die angemessenen Kosten übernommen werden (§ 69 Abs. 2 S. 3). „Besondere Pflegekräfte" sind v. a. Krankenpflegerinnen und Hauspflegerinnen; sie werden meist von den Verbänden der freien Wohlfahrtspflege bereitgestellt.

Sind z. B. nahestehende Personen oder Nachbarn nicht oder nur in bestimmtem Umfang bereit oder (fachlich) in der Lage, die Pflege zu übernehmen und kommt deshalb täglich für 1½ Stunden eine Hauspflegerin der Sozialstation des Diakonischen Werkes, so übernimmt der Sozialhilfeträger diese Kosten (und rechnet i. d. R. mit dem freien Verband unmittelbar ab); in unserem Beispiel wären 480 DM monatlich zu leisten (wenn man einen Stundensatz von 11,40 DM zugrunde legt).

Die Kosten für eine besondere Pflegekraft sind nicht selten fast genauso hoch wie das Pflegegeld, manchmal sogar höher (angenommen, in unserem Beispiel wäre wegen außergewöhnlicher Pflegebedürftigkeit ein Pflegegeld von 510 DM zu zahlen, so bestünde zwischen Pflegegeld und den Kosten für die Pflegekraft eine Differenz von 30 DM). Nun bestimmt aber der nicht einfach zu verstehende § 69 Abs. 5, daß die Aufwendungen für eine besondere Pflegekraft voll aus dem Pflegegeld bestritten werden müssen. Nicht selten blieb dann aber für die nahestehenden Personen vom Pflegegeld nur noch ein kleiner Teil übrig (in unserem Beispiel 30 DM), machmal (wenn die Pflegekosten höher waren als das Pflegegeld) gar nichts mehr. Dies lief dem Zweck des Pflegegeldes zuwider, mit seiner Hilfe die Pflegebereitschaft durch nahestehende Personen anzuregen und zu erhalten. Seit dem 1. 1. 1982 werden deshalb die angemessenen Kosten für eine besondere Pflegekraft (und die angemessenen Aufwendungen der Pflegeperson) auch *neben* der Gewährung eines Pflegegeldes übernommen; allerdings kann in diesem Falle das Pflegegeld bis zu 50 % gekürzt werden (muß aber andererseits also in Höhe von mindestens 50 % dem Pflegebedürftigen verbleiben!); vgl. dazu Art. 21 Nr. 22 des 2. HStruktG; BT-Dr. 9/842, 91. Die Mehrausgaben für diese Neuregelung wurden 1978 auf 1 Mio. DM geschätzt (BT-Dr. 8/2534, 16).

#### 6.3.5.9.3. Heimpflege

#### 6.3.5.9.3.1. *Die Lage der Pflegebedürftigen in Einrichtungen*

(1) Über die Zahl der Pflegebedürftigen *in Einrichtungen* gibt es keine umfassende Erhebung. Die Bund-Länder-Arbeitsgruppe (vgl. 6.3.5.9.1. (1) ), auf deren Bericht die folgenden Angaben im wesentlichen beruhen, schätzt aber, daß rd. 250.000 Pflegebedürftige in Einrichtungen leben (vgl. Grönert 1981, 31). Etwa 90.000 Pflegebedürftige leben in Einrichtungen, die auf die Versorgung solcher Patienten nicht eingestellt sind (u. a. in psychiatrischen Anstalten). Die Pflege-

heime und Pflegeabteilungen, in denen die meisten Pflegebedürftigen leben, sind in der Mehrzahl ebenfalls nicht in der Lage, ihre Patienten im notwendigen Umfang zu pflegen. Denn obwohl der Bedarf an Pflege größer ist als im Krankenhaus, ist die Personalausstattung weit schlechter, weil nur etwa die Hälfte des erforderlichen Personals zur Verfügung steht.

Erforderlich wäre eine Pflegekraft auf zwei Betten. Um aber für alle Plätze in Pflegeheimen und Pflegeabteilungen diese Richtzahl zu erreichen, müßten ca. 40.000 Pflegekräfte eingestellt werden (Grönert 1980, 407, 411 f.). Was der Personalmangel in diesem Umfang für die tägliche Praxis bedeutet, wurde bereits erwähnt (vgl. 6.3.1. (4) ). Da viele Heime nicht einmal die Grundpflege sicherstellen können, ist dort Rehabilitation erst recht nicht möglich, obwohl ein Ausbau der Rehabilitation genügend Plätze für Patienten frei machen könnte, die heute z. B. in psychiatrische Kliniken abgeschoben werden.

Neben dem *akuten Personalmangel* hat die Bund-Länder-Arbeitsgruppe ein *Defizit* von 90.000 *Plätzen* in Pflegeeinrichtungen ermittelt (in der Praxis bedeutet das: lange Wartelisten und lange Wartezeiten vor der Aufnahme ins Heim). Der Finanzbedarf zur Behebung dieses Defizits wird auf mehrere Milliarden DM geschätzt (Dahlem 1981, 84 ff.).

(2) Stationäre Pflege ist für die meisten nicht bezahlbar: Fast 70 % der Pflegebedürftigen in Pflegeheimen sind auf Sozialhilfe angewiesen. In geriatrischen Kliniken und psychiatrischen Krankenhäusern liegt der Anteil noch höher.

Mehr als 90 % der Empfänger von Anstaltspflege verfügt nämlich über ein Einkommen unter 1.200 DM. Selbst wenn sich aber jemand in seinem Berufsleben eine überdurchschnittliche Rente „verdient" hat, kann er die hohen Pflegekosten (durchschnittlich ca. 2.600 DM im Monat) nicht selbst aufbringen. Es bleibt ihm meist nur ein Taschengeld des Sozialhilfeträgers (vgl. 6.3.5.9.3.3.), das 120 DM oder wenig mehr beträgt; er muß Ersparnisse und Vermögen – bis auf das in der Sozialhilfe geschützte Minimum – einsetzen. Und der Sozialhilfeträger muß aufgrund des geltenden Rechts prüfen, ob Angehörige zu den Kosten herangezogen werden können. Davor haben viele Pflegebedürftige Angst, weil sich dadurch das Verhältnis zu ihren Verwandten verschlechtern und der Kontakt nach draußen, auf den sie besonders angewiesen sind, verkümmern kann (vgl. 11).

### 6.3.5.9.3.2. *Personenkreis der Hilfe*

(1) Der *Personenkreis* der Hilfe zur Pflege in stationären Einrichtungen entspricht dem Personenkreis der häuslichen Pflege (vgl. 6.5.9.2.2.)

(2) Die *Aufnahme* in stationäre Pflege, die eigentlich nur erfolgen sollte, wenn eine häusliche Pflege nicht in Betracht kommt oder nicht hinreichend gewährleistet ist, erfordert eine Reihe von Maßnahmen, die durch den einschneidenden Wechsel der Lebensbereiche des Pflegebedürftigen bedingt sind: Diese Maßnahmen reichen von der Kündigung eines bestehenden Mietverhältnisses und der Verfügung über den Hausrat, über die Berücksichtigung des Wunsches des Pflegebedürftigen nach Unterbringung in einer bestimmten Einrichtung und die

Vermittlung des Heimplatzes bis zur schriftlichen Einverständniserklärung des Pflegebedürftigen zu der Unterbringung (z. B. im Heimvertrag). Oft muß der Pflegebedürftige von der Notwendigkeit des Eintritts in ein Pflegeheim überzeugt, oft muß er dazu überredet werden, weil er das Verhalten seiner Angehörigen nicht akzeptieren will. Nicht selten muß ein Vormund oder ein Pfleger mit dem Wirkungskreis „Aufenthaltsbestimmungsrecht" (vgl. § 1910 BGB) eingesetzt werden. Die meisten dieser Maßnahmen, die nicht durchweg unproblematisch sind, obliegen dem Sozialarbeiter des Außendienstes.

### 6.3.5.9.3.3.  Leistungen bei Heimpflege

(1) Wird der Pflegebedürftige stationär untergebracht (z. B. in einem Altenpflegeheim), so übernimmt die Einrichtung im allgemeinen seine volle Betreuung einschließlich der Pflege zu einem bestimmten *Tages- oder Monatspflegesatz*. Der Sozialhilfeträger übernimmt dann die Kosten des stationären Aufenthalts zum jeweiligen Pflegesatz (der den Lebensunterhalt und die Pflegekosten abdeckt; § 27 Abs. 3), abzüglich einer eventuellen Eigenbeteiligung des Pflegebedürftigen und der in § 28 genannten Personen (vgl. 6.3.4.2.2. und 6.3.4.2.3.; zur Heranziehung Unterhaltspflichtiger vgl. 8.1.2.).

Bei der *Höhe der Pflegesätze* wird meist zwischen leichteren und schwereren Pflegefällen unterschieden. Allerdings läßt sich bei den Trägern der freien Wohlfahrtpflege ein Trend zum Einheitspflegesatz beobachten. Die Abgeltung von Pflegeleistungen durch Einheitspflegesätze gibt aber Anlaß zu der Befürchtung, daß besonders schwere Pflegefälle immer weniger Aussicht haben werden, in Pflegeheimen der freien Wohlfahrtspflege unterzukommen; es ist jedenfalls nicht auszuschließen, daß für gleich hohe Pflegekosten von den Heimen bevorzugt leichtere Fälle aufgenommen werden. Für die Aufnahme von schweren Fällen würden dann im wesentlichen nur noch die privatwirtschaftlich betriebenen, am Gewinn orientierten Pflegeheime in Betracht kommen.

(2) Jeder Pflegebedürftige, der den Pflegesatz und damit den Heimaufenthalt nicht selbst in vollem Umfang zahlen kann, erhält ein angemessenes *Taschengeld* (vgl. 6.2.5.), das für Pflegebedürftige in stationären Einrichtungen im Bundesdurchschnitt rd. 120 DM beträgt (vgl. oben 6.2.5.).

### 6.3.5.9.4.  Hilfen nach § 68 Abs. 2

Dem Pflegebedürftigen sollen (gleich ob bei häuslicher Pflege oder bei Heimpflege) auch die *Hilfsmittel* zur Verfügung gestellt werden, die zur Erleichterung seiner Beschwerden wirksam beitragen; ferner sollen ihm nach Möglichkeit *angemessene Bildung* und *Anregungen kultureller* oder *sonstiger Art* vermittelt werden (§ 68 Abs. 2).

Hilfsmittel sind z. B. Krankenstühle, Toilettenstühle, Hoyer-Lifter, Spezialbetten. Zu den Hilfen nach § 68 Abs. 2 S. 2 (als Versuch, vom Leiden abzulenken und vor Vereinsamung zu schützen) zählen z. B. die Beschaffung von Büchern, der Bezug von Zeitungen oder Lesemappen, die (in der Praxis meist leihweise) Überlassung von Radioapparaten und Fernsehgeräten (bei der Finanzierung von Fernsehgeräten ist die Rspr. sehr zurückhaltend, vgl. etwa VG Hannover, in: ZfF 1979, 88 f.), der Besuch von kulturellen Veranstaltungen und (in besonderen Fällen) die Übernahme der Kosten eines Fernsprechanschlusses (vgl. Pfahler 1980, 39 f. m. w. N.).

### 6.3.5.9.5. Abrenzung zu anderen Hilfen in besonderen Lebenslagen

(1) Hilfe zur Pflege kommt oft *neben der Krankenhilfe* (§ 37) in Betracht. Dies gilt vor allem dann, wenn die Pflegebedürftigkeit auf einer Krankheit (z. B. Epilepsie) beruht und diese der ärztlichen Behandlung bedarf; dann umfaßt die Hilfe zur Pflege den pflegerischen Aufwand, die Krankenhilfe den Aufwand an medizinischer Behandlung.

(2) Seltener kommt hingegen Hilfe zur Pflege neben *Eingliederungshilfe für Behinderte* in Betracht. Nach § 39 Abs. 4 wird Eingliederungshilfe nämlich nur gewährt, wenn im Einzelfall die Aussicht besteht, daß die Aufgabe der Eingliederungshilfe erfüllt werden kann (zur Problematik dieser Prognose vgl. 6.3.5.6.3.). Anderseits zeigen die Worte „soweit wie möglich unabhängig von Pflege zu machen" (§ 39 Abs. 3 S. 2), daß Eingliederungshilfe auch dann in Betracht kommt, wenn der Behinderte durch sie nicht völlig unabhängig von Pflege wird (vgl. Gottschick/Giese 1981, § 39 Rz. 9.2.) Die Entscheidung, ob neben Hilfe zur Pflege auch Eingliederungshilfe für Behinderte zu gewähren ist, wird deshalb im Einzelfall davon abhängen, ob die Teilnahme des pflegebedürftigen Behinderten am Leben in der Gemeinschaft *spürbar* gefördert wird (Gottschick/Giese a. a. O.; OVG des Saarlandes, in: NDV 1981, 308 f. im Fall eines durch Mongolismus schwer behinderten 21jährigen).

Gerade bei dieser Entscheidung sollte nicht restriktiv verfahren werden. Jüngere schwer geistig Behinderte z. B., die allzu schnell als Pflegefälle eingestuft werden mit der Folge, daß man bei ihnen nur die körperliche Existenz zu erhalten versucht, kämen dann in den Genuß von Fördermaßnahmen der Eingliederungshilfe (z. B. nach § 40 Abs. 1 Nr. 1 oder Nr. 5). Durch solche Fördermaßnahmen wurden nämlich oft schon Erfolge erzielt, die man früher nicht erwartet hätte. Die heilpädagogische Arbeit in den beiden letzten Jahrzehnten hat nämlich gezeigt, daß auch in sog. „hoffnungslosen Pflegefällen" noch Erfolge möglich sind und daß zu Beginn einer Fördermaßnahme nicht immer vorhergesagt werden kann, ob und in welchem Umfang Fortschritte erzielt werden können.

(3) Neben der Hilfe zur Pflege nach den §§ 68, 69 kommt auch eine zusätzliche *Hilfe nach § 70* (Hilfe zur Weiterführung des Haushalts, vgl. 6.3.5.10.), für einzelne hauswirtschaftliche Verrichtungen auch eine Hilfe nach § 11 Abs. 3 in Betracht (vgl. 6.2.1.(4) ).

*Beispiel:* Die pflegebedürftige Anna Meier (verheiratet, Ehemann berufstätig, drei Kinder im Alter von 12, 10 und 9 Jahren) erhält Pflegegeld nach § 69 Abs. 4 S. 1 von 658 DM monatlich. Sie beantragt die zusätzliche Gewährung einer Hilfe zur Weiterführung des Haushalts nach § 70 für täglich 2 Stunden (außer Sonntag) zu einer Stundenvergütung von 8 DM (monatlich 400 DM). Diese Hilfe kann unter den Voraussetzungen des § 70 neben der Hilfe zur Pflege gewährt werden, da letztere nur die rein personenbezogenen, nicht aber die hauswirtschaftlichen Verrichtungen umfaßt (vgl. 6.3.5.9.2.2. (2); vgl. auch OVG Berlin, in: NDV 1969, 27 f.).

(4) Leistungen der *Blindenhilfe* und gleichartige Leistungen für *Blinde* nach anderen Rechtsvorschriften (vgl. oben 6.3.5.8.) werden seit dem 1. 1. 1982 auf das Pflegegeld angerechnet (§ 69 Abs. 3 S. 4; vgl. Art. 21 Nr. 22 des 2. HStruktG).

Der Gesetzgeber ist der Ansicht, daß eine Kumulierung von Blindenhilfe und Pflegegeld nach den Erfahrungen der Sozialhilfepraxis zu einer vom Bedarf her nicht gerechtfertigten Kumulierung gleichartiger Leistungen führe (BT-Dr. 9/842, 91). Fraglich ist freilich, ob der Aufwand, der durch die Blindheit bedingt ist, nicht ein spezifisch anderer ist als der allgemeine Pflegeaufwand, der durch Pflegebedürftigkeit hervorgerufen wird, so daß ein Nebeneinander beider Leistungen durchaus gerechtfertigt wäre (kritisch zu diesem „Spareffekt" auf Kosten mehrfach Behinderter DIE ZEIT vom 5. 3. 1982, 71).

### 6.3.5.9.6. Einkommensgrenzen und sachliche Zuständigkeit

(1) Für die Prüfung, ob und in welchem Umfang dem Hilfesuchenden und seinen in § 28 genannten Angehörigen eine Eigenleistung zuzumuten ist, gilt zwar *grundsätzlich* die *allgemeine* Einkommensgrenze (§ 79).

In den *meisten Fällen* gilt aber gem. § 81 die *besondere* Einkommensgrenze (gegenwärtiger Grundbetrag: 1.014 DM) nämlich

— bei der häuslichen Pflege, wenn der in § 69 Abs. 3 S. 1 genannte Schweregrad der Hilflosigkeit besteht (vgl. 6.3.5.9.2.3.3.; das sind rd. 80 % aller Fälle der häuslichen Pflege, 6.3.5.9.2.3.2. (3) );

— bei der Heimpflege, also der Pflege in einer Anstalt, einem Heim oder einer gleichartigen Einrichtung, wenn sie voraussichtlich auf längere Zeit (i. d. R. mehr als ein Jahr) erforderlich ist (das sind mehr als 50 % aller Fälle der Hilfe zur Pflege; vgl. Leistungen der Sozialhilfe für Pflegebedürftige 1980, 198).

Wird ein Pflegegeld nach § 69 Abs. 4 S. 2 gewährt (vgl. 6.3.5.9.2.3.3. (1) 3.), so gilt die Einkommensgrenze des § 81 Abs. 2 (mit einem Grundbetrag von gegenwärtig 2.028 DM).

(2) *Sachlich zuständig* ist bei stationärer Hilfe für den in § 100 Abs. 1 Nr. 1 genannten Personenkreis (z. B. Geisteskranke) der überörtliche Träger der Sozialhilfe. Für alle anderen Fälle der Heimpflege und vor allem für die häusliche Pflege ist der örtliche Träger der Sozialhilfe sachlich zuständig.

### 6.3.5.9.7. Formularbeispiel

(1) Um auch einen Eindruck von der formularmäßigen Gestalt eines „Falles" zu geben, soll das folgende Beispiel zur häuslichen Pflege in die üblichen Formulare „übertragen" werden.

Der Abdruck der Formulare erfolgt mit freundlicher Genehmigung des Deutschen Gemeindeverlags, Köln.

(2) *Beispiel:* Die am 16. 7. 1899 geborene Rentnerin Anna Meier aus Netphen (Kreis Siegen) leidet an fortschreitendem Altersabbau. Sie ist seit kurzem bettlägerig und wird von

286

| Aktenzeichen: | S III-50-382 | | Datum: 1.9.1981 |

## Antrag auf Gewährung von Sozialhilfe (Grundantrag)

Begehrte Hilfe: __Hilfe zur häuslichen Pflege (§§ 68, 69 BSHG)__

---

**1 Persönliche Verhältnisse und Zugehörigkeit zu bestimmten Personen-Kreisen**

| | | X Hilfesuchender (HS) | nicht getrennt lebender Ehegatte | |
|---|---|---|---|---|
| | | Haushaltsvorstand (HV) bei HLU | Vater bei unverh. Minderjährigen | Mutter bei unverh. Minderjährigen |
| 1 | Name | Meier | | |
| 2 | Vorname | Anna | | |
| 3 | geb./verw./geschiedene | Ruff | | |
| 4 | geboren am | 16.7.1899 | | |
| 5 | geboren in | Siegen | | |
| 6 | Familienstand | verwitwet | | |
| 7 | Staatsangehörigkeit | deutsch | | |
| 8 | Konfession (Angabe freiw.) | katholisch | | |
| 9 | Anschrift PLZ/Wohnort/Zustellbezirk | 5902 Netphen | | |
| 9.1 | Straße, Hausnummer | Hauptstraße 2 | | |
| 10 | zuletzt ausgeübter Beruf | Hausfrau | | |
| 11 | Letzter Arbeitgeber (bei Schülern Ausbildungsstätte) | | | |
| 12 | Vormund oder Pfleger? | X nein ☐ Vormund ☐ Pfleger | ☐ nein ☐ Vormund ☐ Pfleger | ☐ nein ☐ Vormund ☐ Pfleger |
| 12.1 | Angab. üb. Vormund/Pfleger Name, Vorname | | | |
| 12.2 | Anschrift | | | |
| 12.3 | Wirkungskreis des Pflegers | | | |
| 12.4 | Bezeichng. u. Gesch.-Zeich. d. Vormundschaftsgerichts | | | |
| 13 | Vertriebener, Flüchtling, Zugew.? | ☐A ☐B ☐C X nein ☐ Ausweis Nr. | ☐A ☐B ☐C ☐ nein ☐ Ausweis Nr. | ☐A ☐B ☐C ☐ nein ☐ Ausweis Nr. |
| 14 | Rentenbezug nach dem Bundesversorgungsgesetz? | X nein ☐ ja (KOF prüfen!) | ☐ nein ☐ ja (KOF prüfen!) | ☐ nein ☐ ja (KOF prüfen!) |
| 15 | Schwerbehindertenausw.? | ☐ nein ☐ ja vom ___ MdE ___ v.H. | ☐ nein ☐ ja vom ___ MdE ___ v.H. | ☐ nein ☐ ja vom ___ MdE ___ v.H. |
| | | 01 | 02 | 03 |

---

**2 Angehörige und sonstige Personen im Haushalt des Hilfesuchenden (HS) bzw. des Haushaltsvorstandes (HV)**

| Nr. | Name, Vorname | geb. am | Stellung zum HS/HV | Fam.-Stand | Beruf bei Schülern Ausb.-Stätte | Einkommen? | Vermögen? |
|---|---|---|---|---|---|---|---|
| 04 | Meier, Helga | 29.9.20 | * | verw. | Hausfrau | X nein ☐ ja, siehe Nr. 7 | ☐ nein X ja, siehe Nr. 9 |
| 05 | *Schwiegertochter | | | | | ☐ nein ☐ ja, siehe Nr. 7 | ☐ nein ☐ ja, siehe Nr. 9 |
| 06 | | | | | | ☐ nein ☐ ja, siehe Nr. 7 | ☐ nein ☐ ja, siehe Nr. 9 |
| 07 | | | | | | ☐ nein ☐ ja, siehe Nr. 7 | ☐ nein ☐ ja, siehe Nr. 9 |
| 08 | | | | | | ☐ nein ☐ ja, siehe Nr. 7 | ☐ nein ☐ ja, siehe Nr. 9 |
| 09 | | | | | | ☐ nein ☐ ja, siehe Nr. 7 | ☐ nein ☐ ja, siehe Nr. 9 |
| 10 | | | | | | ☐ nein ☐ ja, siehe Nr. 7 | ☐ nein ☐ ja, siehe Nr. 9 |
| 11 | | | | | | ☐ nein ☐ ja, siehe Nr. 7 | ☐ nein ☐ ja, siehe Nr. 9 |
| 12 | | | | | | ☐ nein ☐ ja, siehe Nr. 7 | ☐ nein ☐ ja, siehe Nr. 9 |
| 13 | | | | | | ☐ nein ☐ ja, siehe Nr. 7 | ☐ nein ☐ ja, siehe Nr. 9 |
| 14 | | | | | | ☐ nein ☐ ja, siehe Nr. 7 | ☐ nein ☐ ja, siehe Nr. 9 |

287

- 2 -

**3** Aufenthaltsverhältnisse im letzten Jahr. Bei Vertriebenen, Flüchtlingen und Zugewanderten ab 1. 8. 1939 (hier auch Stichtage 31. 12. 1944 und 11. 7. 1945 beachten)

| vom | bis | Ort und Straße | Grund des Wechsels | Wurde am letzten Wohnort Sozialhilfe bezogen? |
|---|---|---|---|---|
| seit | 1946 | wie oben 9. und 9.1 | – | ☐ nein ☐ ja<br>Wer hat die Umzugskosten getragen? |
| | | | | |
| | | | | |
| | | | | |

**4** Grenzübertritt aus dem Ausland

Tag und Ort des Übertritts:

Ist ein Familienmitglied bereits früher aus dem Ausland gekommen? ☐ nein ☐ ja  Anschrift:

Familienmitglied, das als ältestes in der Bundesrepublik oder im Land Berlin geboren ist:  Name u. Vorname:  Geburtsort:

**5** Wohnverhältnisse

| Name und Anschrift des Vermieters | Wohnungsgröße Raumzahl | davon beheizt | qm | Heizungsart | Kaltmiete mtl. DM | Hausabgaben (z. B. Flurlicht, Wasserg. Fahrst.) mtl. DM | Kosten der Unterkunft zus. mtl. DM | Heizungskosten-Pauschale mtl DM |
|---|---|---|---|---|---|---|---|---|
| G. Wucher | 3 | 3 | 70 | Kohle, Öl | 400 | 16 | 416 | 80 |
| 5902 Netphen | | | | Gas-/Elektroheizung | | | | ohne mit |
| Im Tal 21 | | | | Fernheizung | | | | X |
| | | | X | Hauszentralheizung | | | | Warmwasserbereitung |

Untervermietet sind ........ Räume ☐ leer ☐ möbliert

Wohngeld  mtl DM

Einnahmen aus Untervermietung mtl. DM

416,-

**6** Besondere Notlagen (§ 15 a BSHG), Besondere Belastungen (§ 84 BSHG)

**Einkommensschlüsselverzeichnis zu Seite 3 ▶**
1. aus nichtselbst. Tätigkeit (Nettoerwerbseinkommen)
2. aus Land- und Forstwirtschaft
3. aus Gewerbebetrieb
4. aus sonst. Tätigkeit
5. aus Kapitalvermögen
6. aus Vermietung und Verpachtung siehe Rentabilitätsberechnung
7. aus Renten
   7.1 Berufsunfähigkeitsrente ohne Kinderzuschuß
   7.2 Erwerbsunfähigkeitsrente ohne Kinderzuschuß
   7.3 Altersruhegeld ohne Kinderzuschuß
   7.4 Unfallrente ohne Kinderzuschuß und Pflegegeld
   7.5 Sonst. Renten u. Pensionen ohne Kinderzuschuß/-zulage
   7.6 Kinderzuschuß/-zulage zu 7.1–7.5
   7.7 Pflegegeld zu 7.4
   7.8 Werksrente
8. Leistungen nach dem BVG
   8.1 Grundrente
   8.2 Sonstige
9. Leistungen nach dem LAG
   9.1 Unterhaltshilfe
   9.2 Pflegegeld
   9.3 Entschädigungsrente tatsächlich/anrechenbar

10. Leistungen nach dem AFG
    10.1 Alg oder Alhi
    10.2 Sonstige
11. Kindergeld
12. Wohngeld
13. Ausbildungs-, Erziehungsbeihilfen
14. Ausbildungsförderung
15. Unterhaltsbeiträge
18. Landw. Altersgeld
19. Sonst. Einkommen
    (z. B. Deputate, Sonderzuwendungen, 13. Gehalt, Urlaubsgeld)
20. nachrichtlich sonstige soziale Leistungen
    (z. B. Blindengeld, Hilfe für hochgradig Sehschwache, Pflegegeld)

**Schlüsselverzeichnis zur Einkommensbereinigung Seite 3 ▶**
1. Beiträge zur freiw. Hausratversicherung
2. Beiträge zur freiw. Feuerversicherung
3. Beiträge zur freiw. Krankenversicherung
4. Beiträge zur freiw. Rentenversicherung
5. Beiträge zur freiw. Unfallversicherung
6. Beiträge zur freiw. Sterbeversicherung
7. Beiträge zur freiw. Lebensversicherung
8. Beiträge zur freiw. Haftpflichtversicherung
9. Beiträge zur PKw-Haftpflichtversicherung
10. Aufwendungen für Arbeitsmittel
11. Fahrtkosten zur Arbeitsstätte (soweit nicht erstattet)
    11.1 öffentl. Verkehrsmittel
    11.2 Mofa
    11.3 Motorrad
    11.4 Kleinst-PKw
    11.5 PKw
12. Beiträge zu Berufsverbänden
13. Mehraufwendungen für doppelte Haushaltsführung

| **7** | **Einkommen der unter** | **1** | **und** | **2** | **genannten Personen** |

| Personenziffer oder Name und Vorname | Einkommens-schlüssel | Arbeitgeber, Versicherungsträger, sonstige Zahlstelle mit Geschäftszeichen | Betrag mtl. DM | Insgesamt mtl. DM |
|---|---|---|---|---|
| Meier, Anna | 7.3. | Landesversicherungsanstalt | 889,10 | 889,10 |
| | | Westfalen | | |
| Meier, Helga | 7.3. | wie oben | 816,- | 816,- |
| | | | | |
| | | | | |
| | | | | |
| | | | | |
| | | | | |

| **8** | **Bereinigung des Einkommens der unter** | **1** | **und** | **2** | **genannten Personen** |

| Personenziffer oder Name und Vorname | Schlüsselziffer Eink.-Bereinigung | Fahrtkostenberechnung | | tatsächliche Aufwendung mtl. DM | angemessene Aufwendung mtl. DM | Insgesamt mtl. DM |
|---|---|---|---|---|---|---|
| | | km-Zahl | km-Pauschale | | | |
| | | | | | | |
| | | | | | | |
| | | | | | | |
| | | | | | | |
| | | | | | | |
| | | | | | | |
| | | | | | | |
| | | | | | | |

| **9** | **Vermögen der unter** | **1** | **und** | **2** | **genannten Personen** |

| Personenziffer oder Name und Vorname | Haus- und Grundvermögen | | Kapitalvermögen / sonstiges Vermögen | |
|---|---|---|---|---|
| | Art und Lage | Einheitswert DM | Art, Bank, Kto.-Nr. | Betrag DM |
| Meier, Anna | – | | Sparguthaben bei Spark.Siegen | 3.800 |
| Meier, Helga | – | | Sparguthaben bei Spark.Siegen | 1.100 |
| | | | | |

Ergänzende Angaben:

–

| **10** | **Ansprüche aus Rentenversicherung des/der** ................................................................................................................ |

10.1 Sind Beiträge gezahlt? ☐ nein ☐ ja    Anzahl der Beitragsmonate: ....................................

Entrichtet bei folgenden Versicherungsträgern: .......................................................

...........................................................................................................................

10.2 Besteht Anspruch aus der Versicherung des Ehegatten oder der Eltern? ☐ nein ☐ ja, ..............................

10.3 Rente beantragt am ............................    Rentenzeichen ..........................................

10.4 Rente abgelehnt am ............................    Läuft Klageverfahren? ☐ nein ☐ ja, erhoben am ..................

- 4 -

---

**11 Ansprüche aus Krankenversicherung/Krankenversorgung** des/der ................................

11.1 Versichert bei folgender Krankenkasse: ........ AOK Siegerland-Wittgenstein ........................

**als**
☐ Pflichtversicherter    ☐ Familienangehöriger    ☒ pflichtvers. Rentner    ☐ LAG-Ber. gem. § 276 I LAG

☐ freiw. Versicherter    ☐ als freiw. vers. Rentner    ☐ LAG-Berechtigter gem. § 276 II LAG - Beitragsregelung -

11.2 Beschäftigungszeiten in den letzten 2 Jahren (§§ 195 a, 205 a, 214 RVO)

---

**12 Ansprüche aus Sterbe- und Lebensversicherung**

| Versicherte Person | Versicherung (Name, Anschrift, Az.) | Vers.-Summe DM | mtl. Beitrag DM | Fälligkeit |
|---|---|---|---|---|
| | | | | |
| | | | | |
| | | | | |

---

**13 Ansprüche nach dem Arbeitsförderungsgesetz (AFG)** des/der ........................

13.1 Besteht Anspruch auf Alg / Alhi?   ☐ nein   ☐ ja, Stamm-Nr.: .............. Sperrfrist vom .......... bis ..........

13.2 Sonstige Ansprüche nach AFG?   ☐ nein   ☐ ja,   nämlich ..........

**14 Ansprüche nach dem Bundesversorgungsgesetz** des/der .......... ....  ── ──

14.1 Liegt eine Kriegsbeschädigung vor?   ☐ nein   ☐ ja   MdE .......... v. H.

14.2 Sind Angehörige im Krieg gefallen oder an Schädigungsfolgen gestorben?   ☐ nein   ☐ ja, nämlich ..........

**15 Unterhaltsansprüche** (getrennt lebender od. geschiedener Ehegatte sowie Kinder und Eltern, wenn nicht unter ☐ 2 aufzuführen)

| Name, Vorname | geb. am | Stellung zum HS | Fam.- Stand | Zahl der mj. Kinder | Beruf | genaue Anschrift |
|---|---|---|---|---|---|---|
| | | | | | | |
| | | | | | | |
| | | | | | | |
| | | | | | | |
| | | | | | | |
| | | | | | | |
| | | | | | | |

Zusatzangaben zum getrennt lebenden oder geschiedenen Ehegatten: ☐ getrennt lebend seit ..........

☐ geschieden durch Urteil des LG .......... vom .......... rechtskräftig seit .......... Geschäftszeichen: ..........

Begründung eines Unterhaltsanspruches: ..........

☐ Unterhaltsurteil   ☐ Unterhaltsverzicht vom: .......... (Kopien zum Vorgang!)

**16 Sonstige Ansprüche** (z. B. aus Vertrag, Verkehrsunfall, Körperverletzung) des/der ..........

Ich versichere, daß die vorstehenden Angaben voll der Wahrheit entsprechen und daß keine wichtigen Angaben verschwiegen wurden. Es ist mir bekannt, daß ich mich durch unwahre oder unvollständige Angaben der Strafverfolgung aussetze und zu Unrecht bezogene Leistungen zurückzahlen muß. Ich verpflichte mich, jede Änderung der Tatsachen, die für die Hilfe maßgebend sind, insbesondere der Einkommens-, Vermögens- und Familienverhältnisse, sofort unaufgefordert mitzuteilen. Die Behörden, Sparkassen und Banken ermächtige ich zur Auskunftserteilung über meine Vermögensverhältnisse bzw. Konten. Mir ist bekannt, daß meine Ansprüche gegen Drittverpflichtete in gesetzlich zulässigem Umfang auf den Träger der Sozialhilfe übergeleitet werden.

*Fleißig*        *A. Meier*

Unterschrift des Sachbearbeiters        Unterschrift des Antragstellers

(Fleißig)

Folgende Angaben sind noch nachzuweisen: zu Ziffer ..........

Az.

**S III-50-382**

PLZ, Ort, Datum

**5902 Netphen, 1.9.1981**

## ANTRAG auf Gewährung von Hilfe zur häuslichen Pflege (§§ 68, 69 BSHG)

Hilfe zur Pflege kommt für Personen in Betracht, die infolge Krankheit oder Behinderung so hilflos sind, daß sie nicht ohne Wartung und Pflege bleiben können. Gegenstand der Hilfe sind also alle pflegerischen Tätigkeiten, die der hilflose Mensch benötigt. Hauswirtschaftliche Verrichtungen zählen hierzu nur insoweit, als sie der Wartung und Pflege **der Person** des Kranken oder Behinderten **unmittelbar** dienen (z. B. Reinigung besonders beschmutzter Wäsche). Nicht in Betracht kommt diese Hilfe zur Pflege für die Aufrechterhaltung der Haushaltsführung (hierzu § 70). Sie entfällt auch, wenn Hilfe nur für einzelne wenige Verrichtungen des täglichen Lebens benötigt wird (hierzu § 11 III) oder wenn die Hilfeleistungen so geringfügig sind, daß sie im allgemeinen nicht abgegolten werden. Hierbei spielt auch die Frage, wer die Hilfe leistet, eine besondere Rolle. Hierüber belehrt, stelle ich diesen Antrag:

| 1 | Persönliche Verhältnisse | Hilfesuchender (Pflegebedürftiger) | Antragsteller |
|---|---|---|---|
| | Name, Vorname, Geburtsdatum | Meier, Anna (geb. Ruff)<br>16.7.1899 | Meier, Helga (geb. Haupt) |
| | Anschrift | 5902 Netphen<br>Hauptstraße 2 | |

Im übrigen wird auf den ☐ aufzunehmenden ☐ schon vorliegenden Sozialhilfe-Grundantrag verwiesen.

| 2 | Wer übt die Pflege aus? | | Behandelnder Arzt (Name, Anschrift) |
|---|---|---|---|
| | Name, Vorname, Geburtsdatum | Meier, Helga (geb. Haupt) | Dr. K. Goldgrub |
| | Anschrift | wie oben | |
| | Stellung zum Hilfesuchenden | Schwiegertochter | |

| 3 | Bezeichnung der vorliegenden Krankheit oder Behinderung und ihre Auswirkung (z. B. bettlägerig, Rollstuhl) |
|---|---|
| | bettlägerig |

**4**   **Forderungen des Pflegenden an den Hilfesuchenden**

a) Wird ein **bestimmter** Aufwand geltend gemacht (z. B.: Fahrtkosten, besonderer Kleiderverbrauch; Entgelt)? ☒ nein
☐ ja   | nämlich

b) Wird die Übernahme von Beiträgen für eine angemessene Alterssicherung gefordert? ☒ nein
☐ ja, besonderen Antrag aufnehmen.

**5**   **Ansprüche gegen Dritte oder Leistungen Dritter**

a) Ist die Hilflosigkeit Folge eines Unfalles oder verursacht durch einen Dritten? ☒ nein
☐ ja   | Name und Anschrift des Schädigers
  | Zeit und Ort der Schädigung

b) Bestehen Ansprüche auf Pflegeleistungen nach anderen Rechtsvorschriften, aus Vertrag oder werden Leistungen bereits gewährt? ☒ nein
☐ ja   | Art der Leistung. Verpflichteter und Höhe

c) Befindet sich der Hilfesuchende in teilstationärer Betreuung? ☒ nein
☐ ja   | Einrichtung

*Fleißig* (Fleißig)
(Unterschrift des Sachbearbeiters)

*Helga Meier*
(Unterschrift des Antragstellers)

Sozialamt | Datum | Telefon

**der Gemeinde Netphen** | 4.9.1981 | 02738/160-1

**G. R.**

dem Sozialarbeiter, Bezirk __Netphen__

mit der Bitte um Prüfung und Stellungnahme. Beigefügt sind g. R.

☒ ärztliche Bescheinigung ☒ Sozialhilfegrundantrag ☐ _____

I. A.

---

| A | **Feststellungen des Sozialarbeiters** |

1. Familienverhältnisse (z. B. Familienzusammenhalt, Bereitschaft zur Hilfeleistung):

**Frau Meier wohnt z.Z. im Haushalt ihrer Schwiegertochter, welche die erforderliche Pflege übernimmt**

2. Wohnungsverhältnisse (z. B. ausreichender Wohnraum, Lage der Wohnung, ungeeignet, gesundheitsschädlich):

**Frau Meier bewohnt ein eigenes Zimmer in der von ihr und ihrer Schwiegertochter gemeinsam gemieteten Wohnung**

3. Art der Krankheit/Behinderung des Hilfesuchenden:

**Cerebralsklerotische Durchblutungsstörungen mit cerebralem Abbau**

4. Auswirkungen der Krankheit/Behinderung:

Bettlägerig? ☐ nein ☐ ja, und zwar ☒ zeitweise ☐ ständig, evtl. Anmerkung

Hilfe beim Waschen? ☐ nein ☒ ja

Hilfe beim Baden? ☐ nein ☒ ja

Hilfe beim Frisieren, Rasieren? ☐ nein ☒ ja

Hilfe beim An- und Auskleiden? ☐ nein ☒ ja

Hilfe beim Anlegen von Hilfsmitteln? ☒ nein ☐ ja

Hilfe beim Essen und Trinken (Füttern)? ☐ nein ☒ ja **zeitweise**

Hilfe bei der Toilettenbenutzung? ☐ nein ☒ ja

Hilfe beim Sauberhalten wegen Blasen- und Mastdarmschwäche? ☐ nein ☒ ja

Hilfe beim Lagern zur Nachtruhe? ☐ nein ☒ ja

Ständige Aufsicht bei Tag? ☐ nein ☒ ja

Ständige Aufsicht bei Nacht? ☒ nein ☐ ja

Hauswirtschaftliche Verrichtungen zur Pflege des HS (siehe Vorbemerkung) ☒ nein ☐ ja,
nämlich (besondere Bemerkungen. z. B. nur geringfügige Leistungen)

Besondere Erschwernisse bei der Wartung und Pflege:

5. Dauer der Hilflosigkeit:
Sind Wartung und Pflege **dauernd** erforderlich?
(Dauernd ist ein Wartungs- und Pflegebedürfnis, wenn nach den Umständen des Einzelfalles anzunehmen ist, daß der Zustand der Hilflosigkeit auf voraussichtlich nicht absehbare Zeit bestehen wird).
☐ nein ☒ ja

6. Welche Aufwendungen (z. B. Fahrtkosten, besonderer Kleiderverbrauch, Entgelt) **entstehen der Pflegeperson/ besonderen Pflegekraft?**

292

---

| **B** | **Stellungnahme des Sozialarbeiters** |

1  Sind die persönlichen Voraussetzungen nach § 69 gegeben (siehe Vorbemerkung)?

☒ **ja,** weiter nach Ziffern 2 – 6

☐ **nein,** Ziffern 2 – 6 entfallen.
Anmerkung: Soweit ein anderer oder zusätzlicher Bedarf besteht

    a) zur Verrichtung einzelner Haushaltätigkeiten von anderen als Familienangehörigen (§ 11 III)
    b) zur Haushaltsführung gegen Entgelt von Dritten, die hierzu nicht verpflichtet sind (§ 70)

    ist dieser unter 7 zu begründen und zu beziffern.

2  Es handelt sich um eine Person, die durch Krankheit oder Behinderung so hilflos ist, daß sie fremder Wartung und Pflege bedarf, die von nahestehenden Personen oder Nachbarn ausgeübt wird. Die pflegerische Tätigkeit übersteigt das in einer Gemeinschaft übliche Maß gegenseitiger Hilfeleistung (§ 69 II). Das gilt auch für schwere Pflege, die **nicht dauernd** erforderlich ist.

Bedarf nach § 69 II mtl. _____ DM (Betrag unter B 7 begründen!)

3  Der Pflegebedürftige ist so hilflos, daß er für die gewöhnlichen und regelmäßig wiederkehrenden Verrichtungen im Ablauf des täglichen Lebens in **erheblichem Umfang** der Wartung und Pflege **dauernd** (siehe A Nr. 5) bedarf (§ 69 III i. V. mit § 69 IV, Satz 1, erster Halbsatz).

4  ☒ Der Zustand des Pflegebedürftigen erfordert über 3 hinaus **außergewöhnliche** Pflege, weil an die Pflegebereitschaft oder an die körperlichen Kräfte der Pflegeperson besonders hohe Anforderungen gestellt werden oder weil die Verrichtungen zur Pflege besonders unangenehm und peinlich sind (§ 69 III i. V. mit § 69 IV, Satz 1, 2. Halbsatz).

Bedarf mtl. _414,-_ DM (Betrag unter B 7 begründen!)

5  Es handelt sich um Schwerstpflege, da der HS zu folgendem Personenkreis nach § 69 IV, Satz 2 i. V. mit der VO zu § 24 II zählt

☐ 1. Personen mit Verlust beider Beine im Oberschenkel, bei denen eine prothetische Versorgung nicht möglich ist oder die eine weitere wesentliche Behinderung haben,

☐ 2. Ohnhänder,

☐ 3. Personen mit Verlust dreier Gliedmaßen*),

☐ 4. Personen mit Lähmungen oder sonstigen Bewegungsbehinderungen, wenn diese Behinderungen denjenigen der zu Nummern 1-3 genannten Personen gleichkommen,

☐ 5. Hirnbeschädigte mit schweren körperlichen **und** schweren geistigen oder seelischen Störungen und Gebrauchsbehinderung mehrerer Gliedmaßen*),

☐ 6. Personen mit schweren geistigen oder seelischen Behinderungen, die wegen **dauernder und außergewöhnlicher** motorischer Unruhe **ständiger** Aufsicht bedürfen,

☐ 7. andere Personen, deren **dauerndes** Krankenlager erfordernder Leidenszustand oder deren Pflegebedürftigkeit so außergewöhnlich ist, daß ihre Behinderung denen der Nummern 1-5 vergleichbar ist.

6  Sind zusätzliche Leistungen nach § 69 V erforderlich? ☒ **nein**    ☐ ja, da das pauschalierte Pflegegeld nach 3 bis 5 die tatsächlichen Aufwendungen nicht deckt.

Bedarf mtl. _____ DM (Betrag unter B 7 begründen!)

7  Sonstige Anmerkungen oder Vorschläge (z. B. Bedarf nach § 11 III oder § 70; auch Versorgung mit Hilfsmitteln, Gebührenbefreiungen, Krankenkostzulage)

Frau M. leidet an einem stark fortgeschrittenen Altersabbau: Sie ist völlig desorientiert und muß ständig beaufsichtigt werden. Es besteht zeitweise Stuhl- und Urininkontinenz. Die Pflege wird z.Z. von der Schwiegertochter durchgeführt. Meines Erachtens sind die Voraussetzungen des § 69 Abs. 3 i.V.m. Abs. 4 HS 1 u. 2 BSHG gegeben (50 % Aufschlag).

*) Als Gliedmaße gilt mindestens die ganze Hand oder der ganze Fuß.

Bei Nr. 2 bis 5 darf nur ein Kästchen angekreuzt werden!

293

| Dienststelle, Bezirk/Az. | **Kreis Siegen** | Datum | 7.9.81 | Telefon | 02738/168 |

**Kreis Siegen**
-Familienfürsorge-
Talstraße 16
5902 Netphen

☐ U. mit allen Unterlagen

dem Amtsarzt

mit der Bitte um gutachtliche Stellungnahme und Weiterleitung an das Sozialamt.

*P. Gillo*

(Unterschrift)

(P. Gillo, Sozialarbeiter)

| Dienststelle | | Datum | | Telefon | |
|---|---|---|---|---|---|

**Kreis Siegen**    10.9.81    0271/3377-1
-Gesundheitsamt-

**C | Gutachten des Amtsarztes**

1 Befund (möglichst deutsche Bezeichnungen)

   Fortgeschrittener Altersabbau

2 Stellungnahme zur Einstufung des Pflegebedürftigen und zu den sonstigen Vorschlägen (Seite 3 B 1-7)

   Es liegen die Voraussetzungen des § 69 Abs. 4 S. 1 HS 2 BSHG

   (50 % Erhöhung) vor.

3 Dauerfall? Nachuntersuchung?

Ist anzunehmen, daß sich der Zustand des Pflegebedürftigen in absehbarer Zeit wesentlich bessert?

☐ ja, etwa in _____     ☒ nein, Dauerfall

Nachuntersuchung erforderlich?

☒ ja, etwa in __12 Monaten__     ☐ nein

4 Können die Beschwerden durch Hilfsmittel wirksam gemildert werden und verändert sich danach die Stellungnahme zu ☐2 ?

5 Sonstige Anmerkungen des Amtsarztes

☐ U. mit allen Unterlagen
dem Sozialamt
zurück

*i. V.*

(Unterschrift)

(**Dr.** M. Abuse, Medizinaldirektor)

**Vermögenserklärung**  Az.: S III-50-382

zum Antrag auf Gewährung von ___Hilfe zur häuslichen Pflege (§§ 68, 69 BSHG)___

Hilfesuchender/ Name, Vorname: ___Meier, Anna___ geboren am ___16.7.1899___
Hilfeempfänger Anschrift: ___Hauptstraße 2, 5902 Netphen___

| Art des Vermögens | Hilfesuchender/ Hilfeempfänger Wert – DM | Ehegatte Wert – DM | Eltern, bei minderjährigen Kindern Wert – DM |
|---|---|---|---|
| Bargeld | | | |
| Bank- und Sparguthaben (auch aus Sparverträgen, z.B. vermögenswirksames Sparen, Bausparverträge) | | | |
| Kto.-Nr.: 450 368 bei: Sparkasse Siegen | 3.800,- | | |
| .. | | | |
| .. | | | |
| .. | | | |
| .. | | | |
| Aktien, Pfandbriefe, sonstige Wertpapiere | | | |
| Art: _____ (Kurswert:) | | | |
| Hypotheken, Darlehen, sonstige Forderungen | | | |
| Art: _____ Schuldner: _____ | | | |
| .. | | | |
| Lebensversicherungen, Sterbeversicherungen | | | |
| Art: _____ Versich.- Träger: _____ über: | | | |
| .. | | | |
| .. | | | |
| Sachwerte (z.B. Kunstgegenstände, Schmuckstücke, Kraftwagen, Wohnwagen usw.) | | | |
| Art: _____ (Verkehrswert:) | | | |
| .. | | | |
| Haus- und Grundbesitz (z.B. auch Eigentumswohnungen, Ferienwohnungen, Bauplätze, sonstiger Landbesitz) | | | |
| Art: _____ (Einheitswert) (Verkehrswert) | | | |
| Art: _____ (Einheitswert:) (Verkehrswert:) | | | |
| Ggf. Viehbestand | | | |
| Art: _____ (Verkehrswert:) | | | |
| Anlage- und Betriebsvermögen | | | |
| Art: _____ (Verkehrswert:) | | | |
| Erbansprüche ☐ Ja ☒ Nein (Ggf. Unterlagen beifügen!) | | | |
| Ansprüche aus | | | |
| a) Altenteilsverträgen ☐ Ja ☒ Nein (Ggf. Unterlagen beifügen!) | | | |
| b) Überlassungsverträgen ☐ Ja ☒ Nein .... | | | |
| c) Leibrentenverträgen ☐ Ja ☒ Nein .... | | | |
| d) Verkaufsverträgen ☐ Ja ☒ Nein .... | | | |
| Welches Vermögen wurde an Angehörige übergeben? (ausführlich beantworten, ggf. auf besonderem Blatt!) | | | |

Ich versichere, daß meine vorstehenden Angaben wahr sind. Mir ist bekannt, daß ich wegen wissentlich falscher oder unvollständiger Angaben strafrechtlich verfolgt werden kann und für zu Unrecht erlangte Hilfe erstattungspflichtig bin.
Mir ist ferner bekannt, daß meine Ansprüche gegen Drittverpflichtete im Rahmen der gesetzlich zulässigen Grenze auf den Träger der Hilfe übergeleitet werden können. Ich bestätige ausdrücklich, davon unterrichtet worden zu sein, daß ich jede Änderung der Familien-, Einkommens- und Vermögensverhältnisse, vorübergehende Abwesenheit, Krankenhausaufenthalte usw., auch von Haushaltsangehörigen, unverzüglich und unaufgefordert dem Träger der Hilfe mitzuteilen habe. Die Aufnahme jeder Arbeit, auch Gelegenheitsarbeit, werde ich vor Aufnahme der Arbeit gleicherweise anzeigen. Die Behörden, Sparkassen und Banken sowie das Postsparkassenamt Hamburg/München ermächtige ich gegenüber den Träger der Hilfe zur uneingeschränkten Auskunftserteilung über meine Vermögensverhältnisse. Konten sowie die Kontenbewegungen des letzten halben Jahres und entbinde diese Stellen von der Schweigepflicht bzw. dem Bankgeheimnis.

Netphen, 2.9.1981
(Ort, Datum)

*A. Meier*
(Unterschrift d. Hilfesuchenden/Hilfeempfängers, bzw. d. gesetzl. Vertreters oder Bevollmächtigten)

Behörde: **Gemeinde Netphen/ Sozialamt**

Netphen, 4.9.1981
(Ort, Datum)

Die vorstehend gemachten Angaben erscheinen glaubhaft und entsprechen, soweit nachgewiesen, den Tatsachen.

*Fleißig*
(Fleißig)
(Unterschrift)

41 0/8 179 • Deutscher Gemeindeverlag GmbH (5) – 7/78
Formularverlag W. Kohlhammer – Nachdruck verboten

Aktenzeichen: S III-50-382

## Einsatz des Einkommens bei Hilfen in besonderen Lebenslagen
### (ausgenommen die Sonderregelungen nach § 86 BSHG)

1. **Hilfesuchender (HS):** Meier, Anna

2. **Art der Hilfe:** Hilfe zur häuslichen Pflege (§§ 68, 69 BSHG)

| | DM monatlich |
|---|---|
| 3. **Ermittlung der einzusetzenden eigenen Mittel** | |
| 3.1 **Einkommen** | |
| Einkommen des HS Witwenrente ..... (Berechnung der Einkünfte ¹) Blatt ___ ) | 889,10,- |
| Einkommen des nicht getrennt lebenden Ehegatten. . (Berechnung der Einkünfte ¹) Blatt ___ ) | |
| Einkommen der Eltern / des Elternteils, falls der HS minderjährig und unverheiratet ist ........ (Berechnung der Einkünfte ¹) Blatt ___ ) | |
| Gesamteinkommen . . . . . . . . . . . . . . | 889,10,- |

| | DM monatlich |
|---|---|
| 3.2 **Hiervon abzusetzen** | |
| Leistungen nach § 77 BSHG, die nicht dem Zweck der Hilfe dienen ²) . . . . | |
| Zuwendungen nach § 78 BSHG (gemäß örtlicher Regelung) ²) . . . . . . . | |
| Gleichartige Leistungen Dritter für die beantragte Hilfe nach § 85 Nr. 1 BSHG (siehe auch Ziff. 7) ²) . . . . . . . . . . . . . . . . . | |
| Das für einen anderen Bedarf bereits eingesetzte Einkommen nach § 87 (1) BSHG . . . . . . . . . . . . . . . . . . | |
| 3.3 **Das für die Festsetzung der Eigenmittel maßgebende Einkommen beträgt** . . | |
| 4. **Einkommensgrenze** | |
| 4.1 **Grundbetrag** nach § 79 BSHG in Höhe des Doppelten des Regelsatzes | |
| eines Haushaltungsvorstandes = 2 x      DM = . . . . . . . . | |
| nach § 81 (1) BSHG / nach § 81 (2) BSHG = . . . . . . . . . . . . . | 1.073,- |
| 4.2 **Kosten der Unterkunft** . . . . . . . . . . . . . . . | 100,- |
| 4.3 **Familienzuschlag** für | |
| 4.31 den nicht getrennt lebenden Ehegatten . . . . . . . . . . . . . . | |
| 4.32 den minderjährigen unverheirateten HS, wenn er mit den Eltern / dem Elternteil zusammenlebt³) . . . . . . . . . . . . . . . | |
| 4.33 jede Person, die vom HS oder seinem nicht getrennt lebenden Ehegatten bzw. wenn der HS minderjährig und unverheiratet ist, von seinen Eltern oder dem Elternteil überwiegend unterhalten wird | |

| | | | Unterhaltsvergleich | | Überwiegend unterhalten | |
|---|---|---|---|---|---|---|
| Name und Vorname | Verwandt-schafts-verhältnis | 50% des Bedarfs DM | Netto-ein-kommen DM | | Ja | Nein |
| | | | | | ☐ | ☐ |
| | | | | | ☐ | ☐ |
| | | | | | ☐ | ☐ |
| | | | | | ☐ | ☐ |

| | | |
|---|---|---|
| 4.4 Einkommen **u n t e r** der Einkommensgrenze (Die Berechnung Ziffer 6 entfällt daher) | entfällt | — |
| 5. **Einkommen ü b e r der Einkommensgrenze** . . . . . . . . . . . | | |
| 6. **Einsatz des Einkommens über der Einkommensgrenze** nach § 84 BSHG | | |
| 6.1 **Abzusetzen** besondere Belastungen in angemessenem Umfange ⁴) | | |
| **kein Einsatz des Einkommens** | — | — |
| 6.2 Verbleibendes Einkommen . . . . . . . . . . . . . . . . . (Übertrag:) | | |

Fußnoten siehe Rückseite

410/9042 – Einsatz des Einkommens bei Hilfen in besond. Lebenslagen
Deutscher Gemeindeverlag GmbH – Nachdruck verboten – 12/72 –

|  | DM monatlich |
|---|---|

Übertrag (Verbleibendes Einkommen) . . . . . . . . . . . . . . . . . . . . . . . . . . .

**davon ab**
Unabwägbare Aufwendungen .............. % [5]) des Betrages 6.2
o d e r
**Zuschlag** für jede im **Haushalt** lebende Person, für die nach 4.3 Familienzuschlag zuerkannt ist

.............. DM [4]) = .............. × .............. -DM

o d e r [4])

6.3 Zu berücksichtigendes Einkommen . . . . . . . . . . . . . . . . . . . . . . .

**davon** angemessen .............. % [5]) . . . . . . . . . . . . . . . . . . .

|  | DM monatlich |
|---|---|

**7. Einsatz des Einkommens unter der Einkommensgrenze nach § 85 BSHG**

Leistungen, die für den gleichen Zweck bestimmt sind (§ 85 Ziff. 1 BSHG), und zwar

Wegen geringfügiger Mittel zur Deckung des Bedarfs . . . . . . . . . . . . .

Häusliche Einsparungen (§ 85 Ziff. 3 Satz 1 BSHG) bei kurzfristiger Hilfe in einer

Anstalt usw. ..............

Einsparungen (§ 85 Ziff. 3 Satz 2 BSHG) bei länger dauernder Hilfe in einer

Anstalt usw. ..............

**8. Einzusetzendes Einkommen insgesamt** . . . . . . . . . . . . . . . . . . .

9. ☐ Die Aufbringung der Eigenmittel

☐ Der Aufwendungsersatz

wird auf – einmalig – vom .............. ab auf monatlich .............. DM festgesetzt.

Netphen, 4.9.81
(Ort, Datum)

Festgestellt: *Fleißig*
(Fleißig)

---

**Verfg.**

1. Hilfe wird – in Höhe von .......*414,-*........ DM monatlich gewährt – ~~abgelehnt~~ ab Antragstellung

Hilfe wird nach § 29 BSHG zunächst in vollem Umfange übernommen, weil ..............

2. Leistungsbescheid über .............. DM erteilen (erl. am .............. durch ..............)

3. Bewilligungs-/~~Ablehnungs~~-Bescheid erteilen (erl. am 15.9.81 durch Schmitt)

4. ..............

15.9.81 *Pehm*
(Datum, Unterschrift)
(Schmitt)

[1]) DGV-Vordruck NW 410/740
[2]) Leistungen bzw. Zuwendungen nur absetzen, wenn sie auch in Ziffer 3.1 nachrichtlich als Einkommen erfaßt sind.
[3]) In den Fällen § 33(1), § 41(1), § 48(2) Nr. 3 entfällt der Familienzuschlag für den minderjährigen HS, wenn die Hilfe außerhalb einer Anstalt usw. gewährt wird.
[4]) Wird in der Regel bei kurzer Dauer des Bedarfs ganz oder teilweise entfallen.
[5]) Prozentsätze bzw. Beträge entsprechend der örtlichen Regelung.

**Gemeinde Netphen**                                    Netphen, den 15.9.1981

— Sozialamt —

Az.: S III—50—382

Frau
Anna Meier
Hauptstraße 16

5902 Netphen

**Betr.:** Gewährung von Pflegegeld nach dem Bundessozialhilfegesetz (BSHG)

**Bezug:** Ihr Antrag vom 1.9.1981

Sehr geehrte Frau Meier,

auf Grund Ihres Antrags wird Ihnen vom 1.9.1981 an ein monatliches Pflegegeld nach § 69 Absatz 3 und 4, Satz 1, 2. Halbsatz BSHG in Höhe von 414,— DM
bewilligt.

Der Betrag wird auf das von Ihnen angegebene Konto überwiesen.

Für die Zeit bis zur Bewilligung Ihres Antrags wird eine entsprechende Nachzahlung vorgenommen.

Ein förmlicher Bescheid ist als Anlage beigefügt.

Mit freundlichem Gruß

i. A.

*Schmitt*

(Schmitt)

| Behörde, Gesch.-Zeichen | PLZ, Ort, Datum |
|---|---|

Gemeinde Netphen/ Sozialamt

S III-50-382

5902 Netphen, 15.9.1981

┌           ┐

Gegen Zustellungsnachweis

An Frau

Anna Meier

Hauptstraße 2

5902 Netphen

**Bescheid über Bewilligung**
von Hilfe zur häuslichen Pflege
(§§ 68, 69 BSHG)

└           ┘

Sehr geehrte(r)   **Frau Meier!**

Auf den Antrag vom   **1.9.1981**   wird Ihnen nach §§ 68, 69 des Bundessozialhilfegesetzes (BSHG)

für   **12 Monate**   ab   **1.9.1981**

Hilfe zur häuslichen Pflege gewährt, soweit nach den Bestimmungen über den Einsatz des eigenen Einkommens und Vermögens gemäß §§ 28, 76 bis 81, und 88, 89 BSHG die Notlage nicht aus den eigenen Mitteln des Hilfesuchenden, seines nicht getrennt lebenden Ehegatten und, wenn er minderjährig und unverheiratet ist, auch seiner Eltern behoben werden kann.

Sollten Sie Einkünfte jeglicher Art und vorhandenes Vermögen, insbesondere Bargeld, Bank- und Sparguthaben, Geldforderungen, Sparverträge, Wertpapiere, Haus- und Grundbesitz usw. von Ihnen und Ihren im Haushalt lebenden Angehörigen nicht richtig oder unvollständig angegeben haben, **dürfen Sie angewiesene Beträge der gewährten Hilfe nicht in Empfang nehmen,** da in diesem Falle der Anspruch auf die festgesetzte Hilfe nicht besteht.

Die Hilfe umfaßt

die a n g e m e s s e n e n Aufwendungen, die der Pflegeperson entstehen . . . . . . . . . . . . .  ———  DM

ein Pflegegeld von . . . . . . . . . . . . . . . . . . . . . . . . . . . . . . . . . **414,-** DM

die a n g e m e s s e n e n Kosten für eine geeignete — und — oder besondere Pflegekraft . . . . .  ———  DM

Bedarf . . . . . . . . . . . . . . . . . . . . . . . . . . . . . monatlich **414,-** DM

a b z ü g l i c h der aufzubringenden eigenen Mittel . . . . . . . . . . . . . DM

gleichartiger Leistungen nach anderen Rechtsvorschriften . . . DM  ———  DM

Höhe der Hilfe . . . . . . . . . . . . . . . . . . . . . . . monatlich **414,-** DM

Für die Zeit vom **1.9.81** bis **31.8.82** beträgt die Hilfe _____ DM. Nach Ablauf dieses Bewilligungszeitraums wird die Hilfe ohne besonderen Antrag jeweils für einen Monat im voraus und insoweit weitergewährt, wie die wirtschaftlichen Voraussetzungen und die Voraussetzungen für pflegerische Maßnahmen vorliegen. Sie müssen daher die Festsetzung der Hilfe unverzüglich neu beantragen, wenn in den wirtschaftlichen und persönlichen Verhältnissen irgendwelche Änderungen eintreten.

Sie sind verpflichtet, jede Änderung in Ihren Familien-, Einkommens- und Vermögensverhältnissen sowie jeden Wohnungswechsel, auch jede nur vorübergehende Abwesenheit (wie Kurverschickung, Krankenhausaufenthalt u. a.) nach hier unverzüglich mitzuteilen. Dies gilt auch für den nicht getrennt lebenden Ehegatten und die von Ihnen überwiegend zu unterhaltenden Angehörigen.

Die Zahlung erfolgt

**auf Ihr Konto Nr. 463 208 bei der Sparkasse Siegen**
**(Zweigstelle Netphen)**

**Rechtsbehelfsbelehrung**

Gegen diesen Bescheid kann innerhalb eines Monats nach Bekanntgabe Widerspruch erhoben werden. Der Widerspruch ist schriftlich oder zur Niederschrift einzulegen bei: (Behörde, Ort, Straße, Nr.)

**der bescheiderteilenden Behörde (Sozialamt der Gemeinde Netphen)**

— Falls die Frist durch das Verschulden eines von Ihnen Bevollmächtigten versäumt werden sollte, so würde dessen Verschulden Ihnen zugerechnet werden. —

Hochachtungsvoll

i.A. *Schmitt*

(Schmitt, Gemeindeinspektor)

410/9348 — Bewilligungsbescheid Hilfe zur häusl. Pflege — 2/75
Deutscher Gemeindeverlag GmbH — Nachdruck verboten

ihrer verwitweten Schwiegertochter Helga Meier gepflegt. Am 1. 9. 1981 erscheint Helga Meier beim Sozialamt der Gemeinde Netphen und stellt für ihre Schwiegermutter Antrag auf Gewährung von Hilfe zur häuslichen Pflege.

Stellen Sie sich bitte die weiteren Einzelheiten des Sachverhalts aus den folgenden Unterlagen zusammen. Beachten Sie beim Studium der „Akte" auch die Mitwirkung des Sozialarbeiters und des Amtsarztes; versuchen Sie des weiteren, die Inhalte der Formulare den entsprechenden Vorschriften des BSHG und der obigen Darstellung der Hilfe zur Pflege zuzuordnen.

### 6.3.5.10. Hilfe zur Weiterführung des Haushalts (§§ 70, 71)

#### 6.3.5.10.1. Allgemeines

Mit diesem Hilfetyp („Soll-Hilfe" bei § 70, „Kann-Hilfe" bei § 71) soll die Weiterführung des Haushalts und die Weiterversorgung Angehöriger im Haushalt (z. B. Kinder, alter Menschen) sichergestellt werden, wenn die ansonsten zuständige Person – meist die Mutter und Hausfrau – wegen einer Notlage (z. B. Krankheit, Krankenhausaufenthalt, Wochenbett, Müttererholung) den Haushalt nicht selbst führen und der Haushalt auch nicht von anderen Haushaltsangehöd299rigen weitergeführt werden kann. Die Bedarfslage, an die angeknüpft wird, ist also die, daß die Auflösung des Haushalts zu erwarten steht, falls die Hilfe nicht gewährt wird (BVerwG, in: NDV 1969, 84).

Ebenso wie bei der Hilfe zur Pflege geht der Gesetzgeber auch bei der Hilfe nach § 70 von der Erwartung aus, daß der Haushalt von *nahestehenden Personen* oder durch *nachbarschaftliche Hilfe* weitergeführt werden soll (§ 70 Abs. 3 i. V. m. § 69 Abs. 2; BT-Dr. 3/1799, 50): Der Sozialhilfeträger soll also – vor allem in der Person des Sozialarbeiters des Außendienstes – im Sinne dieser Erwartung auf die in Betracht kommenden Personen einwirken. Gelingt ihm dies, wird also die Weiterführung des Haushalts von den genannten Personen freiwillig übernommen, ohne daß besondere Kosten entstehen, dann liegt kein Hilfebedarf vor; ein Anspruch auf Hilfe besteht dann auch nicht. Das Subsidiaritätsprinzip wird in § 70 nach Ansicht des BVerwG (a. a. O.) sogar erweitert: Die Hilfe ist danach auch dann zu versagen, wenn der Haushalt zwar von niemandem weitergeführt wird, aber die Hilfe durch Haushaltsangehörige *billigerweise erwartet werden kann*. Damit tritt der tatsächlich vorhandene Bedarf, der ansonsten im BSHG maßgeblich ist, in den Hintergrund; statt dessen wird der *Mangel an zumutbarem Selbsthilfewillen* durch Verweigerung der Hilfe sanktioniert (vgl. 6.3.5.10.2. (3) ). Und schließlich ist die Hilfe nach § 70 subsidiär gegenüber entsprechenden Leistungen der gesetzlichen Krankenversicherung (vgl. 6.3.5.10.3.).

Der besonders ausgeprägte Nachrang bei § 70 und die Ausgestaltung des Hilfetyps als „Soll-Hilfe" dürften die wesentlichen Gründe dafür sein, daß von der Hilfe zur Weiterführung des Haushalts nach dem BSHG wenig Gebrauch gemacht wird: Knapp ein Prozent aller Empfänger von Hilfe in besonderen Lebenslagen kommt in den Genuß dieses

Hilfetyps; und die Aufwendungen für die Hilfe nach § 70 betragen kaum ein halbes Prozent der Gesamtausgaben für die Hilfe in besonderen Lebenslagen.

### 6.3.5.10.2. Personenkreis und Umfang der Hilfe

(1) *Hilfeberechtigt* sind Personen mit eigenem Haushalt (was Einpersonenhaushalte nicht ausschließt),
— wenn die Weiterführung des Haushalts geboten ist (2) und
— wenn keiner der Haushaltsangehörigen den Haushalt führen kann (3); die Hilfe soll in der Regel nur vorübergehend gewährt werden (4).

(2) Die Weiterführung des Haushalts ist *geboten,* wenn seine Auflösung zu erwarten steht (BVerwG a. a. O.). Das ist vor allem der Fall, wenn minderjährige Kinder zum Haushalt gehören. Hier verlangt schon der Grundsatz der familiengerechten Hilfe (§ 7), daß solche Haushalte weitergeführt werden, es sei denn, daß die Kinder zu ihrem eigenen Wohle aus dem Haushalt vorübergehend herausgenommen und z. B. in einer Pflegefamilie untergebracht werden sollen (§§ 5, 6 JWG).

(3) Wann kein Haushaltsangehöriger den Haushalt *weiterführen kann,* ist im Gesetz nicht näher bestimmt. Entscheidend wird es auch hier auf alle Umstände des Einzelfalls ankommen. Eine erste grobe Orientierung kann freilich der von Lehre und Rechtsprechung entwickelte Leitgedanke geben, wonach es neben der *tatsächlichen Fähigkeit* zur Haushaltsführung entscheidend auf die *Zumutbarkeit* der Haushaltführung durch den Haushaltsangehörigen ankommt (vgl. z. B. Schellhorn/Jirasek/Seipp 1981, § 70 Rz. 4; BVerwG a. a. O.; OVG Berlin, in: NDV 1967, 184 f.). An der Zumutbarkeit *fehlt* es z. B. bei gesundheitlichen Störungen des in Betracht kommenden Haushaltsangehörigen (OVG Berlin a. a. O.).

Eine weitere Orientierungshilfe gibt die Judikatur der *Sozialgerichte* zu § 185 b RVO (Hilfe zur Weiterführung des Haushalts in der gesetzlichen Krankenversicherung): So kann z. B. nach Ansicht des BSG nicht verlangt werden, daß sich ein Haushaltsangehöriger von seiner Berufstätigkeit, Schul- oder Berufsausbildung (bezahlt oder unbezahlt) beurlauben läßt, wenn es wegen Größe und Zusammensetzung der Familie nicht möglich ist, den Haushalt neben der Berufstätigkeit bzw. der Schul- und Berufsausbildung fortzuführen (BSG, in: NDV 1977, 200 f.). Ferner ist grundsätzlich davon auszugehen, daß der Ehemann an arbeitsfreien Tagen in der Lage ist, den Haushalt weiterzuführen; der Umstand, daß bestimmte Arbeiten im Haushalt Männern vielfach nicht leicht von der Hand gehen, spielt dabei keine Rolle (BSG, in: BKK 1977, 160 f.).

(4) Die *vorübergehende Natur* der Hilfe (§ 70 Abs. 1 S. 2) ist die Regel; in der Praxis wird meist ein Zeitraum bis zu 6 Monaten zugestanden:
vgl. OVG Lüneburg, in: FEVS 29, 113 ff. Im Einzelfall kann es aber durchaus geboten sein, eine Hilfe für längere Zeit zu gewähren (z. B. bei alten Menschen zur Vermeidung einer Heimaufnahme oder bei Krebskranken nach einer Krankenhausbehandlung), die dann im Rahmen der *Hilfe zum Lebensunterhalt* (durch Erhöhung des Regelsatzes) getragen werden kann (OVG Lüneburg a. a. O.).

(5) Die Hilfe umfaßt die persönliche Betreuung der Haushaltsangehörigen (bei Kindern z. B. auch Sorge für regelmäßige Mahlzeiten und Beaufsichtigung von Schularbeiten) sowie die sonstigen zur Weiterführung des Haushalts erforderlichen Tätigkeiten (z. B. Wäsche waschen, Putzen, Kochen u.s.w.).

Im Grunde genommen ist die tägliche Haushaltsführung (z. B. in einer mehrköpfigen Familie) keine Arbeit von wenigen Stunden, sondern ein „full-time job". Andererseits kann und soll mit der Hilfe nach § 70 nicht die Hausfrau und Mutter, die z. B. wegen Krankheit ausfällt, in vollem Umfang ersetzt werden. Es geht vielmehr im wesentlichen um eine vorübergehende Notlösung, bei der die Hilfe in der Regel nur stundenweise für die wichtigsten anfallenden Aufgaben und Arbeiten bis zur Wiederherstellung des „Normalzustands" geleistet wird.

Die Hilfe kann auch darin bestehen, daß die Kosten für eine *vorübergehende anderweitige Unterbringung* von Haushaltsangehörigen (z. B. alter Menschen in einem Heim) übernommen werden, wenn dies neben oder statt der Weiterführung des Haushalts geboten ist (§ 71); eine solche „Unterbringung" außerhalb der Familie sollte freilich – nicht nur aus Kostengründen – in der Regel nur die ultima ratio sein.

(6) Wird die Hilfe zur Weiterführung des Haushalts durch *nahestehende Personen* oder *Nachbarn* geleistet, sind die *angemessenen Aufwendungen* zu erstatten; daneben können die anderen in § 69 Abs. 2 S. 2 genannten Leistungen gewährt werden (vgl. 6.3.5.9.2.3.2. (2) ).

Wenn der Haushalt durch eine *„fremde" Kraft*, z. B. eine Hauspflegerin, weitergeführt wird, so sind die *vollen Kosten* dieser Haushaltskraft zu übernehmen (abzüglich eines möglichen Eigenanteils bei Überschreiten der maßgeblichen Einkommensgrenze; vgl. 6.3.5.10.4.).

Solche Hauspflegerinnen sind i. d. R. Angestellte der freien Wohlfahrtsverbände (die für die stundenweise geleistete Hilfe zu einem bestimmten Stundenlohn mit dem Sozialhilfeträger abrechnen); zu Ausbildung, Arbeitsverhältnis und Berufsfeld der Hauspflegerin vgl. z. B. Nöldeke/Benner 1965; Reichmann 1967 und kritisch „Initiative Hauspflege" 1980, 12 f. In der Praxis werden häusliche Pflege pflegebedürftiger Personen (§ 69 ) und Weiterführung des Haushalts vielfach gleichzeitig durch dieselbe Hauspflegerin ausgeübt, die sowohl die Grundpflege übernimmt als auch den Haushalt versorgt. Insofern wird freilich die ganzheitliche Sicht- und Arbeitsweise der Hilfe durch die rechtliche Differenzierung nicht gerade erleichtert.

## 6.5.3.10.3. Vorrangige Leistungen

(1) Der Hilfe nach § 70 gehen entsprechende Leistungen der *gesetzlichen Krankenversicherung* vor. Dies gilt vor allem für die Haushaltshilfe nach § 185 b RVO, einer Vorschrift, die freilich wesentlich enger gefaßt ist als § 70):

Nach § 185 b RVO erhalten nämlich Versicherte Haushaltshilfe in Form der Gestellung einer Ersatzkraft, wenn ihnen oder ihrem Ehegatten u. a. wegen Aufenthalts in einem *Krankenhaus* die Weiterführung des Haushalts nicht möglich ist und eine andere im Haushalt lebende Person den Haushalt nicht führen kann. Voraussetzung für die Haushaltshilfe ist aber ferner, daß im Haushalt ein Kind lebt, das das 8. *Lebensjahr* noch nicht vollendet hat oder das behindert und auf Hilfe angewiesen ist (§ 185 b Abs. 1 S. 2 RVO). Unter anderem dann, wenn die Krankenkasse eine Ersatzkraft nicht stellen kann, sind die Kosten für eine selbstbeschaffte Ersatzkraft in angemessener Höhe zu erstatten; für Verwandte und Verschwägerte bis zum zweiten Grade (also für die berühmte „Oma auf Krankenschein" aus der Zeit vor 1977) werden grundsätzlich keine Kosten erstattet. Die engen Voraussetzungen des § 185 b RVO (vgl. ferner § 199 RVO und § 35 KVLG) führen dazu, daß eine Reihe von Versicherten – vor allem mit Kindern über 8 Jahren – nicht in den Genuß der Haushaltshilfe der gesetzlichen Krankenversicherung kommen können und für sie deshalb eine Hilfe nach § 70 in Betracht zu ziehen ist (vgl. das Beispiel bei 6.3.5.10.4.).

(2) Für nur *einzelne Verrichtungen,* die für die Weiterführung des Haushalts nicht wesentlich sind (z. B. Einkaufen oder Kohlentragen) kommt nicht Hilfe nach § 70 in Frage, sondern eine Hilfe nach § 11 Abs. 3 bzw. bei Empfängern von laufender Hilfe zum Lebensunterhalt einer Erhöhung des Regelsatzes (§§ 22 Abs. 1, 22 Abs. 1 S. 1 und S. 2 i. V. m. § 3 Abs. 1; vgl. 6.2.1. (4) ).

### 6.5.3.10.4. Einkommensgrenze und Beispiel

(1) Für die Hilfe zur Weiterführung des Haushalts gilt die *allgemeine* Einkommensgrenze nach § 79.

(2) *Beispiel:* Der Bauarbeiter Bodo Bremer aus Hannover hat drei Kinder im Alter von 9, 11 und 12 Jahren. Seine Ehefrau Birgit, die nicht berufstätig ist und allein den Haushalt führt, muß für sechs Wochen stationär in einem Krankenhaus behandelt werden und bedarf anschließend noch zwei Wochen Schonung. Verwandte, Bekannte oder Nachbarn, die die vorübergehende Weiterführung des Haushalts übernehmen könnten, sind nicht vorhanden. Da die AOK, bei der Herr Bremer pflichtversichert ist, wegen der engen Voraussetzungen des § 185 b Abs. 1 S. 2 RVO als Kostenträger nicht in Betracht kommt, wendet sich Bodo Bremer an das Sozialamt der Stadt Hannover und beantragt die Übernahme der Kosten für eine Hauspflegerin der Caritas in Höhe von 960 DM (5 Tage in der Woche zu täglich 3 Stunden à 8 DM, insgesamt für zwei Monate). Nach dem Bericht des Sozialarbeiters des Außendienstes kann Herr Bremer den Haushalt nicht neben seiner Berufstätigkeit weiterführen; die Kinder sind dazu auch nicht in der Lage. Das (bereinigte) Einkommen von Bodo Bremer beträgt 1.900 DM monatlich, die Kosten der Unterkunft belaufen sich auf 450 DM; einzusetzendes Vermögen ist nicht vorhanden. Die Voraussetzungen der Hilfe (vgl. 6.3.5.10.2.) liegen im übrigen vor.

Die Aufbringung der Mittel für die Weiterführung des Haushalts ist der „Bedarfsgemeinschaft Bremer" nicht zuzumuten, wenn das vorhandene Einkommen unter der maßgeblichen Einkommensgrenze (§ 79 Abs. 1) liegt:

| | |
|---|---:|
| Grundbetrag (= doppelter Regelsatz des Haushaltsvorstandes) | 676 DM |
| + Kosten der Unterkunft | 450 DM |
| + Familienzuschläge für drei Kinder und die Ehefrau (deren Krankenhausaufenthalt kein Getrenntleben i. S. d. § 79 Abs. 1 Nr. 3 ist) | 1.084 DM |
| Einkommensgrenze gem. § 79 Abs. 1 | 2.210 DM |

Da das Einkommen *unter* der maßgeblichen Einkommensgrenze liegt, ist die Hilfe in vollem Umfang zu gewähren (läge es darüber, so wäre es im Rahmen des Zumutbaren einzusetzen; vgl. 6.3.4.2.2.).

*6.3.5.11. Hilfe zur Überwindung besonderer sozialer Schwierigkeiten (§ 72)*

6.3.5.11.1. Allgemeines

(1) Ziel des § 72 ist es, allen Personen Hilfe zu gewähren, die aufgrund *besonderer sozialer Schwierigkeiten nicht oder nur vermindert am Leben in der Gemeinschaft teilnehmen können.* Der Gesetzgeber dachte bei dieser „Muß-Hilfe" vor allen an Personen, „die den steigenden Anforderungen der modernen Industriegesellschaft aus eigener Kraft nicht gerecht werden können" (BT-Dr. 7/308, 17).

Mit einer so allgemein umschriebenen Zielvorstellung läßt sich freilich wenig anfangen. Was sind etwa „besondere soziale Schwierigkeiten"? Die Beurteilung des Grades solcher Schwierigkeiten ist abhängig von den jeweils „herrschenden" Anschauungen in der Gesellschaft, dem Maß der Toleranz gegenüber bestimmten Lebens- und Verhaltensweisen und dem entsprechend ausgeprägten Streben nach einer Korrektur „normabweichenden" Verhaltens. Gehört etwa ein bienenfleißiger Vorgesetzter, der die ihm Untergebenen tyrannisiert, mehrere gescheiterte Ehen hinter sich hat und in seiner Freizeit den Kontakt zu Mitmenschen nach Möglichkeit meidet, zum Personenkreis des § 72? Offensichtlich meint der Gesetzgeber – trotz seiner weit ausholenden Geste – nicht solche Personen, sondern nur ganz bestimmte Personengruppen, die er dann auch in einer *Verordnung zu* § 72 näher konkretisierte (vgl. 6.3.5.11.2.): nämlich solche, die man – selbstverstndlich inoffiziell – meist mit der Bezeichnung „Asoziale" umschreibt, also Obdachlose, Nichtseßhafte, Strafentlassene usw. Solche Personen gibt es nun, auch wenn genaue Angaben nicht zur Verfügung stehen, in relativ großer Zahl. Gleichwohl hat die auf sie zielende Hilfe nach § 72 nur eine geringe praktische Bedeutung, auf deren Gründe noch einzugehen sein wird (im folgenden (2) und vor allem bei 6.3.5.11.3.).

(2) § 72 ist ein typischer *Auffangtatbestand.* Nach dem Willen des Gesetzgebers soll die Vorschrift nur angewandt werden, soweit nicht Hilfen nach anderen Vorschriften des BSHG oder – bei Kindern und Jugendlichen – nach dem JWG zu gewähren sind.

Konkret bedeutet dies zum Beispiel, daß bei einem nichtseßhaften Alkoholiker Leistungen der Krankenhilfe (z. B. bei der Entgiftung im Krankenhaus) und Leistungen der Eingliederung für Behinderte in Betracht kommen (nach § 3 Nr. 3 EinglVO gehören Suchtkranke zu den seelisch wesentlich Behinderten).

Darüberhinaus ist die Hilfe nach § 72 vor allem gegenüber zahlreichen Leistungen der *Sozialversicherung* nachrangig (z. B. der Kranken- und Rentenversicherung bei medizinischer und beruflicher Rehabilitation oder der Arbeitsverwaltung bei der Arbeitsvermittlung, Berufsberatung, Umschulung usw.).

(3) Die Ausgestaltung des § 72 als Auffangtatbestand, der Grundsatz des Nachrangs, aber auch die weitreichenden Mängel in der institutionellen „Infrastruktur" (vgl. 6.3.5.11.3.) sind die wohl wichtigsten Gründe für den bescheidenen Umfang der „Hilfe zur Überwin-

304

dung besonderer sozialer Schwierigkeiten": Sie wird nur rd. 1,5 % aller Empfänger von Hilfe in besonderen Lebenslagen gewährt; die Ausgaben für diesen Hilfetyp betragen gleichfalls nur ca. 1,5 % der Gesamtausgaben für die Hilfe in besonderen Lebenslagen. Innerhalb dieses bescheidenen Rahmens kann man aber beobachten, daß die Ausgaben für den Hilfetyp kontinuierlich gestiegen sind (von 66 Mio. DM im Jahre 1975 auf rd. 132 Mio. DM im Jahre 1979). Bemerkenswert ist, daß mehr als 80 % für die Hilfe „innerhalb von Anstalten" ausgegeben wird, was die *überragende Bedeutung* der *stationären Hilfe* im Rahmen des § 72 unterstreicht (vgl. auch 6.3.11.3.).

### 6.3.5.11.2. Personenkreis der Hilfe

(1) „Personen, bei denen besondere soziale Schwierigkeiten der Teilnahme am Leben in der Gemeinschaft entgegenstehen, ist Hilfe zur Überwindung dieser Schwierigkeiten zu gewähren, wenn sie aus eigener Kraft hierzu nicht fähig sind." (§ 72 Abs. 1 S. 1). Die VO zur Durchführung des § 72 BSHG vom 9.6.1976 (vgl. 2.6.2.) konkretisiert in den §§ 1 – 6 (bitte lesen) den in § 72 Abs. 1 S. 1 durch allgemeine Merkmale umschriebenen Personenkreis und nennt „vor allem" (also nicht abschließend):
— Personen ohne ausreichende Unterkunft (Obdachlose, § 2),
— Landfahrer (§ 3),
— Nichtseßhafte (§ 4),
— aus Freiheitsentziehung Entlassene (§ 5) und
— verhaltensgestörte junge Menschen, denen öffentliche Erziehungshilfe nach dem JWG nicht gewährt werden kann (§ 6).

Gemeinsam ist allen diesen beispielhaft genannten Personengruppen der hohe Grad an sozialer Ausgliederung und der große Schwierigkeitsgrad einer Wiedereingliederung. Zu Recht lehnt deshalb z. B. die Frauenhausbewegung die Zuordnung von Frauen, die vor den Mißhandlungen ihrer Männer in Frauenhäusern Schutz suchen, zum Personenkreis des § 72 und der VO von 1976 entschieden ab, weil sie in einer solchen Gleichsetzung auch eine ungerechtfertigte Diskriminierung und Stigmatisierung sieht (dazu Fichtner/Gross 1979, 181; Sieveking 1981, 10). Hier wird auch deutlich, wie die Fixierung des § 72 auf soziale Randgruppen bei anderen Personengruppen Distanzierung hervorruft.

(2) Den *Schwerpunkt* der Hilfe nach § 72 dürften in der Praxis, auch wenn mangels statistischer Erfassung keine genauen Angaben vorliegen, die Gruppen der *Obdachlosen* und der *Nichtseßhaften* bilden (zu den Schätzungen Danckwerts 1980, 321 ff.).:

*Obdachlose* leben meist in Behelfsunterkünften, die sich in schlechten hygienischen und baulichen Zustand befinden und häufig in städtischen Siedlungen einfachster Bauart oder in abbruchreifen Komplexen außerhalb der Wohngebiete befinden. In den letzten Jahren ist allerdings – oft als Folge kommunaler Bemühungen zur Dezentralisierung und Auflösung der Obdachlosenviertel – zu beobachten, daß die Notunterkünfte vielfach verstreut über Neubaugebiete verteilt sind. Als Ursachen der Obdachlosigkeit werden einerseits eigenes Verschulden (unwirtschaftliches Verhalten, Arbeitsscheu, mangelhafte Anpassungsfähigkeit u. a.) und „überpersönliche" Umstände (z. B. Umsiedlung) genannt, andererseits aber in verstärktem Maß und zu Recht vor allem die Entwicklung des „freien"

Wohnungsmarkts, die bestimmte Bevölkerungsteile bedroht, wenn sie den marktbestimmten Mietzins nicht aufbringen können (Brede/Kohaupt/Kujath 1975; zu den rechtlichen Hilfen für Obdachlose Brühl 1977).

Mit den Begriffen *Nichtseßhafte, Land- und Stadtstreicher* werden jene Menschen bezeichnet, die ohne gesicherte Lebensgrundlage umherziehen oder sich in Einrichtungen der Nichtseßhaftenhilfe aufhalten (vor allem sind dies Männer zwischen 20 und 40 Jahren). Nach einem verbreiteten Erklärungsansatz ist Nichtseßhaftigkeit eine im Einzelfall früher oder später eintretende und keineswegs notwendige Folge eines psychosozialen Befindens, das vor allem durch Mängelfaktoren ökonomischer, psychischer und biologischer Art geprägt ist; dabei ist in den letzten Jahrzehnten organisierter Nichtseßhaftenhilfe immer wieder beobachtet worden, daß in Zeiten allgemeiner Konjunkturkrisen mit steigender Arbeitslosigkeit auch die Zahl der Nichtseßhaften steigt (Uebelhoefer 1976, 375 f.; Klee 1979; vgl auch oben 1.2).

(2) Die Hilfe nach § 72 darf den genannten Personen *nicht aufgezwungen* werden: Sie ist nur als *Angebot* zur „Anpassungshilfe" an die „normalen Verhältnisse der Durchschnittsbevölkerung" (was immer dies sein mag) konzipiert.

Mit Recht hat das BVerfG vor Jahren – unter Hinweis auf Art. 1 und 2 des GG – die zwangsweise Unterbringung eines „Gefährdeten" in einer Einrichtung zum Zweck der Resozialisierung als verfassungswidrig bezeichnet (BVerfGE 22, 181 ff.). Es würde eine Umgehung dieser Entscheidung bedeuten, wollte man z. B. resozialisierungs-„unwillige" Stadtstreicher mit Hilfe einer Entmündigung, mit Zustimmung des Vormunds und vormundschaftsgerichtlicher Genehmigung (vgl. § 1800 Abs. 2 BGB) in geschlossenen Anstalten unterbringen, wie das neuerdings wieder gefordert wird (so: Stadtstreicher 1978, 29 ff.).

### 6.3.5.11.3. Maßnahmen der Hilfe

(1) Die Hilfe soll nach der weiten Fassung des § 72 Abs. 2 alle Maßnahmen umfassen, die notwendig sind, um die Schwierigkeiten abzuwenden, zu beseitigen, zu mildern oder ihre Verschlimmerung zu verhüten, vor allem Beratung und persönliche Betreuung des Hilfesuchenden und seiner Angehörigen, sowie Maßnahmen bei der Beschaffung und Erhaltung einer Wohnung. Im einzelnen und konkreter zählt die bereits genannte *Verordnung von 1976* auf: Beratung und persönliche Betreuung (§ 7), Beschaffung und Erhaltung einer Wohnung (§ 8), Erlangung und Sicherung eines Platzes im Arbeitsleben (§ 9), Ausbildung (§ 9), Hilfe zur Begegnung und zur Gestaltung der Freizeit (§ 10).

Ganz im *Vordergrund* der Maßnahmen stehen bewußt *Beratung* und *persönliche Betreuung* (BR-Dr. 258/76, 16), also Hilfeformen, die das BSHG zur „persönlichen Hilfe" (§ 8 Abs. 1) rechnet. Die Dominanz dieser Hilfeform im Bereich des § 72 kommt nicht nur durch den Wortlaut des § 72 Abs. 2 („vor allem Beratung ...") zum Ausdruck, sondern offenbart sich auch bei aufmerksamer Lektüre der §§ 8 bis 11 der Verordnung von 1976, in denen die Möglichkeit von Geldleistungen nur eine untergeordnete Rolle spielt. Finanziell zu Buche schlagen aber die Sachleistungen, also die Hilfen bei *stationärer Unterbringung*(z. B. in einer Rehabilitationsstätte für Nichtseßhafte) durch Übernahme der Kosten zu einem bestimmten Pflegesatz.

Zu dem weiten Bereich der Beratung und persönlichen Betreuung gehören z. B.: Hilfe beim Finden einer Wohnung, bei der Beschaffung eines Arbeitsplatzes im Zusammenwirken mit dem Arbeitsamt und bei der „Entschuldung", Beratung bei der wirtschaftlichen Führung des Haushalts, Anregung von Hilfen durch andere Behörden, ferner die Diagnose, Bewußtmachung und Verarbeitung der sozialen Schwierigkeiten u. a.m.

(2) Die Hilfemaßnahmen, die § 72 bzw. §§ 7 bis 11 der Verordnung von 1976 nennen, setzen – sollen sie nicht nur auf dem Papier stehen – eine geeignete *personelle und institutionelle Infrastruktur* voraus:

Die Dimensionen dieser Infrastruktur reichen von Hilfen im Vorfeld (z. B. Street-work durch Sozialarbeiter), über Auskunfts-, Anlauf- und Beratungstellen mit hauptamtlichen Fachkräften (z. B. zentrale Beratungsstellen für Nichtseßhafte mit Sozialarbeitern und Psychologen), stationären Einrichtungen mit einem differenzierten Behandlungsprogramm (z. B. Psychotherapie, Arbeitstherapie, Berufsfindung, Freizeitverhalten) und teilstationären Einrichtungen mit gezielter Gruppenarbeit (z. B. in Sozialzentren) bis zu Nachsorgeeinrichtungen (wie Übergangsheimen, Wohngruppen usw. ).

Bei jedem Abschnitt der skizzierten „Hilfenkette" ist die personelle und institutionelle Infrastruktur trotz vieler Ansätze immer noch *in weitem Umfang unzureichend*, ja man kann sagen, daß dieser Bereich zu den mit personellen, institutionellen und finanziellen Mitteln am schlechtesten ausgestatteten „Hilfesystemen" gehört. Die dementsprechend geringe Effektivität dieses „Hilfensystems" (sofern davon überhaupt die Rede sein kann) wird heute auch von niemandem ernstlich in Abrede gestellt.

Dies gilt vor allem für die *Nichtseßhaftenhilfe*, bei der es ungeachtet bemerkenswerter Fortschritte immer noch an einem differenzierten Verbund ambulanter, teilstationärer und stationärer Hilfen fehlt (vgl. z. B. Uebelhoefer 1976, 373 ff.; Danckwerts 1980, 322; „Stadtstreicher" 1980).

Hinzu kommt, daß das Schwergewicht der Maßnahmen auf Hilfen in *stationären* Einrichtungen liegt (die meist von der Kirche und den freien Wohlfahrtsverbänden getragen werden), daß es aber nunmehr an der Zeit ist, sich von der Vorstellung frei zu machen, als müsse Hilfe nach § 72, um wirksam zu sein, stets in stationärer Form geleistet werden. Gerade und vor allem im Bereich der Vor- und Nachsorge sind ambulante und teilstationäre Einrichtungen wichtig.

(3) Selbst wenn aber die personelle und institutionelle Infrastruktur der „Hilfenkette" zufriedenstellend wäre, dürfte nicht übersehen werden, daß Hilfemaßnahmen nur ansetzen können, wenn die Betroffenen die auslösende Konstellation wenigstens ansatzweise überwinden und bewußtseinsmäßig noch nicht so weit auf abweichende Verhaltens- und Lebensmuster festgelegt sind, daß sie mit ihrem „Schicksal" auskommen. Ein weiteres kommt hinzu: Die beim Betroffenen ansetzenden Hilfen des § 72 können als Maßnahmen der Einzelfallhilfe weitgehend nur dem Symptomen, nicht aber den auch gesellschaftlichen Bedingungen der „besonderen sozialen Schwierigkeiten" begegnen. Trotz einiger Andeutungen, die zeigen, daß auch das gesellschaftliche Umfeld in die Hilfemaßnahmen einbezogen werden soll (vgl. § 7 Abs. 3 der VO von 1976), setzt die Hilfe nach § 72 praktisch nur beim Individuum an. Etwas anderes kann sie freilich nach der Gesamtkonzeption des

BSHG auch kaum tun (vgl. 4.5.3.). Die Aufgabe der Integration ist indes – richtig verstanden – nicht nur als Anforderung an den einzelnen, sondern auch als eine notwendige Leistung des Gemeinwesens zu begreifen (vgl. auch Tennstedt 1976, 144 f. m.w.N.).

### 6.3.5.11.4. Einkommensgrenze, sachliche Zuständigkeit und Beispiel

(1) Soweit im Einzelfall *persönliche* Hilfe gewährt wird, muß Einkommen und Vermögen *nicht* eingesetzt werden (§ 72 Abs. 3, HS 1). Bei Geld- und Sachleitungen gelten für den Einsatz des Einkommens die *allgemeine* Einkommensgrenze nach § 79 und für den Vermögenseinsatz die §§ 88, 89. Von der Berücksichtigung des Einkommens und des Vermögens sowie von der Inanspruchnahme Unterhaltspflichtiger ist nach § 72 Abs. 3 HS 2 abzusehen, soweit dies den Erfolg der Hilfe gefähren würde (z. B. dadurch, daß die Aussicht auf Heranziehung zu einem Kostenbeitrag den Selbsthilfewillen beeinträchtigen würde).

(2) Sachlich zuständig ist bei *stationärer* oder *teilstationärer* Hilfe nach § 72 der *überörtliche* Träger der Sozialhilfe, wenn es „erforderlich" ist, die Hilfe stationär oder teilstationär zu gewähren (§ 100 Abs. 1 Nr. 5); in *allen anderen* Fällen ist der *örtliche* Träger der Sozialhilfe sachlich zuständig (wobei die Frage der „Erforderlichkeit" stationärer oder teilstationärer Hilfe bzw. das Ausreichen ambulanter Hilfe den Grund für nicht seltene *Kompetenzstreitigkeiten* zwischen örtlichen und überörtlichen Sozialhilfeträgern bildet).

Nach *Landesrecht* sind in einigen Bundesländern die *überörtlichen* Träger sachlich zuständig für die *ambulante* Hilfe für Nichtseßhafte in Form von Hilfe zum Lebensunterhalt und von Hilfe in besonderen Lebenslagen, wenn die Hilfe dazu bestimmt ist, Nichtseßhafte *seßhaft zu machen* (vgl. Knopp/Fichtner 1979, § 100 Rz. 13 m.w.N.); für sog. „Durchwanderer", denen man einen kleinen Geldbetrag, eine Fahrkarte oder belegte Brote zur Weiterreise in die Hand drückt, ist also der örtliche Träger der Sozialhilfe sachlich zuständig.
  In einigen Bundesländern (z. B. Baden-Württemberg) gibt es detaillierte Verwaltungsrichtlinien zu § 72, die vor allem die Praxis der überörtlichen Sozialhilfeträger vereinheitlichen sollen (kritisch dazu Roscher 1979, 332 ff.).

(3) *Beispiel:* Der seit Jahren ohne festen Wohnsitz und ohne Einkommen lebende, durch die ganze Bundesrepublik umherziehende 38jährige Walter Wanders wird in das „Hugo-Schwarz-Haus" des Diakonischen Werks in Neustadt aufgenommen. Dieses Haus ist eine Rehabilitationsstätte für Nichtseßhafte, die nicht nur Unterkunft und Verpflegung, sondern vor allem Behandlungsmaßnahmen anbietet (Psychotherapie, insbesondere Gruppentherapie, Arbeitstherapie, Unterrichtung in sinnvoller Freizeit u. a.m.). Der Bericht des Sozialarbeiters des Sozialen Dienstes, der dem Sozialhilfeantrag des Wilhelm Wanders beigefügt ist, enthält Angaben, denen zu entnehmen ist, daß es sich bei Herrn Wanders um einen Nichtseßhaften i.S.d. § 4 der VO von 1976 handelt. Aus dem Bericht geht ferner hervor, daß Herr Wanders nicht in der Lage ist, die Nichtseßhaftigkeit aus eigener Kraft zu überwinden, ferner daß er zu den angebotenen Resozialisierungsmaßnahmen motiviert ist und daß eine Aussicht auf Erfolg der Maßnahmen nicht ausgeschlossen erscheint. Gleichwertige ambulante Hilfen stehen nicht zur Verfügung.
  Nach §§ 72 i.V.m. 27 Abs. 3, 100 Abs. 1 Nr. 5 ist der (örtlich zuständige) überörtliche Träger der Sozialhilfe verpflichtet, die Kosten der stationären „Hilfe zur Überwindung

besonderer sozialer Schwierigkeiten" (auf der Grundlage des im Heim geltenden Pflegesatzes) zu übernehmen. Erhält Herr Wanders für die „Arbeitstherapie" (z. B. für das Zusammensetzen von Wäscheklammern) ein Entgelt, so kann er unter den Voraussetzungen des § 72 Abs. 3 HS 2 zu einem Kostenbeitrag herangezogen werden.

## 6.3.5.12. *Altenhilfe (§ 75)*

### 6.3.5.12.1. Allgemeines

(1) Die Altenhilfe nach § 75 ist nicht etwa, wie man vielleicht auf den ersten Blick annehmen könnte, die Zusammenfassung aller Maßnahmen des BSHG für alte Menschen. Mit diesem Hilfetyp (einer „Soll-Hilfe") wollte der Gesetzgeber vielmehr nur eine *ergänzende* und *subsidäre* Leistung im Verhältnis zu allen anderen Hilfen des BSHG einführen, die selbstverständlich auch alten Menschen zugute kommen. Mit den in § 75 vorgesehenen „zusätzlichen" Hilfemaßnahmen für alte Menschen sollte also die Möglichkeit gegeben werden, die „normalen" Hilfen der Sozialhilfe zu ergänzen und den besonderen altersspezifischen Lebenserschwernissen und Bedürfnissen Rechnung zu tragen (vgl. BT-Dr. 3/1799, 51).

Durch die Regelung des § 75 ändert sich mithin nichts an der Tatsache, daß die Sozialhilfe für alte Menschen nach verschiedenen Bedarfs- und Bedürfnisbestandteilen „zerlegt" ist: Der alte Mensch wird einmal als Mensch mit wirtschaftlichen Schwierigkeiten (dann Hilfe zum Lebensunterhalt), einmal als Mensch mit gesundheitlichen Problemen (dann z. B. vorbeugende Gesundheitshilfe), einmal als pflegebedürftiger Mensch (dann Hilfe zur Pflege) u.a.m. „erfaßt" und „behandelt" (vgl. Grunow 1978, 246). Damit wird schon vom Gesetzgeber die Hilfeleistung nicht auf die Problemgruppe „Alte" ausgerichtet, sondern nach unterschiedlichen Aspekten „gesplittet". Auf die organisatorische Seite der Sozialhilfe übertragen bedeutet dies, daß im organisatorischen Kontext des Sozialamts (vgl. 3.5.1.) ein alter Mensch in die „Bearbeitungs-Zuständigkeit" mehrerer Abteilungen fallen kann (vgl. 3.5.1.(2)) und die Hilfe für ihn dann entsprechend selektiv, d. h. von den einzelnen Abteilungen aus betrachtet, organisiert wird (Grunow 1978, 253). Ob aber das mit der Integrationsleistung eines solchen „gegliederten" Hilfsangebots betreute Personal, vor allem der Sozialarbeiter des Außendienstes, dieser Aufgabe tatsächlich gewachsen ist oder aber damit überfordert wird, wäre noch durch differenzierte Untersuchungen zu klären (ganz abgesehen davon, daß neben dem BSHG noch eine Vielzahl anderer Gesetze die Lebenslage der alten Menschen mitbestimmen und außer dem Sozialamt noch andere Ämter – in der Kommune z. B. Gesundheitsamt, Amt für Wohnungswesen usw. – für Angelegenheiten der Alten zuständig sind).

(2) Das Problem der Hilfe für alte Menschen, das in den letzten Jahren auch durch die demographische Entwicklung immer stärker in den Vordergrund getreten ist (Haag 1980, 22 f.), läßt sich freilich mit einem Hilfetyp, der – wie § 75 – als „Einzelfallhilfe" nur auf eine *individualisierende* Hilfestellung ausgerichtet ist, nicht adäquat angehen. So leuchtet etwa ohne weiteres ein, daß eine Einzelfallhilfe weitgehend davon abhängt, daß z. B. geeignete Einrichtungen und Veranstaltungen vorhanden sind, durch wohnungsbauliche Maßnahmen ergänzt werden usw. Altenhilfe *als Teilbereich* der – vor allem *kommunalen* – Sozialpo-

*litik* erschöpft sich deshalb heute zu Recht nicht mehr in individuellen Hilfestellungen, sondern umfaßt darüber hinausgehende Aktivitäten und Maßnahmen. Dabei kommt insbesondere den Sozialhilfeträgern – wie sich aus einer Gesamtschau von § 93 Abs. 1 und § 75 ergibt – die Aufgabe zu, im Rahmen der kommunalen Selbstverwaltung die Altenhilfe als einen Auftrag zu begreifen, die Selbständigkeit des älteren Menschen und vor allem seine Möglichkeit zu einer eigenverantwortlichen Lebensführung solange wie möglich zu erhalten sowie ihm durch den Aufbau eines umfassenden Hilfenetzes die Sicherheit zu geben, auch in schwierigen und kritischen Lebenssituationen nicht allein zu stehen (vgl. Erhaltung der Selbständigkeit älterer Menschen 1976). Ziele und Strategien einer so verstandenen Altenhilfe ergeben sich u. a. aus Planungsüberlegungen. Eine solche *Planung*, die vor allem auch eine Finanz- und Personalplanung beinhaltet, wurde und wird deshalb bereits von einer ganzen Reihe von Städten und Landkreisen in Angriff genommen (vgl. die Auflistung von kommunalen „Altenplänen" bei Kühn 1975, 167 f.; dazu auch Friedrich-Wussow 1978, 267 ff.). Auf solchen Altenplänen, die eine gewisse „Gegensteuerung" zu der selektiven Erfassung und Bearbeitung von Einzelproblemen der alten Menschen sein können, beruhen z. B.:

Herausgabe von Informationsbroschüren und „Seniorenzeitschriften"; Einrichtung und Unterhaltung von Beratungsstellen, Vermittlungstellen für Alten- und Krankenpflege, stationären Mahlzeitdiensten (Mittagstische), Mahlzeitdiensten „auf Rädern", mobilen Diensten für den häuslichen Bereich (Fußpflege, Badehilfen usw.), Einrichtungen für Erholungsmaßnahmen, Tagespflegeheimen, sozialpsychiatrischen Angeboten, Besuchsdiensten, Altenzentren, Altenwerkstätten, Tagesstätten und Clubs (dazu Marchal 1980, 21 f.), Bildungsstätten und -maßnahmen, Sozialstationen, Zentren für Nachbarschaftshilfen, Notrufzentralen, „Telefonketten", Verleihstellen für Pflegebetten, Rollstühle usw.; Durchführung von Ausflugsfahrten, Besichtigungen, Theater- und Konzertbesuchen, Sportveranstaltungen, Vorbereitungseminaren auf das Alter, „bunten Nachmittagen"; Grundsätze für den Bau, die Förderung und Unterhaltung von Altenwohnungen, Altenheimen, Pflegeheimen. (Zu den rechtlichen Grundlagen der Altenplanung vgl. Kühn 1975, 36 f. und 51 ff.).

Für die Qualität solcher Altenpläne kommt es freilich darauf an, ob sie sich vorwiegend oder gar ausschließlich an den gesetzlichen Vorgaben des BSHG orientieren, also *Altenhilfe als Teil der Sozialhilfe* begreifen, oder ob sie darüberhinaus als *Grundlage einer kommunalen Sozialpolitik für alte Menschen* verstanden werden und deshalb über die Leistungen des BSHG hinaus verstärkt die Dimension der (freiwilligen) Maßnahmen gegen eine gesellschaftliche Benachteiligung alter Menschen als Gruppe betonen (vgl. Grunow 1978, 245; Friedrich-Wussow 1978, 267 ff.).

(3)In der Statistik der Sozialhilfe hat der Hilfetyp des § 75 nur eine geringe Bedeutung: Altenhilfe kommt rd. 3 % aller Empfänger von Hilfe in besonderen Lebenslagen zugute; die Ausgaben für die Altenhilfe betragen lediglich ca. 0,5 % der gesamten Ausgaben für die Hilfe in besonderen Lebenslagen.

## 6.3.5.12.2. Personenkreis der Hilfe

Die Vorschrift bestimmt nicht, wer als *„alter"* Mensch anzusehen ist; sie legt also keine auf die Vollendung eines bestimmten Lebensalters abgestellte Altersgruppe fest. In der Kommentarliteratur wird meist derjenige als „alt" angesehen, bei dem altersbedingte körperliche oder geistige Beschwerden oder Anpassungsschwierigkeiten auftreten; dabei sollen auch die Umweltverhältnisse Beachtung finden (so z. B. Knopp/Fichtner 1979, § 75 Rz. 2; ähnlich Gottschick/Giese 1981, § 75 Rz. 7).

Altsein wird somit als biologisches Faktum definiert, wobei der Aspekt anklingt, daß Altsein auch als gesellschaftliches Faktum zu sehen ist (z. B. in Form von Vereinsamung oder Änderung der sozialen Situation nach Beendigung der Berufstätigkeit; dazu eingehend Schmitz-Scherzer 1978, 15 ff.).

In der *Praxis* scheint man freilich zumeist der Einfachheit halber in Anlehnung an Altersgrenzen im übrigen Sozialleistungsrecht jemanden grundsätzlich dann als „alten" Menschen anzusehen, wenn er das 65. Lebensjahr (bei Männern) bzw. das 60. Lebensjahr (bei Frauen) vollendet hat (so auch Schellhorn/Jirasek/Seipp 1981, § 75 Rz. 5; Frank 1977, 76).

## 6.3.5.12.3. Maßnahmen der Hilfe

(1) Als Maßnahmen der Altenhilfe zählt § 75 Abs. 2 *beispielhaft* – also nicht erschöpfend – eine Reihe von einzelnen Hilfen auf (vgl. auch Paazig 1975). Es sind dies die

— Hilfe bei der Beschaffung und zur Erhaltung einer Wohnung, die den Bedürfnissen des alten Menschen entspricht (§ 75 Abs. 2 Nr. 1);

dazu gehören z. B. die Kosten für notwendige Instandsetzungen und Umbauten (Einbau von Dusche, rutschfestem Bodenbelag und Warmwassergerät, Isolierung von Fenstern und Türen, Umstellung von Ofen- auf Zentralheizung); in der Regel werden die entstehenden Kosten allerdings nur in festgelegter Höhe *bezuschußt*. Ferner gehört dazu der Umzug in eine „Altenwohnung", also eine Wohnung, die nach bestimmten Standards (Heizung, Dusche, Aufzug, bedienungsleichte Türen und Fenster, Haltegriffe in Bad und Toilette u. a. m.) besonders auf die Bedürfnisse alter Menschen abgestellt ist; die Hilfe umfaßt die Beratung, die Vermittlung solcher Wohnungen und die Mithilfe beim Umzug, mitunter auch Zuschüsse zu den Umzugskosten.

— Hilfe in allen Fragen der Aufnahme in eine Einrichtung, die der Betreuung alter Menschen dient, insbesondere bei der Beschaffung eines geeigneten Heimplatzes (§ 75 Abs. 2 Nr. 2);

alte Menschen, für die der Entschluß zur Aufnahme in eine solche Einrichtung besonders gravierend ist (da mit der Einschränkung der persönlichen Selbständigkeit und Unabhängigkeit verbunden), sollen deshalb eingehend über die Voraussetzungen (auch Kosten), Möglichkeiten und Folgen der Heimaufnahme sowie über die Heime selbst informiert werden; sie sollen ferner in Plätze der Alteneinrichtungen vermittelt oder dafür vorgemerkt werden.

— Hilfe in allen Fragen der Inanspruchnahme altersgerechter Dienste (§ 75 Abs. 2 Nr. 3);

hierzu gehören z. B. Bade- und Fußpflegedienste, Putz- und Wäschedienste, Fahrdienste sowie Mahlzeitdienste, die im allgemeinen von Verbänden der freien Wohlfahrtspflege durchgeführt werden. Das „Essen auf Rädern" wird den Empfängern in aller Regel ins Haus gebracht; daneben gibt es auch „stationäre Mittagstische" für diejenigen, die ihre Wohnung noch verlassen können. Die Teilnehmer am Mahlzeitdienst tragen die Kosten für das Essen in der Regel selbst; allerdings gibt es in unterschiedlichem Umfang Verbilligungen, die lokal nach verschiedenen Maßstäben berechnet werden, während der Sozialhilfeträger in solchen Fällen dem Träger des Mahlzeitdienstes einen Ausgleich zahlt.

*Beispiel:* In der Stadt Frankfurt kostet beim „Essen auf Rädern" (im Jahre 1982) das „Normal-Menü" 4,65 DM pro Tag, das „Schonkost-Menü" kostet täglich 4,95 DM (Empfänger von Hilfe zum Lebensunterhalt zahlen nur 1,20 DM pro Menü).

— Hilfe zum Besuch von Veranstaltungen oder Einrichtungen, die der Geselligkeit, der Unterhaltung, der Bildung oder den kulturellen Bedürfnissen dienen (§ 75 Abs. 2 Nr. 4);

dazu gehören etwa die Veranstaltung von „bunten Nachmittagen", Ausflügen, Besichtigungsfahrten, Vorträgen; ferner die Ausgabe verbilligter oder unentgeltlicher Karten zum Besuch von Theatern und Konzerten; weiterhin mobile Bücherdienste, Vorlese- und Schreibdienste.

— Hilfe, die alten Menschen die Verbindung mit nahestehenden Personen ermöglicht (§ 75 Abs. 2 Nr. 5);

darunter fällt vor allem die Gewährung von finanziellen Beihilfen (Reise- und Unterkunftskosten) zum Besuch von Verwandten und Freunden. Bei Alleinstehenden, die unter Vereinsamung leiden, können als „Telefonhilfe" die einmaligen Kosten eines Telefonanschlusses und die monatlichen Grundgebühren übernommen werden (Pfahler 1980, 40 m.w.N.).

— Hilfe zu einer Betätigung, wenn sie von alten Menschen gewünscht wird (§ 75 Abs. 2 Nr. 6);

hierzu gehören z. B. Hilfen bei der Vermittlung leichter Arbeiten, Finanzierung von Arbeitsmaterial und -geräten in einer Altenwerkstätte u.a.m.

Je früher und gezielter eine Vorbereitung auf das Alter erfolgt und Hilfen zur Gestaltung der Lebensphase „Alter" gegeben und gemeinsam erarbeitet werden, desto günstiger ist die Prognose, die mit der neuen Lebensphase verbundenen Schwierigkeiten zu überwinden. Die in § 75 Abs. 3 vorgesehene *Hilfe zur Vorbereitung auf das Alter* soll dazu durch Veranstaltungen und Kurse (der Verbände der freien Wohlfahrtspflege, der Gewerkschaften, der Volkshochschulen usw.) beitragen, in denen die psychologischen, gesundheitlichen, finanziellen, rechtlichen usw. Fragen des Alters und des Ausscheidens aus dem Berufsleben behandelt werden.

(2) Die vorstehende Aufzählung der Hilfen zeigt deutlich, daß der *Schwerpunkt der Altenhilfe* in der *persönlichen Hilfe* liegt, und zwar in der Information, der Beratung und der Vermittlung von Hilfen anderer (während die finanziellen Hilfen nur eine untergeordnete Rolle spielen).

### 6.3.5.12.4. Einkommensgrenze

Soweit im Einzelfall *persönliche Hilfe* gewährt wird, *soll* der Einsatz von Einkommen und Vermögen *nicht* verlangt werden (eine mögliche Abweichung von dieser Sollbestimmung wird bei der Altenhilfe aber praktisch nicht in Frage kommen, so daß im Grunde genommen die persönliche Hilfe im Rahmen der Altenhilfe ohne Rücksicht auf Einkommen und Vermögen erfolgt.

Im übrigen (also soweit Geld- und Sachleistungen in Betracht kommen) gilt die *allgemeine* Einkommensgrenze des § 79; bei der Prüfung, in welchem Umfang dem alten Menschen die Aufbringung der Mittel aus dem über der Einkommensgrenze liegenden Einkommen zuzumuten ist, sollte die Praxis allerdings großzügig verfahren (so zu Recht Gottschick/ Giese 1981, § 75 Rz. 11).

## 6.4. Schematische Darstellung des materiellen Sozialhilferechts

Abschließend soll ein Schaubild die Ausführungen zu Kap. 6 verdeutlichen. Anhand dieses Schaubilds soll auch optisch der Nachrang der Sozialhilfe gegenüber dem Einsatz des Einkommens, des Vermögens und – im wesentlichen bei der Hilfe zum Lebensunterhalt – der Arbeitskraft klar werden (bei der Reihenfolge der Darstellung in Kap. 6 mußte freilich bei der Hilfe zum Lebensunterhalt aus didaktischen Gründen der Einsatz der „eigenen Kräfte und Mittel" – wie § 11 Abs. 1 sagt – am Ende der Darstellung stehen).

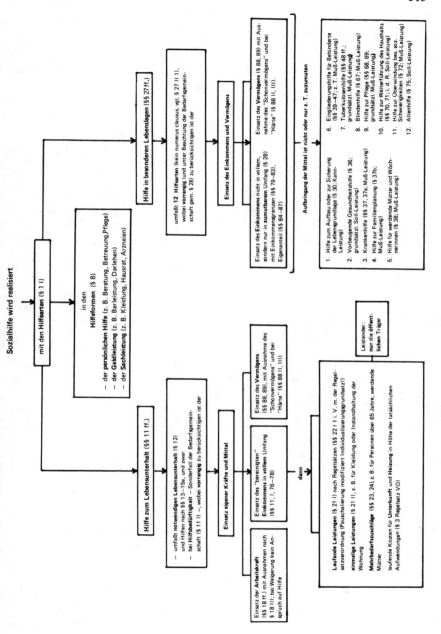

# 7. Das Verfahren der Sozialhilfe

## 7.1 Das Einsetzen der Sozialhilfe („Kenntnis-Grundsatz")

Im Sozialhilferecht gilt das Offizialprinzip, d. h. die Sozialhilfe wird *von Amts wegen* gewährt. In § 5 heißt es dementsprechend:

„Die Sozialhilfe setzt ein, sobald dem Träger der Sozialhilfe oder den von ihm beauftragten Stellen bekannt wird, daß die Voraussetzungen für die Gewährung vorliegen."

Auch wenn ein Antrag also von Rechts wegen nicht erforderlich ist, so ist er doch zweckmäßig und in der Praxis auch notwendig, damit die Sozialhilfebehörde Leistungen erbringt. Denn aufgrund der bereits erwähnten „Komm-Struktur" des Sozialamts wird in weitem Umfang nur auf Aktivitäten des Hilfesuchenden (sprich: Anträge) reagiert (vgl. 3.5.1. (3)). Dem Grundsatz nach bleibt es freilich dabei, daß das Verfahren, das zum Tätigwerden des Sozialhilfeträgers führt, keinerlei Förmlichkeiten verlangt, der Sozialhilfeträger vielmehr von Kenntniserlangung einer Notlage her die Maßnahmen ergreifen muß, die zur Abhilfe erforderlich sind. Zur Initiative für das Einsetzen der Sozialhilfe, d. h. zum Bekanntmachen eines Sozialfalles sind z. B. Verwandte, Ärzte, Sozialarbeiter, Geistliche, Lehrer, Mitarbeiter von Wohlfahrtsverbänden, öffentliche Dienststellen jeder Art aufgerufen (vgl. Fichtner 1969, 132).

## 7.2. Der Gesamtfallgrundsatz

Der Sozialhilfeträger muß im Einzelfall nicht nur die vom Hilfesuchenden begehrte Maßnahme bei Vorliegen ihrer Voraussetzungen ergreifen, sondern auch *umfassend prüfen*, welche Schritte *sonst noch* in Betracht kommen, um die Sozialhilfe in vollem Umfang wirksam werden zu lassen (*Gesamtfallgrundsatz*). Diese Verpflichtung folgt daraus, daß der Sozialhilfeträger nach dem vorstehend Gesagten bereits tätig werden muß, wenn ihm Umstände vorgetragen oder sonstwie bekannt werden, die die Gewährung einer bestimmten Hilfe nahelegen können (vgl. z. B. BVerwGE 22, 320 f.; 39, 263; ausführlich Giese 1976, 2 ff.)

Beantragt also z. B. jemand Pflegegeld nach § 69 Abs. 3, dann ist auch ohne Bindung an diesen Antrag zu prüfen, ob anderweitige Hilfen, z. B. Eingliederungshilfe für Behinderte (§§ 39 ff.) oder Hilfe zur Weiterführung des Haushalts (§ 70) in Betracht kommen. Gerade wegen der „parzellierten" Bearbeitung von Sozialhilfefällen (oft sind verschiedene Sachbearbeiter für unterschiedliche Hilfetypen „zuständig") ist der Gesamtfallgrundsatz von praktischer Bedeutung. Dem Sozialarbeiter des Außendienstes, dem die Gesamtsituation des Hilfesuchenden vertraut sein sollte, kommt hier die wichtige Aufgabe zu, die der Gesamtsituation entsprechenden umfassenden Hilfemaßnahmen vermitteln zu helfen (dazu muß er die umfassenden Hilfen des BSHG natürlich gut kennen).

## 7.3 Die Betreuungspflicht

Aus der Aufgabe und dem Ziel der Sozialhilfe (vgl. 4.2. und 4.3.) folgt, daß der Sozialhilfeträger auch nicht nur zur Gewährung der einzelnen im BSHG vorgesehen Leistungen verpflichtet ist, sondern daß ihm eine *umfassende Betreuungspflicht* gegenüber dem Hilfesuchenden zukommt. Dazu gehört auch die über die Rechtsberatungspflicht des § 14 SGB-AT („Jeder hat Anspruch auf Beratung über seine Rechte und Pflichten nach diesem Gesetzbuch. Zuständig für die Beratungen sind die Leistungsträger, denen gegenüber die Rechte geltendzumachen oder die Pflichten zu erfüllen sind") hinausgehende Beratungspflicht gemäß § 8 Abs. 2 (vgl. 3.7.2.2.3.; 6.1.2.(3)).

Nach der Rechtsprechung des Bundesverwaltungsgerichts beendet sogar die *Einstellung* von Leistungen *nicht* die *Betreuungspflicht* des Sozialhilfeträgers gegenüber dem Hilfebedürftigen (BVerwGE 22, 99 ff.; FEVS 15, 170 ff.). Offen bleibt freilich, ob diese Aussage – über die entschiedenen Einzelfälle hinaus – den ersten Schritt zur Überwindung des sozialhilferechtlichen „Verwaltungsakt-Denkens" darstellt (hin auf ein – noch weiter auszugestaltendes – „Sozialhilferechtsverhältnis"; vgl. auch oben 6.2.8.1.(2)).

Auf die Frage, inwieweit die Sozialhilfeträger dieser Betreuungspflicht auch tatsächlich genügen, wird noch bei der allgemeinen Erörterung von Anspruch und Wirklichkeit der Sozialhilfe zurückzukommen sein (vgl. 11.2.3.).

## 7.4. Die zeitabschnittsweise Bewilligung

Für alle Sozialhilfeleistungen gilt, daß sie (dem Ideal nach) nur eine *vorübergehende Nothilfe* entsprechend der gegebenen Bedarfssituation, also keine rentenähnliche Leistungen mit Dauerwirkung sind (auch wenn sie de facto notgedrungen diese Funktion oft – wie z. B. beim Pflegegeld für einen „hoffnungslosen" Pflegefall – übernehmen). Dies bedeutet konkret, daß die Sozialhilfe nicht „ad infinitum", sondern *für bestimmte Zahlungsabschnitte* gewährt wird (in der Praxis ist dies bei laufenden Leistungen regelmäßig der Kalendermonat; vgl. auch das Beispiel bei 6.3.5.9.7.).

Aber auch bei einer solchen zeitabschnittsweisen Bewilligung ist der Sozialhilfeträger verpflichtet, „den Sozialhilfefall unter Kontrolle zu halten" (BVerwGE 38, 301): Der Sozialhilfefall ist „gleichsam täglich erneut regelungsbedürftig; oder anders gewendet: Dem Träger der Sozialhilfe bietet sich gleichsam täglich ein neuer Sozialhilfefall zur Regelung an" (BVerwGE 25, 309; daß dies in der Praxis verwaltungstechnisch kaum zu bewältigen ist, steht auf einem anderen Blatt).

Nach herrschender Meinung ist die stillschweigende Fortzahlung der Hilfe von Monat zu Monat eine stillschweigende Weiterbewilligung der Hilfe und die Einstellung der Hilfe nach einem Zahlungsabschnitt deshalb die Ablehnung der Weiterbewilligung laufender Leistungen, d. h. die Ablehnung des Erlasses eines begünstigenden Verwaltungsakts, gegen die der Hilfesuchende nur mit der *Verpflichtungsklage* (§ 42 VwGO) vorgehen kann (eingehend dazu Gottschick/Giese 1981, § 4 Rz. 8.3 m.w.N.).

Dies hat für den Hilfesuchenden insofern handfeste Konsequenzen, als sein Widerspruch gegen die Einstellung der Hilfe keine aufschiebende Wirkung nach § 80 VwGO hat und eine vorläufige Weitergewährung Hilfe über eine einstweilige Anordnung erwirkt werden muß (vgl. 9.2.).

## 7.5. Verwaltungsverfahren und Schutz der Sozialdaten nach SGB X

### 7.5.1. Verwaltungsverfahren (§§ 1 – 66 SGB X)

Das am 1.1.1981 in Kraft getretene SGB X enthält in den §§ 1–66 eingehende Regelungen der öffentlich-rechtlichen Verwaltungstätigkeit, die nach dem SGB ausgeübt wird (das BSHG gilt ja nach Art. II § 1 Nr. 15 SGB-AT als besonderer Teil des SGB). Diese Regelungen betreffen u. a.:

– die *Amtshilfe* (z. B. der AOK bei der Ermittlung des Einkommens eines Unterhaltspflichtigen) und die *Anhörung Beteiligter* (z. B. vor Erlaß des Bescheids über die Kürzung von Sozialhilfe);
– das *Zustandekommen des Verwaltungsakts* (also z. B. der Bewilligung oder der Ablehnung von Sozialhilfeleistungen), insbesondere Nebenbestimmungen (z. B. der Auflage, die ordnungsgemäße Verwendung einer Bekleidungsbeihilfe nachzuweisen) und die Begründung des Verwaltungsakts (z. B. bei Ermessensentscheidungen);
– die *Bestandskraft des Verwaltungsakts*, insbesondere die Nichtigkeit und die Rücknahme rechtswidriger begünstigender bzw. belastender Verwaltungsakte (z. B. von Bewilligungsbescheiden bzw. Bescheiden nach § 92 a; dazu 8.2.1.1.1.);
– den *öffentlich-rechtlichen Vertrag* (der sich im Rahmen des BSHG v. a. auf die darlehensweise Gewährung von Sozialhilfe beschränkt);
– die *Kostenfreiheit* des Verfahrens der Sozialhilfeträger (von der Beantragung, über die Erbringung bis zu einer eventuellen Erstattung der Sozialhilfe).
Mit den §§ 31 bis 66 SGB X i.V.m. dem Sozialhilferecht befaßt sich eingehend Sbresny 1981, 194 ff.

### 7.5.2. Schutz der Sozialdaten (§§ 35 SGB-AT, 67–85 SGB X)

(1) Der Bürger muß dem Sozialhilfeträger in großem Umfang Informationen anvertrauen (z. B. über seine Einkommens- und Familienverhältnisse). Zum Schutz der durch Art. 1 Abs. 1 und Art. 2 Abs. 1 GG geschützten Privat- und Intimsphäre sowie zum Schutz des Vertrauens in die Sozialadministration muß daher – vor allem mit Rücksicht auf die in den §§ 60–65 SGB-AT geregelten Mitwirkungspflichten – sichergestellt sein, daß personenbezogene Daten von der Verwaltung nicht unbefugt offenbart werden. Dies gilt umso mehr, als die Zusammenarbeit der Sozialleistungsträger untereinander sowie mit Dritten zunimmt und durch die elektronische Datenverarbeitung Sammlung und Austausch von Daten in immer größer werdendem Umfang möglich werden (so bedienen sich inzwischen viele Städte und Kreise zur Errechnung und Auszahlung der Sozialhilfe der Hilfe von kommunalen Rechenzentren).

Die Vorstellung, die detaillierten Vorschriften über das Sozialgeheimnis würden schon allein aufgrund der Lektüre des Gesetzes verständlich, ist unrealistisch. Wer sich einen Eindruck von den vielfältigen und schwierigen Fragen verschaffen will, die sich in diesem Bereich stellen, sollte unbedingt den Band „Datenschutz im sozialen Bereich" (1981) durcharbeiten, in dem der Schutz der Sozialdaten auch im Hinblick auf die Sozialhilfeverwaltung, die freien Träger, die Sozialarbeit und die Sozialplanung eingehend erörtert wird. Im folgenden können deshalb nur einige Hinweise zum Schutz von Sozialgeheimnissen gegeben werden (vgl. auch Giese 1980, 217 ff.):

(2) Nach § 35 Abs. 1 S. 1 SGB-AT hat jeder Anspruch darauf, daß Einzelangaben über seine persönlichen Verhältnisse *(„personenbezogene Daten")* von den Leistungsträgern (zu denen auch die Sozialhilfeträger gehören) als *Sozialgeheimnis* gewahrt und nicht unbefugt offenbart werden.

Zu solchen personenbezogenen Daten gehören im Bereich der Sozialhilfe namentlich die wirtschaftlichen Verhältnisse (Einkommen, Vermögen) sowie z. B. die familiären und gesundheitlichen Verhältnisse des Hilfeberechtigten.

Nach § 35 Abs. 2 SGB-AT ist eine Offenbarung personenbezogener Daten *nur* unter den Voraussetzungen der §§ 67 bis 77 des SGB X zulässig. Soweit eine Offenbarung nicht zulässig ist, besteht keine Auskunftspflicht, keine Zeugnispflicht und keine Pflicht zur Vorlegung oder Auslieferung von Schriftstücken, Akten, Dateien und sonstigen Datenträgern (§ 35 Abs. 3 SGB-AT).

(3) § 67 SGB X bildet die *Schlüsselnorm* für Offenbarungen, indem sie *abschließend* die Fälle zulässiger Offenbarung bezeichnet; soweit also ein Tatbestand nicht bezeichnet ist, verbietet sich jede Weitergabe.
Danach ist eine Offenbarung von personenbezogenen Daten nur zulässig:
1. soweit der Betroffene im *Einzelfall* (also nicht pauschal!) *eingewilligt* hat, wobei die Einwilligung grundsätzlich der *Schriftform* bedarf (§ 67 Abs. 1 Nr. 1, Abs. 2 SGB X), *oder*
2. soweit eine *gesetzliche Offenbarungsbefugnis* nach den §§ 68 bis 77 vorliegt (§ 67 Abs. 1 Nr. 2 SBG X).
Bei der *Einwilligung* des Betroffenen darf man freilich – trotz der Hemmschwelle der Schriftform – nicht übersehen, daß die Verwaltung angesichts des Angewiesenseins des Betroffenen auf Sozialhilfe vielfach am längeren Hebel sitzt und die Einwilligung „erzwingen" kann: So wird z. B. die Einwilligung in die Offenbarung des Bezuges von Sozialhilfe durch Verwendung von Gutscheinen (etwa für Bekleidung) i.d.R. nicht schwer zu erlangen sein.

(4) Die Vorschriften der §§ 68 bis 77 SGB X erfassen u. a. (bitte lesen!) folgende Tatbestände der *befugten* Offenbarung:

1. *Offenbarung im Rahmen der Amtshilfe* (§ 68 SGB X),

wonach grundsätzlich nur die in Abs. 1 genannten „Grunddaten" (nämlich Vor- und Familienname, Geburtsort, derzeitige Anschrift des Betroffenen sowie Namen und Anschrift seines derzeitigen Arbeitgebers) mitgeteilt werden *müssen*. Es *können* aber (müssen also nicht!) andere oder weitergehende Auskünfte verlangt und erteilt werden (z. B. über

Einkommen, Vermögen, Ausbildung usw.), wenn die §§ 69–77 eine Befugnis dazu einräumen:

## 2. Offenbarung für die Erfüllung sozialer Aufgaben gem. § 69 SGB X,

wonach eine Offenbarung personenbezogener Daten vor allem dann zulässig ist, soweit sie für die *Erfüllung einer gesetzlichen Aufgabe nach dem SGB* durch eine in § 35 SGB-AT genannte Stelle *erforderlich* ist. Im Klartext heißt dies, daß die Sozialleistungsträger untereinander ihre Daten austauschen können, soweit dies für die vom Sozialgesetzbuch erfaßten Bereiche des Sozialleistungsrecht notwendig ist. Die Vorschrift zeigt deutlich, daß der Gesetzgeber die Träger des Systems der sozialen Sicherung als eine Einheit ansieht, die zwar über ein gegliedertes, aus der Perspektive ihrer Aufgabe aber über ein gemeinsames „Sozialdatengut" verfügt. Die Gefahren einer solchen Globalsicht werden u. a. dort liegen, wo die Sozialleistungsträger den Datentausch nicht streng an ihrer sozialleistungsrechtlichen Aufgabe orientieren (sondern z. B. Daten in ihrer Eigenschaft als Arbeitgeber austauschen).

*Beispiele:* Ein Amtshilfeersuchen des Sozialamts kann sich auch auf die Angabe anderer, als der in § 67 Abs. 1 S. 1 SGB X genannten „Grunddaten" beziehen, soweit die Offenbarung nach den §§ 69 bis 77 SGB X zulässig ist. Das Sozialamt kann also etwa die örtliche AOK darum bitten, ihr Auskunft über das Beschäftigungsverhältnis (insbesondere den Lohn) einer Person zu erteilen, die für einen Hilfesuchenden unterhaltspflichtig ist. *Aber:* Bei Überweisungen der Sozialhilfe auf ein Bankkonto darf der Verwendungszweck – z. B. „Sozialhilfe, Februar 1982" – grundsätzlich nicht offenbart werden (Ausnahmen: Einwilligung des Betroffenen oder Interesse des Betroffenen an der Transparenz des Sozialhilfebezugs, mit der sich dann die „Erforderlichkeit" der Offenbarung i.S.d. § 69 Abs. 1 Nr. 1 begründen läßt). *Oder:* Unzulässig, weil nicht für die Erfüllung sozialer Aufgaben nach dem SGB/BSHG erforderlich (und zudem nicht durch § 71 SGB X erfaßt), wäre die Mitteilung des Sozialhilfebezugs durch das Sozialamt an die Ausländerbehörde (ohne Einwilligung des Ausländers). Desungeachtet haben Ausländer allerdings nach wie vor der Ausländerbehörde auf Anfrage mitzuteilen, womit sie ihren Lebensunterhalt bestreiten (vgl. unten 10.2.).

3. Außer den genannten Offenbarungsbefugnissen gibt es eine Reihe weiterer, von denen für die Sozialhilfe vor allem die *Offenbarung für die Erfüllung besonderer gesetzlicher Mitteilungspflichten* (§ 71 SGB X), *Offenbarung bei Verletzung der Unterhaltspflicht* (§ 74 SGB X) und *Offenbarung für die Forschung oder Planung* (§ 75 SGB X) wichtig sind. Von größerer praktischer Bedeutung ist auch die Ausdehnung des *Arzt- bzw. besonderen Berufsgeheimnisses* auf die Sozialhilfeträger gem. § 76 SGB X.

Auf die §§ 79 ff. SGB X, die eine für das Gebiet der sozialen Sicherung bereichsspezifische Ergänzung des *Bundesdatenschutzgesetzes* (in Kraft seit 1. 1. 1978) zum Schutz von Sozialdaten bei der Datenverarbeitung enthalten (dazu Giese 1980, 221), kann hier ebensowenig eingegangen werden wie auf die schwierigen und in vielen Punkten noch offenen Fragen des Schutzes von Sozialdaten bei den *freien Trägern*, für die – soweit sie eigene Aufgaben wahrnehmen – nicht das SGB X, sondern (sofern sie kirchlich sind) kirchliche Datenschutzregeln und im übrigen der 3. Abschnitt des Bundesdatenschutzgesetzes maßgeblich sind.

# 8. Ersatzleistungen nach gewährter Sozialhilfe

## 8.1. Die Überleitung von Ansprüchen gegen Dritte (§§ 90, 91)

### 8.1.1. Allgemeines

(1) Die Sozialhilfeträger sind vielfach gezwungen, zur Behebung der aktuellen Notlage eines Hilfebedürftigen gewissermaßen in „Vorlage" zu treten, obwohl andere vorrangig dazu verpflichtet sind (z. B. Unterhaltspflichtige), aber nicht oder nicht rechtzeitig ihrer Verpflichtung nachkommen (vgl. 4.4.2.3.). Um die Sozialhilfeträger, die für solche vorrangig Verpflichteten „einspringen", zu schützen und um ungerechtfertigte Nachzahlung an den Hilfeempfänger zu vermeiden, mußte ein *Instrument* geschaffen werden, mit dessen Hilfe das vom Gesetz gewollte *Nachrangverhältnis wiederhergestellt* wird (vgl. BVerwGE 34, 221; 42, 202). Dieses Instrument ist der in den §§ 90, 91 geregelte Übergang von Ansprüchen, die auf vorrangigen Verpflichtungen anderer beruhen (auch „Überleitung" genannt): Damit kann der Sozialhilfeträger Ansprüche des Hilfeempfängers gegen Dritte auf sich überleiten; er kann also einen Gläubigerwechsel herbeiführen, mithin sich anstelle des Hilfeempfängers zum Gläubiger dieser Ansprüche machen (vgl. BVerwGE 34, 221; 42, 203; 50, 68). Zugleich greift diese Überleitung in die Rechtssphäre des Hilfeempfängers ein: Er verliert ja seine Forderung gegen den Dritten (soweit sie besteht). Die Voraussetzungen und Grenzen dieses „Verlusts" durch die Überleitungsmöglichkeit des Sozialhilfeträgers sind deshalb gleichfalls – zum Schutz des Hilfeempfängers – Gegenstand der Regelung der §§ 90, 91.

Das Instrument der Anspruchsüberleitung scheint nach einer ersten Lektüre der §§ 90, 91 relativ einfach konstruiert und dementsprechend leicht anwendbar zu sein. Dem ist freilich nicht so. Die Regelung der §§ 90, 91 gehört zu den schwierigsten Bereichen des BSHG, weil viele Fragen systematisch kaum oder gar nicht geklärt sind und die Praxis gezwungen ist, sich an einem Seil entlangzuhangeln, das aus Stücken und Fetzen der Rechtsprechung geknotet, an manchen Stellen brüchig und nur notdürftig repariert ist. Die sehr lesenswerte Abhandlung von Bär (1978) vermittelt einen nachhaltigen Eindruck von der angedeuteten Situation, die hier freilich nicht näher dargestellt werden kann: Hier geht es vielmehr nur um die wichtigsten Grundgedanken.

(2) Neben den §§ 90, 91 sehen auch andere Vorschriften außerhalb des BSHG eine Sicherung des Nachrangs der Sozialhilfe vor, wenn andere ihren Verpflichtungen nicht nachgekommen sind. Zu nennen sind hier vor allem die Übergangsbestimmungen gegenüber den Trägern der *Sozialversicherung* nach §§ 1531 ff. RVO (dazu eingehend Brackmann 1981, 969 ff.; zu anderen Regelungen oben 4.4.2.3. und Gottschick/Giese 1981, § 90 Rz. 2.1.).

Bei der Unterbringung *Geisteskranker* wurden die Beziehungen zwischen den *Sozialhilfeträgern* und den *Trägern der gesetzlichen Krankenversicherung* abweichend von §§ 1531 ff. RVO durch den sog. *Halbierungserlaß* (AN 1942, 490) bestimmt (als Einstieg in die Problematik dieser Regelung empfiehlt sich die Lektüre von BSGE 9, 112 ff.); an die Stelle des (seit dem 1. 7. 1982 aufgehobenen) Halbierungserlasses sind freilich inzwischen teilweise entsprechende „Geisteskrankenabkommen" der genannten Träger getreten.

(3) Neben der Überleitungsermächtigung nach § 90 räumt der § 48 Abs. 1 S. 2 SGB-AT dem Träger der Sozialhilfe die Möglichkeit ein, die Auszahlung von Sozialleistungen für den Hilfeempfänger (z. B. Kindergeld) beim zuständigen Sozialleistungsträger (z. B. dem Arbeitsamt – Kindergeldkasse – ) zu beantragen, um damit die Zahlung dieser Sozialleistung an den Hilfeempfänger, der einen solchen Antrag nicht gestellt hat, zu bewirken und so die Kasse der Sozialhilfe zu schonen.

(4) Schließlich hat der Sozialhilfeträger die Möglichkeit, einen Unterhaltspflichtigen unmittelbar (also nicht erst nach einer Überleitung von Ansprüchen des Hilfeempfängers gegen den Unterhaltspflichtigen) durch Leistungsbescheid in Anspruch zu nehmen, wenn der Unterhaltspflichtige Aufwendungen der Sozialhilfe nach §§ 11 Abs. 2 und 3, 29, 43 oder 58 zu ersetzen hat.

## 8.1.2. Die Überleitung nach § 90

### 8.1.2.1. Die Regelung des § 90 Abs. 1 S. 1

Im folgenden ist – um falschen Erwartungen vorzubeugen – keine Kommentierung der Vorschrift beabsichtigt. Lediglich des besseren Verständnisses halber soll der Satz 1 des § 90 in seine wesentlichen Bestandteile zerlegt werden:

(1) „Hat ein Hilfeempfänger oder haben Personen nach § 28 für die Zeit, für die Hilfe gewährt wird, einen Anspruch gegen einen anderen". Dies bedeutet insbesondere:

1. Der Anspruch, der übergeleitet werden soll, muß dem „Hilfeempfänger" oder „Personen nach § 28" zustehen.
Nach der bis zum 31. 12. 1981 geltenden Fassung des § 90 Abs. 1 S. 1 konnten bei Hilfen in besonderen Lebenslagen nur Ansprüche des Hilfeempfängers *selbst*, dagegen nicht Ansprüche des Ehegatten oder eines Kindes übergeleitet werden. War z. B. ein Kind pflegebedürftig und hatte sein im öffentlichen Dienst beschäftigter Vater einen Beihilfeanspruch für dieses Kind, so konnte dieser Anspruch nicht auf den Sozialhilfeträger übergeleitet werden. Diese Lücke wollte der Gesetzgeber mit der seit dem 1. 1. 1982 geltenden Fassung des § 90 Abs. 1 S. 1 schließen (vgl. Art. 21 Nr. 27 des 2. HStruktG; BT-Dr. 9/842, 91).
2. Da der Anspruch keinem bestimmten Rechtsbereich zugewiesen wird, spielt es *keine Rolle*, ob er dem öffentlichen Recht oder dem Privatrecht zugehört (vgl. auch BVerwGE 41, 116).
3. Die Überleitung ist „bedarfsorientiert". Das bedeutet, daß sich der Zeitraum, in dem Sozialhilfe bedarfsgemäß gewährt wurde, mit dem Zeitraum decken muß, für den der Anspruch des Hilfeempfängers besteht. Man spricht hier i.d.R. vom „Grundsatz der Gleichzeitigkeit" oder vom „Grundsatz der zeitlichen Deckungsgleichheit" (vgl. z. B. BVerwGE 50, 67). Ein Anspruch kann also nicht übergeleitet werden für die Zeit vor oder nach dem Zeitraum der Hilfegewährung (wurde also z. B. vom 1. 10. bis zum 31. 12. vom Sozialhilfeträger Hilfe zum Lebensunterhalt in Höhe von 528 DM monatlich geleistet und wurden am 10. 12. vom Amt für Ausbildungsförderungen rückwirkend vom 1. 8. an Leistungen nach dem BAföG in Höhe von 620 DM gewährt, dann kann sich die Überleitung

nur auf den BAföG-Anspruch vom 1. 10. bis zum 31. 12. richten (und zwar nur in Höhe der gewährten Hilfe zum Lebensunterhalt von 528 DM monatlich; vgl. unten (4)1.).
4. Vorausgesetzt wird schließlich, daß der Hilfeempfänger einen Anspruch gegen einen anderen „hat". Aus dem Wort „hat" könnte man auf den ersten Blick folgern, daß der Anspruch im Zeitpunkt der Überleitung auch tatsächlich bestehen muß, damit die Überleitung wirksam ist. Nun ist es aber in vielen Fällen, in denen Sozialhilfe gewährt wird und eine Überleitung in Betracht kommt, noch nicht mit Sicherheit klar oder nicht unstreitig, ob der Anspruch überhaupt oder nur in bestimmter Höhe besteht. Dies soll aber den Sozialhilfeträger nicht von einer Überleitung abhalten. Denn diese ist nur ein Teil, gewissermaßen die „Ouvertüre" des Hauptstücks, das oben als „Wiederherstellung des Nachrangs" bezeichnet wurde: Ob der Nachrang aber tatsächlich wiederhergestellt werden kann, läßt sich und muß man auch im Streitfall nach der Überleitung klären. Zu Recht vertreten das BVerwG und die ihm folgende h.L. die Ansicht, daß die Überleitung nicht deshalb rechtswidrig ist, weil der übergeleitete Anspruch nicht besteht, sofern es nicht evident ist, daß das Bestehen des Anspruchs ausgeschlossen ist (grundlegend zu dieser Formel von der „Negativ-Evidenz" BVerwGE 34, 220 f.; ferner 41, 116; 42, 204; 58, 214; Gottschick/Giese 1981, § 90 Rz. 5). Gewonnen ist damit für den *Sozialhilfeträger* freilich nicht allzu viel: Er kann zwar zunächst – ohne eingehende Prüfung – überleiten und sich erst danach darum kümmern, ob ein als Befriedigungsobjekt überhaupt geeigneter Anspruch übergeleitet wurde. Vernünftigerweise wird aber kein Sachbearbeiter ohne Not auf diese Weise „ins Dunkle schießen", sondern das Bestehen des Anspruchs möglichst schon vor der Überleitung prüfen, um dem Sozialhilfeträger erfolglose Auseinandersetzungen um den Anspruch zu ersparen und um unnötige Eingriffe in die Rechtssphäre des Hilfeempfängers und des Dritten zu vermeiden. Für die *Verwaltungsgerichte* freilich bedeutet die Ansicht des BVerwG sehr wohl eine Arbeitsersparnis: Sie können nämlich bei der verwaltungsgerichtlichen Nachprüfung der Überleitung die Frage nach Bestehen und Höhe des übergeleiteten Anspruchs ausklammern (vgl. unten (3)2.). Ob dies ein gewolltes oder ein ungewolltes „Selbstgeschenk" des BVerwG ist, mag hier dahinstehen (dazu Bär 1978, 98).

(2) „kann der Träger der Sozialhilfe . . . bewirken" (§ 90 Abs. 1 S. 1). Dies bedeutet:

Der Sozialhilfeträger muß in eine *Ermessensprüfung* treten, ob überhaupt und in welcher Höhe der Rechtsübergang vorgenommen werden soll, ob und inwieweit also vom Hilfeempfänger der Verlust seines Anspruchs verlangt werden kann. Eine Entscheidung ohne Abwägung des „Für und Wider" wäre ermessensfehlerhaft (BVerwGE 19, 149 zu § 1531 RVO). Das BVerwG hat in einer späteren Entscheidung ferner ausgeführt, daß dabei auch zu prüfen ist, ob allgemeine sozialhilferechtliche Grundsätze im Einzelfall das Absehen von der Überleitung gebieten: „So kann etwa der Grundsatz der Nachhaltigkeit der Hilfe verletzt sein, wenn übergeleitet wird, obwohl abzusehen ist, daß durch die Eintreibung des übergeleiteten Anspruchs die Pflegebereitschaft des Anspruchschuldners beeinträchtigt wird und deshalb der Hilfeempfänger demnächst auf öffentliche Hilfe verwiesen ist. Sozialhilferechtlich fehlerhaft könnte auch die Überleitung eines geringfügigen Anspruchs sein, wenn eine nachhaltige Störung des Familienfriedens zu befürchten ist und damit der Grundsatz der familiengerechten Hilfe (§ 7 BSHG) verletzt wird" (BVerwGE 34, 224).
Bei der Ausübung dieses „kann" sind auch Sozialhilferichtlinien zu beachten, mit denen sich die Sozialhilfeträger einer Ermessensbindung (als Selbstbindung) unterworfen haben und die Abweichungen nur gestatten, wenn und soweit dies in den Richtlinien vorgesehen

ist (vgl. Hess. VGH, in: FEVS 1972, 172 ff. zu den „Frankfurter Richtlinien" zu §§ 90, 91).

(3) „durch schriftliche Anzeige an den anderen" (§ 90 Abs. 1 S. 1). Dies bedeutet:

1. Der Anspruch des Hilfeempfängers geht nicht ohne weiteres auf den Sozialhilfeträger über. Vielmehr bedarf es einer *schriftlichen Überleitungsanzeige*, die – wie sich aus § 90 Abs. 3 ergibt – ein *belastender Verwaltungsakt* ist (vgl. z. B. BVerwGE 34, 220; 41, 116). Durch die Überleitungsanzeige rückt der Sozialhilfeträger in die Stellung des Anspruchsberechtigten ein (es findet also ein Gläubigerwechsel statt); der Dritte kann mit befreiender Wirkung nur noch an den Sozialhilfeträger leisten (vgl. BVerwGE 41, 115 ff.; zur Überleitung „dem Grunde nach" Löden 1977, 205 ff.; Bär 1978, 98).

2. In einer Zusammenschau mit § 90 Abs. 3 zeigt sich ferner, daß der Hilfeempfänger gegen die Überleitungsanzeige als belastenden Verwaltungsakt *Widerspruch* und *Anfechtungsklage* vor dem Verwaltungsgericht (VG) erheben kann (freilich ohne aufschiebende Wirkung). Das VG prüft aber nur, ob die Überleitung nach *öffentlichem Recht wirksam* erfolgt ist, z. B. ob vom Ermessen fehlerfreier Gebrauch gemacht wurde bzw. ob sozialhilferechtliche Fehler vorliegen; das VG prüft hingegen nicht den Bestand und die Höhe des Anspruchs (vgl. (1)4.). Dies überläßt es den Gerichten, in deren Kompetenz der Anspruch fällt (unten 3.). Denn die Überleitung läßt nach h.A. das Wesen des übergeleiteten Anspruchs unberührt: Aus einem zivilrechtlichen Anspruch (der in die Kompetenz der Zivilgerichte gehört) kann danach also nicht durch den öffentlich-rechtlichen (Verwaltungs-)Akt der Überleitung ein öffentlich-rechtlicher Anspruch werden (vgl. z. B. BVerwGE 34, 221; 50, 67 f.). In der Praxis führt diese Spaltung nicht selten dazu, daß in derselben Sache (z. B. Überleitung eines bürgerlich-rechtlichen Unterhaltsanspruchs) nacheinander oder gleichzeitig zwei Klagen bei verschiedenen Gerichten anhängig werden.

Die Zulässigkeit eines Widerspruchs und einer Anfechtungsklage *durch den Dritten* wurde bislang nur dann anerkannt, wenn es sich um eine Überleitungsanzeige gegen den Dritten als *Unterhaltsverpflichteten* handelt (vgl. BVerwGE 29, 229 ff. mit eingehender Begründung); ob auch in anderen Fällen dem Dritten ein Rechtsschutzbedürfnis zuerkannt würde, ist noch offen (verneinend z. B. Gottschick/Giese 1981, § 90 Rz. 19.3).

3. Geht der Anspruch des Hilfeempfängers gegen den Dritten mit der Überleitungsanzeige (oder genauer: mit deren Zugang) auf den Sozialhilfeträger über und erlangt damit dieser die Rechtsstellung eines neuen Gläubigers für die Dauer der Hilfegewährung (oben 1.), dann bleibt noch die Frage zu beantworten, was „danach" zu geschehen hat:

Handelt es sich z. B. um eine privatrechtliche Forderung, so muß sich der Träger der Sozialhilfe mit „privatrechtlichen" Mitteln um die Einziehung bemühen. In Betracht kommen für Rückstände ein Antrag auf Erlaß eines Zahlungsbefehls beim Amtsgericht nach den Vorschriften des 7. Buches der ZPO oder die Erhebung der Klage beim Amtsgericht oder Landgericht (je nach Höhe der Forderung) mit dem Antrag, den Beklagten zur Zahlung zu verurteilen. Die Vollstreckung rechtskräftiger Titel richtet sich dann nach dem 8. Buch der ZPO (für die Pfändung beweglicher Sachen nach §§ 803 ff. ZPO ist der Gerichtsvollzieher zuständig, für die Pfändung einer Forderung – z. B. Lohnpfändung – muß beim Amtsgericht ein Pfändungs- und Überweisungsbeschluß nach §§ 828 ZPO gegen den Drittschuldner – z. B. den Arbeitgeber – erwirkt werden).

(4) „daß der Anspruch bis zur Höhe seiner Aufwendungen auf ihn übergeht" (§ 90 Abs. 1 S. 1). Dies bedeutet, daß die Überleitung hinsichtlich des Umfangs beschränkt ist:

1. Der Sozialhilfeträger kann also den Anspruch höchstens in der Höhe überleiten, in der er für den gleichen Zeitraum (Grundsatz der Gleichzeitigkeit!) auch Sozialhilfeaufwendungen hatte. Im BAföG – Beispiel bei (1) könnte also der BAföG-Anspruch nur in Höhe von 528 DM monatlich (d. h. in Höhe der geleisteten Hilfe zum Lebensunterhalt) übergeleitet werden; der darüber liegende Betrag (= 92 DM) bliebe „frei", verbliebe also dem Hilfeempfänger.

2. Das Gesetz spricht schlicht von „Aufwendungen", nicht etwa von „zu Recht gemachten Aufwendungen". Nach h.M. soll es deshalb für den rechtlichen Bestand der Überleitungsanzeige grundsätzlich *nicht* darauf ankommen, daß die Sozialhilfe *zu Recht* geleistet worden ist, sofern der Träger sie (und sei es irrtümlich) als Sozialhilfe geleistet hat (vgl. z. B. BVerwGE 42, 201 f.). Definitiv wurde diese „Rechtmäßigkeit der Überleitung trotz rechtswidriger Hilfegewährung" bislang freilich nur für die Überleitung bürgerlich-rechtlicher Unterhaltsansprüche bejaht (vgl. BVerwGE 55, 26); im übrigen soll es jeweils darauf ankommen und müsse man unterscheiden (so könnte man – überspitzt formuliert – das Urteil des BVerwG in BVerwGE 50, 70 ff. wiedergeben). Das Ganze ist keine rechtsdogmatische Spielerei, sondern hat handfeste praktische Konsequenzen: Hat der Sozialhilfeträger nämlich (z. B. irrtümlich) zu Unrecht Sozialhilfe geleistet und ist beim Hilfeempfänger das zu Unrecht Geleistete nicht mehr zu holen, so kann der Träger die Folgen seines fehlerhaften Verhaltens durch die Überleitung von Rechtsansprüchen des Hilfeempfängers auf den – unbeteiligten – Drittschuldner abwälzen (was aber rechtlich fragwürdig ist).

## 8.1.2.2. Die Regelung des § 90 Abs. 1 S. 2

Nach § 11 Abs. 1 hat zwar *jeder Hilfesuchende* einen *eigenen Anspruch* auf Hilfe. Gleichwohl sind die Ehegatten und ihre minderjährigen unverheirateten Kinder, wenn sie in einem Haushalt zusammenleben, zu einer *Bedarfsgemeinschaft* zusammengeschlossen (vgl. 6.2.1.). In dieser Zusammenfassung der besonders zu gegenseitiger Hilfe verpflichteten Personen drückt sich auch die Erfahrung des täglichen Lebens aus, daß die so eng miteinander Lebenden aus einem Topf wirtschaften und es deshalb geboten ist, in gewissem Umfang die Mittel zusammenzufassen, die den einzelnen Mitgliedern der Lebens- und Wirtschaftsgemeinschaft zufließen (vgl. BVerwG, in: NDV 1973, 109 f.). Diese Zusammenfassung zur Bedarfsgemeinschaft gilt aber nicht nur für die Gewährung von Hilfe zum Lebensunterhalt. Sie gilt vielmehr – gewissermaßen spiegelbildlich – auch für den Bereich der Überleitung: Bei der Hilfe zum Lebensunterhalt kann die Überleitung nicht nur für die Aufwendungen an den Hilfeempfänger selbst, sondern *auch* für die an seinen nicht getrennt lebenden Ehegatten und an seine minderjährigen, unverheirateten Kinder gleichzeitig gewährten Leistungen erfolgen (§ 90 Abs. 1 S. 2).

Leistet also der Sozialhilfeträger z. B. vom 1. 10. bis zum 31. 12. 82 an ein Ehepaar als „Bedarfsgemeinschaft" Hilfe zum Lebensunterhalt in Höhe von insgesamt 718 DM (= 338 DM für den Mann, 270 DM für die Frau und 110 DM für die Kosten der Unterkunft) und erhält die Ehefrau rückwirkend vom 1. 8. Leistungen nach dem BAföG in Höhe von 695 DM monatlich, dann kann der Sozialhilfeträger den BAföG-Anspruch für den Zeitraum vom 1. 10. bis zum 31. 12. auf sich überleiten, und zwar nicht nur für die Hilfe zum Lebensunterhalt zugunsten der Ehefrau (= 270 DM + anteilige Kosten der Unterkunft), sondern auch für die Hilfe zum Lebensunterhalt zugunsten des Ehemannes (insgesamt also in voller Höhe des BAföG-Anspruches).

### 8.1.2.3. Die Regelung des § 90 Abs. 1 S. 3

Die Vorschrift hat praktische Bedeutung *lediglich für die Hilfe in besonderen Lebenslagen* (vgl. Frank 1977, 86). Danach ist die Überleitung nur insoweit zulässig, als bei *rechtzeitiger* Leistung des Dritten Hilfe in besonderen Lebenslagen nicht gewährt oder ein Kostenbeitrag nicht verlangt worden wäre. Oder anders gewendet: Eine Überleitung des Anspruchs scheidet aus, wenn selbst bei rechtzeitiger Leistung des Dritten Hilfsbedürftigkeit vorgelegen hätte oder ein Kostenbeitrag nicht zu leisten gewesen wäre.

Diese schwer verständliche Regelung soll an einem *Beispiel* verdeutlicht werden:
In einem früheren *Beispielsfall* der Restkosten eines Zahnersatzes von Frau Weinmann (vgl. 6.3.4.2.1.1.(3)) war es so, daß die maßgebliche Einkommensgrenze bei 2 360 DM lag und das vorhandene Nettoeinkommen 1 900 DM betrug, so daß Frau Weinmann Anspruch auf volle Übernahme der Restkosten für den Zahnersatz hatte. Angenommen, Frau Weinmann wäre nun nicht nur bei der AOK familienversichert (§ 205 RVO), sondern *auch* privat krankenversichert, die private Krankenversicherung (pKV) hätte sich aber geweigert, einen Zuschuß zu den Restkosten des Zahnersatzes zu leisten: Selbst wenn diese Weigerung zu Unrecht erfolgt wäre und die pKV einen Zuschuß von 100 DM hätte leisten müssen, so hätte auch bei rechtzeitiger Leistung der pKV das Gesamteinkommen nicht die Einkommensgrenze von 2.360 DM überschritten: Frau Weinmann hätte die Übernahme der Restkosten weiterhin verlangen können. Dann kommt aber auch eine Überleitung des Anspruchs gegen die pKV gem. § 90 Abs. 1 S. 3 nicht in Betracht (Frau Weinmann kann eine eventuelle Nachzahlung der 100 DM also selbst verbrauchen).

### 8.1.2.4 Die Regelung des § 91 Abs. 1 S. 4

Der Überleitung steht *nicht* entgegen, daß der überzuleitende Anspruch nicht übertragen, verpfändet oder gepfändet werden kann (§ 90 Abs. 1 S. 4; diese Vorschrift hat also Vorrang vor den §§ 53, 54 SGB-AT). Der Schutz des Anspruchs gegen Übertragung, Verpfändung oder Pfändung gilt also nicht gegenüber dem Sozialhilfeträger (wohl aber gegenüber anderen): Ihm gegenüber verliert der Anspruch seine „Höchstpersönlichkeit".

### 8.1.2.5. Die Regelung des § 90 Abs. 2 und 4

(1) Wird die Hilfe für einen Zeitraum von mehr als zwei Monaten unterbrochen, so verliert die schriftliche Überleitungsanzeige an den Dritten ihre Rechtswirkung (§ 90 Abs. 2); für die danach einsetzende Hilfe muß eine neue Überleitungsanzeige erfolgen. Auf diese Weise soll der Dritte klar erkennen können, wer für welchen Zeitraum sein Gläubiger ist. Um der Klarheit willen sollte der Dritte auch von der Beendigung der Sozialhilfe unterrichtet werden, damit er weiß, daß die Überleitungsanzeige ihre Wirkung verloren hat.

(2) Zum praktisch wenig bedeutsamen Abs. 4 (vgl. z. B. Gottschick/Giese 1981, § 90 Rz. 20.

## 8.1.2. Überleitung von Unterhaltsansprüchen

### 8.1.2.1. Vorbemerkung

(1) Während § 90 sich auf Ansprüche des Hilfeempfängers gegen Dritte *schlechthin* bezieht, betrifft § 91 *nur Unterhaltsansprüche* des Hilfeempfängers. Für die Überleitung dieser bürgerlichrechtlichen Unterhaltsansprüche enthält § 91 ergänzende Regelungen, die die allgemeine Regelung des § 90 modifizieren, und zwar durchweg zugunsten, also zum Schutz des Unterhaltspflichtigen.

Auch bei § 91 geht es zunächst um den Gesichtspunkt der *Wiederherstellung des Nachrangs.* Denn die Sozialhilfe ist auch gegenüber den Verpflichtungen der nach bürgerlichem Recht Unterhaltspflichtigen nachrangig, geht also z. B. den Unterhaltspflichten der Eltern gegenüber ihren Kindern im Range nach (vgl. auch § 2 Abs. 2 S. 1: „Verpflichtungen anderer, besonders Unterhaltspflichtiger ... werden durch dieses Gesetz nicht berührt.") Deshalb ist vor Gewährung der Sozialhilfe in der Regel zu prüfen, ob nicht vorrangige Unterhaltsansprüche vorhanden sind, aus denen der Bedarf des Hilfesuchenden ganz oder zumindest teilweise befriedigt werden kann. Allerdings ist es oft so, daß der Hilfesuchende nicht darauf verwiesen werden darf, sich erst einmal selbst zu helfen, indem er solche Unterhaltsansprüche realisiert. Denn diese Realisierung (z. B. im Wege der Klage gegen den Unterhaltspflichtigen) braucht in aller Regel eine gewisse Zeit; die bloße Aussicht auf eine Realisierung des Unterhaltsanspruchs macht aber noch nicht satt, vermag also nicht den gegenwärtigen Bedarf des Hilfesuchenden rechtzeitig und ausreichend zu decken (zur Frage der Selbsthilfe durch Realisierung von Ansprüchen vgl. 4.4.2.1.(2)). In einer solchen Bedarfssituation ist der Verweis auf Selbsthilfe eben nicht gerechtfertigt. Der Sozialhilfeträger muß vielmehr die begehrte Hilfe – bei Vorliegen der sonstigen Voraussetzungen – gewähren; dann kann er freilich mit dem Instrument der Überleitung nach §§ 90, 91 den Nachrang der Sozialhilfe wieder herstellen, nämlich sich selbst zum Gläubiger des Unterhaltsanspruchs (anstelle des Hilfeempfängers) machen und den Anspruch gegen den Unterhaltspflichtigen realisieren. Dieser Gläubigerwechsel ist allerdings kein schlichter Austausch von Anspruchsberechtigten. Dem Sozialhilfeträger als (neuem) Gläubiger der Unterhaltsforderung wird nämlich – wie wir noch sehen werden – vom Gesetzgeber ein „soziales" Verhalten gegenüber dem Unterhaltspflichtigen abverlangt.

*Fiskalisch* gesehen ist die Heranziehung von Unterhaltspflichtigen eine der Möglichkeiten des Sozialhilfeträgers, die Kosten der Sozialhilfe zu *refinanzieren*, also die Leistungen an den Hilfeempfänger (wenigstens zum Teil) bei Dritten hereinzuholen (zur Problematik dieser „Refinanzierungsquelle" vgl. 8.1.2.5.).

(2) Bereits aus diesen ersten Hinweisen wird deutlich, daß bei der Überleitung von Unterhaltsansprüchen Sozialhilferecht und bürgerliches Recht aufeinandertreffen. Diese beiden Rechtsgebiete sind allerdings nicht deckungsgleich, sondern enthalten unterschiedliche Ausgangspunkte, Regelungen und Zielsetzungen, die zu zahlreichen Überschneidungen und komplizierten Rechtsfragen führen. Auf diesen komplexen und teilweise sehr umstrittenen Bereich kann hier nicht im einzelnen eingegangen werden (eingehend dazu z. B. Empfehlungen für

die Heranziehung Unterhaltspflichtiger 1978 – im folgenden: Empfehlungen 1978 – sowie die einschlägigen Kommentare zu § 91). In den nächsten Abschnitten sollen vielmehr die Grundzüge und Grundgedanken der Überleitung von Unterhaltsansprüchen dargestellt werden; wer sie verstanden hat, wird sich auch in die schwierigen Detailfragen einarbeiten können.

### 8.1.2.2. Der Kreis der Unterhaltspflichtigen

#### 8.1.2.2.1. Gesteigert und nicht gesteigert Unterhaltspflichtige

Soll ein Anspruch „gegen einen nach bürgerlichem Recht Unterhaltspflichtigen" (§ 91 Abs. 1 S. 1) übergeleitet werden, dann stellt sich zunächst die Frage, wer nach welchen Vorschriften *überhaupt unterhaltspflichtig* ist. Die Antwort darauf ergibt sich aus den Bestimmungen des *Bürgerlichen Gesetzbuchs* (BGB).

Für Ehen, die vor dem 1. 7. 1977 geschieden wurden, bestimmt sich die Unterhaltsberechtigung geschiedener Ehegatten nach den bis dahin geltenden Vorschriften (§§ 58 ff. EheG).

In der Praxis der Überleitung nach §§ 90, 91 wird nun zwischen *gesteigert* und *nicht gesteigert Unterhaltspflichtigen* unterschieden. Diese Unterscheidung, die das bürgerliche Recht zwar nicht begrifflich, sehr wohl aber in der Sache macht, läßt schon auf den ersten Blick erkennen, daß es nach bürgerlichem Recht Personen gibt, denen ein „Mehr" an Unterhaltspflicht und damit eine größere Einschränkung des eigenen Lebensstandards zugemutet wird als anderen Personen. Welche Personen dies jeweils sind, wird im folgenden dargestellt und zugleich in das Sozialhilferecht für die Heranziehung des Einkommens (8.1.2.2.2. und 8.1.2.2.3.) sowie des Vermögens (8.1.2.2.4.) „übersetzt".

#### 8.1.2.2.2. Heranziehung des Einkommens bei gesteigert Unterhaltspflichtigen

(1) Die *beiden klassischen Fälle* der *gesteigerten Unterhaltspflicht* sind

– die *Eltern* im Verhältnis zu ihren *minderjährigen* (also noch nicht 18-jährigen) *unverheirateten Kinder* (§ 1603 Abs. 2 S. 1 BGB)

sowie diesen Kindern rechtlich gleichgestellte (z. B. adoptierte oder für ehelich erklärte) und nichteheliche Kindern (§§ 1736, 1740 f., 1754, 1615 a ff. BGB);

– die *zusammenlebenden Ehegatten untereinander* (§ 1360 a BGB).

Zu weiteren Fällen gesteigerter Unterhaltspflicht vgl. Empfehlungen 1978, 13 und 52 ff.

Von diesen Unterhaltspflichtigen wird nach bürgerlichem Recht grundsätzlich verlangt, daß sie „notfalls bis zum letzten Pfennig teilen" (Brühl/Göppinger/Mutschler 1973, 411). Dies meint man letztlich, wenn man von „gesteigert" (oder „verstärkt") Unterhaltspflichtigen spricht. Dieser Grundsatz der „Solidarität bis zum letzten Pfennig" wird freilich nicht ganz so rigoros gehandhabt, wie er zunächst klingt. Einig ist man sich nämlich darüber, daß dem *gesteigert Unterhaltspflichtigen* im allgemeinen der *„notwendige" Le-*

*bensunterhalt* zuzubilligen ist (dazu Brühl 1981, 107). Was darunter im konkreten Einzelfall zu verstehen ist, überläßt das BGB der Ermessensentscheidung des zuständigen Zivil-
richters. Das BGB kennt also grundsätzlich keine festen Ausgangswerte für die Berechnung des Betrages, der dem Unterhaltspflichtigen für den *eigenen Lebensunterhalt* zu
belassen ist, und desjenigen Betrags, den er dann als *Unterhaltsbetrag* zu leisten hat. Das
BGB gibt vielmehr nur einen groben Rahmen, der nach den Verhältnissen des Einzelfalls
auszufüllen ist.

In der zivilgerichtlichen Praxis gibt es allerdings eine Reihe von Unterhaltstabellen und
Unterhaltsschlüsseln, die dem Richter und den Parteien die Orientierung erleichtern.

(2) Was soll aber der Sachbearbeiter tun, der vor der Frage steht, ob und in
welchem Umfang ein Unterhaltsanspruch besteht, der übergeleitet werden
könnte? Soll er nach seinem Ermessen im jeweiligen konkreten Einzelfall den
Umfang der Unterhaltspflicht festsetzen können? Es leuchtet ein, daß dies nicht
der Fall sein kann, soll nicht Willkür und Ungleichbehandlung Tür und Tor
geöffnet sein. Ein weiteres kommt hinzu: Ein so häufiges und routinemäßig
anfallendes Verfahren wie das der Überleitung von Unterhaltsansprüchen drängt
geradezu nach einer „Rationalisierung", also nach einer Vereinfachung der Prüfung. Deshalb und um die Verhältnisse nach einheitlichen Gesichtspunkten zu
beurteilen, haben sich die Sozialhilfeträger durchweg Richtlinien zur Heranziehung Unterhaltspflichtiger gegeben, die in der Regel auf den schon erwähnten
„Empfehlungen für die Heranziehung Unterhaltspflichtiger" (1978) des Deutschen Vereins für öffentliche und private Fürsorge beruhen.

Diese Richtlinien (bzw. Empfehlungen) enthalten ein *schematisiertes Berechnungsverfah-
ren* für das, was im Bereich des bürgerlichen Rechts als „notwendiger" Lebensunterhalt des
gesteigert Unterhaltspflichtigen umschrieben wird: Nach einem bestimmten Schema werden einzelne „Posten" des Lebensunterhalts addiert; die Summe dieser „Posten" wird als
der *Eigenbedarf für den „notwendigen" Lebensunterhalt* angesehen, der dem gesteigert
Unterhaltspflichtigen *aus der Sicht der Sozialhilfe* auf jeden Fall zuzugestehen ist. Nur
wenn der gesteigert Unterhaltspflichtige ein Einkommen hat, das *über* diesem fiktiven
(„*sozialhilferechtlichen*") *Eigenbedarf* liegt, kommt er für die Heranziehung zu einem
Unterhaltsbeitrag in Betracht. Mit diesem Berechnungsschema wird dem Sachbearbeiter
also ein „Werkzeug" an die Hand gegeben, mit dessen Hilfe er die Aufgabe der Überleitung einigermaßen praktikabel bewältigen können soll.

Bei der schematischen Berechnung der Höhe dieses *Eigenbedarfs* wird im übrigen danach differenziert, ob der Hilfeempfänger Hilfe zum Lebensunterhalt (3)
oder Hilfe in besonderen Lebenslagen (4) erhält bzw. erhielt:
(3) Bei der Gewährung von *Hilfe zum Lebensunterhalt* an den Hilfeempfänger
wird dem gesteigert Unterhaltspflichtigen ein Freibetrag als Eigenbedarf zugestanden, der sich im wesentlichen zusammensetzt aus:
— dem Regelsatz eines Haushaltsvorstands für den Unterhaltspflichtigen,
— dem maßgebenden Regelsatz für den Ehegatten und die gesteigert unterhaltsberechtigten Familienangehörigen, die mit dem Unterhaltspflichtigen im
Haushalt leben,

- einem Aufschlag von 25 % auf die Summe der genannten Regelsätze;
- den Mehrbedarfszuschlägen nach §§ 23, 24 und
- den Kosten der Unterkunft.

Zu Einzelheiten vgl. Empfehlungen 1978, 19 f. und 105 ff.

Dazu ein *Beispiel* (nach Krahmer 1979, 49): Der 17jährige Axel Aderhold hat sich von zu Hause „abgesetzt" und lebt in einer Wohngemeinschaft in Köln von Hilfe zum Lebensunterhalt (300 DM monatlich), die das Sozialamt der Stadt Köln zahlt. Sein Vater, der Maschinenschlosser Klaus Aderhold lebt mit Frau und zwei Kindern (6 und 9 Jahre alt) in Gummersbach; Herr Aderhold ist Alleinverdiener (2.500 Nettoeinkommen), die Kosten der Unterkunft betragen 400 DM. Die Addition der oben genannten „Posten" ergibt dann:

| | |
|---|---:|
| − Regelsatz für Klaus Aderhold | 338 DM |
| − Regelsatz für Frau Aderhold | 270 DM |
| − Regelsatz für das 6 jährige Kind | 152 DM |
| − Regelsatz für das 9 jährige Kind | 220 DM |
| − 25 % Aufschlag aus der Regelsatzsumme (= 980 DM) aufgerundet | 245 DM |
| − Mehrbedarf nach § 23 Abs. 3 für Klaus Aderhold (angenommen) | 200 DM |
| − Kosten der Unterkunft | 400 DM |
| Eigenbedarf | 1.850 DM |

Der Betrag von 1 850 DM wäre also Herrn Aderhold als „Freibetrag" = Eigenbedarf) zuzubilligen. Angenommen, sein nach § 76 Abs. 2 bereinigtes Einkommen würde 2 300 DM betragen, so läge es immer noch um 450 DM über dem zugebilligten Eigenbedarf. Der Sozialhilfeträger könnte dann den Betrag der Hilfe zum Lebensunterhalt an Axel Aderhold (300 DM monatlich) voll vom Vater als Unterhaltsbeitrag geltend machen (genauer: könnte beim Vater von einer bestehenden Unterhaltspflicht in voller Höhe der für den Sohn geleisteten Hilfe zum Lebensunterhalt ausgegangen und insoweit der übergeleitete Unterhaltsanspruch vom Sozialhilfeträger geltend gemacht werden). Zu der Einschränkung des § 91 Abs. 3 vgl. 8.1.2.3.(6).

Aus den oben genannten „Posten" und dem konkreten Beispiel wird deutlich, daß die *Berechnung des Eigenbedarfs relativ großzügig* ist. Dies hat − nicht allein, aber vor allem − seinen Grund darin, daß ein Prozeßrisiko vor dem Zivilgericht für den Sozialhilfeträger weitgehend ausgeschaltet werden soll: Nach dem Motto „Der kluge Mann baut vor" wird der so (relativ großzügig) berechnete Eigenbedarf in aller Regel über dem Eigenbedarf liegen, den Zivilgerichte nach bürgerlichem Recht als „notwendigen" Lebensunterhalt zuerkennen.

(4) Bei der Gewährung von *Hilfe in besonderen Lebenslagen* wird der „Freibetrag" als Eigenbedarf nach den §§ 79 ff. berechnet. Es wird also darauf geachtet, daß der Unterhaltspflichtige die gleichen Schongrenzen des Einkommens für sich beanspruchen kann wie der Hilfeempfänger selbst; es wird mithin so verfahren, als ob der Unterhaltspflichtige selbst die Hilfe bekäme (vgl. § 91 Abs. 1 S. 2).

Einzelheiten dazu in den Empfehlungen 1978, 24 f. und 130 ff.; ein Berechnungsbeispiel gibt Krahmer 1979, 50).

(5) Die Heranziehung gesteigert Unterhaltspflichtiger nach bürgerlichem Recht *entfällt* – was sich im Grund genommen von selbst versteht – , soweit sie nach § 11 bzw. § 28 mit dem Hilfebedürftigen in einer Bedarfsgemeinschaft zusammengefaßt werden (und insofern ihre Unterhaltspflicht ja schon berücksichtigt wurde).

Um es noch einmal zu betonen: In den obigen Ausführungen geht es nur um die wichtigsten Grundzüge der schematisierten Berechnung des Eigenbedarfs; im einzelnen gibt es hier eine Fülle von Einzelfragen, auf deren Darstellung hier verzichtet werden muß (Näheres in den Empfehlungen 1978).

### 8.1.2.2.3. Heranziehung des Einkommens bei nicht gesteigert Unterhaltspflichtigen

(1) Zu den *nicht gesteigert Unterhaltspflichtigen* gehören nach bürgerlichem Recht insbesondere

— die *Verwandten in gerader Linie,* d. h. die voneinander abstammen, untereinander (§§ 1589 S. 1, 1601 i.V.m. 1603 Abs. 1, 1615 a, 1736 f., 1754 BGB);

davon streng zu unterscheiden ist die Frage, *bis zu welchem Grad* der Verwandtschaft der Sozialhilfeträger die unterhaltspflichtigen Verwandten überhaupt heranziehen darf (vgl. § 91 Abs. 1 S. 1 und unten 8.1.2.3.(1)),

— der *Vater* im Verhältnis zur *Mutter seines nichtehelichen Kindes* (§ 1615 l BGB)

Zu weiteren Fallgruppen vgl. Empfehlungen 1978, 14 und 58 ff.

Die nicht gesteigert Unterhaltspflichtigen sind nach bürgerlichem Recht nur zum Unterhalt verpflichtet, wenn sie den Unterhalt bei Berücksichtigung ihrer sonstigen Verpflichtungen *ohne Gefährdung ihres eigenen „angemessenen" Unterhalts* gewähren können (vgl. Brühl 1981, 103). Ihre Verpflichtung geht demnach nicht so weit wie die der gesteigert Unterhaltspflichtigen, die nur den „notwendigen" Lebensunterhalt für sich in Anspruch nehmen können: Das BGB lockert hier also die (rechtliche) Unterstützungspflicht und fordert nicht die „Solidarität bis zum letzten Pfennig", sondern ein Weniger.

(2) Auch bei der Heranziehung nicht gesteigert Unterhaltspflichtiger versuchen die Sozialhilfeträger, mit Hilfe von Richtlinien (in aller Regel auf der Grundlage der schon erwähnten Empfehlungen des Deutschen Vereins) den Begriff des „angemessenen" Lebensunterhalts aufgrund einer *schematisierten Berechnung* zu konkretisieren und damit für die tägliche Arbeit praktikabel zu machen. Dabei werden die einzelnen „Posten", aus denen dann der „angemessene" Lebensunterhalt durch Addition konkretisiert wird, *großzügiger* angesetzt als bei den gesteigert Unterhaltspflichtigen (bei denen ja weniger, nämlich nur der „notwendige" Lebensunterhalt zu konkretisieren ist):

(3) Bei der Gewährung von *Hilfe zum Lebensunterhalt* an den Hilfeempfänger wird den *nicht gesteigert* Unterhaltspflichtigen ein „Freibetrag" als Eigenbedarf zugestanden, der sich in der Regel zusammensetzt aus
— dem doppelten Regelsatz für den Unterhaltspflichtigen selbst,
— dem 1¹/₂fachen Regelsatz für seinen nicht getrennt lebenden Ehegatten,
— dem 1¹/₂fachen Regelsatz für die überwiegend vom Unterhaltspflichtigen unterhaltenen und in seinem Haushalt lebenden unterhaltsberechtigten Angehörigen,
— den Kosten der Unterkunft,
— einem Aufschlag von 10 % des Nettoeinkommens des Unterhaltspflichtigen (zur Erhaltung eines angemessenen Lebensstandards),
— einem weiteren Aufschlag von 10 % des im Sinne des § 76 bereinigten Einkommens (als Anreiz zur Arbeit) und
— besonderen Belastungen (z. B. Abzahlungsverpflichtungen) in Anlehnung an § 84 (vgl. 6.3.4.2.2.).

Zu Einzelheiten vgl. Empfehlungen 1978, 21 f. und 116 ff.
Dazu ein *Beispiel* (in Anlehnung an das Beispiel bei 8.1.2.2.2.(3) und Krahmer 1979, 48): Nehmen wir einmal an, daß Axel Aderhold bereits volljährig ist, so daß sein Vater ihm gegenüber nicht mehr gesteigert, sondern nur noch nicht gesteigert unterhaltspflichtig ist. Der Eigenbedarf setzt sich dann wie folgt zusammen:
— doppelter Regelsatz für Klaus Aderhold                                        676 DM
— 1¹/₂facher Regelsatz für Frau Aderhold                                        405 DM
— 1¹/₂facher Regelsatz für das 6-jährige Kind                                   228 DM
— 1¹/₂facher Regelsatz für das 9-jährige Kind                                   330 DM
— Kosten der Unterkunft                                                          400 DM
— 10 % des Nettoeinkommens                                                       250 DM
— 10 % des i.S.d. § 76 bereinigten Einkommens (angenommen: 2.300 DM)             230 DM
— besondere Belastung: Abzahlungsverpflichtung aus einem Möbelkauf              100 DM

Summe = Eigenbedarf                                                           2.619 DM

Da der anzurechnende Eigenbedarf *über* dem bereinigten Einkommen (ja sogar über dem Nettoeinkommen) von Klaus Aderhold liegt, würde der Sozialhilfeträger aufgrund des so von ihm berechneten „angemessenen" Unterhalts davon ausgehen, daß Herr Aderhold nicht zum Unterhalt seines Sohnes beitragen könnte, ohne eben diesen „angemessenen" Unterhalt zu gefährden. Der Sozialhilfeträger würde also von einer Überleitung des Unterhaltsanspruchs *absehen*.
        Läge der nach diesem Berechnungsschema ermittelte Eigenbedarf für einen „angemessenen" Lebensunterhalt aber unterhalb des bereinigten Einkommens von Herrn Aderhold (z. B. wenn dieses 3.500 DM betragen würde), dann würde in der Praxis zumeist ein *Drittel* des Unterschiedsbetrags zwischen dem ermittelten Eigenbedarf und dem bereinigten Einkommen vom Sozialhilfeträger als bürgerlich-rechtlicher Unterhaltsbeitrag beansprucht (vgl. auch Empfehlungen 1978, 22 und 120 f.).
        Zu einem weiteren Beispiel vgl. unten 8.1.2.6.

(4) Bei der Gewährung von *Hilfe in besonderen Lebenslagen* an den Hilfeempfänger wird der Eigenbedarf zunächst in gleicher Weise errechnet wie bei der Hilfe zum Lebensunterhalt (vgl. oben (3) und Empfehlungen 1978, 24 und

130 ff.). In einem zweiten Schritt wird – wegen der Schutzvorschrift des § 91 Abs. 1 S. 2 – eine weitere Berechnung angestellt: Für den *Unterhaltspflichtigen*, der fiktiv als Hilfesuchender angesehen wird, berechnet man die Einkommensgrenze, die für die dem *Hilfeempfänger* gewährte Hilfe in besonderen Lebenslagen gilt. Danach werden die beiden „Freibeträge" verglichen und zugunsten des nicht gesteigert Unterhaltspflichtigen von demjenigen „Freibetrag" als Eigenbedarf ausgegangen, der höher ist (vgl. Empfehlungen 1978, 25 und 131).

Ein Beispiel für die Berechnung des Einkommenseinsatzes nicht gesteigert Unterhaltspflichtiger bei der Hilfe in besonderen Lebenslagen findet sich bei Krahmer 1979, 49 f.

(5) Abschließend ist insgesamt zu den Richtlinien der Sozialhilfeträger zur Heranziehung Unterhaltspflichtiger zu bemerken, daß sie nicht das letzte Wort darstellen können (die Zivilgerichte sind ohnehin nicht an sie gebunden): Sie sind nur ein Versuch, der Praxis Konkretisierungsmaßstäbe an die Hand zu geben; über die einzelnen „Posten" und die Prozentzahlen läßt sich natürlich streiten.

Für den Hilfesuchenden, der die Inanspruchnahme der Sozialhilfe gerade wegen der Möglichkeit der Heranziehung Unterhaltspflichtiger scheut (vgl. 8.1.2.5.(2) und 11.2.2.) sowie für den Unterhaltspflichtigen läßt sich aus den vorigen Abschnitten zu diesen Richtlinien immerhin die – verkürzte – Aussage destillieren: Sozialhilferechtlich wird nicht so heiß gegessen wie unterhaltsrechtlich gekocht wird.

### 8.1.2.2.4. Heranziehung des Vermögens Unterhaltspflichtiger

Der Unterhaltspflichtige hat nach bürgerlichem Recht nicht nur sein Einkommen, sondern auch sein Vermögen einzusetzen, um seiner Unterhaltspflicht nachzukommen (vgl. Brühl/Göppinger/Mutschler 1973, 422). Insofern kommt also auch die Überleitung von Unterhaltsansprüchen des Hilfeempfängers in Betracht, die aus dem *Vermögen* des Unterhaltspflichtigen befriedigt werden können. So wie nun der Praxis für die Heranziehung des *Einkommens* Maßstäbe zur Konkretisierung des *Eigenbedarfs* an die Hand gegeben wurden, um die Höhe des überzuleitenden Unterhaltsbeitrags in praktikabler Weise ermitteln zu können (vgl. 8.1.2.2.2. und 8.1.2.2.3.), wird auch bei der Frage des Umfangs des Vermögenseinsatzes ein solcher Konkretisierungsmaßstab empfohlen: Bei der Prüfung, welches Vermögen des Unterhaltspflichtigen zu schonen und welches als Unterhaltsbeitrag herangezogen werden kann, wird – was schon § 91 Abs. 1 S. 2 nahelegt – auf § 88 (einschließlich seiner Regelung des „Schonvermögens") zurückgegriffen, und zwar sowohl bei gesteigert wie bei nicht gesteigert Unterhaltspflichtigen (vgl. auch Empfehlungen 1978, 20 f., 22, 114 ff., 122 f.). Gegenüber *nicht gesteigert* Unterhaltspflichtigen verfährt die Praxis der Sozialhilfeträger freilich etwas „kulanter", d. h. großzügiger. So wird z. B. in Richtlinien zu § 91 die Freigrenze des geschützten Barvermögens (vgl. § 88 Abs. 2 Nr. 8) gegenüber dem „Normalbetrag" (oben 6.2.9.2.(3)) erhöht, z. B. verdreifacht.

334

## 8.1.2.3. Der besondere Schutz der Unterhaltspflichtigen

Über den Schutz hinaus, der durch die relativ großzügige Berechnung des Eigenbedarfs des Unterhaltspflichtigen (als Konkretisierung des „notwendigen" bzw.

„angemessenen" Unterhalts) gewährt wird, gibt es eine ganze Reihe von Fallgruppen, bei denen aus den unterschiedlichsten Erwägungen heraus von der Heranziehung Unterhaltspflichtiger abzusehen *ist*, abgesehen werden *soll* oder abgesehen werden *kann*:

(1) Eine Heranziehung *entfällt*, wenn der Unterhaltspflichtige mit dem Hilfeempfänger im *zweiten oder entfernteren Grade verwandt ist* (§ 91 Abs. 1 S. 1). Damit ist es dem Träger der Sozialhilfe untersagt, bei den nach bürgerlichem Recht „an sich" unterhaltspflichtigen Verwandten zweiten oder entfernteren Grades (also z. B. im Verhältnis von Enkeln und Großeltern) Regreß zu nehmen, wenn er dem Bedürftigen Hilfe zum Lebensunterhalt oder Hilfe in besonderen Lebenslagen geleistet hat.

Dieses seit dem 1. 4. 1974 geltende absolute Überleitungsverbot wurde geschaffen, weil nach Ansicht des Gesetzgebers die Inanspruchnahme von Verwandten zweiten oder entfernteren Grades nicht mehr den gesellschaftlichen Anschauungen entspreche. Mit der fortschreitenden Auflösung der Großfamilie zugunsten der nur noch aus Eltern und minderjährigen Kindern bestehenden Kleinfamilie seien die persönlichen Bande so weit gelockert, daß schon im Verhältnis Großeltern – Enkel kein Verständnis mehr für die Forderung nach Ausgleich der gewährten Sozialhilfeleistung bestehe (BT-Dr. 7/308, 19). Das absolute Überleitungsverbot des § 91 Abs. 1 S. 1 zeigt damit deutlich, wie der Gesetzgeber einem sozialen Gestaltungswillen Ausdruck gibt und den sonst für das Sozialhilferecht geltenden Nachranggrundsatz aufgibt. Gegen den Willen des Gesetzgebers würde es deshalb etwa verstoßen, wenn der Sozialhilfeträger den Bedürftigen auf Selbsthilfe durch Realisierung von Unterhaltsansprüchen gegen die genannten Verwandten verweisen würde. Manche verneinen sogar eine Unterhaltpflicht der Verwandten zweiten oder entfernteren Grades, soweit die Ansprüche auf Leistungen der Sozialhilfe reichen (z. B. Kunz 1977, 291 ff.).

(2) Eine Heranziehung kommt ferner nicht in Betracht, wenn dem Hilfeempfänger neben der Hilfe zum Lebensunterhalt eine Entschädigung für Mehraufwendungen wegen gemeinnütziger oder sonstiger Arbeit (§ 19 Abs. 2) bzw. im Rahmen des § 20 Abs. 2 (Gewöhnung an Arbeit, Prüfung der Arbeitsbereitschaft) gewährt wird (§ 90 Abs. 4).

Hier wird eine Selbsthilfe des Hilfeempfängers – nämlich durch Einsatz seiner Arbeitskraft – gewissermaßen unterstellt (in Wirklichkeit liegt ja allenfalls ein – nicht selten „unfreiwilliges" – Selbsthilfestreben vor) und offenbar aus Billigkeitserwägungen darauf verzichtet, dem Hilfeempfänger andere Selbsthilfemöglichkeiten, nämlich die Realisierung von Ansprüchen gegen Dritte, zu nehmen (so andeutungsweise BT-Dr. 3/1799, 55).

(3) Die Heranziehung Unterhaltspflichtiger entfällt naturgemäß dann, wenn die Sozialhilfe *ohne Rücksicht* auf vorhandenes Einkommen und Vermögen des Hilfesuchenden und sonstiger Personen der Bedarfsgemeinschaft gewährt wurde (vgl. etwa §§ 72 Abs. 3 HS 1; 75 Abs. 4).

In der Praxis wird bei der Altenhilfe nach § 75 oft generell von der Heranziehung Unterhaltspflichtiger abgesehen, um den ohnehin recht bescheidenen Anwendungsbereich der Vorschrift nicht noch weiter einzuengen (vgl. auch Empfehlungen 1978, 13 und 48 f.).

(4) Die Heranziehung Unterhaltspflichtiger ist schließlich dann generell ausgeschlossen, wenn der von der Sozialhilfe gedeckte Bedarf überhaupt nicht zu dem Bedarf gehört, der von der bürgerlich-rechtlichen Unterhaltspflicht erfaßt wird (zu dessen Deckung die Unterhaltspflicht also *vom bürgerlichen Recht überhaupt nicht vorgesehen ist*).

Dazu gehören z. B. der Hilfebedarf bei vorhandenen Schulden (wie er § 15a in bestimmten Umfang zugrundeliegt), der Hilfebedarf zum Aufbau oder zur Sicherung der Lebensgrundlage (wie er § 30 zugrundeliegt) oder der Hilfebedarf, der nicht beim Hilfeempfänger, sondern bei einem Angehörigen auftritt (wie dies bei § 70 der Fall ist).

(5) Von einer Inanspruchnahme unterhaltspflichtiger Eltern *soll* abgesehen werden, soweit deren *über 21 Jahre* altem Kind *Eingliederungshilfe für Behinderte* oder *Hilfe zur Pflege* gewährt wird (§ 91 Abs. 3 S. 1 HS 2). Die psychische Belastung dieser Eltern mit behinderten oder pflegebedürftigen Kindern im Erwachsenenalter ist schon schwer genug; jede Störung der Eltern-Kind-Beziehung, etwa durch eine wirtschaftliche Belastung der Eltern, kann sich negativ für das Kind auswirken. Die Heranziehung dieser Eltern sieht der Gesetzgeber deshalb grundsätzlich als eine „Härte" an (und damit als eine Konkretisierung des 1. Halbsatzes des § 91 Abs. 3 S. 1). Es müssen also schon *besondere Umstände* vorliegen, die eine Heranziehung dieser Eltern gleichwohl rechtfertigen.

So hat das BVerwG die *ausnahmsweise* Heranziehung von Eltern mit behinderten oder pflegebedürftigen Kindern über 21 Jahren in einem Fall gebilligt, in dem der Vater (ein Arzt) im damaligen Zeitpunkt (nämlich 1972) ein monatliches Durchschnittseinkommen von 13.775 DM hatte (das „bereinigte" Einkommen betrug immerhin noch 7.368 DM); beiläufig hat das BVerG auch den – mehr theoretischen – Fall des Einkommensmillionärs genannt, der es auf das Eintreten der Sozialhilfe ankommen läßt (BVerwG, in: NDV 1978, 118 ff.).
   Die Richtlinien der Sozialhilfeträger sehen hier in aller Regel eine Verdreifachung der Einkommensgrenze nach §§ 79 bzw. als „Freibetrag" vor.

Wird Kindern *unter 21 Jahren* Eingliederungshilfe für Behinderte gewährt, so ist eine Heranziehung der Eltern im Falle des § 43 Abs. 2 nur zu den Kosten des Lebensunterhats möglich (dazu bereits 6.3.5.6.6.).

(6) Der Sozialhilfeträger *soll* auch in sonstigen Fällen davon absehen, einen nach bürgerlichem Recht Unterhaltspflichtigen in Anspruch zu nehmen, „soweit dies eine Härte bedeuten würde" (§ 91 Abs. 3 S. 1 HS 1). Das Vorliegen einer solchen *„Härte"* wird freilich nicht danach bestimmt, was der Unterhaltspflichtige als Härte empfindet, sondern was die Sozialhilfeträger (bzw. die Sachbearbeiter) und die Verwaltungsgerichte (bzw. die Richter) als Härte ansehen (sog. „objektive" Betrachtungsweise). Nun leuchtet es aber ein – und wird auch in der Judikatur ausdrücklich betont –, daß das, was unter „Härte" zu verstehen ist, den

sich wandelnden Anschauungen „der Gesellschaft" – (BVerwGE 41, 28; 58, 212 f.) – unterworfen ist (wessen Anschauungen sich auch immer hinter der Maske „Gesellschaft" verbergen mögen). Einen greifbaren, operationalisierten und überzeitlichen Maßstab für die Größe „Härte" darf man deshalb weder aus den Entscheidungen der Verwaltungsgerichte erhoffen noch von irgendwelchen Richtlinien der Sozialhilfeträger erwarten. Entscheidend ist letztlich die individuelle Konstellation im Einzelfall: Das Individualisierungsprinzip kommt also voll zum Tragen. Verwaltungsgerichtliche Entscheidungen, Richtlinien und andere Konkretisierungsversuche (vgl. z. B. Empfehlungen 1978, 41 ff.) können dabei nur Anhaltspunkte und Leitlinien für die Entscheidung im Einzelfall sein (zu einem Beispiel vgl. Stolleis 1981 a, 257 ff.).

So hat z. B. das BVerwG (in BVerwGE 29, 229 ff.) ausgeführt, daß eine „Härte" regelmäßig dann vorliegen werde, wenn mit der Inanspruchnahme des Unterhaltspflichtigen „soziale Belange" vernachlässigt werden müßten. Auf eine Konkretisierung dieser „sozialen Belange" hat sich das Gericht freilich nicht näher eingelassen (auch nicht in BVerwGE 58, 209 ff.). Es hat in diesem Sinne nur exemplarisch eine Außerachtlassung „sozialer Belange" für den Fall angenommen, daß „der unterhaltspflichtige Sohn herangezogen wird, der von dem unterhaltsberechtigten Vater jahrelang vernachlässigt worden ist, oder wenn Eltern in Anspruch genommen werden, obwohl sie ihr Kind über ihre Unterhaltspflichten hinaus gepflegt haben und demnächst – auch zur Entlastung des Sozialhilfeträgers – bei sich aufnehmen werden" (BVerwGE 29, 235). Hingegen soll eine Härte unter dem Aspekt der Vernachlässigung „sozialer Belange" nicht schon dann vorliegen, wenn „familiäre Bindungen" ausschließlich durch ein Verhalten des Unterhaltsberechtigten beeinträchtigt werden, das bereits nach bürgerlichem Recht sanktioniert ist, nämlich – wie bei § 1611 Abs. 1 BGB – ganz oder teilweise der Geltendmachung des Unterhaltsanspruchs entgegensteht (BVerwGE 58, 209 ff.).

Ob eine Härte vorliegt, ist nach einhelliger Ansicht *keine Ermessensentscheidung* des Sozialhilfeträgers (und damit nur auf Ermessensfehler überprüfbar), sondern unterliegt als *Rechtsfrage* der *vollen verwaltungsgerichtlichen Nachprüfung* (vgl. z. B. BVerwGE 41, 26 ff.; 58, 209 ff.; Gottschick/Giese 1977, § 91 Rz. 10.2; anders z. B. die Rspr. des BSG, das sich bei der Überprüfung der „Härte" im Zusammenhang mit einem Ermessen zurückhält; dazu Fries/Trenk-Hinterberger 1981, 552 ff.).

(7) Der Träger der Sozialhilfe *kann* davon absehen, einen Unterhaltspflichtigen in Anspruch zu nehmen, wenn anzunehmen ist, daß der mit der Inanspruchnahme des Unterhaltspflichtigen verbundene *Verwaltungsaufwand* in keinem angemessenen Verhältnis zu der Unterhaltsleistung stehen wird (§ 91 Abs. 3 S. 2).

Solche „*Bagatellfälle*" liegen etwa vor bei einmaligen Leistungen (§ 21 Abs. 2) in geringem Umfang (z. B. bis 750 DM) oder bei Unterhaltsbeiträgen von weniger als 20 DM (vgl. auch das Formularbeispiel bei 8.1.2.6.). Die Richtlinien und Dienstanweisungen der Sozialhilfeträger legen hier im einzelnen die Grenzen für die Heranziehung fest.

*8.1.2.4. Rechtswahrungsanzeige und Überleitung der Unterhaltsansprüche*

(1) Nach *bürgerlichem* Recht kann eine Unterhaltsforderung für die Vergangenheit nur erhoben werden, wenn der Unterhaltspflichtige durch Mahnung, Klageerhebung oder Zustellung eines Mahnbescheids in Verzug geraten ist (vgl. §§ 1360 a, 1613, 1585 b BGB). Abweichend hiervon bestimmt § 91 Abs. 2, daß ein Unterhaltsflichtiger vom Sozialhilfeträger auch dann für die Vergangenheit in Anspruch genommen werden kann, wenn ihm die Hilfegewährung unverzüglich schriftlich mitgeteilt worden ist. Diese sog. *Rechtswahrungsanzeige* (die kein Verwaltungsakt ist) dient also dazu, dem Sozialhilfeträger die Inanspruchnahme des Unterhaltpflichtigen für die Vergangenheit zu sichern: Sie hat – alternativ zum In-Verzug-Setzen nach bürgerlichem Recht – mithin die Wirkung einer „Mahnung" (BVerwGE 50, 66).

Der *Rechtswahrungsanzeige* wird in aller Regel ein *Fragebogen zur Feststellung der Unterhaltsverpflichtung* mit dem Hinweis auf die Auskunftspflicht des Unterhaltspflichtigen (vgl. § 116 Abs. 1) beigefügt. Sind vom Unterhaltspflichtigen selbst keine oder keine ausreichenden Angaben über seine wirtschaftliche Situation zu erhalten, sind die erforderlichen Auskünfte vom Arbeitgeber (§ 116 Abs. 2) oder in Amtshilfe von anderen Behörden (§§ 3 ff. SGB X – Verwaltungsverfahren) anzufordern. Der Unterhaltspflichtige und der Arbeitgeber können zu ihrer Auskunftspflicht (§ 116 Abs. 1 und 2) mit Hilfe eines Zwangsgeldes nach den Verwaltungsverfahrensgesetzen der Länder angehalten werden (vgl. auch § 116 Abs. 4).
Zur Veranschaulichung des Verfahrens einer Rechtswahrungsanzeige nach § 91 Abs. 2 vgl. das Formularbeispiel bei 8.1.2.6.

(2) Ergibt die Prüfung, daß der Verpflichtete Unterhalt zu leisten hat, so kann der Übergang des Anspruchs – mit Rückwirkung auf den Zeitpunkt der Hilfegewährung – auf den Träger der Sozialhilfe durch *Zustellung der schriftlichen Überleitungsanzeige* (§ 90 Abs. 1 S. 1) bewirkt werden. Die Überleitung kann dabei auch nur dem Grunde nach (also ohne Bezifferung der Forderung) übergeleitet werden, wenn ihre Berechnung zum Zeitpunkt der Überleitung noch nicht möglich ist (vgl. BVerGE 42, 198 ff. und Löden 1977, 205 ff. mit Diskussion der damit zusammenhängenden Probleme; Empfehlungen 1978, 19 und 104 f.).

Zur Durchsetzung des übergeleiteten Unterhaltsanspruchs vgl. 8.1.2. und Seetzen 1978, 1350 ff.).

*8.1.2.5. Kritik an der Heranziehung Unterhaltspflichtiger*

Gegen die Heranziehung Unterhaltspflichtiger werden seit längerem ernstzunehmende Bedenken erhoben, die sich zum einen auf die *fiskalische Zweckmäßigkeit* dieses Instruments (1) und zum anderen auf dessen mögliche „Abschreckungswirkung" gegenüber dem Hilfesuchenden beziehen (2).

(1) So scheint sich immer mehr die Einsicht durchzusetzen, daß die Heranziehung Unterhaltspflichtiger tatsächlich mehr psychologische Barriere als Refinan-

338

zierungsquelle für die Sozialhilfe ist, weil Überleitungen nach § 91 keine nennenswerten Beträge einbringen (vgl. z. B. Frank 1980, 44; Klanberg 1981, 39).
Keese (1971) hat zu diesem Befund unter anderem ausgeführt: Die Sozialämter seien weder quantitativ noch qualitativ ausreichend besetzt, um die recht komplizierten Bestimmungen so auf den Einzelfall anzuwenden, daß gerechte und ausgewogene Entscheidungen getroffen werden könnten; die Effektivität dieser Tätigkeit werde deshalb von den meisten Sachkennern recht negativ eingeschätzt; die oft gehörte Vermutung gehe dahin, daß der personelle und sächliche Verwaltungsaufwand mindestens ein Viertel, vielleicht sogar erheblich mehr der tatsächlich erhobenen Unterhaltsbeiträge ausmache; offenbar würde sich der Einnahmeausfall bei einem Verzicht auf Heranziehung der nicht gesteigert Unterhaltspflichtigen in vertretbaren Grenzen halten.

So konnten z. B. im Jahre 1977 bei pflegebedürftigen Sozialhilfeempfängern nur in 4,6 % der Fälle unterhaltpflichtige Personen in Anspruch genommen werden (vgl. Empfänger von Hilfe zur Pflege 1980, 204). Bei den Empfängern von laufender Hilfe zum Lebensunterhalt ist dieser Prozentsatz offenbar höher, gleichwohl aber „verhältnismäßig bescheiden" (Klanberg 1980, 252).

Nicht zuletzt deshalb wird in Reformvorschlägen gefordert, die Heranziehung *nicht gesteigert* Unterhaltspflichtiger fallen zu lassen bzw. auf eine Heranziehung zu verzichten, soweit es sich bei den Sozialhilfeempfängern um Erwachsene handelt, die ihre Berufsausbildung abgeschlossen haben (dazu Kommission für wirtschaftlichen und sozialen Wandel 1976, 867; Frank 1980, 44). Dabei entstünde freilich das Problem einer Abstimmung mit den Regelungen der bürgerlichrechtlichen Unterhaltspflicht, eine Aufgabe, die ohnehin ansteht, nachdem das bürgerlich-rechtliche Unterhaltsrecht oft bis zur Unkenntlichkeit durch Richtlinien, Empfehlungen und Dienstanweisungen zu § 91 überlagert wird (vgl. Galperin 1970, 76). Die Reformüberlegungen zielen aber noch auf ein weiteres Problem:

(2) Nach einer inzwischen weithin akzeptierten und auch durch empirische Befunde belegten These kann man davon ausgehen, daß das Ausmaß der Nichtinanspruchnahme von Sozialhilfe vor allem durch ältere Menschen reduziert werden könnte, wenn zumindest die Möglichkeit der Heranziehung von Kindern des Hilfeempfängers durch den Sozialhilfeträger abgeschafft würde (vgl. z. B. Kommission für wirtschaftlichen und sozialen Wandel 1976, 867; Frank 1980, 44). Hierauf wird noch im Zusammenhang mit der „institutionellen Schwelle" einzugehen sein, also im Zusammenhang mit der Frage nach den Barrieren („Schwellen"), die einer Inanspruchnahme der Sozialhilfe durch die Hilfesuchenden entgegenstehen (vgl. 11.2.2.).

### 8.1.2.6 Graphische Darstellung und Formularbeispiel

(1) Die folgende graphische Darstellung soll das Verfahren bei der Heranziehung Unterhaltspflichtiger optisch (und in seinen Grundzügen) verdeutlichen (vgl. noch S. 346).

**Verfahren bei Heranziehung Unterhaltspflichtiger**

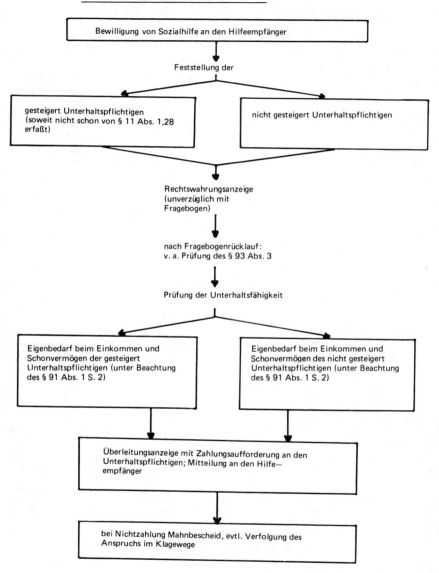

Bewilligung von Sozialhilfe an den Hilfeempfänger

Feststellung der

gesteigert Unterhaltspflichtigen
(soweit nicht schon von § 11 Abs. 1,28
erfaßt)

nicht gesteigert Unterhaltspflichtigen

Rechtswahrungsanzeige
(unverzüglich mit
Fragebogen)

nach Fragebogenrücklauf:
v. a. Prüfung des § 93 Abs. 3

Prüfung der Unterhaltsfähigkeit

Eigenbedarf beim Einkommen und
Schonvermögen der gesteigert
Unterhaltspflichtigen (unter Beachtung
des § 91 Abs. 1 S. 2)

Eigenbedarf beim Einkommen und
Schonvermögen des nicht gesteigert
Unterhaltspflichtigen (unter Beachtung
des § 91 Abs. 1 S. 2)

Überleitungsanzeige mit Zahlungsaufforderung an den
Unterhaltspflichtigen; Mitteilung an den Hilfe—
empfänger

bei Nichtzahlung Mahnbescheid, evtl. Verfolgung des
Anspruchs im Klagewege

340

## Mitteilung an Unterhaltspflichtige

(§ 91 Abs. 2 des Bundessozialhilfegesetzes - BSHG - i. d. F. der Bek vom 13. 2. 1976 - BGBI I S. 289)

**Landratsamt Fürstenfeldbruck**
   – Sozialhilfeverwaltung –

Gesch.-Z./Nr.    III/4-411-1         Fürstenfeldbruck, 14.4.1981
                                                     Ort, Datum

Herrn                            **Gegen Postzustellungsnachweis** *)
Peter Armut                    ~~Einschreiben *)~~
Saturnstraße 40
8000 München                  Benutzen Sie bitte bei Überweisungen folgende Konten :

                                     **Spark. Fürstenfeldbruck
                                     Nr. 8001711**

**Betr.:** Sozialhilfe für  **Armut Georg und Familie**       geb. am    1.4.1940
                            (Vor- und Zuname)

wohnhaft in    **Planetenstraße 9, 8034 Germering**

Sehr geehrter Herr Armut,

Vorgenannte(r) - erhält seit  1.4.1981   ~~erhielt vom~~       ~~bis~~       ~~Sozialhilfe in Form von~~

   **Hilfe zum Lebensunterhalt**         ~~und~~ in Höhe von  335,–    DM mtl./~~täglich~~.
          (Art der Hilfe)

Sie werden hiermit gebeten, Ihre gesetzliche Unterhaltspflicht gegenüber – dem – der – Hilfeempfänger(in) zu erfüllen, um die Hilfe des Trägers der Sozialhilfe entbehrlich zu machen.

Bitte teilen Sie binnen 14 Tagen mit, ob und in welcher Höhe Sie zur Zahlung bereit sind oder auf welche Weise Sie Ihre Unterhaltspflicht sonst erfüllen wollen. Für den Fall der Zahlungsunfähigkeit wird gebeten, Einkommensnachweise und sonstige Beweismittel beizufügen.

Wir machen darauf aufmerksam, daß der Träger der Sozialhilfe den Unterhaltsanspruch eines Hilfeempfängers auch für die Vergangenheit in dem Umfang auf sich überleiten kann, in welchem dieser sein Einkommen und Vermögen nach dem BSHG einzusetzen hätte.

Zur Auskunft über Ihre Einkommens- und Vermögensverhältnisse sind Sie nach § 116 Abs. 1 BSHG verpflichtet. Bei Verweigerung der Auskunft kann gegen Sie ein Zwangsgeld angedroht und, falls dies uneinbringlich ist, eine Ersatzzwangshaft angeordnet werden (Art. 29 ff. Bayer. Verwaltungszustellungs- und Vollstreckungsgesetz - VwZVG - in der Fassung der Bek vom 1. November 1970 [GVBl 1971 S. 1]).

Sie werden außerdem darauf hingewiesen, daß die vorsätzliche Verletzung der gesetzl. Unterhaltspflicht strafbar ist.

Zahlungen können auf ein oben bezeichnetes Konto erfolgen.

                                       Hochachtungsvoll
                                       I. A.

                                       (Fleißig)

E r k l ä r u n g         Eingang: 24.4.1981

Herr/~~Frau~~    Peter Armut                                    erklärt:

Ich habe davon Kenntnis genommen, daß ~~Herr/Frau~~ __Familie Armut__
Sozialhilfe erhält. Auf die gesetzlichen Bestimmungen der Unterhaltspflicht
(§§ 1360 ff, 1601 ff BGB, §§ 58 ff EheG) wurde ich hingewiesen und gebeten,
die dem Sozialhilfeträger entstandenen und weiterhin entstehenden Sozialhilfekosten bei Vorliegen der Leistungsfähigkeit zu ersetzen. Die nachstehenden Fragen beantworte ich hiermit nach bestem Wissen:

|  |  | Unterhaltspflichtiger: | Ehegatte: |
|---|---|---|---|
| 1. | Name | Armut Peter |  |
| 2. | Wohnort, Wohnung | München, Saturnstraße 40 |  |
| 3. | Geburtstag und -ort | 5.9.11 Traunstein |  |
| 4. | Familienstand, Beruf | verw. |  |
| 5. | Arbeitgeber (genaue Anschrift) | Rentner |  |
| 6. | Kapitalvermögen (Art, Marktwert) | — |  |
| 7. | Haus- und Grundbesitz | — |  |
| 8. | Einkommen monatlich aus |  |  |
|  | a) Sachbezügen (welcher Art) | — |  |
|  | b) nicht selbständ.Arbeit | — |  |
|  | c) Land- und Forstwirtschaft | — |  |
|  | d) Gewerbe u. selbständ. Arbeit | — |  |
|  | e) Kapitalertrag, Miet- und Pachteinnahmen | — |  |
|  | f) Renten und andere wieder-kehrende Einkünfte(Art u.Höhe) | 890,- |  |
| 9. | Ausgaben monatlich |  |  |
|  | a) Miete, Hauslasten | 200,- |  |
|  | b) Schuldzinsen u.ä. Belastungen | — |  |

10. Kinder des Unterhaltspflichtigen im eigenen Haushalt

    a) ..... — ........ geb...... Beruf ......... Fam.St..... Nettoverd.mtl...
    b) ............. geb...... Berüf ......... Fam.St..... Nettoverd.mtl...
    c) ............. geb...... Beruf ......... Fam.St..... Nettoverd.mtl...
                        - außerhalb des Haushalts -
    d)Hilfeempfänger.. geb......Beruf ......... Fam.St..... Nettoverd.mtl...
    e) ............. geb......Beruf ......... Fam.St..... Nettoverd.mtl...

    Erhalten Sie für Ihre Kinder Kindergeld? nein/~~ja~~ mtl.................DM
    Kinderzuschuß: nein/~~ja~~ von ....................mtl.................DM

11. Sind Sie krankenversichert? Bei welcher Krankenkasse? (Anschrift)
    __AOK München__

    Ist der Hilfeempfänger bei Ihnen mitversichert? ~~ja~~/nein

12. Sind Sie freiwillig bereit,

    a) dem Hilfempfänger vollen Unterhalt zu leisten? nein/~~ja ab~~ ..........
    b) dem Hilfeträger die Aufwendungen zu ersetzen? nein/~~ja in Raten zu~~ ....DM
13. Stichhaltige Gründe über eventuelle Zahlungsunfähigkeit: geringes Ein-
    _____ kommen

   München              16.4.1981          *P. Armut*
   ─────────            ─────────          ──────────────────────────
     Ort                 Datum      Unterschrift des Unterhaltspflichtigen

342

Landratsamt Fürstenfeldbruck

Sozialhilfeverwaltung

Anlage 4

Berechnung für ........*Peter Armüt*........ Az.: ...*III/4-111-1*...

Ermittlung der Höhe des Unterhaltsanspruchs und des nach § 90 BSGH überleitbaren Betrages gegenüber den außerhalb der Haushaltsgemeinschaft mit dem Hilfesuchenden lebenden Unter—haltspflichtigen bei der Hilfe zum Lebensunterhalt

**1. Zusammenstellung des Einkommens (§ 76 BSHG und V zu § 76 BSHG)**

a) Monatliches Nettoeinkommen des Unterhaltspflich—tigen . . . . . . . . . . . . . . . . . . . . . . . . . . . . .   *890,-* DM

b) monatliches Nettoeinkommen des nicht getr. lbd. Ehegatten (nur anzusetzen, wenn dieser ebenfalls unterhaltspflichtig ist) . . . . . . . . . . . . . . . . . . .   *—* DM   *890,-* DM

**2. Ermittlung des Eigenbedarfs**

a) Regelsatz (RS) eines Haushaltsvorstandes für den Unterhaltspflichtigen . . . . . . . . . . . . . . . . . . . . .   *329,-* DM

b) RS für den Ehegatten (nicht anzusetzen, wenn die—ser wirtschaftlich unabhängig und gegenüber dem HE nicht unterhaltspflichtig ist) . . . . . . . . . . . . . .   *—* DM

RS für die wirtschaftlich abhängigen Angehörigen, nämlich

c) für ........................   *—* DM

d) für ........................   *—* DM

e) für ........................   *—* DM

f) RS insgesamt . . . . . . . . . . . . . . . . . . . . . . . .   *329,-* DM

g) Aufschlag zur Abgeltung einmaliger Leistungen (....*25*.... v. H. aus f) . . . . . . . . . . . . . . . . . . . .   *82,25* DM

h) Aufschlag bei nicht gesteigert Unterhaltspflichtigen (50v. H. aus f) . . . . . . . . . . . . . . . . . . . . . .   *164,50* DM

i) Mehrbedarf für ...*Peter A,*... gem. § *23/1*..BSHG   *98,70* DM

k) Mehrbedarf für .............. gem. § .........BSHG   DM

l) Mehrbedarf für .............. gem. § .........BSHG   DM

m) Kosten der Unterkunft für den Unterhaltspflichtigen und die bei b) bis e) aufgeführten Angehörigen, wenn sie mit ihm in Haushaltsgemeinschaft leben   *200,-* DM ./.   *Summe des Eigen-bedarfs:*  *874,45* DM

**3. Über dem Eigenbedarf liegendes Einkommen .**. . . . . . →   *15,55* DM

**4. Berücksichtigung besonderer Belastungen**

Art der Belastung:                 Monatsbetrag

a) ........................   ........................ DM

b) ........................   ........................ DM

c) ........................   ........................ DM ./. ...*—*... DM

**5. Über dem Eigenbedarf liegendes Einkommen nach Abzug der besonderen Be-lastungen** . . . . . . . . . . . . . . . . . . . . . . . . . . . . . . .   *15,55* DM

**6. Feststellung des überleitbaren Betrages** abzügl. bereits laufend bewirkter Leistungen monatlich. . . . . . . . . . . . .   *5,44* DM

Überleitbar sind ...*35*... v. H. aus dem Betrag nach 5.

(bei gesteigten Unterhaltspflichtigen im allgemeinen 80—100 v. H.; die Sätze der Lohnpfändungsvorschriften — (§ 850 d ZPO — sollen aber nicht unterschritten werden; bei nicht gesteigert Unterhaltspflichtigen im allge-meinen 30—40 v. H.). Es darf aber kein höherer Betrag übergeleitet werden als der Monatsbetrag der Sozialhil-feaufwendungen. Von der Überleitung eines Betrages unter 10,— DM mtl. kann im allgemeinen abgesehen werden. *(trifft hier 26).*

.........*24.4.81*......... Gerechnet: ...*Waag*...
(Datum)                                  (Unterschrift)

# Mitteilung an Unterhaltspflichtige

(§ 91 Abs. 2 des Bundessozialhilfegesetzes - BSHG - i. d. F. der Bek vom 13. 2. 1976 - BGBI I S. 289)

## Landratsamt Fürstenfeldbruck
– Sozialhilfeverwaltung –

Gesch.-Z./Nr. **III/4-411-1**

Fürstenfeldbruck, 14.4.1981
Ort, Datum

Herrn und Frau
Anna und Andreas Not
Mondstraße 10
8081 Aufkirchen

**Gegen Postzustellungsnachweis\*)**
~~Einschreiben\*~~

Benutzen Sie bitte bei Überweisungen folgende Konten:

Spark. Fürstenfeldbruck
Nr. 8001711

**Betr.:** Sozialhilfe für **Armut Georg und Familie**        geb. am  1.4.1940

(Vor- und Zuname)

wohnhaft in    **Planetenstraße 9, 8034 Germering**

Sehr geehrte **Frau Not, sehr geehrter Herr Not,**

Vorgenannte(r) - erhält seit  1.4.1981  ~~erhielt vom~~ ——— ~~bis~~ ——— ~~Sozialhilfe in Form von~~

**Hilfe zum Lebensunterhalt**           ~~und~~ in Höhe von  335,-  DM mtl./~~täglich.~~

(Art der Hilfe)

Sie werden hiermit gebeten, Ihre gesetzliche Unterhaltspflicht gegenüber – dem **n** ~~der~~ – Hilfeempfänger(~~in~~**n**) zu erfüllen, um die Hilfe des Trägers der Sozialhilfe entbehrlich zu machen.

Bitte teilen Sie binnen 14 Tagen mit, ob und in welcher Höhe Sie zur Zahlung bereit sind oder auf welche Weise Sie Ihre Unterhaltspflicht sonst erfüllen wollen. Für den Fall der Zahlungsunfähigkeit wird gebeten, Einkommensnachweise und sonstige Beweismittel beizufügen.

Wir machen darauf aufmerksam, daß der Träger der Sozialhilfe den Unterhaltsanspruch eines Hilfeempfängers auch für die Vergangenheit in dem Umfang auf sich überleiten kann, in welchem dieser sein Einkommen und Vermögen nach dem BSHG einzusetzen hätte.

Zur Auskunft über Ihre Einkommens- und Vermögensverhältnisse sind Sie nach § 116 Abs. 1 BSHG verpflichtet. Bei Verweigerung der Auskunft kann gegen Sie ein Zwangsgeld angedroht und, falls dies uneinbringlich ist, eine Ersatzzwangshaft angeordnet werden (Art. 29 ff. Bayer. Verwaltungszustellungs- und Vollstreckungsgesetz - VwZVG - in der Fassung der Bek vom 11. November 1970 [GVBI 1971 S. 1]).

Sie werden außerdem darauf hingewiesen, daß die vorsätzliche Verletzung der gesetzl. Unterhaltspflicht strafbar ist.

Zahlungen können auf ein oben bezeichnetes Konto erfolgen.

Hochachtungsvoll
I. A.

*Fleißig*

(Fleißig)

344

E r k l ä r u n g

Eingang: 22.4.1981

Herr/Frau __Anna und Andreas Not__ erklärt:

Ich habe davon Kenntnis genommen, daß ~~Herr/Frau~~ **Familie Armut**
Sozialhilfe erhält. Auf die gesetzlichen Bestimmungen der Unterhaltspflicht
(§§ 1360 ff, 1601 ff BGB, §§ 58 ff EheG) wurde ich hingewiesen und gebeten,
die dem Sozialhilfeträger entstandenen und weiterhin entstehenden Sozialhilfekosten bei Vorliegen der Leistungsfähigkeit zu ersetzen. Die nachstehenden Fragen beantworte ich hiermit nach bestem Wissen:

|   | | Unterhaltspflichtiger: | Ehegatte: |
|---|---|---|---|
| 1. | Name | Andreas Not | Anna Not |
| 2. | Wohnort, Wohnung | Aufkirchen, Mondstraße 10 | |
| 3. | Geburtstag und -ort | 12.1.19 Aufkirchen | 13.4.22 Augsburg |
| 4. | Familienstand, Beruf | verh. | verh. |
| 5. | Arbeitgeber (genaue Anschrift) | Firma Lux, Aufkirchen, | Hausfrau |
| 6. | Kapitalvermögen (Art, Marktwert) | Marktweg 11 | |
| 7. | Haus- und Grundbesitz | — | |
| 8. | Einkommen monatlich aus | | |
|   | a) Sachbezügen (welcher Art) | — | — |
|   | b) nicht selbständ.Arbeit | 1.500,- | — |
|   | c) Land- und Forstwirtschaft | — | — |
|   | d) Gewerbe u.selbständ. Arbeit | | |
|   | e) Kapitalertrag, Miet- und Pachteinnahmen | — | — |
|   | f) Renten und andere wieder-kehrende Einkünfte(Art u.Höhe) | Wohngeld 60,- | |
| 9. | Ausgaben monatlich | | |
|   | a) Miete, Hauslasten | 410,- | |
|   | b) Schuldzinsen u.ä. Belastungen | Diät mtl. 140,- | |

10. Kinder des Unterhaltspflichtigen im eigenen Haushalt

   a) ............... geb...... Beruf ......... Fam.St..... Nettoverd.mtl....

   b) ............... geb...... Berüf ......... Fam.St..... Nettoverd.mtl....

   c) ............... geb...... Beruf ......... Fam.St..... Nettoverd.mtl....

   - außerhalb des Haushalts -

   d) Hilfeempfänger... geb......Beruf ......... Fam.St..... Nettoverd.mtl....

   e) ............... geb......Beruf ......... Fam.St..... Nettoverd.mtl....

   Erhalten Sie für Ihre Kinder Kindergeld? nein/~~ja mtl~~.................DM

   Kinderzuschuß: nein/~~ja von~~ .....................mtl................DM

11. Sind Sie krankenversichert? Bei welcher Krankenkasse? (Anschrift)
    **AOK**

    Ist der Hilfeempfänger bei Ihnen mitversichert? ~~ja~~/nein

12. Sind Sie freiwillig bereit,

    a) dem Hilfeempfänger vollen Unterhalt zu leisten? nein/~~ja ab~~ ..........

    b) dem Hilfeträger die Aufwendungen zu ersetzen? nein/~~ja in Raten zu~~ ....DM

13. Stichhaltige Gründe über eventuelle Zahlungsunfähigkeit: selbst nur
    ..........................
    geringes Einkommen

__Aufkirchen__          __20.4.1981__        *A. Not*

Ort                Datum        Unterschrift des Unterhaltspflichtigen

Landratsamt Fürstenfeldbruck
Sozialhilfeverwaltung

Anlage 4

Berechnung für ......*Anna und Andreas Not*...................... Az.: *III /4 - 411 - 1*

**Ermittlung der Höhe des Unterhaltsanspruchs und des nach § 90 BSGH überleitbaren Betrages gegenüber den außerhalb der Haushaltsgemeinschaft mit dem Hilfesuchenden lebenden Unter-haltspflichtigen bei der Hilfe zum Lebensunterhalt**

**1. Zusammenstellung des Einkommens (§ 76 BSHG und V zu § 76 BSHG)**

    a) Monatliches Nettoeinkommen des Unterhaltspflich-tigen . . . . . . . . . . . . . . . . . . . . . . . . . . . . . . . . *1.500,-* DM

    b) monatliches Nettoeinkommen des nicht getr. lbd. ./. *47,-* *Werbungskostenpau-schale* Ehegatten (nur anzusetzen, wenn dieser ebenfalls unterhaltspflichtig ist) . . . . . . . . . . . . . . . . . . . DM *= 1.453,-* DM

**2. Ermittlung des Eigenbedarfs**

    a) Regelsatz (RS) eines Haushaltsvorstandes für den Unterhaltspflichtigen . . . . . . . . . . . . . . . . . . . *318,-* DM

    b) RS für den Ehegatten (nicht anzusetzten, wenn die-ser wirtschaftlich unabhängig und gegenüber dem HE nicht unterhaltspflichtig ist) . . . . . . . . . . . . *254,-* DM

    RS für die wirtschaftlich abhängigen Angehörigen, nämlich

    c) für ......................................... *—* DM

    d) für ......................................... *—* DM

    e) für ......................................... *—* DM

    f) RS insgesamt . . . . . . . . . . . . . . . . . . . . . . . *572,-* DM

    g) Aufschlag zur Abgeltung einmaliger Leistungen (...*25*... v. H. aus f) . . . . . . . . . . . . . . . . . . . . . *143,-* DM

    h) Aufschlag bei nicht gesteigert Unterhaltspflichtigen (50 v. H. aus f) . . . . . . . . . . . . . . . . . . . . . . . *286,-* DM

    i) Mehrbedarf für ............... gem. § ..........BSHG ......................... DM

    k) Mehrbedarf für ............... gem. § ..........BSHG ......................... DM *Summe des Eigenbedarfs:*

    l) Mehrbedarf für ............... gem. § ..........BSHG ......................... DM

    m) Kosten der Unterkunft des Unterhaltspflichtigen und die bei b) bis e) aufgeführten Angehörigen, *410,-* *1.351,-* wenn sie mit ihm in Haushaltsgemeinschaft leben *abzüglich: Wohngeld (60,-)* *60,-* DM ./. *350,-* DM

**3. Über dem Eigenbedarf liegendes Einkommen** ......................... → *102,-* DM

**4. Berücksichtigung besonderer Belastungen**

Art der Belastung:        Monatsbetrag

    a) ......*Diätkosten*...... *140,-* DM

    b) ......................................... DM

    c) ......................................... DM ./. *140,-* DM

**5. Über dem Eigenbedarf liegendes Einkommen nach Abzug der besonderen Be-lastungen** . . . . . . . . . . . . . . . . . . . . . . . . . . . . . . *— — —* DM

**6. Feststellung des überleitbaren Betrages abzügl. bereits laufend bewirkter Leistungen monatlich. . . . . . . . . . . . . . .** *0* DM

Überleitbar sind ............ v. H. aus dem Betrag nach 5.

(bei gesteigert Unterhaltspflichtigen im allgemeinen 80–100 v. H.; die Sätze der Lohnpfändungsvorschriften – (§ 850 d ZPO – sollen aber nicht unterschritten werden; bei nicht gesteigert Unterhaltspflichtigen im allge-meinen 30–40 v. H.). Es darf aber kein höherer Betrag übergeleitet werden als der Monatsbetrag der Sozialhil-feaufwendungen. Von der Überleitung eines Betrages unter 10,– DM mtl. kann im allgemeinen abgesehen werden.

*Unterhaltsfähigkeit ist nicht gegeben.*

.......*24.4.81*........ Gerechnet: ......*Waag*......
(Datum)                            (Unterschrift)

(2) Um einen Einblick in die praktische Durchführung der Überleitung von Unterhaltsansprüchen zu vermitteln, wird im folgenden der Fall „Armut" (vgl. 6.2.10.) in seiner
verwaltungsmäßigen Abwicklung weiterverfolgt:
   Achten Sie bitte bei der Durchsicht der Formulare zunächst auf die Rechtswahrungsan-
zeigen und die Fragebögen (Erklärung) an die Eltern von Frau Armut (Eheleute Not aus
Aufkirchen) und den Vater von Herrn Armut (Peter Armut aus München). Versuchen Sie
bitte auch, die Ermittlung der Höhe des Unterhaltsbeitrags den obigen Ausführungen
zuzuordnen (insbesondere die Ermittlung des Eigenbedarfs, die etwas von der im Text –
bei 8.1.2.2.3.(3) – dargestellten abweicht, sowie das Absehen von der Überleitung bei Peter
Armut wegen § 91 Abs. 3 S. 2).
   Achten Sie bitte ferner darauf, daß die oben angegebenen Regelsätze für Bayern (S. 147)
nur Mindestregelsätze sind, d. h. lokal darüber liegen können. So ist es auch in unserem
Fall, wo der Regelsatz in München (dem Wohnort von Peter Armut) 329 DM, in Aufkirchen (dem Wohnort der Eheleute Not) 318 DM für den Haushaltsvorstand beträgt (für
1981).

## 8.2. Ersatzansprüche gegen den Hilfeempfänger und gegen ihm gleichgestellte Personen

### 8.2.1. Der Grundsatz: „Sozialhilfe ist kein Mühlstein für die Zukunft"

Der Empfänger von Sozialhilfe ist grundsätzlich nicht verpflichtet, die Kosten
der Sozialhilfe zu ersetzen (§ 92 a Abs. 1 S. 1), d. h. den Betrag der ihm gewährten Leistungen zurückzuerstatten.

   Damit bricht das BSHG mit dem überkommenen Grundsatz des Fürsorgerechts, wonach der Unterstützte Leistungen der Fürsorge zurückerstatten muß,
sobald er ausreichende Mittel zur Rückerstattung hat:

Im Rahmen der Armenpflege war weitgehend anerkannt – wenn auch nicht unbestritten – ,
daß die Armenunterstützung bereits „wesensmäßig" kein Geschenk, sondern eine Art Vor-
schuß sei (so z. B. RGZ 75, 87; Graeffner/Simm 1914, 259 f.) und nach den Regeln des
Zivilrechts zurückerstatten werden müsse, sobald der Unterstützte hinreichendes Einkommen oder Vermögen habe (Schäfer 1897, 97). Durch die Notverordnung vom 5. 6. 1931
erhielt § 25 I RFV dann eine Fassung, die auch die letzten Zweifler verstummen ließ („Der
Unterstützte ist verpflichtet, dem Fürsorgeverband die aufgewendeten Kosten zu ersetzen"). Diesem Grundsatz der Rückerstattungspflicht, den man meist als Ausdruck der
Subsidiarität der Fürsorge deutete (vgl. z. B. Schmitt/Rupprecht 1933, 74), wurde gerade
während des Nationalsozialismus große Bedeutung beigemessen: „Unter den staatspoliti-
schen Grundsätzen, die das Recht der deutschen öffentlichen Fürsorge beherrschen, ist
derjenige des Rücksatzes der Fürsorgekosten durch den Unterstützten ... wohl der
bedeutsamste und eindringlichste. Solange der Staat sich bereit findet, aus dem ihm zufließenden Einkommen und Vermögen eines Teils der Volksgenossen einen anderen Teil ohne
zunächst sichtbare und in der Regel vollwertige Gegenleistung Hilfe zu gewähren, wird er
diesen Grundsatz als unantastbares Gut achten müssen. Besonders das von dem Gedanken
der Volksgemeinschaft durchdrungene neue Deutschland wird nicht dulden können, daß
ein Teil des Volkes mühelos auf Kosten der anderen lebt und damit an den Kräften der
Gesamtheit des Volkes zehrt" (Ruppert 1936, Vorwort). Nach dem 2. Weltkrieg wurde der

Grundsatz des § 25 I RFV aber immer mehr durch Ausnahmen für bestimmte Leistungsarten und bestimmte Personengruppen abgeschwächt und aufgelockert. Damit verloren auch die ursprünglich für die Rückerstattungspflicht geltend gemachten fürsorgepolitischen, sozialethischen und erzieherischen Gründe zunehmend an Überzeugungskraft (Jehle 1966, 97). Von den Gegnern der Erstattungspflicht wurde mit steigendem Nachdruck darauf hingewiesen, daß gerade diejenigen Personen, die auf öffentliche Hilfe dringend angewiesen seien (vor allem ältere Menschen), eben wegen dieser Rückerstattungspflicht nicht um die Hilfe nachsuchten. Es wurde auch geltend gemacht, daß die Pflicht zur Kostenerstattung die öffentliche Fürsorge in den Augen der Allgemeinheit diskriminiere und daß andere Sozialleistungen, wie z. B. die Arbeitslosenhilfe, ebenfalls aus öffentlichen Mitteln ohne Rückerstattungspflicht gewährt würden (vgl. z. B. Gross 1958, 376 f.). Der Gesetzgeber ist diesen Erwägungen gefolgt und sieht deshalb im BSHG – jedenfalls dem Grundsatz nach – von einer Verpflichtung zum Kostenersatz ab (vgl. BT-Dr. 3/1799, 35). Die verschiedentlich in Praxis und Schrifttum mit guten Gründen vertretenen Vorschlägen nach völliger Beseitigung jeglicher Kostenersatzpflicht vermochten sich also nicht durchzusetzen.

Der Grundsatz des alten Fürsorgerechts, der durch das BSHG zu Grabe getragen wurde, wirkt allerdings über sein gesetzliches Grab hinaus: Obwohl das BSHG vor nunmehr zwei Jahrzehnten in Kraft trat, ist noch immer die Ansicht verbreitet, daß Sozialhilfe vom Empfänger oder seinen Angehörigen stets zurückgezahlt werden muß (vgl. Mitteilung des BMJFG, ZBlJR 1978, 478). Ob das Fortleben dieses alten Fürsorgegedankens beendet werden kann, hängt insbesondere von der Qualität der Informationspolitik der Sozialhilfeträger ab (vgl. näher unten 11.2.3.).

### 8.2.1.1. Die Ausnahmen

Eine Verpflichtung zum persönlichen Kostenersatz sieht das BSHG nur noch in *zwei Ausnahmefällen* vor:

### 8.2.1.1.1. Ausnahme 1: Kostenersatz bei schuldhaftem Verhalten

Zum Ersatz der Kosten der Sozialhilfe ist verpflichtet, wer nach Vollendung des 18. Lebensjahres die Voraussetzungen für die Gewährung der Sozialhilfe an sich selbst oder an seine unterhaltsberechtigten Angehörigen durch *vorsätzliches* oder *grobfahrlässiges* Verhalten herbeigeführt hat (§ 92 a Abs. 1 S. 1).

(1) Als *Begründung* für diese Ausnahme führt der Gesetzgeber lapidar an, daß es in diesem Falle nicht Aufgabe der Allgemeinheit sein könne, die Aufwendungen ersatzlos zu übernehmen (BT-Dr. 3/1799, 35). In der Literatur wird diese Begründung i.d.R. dahin ergänzt, daß die ersatzlose Übernahme grob schuldhaft verursachter Aufwendungen unbillig und der Allgemeinheit nicht zumutbar wäre (vgl. z. B. Jehle 1966, 101). Den Hintergrund dieser Begründungen dürfte die Vorstellung bilden, daß der Allgemeinheit als einer Art nationaler Solidargemeinschaft nicht die finanziellen Folgen eines Verhaltens angelastet werden dürfen, das als ein dem Hilfeempfänger anzulastendes „Fehlverhalten" bzw. als ein nicht solidaritätsgerechtes Verhalten qualifiziert wird: Jemand der sich „so" verhält, wird disqualifiziert; zugleich wird bezweckt, ihn mit der Drohung der Disqualifikation zu disziplinieren.

(2) Das BVerwG hat in seinem Urteil vom 24. 6. 1976 (NDV 1977, 198 ff.) zwei wichtige Aussagen zum Verständnis des § 92 a Abs. 1 S. 1 gemacht: Danach setzt die Heranziehung zum Kostenersatz zunächst voraus, daß das Verhalten, durch das die Voraussetzungen für die Gewährung von Sozialhilfe herbeigeführt worden sind, *„sozialwidrig"* ist; ferner verhalte sich schuldhaft (vorsätzlich oder grob fahrlässig) nur, wer sich der Sozialwidrigkeit seines Verhaltens *bewußt* (oder *grob fahrlässig nicht bewußt*) war.

Allerdings wird in dieser Entscheidung nicht abschließend geklärt, welche Verhaltensweisen als „sozialwidrig" bewertet werden können (ausdrücklich genannt werden Arbeitsscheu und Verschwendungssucht; im übrigen wird auf eine konkrete Betrachtungsweise, d. h. auf die Umstände des Einzelfalles verwiesen). Es bleibt deshalb abzuwarten, ob die Praxis dem Begriff der „Sozialwidrigkeit" als einem Unwerturteil über ein bestimmtes Verhalten Konturen zu verleihen vermag (vgl. z. B. VG Düsseldorf, in: ZfSH 1981, 275 ff.: Sozialwidrig verhält sich der Ehemann, der durch sein ehewidriges Verhalten – Schläge, Bedrohung – die Ehefrau in eine solche Zwangslage bringt, daß diese die akute Gefährdung von sich nur durch einen Auszug aus der ehelichen Wohnung abwenden kann und dann auf Sozialhilfe angewiesen ist). Zudem bleibt problematisch, ob die Schuldhaftigkeit des sozialwidrigen Verhaltens durch Rückgriff auf die (zivilrechtlichen) Begriffe von Vorsatz und grobe Fahrlässigkeit (§§ 276, 277 BGB) bestimmt werden kann (so die h.M., z. B. Gottschick/Giese 1981, § 92 a Rz. 3.1; kritisch dazu jüngst Fuchs 1981 in einer Anmerkung zum vorstehend zitierten Urteil des VG Düsseldorf) oder ob nicht ein eigenständiger, der Sozialhilfe im besonderen und dem Sozialrecht im allgemeinen angemessener Verschuldungsbegriff entwickelt werden müßte.

(3) Der Schuldner des Kostenersatzes soll nach dem Willen des Gesetzgebers *grundsätzlich nicht geschont* werden. Zu ersetzen ist die Sozialhilfe schlechthin, d. h. die *volle Höhe* der gewährten Hilfe zum Lebensunterhalt bzw. der Hilfe in besonderen Lebenslagen. Die grundsätzliche Verpflichtung zum Kostenersatz besteht also unabhängig von den Einkommens- und Vermögensverhältnissen des Schuldners, d. h. auch dann, wenn dieser z. B. nunmehr wenig verdient oder gar mittellos ist.

Von diesem grundsätzlich bestehenden Anspruch auf Kostenersatz ist dessen *Realisierungsmöglichkeit* zu unterscheiden: Wo nichts ist, kann nichts, wo wenig ist, kann nur wenig und nur in Maßen geholt werden. So wird die grundsätzliche Verpflichtung zum Kostenersatz bei der tatsächlichen Inanspruchnahme des Schuldners dadurch gemildert, daß zum einen ihm und seinen Angehörigen zumindest die nach § 850 d ZPO pfändungsfreien Beträge verbleiben müssen (insofern zieht also das Vollstreckungsrecht Schutzgrenzen), und zum anderen dem Schuldner i.d.R. Ratenzahlung zugebilligt wird. Damit wird natürlich nicht die Gefahr ausgeschlossen (u. U. durch laufende Rückzahlungen sogar erhöht!), daß der Schuldner infolge der Kostenerstattung in eine neue Notlage gerät. Um dieser Gefahr vorzubeugen, sieht das BSHG zwei Möglichkeiten vor:

(4) § 92 a Abs. 2 S. 2 regelt *zwei Ausnahmen* von der ausnahmsweisen Kostenersatzpflicht:

Von einer Heranziehung zum Kostenersatz kann der Sozialhilfeträger absehen, soweit sie eine *Härte* bedeuten würde (§ 92 Abs. 1 S. 2 HS 1). Während es in diesem Fall im Ermessen des Sozialhilfeträgers liegt, von einer Kostenerstattung abzusehen, darf er dann eine Erstattung *nicht* verlangen, wenn und soweit die Heranziehung die Fähigkeit des Ersatzpflichtigen beeinträchtigen würde, künftig unabhängig von Sozialhilfe am Leben der Gemeinschaft teilzunehmen (§ 92 a Abs. 1 S. 2 HS 2).

In den beiden genannten Fällen wäre es schwer (wenn nicht gar unmöglich) und würde auch dem Charakter individueller Hilfe widersprechen, abstrakte Richtlinien aufzustellen. Die zu treffende Entscheidung wird vielmehr von der besonderen Art des Falles abhängen. Hier muß sich dann zeigen, wieweit die Mitarbeiter des Sozialhilfeträgers Kenntnisse und Fähigkeiten besitzen, Hintergründe und Ursachen „schuldhaften sozialwidrigen" Verhaltens, die Familiensituation des Schuldners usw. zu analysieren und zu bewerten (vgl. Elias 1970, 308). Vor allem wird der Sozialhilfeträger darauf achten müssen, daß ehemalige Hilfeempfänger nicht vor hohen Kostenersatzforderungen resignieren und dann nicht genügend Anreiz für ein Leben unabhängig von der Sozialhilfe finden. In die Prüfung des Härtefalls und der Gefährdung des Hilfeerfolgs muß deshalb der mit den persönlichen Verhältnissen vertraute Sozialarbeiter eingeschaltet werden; eine Festsetzung des Kostenersatzes vom Schreibtisch aus wäre der Problematik unangemessen. Einen wichtigen Hinweis gibt in diesem Zusammenhang der Gesetzgeber selbst: Von einer Heranziehung zum Kostenersatz ist dann abzusehen, wenn andernfalls die Resozialisierung eines Strafentlassenen, der sich eine Existenzgrundlage aufzubauen beginnt, ernstlich gefährdet würde (vgl. BT-Dr. 7/308, 20).

(5) Eine weitere Ausnahme sieht § 92 Abs. 2 vor. Danach besteht eine Verpflichtung zum Kostenersatz im Falle des § 92 a nicht, wenn nach § 19 Abs. 2 oder nach § 20 Abs. 2 Hilfe zum Lebensunterhalt zuzüglich einer Entschädigung für Mehraufwendungen gewährt wird.

Verständlicher ausgedrückt: Ist Sozialhilfe geleistet worden, die von der Leistung gemeinnütziger und zusätzlicher Arbeit abhängig gemacht wurde (§ 19 Abs. 2) oder wurde Sozialhilfe nach § 20 Abs. 2 während der Zeit der Gewöhnung an Arbeit oder der Prüfung der Arbeitsbereitschaft gewährt, dann besteht eine Kostenersatzpflicht auch dann nicht, wenn an sich die in § 92 a genannten Voraussetzungen erfüllt sind. Diese Bestimmung beruht auf der Erwägung, daß der Hilfeempfänger in den genannten Fällen seine Arbeitskraft eingesetzt hat und es daher unbillig wäre, von ihm Kostenersatz zu fordern (vgl. BT-Dr. 3/1799, 55).

*Beispiel:* Axel Abel, der sein Vermögen durchgebracht hat und jetzt mittellos ist, erhält Hilfe zum Lebensunterhalt zuzüglich einer angemessenen Entschädigung für Mehraufwendungen, die davon abhängig gemacht ist, daß er – wie er es auch tut – jahreszeitlich nicht bedingte Reinigungsarbeiten in den städtischen Grünanlagen vornimmt (unterstellt, dies sei eine „gemeinnützige und zusätzliche Arbeit" i.S.d. § 19 Abs. 2). Dann kommt eine Ersatzpflicht nach § 92 a wegen § 92 Abs. 2 nicht in Betracht.

(6) Stirbt der Ersatzpflichtige und wird er beerbt, so geht die Verpflichtung zur Kostenerstattung auf den Erben über (§ 92 a Abs. 2). Der Erbe haftet dann für die Kostenerstattung, allerdings nur mit dem Nachlaß, d. h. höchstens im Umfang der Erbschaft.

Werden z. B. 2 000 DM vererbt und bestand eine Kostenersatzpflicht des verstorbenen Schuldners von 20 000 DM, so trifft den Erben nur eine Verpflichtung in Höhe von 2 000 DM. Es handelt sich hier um eine sog. *unselbständige Erbenhaftung.* Das bedeutet, daß die Verpflichtung zum Ersatz der Kosten bereits zu Lebzeiten des ursprünglich Ersatzpflichtigen eingetreten sein muß (und dann auf den Erben übergeht). Dagegen führt § 92 c, auf den im nächsten Abschnitt (S. 351) eingegangen wird, eine *selbständige Erbenhaftung* ein, die unabhängig von einer etwaigen Kostenersatzpflicht des Verstorbenen ist und in ihrem Eintreten und in ihren Voraussetzungen allein nach den Verhältnissen des Erben zu prüfen ist; es handelt sich dabei um eine Verbindlichkeit des Erben, die aus Anlaß des Erbfalls neu entsteht.

(7) Der Anspruch auf Kostenersatz erlischt in *drei* Jahren vom Ablauf des Jahres an, in dem die Hilfe gewährt worden ist (aber jeweils nach dem 31. 12. des Jahres); wegen der Hemmung oder Unterbrechung dieser Frist vgl. §§ 206 ff. BGB.

Nach dem BGB ist die Verjährung z. B. gehemmt, solange der Anspruch gestundet ist. Die Verjährungsfrist wird unterbrochen, d. h. beginnt neu zu laufen, wenn ein Leistungsbescheid über den Ersatzanspruch erlassen, ein Zahlungsbefehl zugestellt, eine Vollstreckung durchgeführt oder Klage erhoben wird.

(8) *Beispiel* (nach BVerwG, NDV 1977, 198 ff. – s.o.): Ein Fachhochschulingenieur gibt seinen Beruf auf, verläßt seine Familie und studiert in einer anderen Stadt Elektrotechnik an der Universität. Da er während seines Studiums keinen Unterhalt zahlt, müssen seine unterhaltsberechtigten Angehörigen (Frau und Kinder) von Sozialhilfe leben. Nach Abschluß seines Studiums verdient er als Diplom-Ingenieur 4.000 DM monatlich. Der Sozialhilfeträger will ihm jetzt nach § 92 a Abs. 1 S. 1 zum Kostenersatz heranziehen. Läßt sich auf Grund der Umstände des Einzelfalles feststellen, daß sich der Ehemann „sozialwidrig" verhielt (z. B. nur wegen des Sozialprestiges weiterstudierte und gegen den Willen der Ehefrau handelte, die sein Hochschulstudium durch ihre Berufstätigkeit finanzierte) und ist er sich auch schuldhaft der „Sozialwidrigkeit" seines Verhaltens bewußt oder grob fahrlässig nicht bewußt, so ist er nach § 92 a Abs. 1 S. 1 kostenersatzpflichtig, sofern nicht der Anspruch auf Kostenersatz für einen Teil der Leistungen gem. § 92 a Abs. 3 (nach Ablauf der Ausschlußfrist von 3 Jahren) erloschen ist.

*Oder:* Frau Abel erhält für sich und ihre zwei kleinen Kinder Hilfe zum Lebensunterhalt, weil ihr Mann eine dreijährige Freiheitsstrafe wegen Diebstahls verbüßt und sie selbst aus gesundheitlichen Gründen den Unterhalt der Familie nicht bestreiten kann. Nach seiner Entlassung aus der Haft findet Herr Abel zwar Arbeit und verdient ca. 1.500 DM monatlich, sieht sich aber vor der Situation, einen Betrag von ca. 25.000 DM gezahlter Hilfe zum Lebensunterhalt ersetzen zu müssen, wenn man sein Verhalten als schuldhaft sozialwidrig wertet. So stellt sich z. B. das VG Bremen auf den Standpunkt, daß derjenige, der vorsätzlich einen Diebstahl begeht, immer damit rechnen muß, gefaßt zu werden, verurteilt zu werden und die Strafe verbüßen zu müssen, wodurch dann seine Familie sozialhilfebedürftig wird (ZfF 1966, 24). Folgt man dieser Ansicht, so ist Herr Abel für die gesamten Aufwendungen der Sozialhilfe in Höhe von 25.000 DM kostenersatzpflichtig; allerdings ist gem. § 92 a Abs. 2 S. 2 HS 2 von seiner Heranziehung zum Kostenersatz abzusehen, wenn z. B. seine Resozialisierung dadurch gefährdet würde (s.o. bei (4)).

**8.2.1.1.2.** Ausnahme 2: Kostenersatz durch Erben

§ 92 c enthält eine recht komplizierte Regelung des Kostenersatzes durch *Erben.*

(1) Nach § 92 c Abs. 1 S. 1 kommen als ersatzpflichtige Personen in Betracht:

a) in der Regel der Erbe des *Hilfeempfängers.*

b) Stirbt jedoch der *Ehegatte* des Hilfeempfängers vor dem Hilfeempfänger, so ist der Erbe des *Ehegatten* grundsätzlich zum Kostenersatz verpflichtet.

Diese Regelung steht in engem Zusammenhang mit den Bestimmungen des § 88 Abs. 2 und 3 über den Schutz des Vermögens. Dieser Schutz, der nicht nur für den Hilfeempfänger, sondern auch für seine in den §§ 11 und 28 genannten nächsten Angehörigen gilt, würde – gäbe es § 92 c Abs. 1 S. 4 nicht – auch den Erben zugute kommen, bei denen die sozialen Erwägungen des § 88 Abs. 2 und 3 nicht angebracht erscheinen (BT-Dr. 5/3495, 16). Der Gesetzgeber hat deshalb eine Kostenersatzpflicht des Erben und – weil oft der Ehegatte des Hilfeempfängers der Inhaber des geschützten Vermögens ist – auch des Erben des Ehegatten bestimmt.

*Beispiele:* A erhielt bis zu seinem Tode acht Jahre lang Hilfe zum Lebensunterhalt. Er hinterließ seiner Nichte N, die sich nie um ihn gekümmert hat, ein kleines Haus im Wert von 25.000 DM, das gem. § 88 Abs. 2 Nr. 7 zum „Schonvermögen" des A gehörte. Der Schutz des § 88 Abs. 2 Nr. 7 kommt der N wegen § 92 c Abs. 1 S. 1 nicht zugute; sie ist – unter den übrigen Voraussetzungen des § 92 c – ersatzpflichtig.

*Oder:* Frau B wird seit Jahren durch Gewährung von Hilfe zur Pflege unterstützt. Sie wohnt gemeinsam mit ihrem Ehemann in einem ihm gehörenden kleinen Haus, das nach §§ 28, 88 Abs. 2 Nr. 7 zum „Schonvermögen" des Ehepaars B. gehört und deshalb „geschützt" ist. Stirbt der Ehemann und vererbt er das Haus im Wert von 60.000 DM (testamentarisch) seinem Freund F, so fällt kraft § 92 c Abs. 1 S. 1 der Schutz des § 88 Abs. 2 weg, weil auf die Person des Erben F die sozialen Motive des § 88 Abs. 2 nicht zutreffen.

c) Von dieser grundsätzlichen Ersatzverpflichtung gibt es *zwei Ausnahmen:*

— Ist der Hilfeempfänger selbst Erbe seines Ehegatten, so tritt insoweit keine Ersatzpflicht ein (§ 92 c Abs. 1 S. 4).

In diesem Falle wird das geschützte Vermögen nicht aus der Bedarfsgemeinschaft „herausvererbt", sondern bleibt beim erbenden Hilfeempfänger weiterhin schutzwürdig.

— Keine Kostenersatzpflicht besteht für Sozialhilfeleistungen, die für einen Zeitraum gewährt wurden, in welchem die Eheleute getrennt gelebt haben (§ 92 c Abs. 1 S. 3).

Hier geht der Gesetzgeber davon aus, daß für die Zeit der aufgehobenen Bedarfsgemeinschaft, in der kein Schutz nach §§ 11, 28, 88 Abs. 2 und 3 bestand, eine Kostenersatzpflicht des überlebenden Ehegatten demgemäß auch nicht in Betracht kommen kann.

(2) Die Ersatzpflicht der oben (1) genannten Erben ist aber *nicht unbegrenzt:*

a) Sie besteht nur für die in den *letzten 5 Jahren* vor dem „Erbfall" (d. h. dem Tod des Hilfeempfängers oder seines Ehegatten) aufgewendeten Kosten der Sozialhilfe – mit Ausnahme der Tuberkulosenhilfe – , aber auch dann nur,

soweit diese Kosten das *Zweifache des Grundbetrages nach* § 81 Abs. 1
(= 2 x 1 014 DM = 2 028 DM; dazu 6.3.4.2.1.2.) übersteigen (§ 92 c Abs. 1
S. 2).

Diese Begrenzung der Ersatzpflicht dient nach dem Willen des Gesetzgebers vor allem
dazu, eine zu starke verwaltungsmäßige Belastung der Träger der Sozialhilfe (z. B. Einziehung geringer Beträge) zu vermeiden (BT-Dr. 5/3495, 16).
Beispiel: A erhielt im Zeitraum vom 1. 2. 1972 bis zu seinem Tod am 5. 9. 1979 unregelmäßig Hilfe zum Lebensunterhalt. Die Kosten der Hilfe betrugen in diesem Zeitraum
3.000 DM. Ersatzpflichtig ist der Erbe des A, sein Freund F (der von A ein kleines Haus im
Wert von 40.000 DM, § 88 Abs. 2 Nr. 7, erbte), allerdings
– nur für die Zeit vom 5. 9. 1974 bis zum 5. 9. 1979 (= 5 Jahre)
– und nur in Höhe des Betrages, der 2.028 DM (d. h. den doppelten Grundbetrag nach
§ 81 Abs. 1 übersteigt, d. h. in Höhe von 972 DM).
Bei der Tuberkulosenhilfe wurde von einer Erstattungspflicht abgesehen, weil ihre Aufgabe – neben der Unterstützung des Kranken – auch darin besteht, im Allgemeininteresse
die Umgebung des Kranken gegen die Übertragung der Tuberkulose zu schützen und
somit eine Rückforderung der – auch für die Allgemeinheit – aufgewendeten Kosten von
den Erben des Kranken nicht gerechtfertigt wäre (BT-Dr. 5/3495, 16; vgl. auch
6.3.5.7.1.).

b) Eine weitere Begrenzung der Ersatzpflicht des Erben folgt aus § 92 c Abs. 2:
Der Erbe haftet *nur mit dem Nachlaß*, d. h. höchstens im Umfang der Erbschaft. Er muß also nur mit dem einstehen, was er vom Hilfeempfänger
geerbt hat, nicht aber mit seinem eigenen Einkommen oder Vermögen.

(3) In *vier besonderen* Fällen darf vom Erben des Hilfeempfängers *überhaupt
kein Kostenersatz* verlangt werden:

a) soweit der Wert des Nachlasses *unter dem Zweifachen des Grundbetrags* nach § 81
Abs. 1, also unter 2.028 DM liegt (vgl. 6.3.4.2.1.2.);
b) soweit der Wert des Nachlasses *unter 30.000 DM* liegt, wenn der Erbe der *Ehegatte*
des Hilfeempfängers war oder mit diesem *verwandt* war (z. B. Tochter des Hilfeempfängers) und nicht nur vorübergehend bis zum Tode des Hilfeempfängers mit diesem
in häuslicher Gemeinschaft gelebt und ihn gepflegt hat;
c) soweit die Inanspruchnahme des Erben nach der Besonderheit des Einzelfalles eine
*besondere Härte* bedeuten würde (§ 92 c Abs. 3 Nr. 1–3).
Diesen drei Fällen liegt die Erwägung zugrunde, daß in Härtefällen von der Geltendmachung des Ersatzanspruchs gegen den Erben abgesehen werden muß. Dabei legt der
Gesetzgeber zwei Härtefälle in ihren Voraussetzungen fest (Fall a und b); durch Fall c
sollen alle übrigen Fälle einer besonderen Härte erfaßt werden, wobei für das Vorliegen
einer solchen Härte Gründe in der Person des Erben ebenso maßgebend sein können wie
Gesichtspunkte wirtschaftlicher Art. (*Beispiel*: Die Voraussetzungen des Falles b sind nur
deshalb nicht erfüllt, weil die Pflegeperson mit dem Hilfeempfänger nicht verwandt
war).
d) Zum Fall des § 92 Abs. 2 vgl. oben 8.2.1.1.1.(5).

(4) Der Kostenersatzanspruch gegen den Erben erlischt *3 Jahre* nach dem Tode
des Hilfeempfängers oder seines Ehegatten (§ 92 c Abs. 4, der auf § 92 a Abs. 3

S. 2 und damit auch auf die Bestimmungen des BGB über die Hemmung und Unterbrechung Verjährung verweist).

### 8.2.2. Durchsetzung der Ansprüche nach § 92

Der Anspruch des Sozialhilfeträgers kann durch *Leistungsklage* geltend gemacht werden (vgl. §§ 124 ff. und 132 ff. VwGO).
Der Anspruch kann aber auch – dies ist in der Praxis die Regel – durch *Leistungsbescheid* (Verwaltungsakt) geltend gemacht werden (vgl. BVerwGE 27, 3; das Gesetz erwähnt den Leistungsbescheid in § 92 a Abs. 3).

### 8.2.3. „Unechte Ausnahmen"

Mit „unechten Ausnahmen" sind solche Fälle gemeint, in denen die geleistete Sozialhilfe zurückgefordert werden kann, *ohne* daß es sich um einen *„echten"* Kostenersatz nach §§ 92 a und 92 c handelt (vgl. § 92 Abs. 1 S. 1 HS 2: „eine Verpflichtung zum Kostenersatz nach anderen Rechtsvorschriften bleibt unberührt").

(1) Hierher gehört vor allem der Ersatz *zu Unrecht* empfangener Sozialhilfeleistungen. So kann z. B. die aufgrund irrtümlich angenommener Hilfsbedürftigkeit gewährte Hilfe unter bestimmten Voraussetzungen zurückgefordert werden:

Eine eingehende Regelung der *Rückforderung zu Unrecht erbrachter Sozialleistungen* enthalten die §§ 45, 50 SGB X, in denen die von Lehre und Rechtsprechung entwickelten Grundsätze des öffentlichrechtlichen Erstattungsanspruchs (vgl. z. B. BVerwG, in: NDV 1968, 25) kodifiziert wurden.
Man muß also streng unterscheiden: Die Vorschriften über den *Kostenersatz* (§§ 92 ff.) befassen sich allein mit dem Fall, daß Sozialhilfe *zu Recht* gewährt worden ist; ist sie *zu Unrecht* gewährt worden, so kann der Träger die Sozialhilfe nur nach den §§ 45, 50 SGB X zurückverlangen (vgl. Sbresny 1981, 200 f.).

(2) Hierher gehört auch der Fall, daß Sozialhilfe gewährt wird, weil z. B. die beantragte Rente (Arbeitslosengeld u.ä.) auf sich warten läßt und der Antragsteller in dieser Zeit kein Geld zum Leben hat. Die Nachzahlung der Rente (Arbeitslosengeld u. a.) wird dann mit der geleisteten Sozialhilfe *verrechnet*.

### 8.2.4. Praxis und Bedeutung des Kostenersatzes

In der Praxis bereitet die Kostenrückerstattung nach §§ 92 a und 92 c *nicht unerhebliche Schwierigkeiten*, auf die hier nur kursorisch hingewiesen werden kann: So ist etwa die vorsätzlich oder grobfahrlässig verursachte Gewährung von Sozialhilfe (§ 92 a) nicht gerade einfach nachzuweisen. Im Fall des § 92 c müßte z. B. eigentlich bei jedem Sozialhilfefall geprüft werden, ob der Ehegatte des Hilfeempfängers verstorben und beerbt worden ist (§ 92 c Abs. 1 S. 1!); eine solche Ermittlung kann u. U. recht mühsam sein. Ferner muß der Wert des Nachlasses festgestellt, müssen die Erben ermittelt werden usw., oft mit dem Erfolg, daß kein Kostenersatz zu erlangen ist (Zeitler 1970, 351). Hinzu kommt, daß es sich bei §§ 92 a und 92 c meist um einen ohnehin mittellosen Personenkreis handelt, von dem trotz aller Verwaltungsarbeit kaum ein Ersatz zu erlangen ist (und ebensowenig natürlich „mangels Masse" von dem Erben!).

Hatte die schon vor dem BSHG eingetretene Entwicklung gezeigt, daß die aufgewendeten Kosten im Wege der Rückerstattung nur zu einem kleinen Teil wieder ersetzt werden konnten (Eckelberg 1959, 49), so zeigt auch heute ein Blick in die Statistik, daß der Kostenersatz einen äußerst bescheidenen Posten in den Einnahmen der Sozialhilfe darstellt: Im Jahre 1979 etwa betrug der Anteil des Kostenersatzes an den gesamten Einnahmen der Sozialhilfe ganze 0,6 % (Sozialleistungen/Sozialhilfeaufwand 1979, 792). Dabei ist noch nicht berücksichtigt,welche Kosten für den *Verwaltungsaufwand* diesem Einnahmeposten gegenüberstehen.

Angesichts dieser Fakten der Kostenersatzpraxis stellt sich die Frage, worin eigentlich die oft behauptete „erhebliche sozialpädagogische Bedeutung" des § 92 a (Keese 1969, § 92 a Rz. 2) – was auch immer man darunter verstehen mag – besteht. Zwar hält die (falsche) Vorstellung, Sozialhilfe stets zurückzahlen zu müssen, offenbar viele tatsächlich Hilfsbedürftige von vornherein davon ab, ihnen zustehende Leistungen in Anspruch zu nehmen (s.o. 8.2.1); welche Wirkungen aber die Regelung des § 92 a in der Rechtswirklichkeit auf das Verhalten noch nicht hilfsbedürftiger Personen hat, ist bislang nicht untersucht, die behauptete „erhebliche sozialpädagogische Bedeutung" (Abschreckungswirkung?) der Vorschrift also nicht erwiesen. Der Vorschlag nach Beseitigung der Kostenersatzpflicht war deshalb nicht nur vor Inkrafttreten des BSHG mit guten Gründen gefordert worden (s.o. 8.2.1), sondern hat auch heute noch – zumindest für § 92 a – seine Berechtigung.

## 8.3. Kostenerstattung zwischen Sozialhilfeträgern

### 8.3.1. Allgemeines

Für die Sozialhilfe ist immer der (örtliche oder überörtliche) Sozialhilfeträger zuständig, in dessen Bereich sich der Hilfesuchende *tatsächlich aufhält* (§ 97 Abs. 1 S. 1; vgl. 3.3.). Nur auf den *tatsächlichen Aufenthalt* kommt es also an, nicht darauf, ob der Hilfesuchende ein „Einheimischer" oder ein „Ortsfremder" ist. Der für die Hilfeleistung zuständige Sozialhilfeträger kann allerdings nicht auch immer derjenige sein, der die *Kosten* der Hilfe *letztlich auch tragen* muß. In einer Reihe von Fällen gibt es nämlich ganz unterschiedliche Belastungen der Sozialhilfeträger: So gibt es Sozialhilfeträger, die im Verhältnis zu anderen wesentlich mehr „Ortsfremde" zu verkraften haben, weil sich in ihrem Bereich mehr Heime und Anstalten befinden als anderswo. Sollen diese Träger finanziell darunter leiden, während andere davon profitieren? Es leuchtet ein, daß hier, aber auch in anderen – noch zu besprechenden – Fällen eine *Entlastung* stattfinden muß. Dieser Entlastung dient die sog. *Kostenerstattung*, die eine Art *Lasten-*

*ausgleich zwischen den Sozialhilfeträgern* herbeiführt. Die §§ 103 bis 113, die dieses spezielle Ausgleichverfahren regeln, sehen *drei* Erstattungstatbestände vor, nämlich die Kostenerstattung bei Hilfe in einer Anstalt oder in einer Pflegestelle (§§ 103 bis 106 und § 109), die Kostenerstattung bei pflichtwidriger Handlung (§ 107) und die Kostenerstattung bei Übertritt aus dem Ausland (§ 108). Im folgenden sollen die Grundzüge dieser *drei Hauptfälle* der Kostenerstattung skizziert werden (eingehend dazu von Bergen 1971):

### 8.3.2. Kostenerstattung bei Hilfe in einer Anstalt oder in einer Pflegestelle

(1) § 103 Abs. 1 S. 1 bestimmt, daß Kosten, die ein Träger für den Aufenthalt eines Hilfeempfängers in einer Anstalt, einem Heim oder einer gleichartigen Einrichtung oder im Zusammenhang damit aufzuwenden hat (z. B. den Pflegesatz), von dem sachlich zuständigen Träger zu erstatten sind, in dessen Bereich der Hilfeempfänger seinen *gewöhnlichen Aufenthalt im Zeitpunkt der Aufnahme* oder in den *zwei Monaten vor der Aufnahme zuletzt* gehabt hat.

Mit dieser Regelung bezweckt der Gesetzgeber – wie schon angedeutet – wesentlich den *Schutz der sog. Anstalts- und Pflegestellenorte* (d. h. der Hilfeträger, in deren Bereich sich Anstalten usw. sowie Pflegestellen i. S. d. § 104 befinden) vor nicht vertretbaren finanziellen Belastungen. Der Gesetzgeber will damit aber auch verhindern, daß die Errichtung und Förderung sozialer Einrichtungen aus der Besorgnis unterbleibt, daß sie zu zusätzlichen finanziellen Belastungen durch „ortsfremde" Hilfsbedürftige führen könnte. Letztlich wahrt die Regelung damit auch die Interessen der Hilfebedürftigen, die sonst nur unter erschwerten Umständen Gelegenheit finden könnten, in auswärtige Einrichtungen aufgenommen zu werden.

(2) Der maßgebende *„Anknüpfungspunkt"* für die endgültige Zuteilung der finanziellen Aufwendungen ist in diesem Fall also
— entweder der *gewöhnliche* Aufenthalt im Zeitpunkt der Aufnahme in die Einrichtung
— oder der *gewöhnliche* Aufenthalt in den letzten zwei Monaten vor der Aufnahme.

In der letzten Alternative wird davon ausgegangen, daß der gewöhnliche Aufenthalt und damit die soziale „Einbettung" einer Person in einer Gemeinde eine gewisse Zeit sozusagen „nachwirkt".

Eine gesetzliche Definition des gewöhnlichen Aufenthalts fehlt im BSHG (Einzelheiten bei Gottschick/Giese 1981, § 103 Rz. 4). Man wird aber grundsätzlich keine Bedenken haben müssen, die Definition des gewöhnlichen Aufenthalts in § 30 Abs. 3 S. 2 SGB-AT *auch* für das Kostenerstattungsrecht des BSHG zu übernehmen (a. A. Zentrale Spruchstelle, in: NDV 1978, 64; wie hier und zu einer Ausnahme mit Recht Giese 1981, I § 30 Rz. 4.3.):

Nach dieser Vorschrift hat jemand seinen gewöhnlichen Aufenthalt dort, „wo er sich unter Umständen aufhält, die erkennen lassen, daß er an diesem Ort oder in diesem Gebiet nicht nur vorübergehend verweilt."

Gelegentlich kommt es allerdings vor, daß trotz intensiver Bemühungen die Aufenthaltsverhältnisse eines Hilfeempfängers nicht geklärt werden können (z. B. bei einem Nichtseßhaften) oder daß der Hilfeempfänger überhaupt keinen gewöhnlichen Aufenthalt im Bundesgebiet (oder in West-Berlin) hat. § 106 sieht deshalb vor, daß dann dem örtlichen Träger der Sozialhilfe die aufgewendeten Kosten von dem *überörtlichen* Träger zu erstatten sind, zu dessen Bereich der örtliche Träger gehört. Eine besondere Regelung für den gewöhnlichen Aufenthalt eines Kindes, das in einer Anstalt geboren wird, enthält § 105. Zu § 109 vgl. das Beispiel unter (4).

(3) Zum *Anstaltsbegriff* vgl. § 103 Abs. 5. Die Pflegestelle in einer Familie oder bei anderen Personen für ein Kind oder einen Jugendlichen unter 16 Jahren wird einer Anstalt gleichgestellt (§ 104). Als Anstaltsaufenthalt gilt auch der Fall der Beurlaubung oder der Betreuung außerhalb einer Anstalt, z. B. in einer „Außenwohngruppe" (vgl. § 103 Abs. 2). Wird ein Hilfeempfänger von einer Anstalt in eine andere Anstalt verlegt, bleibt zur Kostenerstattung der Träger des gewöhnlichen Aufenthalts vor dem ersten Anstaltseintritt zuständig (§ 103 Abs. 1 S. 2).

Erstattet werden schließlich die Kosten, die entstehen, wenn jemand bei Verlassen einer Einrichtung oder innerhalb von zwei Wochen danach der Hilfe bedarf; die Bedürftigkeit muß aber im Bereich des Trägers aufgetreten sein, in dessen Bereich die bisherige Anstalt liegt (§ 103 Abs. 3 und unten (4)).

(4) *Beispiel:* Der alleinstehende Theo Tandler hatte bis zum 15. 8. seinen gewöhnlichen Aufenthalt in München. Er geht nunmehr auf Wanderschaft und reist in der ganzen Bundesrepublik umher, bis er am 16. 9. in Gummersbach bewußtlos aufgefunden und wegen Verdachts einer komplizierten Erkrankung in eine Spezialklinik in Köln aufgenommen werden muß. Die Stadt Köln hat als örtlich und sachlich zuständiger Träger die Kosten des neunmonatigen Krankenhausaufenthalts (einschließlich der Transportkosten) übernommen. *Kostenerstattungspflichtig* ist nach § 103 Abs. 1 S. 1 die Stadt München (als der sachlich zuständige Träger, in dessen Bereich sich Theo Tandler in den zwei Monaten vor dem Krankenhausaufenthalt zuletzt gewöhnlich aufhielt). Die Stadt München könnte sich nicht etwa darauf berufen, daß Theo Tandler durch den Krankhausaufenthalt den Mittelpunkt seiner Lebensbeziehungen, also seinen gewöhnlichen Aufenthalt i. S. d. § 30 Abs. 3 S. 2 SGB-AT in Köln begründet habe: Denn nach der Fiktion des § 109 kann in einer Einrichtung der in § 103 Abs. 5 genannten Art kein kostenerstattungsrechtlich bedeutsamer gewöhnlicher Aufenthalt begründet werden (auch hier wird der „Anstaltsort" also bewußt geschützt).

Nehmen wir an, daß Theo Tandler nach seiner Krankenhausentlassung Hilfe zum Lebensunterhalt bedarf und deshalb am gleichen Tag einen entsprechenden Antrag beim zuständigen Sozialamt der Stadt Köln stellt, nachdem er eine Unterkunft gefunden hat: Dann ist die Stadt München auch für diese Kosten *erstattungspflichtig*, soweit die übrigen Voraussetzungen des § 103 Abs. 3 vorliegen (hier wird der „Anstaltsort" also sogar „nachgehend" geschützt).

## 8.3.3. Kostenerstattung bei pflichtwidriger Handlung

Nicht selten erliegen die Träger der Sozialhilfe der Versuchung, die durch Hilfsbedürftige entstehenden Aufwendungen von sich *abzuwälzen* und *anderen Trägern zuzuschieben.* Die Methoden, die man anwendet, um Hilfsbedürftige „loszuwerden", sind dabei recht vielfältig: So wird ohne nähere Prüfung der Verhältnisse schnelle und großzügige Hilfe für den Umzug in den Bereich eines anderen Trägers gewährt (zu Problemen der Umzugskostenbeihilfe Gottschick/Giese 1981, § 107 Rz. 5); die Hilfe wird nicht, nicht rechtzeitig oder unzureichend gewährt und der Hilfebedürftige auf diese Weise „vertrieben"; es werden unnötige Formalitäten verlangt oder falsche Auskünfte gegeben.

§ 107 will solche pflichtwidrigen „Verschiebungen" von Hilfsbedürftigen und von finanziellen Belastungen ausgleichen (wenn sie geschehen sind), aber auch von ihnen abschrekken (vgl. § 107 Abs. 3). Die Vorschrift wird oft als „erzieherisches Korrektiv" bezeichnet, von dem – freilich ohne empirische Belege – behauptet wird, daß schon seine Existenz manche Kostenverschiebung verhinderte.

Auch die Bewilligung von *Reisegeld* (Fahrtkosten, Verpflegungsgeld) ist in der Praxis ein besonders häufiger Fall pflichtwidrigen Verhaltens (vgl. BT-Dr. 3/ 1799, 59). Allerdings gibt es auch Fälle, in denen die Gewährung von Reisegeld geboten sein kann. Solche Fälle nennt § 107 Abs. 2; er stellt ausdrücklich fest, daß hier der Träger der Sozialhilfe nicht pflichtwidrig gehandelt hat.

*Beispiele:* Ein Hilfsbedürftiger (oder ein Sozialarbeiter) überzeugt den Sachbearbeiter, daß die Notlage behoben werden kann, wenn Geld für eine Reise an einen anderen Ort bewilligt wird, wo er Arbeitsmöglichkeiten finden und so ein Einkommen zum Bestreiten seines Lebensunterhalts erzielen kann. *Oder:* Eine alleinerziehende Mutter will mit ihrem Kind zu ihren Eltern reisen, um bei ihnen zu leben, weil die Eltern das Kind versorgen können, das ansonsten in einem Heim untergebracht werden müßte (weitere Beispiele bei Knopp/ Fichtner 1979, § 107 Rz. 8).

Der Erstattungsanspruch steht jedem Träger der Sozialhilfe zu, der (ursächlich bedingt) durch eine vorausgegangene pflichtwidrige Handlung eines örtlichen oder überörtlichen Trägers innerhalb von drei Monaten nach der pflichtwidrigen Handlung Hilfe gewähren mußte (§ 107 Abs. 1 und 4).

## 8.3.4. Kostenerstattung bei Übertritt aus dem Ausland

Der dritte Hauptfall der Kostenerstattung ist die Hilfebedrüftigkeit und die Hilfegewährung *nach Übertritt aus dem Ausland:*
  Kommt jemand, der weder im Ausland noch im Inland einen gewöhnlichen Aufenthalt hat, aus dem Ausland in die Bundesrepublik (oder nach West-Berlin) und bedarf er innerhalb eines Monats der Hilfe, so ist gem. § 108 der *überörtliche Träger kostenerstattungspflichtig*, in dessen Bereich der Hilfesuchende *geboren* ist.

*Beispiel:* Frau Dora Dupont, die in Kehl geboren ist, kommt nach gescheiterter Ehe und nach Aufgabe ihres gewöhnlichen Aufenthalts in Straßburg mit ihren drei minderjährigen Kindern aus Frankreich nach Kehl, wo der Familie sofort Hilfe zum Lebensunterhalt gewährt werden muß.

Mit dieser Regelung bezweckt der Gesetzgeber vor allem den Schutz der örtlichen Sozialhilfeträger, die ihren Zuständigkeitsbereich in Grenznähe haben oder die im Umfeld internationaler Flughäfen (z. B. Frankfurt, München) liegen (vgl. auch BT-Dr 3/1799, 59). Der Aufwendungsbereich der Vorschrift ist freilich relativ klein. Im Gegensatz zu früheren Zeiten, als die Mobilität noch gering war und die Hilfsbedürftigkeit meist schon unmittelbar an der Grenze entstand, bedürfen die Träger an der *Grenze* in unserer Zeit einen solchen besonderen Schutz kaum noch.

Für Personen, deren *Geburtsort nicht in der Bundesrepublik* (oder West-Berlin) liegt, oder deren *Geburtsort nicht zu ermitteln* ist, wird der zur Kostenerstattung verpflichtete *überörtliche* Träger von einer *Schiedsstelle* bestimmt (z.Z. Bundesverwaltungsamt in Köln; vgl. §§ 108 Abs. 2, 147 und Knopp/Fichtner 1979, § 147 Rz. 1).

Im Fall des gleichzeitigen Übertritt von *Familienangehörigen* (wie in unserem Beispiel) gilt § 108 Abs. 3 und 4. Für besonders geregelte Rückführungen (z. B. bei Aussiedlern) gelten spezielle Vorschriften (§ 108 Abs. 6 und dazu Knopp/Fichtner 1979, § 108 Rz. 13); dies gilt auch für die Verteilung von Asylbewerbern, Asylberechtigten und Kontingentflüchtlingen vor allem nach den maßgebenden Vereinbarungen zwischen Bund und Ländern).

## 8.3.5. *Umfang der Kostenerstattung, Verfahren und Verjährung*

(1) Grundsätzlich sind alle aufgewendeten Kosten zu erstatten, soweit sie sich im Rahmen des BSHG halten (also z. B. nicht, wenn irrtümlich zu Unrecht Hilfe geleistet wurde) und soweit sie den Grundsätzen (z. B. den Richtlinien) des hilfegewährenden Trägers entsprechen (vgl. § 111 Abs. 1, der den Schutz des kostenerstattungspflichtigen Trägers bezweckt).

Dabei ist freilich in § 111 Abs. 2 aus Gründen der Verwaltungsvereinfachung eine *„Bagatellgrenze"* vorgesehen: Erstattungsfähig sind grundsätzlich nur Kosten, die (z.Z.) 400 DM übersteigen. Ebenfalls aus Gründen der Vereinfachung werden *persönliche* und *sächliche Verwaltungskosten nicht* erstattet (§ 111 Abs. 3): Diese Kosten sind nämlich in der Regel nur schwer zu spezifizieren und auf ihre Berechtigung hin nachzuprüfen; auf diesen Kosten bleibt der erstattungsberechtigte Träger also „sitzen".

(2) Der Anspruch auf Kostenerstattung muß innerhalb von *6 Monaten* nach der Entscheidung über die Hilfegewährung *geltend gemacht* werden (Einzelheiten in § 112). Der Kostenerstattungsanspruch *verjährt zwei Jahre* nach Ablauf des Jahres, in dem die Kosten aufgewendet wurden; die Verjährung kann nach den üblichen bürgerlich-rechtlichen Vorschriften gehemmt oder unterbrochen werden (§ 113).

Mit diesen Fristen soll eine zügige Bearbeitung der Kostenerstattungsfälle erzwungen werden (wobei die 2jährige Verjährungsfrist allerdings recht lang erscheint).
(3) Zur Diskussion um die Neuregelung der Kostenerstattung in der Sozialhilfe vgl. Mergler 1978, 4 ff. und die Ausführungen in NDV 1978, 61 ff.

### 8.3.6. Streitigkeiten im Bereich der Kostenerstattung

(1) *Streitigkeiten* der Sozialhilfeträger untereinander über Begründetheit oder Höhe eines *Kostenerstattungsanspruchs* wären an sich gem. § 40 Abs. 1 VwGO vor den Verwaltungsgerichten auszutragen. Durch Vereinbarung haben sich aber schon im Jahre 1947 die (damaligen) Fürsorgeverbände verpflichtet, solche Streitigkeiten nicht vor Gericht auszutragen, sondern in einem Schiedsgerichtsverfahren durch besondere Spruchstellen entscheiden zu lassen. Nach Inkrafttreten des BSHG ist diese Regelung beibehalten und in der *Fürsorgerechtsvereinbarung* (FRV) vom 25. 5. 1965 neu gefaßt worden (abgedruckt in: NDV 1965, 326 ff.; ZfSH 1965, 343 ff.; dazu Zeise 1966, 75 ff.). Inzwischen sind alle Sozialhilfeträger der FRV beigetreten.

Einer solchen Vereinbarung stehen weder das BSHG noch die VwGO entgegen (nach der die Zuweisung an ein Schiedsgericht durch eine Schiedsvereinbarung gem. § 173 i. V. m. §§ 1026 f. ZPO zulässig ist). Die bestehende Vereinbarung und das Schiedsverfahren haben sich in den letzten Jahrzehnten so bewährt, daß ein Bedarf nach einem verwaltungsgerichtlichen Verfahren von niemandem ernstlich artikuliert wird (ganz abgesehen davon, daß die Verwaltungsgerichte auf eine entsprechende Mehrbelastung nicht gerade erpicht sind).

Kommt eine Einigung nicht zustande, so kann im *ersten Rechtszug* die Entscheidung einer der *sechs regionalen „Spruchstellen für Fürsorgestreitigkeiten"* beantragt werden; diese entscheiden dann nach einer besonderen Verfahrensordnung (§§ 6, 13 ff., 20 FRV).

Die Spruchstellen sind mit Mitgliedern besetzt, die im Sozialhilfe- und Jugendwohlfahrtsrecht erfahren sein sollen (Vorsitzender und Stellvertreter müssen die Befähigung zum Richteramt haben: §§ 7, 9 FRV); eine mündliche Verhandlung findet in aller Regel nicht statt.
Je eine regionale Spruchstelle befinden sich: für Baden-Württemberg beim Landkreistag Baden-Württemberg in Stuttgart; für Bayern beim Bezirk Oberbayern in München; für Berlin, Hamburg und Schleswig-Holstein beim überörtlichen Träger in Hamburg; für Bremen und Niedersachsen beim überörtlichen Träger in Hannover; für Hessen, Rheinland-Pfalz und das Saarland beim Landeswohlfahrtsverband Hessen in Kassel (zu den überörtlichen Trägern vgl. 3.1.2.). Örtlich zuständig ist die regionale Spruchstelle, in deren Bereich der Antragsgegner seinen Sitz hat (§ 12 FRV).

In *zweiter Instanz* zuständig ist die *„Zentrale Spruchstelle"* mit Sitz in Essen (Sozialdezernat der Stadt Essen). Diese Spruchstelle (§§ 8, 11, 22 ff. FRV) entscheidet in Streitigkeiten über Kostenerstattungsansprüche endgültig.

Die Entscheidungen der Spruchstellen sind rechtsverbindlich; ihre Nichtbeachtung wäre gleichbedeutend mit dem Ausschluß aus dem Kreis der Träger, die der FRV beigetreten sind.

(2) Die *Entscheidungen der Spruchstellen* werden in einer *besonderen Sammlung veröffentlicht*, nämlich der „Sammlung von Entscheidungen und Gutachten der Spruchstellen für Fürsorgestreitigkeiten" (EuG). Die wichtigsten Entscheidungen (im wesentlichen der Zentralen Spruchstelle) sind auch in der „Sammlung sozialhilferechtlicher Entscheidungen" (SsE) abgedruckt, die von W. Schellhorn herausgegeben und bearbeitet wird (erschienen im Luchterhand Verlag, Neuwied und Darmstadt, Loseblattsammlung). Die Zentrale Spruchstelle erstattet darüber hinaus auch einschlägige Gutachten (dazu Zeise 1965, 164 ff.).

Sowohl die Entscheidungen als auch die Gutachten der Spruchstellen sind für die Interpretation und die praktische Anwendung nicht nur der Kostenerstattungsvorschriften wichtig, sondern z. B. auch für Fragen des Leistungsrechts des BSHG eine bedeutsame Hilfe.

# 9. Rechtsschutz des Hilfsbedürftigen

## 9.1. Allgemeines

Gegen Entscheidungen der Sozialhilfeträger kann der Hilfsbedürftige sowohl *„formlose"* *Rechtbehelfe* (1) einlegen als auch den Weg des *vorgerichtlichen* und *verwaltungsgerichtlichen Rechtsschutzes* (2) beschreiten.

(1) Die sog. *formlosen Rechtsbehelfe,* bei denen keinerlei Fristen beachtet werden müssen, sind vor allem
— die *Aufsichtsbeschwerde,* mit der eine „aufsichtliche" Überprüfung der Entscheidung, d. h. eine Überprüfung durch den Abteilungsleiter oder den Leiter des Sozialamts verlangt werden kann;
— die *Dienstaufsichtsbeschwerde,* die sich auf die Überprüfung des dienstlichen Verhaltens eines Bediensteten (z. B. seinen Umgangsstil mit dem Hilfebedürftigen) durch die übergeordnete Behörde richtet (dazu z. B. BVerwG, in: NJW 1976, 673);
— die *Petition* an den Landtag oder den Bundestag (vgl. Art. 17 GG; die Länderverfassungen enthalten entsprechende Bestimmungen).
Entgegen einer verbreiteten Meinung in Juristenkreisen können solche formlosen Rechtsbehelfe – wenn sie überzeugend begründet sind – durchaus zum Erfolg führen. Gerade im Bereich der Sozialhilfe sind sie auch deshalb sinnvoll, weil es oft um akute Bedarfe geht und die förmlichen Rechtsbehelfe (Widerspruch und Klage) in aller Regel erst nach einiger Zeit zu Entscheidungen führen.

(2) Das Sozialrecht i. w. S., das nicht nur das Sozialleistungsrecht öffentlich-rechtlichen Charakters, sondern auch Teile des Zivil- und Arbeitsrechts einschließt (vgl. 2.2.), fällt in die Rechtsprechungskompetenz verschiedener Gerichtsbarkeiten.

So ist das „soziale Mietrecht" den Amtsgerichten zugewiesen, fallen die zum Sozialrecht zu zählenden Teile des Arbeitsrechts (z. B. Teile des Schwerbehindertengesetzes) in die Kompetenz der Arbeitsgerichte, entscheiden die Gerichte der Sozialgerichtsbarkeit über die ihnen gemäß § 51 SGG zugewiesenen Streitigkeiten: die öffentlich-rechtlichen Streitigkeiten in Angelegenheiten der Sozialversicherung, der Arbeitslosenversicherung und der übrigen Aufgaben der Bundesanstalt für Arbeit, der Kriegsopferversorgung, das Kassenarztrecht, öffentlich-rechtliche Streitigkeiten in Zusammenhang mit dem Lohnfortzahlungsgesetz, sowie eine Reihe den Sozialgerichten durch andere Gesetze zugewiesene öffentlich-rechtliche Streitigkeiten. Wenn es sich um Rechtsmaterien handelt, die nicht zu den vorstehend genannten gehören und auch nicht durch eine anderweitige Vorschrift den Sozialgerichten zugewiesen sind, so bleibt es bei Rechtsstreitigkeiten öffentlich-rechtlichen Charakters bei der Generalklausel des § 40 VwGO, wonach der Verwaltungsrechtsweg in allen öffentlich-rechtlichen Streitigkeiten nicht verfassungsrechtlicher Art gegeben ist, soweit sie nicht durch Bundesgesetz einem anderen Gericht ausdrücklich zugewiesen sind. Mangels einer besonderen anderweitigen Regelung sind deshalb für *Streitigkeiten zwischen Hilfesuchenden und Sozialhilfeträgern die Verwaltungsgerichte zuständig:*

## 9.2. Der Verwaltungsrechtsschutz

Die Zuständigkeit der *Verwaltungsgerichte* bedeutet:

(1) Dem Verfahren vor dem Verwaltungsgericht ist ein *„Vorverfahren"* vorgeschaltet (§§ 68 VwGO):

Vor Erhebung einer Anfechtungs- und Verpflichtungsklage, mit der die Aufhebung oder aber der Erlaß eines Sozialhilfebescheides, der immer in Form eines Verwaltungsaktes ergeht, erstrebt wird (vgl. § 42 VwGO), muß also ein *Vorverfahren* durchgeführt werden, das mit der Erhebung des *Widerspruchs* beginnt, der innerhalb *eines Monats* nach Bekanntgabe des angefochtenen Bescheids eingelegt werden muß (§§ 69, 70 VwGO). Die wirksame Erhebung des Widerspruchs ist von der Einhaltung der *Schriftform* sowie der *Monatsfrist* abhängig, nicht aber von der Bezeichnung als „Widerspruch" oder einer Begründung. Insofern ist die Einlegung des Widerspruchs beim örtlichen bzw. überörtlichen Träger der Sozialhilfe vom Hilfebedürftigen selbst leicht zu handhaben.

Der Widerspruch gegen den *Entzug laufender Sozialhilfeleistungen*, d. h. gegen die Ablehnung ihrer Weiterbewilligung, hat *keine aufschiebende Wirkung;* der Widerspruch allein bewirkt also nicht, daß der Sozialhilfeträger bis zur Entscheidung über den Widerspruch oder bis zur gerichtlichen Entscheidung weiterleisten muß (vgl. 7.4.). Nur in Anfechtungssachen hat der Widerspruch aufschiebende Wirkung, so daß der Sozialhilfeträger z. B. einen Bescheid über die Rückforderung zu Unrecht geleisteter Sozialhilfe vorläufig nicht durchsetzen darf (§ 80 Abs. 1 VwGO; dazu Thierfelder 1971, 82 f.).

Hält die zuständige Behörde den Widerspruch für begründet, so erläßt sie einen neuen Bescheid; hält sie ihn für unbegründet, so wird der Widerspruch zurückgewiesen und der Widerspruchsführer erhält einen mit einer Rechtsmittelbelehrung versehenen *Widerspruchsbescheid* (§ 73 VwGO). Gegen diesen Widerspruchsbescheid kann binnen *eines Monats Klage* beim zuständigen Verwaltungsgericht eingelegt werden (§ 74 VwGO); Klage – sog. Untätigkeitsklage – kann auch erhoben werden, wenn in angemessener Frist über den von dem Hilfesuchenden ordnungsgemäß eingelegten Widerspruch nicht sachlich entschieden worden ist (§§ 75, 76 VwGO).

Wer für die *Entscheidung über den Widerspruch zuständig* ist, richtet sich nach landesrechtlichen Bestimmungen.

In *Bayern* beispielsweise sind zuständig
1. die Landkreise als örtliche Träger, soweit sich der Widerspruch gegen die Entscheidung einer herangezogenen Gemeinde richtet (§ 96 Abs. 1 S. 2 HS 2),
2. die Regierungen, soweit sich der Widerspruch gegen die Entscheidung eines örtlichen Trägers richtet (Art. 119 Nr. 1 bay GO, Art. 105 Nr. 1 bay. LKrO),
3. die Bezirke als überörtliche Träger, soweit sich der Widerspruch richtet gegen
    a) die Entscheidung eines von ihnen herangezogenen örtlichen Trägers (§ 96 Abs. 2 S. 2 HS 2),
    b) eine von ihnen selbst getroffene Entscheidung (Art. 100 bay. BezO).

Da sich das Vorverfahren für den Bereich der Sozialhilfe also nach den allgemeinen Vorschriften des Verwaltungsverfahrensrechts richtet, sind nähere Einzelheiten der einschlägigen verwaltungsrechtlichen Literatur zu entnehmen (vgl. z. B. Wolff/Bachof 1978, 402 ff. m. w. N.). Eine sozialhilferechtliche Besonderheit besteht allerdings in der *„Beteiligung sozial erfahrener Personen"* im Vorverfahren nach der Verwaltungsgerichtsordnung. Unter „sozial erfahrenen Personen", die auch vor dem Erlaß allgemeiner Verwaltungsvorschriften sowie bei der Festsetzung der Regelsätze gehört werden müssen, sind Personen zu verstehen, „die praktische Erfahrungen in der Sozialarbeit insbesondere mit dem vom

BSHG geschützten Personenkreis haben" (Knopp/Fichtner 1979, § 114 Rz. 3). Diese Personen, deren Auswahl und Anzahl sich nach landesrechtlichen Vorschriften (vgl. 2.6.2.) richtet, sind nach § 114 Abs. 2 vor dem Erlaß des Bescheides über einen Widerspruch gegen die Ablehnung der Sozialhilfe oder gegen die Festsetzung ihrer Art und Höhe „beratend zu beteiligen". Nach Knopp/Fichtner (1979, § 114 Rz. 5) ist „beratende Beteiligung... eine strengere Form der Beteiligung als die Anhörung und erfordert eine Stellungnahme zu den konkreten Fragen", wobei jedoch eine bestimmte Form nicht vorgeschrieben ist und auch die schriftliche Beteiligung für ausreichend erklärt wird. Welchen Einfluß die Beteiligung „sozial erfahrener Personen" – zu denen in der Praxis die Sozialhilfeempfänger *nicht* gezählt werden – auf die Widerspruchsentscheidung hat, ist freilich nicht bekannt.

Das Widerspruchsverfahren ist *kostenfrei;* derjenige, dessen Widerspruch *erfolgreich* war, hat nach § 63 SGB X Anspruch auf Erstattung von Aufwendungen, die zur zweckentsprechenden Rechtsverfolgung oder Rechtsverteidigung notwendig waren (z. B. Telefon- und Portokosten, i. d. R. auch Gebühren und Auslagen eines Rechtsanwalts; vgl. Sbresny 1981, 202 f.).

(2) Für die Klage selbst und das verwaltungsgerichtliche Verfahren im übrigen gelten die Vorschriften der Verwaltungsgerichtsordnung (VwGO) so daß hier auf die einschlägige Literatur (s.o.) verwiesen werden kann. Auf einige wichtige Fragen sei aber im folgenden hingewiesen:

1. Eine nicht unerhebliche Rolle spielt die *einstweilige Anordnung* als eine Form vorläufigen Rechtsschutzes (§ 123 VwGO): Bei einer dringenden Notlage – z. B. bei der Ablehnung von Hilfe zum Lebensunterhalt – kann beim zuständigen Verwaltungsgericht schriftlich oder mündlich ein Antrag auf Erlaß einer einstweiligen Anordnung gestellt werden. Die Tatsachen für die Dringlichkeit des Antrags müssen ausführlich geschildert und die Konsequenzen aufgezeigt werden, die entstehen, wenn über den Antrag auf Sozialhilfe nicht sofort entschieden wird. Dazu müssen alle Tatsachen „glaubhaft" gemacht werden (§ 123 Abs. 3 VwGO i. V. m. § 920 Abs. 2 ZPO), z. B. durch Vorlage von Urkunden oder einer eidesstattlichen Versicherung (vgl. auch Knorr 1981, 792 ff.).

2. Vor den Verwaltungs- und Oberverwaltungsgerichten können neben Rechtsanwälten und Rechtsbeiständen alle Personen als *Bevollmächtigte und Beistände* auftreten, „die zum sachgemäßen Vortrag fähig sind" (§ 67 Abs. 2 S. 3 VwGO); das kann z. B. ein im Sozialhilferecht bewanderter Sozialarbeiter eines freien Wohlfahrtsverbandes sein. Vor dem Bundesverwaltungsgericht besteht Anwaltszwang (§ 67 Abs. 1 VwGO).

3. Die Verwaltungsgerichte erheben *in Sozialhilfesachen keine Gerichtskosten* (§ 188 VwGO); zu den Anwaltskosten vgl. 9.3. (1).

4. Brauchbare Muster für Widerspruch, Klage und einstweilige Anordnung enthält der „Leitfaden der Sozialhilfe" 1981, 47 ff. (vgl. 11.2.3. (2)).

## 9.3. Prozeßkosten- und Beratungshilfe

Zum Rechtsschutz im weiteren Sinn gehören freilich nicht nur die formlosen und förmlichen Rechtsgehelfe (oben 9.1. und 9.2.), sondern zum einen auch die Frage, welche *Kosten* den Hilfebedürftigen bei der Verfolgung seiner Rechte erwarten und welche Regelungen eine Kostenentlastung vorsehen (1), und zum anderen die Frage, welche Rechtsberatungsmöglichkeiten dem Hilfebedürftigen außer der Beratung durch den Sozialhilfeträger (vgl. 7.3.) zustehen (2). Im vorliegenden Rahmen können allerdings nur erste Hinweise gegeben werden:

(1) Mit dem am 1. 1. 1981 in Kraft getretenen „Gesetz über Prozeßkostenhilfe" (BGBl. 1980 I S. 677) wird das bisherige „Armenrecht" abgelöst und der Kreis der Personen, denen die ihnen entstehenden Gerichts- und Anwaltskosten ganz, teilweise oder auf Zeit vom Staat übernommen werden, erheblich erweitert (dazu z. B. Grunsky 1980, 2041 ff.):
Da im verwaltungsgerichtlichen Verfahren bei Sozialhilfesachen keine Gerichtskosten erhoben werden (vgl. 9.2 (2) 3), ist die neue Regelung für die Anwaltskosten des Hilfesuchenden wichtig.

Grundvoraussetzung für den Anspruch auf Prozeßkostenhilfe ist, daß die beabsichtigte Rechtsverfolgung oder Rechtsverteidigung (aus der Sicht des Prozeßgerichts) hinreichende Aussicht auf Erfolg bietet und nicht mutwillig erscheint (§ 114 S. 1 ZPO i. V. m der Verweisungsvorschrift des § 173 VwGO). Will sich der Hilfesuchende durch einen Rechtsanwalt vertreten lassen, so muß er beim Prozeßgericht Antrag auf Beiordnung eines Rechtsanwalts stellen. Ein zur Vertretung bereiter Rechtsanwalt eigener Wahl wird allerdings nur beigeordnet, wenn eine Vertretung durch Anwälte vorgeschrieben ist (wie z. B. beim Bundesverwaltungsgericht) oder wenn die Vertretung (aus der Sicht des Prozeßgerichts) erforderlich erscheint (§ 121 ZPO).
Die Unterstützung eines Bürgers durch den Staat richtet sich – wie bisher – nach seiner individuellen wirtschaftlichen Leistungsfähigkeit. Im Gegensatz zum früheren „Armenrecht" kommt es aber nicht mehr auf eine Ermessensentscheidung des Richters an: Anspruch auf volle staatliche Hilfe bei einem Prozeß hat vielmehr, wer nicht mehr als ein – in einer Tabelle festgelegtes – Nettoeinkommen hat; dabei kommt es auch auf die Zahl der Personen an, die Anspruch auf Unterhalt aus diesem Einkommen haben. In Zahlen bedeutet dies z. B.:
850 DM bei jemandem ohne Unterhaltspflichtigen
1300 DM bei jemandem mit einem Unterhaltspflichtigen
1575 DM bei jemandem mit zwei Unterhaltspflichtigen
1850 DM bei jemandem mit drei Unterhaltspflichtigen
2125 DM bei jemandem mit vier Unterhaltspflichtigen
2500 DM bei jemandem mit fünf Unterhaltspflichtigen.
In allen diesen Fällen wird volle Prozeßkostenhilfe zugestanden: Der Hilfesuchende mit einem Nettoeinkommen bis zu den genannten Höchstwerten der Tabelle braucht also zu den Kosten des beigeordneten Anwalts nichts beizusteuern (Sozialhilfeempfänger werden in aller Regel unter den genannten „Tabellenwerten" liegen; für Bürger, die darüber liegen, sieht das Gesetz bis zu einer bestimmten Einkommenshöhe ein Ratensystem vor). Die Prozeßkostenhilfe hat jedoch keinen Einfluß auf die Kosten des Anwalts, die insbesondere im Falle des Unterliegens dem Gegner zu erstatten sind (was freilich wenig praktische Bedeutung hat, weil Sozialhilfeträger – außer vor dem BVerwG – so gut wie nie von Rechtsanwälten vertreten werden).

(2) Von gleicher Bedeutung ist das ebenfalls am 1. 1. 1981 in Kraft getretene „Gesetz über Rechtsberatung und Vertretung für Bürger mit geringem Einkommen" (Beratungshilfegesetz – BerHG; BGBl. 1980 I S. 689; dazu Grunsky a. a. O.). Ein „Armer konnte zwar schon seit 100 Jahren unentgeltlich einen Prozeß führen, aber nicht einen Rechtsrat erhalten, wenn auch sicher viele An-

wälte auf Gebühren verzichtet haben werden (vgl. Rasehorn 1980, 272). Nunmehr kann sich ein Rechtssuchender, der volle Prozeßkostenhilfe erhalten würde (s.o.), in aller Regel also der Sozialhilfeempfänger, *unmittelbar an einen Anwalt* wenden (das BerHG gilt u. a. für Rechtsgebiete, die – wie das Sozialhilferecht – in die Zuständigkeit der Verwaltungsgerichte fallen; vgl. 9. 1.(2)).

Die Rechtsberatung wird in *erster Linie* durch *Rechtsanwälte* vorgenommen (§ 3 Abs. 1 BerHG; kritisch zu diesem „Anwaltsmodell" Krahmer 1980, 299 ff.); nur in einfachen Fragen berät auch der Rechtspfleger des Amtsgerichts). Der Hilfesuchende kann den Antrag auf Beratungshilfe entweder beim Amtsgericht stellen und sich dort nach Darlegung des Sachverhalts (die Wahrnehmung der Rechte darf nicht „mutwillig" sein) sowie seiner persönlichen und wirtschaftlichen Verhältnisse einen *Berechtigungsschein* ausstellen lassen (§§ 1 Abs. 1, 4 und 6 Abs. 1). Der Hilfesuchende kann sich aber auch *unmittelbar* an einen Rechtsanwalt seiner Wahl wenden, der dann den Antrag nachträglich stellt (§ 7); er hat dann für die Beratung eine Gebühr von 20 DM zu zahlen (aus der Landeskasse erhält der Anwalt noch mindestens 30 DM, also zusammen 50 DM). Der Rechtsanwalt kann diese Gebühr dem Hilfesuchenden „nach dessen Verhältnissen erlassen" (§ 8 Abs. 1; es wäre zu wünschen, daß dies bei Sozialhilfeempfängern zur Regel wird).

In den Länder *Bremen* und *Hamburg* bleibt es bei der dort schon seit längerem eingeführten *öffentlichen Rechtsberatung.* Dort kann man also nicht wegen einer Beratung nach dem BerHG einen Rechtsanwalt aufsuchen (§ 14 Abs. 1 BerHG). Auskunft erteilen in *Hamburg* die öffentlichen Rechtsauskunfts- und Vergleichsstellen, in *Bremen* die Arbeitnehmerkammern.

In *Berlin* kann man zwischen der dort schon bestehenden öffentlichen Rechtsberatung und der oben skizzierten anwaltlichen Beratungshilfe wählen (§ 14 Abs. 2 BerHG).

Fraglich bleibt aber trotz der erzielten Fortschritte, ob für Sozialhilfeempfänger bzw. Hilfesuchende tatsächlich der Gang in die Kanzlei eines Rechtsanwalts – für sog. sozial Schwache bislang meist ein ungewöhnlicher Schritt – erleichtert wird und ob Rechtsanwälte mit ihrer vor allem auf das Juristische beschränkten Wahrnehmung und mit ihren in aller Regel bescheidenen Kenntnissen des Sozialrechts, insbesondere des Sozialhilferechts, die richtige Anlaufstelle sind (vgl. auch Rasehorn 1980, 273).

# 10. Ausländisches und internationales Sozialhilferecht sowie Tatbestände mit Auslandsberührung

Unter dieser Überschrift sollen einige wenige Informationen über Tatbestände mit Auslandsberührung sowie über das ausländische und internationale Sozialhilferecht vermittelt werden.

## 10.1. Sozialhilfe für Deutsche im Ausland

(1) In § 119 heißt es:

„(1) Deutschen, die ihren gewöhnlichen Aufenthalt im Ausland haben und im Ausland der Hilfe bedürfen, soll, vorbehaltlich der Regelung in Absatz 2 Nr. 1, Hilfe zum Lebensunterhalt, Krankenhilfe und Hilfe für werdende Mütter und Wöchnerinnen gewährt werden. Sonstige Sozialhilfe kann ihnen gewährt werden, wenn die besondere Lage des Einzelfalles dies rechtfertigt."

Gemäß § 119 Abs. 2 kann Abkömmlingen von Deutschen, Familienangehörigen von Deutschen, die mit diesen in Haushaltsgemeinschaft leben, sowie unter bestimmten Umständen ehemaligen, nunmehr staatenlosen Deutschen und ihren Familienangehörigen gleichfalls Sozialhilfe gewährt werden.

Die Vorschrift des § 119 stellt eine *Ausnahme* von dem das Sozialhilferecht beherrschenden Grundsatz dar, daß Hilfe von der Stelle zu gewähren ist, in deren Bereich die Notlage besteht (Territorialprinzip), zugunsten des Grundsatzes, daß Hilfe von derjenigen Stelle zu gewähren ist, deren Bürgerrecht der Hilfesuchende besitzt (Heimatprinzip; vgl. Knopp/Fichtner 1979, Vorbem. zu §§ 119, 120).
    Im Unterschied zu der im Geltungsbereich des BSHG bestehenden Regelung haben *Hilfesuchende im Ausland keinen Rechtsanspruch* auf Sozialhilfe: Die Personen, die unter § 119 Abs. 1 fallen, d. h. „Deutsche" i. S. des Art. 116 GG erhalten bestimmte, existenzwichtige Leistungen wie die Hilfe zum Lebensunterhalt, Krankenhilfe und Hilfe für werdende Mütter und Wöchnerinnen als *Soll-Leistungen*, die übrigen Leistungen als *Kann-Leistungen*. Hilfesuchende i. S. des § 119 Abs. 2 können in jedem Fall nur Kann-Leistungen erhalten (zu Kann- und Soll-Leistungen vgl. 5.2.2. u. 5.2.3.).

(2) Hilfe wird allerdings *nicht* gewährt, soweit sie von dem hierzu verpflichteten *Aufenthaltsland* zu erwarten ist (§ 119 Abs. 3 S. 1). Der Grundsatz des Nachrangs der Sozialhilfe (vgl. oben 4.4.) wird hier also auf die Hilfe im Aufenthaltsland ausgedehnt. Dieser Nachrang besteht sowohl gegenüber entsprechenden Verpflichtungen der Sozialleistungsträger des Aufenthaltslandes, Hilfe zu gewähren, die aufgrund nationalen oder internationalen Rechts bestehen, als auch gegenüber der rein tatsächlichen Hilfegewährung ohne entsprechende Verpflichtung.

(3) Art, Form und Maß der Hilfe sowie der Einsatz des Einkommens und des Vermögens richten sich bei der Sozialhilfegewährung an Empfänger im Ausland nach den *besonderen*

*Verhältnissen im Aufenthaltsland;* dabei sind die notwendigen Lebensbedürfnisse eines dort lebenden Deutschen zu berücksichtigen (§ 119 Abs. 4). Sachlich zuständig für die Gewährung der Hilfe ist der *überörtliche* Sozialhilfeträger; örtlich zuständig ist der Träger, in dessen Bereich der Hilfesuchende geboren ist (§ 119 Abs. 5). Die Träger der Sozialhilfe arbeiten dabei mit den deutschen Dienststellen, d. h. den diplomatischen und berufskonsularischen Auslandsvertretungen der Bundesrepublik Deutschland zusammen (§ 119 Abs. 6). § 119 Abs. 7 schließlich erstreckt die Vorschriften der Absätze 1 bis 6 auf Deutsche, „die ihren gewöhnlichen Aufenthalt in einem unter fremder Verwaltung stehenden deutschen Gebiet haben". Die Vorschrift bezweckt, eine Schlechterstellung der Deutschen, die in den ehemaligen deutschen Ostgebieten leben, gegenüber sonstigen im Ausland lebenden Deutschen zu vermeiden.

## 10.2. Sozialhilfe für Ausländer

(1) § 120 bestimmt für Ausländer *in der Bundesrepublik Deutschland* :

„(1) Personen, die nicht Deutsche im Sinne des Art. 116 Abs. 1 des Grundgesetzes sind und die sich im Geltungsbereich dieses Gesetzes tatsächlich aufhalten, ist Hilfe zum Lebensunterhalt, Krankenhilfe, Hilfe für werdende Mütter und Wöchnerinnen, Tuberkulosehilfe und Hilfe zur Pflege nach diesem Gesetz zu gewähren; wer sich in den Geltungsbereich dieses Gesetzes begeben hat, um Sozialhilfe zu erlangen, hat keinen Anspruch. Im übrigen kann Sozialhilfe gewährt werden, soweit dies im Einzelfall gerechtfertigt ist. Rechtsvorschriften, nach denen außer den in Satz 1 genannten Leistungen auch sonstige Sozialhilfe zu gewähren ist oder gewährt werden soll, bleiben unberührt.

(2) Abweichend von Absatz 1 Satz 1 beschränkt sich der Anspruch asylsuchender Ausländer bis zum rechtskräftigen Abschluß des Asylverfahrens auf die Hilfe zum Lebensunterhalt; sonstige Sozialhilfe kann gewährt werden. Die Hilfe soll, soweit dies möglich ist, als Sachleistung gewährt werden. Laufende Geldleistungen können auf das zum Lebensunterhalt Unerläßliche eingeschränkt werden.

(3) Der Bundesminister für Jugend, Familie und Gesundheit kann durch Rechtsverordnung mit Zustimmung des Bundesrates bestimmen, daß außer den in Absatz 1 Satz 1 genannten Leistungen auch sonstige Sozialhilfe zu gewähren ist oder gewährt werden soll."

Diese Vorschrift ist anwendbar auf alle Personen, die entweder *staatenlos* sind, oder eine *fremde Staatsangehörigkeit* besitzen, *ohne* zugleich die deutsche Staatsangehörigkeit oder eine entsprechende Rechtsstellung zu haben. Sie setzt voraus, daß sich der Hilfesuchende tatsächlich im Geltungsbereich des BSHG aufhält, d. h. dort physisch anwesend ist, *ohne* daß es darauf ankommt, ob er einen *Anspruch auf Aufenthalt* hat. Einen Rechtsanspruch haben Ausländer nur auf die Leistungen, die in § 120 Abs. 1 genannt sind. Die Leistungen , die dort nicht aufgeführt sind, und auf die infolgedessen kein Rechtsanspruch besteht, können gewährt werden, „soweit dies im Einzelfall gerechtfertigt ist".

Durch diese Formulierung legt das Gesetz dem Sozialhilfeträger „die Verpflichtung auf, bei seiner Ermessensentscheidung die Gewichte von Notlage und von Bindung des Hilfesuchenden an die Bundesrepublik gegeneinander abzuwägen, zwischen dem Territorialprinzip und dem Heimatprinzip die dem Einzelfall entsprechende Linie zu finden"

(Knopp/Fichtner 1979, § 120 Rz. 6). Nach herrschender Ansicht ist bei den Ausländern i.S. des § 120 nicht zwischen Ausländern aus Mitgliedstaaten der Europäischen Gemeinschaften und sonstigen Ausländern zu unterscheiden (vgl. z. B. Bender 1974, 37). Diese Ansicht ist jedoch nicht ganz bedenkenfrei. Die EWG-Verordnungen über die soziale Sicherheit, die aufgrund der Ermächtigung in Art. 51 EWG-Vertrag erlassen worden sind, die für die Herstellung der Freizügigkeit der Arbeitnehmer in der Gemeinschaft notwendigen Maßnahmen auf dem Gebiet der sozialen Sicherheit zu beschließen – VO (EWG) Nr. 1408/71 und VO(EWG) Nr. 574/72 –, erstrecken sich ausdrücklich nicht auf die Sozialhilfe (Art. 4 Abs. 4 VO Nr. 1408/71). Gemäß Art. 7 Abs. 2 VO (EWG) Nr. 1612/68 genießt jedoch ein Arbeitnehmer, der Staatsangehöriger eines Mitgliedstaats ist und im Hoheitsgebiet eines anderen Mitgliedstaates beschäftigt ist, „dort die gleichen sozialen und steuerlichen Vergünstigungen wie die inländischen Arbeitnehmer". Nach Ansicht von Knopp/Fichtner (1979, § 120 Rz. 7) betrifft diese Vorschrift nicht die Sozialhilfe, denn „die dort erwähnten ‚gleichen sozialen und steuerlichen Vergünstigungen wie (die der) inländischen Arbeitnehmer' sind lediglich solche, die mit der Stellung des Arbeitnehmers als Lohn- und Gehaltsempfänger und mit der Lage seiner Familie verbunden sind". Diese sehr enge Auslegung der VO Nr. 1612/68 steht nicht im Einklang mit einer – in sich selbst jedoch auch nicht stringenten – Rechtsprechung des Europäischen Gerichtshofs zu der Vorschrift des § 7 Abs. 2 VO Nr. 1612/68, die neben solchen Vergünstigungen, die mit dem Arbeitsverhältnis bzw. dem Arbeitsvertrag zusammenhängen, auch solche sozialen Vergünstigungen unter den Geltungsbereich dieser Vorschrift faßt, deren Nichtgewährung der Mobilität der Arbeitnehmer aus den Mitgliedstaaten der Gemeinschaft innerhalb der Gemeinschaft entgegenstehen könnte; so sind beispielsweise eine Wiedereingliederungshilfe für Behinderte oder Fahrpreisermäßigungen für kinderreiche Familien als in den sachlichen Geltungsbereich dieser Bestimmung fallend angesehen worden. Es ist in diesem Zusammenhang auch zu berücksichtigen, daß nach der Rechtsprechung des Europäischen Gerichtshofs, der höchsten Instanz für die verbindliche Auslegung des Europäischen Gemeinschaftsrechts, nicht nur Wanderarbeitnehmer selbst in den Genuß derartiger Leistungen kommen, sondern auch deren Angehörige, solange diese das Recht haben, in dem jeweiligen Mitgliedsstaat der Gemeinschaft zu verbleiben (d. h. möglicherweise also auch noch nach dem Tod des Wanderarbeitnehmers).

Ohne auf weitere Einzelheiten dieser Problematik einzugehen, die letzlich zum Europäischen Gemeinschaftsrecht gehört und nach den dort geltenden Auslegungsgrundsätzen und im Lichte der Zielbestimmungen des EWG-Vertrages und der Vorschriften des Gemeinschaftssozialrechts beurteilt werden muß (vgl. dazu Schulte/Zacher 1979 u. 1980), läßt sich abschließend zu dieser Frage feststellen, daß einige gute Gründe dafür sprechen, daß Sozialhilfe i. S. des Bundessozialhilfegesetzes nicht in dem Umfange, wie das in § 120 geschieht, Ausländern aus Mitgliedstaaten der EG vorenthalten werden darf, daß diese vielmehr in bestimmtem Umfange gegenüber anderen Ausländern einen privilegierten Status genießen.

(2) Eine gewisse *Besserstellung* folgt für *EG-Angehörige* wie beispielsweise aber auch für *portugiesische* und *türkische* Staatsangehörige aus dem *Europäischen Fürsorgeabkommen* (vgl. dazu 10.3.): Nicht nur wird das Verbleibrecht trotz Inanspruchnahme von Sozialhilfe gestärkt, sondern es gibt auch *Rechtsansprüche* – im Umfang der Gewährleistung durch das Europäische Fürsorgeabkommen – dort, wo § 120 Abs. 1 S. 2 die Leistungen in das Ermessen der Sozialhilfeträger stellt. (Ausgenommen sind allerdings auch hier aufgrund eines entsprechenden Vorbehaltes der Bundesrepublik Deutschland beim Abschluß des Abkommens

die Hilfe zum Ausbau oder zur Sicherung der Lebensgrundlage, Ausbildungshilfe und Hilfe zur Überwindung besonderer sozialer Schwierigkeiten; vgl. Zacher 1976 a, 560; Schwerdtfeger 1980, A 83). Auch aufgrund zwischenstaatlicher Fürsorgeabkommen (vgl. 10.3.) werden Ausländer Deutschen gleichgesetzt bzw. – korrekter – in ihrer Rechtsstellung derjenigen von Personen, die Deutsche im Sinne des Art. 116 Abs. 1 GG sind, angenähert (vgl. dazu Albrecht/ Wollenschläger 1980).

(3) Im Zusammenhang mit der Inanspruchnahme von Sozialhilfeleistungen durch Ausländer ist darauf hinzuweisen, daß ein Ausländer *ausgewiesen* werden kann, wenn er den Lebensunterhalt für sich und seine unterhaltsberechtigten Angehörigen nicht ohne Inanspruchnahme der Sozialhilfe bestreiten kann oder bestreitet (§ 10 Abs. 1 Nr. 10 AuslG). Die Ausweisung steht *im Ermessen* der Ausländerbehörde. Der Tatbestand dieser Bestimmung ist sowohl dann erfüllt, wenn der Ausländer nicht über die für den notwendigen Lebensunterhalt erforderlichen Mittel verfügt, wie auch dann, wenn er zwar über diese Mittel verfügt, seinen unterhaltsberechtigten Angehörigen die für ihren Lebensunterhalt erforderlichen Mittel jedoch nicht ausreichend zur Verfügung stellt. Andererseits bezieht sich der Tatbestand nur auf den Lebensunterhalt, so daß solche Sozialhilfeleistungen, die nicht den Lebensunterhalt betreffen, nicht zur Ausweisung führen können (vgl. Knopp/Fichtner 1979, § 120 Rz. 9). Die Ausweisung dient im übrigen der Abwehr *künftiger* Beeinträchtigungen öffentlicher Interessen, so daß die Gewährung von Sozialhilfe in der *Vergangenheit für sich allein* die Ausweisung des früheren Sozialhilfeempfängers *nicht* rechtfertigt (OVG Münster, in: NDV 1971, 54). Trotz Inanspruchnahme von Hilfe zum Lebensunterhalt können aufenthaltsrechtliche Maßnahmen im Einzelfall demnach ausgeschlossen sein.

Dies ist beispielsweise der Fall, wenn durch eine Ausweisung die Ehe und Familiengemeinschaft eines deutschen Ehegatten und etwaiger deutscher Kinder mit dem Hilfe zum Lebensunterhalt in Anspruch nehmenden Ausländer zerstört würde; der Schutz von Ehe und Familie (Art. 6 GG) geht dann den durch das Ausländerrecht geschützten Belangen vor (BVerwG, NJW 1980, 2657 ff.; vgl. auch Schulte 1981 a).

Generell ist bei der Anwendung des § 10 Abs. 1 Nr. 10 AuslG eine *gründliche Abwägung* geboten zwischen den öffentlichen Interessen an der Entfernung des Ausländers aus dem Bundesgebiet und seinem privaten Interesse am weiteren Verbleib; im Einzelfall muß ein Vorrang des öffentlichen Interesses eindeutig zu bejahen sein. In *Berlin* wird beispielsweise bei nur vorübergehender Inanspruchnahme von Sozialhilfe in der Regel von einer Ausweisung abgesehen (Der Senator für Arbeit und Soziales Berlin 1980, Nr. 32). Zugleich soll der Träger der Sozialhilfe dort den hilfesuchenden Ausländer auf die sich aus der Antragstellung ergebenden etwaigen Folgen (Versagung der Aufenthaltserlaubnis oder Ausweisung) hinweisen. Dieser „*Hinweis*" wird in vielen Fällen dazu führen, daß Ausländer Hilfe zum Lebensunterhalt, auch wenn sie bedürftig sind, gar nicht erst beantragen. In diesem Zusammenhang gilt es auch zu beachten, daß *Ausländer mit einer Aufenthaltsgenehmigung, Asylanten, heimatlose Ausländer* und *ausländische Flüchtlinge* unter Berufung auf § 10 Abs. 1 Nr. 10 AuslG aus ausländerrechtlichen Gründen generell nicht ausgewiesen werden können; denn § 11 AuslG schränkt die Ausweisung von Personen, die zu diesem Kreis gehören, auf eine bestimmte Anzahl von Gründen ein, zu denen § 10 Abs. 1 Nr. 10 AuslG nicht gehört.

(4) § 120 Abs. 1 S. 1 HS 2 macht für Ausländer, die Sozialhilfe in der Bundesrepublik Deutschland beantragen, eine *wichtige Ausnahme:*

„wer sich in den Geltungsbereich dieses Gesetzes begeben hat, um Sozialhilfe zu erlangen, hat keinen Anspruch."

Dieser Ausschlußtatbestand ist von dem zuständigen Sozialhilfeträger zu beweisen und wird etwa dann als gegeben erachtet, wenn „die Erlangung unentgeltlicher Betreuung der einzige oder jedenfalls der maßgebende erkennbare Grund für den im Inland genommenen Aufenthalt ist" (Knopp/Fichtner 1979, § 120 Rz. 3). Ist demnach z. B. die – nicht von vornherein erkennbar aussichtslose – Arbeitsaufnahme oder die Asylerlangung der entscheidende Grund für die Einreise, so ist die Vorschrift *nicht* anwendbar.

Laut Rundschreiben des Bundesministers des Inneren v. 24. 7. 1962 (GMBl. S. 329 Nr. 7) liegen auch die Voraussetzungen für die Anwendung des Europäischen Fürsorgeabkommens nicht vor, wenn sich ein Hilfesuchender nur zum Zwecke der Inanspruchnahme von Leistungen nach dem BSHG in die Bundesrepublik Deutschland begibt. Die Vorschrift des § 120 Abs. 1 S. 1 HS 2 wird also auf den Begünstigtenkreis des Europäischen Fürsorgeabkommens (vgl. 10.3.) erstreckt.

Gottschick/Giese (1981, § 120 Rz. 7) sind zu Recht der Ansicht, daß die Frage, ob der Ausschluß des Anspruchs auf Sozialhilfe nach § 120 Abs. 1 S. 1 HS. 2 auch für die Ansprüche aufgrund der in Abs. 1 S. 3 genannten Rechtsvorschriften gilt (also z. B. für das Europäische Fürsorgeabkommen), nach Inhalt und Rechtsnatur diese Vorschriften zu beantworten sei: keine Anwendbarkeit, soweit diese anderen Rechtsvorschriften Sonderregelungen dieses Tatbestandes beinhalten, sonst – so im Fall des Europäischen Fürsorgeabkommens – Anwendbarkeit und damit Ausschluß des Handelns bei Vorsatz in bezug auf die Leistungserlangung.

*Beispiel:* Ein Portugiese, der in die Bundesrepublik einreist primär zu dem Zweck, hier Hilfe zum Lebensunterhalt zu beziehen, hat keinen Rechtsanspruch darauf, obgleich das Euopäische Fürsorgeabkommen für ihn gilt; allerdings *kann* ihm Hilfe gewährt werden.

(5) Der *Anteil der Ausländer und Staatenlosen an der Gesamtzahl der Sozialhilfeempfänger* lag im Jahre 1977 bei 2,6 % (= 57 323 Personen); vergleicht man dies mit der Gesamtzahl der Sozialhilfeempfänger, so zeigt sich, daß der Ausländeranteil unter den Sozialhilfebeziehern geringer war, als es ihrem Anteil an der Gesamtbevölkerung (1977 ca. 3,5 %) entsprach (vgl. Fenge 1979, 268). 1978 stieg die Zahl der nicht-deutschen Sozialhilfeempfänger auf 74 765 Personen, und 1979 erhielten 109 000 Empfänger, die nicht die deutsche Staatsangehörigkeit besaßen, Sozialhilfe. 1978 hat sich die Zahl der Ausländer und Staatenlosen unter den Empfängern von Sozialhilfen damit um 30,3 % erhöht, 1979 gegenüber 1978 um 45,8 %. Dabei betraf diese Zunahme die Empfänger von Hilfe zum Lebensunterhalt in stärkerem Maße als die Empfänger von Hilfe in besonderen Lebenslagen (91 971 gegenüber

39 837; dabei wurden Personen, die Hilfe verschiedener Art erhielten, bei jeder Hilfeart gezählt). Dieser Anstieg der Zahl der Ausländer und Staatenlosen unter den Empfängern von Sozialhilfe (zu weiteren Einzelheiten vgl. Statistisches Bundesamt 1981, 12) hat nicht unwesentlich dazu beigetragen, daß die gesetzlichen Bestimmungen, die den Aufenthalt und insbesondere auch das Asylrecht von Ausländern und Staatenlosen in der Bundesrepublik Deutschland regeln, in der Vergangenheit verschärft worden sind und auch gegenwärtig noch weitere Maßnahmen diskutiert werden, welche den Zustrom von Ausländern in die Bundesrepublik eindämmen sollen (vgl. zur Sozialhilfestatistik im übrigen unter 12.)

Auf den vorstehend bereits angesprochenen Zustrom von *Asylanten* in die Bundesrepublik Deutschland ist auch der durch das 2. HStruktG eingeführte neue Absatz 2 des § 120 zurückzuführen, der den Anspruch asylsuchender Ausländer bis zum rechtskräftigen Abschluß des Asylverfahrens auf die Hilfe zum Lebensunterhalt beschränkt und alle übrigen Sozialhilfeleistungen an diesen Personenkreis zu Kann-Leistungen macht. Auch die Bestimmung, daß die Hilfe zum Lebensunterhalt soweit wie möglich als Sachleistung gewährt werden soll und die laufenden Geldleistungen auf das zum Lebensunterhalt Unerläßliche eingeschränkt werden können, sollen dazu dienen, insbesondere den sog. „Wirtschaftsasylanten" den Aufenthalt in der Bundesrepublik Deutschland weniger attraktiv zu machen und durch eine Eindämmung des Zustroms von Asylanten sowie die Begrenzung der diesem Personenkreis zustehenden Leistungen die kommunalen Haushalte zu entlasten.

## 10.3. Sozialhilfe im inter- und supranationalen Recht

(1) Im Zusammenhang mit der Vorschrift des § 120 wurde bereits auf die Frage der Geltung der sozialrechtlichen Bestimmungen des europäischen Gemeinschaftsrechts eingegangen (vgl. 10.2.). Abgesehen von der dort kurz dargestellten Problematik gibt es keine supranationalen Vorschriften, die für das Sozialhilferecht unmittelbar von Bedeutung sind.

Unter den zwischenstaatlichen Vorschriften, die das *Sozialhilferecht* betreffen, sind zunächst die *zwischenstaatlichen Abkommen* zu erwähnen, welche von der Bundesrepublik Deutschland auf diesem Gebiet abgeschlossen worden sind: so die Vereinbarung zwischen der Bundesrepublik Deutschland und der *Schweizerischen Eidgenossenschaft* über die Fürsorge für Hilfsbedürftige v. 14. 7. 1952 (Ges. v. 17. 3. 1953 – BGBl. II S. 31) und das Abkommen zwischen der Bundesrepublik Deutschland und der *Republik Österreich* über Fürsorge und Jugendwohlfahrtspflege v. 17. 1. 1966 (Ges. v. 28. 12. 1968 – BGBl. 1969 II S. 1). Vgl. dazu im einzelnen Albrecht/Wollenschläger (1980) und beispielsweise AV – SH Ausl. Berlin).

(2) Das *Europäische Fürsorgeabkommen* v. 11. 12. 1953 (BGBl. 1956 II S. 564), das für die Bundesrepublik Deutschland am 1. 9. 1956 in Kraft getreten ist und gleichfalls für Dänemark, Irland, Norwegen, das Vereinigte Königreich, die Nie-

derlande, Schweden, Belgien, Frankreich, Griechenland, Island, Italien, Luxemburg, Malta, die Türkei und Portugal gilt, enthält die Verpflichtung der vertragsschließenden Staaten, den Staatsangehörigen der *anderen* Vertragsschließenden, die sich in irgendeinem Teil ihres Gebiets, auf das dieses Abkommen Anwendung findet, *erlaubt aufhalten* und *nicht über ausreichende Mittel verfügen*, in *gleicher* Weise wie *ihren eigenen* Staatsangehörigen und unter den gleichen Bedingungen die Leistungen der sozialen und Gesundheitsfürsorge zu gewähren, die in der für ihr eigenes Statsgebiet geltenden Gesetzgebung vorgesehen sind (Art. 1). Als „Fürsorge" im Sinne dieses Abkommens gilt jede Fürsorge, die einer dieser Staaten gewährt und wonach Personen ohne ausreichende Mittel die Mittel für ihren Lebensunterhalt sowie die Betreuung erhalten, die ihre Lage erfordert (Art. 2 (a)-(i)). Nach Art. 6 (a) darf ein Unterzeichnerstaat dieses Abkommens einen Staatsangehörigen eines anderen Unterzeichnerstaates, der in seinem Gebiet erlaubt seinen gewöhnlichen Aufenthalt hat, nicht allein aus dem Grunde der Hilfsbedürftigkeit rückschaffen. Diese und die anderen Bestimmungen des Europäischen Fürsorgeabkommens sind unmittelbar anwendbares Recht und binden im Inland Verwaltungen und Gerichte. Die Rechtsstellung von Ausländern aus den Abkommensstaaten ist also trotz der schon erwähnten (10.2.) Einschränkungen nicht unwesentlich gestärkt worden.

Die *Europäische Sozialcharta* v. 18. 10. 1961 (BGBl. 1964 II S. 1262) verbrieft in Art. 13 das „Recht auf Fürsorge". In dieser Vorschrift, die allerdings nicht unmittelbar anwendbares Recht ist, verpflichten sich die Vertragsparteien

„1. sicherzustellen, daß jedem, der nicht über ausreichende Mittel verfügt und sich diese auch nicht selbst oder von anderen, insbesondere durch Leistungen aus einem System der Sozialen Sicherheit verschaffen kann, ausreichende Unterstützung gewährt wird und im Falle der Erkrankung die Betreuung, die seine Lage erfordert;

2. sicherzustellen, daß Personen, die diese Fürsorge in Anspruch nehmen, nicht aus diesem Grunde in ihren politischen oder sozialen Rechten beeinträchtigt werden;

3. dafür zu sorgen, daß jedermann durch zweckentsprechende öffentliche oder private Einrichtungen die zur Verfügung, Behebung oder Milderung einer persönlichen oder familiären Notlage erforderliche Beratung und persönliche Hilfe erhalten kann;

4. die in den Absätzen 1, 2 und 3 genannten Bestimmungen auf die rechtmäßig in ihrem Hoheitsgebiet befindlichen Staatsangehörigen der anderen Vertragsparteien anzuwenden, und zwar auf der Grundlage der Gleichbehandlung und in Übereinstimmung mit den Verpflichtungen, die sie in dem am 11. Dezember 1953 zu Paris unterzeichneten Europäischen Fürsorgeabkommen übernommen haben."

Fenge (1979, 267) würdigt die Abkommen des Europarates und hier insbesondere das Europäische Fürsorgeabkommen wie folgt:

Es „... vollendet somit eine Art europäische Schutzzone der sozialen Gleichbehandlung für die Angehörigen der Vertragsstaaten. Das EFA kann und will keine Harmonisierung des Fürsorgerechts in den Mitgliedstaaten des Europarats bewirken... Das EFA schafft aber bestehende Diskriminierung zwischen Inländern und Ausländern auf diesem Gebiet aus der Welt."

(3) *Der Rat der Europäischen Gemeinschaften* hat am 21. 1. 1974 ein Sozialpolitisches Aktionsprogramm verabschiedet (ABl. EG Nr. C 13/1), in dem der „Kampf gegen die Armut" eine wesentliche Rolle spielt. Einschlägige Untersuchungen und Modellvorhaben wurden angeregt bzw. durchgeführt und finanziert, um sowohl für die Sozialpolitik der EG als auch für die entsprechenden nationalen Politiken Modelle zu liefern und Hilfestellungen zu geben.

Vgl. zu dieser Initiative der EG ausführlich BT-Dr. 7/3208 v. 5. 2. 1975, James/Watson 1980, sowie die zahlreichen im Auftrage der Kommission der EG erstellten Berichte und Studien (zusammenfassend Kommission der Europäischen Gemeinschaften 1981).

Mittlerweile werden in diesem Zusammenhang Überlegungen angestellt, die darauf abzielen, allen Einwohnern der Gemeinschaft eine Art *„soziales Existenzminimum"* zu gewährleisten. Es geht dabei um die Einräumung einer monetären Grundsicherung, ausgehend von der Überlegung, daß

– trotz der unbezweifelbaren sozialen Errungenschaften, die das Entstehen der westeuropäischen Wohlfahrtsstaaten nach dem 2. Weltkrieg gebracht hat, ein „Bodensatz" an Armut geblieben ist,

– die materielle Armut zwar nur ein Aspekt von Armut ist und auch andere Defizite Armut konstituieren (z. B. unzureichende Ernährung, schlechter Gesundheitszustand, unzulängliche Wohnungsverhältnisse, negative Umwelteinflüsse, ungesunde und gesundheitsschädigende Arbeitsbedingungen, Benachteiligung im Bildungs- und Kulturbereich, Ausschluß von öffentlichen und insbesondere sozialen Leistungen, Chancengleichheit i. S. von „verwehrten Lebenschancen", d. h. Erscheinungen, die auch unter den Begriffen „Ungleichheit", „Unterprivilegierung", „Deprivation", „soziale Ungerechtigkeit" gefaßt werden), diese materielle Armut jedoch weitgehend die übrigen Ausprägungen von Armut determiniert und im übrigen auch leichter politisch „operationalisierbar" ist,

– angesichts der aktuellen und vorhersehbaren künftigen wirtschaftlichen Schwierigkeiten und finanziellen Engpässe auf dem Gebiet der sozialen Sicherheit diese persistente Armutsproblematik noch an Bedeutung zunehmen wird.

Dieser Entwicklung soll dadurch gegengesteuert werden, daß der materiellen Existenzsicherung jedes einzelnen verstärkt Beachtung geschenkt wird (den Ansatz einer armutspolitischen Zielsetzung auf EG-Ebene formuliert Hauser 1980; s. auch Schulte 1981 b).

## 10.4. Ausländisches Sozialhilferecht (Sozialhilfevergleich)

Eine der Aufgaben, welche die Sozialhilfe im System der sozialen Sicherheit der Bundesrepublik Deutschland hat, nämlich die Gewährung von Hilfe zum Lebensunterhalt im Sinne eines sozio-kulturellen Existenzminimums, ist auch in *allen anderen entwickelten Sozialleistungssystemen* einem *besonderen* Sozialleistungszweig vorbehalten.

Die Funktionszuschreibung, die Bley (1980a, 321) dem Sozialhilferecht gibt – „Die subsidiäre Grundsicherung für jedermann und in nahezu allen denkbaren Bedarfssituationen insbesondere wirtschaftlicher Art wird durch das Recht der Sozialhilfe gewährleistet" – findet beispielsweise im *britischen* „The Law of Social Security" von Ogus/Barendt (1979,

471) seine Entsprechung, wenn es dort in bezug auf die *Supplementary Benefits* des britischen Sozialleistungssystems heißt: „Most social security systems provide some form of public assistance for people in need who are not for one reason or another able to maintain themselves out of other resources. In the British system supplementary benefits now provide this ‚safety-net.‘." Auch andere Sozialleistungssysteme kennen eine entsprechende Form subsidiärer Sicherung – „Ausfallbürgschaft", „Sicherungsnetz" bzw. „safety-net" –, wobei allerdings die *Bedeutung* dieser Systeme und ihre *Ausgestaltung im Einzelfall sehr unterschiedlich* sind: So hat sich das Supplementary Benefits Scheme in *Großbritannien* in den letzten Jahren und gerade auch aufgrund der im Jahre 1980 durchgeführten Reformen der konservativen Regierung, die letztendlich auf eine drastische Beschneidung des Sozialbudgets und insbesondere der beitragsbezogenen Sozialleistungen hinauslaufen, vom bloßen „Ausfallbürgen" zu einer veritablen zweiten Säule des Sozialleistungssystems entwikkelt, während die Sozialfürsorge in der *DDR* beispielsweise nur noch eine Residualfunktion hat und tendenziell obsolet zu werden verspricht (vgl. 2.1.2.). Demgegenüber findet eine Ausdifferenzierung dieses spezifischen Sozialleistungszweigs in Gestalt einen allgemeinen Ausgleichsystems, wie es für das deutsche Sozialhilferecht in seiner vielfältigen, spezifischen Bedarfsituationen tragenden Rechnung Hilfe in besonderen Lebenslagen eigentümlich ist, in ausländischen Sozialleistungssystemen keine vollständige Entsprechung, doch zeichnet sich zunehmend ein Trend in Richtung auf eine Kategorisierung der Leistungen an Gruppen – so z. B. in den *USA* (vgl. die verschiedenen Nachweise bei Leibfried) – oder nach Bedarfssituationen – so z. B. teilweise in *Frankreich* (vgl. Dupeyroux 1980, 1107 ff.) – ab.

Bemerkenswert an ausländischen Entwicklungen ist das – in diesem Umfang in der Bundesrepublik Deutschland nicht feststellbare – Anwachsen von Sozialleistungssystemen, die eine *Grundsicherung ohne Bedürfnisprüfung* vorsehen, also eine Ausnahme von dem für die Sozialhilfe charakteristischen Grundsatz des Nachrangs (Subsidiarität) insbesondere gegenüber der eigenen Arbeitskraft und dem eigenen Einkommen und Vermögen darstellen.

Diese Entwicklung ist besonders ausgeprägt in den *skandinavischen Ländern*, findet aber auch beispielsweise in *Belgien* und in *Großbritannien* in bestimmten Sozialleistungen ihren Niederschlag, die in der internationalen Dikussion als „Demogrants" (= beitragsfreie und auch von einer Bedürfnisprüfung unabhängige Sozialleistungen) bezeichnet werden. Derartige Leistungen, denen etwa in der Bundesrepublik Deutschland das besondere Ausgleichsystem des Kindergelds entspricht, wenden sich vorrangig an bestimmte benachteiligte Personengruppen wie z. B. alte Menschen und Behinderte, denen auf diese Weise eine Grundausstattung garantiert werden soll, ohne daß es zu einer – in der Praxis doch vielfach stigmatisierenden (vgl. 11.) – Bedürfnisprüfung kommt.

Das nicht nur in der Bundesrepublik Deutschland (vgl. 2.1.), sondern auch im Ausland festzustellende zunehmende Interesse an Fragen der Sozialhilfe bzw. – allgemeiner – der Fürsorge läßt sich nicht zuletzt darauf zurückführen, daß die sozialwissenschaftlich ausgerichtete Armutsforschung das Bewußtsein dafür geschärft hat, daß auch in den westlichen Industrieländern ein „Bodensatz" von Armut bestehen geblieben ist und daß es eine in jüngster Zeit wachsende Armutspopulation gibt. Darüber hinaus lenkt die gegenwärtige wirtschaftliche Entwicklung und die damit verbundene Belastung des „Netzes der sozialen Sicherheit" das Augenmerk verstärkt auf die Sozialhilfe als das „Netz unter dem Netz":

(1) So stimmen das deutsche und das *britische System der sozialen Sicherheit* trotz aller Verschiedenheiten, die es rechtfertigen, sie schlagwortartig und stark vereinfachend als „Bismarck-System" und „Beveridge-System" zu bezeichnen, hinsichtlich der ihnen zugrundeliegenden Konzeptionen darin überein, daß sie – im Sinne der gängigen, wenn auch vielleicht inzwischen überholten sozialpolitischen Systematisierung (vgl. 2.2.2.) – auf die Methoden der Versicherung (Vorsorge), der Versorgung und eben der Fürsorge zurückgreifen. Auf die Bundesrepublik Deutschland wie auf Großbritannien, aber auch auf andere Staaten mit entwickelten Wohlfahrtssystemen trifft die Feststellung zu, daß die gehobenen Systeme der sozialen Sicherheit, deren Kern die Sozialversicherung bildet, nicht alle sozialen Notlagen für alle Bewohner absichern. In *Großbritannien* nehmen die *Supplementary Benefits* die Aufgabe wahr, die im deutschen Sozialhilfesystem der Hilfe zum Lebensunterhalt zukommt. Sie gewähren grundsätzlich nur monetäre Leistungen und haben deshalb die ursprünglich auch die deutsche Fürsorge maßgeblich prägende traditionelle Funktion beibehalten, das Lebensnotwendige in Fällen zu gewährleisten, in denen das eigene Leistungsvermögen, die Hilfe Dritter oder der Einsatz anderer Leistungsträger keine Abhilfe schaffen. Diese traditionelle Aufgabe der Fürsorge spielt in *Großbritannien* eine sehr viel bedeutendere Rolle als in der Bundesrepublik Deutschland: So standen im Jahre 1978 den rd. 1,3 Mio. Empfängern von Hilfe zum Lebensunterhalt mehr als 2,9 Mio. Empfänger von Supplementary Benefits gegenüber. Darüber hinaus gab es über 80 000 Bezieher von Family Income Supplements (Familienergänzungshilfe). Dabei handelt es sich um eine funktional die Supplementary Benefits, die vollzeit erwerbstätigen Personen nicht zustehen, ergänzende Sozialleistung für Personen, die eine Erwerbstätigkeit ausüben und eine Familie zu unterhalten haben, aber lediglich über ein geringes Einkommen verfügen. Insgesamt war die Zahl der Bezieher von Fürsorgeleistungen zur Sicherung des Lebensunterhalts in Großbritannien mehr als doppelt so hoch wie in der Bundesrepublik Deutschland bei annähernd gleicher Bevölkerungszahl. Zurückzuführen ist diese große Bedeutung der Fürsorge in Großbritannien insbesondere auf das Leistungsniveau der Sozialversicherung. Rentner sind häufig darauf angewiesen, ihre nach deutschen Maßstäben sehr niedrigen Altersrenten um Leistungen der Supplementary Benefits aufzustocken. Die Rolle der Fürsorge geht deshalb in Großbritannien über die eines „Ausfallbürgen" weit hinaus.

Ein erheblicher Teil der Leistungen, die in der Bundesrepublik Deutschland von der „Hilfe in besonderen Lebenslagen" erbracht werden, wird in *Großbritannien* in anderen Sozialleistungsbereichen bereitgestellt, die nicht dem Fürsorgesystem i. e. S. angehören, zum Teil jedoch insoweit fürsorgeähnlichen Charakter haben, als auch für sie ein Bedürftigkeitsnachweis verlangt wird und somit eine Bedürftigkeitsprüfung („means test") stattfindet. Zu erwähnen sind in diesem Zusammenhang bestimmte Leistungen, die auch im Rahmen des grundsätzlich kostenfreien Staatlichen Gesundheitsdienstes im Normalfall nicht unentgeltlich gewährt werden (z. B. Rezeptgebühren, Zahnbehandlung, Zahnersatz und Brillen, Fahrtkosten zum Krankenhaus). Diese Leistungen erhalten die Empfänger von Supplementary Benefits und Family Income Supplements kostenlos. Der Anspruch auf Fürsorge eröffnet in diesen Fällen also die Berechtigung zum Bezug weiterer Sozialleistungen. Im übrigen deckt der National Health Service einen Teil der Leistungen ab, die in der Bundesrepublik Deutschland zum einen durch die gesetzliche Krankenversicherung, zum anderen in den Fällen, in denen bedürftige Personen nicht versichert sind, durch einzelne Arten der Hilfe in besonderen Lebenslagen (z. B. vorbeugende Gesundheitshilfe, Krankenhilfe, Hilfe für werdende Mütter und Wöchnerinnen) bereitgestellt werden. Andere Leistungen, die in der Bundesrepublik Deutschland nach dem BSHG gewährt werden, finden in Großbritannien ihrer Entsprechungen in Sozialleistungen der Gemeinden („local authorities"), so z. B. Sach- und Dienstleistungen für Behinderte und alte Leute. Die vorgenannten Leistungen sind nicht unmittelbar an die „Bedürftigkeitsgrenzen" des Fürsorgesystems gebunden, jedoch ist der Berechtigtenkreis praktisch identisch.

Angesichts des Umstandes, daß im deutschen Sozialhilferecht die Mitwirkung der freien Wohlfahrtspflege zu einem Grundprinzip der Fürsorgegewährung erhoben worden ist, ist darauf hinzuweisen, daß es eine derartige Kooperation und Aufgabenteilung in Großbritannien wie übrigens auch in den anderen Nachbarländern nicht oder doch längst nicht in diesem Umfang gibt.

*Zentrale Bedeutung* sowohl für das deutsche wie das britische Fürsorgerecht hat der Begriff der *„fürsorgerechtlichen Bedürftigkeit"* (Sozialhilfebedürftigkeit), der in beiden Ländern insoweit normativ bestimmt wird, als seine Voraussetzungen als gegeben gelten, wenn ein bestimmtes, von der Gemeinschaft anerkanntes Minimum der Bedürfnisbefriedigung unterschritten wird. Dieses Minimum wird nicht als „physisches Existenzminimum", sondern als *„konventionelles"* oder *„kulturelles Existenzminimum"* verstanden. Dessen Festlegung variiert nach den jeweiligen gesellschaftlichen Möglichkeiten und „Wünschbarkeiten", doch ist es Ausgangspunkt aller entwickelten Fürsorgesysteme. Weiteres Merkmal der Fürsorgesysteme ist der Nachrang bzw. die Subsidiarität gegenüber eigenen Mitteln und – in bestimmtem Umfang – Mitteln von dritter Seite, die für eine Bedarfsdeckung in Betracht kommt.

(2) In *Frankreich* besteht diese Subsidiarität der Fürsorge wie anderswo zum einen gegenüber Einkommen, Vermögen und Einsatz der Arbeitkraft des Anspruchstellers, zum anderen gegenüber familiären Unterhaltsverpflichtungen sowie – als institutionelle Subsidiarität – gegenüber Leistungsverpflichtungen (und tatsächlichen Leistungen) anderer Sozialleistungsträger. Eine Besonderheit des französischen Fürsorgerechts gegenüber dem Fürsorgerecht anderer Länder besteht im *Grundsatz der Spezialität* („principe de spécialité"). Dieser Grundsatz besagt, daß Fürsorge nur in spezifischen Bedarfssituationen gewährt wird, es aber keine Fürsorge bei „atypischer Not". d. h. bei „bloßer" wirtschaftlicher Notlage gibt. Als typisierte Fürsorgeleistungen kennt die französische *„aide sociale"* die „aide médicale" bei Krankheit, die „aide aux personnes âgées" zugunsten alter Leute, verschiedene Arten der „aide sociale aux personnes handicapées" für Behinderte u. a. Die „aide sociale" ist organisatorisch auf der Ebene der Departements angesiedelt, in ihre Finanzierung teilen sich Staat, Departements und Gemeinden. Diese dezentralisierte Organisation und Finanzierung ist im übrigen auch für die Fürsorgesysteme zahlreicher anderer Länder – z. B. auch für die deutsche Sozialhilfe – charakteristisch (zentralistisch ausgestaltet ist demgegenüber das Supplementary Benefits- und Family Income Supplements-System in Großbritannien). Im Zusammenhang mit der französischen „aide sociale" ist die *„action sociale"* zu erwähnen, zu deren Trägern neben den öffentlich-rechtlichen Gebietskörperschaften auch private Wohlfahrtsverbände gehören. Die „action sociale" hat im Gegensatz zur „aide sociale" keine eindeutige positiv-rechtliche und organisatorische Fundierung und bezeichnet einen Inbegriff sozialer Maßnahmen (z. B. Sozialarbeit) außerhalb des System sozialen Sicherheit i. e. S. (sécurité sociale) und der typisierten Fürsorge (aide sociale), der sich einer genaueren Definition entzieht. Die „action sociale" zielt als „action ponctuelle" wie die „aide sociale" zunächst darauf ab, solche Bedarfe zu befriedigen, welche die „sécurité sociale" nicht abdeckt. Die „action catégorielle" wendet sich an spezifische Gruppen (z. B. Kinder, Behinderte, alte Leute), während die „action globale" allgemein die Verbesserung der Lebensbedingungen (Urbanisierung, Infrastrukturmaßnahmen u.ä.) zum Gegenstand hat. Wie bei der deutschen Hilfe in besonderen Lebenslagen tritt hier der Gesichtspunkt der Eingliederung des einzelnen und bestimmter Gruppen durch soziale Förderungsmaßnahmen in die Gesellschaft deutlich in den Vordergrund.

(3) Das *italienische* Fürsorgesystem, das auf lokaler Ebene angesiedelt ist, enthält eine Verpflichtung der Behörden, bedürftige Arme zu unterstützen. Dieser Verpflichtung entspricht jedoch **kein Rechtsanspruch des Hilfesuchenden** selbst. Dieses Beispiel illustriert einen Umstand, der nicht nur für das italienische Fürsorgerecht charakeristisch ist, nämlich die schwächere Rechtsposition des Fürsorgeempfängers im Vergleich zu dem Empfänger anderer Sozialleistungen: Ermessensleistungen, die (soweit sie nicht nur das „Ob", sondern das „Wie" der Leistungsgewährung betreffen), mit der Individualisierung der Fürsorge gerechtfertigt werden; ein gegenüber beitragsbezogenen, d. h. auf einer (Gegen-) Leistung des Empfängers beruhenden Leistungssystemen geringerer „Legitimationsgrad"; ein starkes Element der sozialen Kontrolle sowie in der Praxis der Fürsorgeverwaltung zutage tretende Vollzugsdefizite sind Ausdruck dieses Tatbestandes, der mit dem häufig verfassungsrechtlich verankerten – oder doch auf die Verfassung zurückgeführten – und als der Würde des Menschen entsprechend anerkannten Recht auf Fürsorge oft nicht in Einklang steht. Der adäquate Ausbau der Rechtsstellung des Fürsorgeempfängers dergestalt, daß zugleich die negativen Aspekte der „Berechtigung" und „Institutionalisierung" (vgl. 1.2.) sozialer Leistungen vermieden und die „Schwellen", die vor der effektiven Leistungserlangung zu überwinden sind, durch Information, Beratung, Rechtsschutz usw. möglichst niedrig gehalten werden, ist eine rechtsstaatliche Aufgabe, die auch im Ausland bislang noch nicht befriedigend gelöst werden ist. Das Problem der Nichtinanspruchnahme sozialer Leistungen, das in bezug auf soziale Leistungen und Dienste teilweise für wichtiger gehalten wird als das in der Öffentlichkeit zum Teil heftig diskutierte Problem ihrer ungerechtfertigten Inanspruchnahme, ist gerade für die Fürsorge von großer praktischer Bedeutung.

In *Italien* treten an die Stelle der überkommenen Fürsorgestrukturen, die nur einen unzureichenden sozialen Schutz gewähren, eine Reihe anderer Maßnahmen, die bestimmten Gruppen eine Grundsicherung einräumen: So ist in der Arbeiterrentenversicherung eine Mindestrente eingeführt worden, existiert eine soziale Altersrente für Personen über 65 Jahre, deren Einkommen unterhalb einer bestimmten Grenze bleibt, gibt es eine Einkommenssicherung (Rente) für Behinderte, hat sich die Invalidenrente „systemwidrig" zu einer sozialen Mindestsicherung entwickelt. Zugleich hat eine Reform in Richtung auf einen „nationalen Gesundheits- und Sozialdienst" eingesetzt, der weniger monetäre Leistungen als vor allem Dienstleistungen bereitstellt.

(4) Die Tendenz, allen Einwohnern einen sozialen Mindestschutz zu gewährleisten, prägt das *belgische* System der sozialen Sicherheit, das eine Mindestrente für Personen, die das Rentenalter überschritten haben, das Recht auf ein Mindesteinkommen sowie bestimmte finanzielle Unterstützungsmaßnahmen für Behinderte kennt. Diese Leistungen bilden ein subsidiäres Teilsystem der sozialen Sicherheit, das neben die „klassische", auf lokaler Ebene angesiedelte Fürsorge getreten ist. Das *niederländische* Fürsorgesystem beschränkt sich auf die Gewährung monetärer Leistungen. Der auch in den Niederlanden erkannten zunehmenden Bedeutung nicht-monetärer Leistungen wird innerhalb besonderer Sozialleistungsbereiche Rechnung getragen. Bedürfnisprinzip, Nachrang und Individualisierungsgrundsatz sind Maximen, welche das Fürsorgegesetz („Algemene Bijstandswet") prägen. Die Höhe der Fürsorgeleistungen orientiert sich am gesetzlichen Mindestlohn, der seinerseits im Halbjahresturnus dem Lohnindex angepaßt wird:

Eheleuten steht beispielsweise als Grundbetrag das Äquivalent des Nettobetrages dieses Mindestlohnes zu, Alleinstehenden 70 % dieses Betrages. Das niederländische Fürsorgerecht bestimmt das Leistungsniveau also nicht anhand eines „Warenkorbes", wie es in der Bundesrepublik Deutschland und in Großbritannien geschieht, ist also *nicht verbrauchsorientiert*, sondern *einkommensorientiert*: Richtschnur ist die Entwicklung des gesetzlichen Mindestlohnes, der seinerseits der allgemeinen Lohnentwicklung folgt. Darüber hinaus sind Korrekturen vorgesehen, wenn – wie zur Zeit – die Lohnentwicklung hinter der Preisentwicklung zurückbleibt: Durch zusätzliche Anpassungen wird vermieden, daß der gesetzliche Mindestlohn und die an ihm orientierten Sozialleistungen – neben dem „bijstand" dient der Mindestlohn auch einigen Mindestleistungen des Sozialversicherungssystems als Richtschnur – durch die Preisentwicklung „überrollt" wird und die Mindesteinkommen eine zu große Einbuße an ihrer Kaufkraft erleiden. Neben dem „Modell" einer umfassenden Mindestsicherung, die Mindesteinkommen erwerbstätiger und nichterwerbstätiger Personen gleichbehandelt, ist das niederländische Fürsorgesystem auch insoweit „avantgardistisch", als es der Entwicklung zur Kernfamilie und damit der Schrumpfung des familiären Unterhaltsverbandes dadurch Rechnung getragen hat, daß im Fürsorgerecht eine Unterhaltspflicht nur noch zwischen Ehegatten sowie Eltern und ihren minderjährigen Kindern besteht.

Die angeführten Beispiele mögen zeigen, daß der Blick auf ausländische Fürsorgesysteme auch für die sozialpolitische Diskussion in der Bundesrepublik unmittelbar fruchtbar sein kann, beispielsweise im Zusammenhang mit der Frage, ob nicht auch in der Bundesrepublik Deutschland der Kreis der Personen, die vom Träger der Sozialhilfe im Rahmen des § 91 BSHG (vgl. 8.1.2.5 u. auch 11.2. 2.) weiter begrenzt werden soll, und etwa auch im Zusammenhang mit der aktuellen Diskussion um das Leistungsniveau der Sozialhilfe („Warenkorbdiskussion"; vgl. 6.2.3.1.). Schließlich ist die detaillierte Kenntnis der Fürsorgesysteme der Mitgliedstaaten der Europäischen Gemeinschaften unabdingbare Voraussetzung für die Vorhaben, die – gegenwärtig insbesondere im Rahmen des „Kampfs gegen die Armut" auf EG-Ebene – unternommen werden mit dem Ziel, auch hier allmählich eine gewisse Harmonisierung herbeizuführen sowie dafür zu sorgen, daß unter den gegenwärtigen Schwierigkeiten im wirtschaftlichen und sozialen Bereich nicht ausgerechnet diejenigen zu leiden haben, die auf ein letztlich von der Solidarität der jeweiligen staatlichen Gemeinschaft getragenes konventionelles Existenzminimum angewiesen sind (zu den Fürsorgesystemen einiger westeuropäischer Länder vgl. Schulte 1981 c).

# 11. Theorie und Praxis der Sozialhilfe

Unter dem Schlagwort „Theorie und Praxis der Sozialhilfe" soll im folgenden der Tatbestand abgehandelt werden, der an anderer Stelle (Schulte/Trenk-Hinterberger 1979 b, 645) wie folgt beschrieben worden ist.

„Die optimistischen Erwartungen, die an die Einführung eines Rechtsanspruchs auf Sozialhilfe sowie an eine neue und unbelastete Einstellung gegenüber der zur ‚Sozialhilfe' gewandelten ‚Fürsorge' geknüpft worden waren (und z. T. auch heute noch werden), stehen in offensichtlichem Widerspruch zur Rechtswirklichkeit. Ein ganz erheblicher Teil der Hilfsbedürftigen nämlich, denen eigentlich ein Anspruch auf Unterstützung zusteht, kommt mit Sozialhilfeleistungen entweder überhaupt nicht oder zu spät bzw. nicht in dem ihnen zustehenden Umfang in Berührung."

Diese *Diskrepanz* von Theorie und Praxis der Sozialhilfe, von *gesetzlich verbrieftem und tatsächlich gewährtem Recht* ist keineswegs nur in der Bundesrepublik Deutschland festzustellen und auch keineswegs ein spezifisches Problem der Sozialhilfe, wenn auch die Problematik nicht zufällig bei dieser ohne Gegenleistung gewährten Sozialleistung besonders evident zutage tritt.

Richard Titmuss, der bedeutendste Vertreter des Faches Social Administration in Wissenschaft und Lehre in Großbritannien (vgl. 1.3.) hat diese Problematik auf der Jahrestagung 1967 der Internationalen Vereinigung für Soziale Sicherheit in die Worte gekleidet: „Viele Systeme, die auf den Bedürftigkeitsnachweis abstellen, sind im Grunde darauf angelegt, Benutzer nicht zuzulassen, sondern eher fernzuhalten. Auch werden sie oft in einer Weise gehandhabt, die beim Benutzer ein Gefühl der Scham, der Schuld oder des Lebensversagens erwecken, weil er einen öffentlichen Dienst in Anspruch nehmen muß. Wenn der Wunsch besteht, die größtmögliche Wirkung von Systemen und Diensten zu erzielen und besonders die ‚schwer ansprechbaren' Mitglieder der Gesellschaft zu erreichen, dann müssen Mittel und Wege geprüft werden, den Nachdruck nicht mehr auf das Stigma einer Abschreckung, sondern auf den Begriff sozialer Rechte zu legen. Dies wirft wiederum nicht nur Fragen der Struktur und der gegenseitigen Beziehungen von Geld- und Sachleistungen auf, sondern auch Fragen wegen der Art, wie solche Dienste von Verwaltungskräften, Beamten und freiberuflichen Mitarbeitern dargeboten werden. Konkret führt dies zu Fragen hinsichtlich des Ausmaßes des Bereichs und der Ausübung von Ermessensbefugnissen durch Beamte bei der Verwaltung von bedingten Programmen und Diensten. Werden solche Befugnisse zur sozialen Überwachung benutzt, und wenn ja, gegenüber welchen Gruppen? Wie können oder sollten solche Machtbefugnisse über Menschen in klar formulierte Regeln über Ansprüche und Rechte übertragen werden?" (Titmuss 1967, 69).

## 11.1. Das Phänomen der „latenten Armut"

(1) Bujard/Lange (1978 , 138 ff. u. 162 ff.) stellten in ihrer Untersuchung „Theorie und Praxis der Sozialhilfe" eine *hohe Diskrepanz* zwischen Anspruchsberechtigung und tatsächlicher Inanspruchnahme von Sozialhilfeleistungen fest:

So kamen sie etwa auf der Grundlage einer Sozialhilfestatistik in einer Landgemeinde des Rheinisch-Bergischen Kreises zu dem Ergebnis, daß die temporäre Dunkelziffer, d. h. die Zahl derer, die – im Hinblick auf Hilfsbedürftigkeit und Hilfeanspruch – verspätet den Weg zum Sozialamt finden, „mit großer Sicherheit über 50 % liegt". Neben dieser „temporären Dunkelziffer", die nicht allein auf Unwissenheit und fehlende Information zurückzuführen ist, sondern auch aus Stolz und Scham resultiert, gibt es die Zahl derer, die zwar einen Anspruch haben, ihn jedoch überhaupt nicht geltend machen („konstante Dunkelziffer") sowie diejenigen, die nur einen Teil der ihnen zustehenden Sozialhilfeleistungen in Anspruch nehmen („partielle Dunkelziffer"). Die konstante Dunkelziffer wird von den Autoren mit ca. 50 % angegeben; das bedeutet, daß die Hälfte aller sozialhilfeberechtigten alten Menschen – auf diese Personengruppe bezieht sich die Untersuchung von Bujard/ Lange – ihre Ansprüche nicht geltend machen (das muß nicht notwendigerweise bedeuten, daß diese Menschen, die rechtlich einen Anspruch haben, ihn aber tatsächlich nicht realisieren, auch alle in Armut leben: In gewissem Umfang werden sie möglicherweise von anderen Haushalten mit unterhalten, ohne daß eine rechtliche Verpflichtung dazu besteht).

Hartmann (1981, 432) kommt auf der Grundlage einer vom Institut für Sozialforschung und Gesellschaftspolitik (ISG), Köln, im Zeitraum 1979/80 durchgeführten empirischen Untersuchung zu dem Ergebnis, daß

- in der Bundesrepublik Deutschland 1979 2,4 % aller privaten Haushalte (rd. 550 000 Haushalte), die keine Sozialhilfeleistungen bezogen, nach den Kriterien des BSHG berechtigt waren zum Bezug von Hilfe zum Lebensunterhalt,
- es 1979 neben 2,6 % der Haushalte mit Bezug von laufender Sozialhilfe (rd. 594 000 Haushalten) ca. 1,14 Mio. sozialhilfebedürftige Haushalte (ca. 5 % aller privaten Haushalte) gab,
- der Grad der Inanspruchnahme von Sozialhilfeleistungen in Gestalt von Hilfe zum Lebensunterhalt sich für 1979 dahingegend beschreiben läßt, daß von 100 sozialhilfebedürftigen Haushalten 52 laufende Unterstützung beziehen, während 48 darauf verzichten (vgl. auch Hartmann 1981a).

Dieses Ergebnis entspricht weitgehend den Berechnungen, die von der Arbeitsgruppe Armutsforschung (Hauser et. al. 1980) für das Jahr 1973 angestellt worden sind (zu früheren Untersuchungen vgl. auch oben 1.3.).

(2) Die *Existenz latenter Armut*, die zugleich ein partielles Versagen der Sozialhilfe und damit letztlich des Sozialstaates überhaupt signalisiert, kann wohl nicht mehr hinwegdiskutiert werden.

Das gilt umso mehr, als ja § 5 – „Die Sozialhilfe setzt ein, sobald dem Träger der Sozialhilfe oder den von ihm beauftragten Stellen bekannt wird, daß die Voraussetzungen für die Gewährung vorliegen" – ein aktives Aufspüren der Sozialhilfebedürftigkeit „vor Ort", beispielsweise mit den Mitteln der Sozialarbeit, zum Zwecke der „Bekanntwerdung" durchaus zuließe (wenn nicht Art. 1 GG und § 1 – vgl. 2.4. – ein solches Vorgehen in gewissem Umfang sogar gebieten). Hartmann (1981, 433) weist allerdings zu Recht darauf hin, daß eine vollständige Beseitigung der Nichtinanspruchnahme von Sozialhilfe kaum erreichbar und wohl auch nicht sinnvoll sei; denn es gebe sehr kurzfristige Situationen, in denen das Einkommen die Sozialhilfegrenze unterschreite, oder Fälle, in denen der Betrag der Sozialhilfeunterstützung, auf die ein Anspruch bestehe, nur sehr gering sei. So sei bei der von ihm vorstehend zitierten Zahl der „Dunkelziffer"-Haushalte zu berücksichtigen, daß etwa 30 % der sozialhilfeberechtigten Haushalte nur bis zu maximal 10 % ihres Einkommens unterhalb der Sozialhilfeschwelle lägen.

(3) Hauser et al. (1980, 307 ff.) schlagen bei der Behandlung der „Perspektiven einer verstärkten Armutsbekämpfung" im Zusammenhang mit der Fragestellung, *wie sich Sozialhilfebedürftigkeit und verdeckte Armut vermeiden lassen,* u. a. folgende Maßahmen vor:
— eine Mindestregelung bei der Arbeitslosenhilfe;
— die Einführung eines bedarfsabhängigen Zuschlages zum Arbeitslosengeld durch die Arbeitslosenhilfe, sofern das Arbeitslosengeld die vorstehend vorgeschlagene Mindestregelung bei der Arbeitslosenhilfe unterschreitet;
— die Einführung eines bedarfsabhängigen Zuschlags zur Altersrente und zur Erwerbsunfähigkeitsrente, sofern die Rente das Sozialhilfeniveau unterschreitet;
— eine Verbesserung des Wohngeldsystems dahingehend, daß die Mietbelastungsquoten für die unterste Einkommensschicht und für Familien mit mehr als 4 Personen weiter abgesenkt und die Mietobergrenzen etwas angehoben werden, sowie die Berechnung des Wohngeldes auf der Basis des Einkommens vor Bezug der Sozialhilfe in Gestalt der Hilfe zum Lebensunterhalt, um die volle Nachrangigkeit der Sozialhilfe zu gewährleisten;
— eine Abstimmung des Kindergeldes mit den Regelsätzen der Sozialhilfe und eine Dynamisierung des Kindergeldes;
— besondere Erziehungsbeihilfen für Alleinstehende mit Kindern in den ersten drei Lebensjahren sowie später Zuschüsse zu Kinderbetreuungskosten.

Was die Ausgestaltung der dann nach wie vor, aber für einen beschränkteren Kreis von Personen und Haushalten erforderlichen Sozialhilfe angeht, so sollte sie nach diesen Vorstellungen dahingehend modifiziert werden, daß
— die Regelsätze deutlich angehoben und regelmäßig den Rentensteigerungen angepaßt werden,
— auf die Erstattung der Sozialhilfekosten gegenüber Kindern von Sozialhilfeempfängern sowie gegenüber Eltern in bezug auf Sozialhilfeempfänger, die das 27. Lebensjahr überschritten haben oder die volljährig sind und bei denen besondere Bedingungen vorliegen, verzichtet wird,
— die „einmaligen Leistungen" der Hilfe zum Lebensunterhalt in Form eines 10 %-igen Zuschlages zum Regelsatz pauschaliert werden und damit lediglich noch außerordentliche einmalige Leistungen erbracht werden,
— die Vermögensgrenzen auf einen Jahresbetrag der Regelsätze beschränkt und an die Regelsatzsteigerungen angebunden werden.

Mit einer derartig gezielten Armutspolitik, die in einem langfristigen Entwicklungsprozeß in die skizzierte Richtung voranschreite, könne das materielle Armutsproblem allmählich beseitigt sowie die Überwindung der Problemlagen erleichtert werden, auf welche die Hilfe in besonderen Lebenslagen abzielt.

Die gegenwärtige Entwicklung – vgl. unten 13. – scheint allerdings eher in eine *entgegengesetzte Richtung* zu verlaufen.

## 11.2. Die „Filterung des Armutspotentials"

Leibfried (1976, 376 ff.) spricht in Zusammenhang mit den Ursachen der Diskrepanz zwischen der Anzahl der Sozialhilfeempfänger und der Zahl der Sozialhilfeberechtigten plastisch von einer „*Filterung des Armutspotentials*":

„Mit Filterung ist eine Selektivität gesellschaftlichen Handelns gemeint. Hiermit sind die Hindernisse angesprochen, die einer Aktualisierung eines an sich angegebenen Sozialhilfeanspruchs entgegenstehen" (a. a. O, 380).

384

Diese Hindernisse sollen im folgenden anhand einer Reihe typischer „Schwellen" aufgezeigt werden. Vorauszuschicken ist dabei , daß diese „Schwellen" für die verschiedenen Klientengruppen und Hilfen, die das BSHG bereitstellt, unterschiedlich aussehen und auch verschieden hoch sind. So gibt es beispielsweise für die Gruppe der Behinderten zahlreiche, insbesondere nichtstaatliche intermediäre Instanzen (z. B. die zahlreichen Mitgliedsvereinigungen der Bundesarbeitsgemeinschaft Hilfe für Behinderte), die dazu beitragen, daß für die Angehörigen dieser Gruppen die „Schwellen" erheblich niedriger sind. Die folgenden Ausführungen betreffen in erster Linie die Berechtigten der Hilfe zum Lebensunterhalt, die zugleich allerdings auch das Gros der Sozialhilfempfänger ausmachen.

Die nachfolgenden Ausführungen betreffen somit nur einen Teil des vielschichtig zusammengesetzten Kreises der Sozialhilfempfänger und zugleich auch nur einen Teilbereich der gesamten Sozialverwaltung. Deshalb ist darauf hinzuweisen, daß die im folgenden angesprochenen Probleme – „Bürgerferne", mangelnde Effizienz des Verwaltungshandelns u. a. – zum Teil auch die Verwaltung insgesamt betreffen und nicht unbedingt sozialhilfespezifisch sind (zu dieser allgemeinen Verwaltungsproblematik und zur Notwendigkeit des Verwaltungswandels durch Organisationsentwicklung als Reformstrategie Pitschas 1981 b, der im Hinblick auf den von der Verwaltung zu befriedigenden „Bedarf" nach sozialer Hilfe die Sozialverwaltung selbst zum „sozialen Problem" erklärt). Allerdings zeigen sich bei der Sozialhilfeverwaltung einige der allgemeinen Probleme der Sozialverwaltung exemplarisch und besonders deutlich.

## 11.2.1. Die „gesellschaftliche Schwelle"

Eine Vielzahl von Faktoren werden herangezogen, um zu erklären, warum so viele Betroffene die ihnen von Rechts wegen zustehenden Leistungen der Sozialhilfe nicht in Anspruch nehmen. Eine Reihe von Umständen lassen sich mit dem Erklärungsmuster der „sozialen Kontrolle" erklären. Viele Berechtigte nehmen von der Inanspruchnahme der Sozialhilfe Abstand, weil dieser Schritt sie in den Augen ihrer Umwelt diskriminiert; Bezugsgruppen dieser „An-Sich-Berechtigten" sehen die Inanspruchnahme von Sozialhilfeleistungen als Verstoß gegen nichtgesetzliche Normen an, etwa das Selbsthilfepostulat (Theorie und Praxis..., 1978, 28). Neben oder an die Stelle dieser „sozialen Kontrolle" (insbesondere dort, wo diese äußere soziale Kontrolle keine besondere Rolle spielen kann, weil der soziale Kontakt zu anderen Menschen und damit auch die Befürchtung, in deren Ansehen abgewertet zu werden, nicht oder kaum vorhanden ist) kann eine „Binnenkontrolle" treten. Mit diesem Terminus sollen die verinnerlichten Normen und Werte bezeichnet werden, die den einzelnen davon abhalten, sich um Sozialhilfe zu bemühen, und die wie eine äußere soziale Kontrolle wirken können.

Das ist zum einen die Leistungsideologie, der Wert der Arbeit als solcher – „Im Schweiße Deines Angesichts sollst Du Dein Brot essen!" –, zum anderen aber auch die Diskriminierung, die dem zuteil wird, der nicht durch Arbeit, sondern „auf Kosten des Steuerzahlers" sein Einkommen bezieht – „Wer nicht arbeitet, soll auch nicht essen!" –. Die Ausgestaltung des Sozialleistungssystems leistet derartigen Ressentiments von außen, aber auch von innen, beispielsweise aufgrund individueller Selbstunwertgefühle, Vorschub, indem sie eine unterschiedliche Bewertung der einzelnen Sozialleistungen zum Ausdruck bringt. Lei-

stungen, die aufgrund von Vorsorgesystemen, z. B. von der Sozialversicherung (vgl. 2.2.2.)
erbracht werden, gelten als „erkauft", weil der Bezieher dafür eine Vor- und Gegenleistung
erbracht hat (mag diese im Einzelfall auch weitgehend fiktiv sein, wie dies z. B. bei den
Altersrenten zum großen Teil der Fall ist). Leistungen aufgrund sozialer Entschädigungssysteme haben gleichsam meritorischen Charakter, d. h. sie gelten als „verdient", weil ihre
Zuerkennung auf Umständen beruht, die als gesellschaftlich verantwortet und anerkannt
angesehen werden. Auch Leistungen der besonderen Hilfs- und Fördersysteme werden
nicht als mit Makel behaftet angesehen, insbesondere deshalb, weil sie jedermann zustehen
(z. B. Kindergeld). Demgegenüber sind Sozialhilfeleistungen allen gegenteiligen Beteu-
erungen zum Trotz – „Das Gesetz ist ein sehr menschliches Gesetz. Es fragt nicht nach den
Ursachen der Notlage. Widrige Umstände oder eigenes Verschulden: das Gesetz hilft in
jedem Fall! Sein einziges Ziel: jeder von uns soll menschenwürdig leben können" (BMJFG,
Sozialhilfe – Ihr gutes Recht 1979, 3) – negativ besetzt. Achinger (1966, 48) hat darauf
hingewiesen, daß man sich in einer Gesellschaft von Gleichen nichts schenken lasse und
daß deswegen alle sozialen Leistungen auf einen Rechtsanspruch zurückgeführt werden
müßten, der größere Dignität habe als die seit dem Allgemeinen Preußischen Landrecht
entwickelte Maxime, daß der Staat die Pflicht habe, die Schwachen zu schützen. Deswegen
seien die sozialen Leistungen in Äquivalenz–Systeme gebettet, d. h. sie erschienen als
Gegenleistung, sei es, daß sie dem Versicherungsprinzip folgten, sei es, daß sie als Entschädigungssysteme konzipiert seien. Dabei spiele es keine Rolle, daß Äquivalenz fast niemals
vorhanden sei; entscheidend sei das Bewußtsein der eigenen Gegenleistung oder noch besser Vorleistung, so daß die soziale Hilfe zur Gegenleistung werde. Schäfer (1979, 119)
spricht zu Recht davon, daß Äquivalenz als rechnerischer Ausdruck für Gerechtigkeit
angesehen werde und daß bei aller juristischer Gleichwertigkeit der unterschiedlichen So-
zialrechtsverhältnisse – vgl. 2.1.2. u. 2.2. – ihr Einfluß auf die „wirtschaftliche Individual-
psychologie der sozial Gesicherten" sehr unterschiedlich sei.

Giese (1975, 129) weist im Zusammenhang mit der Abgrenzung der Fürsorge
von der Sozialversicherung und der Versorgung zutreffend darauf hin, daß die
Abhebung der Fürsorge gegenüber den beiden anderen Prinzipien nicht nur
durch das Fehlen eines Äquivalents für die Fürsorgeleistung in Form einer Vorleistung erfolge, sondern auch „durch den Verzicht auf die Frage nach sonstigen
in der Vergangenheit liegenden Worten, Werken und Taten des Hilfsbedürftigen".

## 11.2.2. Die „institutionelle Schwelle"

(1) Barrieren, die „An-Sich-Berechtigte" von der Inanspruchnahme von Sozialhilfe abhalten, sind bereits im BSHG angelegt. Insbesondere alte Menschen werden wegen der Unterhaltspflicht ihrer Kinder häufig von der Inanspruchnahme
ihnen von Rechts wegen zustehender Sozialhilfeleistungen abgehalten.

So stellt die Bundesregierung in ihrem „Bericht über die Maßnahmen zur Verbesserung der
Situation der Frau" (BT-Dr. 6/3689) aus dem Jahre 1972 fest: „Die für die Träger der
Sozialhilfe vorgesehene Möglichkeit, Unterhaltspflichtige zum Ausgleich von Sozialhilfeleistungen heranzuziehen, führt in der Praxis nicht selten dazu, daß gerade ältere Menschen
auf die Inanspruchnahme von Sozialhilfe verzichten, weil sie befürchten, daß ihre Kinder

oder Enkel in Anspruch genommen werden". Die Inanspruchnahme der Enkel ist allerdings durch das 3. Gesetz zur Änderung des Bundessozialhilfegesetzes v. 25. 3. 1974
(BGBl. I S. 777) abgeschafft worden. Nach der heutigen Fassung des § 91 Abs. 1 S. 1
können Verwandte 2. oder entfernteren Grades nicht zum Ausgleich von Sozialhilfeleistungen herangezogen werden (vgl. 8.1.2.3.(1)).

(2) Gegen eine über den jetzigen Rechtszustand hinausgehende weitere Einschränkung der Möglichkeit, Unterhaltsansprüche überzuleiten, wird geltend gemacht, daß dadurch das Prinzip der Subsidiarität öffentlicher Hilfe, d. h. in diesem Falle der Grundsatz des Nachrangs der Sozialhilfe gegenüber der Unterhaltspflicht durchlöchert werde und damit die Sozialhilfe ihren Charakter ände-
re, nämlich zu einer Versorgungsleistung werde. Darüber hinaus werde durch
die finanzielle Abhängigkeit der Eltern von ihren Kindern die familiäre Verant-
wortungsbereitschaft gestärkt; unter Umständen motiviere auch die drohende
Überprüfung der Unterhaltsfähigkeit der Kinder diese dazu, ihrer Unterhaltspflicht freiwillig nachzukommen. Zugunsten einer Aufhebung oder doch zumindest Auflockerung bzw. Erweiterung der Härteklausel des § 91 Abs. 3 (vgl.
8.1.2.3.(6) wird auf die Belastung hingewiesen, der die familiären Beziehungen
ggf. dadurch ausgesetzt sind, daß die Eltern von ihren Kindern in finanzieller
Abhängigkeit gehalten werden. Darüber hinaus wird allgemein – auch von den
Befürwortern der geltenden Regelung – eingeräumt, daß die finanzielle Bedeutung der Unterhaltsleistungen der Verwandten gering ist, fiskalische Erwägungen mithin die Beibehaltung der gegenwärtig geltenden Regelung gleichfalls
nicht nahelegen (vgl. 8.1.2.5.(1)). Es würde auch den Zielsetzungen des BSHG
widersprechen, wenn eine Ersparnis an Sozialhilfeleistungen allein dadurch ein-
träte, daß alte Menschen, die an sich einen Anspruch auf Sozialhilfe haben, diesen Anspruch nur deswegen nicht einlösen, weil sie wegen der möglichen Inanspruchnahme ihrer Kinder den Weg zum Sozialamt scheuen. Bujard/Lange
(1978, 32) plädieren deshalb für eine Einschränkung oder Aufhebung der Unterhaltspflicht der Kinder gegenüber ihren Eltern, weil dann zumindest ein psycho-
logisches Hindernis auf dem Wege zum Sozialamt beseitigt wäre. Die Kommission für wirtschaftlichen und sozialen Wandel (1976, 903 ff.) hat das Modell einer
reduzierten Unterstützungsverpflichtung – beschränkt auf Ehepaare und ihre
ledigen Kinder unter 27 Jahren – in die Debatte geworfen.

(3) Bereits nach geltendem Recht „soll" der Träger der Sozialhilfe davon absehen, einen
nach bürgerlichem Recht Unterhaltspflichtigen in Anspruch zu nehmen, soweit dies eine
Härte bedeuten würde; er soll vor allem von der Inanspruchnahme unterhaltspflichtiger
Eltern absehen, wenn Eingliederungshilfe für Behinderte oder Hilfe zur Pflege gewährt
wird (§ 91 Abs. 3 S. 1; vgl. 8.1.2.3.(5)). Diese „Soll-Vorschrift" wird gemeinhin dahin
interpretiert, daß die Verwaltung verpflichtet ist, von einer Inanspruchnahme des Unterhaltspflichtigen abzusehen, „wenn nicht besondere Umstände dem entgegenstehen", wobei
die Behörde nach pflichtgemäßem Ermessen entscheidet, ob solche Umstände vorliegen
(Knopp/Fichtner 1979, § 91 Rz. 21 a; vgl. auch 8.1.2.3.(5)). Da auch die Konkretisierung
des unbestimmten Rechtsbegriffs „Härte" in § 91 Abs. 3 S. 1 HS 2 nicht klarstellt, daß auf
die Überleitung der Unterhaltsansprüche verzichtet werden „soll", wenn die Heranziehung der Kinder zu Unterhaltsleistungen die Familienbeziehungen bedroht, wäre zu erwä-

gen, ob nicht die Vorschrift insofern ausdrücklich und zweifelsfrei auf diesen Fall erstreckt werden sollte; immerhin wird in der Praxis bereits teilweise so verfahren, geschieht dies jedoch keineswegs immer und ist auch bereits eine diesbezügliche Rechtsunsicherheit geeignet, alte Menschen von der Inanspruchnahme der Sozialhilfe abzuhalten. Bereits die Beschränkung der Heranziehung Unterhaltsberechtigter auf Ehegatten untereinander sowie auf Eltern und Kinder, wie sie durch das Dritte Änderungsgesetz zum BSHG eingeführt worden ist, wurde damals wegen seiner vermeintlichen gesellschaftspolitischen Fernwirkungen kritisiert: Die Neuregelung, wonach nunmehr „auch der wohlhabende Mann die Oma zum Sozialamt schicken" könne, diskriminiere diejenigen Bevölkerungskreise, die ihrer Unterhaltspflicht noch nachkommen, weil sie in ihr nicht nur eine rechtliche, sondern auch eine sittlich Pflicht sehen (Giese 1974, 83). Die Praxis seitdem hat wohl gezeigt, daß durch die Neuregelung keine sozialpsychologischen Barrieren dort niedergelegt worden sind, wo sie noch vorhanden waren; vielmehr ist anzunehmen – dafür sprechen die zitierten Untersuchungen –, daß umgekehrt die Aufrechterhaltung rechtlicher Barrieren, denen die heute vorherrschenden gesellschaftlichen Anschauungen nicht mehr entsprechen, das größere Übel ist, da sie dazu führt, das Menschen in Not die Hilfe, derer sie bedürfen, nicht erhalten.

Schließlich sei bemerkt, daß es beispielsweise in Großbritannien keine Unterhaltspflicht der Kinder gegenüber ihren Eltern gibt, ohne daß diese Regelung dort die in der Bundesrepublik Deutschland befürchteten negativen Auswirkungen hätte (S. SBA 1976, S. 17). (Zur Situation in anderen europäischen Ländern vgl. Landfermann 1971).

(4) Es geht hier keineswegs darum, „im Binnenraum der Gesellschaft. . . die verpflichtende Solidarität auf den allerengsten Personenkreis schrumpfen zu lassen, weil das der ‚Moderne' entspräche" (Schoeck 1971, 30), sondern *negative Auswirkungen der Durchsetzung von Familiensolidarität als „sozialpolitischer Pflicht"* so weit wie möglich zu vermeiden oder doch zu lindern. Dazu gehört beispielsweise auch, daß das Mißverhältnis zwischen Arbeitsaufwand und finanziellem Erfolg des Zugriffs auf Unterhaltspflichtige sowie der Tatbestand der ungleichen und damit ungerechten Heranziehung ausgeräumt werden (vgl. dazu 8.1.2.5.(1) u. Dahlem 1981, 89).

Eine „Radikalkur" könnte darin bestehen, den Grundsatz der Subsidiarität (vgl. 4.4.) im Sozialhilferecht überhaupt abzuschaffen, etwa in Hinblick auf die Einführung eines „Volkshonorars" (vgl. oben 2.1.2.). Allerdings fehlt es bereits für die sinnvolle Diskussion eines solchen Schritts allenthalben an den erforderlichen Informationen und Untersuchungen. Auch wäre dem Hinweis von Klanberg (1980, 248 f.) nachzugehen, daß es sich bei diesem Prinzip um eine von einem großen Konsens getragene und weitgehend akzeptierte „zivilisationsregulierende Zentralnorm" handele, die nicht risikolos aufgegeben werden könne.

(Zu einer Diskussion um das Für und Wider einer Abwendung vom Subsidiaritätsgrundsatz im Fürsorgerecht vgl. auch Sugarman 1980/1981).

## 11.2.3. Die „informatorische Schwelle"

(1) Grundvoraussetzung dafür, daß eine Inanspruchnahme von Sozialhilfeleistungen überhaupt in Betracht kommt, ist, daß der betreffende Hilfeberechtigte

*ausreichende Kenntnisse* hat über Existenz, Leistungsumfang, Anspruchsvoraussetzungen, Verfahren usw. der Sozialhilfe.

Die Untersuchung von Bujard/Lange „Armut im Alter – Ursachen, Erscheinungsformen, politisch-administrative Reaktionen" (1978a), die mit den Methoden der empirischen Sozialforschung (quantitative und qualitative Erhebungstechniken, standardisierte Interviews, u. a.) versucht hat, den Ist-Zustand von Armut, insbesondere deren Ursachen in der Bundesrepublik Deutschland zu ermitteln, hat in bezug auf das Wissen um die Sozialhilfearten, die gesetzlichen Anspruchsvoraussetzungen, die zuständige Institution Sozialamt sowie die Informationsquellen, die über solche Fragen unterrichten können, ein erschreckendes *Defizit* zutage gefördert: Bei der Zielgruppe dieser Untersuchung, den alten Menschen, war offenkundig noch tief die Vorstellung verwurzelt, daß „man kein Recht auf irgendwelche materiellen Leistungen hat, für die keine Vor- oder Gegenleistungen erbracht wurden". 19,3 % der befragten alten Menschen kannten überhaupt keine Unterstützungsart oder machten keine Angaben dazu (a. a. O., 66). Die Einkommensobergrenze, die zum Bezug von Hilfe zum Lebensunterhalt berechtigt, kannten nur 17,1 % der Alleinstehenden bzw. 15,3 % der alten Menschen; bei den Nicht-Sozialhilfeempfängern lagen die entsprechenden Prozentsätze bei 14,7 % bzw. 13,7 %, eine Zahl, die deswegen besonders erschreckend ist, weil die Unkenntnis der Einkommensgrenze in entscheidendem Maße davon abhält, Sozialhilfeleistungen zu beantragen (a. a. O., 68). Angesichts des Umstandes, daß ein wesentlicher Hinderungsgrund dafür, Sozialhilfe in Anspruch zu nehmen, die drohende Inanspruchnahme Unterhaltsverpflichteter ist (vgl. 11.2.2.), ist es alarmierend, daß über 2/3 der befragten alten Menschen ihre Enkel und Geschwister für unterhaltspflichtig und damit den Rückgriff der Sozialhilfeträger gegen diese Personen für möglich hielten (a. a. O., 69). Was die Frage danach angeht, woher die Kenntnisse über die Sozialhilfearten stammten, so rangierten an erster Stelle Nachbarn und Freunde (37,7 %), dann Zeitung (29 %), Hörensagen (28,7 %), Rundfunk und Fernsehen (24,4 %), während das Sozialamt (24,1 %), Sozialarbeiter bzw. Fürsorgerin (6,5 %) sowie Informationsschriften über Sozialhilfe/Fürsorge (5,8 %) die ihnen obliegende Aufgabe der Vermittlung einschlägiger Kenntnisse offenkundig nur höchst unzureichend erfüllten (a. a. O., 72).

Roth (1979, 17) zitiert eine „Betroffenenbefragung im EG-Modellvorhaben Projektverbund Obdachlosenarbeit Duisburg/Essen" des Instituts für Sozialarbeit und Sozialpädagogik wie folgt: „53,1 % der Befragten hatten von den Möglichkeiten der Sozialhilfe nach dem BSHG nichts gewußt. Die Möglichkeit der Übernahme der Mietschulden durch das Sozialamt waren nur 23,4 %, Hilfe zum Lebensunterhalt nur 39,8 %, Wohngeld – Form der staatlichen Kompensation der im Verhältnis zum Einkommen zu hohen Mieten – nur 27,3 %, und die Möglichkeit der Vermittlung von Sozialwohnungen nur 24,3 % der Befragten bekannt".

Ein illustratives *Beispiel* für die *„informatorische Schwelle"* bietet die Inanspruchnahme von Wohngeld in der bayerischen Landeshauptstadt München:

Trotz einer nicht unerheblichen Verbesserung der Wohngeldleistungen zum 1. 1. 1981 blieb der „erwartete Ansturm" von Anstragstellern im Januar 1981 aus; vielmehr sank die Zahl der Antragsteller im Vergleich zum Januar 1978, als die letzte Wohngeldverbesserung in Kraft trat, um mehr als 40 %, eine Entwicklung, die vom Sozialreferat der Stadt München vor allem auf mangelnde Information zurückgeführt wird (SZ Nr. 33 v. 10. 2. 1981).

Exemplarisch sind auch die Ausführungen von Knerr 1981 über „Mindesteinkommensicherung und Sozialhilfe für die landwirtschaftliche Bevölkerung". Sie kommt nach einer

Analyse der gesellschaftlichen und administrativen Barrieren, die der in Anspruchnahme von Sozialhilfe durch die landwirtschaftliche Bevölkerung entgegenwirken, zu dem Schluß: „Das Ergebnis ist ein inhaltliches Außerkrafttreten des formalen Rechtsanspruchs auf Sozialhilfe insbesondere für die Gruppen, die sich dem gesellschaftlichen Wertgefüge stärker anpassen und durch den komplizierten Umgang mit Behörden stärker abgeschreckt werden. Beides gilt besonders für die landwirtschaftliche Bevölkerung" (a. a. O., S. 113).

Es scheint, daß die „Unterausschöpfung" der Sozialhilfe zu Lasten bestimmter gesellschaftlicher Gruppen geht und dabei auch an bestimmte soziale Normen anknüpft, die von der Inanspruchnahme von Sozialhilfe abhalten (vgl. dazu bereits 11.2.1.).

(2) In den letzten Jahren sind an verschiedenen Orten *Leitfäden* zur Sozialhilfe veröffentlicht worden, die sich zum Ziel setzen, die als unzureichend empfundene „offizielle" Aufklärung, Beratung und Auskunft zu verbessern. Diese „grauen" Informationsbroschüren haben gegenüber den *„offiziellen"* Broschüren in der Tat häufig das Verdienst, gerade auch auf die Aspekte der Sozialhilfegewährung einzugehen, welche die „An-Sich-Berechtigten" häufig davon abhalten, Sozialhilfe in Anspruch zu nehmen.

So heißt es beispielsweise in dem „Leitfaden der Sozialhilfe", der von der Sozialhilfegruppe TUWAS – Fachhochschule Frankfurt, Fachbereich Sozialarbeit – im März 1981 in 5. Aufl. (bislang hat man mehr als 25 000 Exemplare verkauft!) vorgelegt wurde, zur Zielsetzung der Broschüre: „Wir haben diesen Leitfaden geschrieben, weil wir wissen, wie schwer es ist, die Bürokratie zu durchschauen und seine Rechte gegen sie durchzusetzen. Wir wissen, daß die Bediensteten der Sozialämter die Interessen des Staates und nicht die der Sozialhilfeempfänger vertreten sollen. Darum haben wir die wichtigsten Leistungen nach dem Bundessozialhilfegesetz (BSHG) zusammengestellt, damit jeder seine Rechte kennenlernt und nachprüfen kann, was das Sozialamt ihm auszahlt" (a. a. O., 7; vgl. z. B. auch Sozialhilfe in Duisburg, 1981; eine Auflistung und Darstellung weiterer Leitfäden zur Sozialhilfe findet sich bei Krahmer/Roth 1979).
So fehlt z. B. in der „offiziellen" Broschüre „Sozialhilfe – Ihr gutes Recht" des *Bundesministers für Jugend, Familie und Gesundheit* eine brauchbare Darstellung der Ausnahmefälle, in denen Sozialhilfeleistungen zurückgezahlt werden müssen, eine Informationslükke, die angesichts des Umstandes sehr bedeutsam ist, daß viele Betroffene befürchten, die Sozialhilfe, die sie erhalten, später wieder rückerstatten zu müssen. Entsprechendes gilt für die Begrenzung der Inanspruchnahme Unterhaltsverpflichteter auf Verwandte ersten Grades oder für die Anzahl von Leistungen, die als einmalige Beihilfe gewährt werden und besonders zu beantragen sind. Hier schweigt die Broschüre des zuständigen Bundesministers sogar, ein Umstand, der umso bedeutsamer ist, als wie bereits vorstehend erwähnt, aus einschlägigen Untersuchungen bekannt ist, daß auch die Sachbearbeiter bei den Sozialämtern den Hinweis auf derartige zusätzliche Leistungen häufig unterlassen. (Auch nicht ausreichend, jedoch vom Ansatz her besser ist die Information, die in der vom Verband Alleinstehender Mütter und Väter e. V. herausgegebenen und von der Bundeszentrale für gesundheitliche Aufklärung finanzierten Broschüre „So schaffe ich es allein", Frankfurt 1981, enthalten ist; sie gibt immerhin Auskunft z. B. über den Anspruch auf Sozialhilfe für Ausländer, die Rückzahlung von Sozialhilfe und praktische Hinweise zur Antragstellung und -bearbeitung.) Das Widerspruchsverfahren – in „Sozialhilfe – Ihr gutes Recht" nicht erwähnt – wird beispielsweise in den Tips über Sozialhilfe der Interessengruppe Sozialhilfe

e. V. Köln (1981) dargestellt. „Wie ich bekomme, was mir zusteht" (Ein Ratgeber für Sozialhilfeempfänger in Münster) führt die Unterlagen an, die ein Sozialhilfesuchender tunlichst zum Sozialamt mitbringen sollte: Personalausweis, Mietvertrag, Mietquittung, Lohnbescheinigung, Geburtsurkunden der Kinder, Wohngeldbescheid u.ä. Ausführliche Berechnungsschemata für die Hilfe zum Lebensunterhalt und Hinweise und Beispiele für Rechtsbehelfe enthält der Darmstädter Sozialhilfeführer (1982).

Angesichts der offiziellen Informationspolitik ist der Vorwurf mangelnder Aufklärung der Sozialhilfeempfänger über ihre Rechte durch die zuständigen Stellen also nicht von der Hand zu weisen.

Nach Ansicht der Verfasser des „Leitfadens der Sozialhilfe" (a. a. O., 1) liegen dieser zurückhaltenden Informationspolitik fiskalische Erwägungen zugrunde, denn „... wenn wir, sagt ein Amtsleiter aus Trier, die Leute über ihre Ansprüche aufklären würden, wären wir sehr schnell pleite!" (Zu praktischen Erfahrungen mit dieser „Sozialhilfeberatung – anders" vgl. Sozialhilfe in der Krise 1978, S. 34 ff.).

Die angeführte „graue" Literatur – und das gilt auch vielfach für „seriöse" Literatur, die sich von nicht-juristischer Warte aus mit der Sozialhilfe befaßt – versäumt es jedoch ihrerseits mitunter, die Anspruchsvoraussetzungen für die dargestellten Sozialhilfeleistungen sowie die Pflichten der Sozialhilfeberechtigten (z. B. Pflicht zur Arbeit, Einsatz des Einkommens und des Vermögens, Verpflichtung, vorrangig andere Hilfsmöglichkeiten wahrzunehmen u. a.) vollständig darzustellen und angemessen zu erläutern. So werden oft Mißverständnisse erzeugt oder auch falsche Hoffnungen geweckt.

## 11.2.4. Die „bürokratische Schwelle"

(1) Was die Gewährung von Hilfeleistungen durch die zuständigen Verwaltungsstellen angeht – und zwar in allen drei Formen der Sozialhilfe, nämlich persönliche Hilfe, Geldleistungen und Sachleistungen (§ 8 Abs. 1) –, so ist dieser Bereich im Rahmen des vom Bundesminister für Forschung und Technologie im Zusammenhang mit den Bestrebungen zur Förderung anwendungsbezogener sozialwissenschaftlicher Grundlagenforschung initiierten Forschungsprogramms „Bürgernahe Gestaltung der sozialen Umwelt" untersucht worden (Bürgernahe Sozialpolitik 1979).

Das in dem Titel „Bürgernahe Sozialpolitik" zum Ausdruck kommende Postulat wird auf dem Hintergrund der Probleme verstanden, welche die zunehmend beklagte Bürgerferne des öffentlichen Handelns ausmachen:
    1. Die Abhängigkeit des Bürgers von einer zunehmend arbeitsteiligen Verwaltung;
    2. ein um sich greifendes Bewußtsein, daß die Verwaltungstätigkeit durch die herrschenden Formen parlamentarischer Demokratie nicht in ausreichendem Maße zur Berücksichtigung der Bürgerinteressen veranlaßt und in der Verfolgung ihrer eigenen Interessen kontrolliert werden könne;

3. die zunehmende Betroffenheit der Bürger durch Leistungen und Forderungen der öffentlichen Verwaltung, wie sie zum einen in wachsendem Umfang staatlicher und insbesondere kommunaler ‚Daseinsvorsorge' und zum anderen in der Ausdehnung ordnungspolitischer und fiskalischer Aufgaben des Staates zum Ausdruck kommen;

4. die steigenden Bedürfnisse der Bürger nicht nur hinsichtlich der Quantität, sondern auch der Qualität und Differenziertheit der sozialen Leistungen;

5. die ungenügende Berücksichtigung von Anliegen der Betroffenen im Rahmen von Verwaltungsstrukturen, in denen die Koordinationsprobleme innerhalb und zwischen Behörden und Einrichtungen ein solches Maß an Aufmerksamkeit erfordern, daß die Ansprüche der Bürger auf Lösung ihrer Probleme nur noch als lästige externe Störfaktoren erscheinen (a. a. O., 18 f.).

Was nun die Defizite der Bürgernähe im Bereich der Sozialhilfegewährung angeht, so kommen die Autoren der Teiluntersuchung zu diesem Komplex (Grunow/Hegner 1979, 349 ff.) zu der Feststellung, daß Inhalt und Ergebnis der Leistungsgewährung keineswegs ausschließlich von einer sachgerechten Anwendnung der Gesetze abhängen, vielmehr auch die Person des Antragstellers, sein Verhältnis zum Bearbeiter (bekannt/unbekannt; Zahl der bisher durchgeführten Gespräche) sowie der Typ der beantragten Hilfe eine Rolle spielen. An die Feststellung, daß beispielsweise in den von den Autoren beobachteten 2 300 mündlich-persönlichen Kontakten zwischen Verwaltungspersonal und Klienten in nur 6 % der Fälle Hilfe in besonderen Lebenslagen gewährt wurde, in nicht einmal 10 % der Fälle den vorsprechenden alten Menschen Altenhilfe (§ 75) gewährt wurde, knüpfen die Autoren die Vermutung an, daß Personen oder Personengruppen, die sich in das schematisierte Bearbeitungsverfahren bei der Gewährung von Hilfe zum Lebensunterhalt einordnen lassen, größere Chancen für eine rasche und zufriedenstellende Hilfegewährung haben als solche, die nicht in ähnlich schematisierte Verfahrensabläufe passen, und daß Ermessens- und Beurteilungsspielräume durch die Bearbeiter eher restriktiv ausgelegt werden. Bezeichnend ist auch, daß nur 10 % der Sachbearbeiter der Meinung sind, daß die Hilfesuchenden im Kontakt mit dem Sozialamt alle ihnen zustehenden Leistungen erhalten, aber 16 % der Sachbearbeiter und sogar 28 % der Sozialarbeiter der Auffassung sind, daß mehr als ¹/₅ der Hilfesuchenden nicht alle gesetzlich fixierten Leistungen in Anspruch nehmen (dieser Befund belegt auch die These von der „partiellen Dunkelziffer; vgl. 11.1.). 22 % der Sozialarbeiter und sogar 29 % der Sachbearbeiter vermuten, daß mehr als ¹/₅ der eigentlich Anspruchsberechtigten keine Sozialhilfeleistungen beantragen, rechnen also mit einer doch ganz erheblichen „konstanten Dunkelziffer" (vgl. 11.1.). Diese hier sehr verkürzt wiedergegebenen Feststellungen ziehen die Sachgerechtigkeit der Sozialhilfegewährung – im Sinne der vollen Ausschöpfung rechtlich definierter Ansprüche – sehr stark in Zweifel. Was die Bedürfnisgerechtigkeit der Sozialhilfegewährung – im Sinne der Orientierung der Hilfen und Leistungen an den Bedürfnissen bzw. Anliegen der Bürger – angeht, so ergibt sich aus der bereits vorstehend erwähnten Beobachtung von 2 300 mündlich-persönlichen Kontakten zwischen Verwaltungspersonal und Klienten, daß in 60 % der beobachteten Gespräche keinerlei Hinweise auf Hilfemöglichkeiten und Hilfearten der Sozialverwaltungen und der freien Wohlfahrtsträger gegeben wurden (wobei allerdings zu berücksichtigen ist, daß möglicherweise bereits in früheren, nicht beobachteten Gesprächen derartige Hinweise gegeben wurden und sie deshalb in den beobachteten Gesprächen überflüssig waren).

Skeptisch stimmt auch, was die bereits zitierte, im Auftrag des Bundesministers für Arbeit und Sozialordnung durchgeführte Repräsentativerhebung zum Thema „Bürger und Sozialstaat" (vgl. 1.3.) zu diesem Punkte zutage gefördert hat, nämlich eine, nicht zuletzt schichtenspezifisch ausgeprägte Furcht im Umgang mit Behörden, die dem hohen Maß an Vertrauen der Bürger in die staatliche Leistungsfähigkeit („Der Staat werde schon dafür sorgen, daß es niemandem mehr schlecht zu gehen braucht!"), auf das die Erhebung im übrigen schließen läßt, gegenüber steht:

Ein Viertel der Bürger insgesamt und 4 von 10 Bürgern mit Volksschulabschluß ohne eine anschließende qualifizierte Berufsausbildung haben eine generelle Angst vor Ämtern und Behörden, mehr als ein Drittel (und mehr als die Hälfte der Bürger mit Volksschulabschluß ohne Lehre) hat beim Stellen von Anträgen und beim Ausfüllen von Formularen „immer Angst, etwas falsch zu machen" (BMA 1980, 56 f.).

Die Umfrage zeigt, daß es um Kommunikation und Interaktion zwischen Bürger und Verwaltung gewiß nicht zum Besten steht (dazu aus der Sicht der Kommunikationstheorie – unter Bezugnahme auf Watzlawick – für den Sozialhilfebereich John 1981).

(2) Zu den Faktoren, die für die Effizienz der Sozialhilfeverwaltung von Bedeutung sind, gehören zunächst einmal ihre *organisatorischen Rahmenbedingungen,* d. h. insbesondere auch das Verhältnis der verschiedenen, an der Gewährung von Sozialleistungen beteiligten Behörden zueinander (z. B. Verhältnis von Sozialamt und Jugendamt dort, wo sie getrennt sind, von Sozialamt und allgemeinem Sozialdienst, von Behörden und – parlamentarischem – Sozialausschuß, von staatlichen Behörden und Trägern der freien Wohlfahrtspflege). Nicht außer Acht gelassen werden dürfen auch die *räumliche Ansiedlung* und die *baulich-technische Ausstattung* der Sozialbehörden. Ein wichtiger Aspekt ist derjenige der Form der *Leistungsübermittlung,* der allzuhäufig zugunsten des Gesichtspunkts „Inhalt und Umfang von Leistungen und Hilfen" vernachlässigt wird. Im BSHG werden diese „psycho-sozialen Aspekte der Hilfeübermittlung" (Grunow/Hegner 1979, 358) in § 8 Abs. 2 – „Zur persönlichen Hilfe gehören auch die Beratung in Fragen der Sozialhilfe ..." – sowie in §§ 13–15 SGB-AT angesprochen (vgl. 2.5.):

Die hier aufgestellten Aufklärungs-, Beratungs- und Auskunftspflichten setzen nicht nur die Schaffung neuer Personalstellen voraus, sondern werfen auch das Problem auf, derartige Stellen mit hinreichend *qualifizierten Personen* zu besetzen. Dabei kommt es nicht allein auf Wissen um die einschlägigen Sachfragen sowie um profunde Detailkenntnisse in den einschlägigen Rechtsgebieten – beispielsweise im Sozialhilferecht –, an, sondern eben – sosehr auf die menschliche Qualifikation, d. h. die Fähigkeit zum Führen eines Gesprächs, die Sensibilität für sozial und sozialpsychologisch schwierige Fälle. „Lustlose Abfertigung" an Schaltern durch wenig qualifizierte Kräfte kann nicht Auskunft im Sinne der neuen Vorschrift sein" (Rode 1979, Rz. 4 vor § 13). Auf den Umstand, daß gerade (was die hier angesprochene Qualifikation angeht) in der praktischen Sozialhilfeverwaltung einiges im Argen liegt, wurde bereits hingewiesen. Beachtung verdient darüber hinaus insbesondere die Feststellung von Grunow/Hegner (1979, 359), daß „jeweils mehr als 1/5 der Sachbearbeiter und Sozialarbeiter – nach eigenem Bekunden – nicht genügend Zeit für Beratung und Auskunftserteilung hat, und daß – nach unseren Beobachtungen – die Sachbearbeiter und Sozialarbeiter in weniger als 1/3 der Kontakte Hinweise auf zusätzliche Hilfemöglichkeiten des Sozialamtes oder anderer zuständiger Stellen geben".

Die vom Bundesminister für Jugend, Familie und Gesundheit in einer Auflage von über einer Million verbreitete Broschüre „Sozialhilfe – Ihr gutes Recht" führt unter der Überschrift „Keine Angst vor Papierkrieg!" zur Verwaltungsproblematik aus: „Das Sozialmat hilft auch ohne Antrag. Es muß von sich aus eingreifen, wenn ihm ein Notstand bekannt wird. So will es das Gesetz. Aber wer kennt alle Not? Warten Sie deshalb nicht, bis das Sozialamt durch irgendeinen Zufall von Ihrer Notlage erfährt. Besser Sie wenden sich selbst und direkt an die richtige Stelle. Im Rathaus oder auf dem Landratsamt. Das beste Recht ist wertlos, wenn Sie es verschenken. Sicher werden Sie am Ende auch den einen oder anderen Antrag ausfüllen müssen. Ganz ohne Anhaltspunkte kann auch das Sozialamt nicht helfen. Aber strecken Sie nicht gleich die Waffen vor „so viel" Papierkrieg! So viel ist es nämlich gar nicht. Und außerdem: der Mann oder die Frau vom Sozialamt stehen Ihnen bei. Punkt für Punkt. Nicht umsonst sind sie Fachleute im Helfen" (S. 8/9).

Nach allen einschlägigen Untersuchungen sowie auch nach (durch Sozialhilfeempfänger selbst) direkt vermittelten Erfahrungen sieht die Praxis häufig noch anders aus (zur Personalsituation in den Sozialämtern vgl. schon 3.5.1.). So heben Grunow/Hegner (1979, 349 ff.) als Einflußgrößen eines „bürgernahen" oder „bürgerfernen" Verwaltungshandelns von Sozialbehörden zwei Faktorenbündel besonders hervor:
— im Bereich der *organisations- und personalstrukturellen* Gegebenheiten die Frage nach dem Ausmaß der Publikumsbezogenheit der Verwaltungsorganisation (hier werden sowohl innerbehördliche Merkmale der Aufbau-, Ablauf- und Personalorganisation als auch Formen der Arbeitsteilung und Kompetenzabgrenzung zwischen verschiedenen Behörden in ihren Auswirkungen auf ein sach- und bedürfnisgerechtes Verwaltungshandeln berücksichtigt), zum anderen
— im Bereich der *personenbezogenen* Gegebenheiten (also der individuellen Merkmale von Sachbearbeitern und Sozialarbeitern) die Frage nach dem Ausmaß der Publikumsorientierung des Personals (hier werden individuelle Wahrnehmungs- und Entscheidungsmuster, persönliche Einstellungen und Werthaltungen sowie Handlungsfähigkeit und Handlungsbereitschaft in ihren Auswirkungen auf ein sach- und bedürfnisgerechtes Verwaltungshandeln berücksichtigt). Die Autoren (a. a. O., 355 ff.) weisen darauf hin, daß Publikumsbezogenheit der Organisation und Publikumsorientierung des Personals ihren Niederschlag in spezifischen Handlungsstrategien beim Umfang mit Hilfesuchenden finden. Von besonderer Bedeutung sind hier
a) Muster der Problemwahrnehmung (z. B. Art der Umsetzung von vorgebrachten Hilfeersuchen in verwaltungsmäßig bearbeitbare Probleme);
b) Muster der Klientenauswahl (z. B. „Einschüchterung" oder Zurückweisung von unliebsamen Antragstellern);
c) Muster der Erstellung von Hilfen und Leistungen (z. B. Akzentsetzung bei der persönlichen Beratung und Handhabung von Ermessensspielräumen bei der Gewährung von Geldleistungen);
d) Muster der Übermittlung von Hilfen und Leistungen (z. B. Ausführlichkeit der Beratung über zusätzliche Hilfemöglichkeiten oder Verhandlungsstile im Umgang mit Klienten).

Bei diesen Handlungsstrategien und Handlungsmustern handelt es sich um Faktoren, die von unmittelbarem Einfluß sind auf die soziale Distanz zwischen Bürger und Sozialverwaltung einerseits sowie auf die sachlichen Diskrepanzen zwischen Anspruch und Wirklichkeit andererseits. Es ist nicht zuletzt Aufgabe der Sozialwissenschaften, durch das Aufzeigen von Defiziten und die Entwicklung neuer Organisationsmuster und Verfahrensweisen Verbesserungsmöglichkeiten aufzuzeigen (so zu Recht Naujoks 1979, 337). Auch wäre eine bürgerfreundlichere Gesetzessprache und -aufbereitung nicht zuletzt auch eine neue Reaktion auf Armut (Naujoks 1979, 335; s. auch 1.3.). Auch von Seiten der Betroffenen wird zunehmend Kritik an der Sozialhilfepraxis geübt (vgl. 11.2.3.), wenn man auch in der Bundesrepublik Deutschland nicht davon sprechen kann, daß es eine ausgeprägte Selbstartikulation und Selbstorganisation der Sozialhilfeempfänger gibt (ein engagiertes Plädoyer dafür hält Schink 1978).

Zu entsprechenden Versuchen in den USA (National Welfare Rights Organization) und ihrem letztendlichen Scheitern vgl. die illustrative Darstellung von Piven/Cloward 1977b. Leibfried (1978, 69) weist für die Bundesrepublik Deutschland wohl zu Recht darauf hin, daß hier im Vergleich zu den USA das Organisationspotential der Betroffenen wegen fehlender bzw. geringerer ethnischer und sozialer Identifikationsmöglichkeiten geringer und wegen des größeren Maßes an Sozialstaatlichkeit – und des „social democratic climate" – auch der Anreiz zu derartigen Bestrebungen schwächer ist.

(3) Die Kritik an der Praxis der Sozialhilfeverwaltung läßt auch die Position des *Sozialarbeiters* zwischen Sozialhilfeempfänger und Sozialhilfeverwaltung nicht unberührt: Der Sozialarbeiter hat es oft in der Hand, einen Tatbestand so zu einem Fall zu „verpacken", daß Hilfen im Rahmen des BSHG geleistet werden müssen. So entsteht ein bestimmter Spielraum für den Sozialarbeiter und es besteht die Möglichkeit, unterstützend für den Sozialhilfeempfänger tätig zu sein. Von daher ist es nicht weit zu der Forderung, über den Versuch alternativen Handelns durch wohlwollende und extensive Auslegung der Gesetze hinauszugehen, damit die karitative Rolle des Helfers zu verlassen und stattdessen einen Widerstand der betroffenen Sozialhilfeempfänger zu ermöglichen und von Sozialarbeiterseite zu unterstützen. Derartige Strategien sollen durch die Überwindung von Uninformiertheit und Rechtsunsicherheit einerseits die Widersprüchlichkeit der Sozialhilfepraxis nachweisen, andererseits die Verwurzelung der Sozialhilfebedürftigkeit in kollektiven Lebenssituationen aufzeigen, um den Betroffenen das Gefühl des individuellen Selbstverschuldens an ihrer Notsituation zu nehmen und sie langfristig in die Lage zu versetzen, durch eigenes Handeln ihre Rechte gegenüber den Sozialhilfebehörden geltend zu machen.

Die Vorschriften über die Beteiligung „sozial erfahrener Personen", so beschränkt ihr Anwendungsbereich auch ist, könnten vielleicht ein Ansatzpunkt sein, die Mitwirkung der Betroffenen an Sozialhilfeangelegenheiten zu stärken. Das würde allerdings voraussetzen, daß Kompetenzen und nicht zuletzt auch die Auswahl der Personen unter dem Blickwinkel einer echten Partizipation der Betroffenen fortentwickelt werden.

## 11.2.5. Die „subjektive Schwelle"

(1) In der bisherigen Diskussion zu kurz gekommen ist die Erörterung der Einstellungen, Erfahrungen und Forderungen der *Klienten*, Faktoren, die für die Konflikte im Spannungsfeld zwischen Anspruch und Wirklichkeit der Sozialhilfe von ausschlaggebender Bedeutung sind. Zumeist beschränken sich die Stel-

lungnahmen zu dieser Problematik auf die mehr oder weniger resignierte Feststellung, daß der „Fürsorge" – entsprechendes gilt heute für die Sozialhilfe – „immer noch ein Geruch anhaftet, der nicht dem Sinn der ... Gesetze entspricht, der immer noch etwas an die alte Armenfürsorge erinnert" (Oel 1960, 8).

Es ist insbesondere Aufgabe der professionalisierten sozialen Arbeit, derartige Konflikte zu erkennen, aufzuarbeiten und Strategien zu ihrer Bewältigung zu entwickeln. Dies impliziert eine Analyse der Bedürfnisse der Sozialhilfeempfänger bzw. -berechtigten, ihrer individual- und sozialpsychologischen Einstellungen sowie ihrer Schwierigkeiten, mit der Sozialhilfeverwaltung zu kommunizieren und zu interagieren.

Auf diesem Hintergrund sind empirische Untersuchungen angesiedelt, wie sie etwa Silbereisen/Österreich/Kubatzki (1978) durchgeführt haben: Im Wege einer postalischen Befragung von rd. 1 300 Sozialhilfeempfängern wurden deren Einstellungen und Forderungen ermittelt, wobei die Antworten auf den fünf Dimensionen: Zufriedenheit – Selbstwertgefühl – persönliche Hilfe – Verantwortlichkeit – Informiertheit variierten. Als Diskriminanzfunktionen, d. h. als primäre Gesichtspunkte, welche die dabei nachgewiesenen unterschiedlichen Klientengruppen der Sozialhilfe maximal differenzierten, wurden „unreflektierte Zufriedenheit", „hemmende Diskreditierung durch die Sozialhilfe" und „Wunsch zur Entlastung von der Verantwortung durch die Sozialhilfe" angegeben. Es muß Aufgabe einer klientenorientierten Praxis der Sozialarbeit sein, differenziert auf entsprechend unterschiedliche Klientengruppen einzugehen und auch das eigene Verhalten darauf abzustellen (dazu z. B. Rabe 1980).

(2) Was Maßnahmen zur Bewältigung einzelner, die Sozialhilfebedürftigkeit auslösender Sozialprobleme angeht, so sollen sie im folgenden anhand der bereits erwähnten Untersuchung von Vaskovics/Weins (vgl. 1.2.) am Problem der Obdachlosigkeit exemplifiziert werden.

Vaskovics/Weins (1979, 29 ff.) weisen zunächst darauf hin, daß der Einsatz sozialer Hilfen wesentlich davon abhängt, wie das Problem wahrgenommen und definiert wird und welche Ziele zu seiner Lösung gesetzt werden. Die Problemsicht und Zielsetzung einzelner Kommunen in bezug auf die Obdachlosigkeit variiere danach hauptsächlich nach den Gesichtspunkten: 1. Einschätzung der Verursachungszusammenhänge (Verschuldensprinzip), 2. Beurteilung von Obdachlosen als soziale Kategorie (Zumutbarkeitsproblem), 3. Beurteilung der Wirkungen der Obdachlosigkeit (Folgeprobleme) und 4. Einschätzung der Daseinsformen der Obdachlosigkeit. An der Einschätzung dieser Gegebenheiten orientieren sich dann die Zielbestimmung der Exekutive sowie die Entscheidung über die Mittel zur Zielerreichung (bei Obdachlosen sind die Orientierungspunkte zumeist Selbstverschulden, geringe Integrationsbereitschaft und -fähigkeit, Resozialisierungsbedürftigkeit sowie positives Zusammengehörigkeitsgefühl und -bestreben.) Als Mittel lassen sich objektbezogene Maßnahmen (bei Obdachlosigkeit z. B. Verbesserung der Wohnobjekte und der Infrastruktur der Wohngebiete) und personenbezogene Maßnahmen, d. h. Hilfen, die Personen oder Gruppen gewährt werden, unterscheiden. Aufgrund des Zeitpunktes des Einsetzens dieser Hilfen lassen sich (a) präventive Maßnahmen, (b) situative Maßnahmen, (z. B. Maßnahmen während der Obdachlosigkeit), sowie (c) Maßnahmen zur Beendigung der Situation und nachgehende Betreuung unterscheiden. Das BSHG sieht als mögliche Präventivmaßnahmen vor: Übernahme von Mietrückständen; Kosten der Anmietung von

Wohnungen und Maklergebühren; Übernahme ausstehender Gas- oder Stromrechnungen; einmalige Beihilfe zur Reparatur; Mietübernahme für eine neue Wohnung; Maßnahmen zur Wohnungsbeschaffung. Das zögerliche oder ganz fehlende Gebrauchmachen von derartigen Präventivmaßnahmen, die als Kann-Leistungen im Ermessen der Sozialhilfebehörden stehen, ist nach Ansicht von Vaskovics/Weins dafür verantwortlich, daß sich die für Prävention einschlägigen Bestimmungen des BSHG als wirkungslos erweisen, obwohl die Rekrutierung der Obdachlosigkeit fast gänzlich unterbunden werden könne, wenn die Kommunen geeignete Informationssysteme zur Früherkennung von latenter und potentieller Obdachlosigkeit entwickeln und die nötigen Konsequenzen beim Personaleinsatz ziehen würden (a. a. O., 31 u. 172 ff., 189 f.). Mangelndes Problembewußtsein der Behörden und Voreingenommenheit des Behördenpersonals gegenüber dem Betroffenen wird hier wie in ähnlichen Situationen als Haupthindernis für eine größere Effizienz bei der Vorbeugung (Prävention) sozialer Probleme angesehen.

(3) Im Vergleich zum Problem der Nichtinanspruchnahme sozialer Leistungen nimmt die Frage der *unberechtigten exzessiven* Inanspruchnahme von Sozialleistungen unverhältnismäßig viel öffentliche Aufmerksamkeit in Anspruch. Dabei herrscht in Fachkreisen durchaus der Eindruck vor, daß zu denjenigen Anspruchsberechtigten, die dazu tendieren, unproportional große Anteile von Leistungen und Unterstützungsmaßnahmen an sich zu ziehen, in erster Linie Personen gehören, die über eine höhere Bildung verfügen, ökonomisch besser gestellt und allgemein durchsetzungskräftiger sind (Leibfried 1980, 757). Die Diskussion um den Mißbrauch von Sozialleistungen und seine Verhütung darf deshalb nicht dazu führen, daß denjenigen, die die Hilfe am meisten benötigen und die zugleich auch in der Regel nicht zu der vorstehend erwähnten „gehobenen" Schicht von Leistungsempfängern gehören, notwendige Leistungen und Hilfen vorenthalten werden (kritisch zur „Mißbrauchsdebatte" und für eine differenzierte Erörterung des Problemkreises "Inanspruchnahme, Nicht-Inanspruchnahme und Mißbrauch sozialer Leistungsangebote" insbesondere unter dem Gesichtspunkt der Interaktion von Amt und Klient auch Henkel/Pavelka 1981 u. 1981 a).

Gegenwärtig krankt die „Mißbrauchsdebatte" insbesondere daran, daß nicht genügend zwischen den unterschiedlichen Ursachen differenziert wird, auf denen das Auseinanderfallen von intendiertem Leistungszweck und tatsächlicher Leistungsinanspruchnahme beruhen kann. So kann die gesetzliche Ausgestaltung von Anspruchsvoraussetzungen zu unpräzise, d. h. insbesondere zu „weit" sein mit der Folge, daß ganz legal Personen in den Genuß von Leistungen kommen, die von der sozialpolitischen Intention her nicht zu den Nutznießern gehören sollten. Zuweilen nimmt der Gesetzgeber allerdings auch bewußt ein gewisses Maß an Zweckverfehlung in Kauf, weil nur so gewährleistet werden kann, daß diejenigen, die zu den eigentlichen Leistungsadressaten gehören, das Leistungsangebot auch wirklich ausschöpfen. Neben der *Normierung* kann jedoch auch der *Vollzug* von Sozialgesetzen *unzulänglich* sein mit der Folge, daß – wiederum legal – Personen Leistungen erhalten, die sie „eigentlich" nicht erhalten sollten. Zu erwähnen ist ferner das bei den Sozialversicherungsleistungen unter dem Schlagwort „moral hazard" diskutierte Problem, daß Leistungsempfänger bewußt die Voraussetzungen herbeiführen, die zur Erlangung von Sozialleistungen berechtigen, d. h. bei Sozialversicherungsleistungen den Risikofall, bei sonstigen Sozialleistungen die dafür aufgestellten Anspruchsvoraussetzungen. Das betrügerische Erschleichen von Leistungen, welches hier als Mißbrauchsfall letztendlich genannt werden soll, ist mithin nur *ein* Fall von einer ganzen Reihe – noch zu ergänzender und zu differenzierender – Fallgestaltungen, die allesamt unter dem Schlagwort „Mißbrauch von Sozialleistungen" auch im Rahmen der Sozialhilfe diskutiert werden.

(4) Der anhand der „Schwellen" illustrierte Widerspruch zwischen angestrebter Bedarfsbefriedigung einerseits und bestimmten Konstruktionsprinzipien und Mechanismen andererseits ist hier deshalb so breit dargestellt worden, weil es sich dabei um ein „konstitutives Systemproblem" (Leibfried 1976, 393; Hartmann 1979, 664; s. auch jüngst Hartmann 1981) zu handeln scheint. Dieses Problem verlangt nach neuen sozialpolitischen Interventionsformen, die z.t. den Forderungen entsprechen, auf die das neue Schwerpunktprogramm der Deutschen Forschungsgemeinschaft „Ordnungspolitische Probleme der sozialen Sicherung" Antworten sucht (vgl. Kaufmann 1981).

Neben der Erforschung der gesellschaftlichen Ursachen sozialpolitischer Probleme sind es vor allem die vielfältigen Verflechtungen und Wechselwirkungen zwischen staatlichen und nichtstaatlichen, professionalisierten und nichtprofessionalisierten Trägern sowie Mustern sozialer Aktion, sozialer Hilfe und Unterstützung, die hier zum Forschungsgegenstand gemacht werden sollen. Das „duale System" der sozialen Hilfe, bestehend aus bezahlten und häufig hochspezialisierten Diensten auf der einen und unbezahlten Hilfen auf der anderen Seite, ist gerade im Bereich der sozialen Dienstleistungen, die in der Sozialhilfe eine herausragende Rolle spielen, von großer Bedeutung. Nichtprofessionalisierte Aktivitäten und Verhaltensmuster sind hier deswegen besonders zu beachten, zumal ihr Ausbau gerade auch aus Kostengründen ein Gebot der Stunde sein mag. Hinzu kommen die wichtige Funktion intermediärer Instanzen bei der Ausformung und Verwirklichung sozialpolitischer Programme, die sich auch in der Sozialhilfe exemplarisch aufzeigen läßt, sowie weitere, hier nicht auszulistende Fragestellungen, die von unmittelbarer Relevanz für die Sozialhilfe sind.

(5) Hinter diesem „Systemproblem" steht allerdings auch (und nach wie vor) die „Legitimitätsproblematik" der Fürsorge, die Hartmann (1979, 668) in Frageform folgendermaßen formuliert hat: „Wie kann legitimiert werden, daß z. B. eine Rentnerin, die als Hausfrau arbeitet und daher nur über eine Minirente verfügt, oder eine alleinstehende Mutter, die wegen der Versorgung ihrer Kinder kein ausreichendes Einkommen erzielen kann, auf eine Sozialleistung angewiesen sind, die im Gegensatz zu anderen Leistungen eine strenge Kontroll- und Überprüfungspraxis impliziert und höchstens ein minimales Niveau erreicht?"

# 12. Zahlen – Daten – Fakten zur Sozialhilfe

Im folgenden sollen die vorstehenden Ausführungen zur Sozialhilfe anhand einschlägigen Zahlenmaterials, Statistiken u.ä. quantitativ und qualitativ ergänzt werden.

## 12.1. Die Zahl der Sozialhilfeempfänger und ihre Entwicklung

(1) Die Zahl der Sozialhilfeempfänger hat sich wie folgt entwickelt (in Mio.):

| | | | |
|---|---|---|---|
| 1963 | 1,491 Mio. | 1971 | 1,548 Mio. |
| 1964 | 1,418 Mio. | 1972 | 1,645 Mio. |
| 1965 | 1,404 Mio. | 1973 | 1,730 Mio. |
| 1966 | 1,445 Mio. | 1974 | 1,916 Mio. |
| 1967 | 1,531 Mio. | 1975 | 2,049 Mio. |
| 1968 | 1,503 Mio. | 1976 | 2,109 Mio. |
| 1969 | 1,479 Mio. | 1977 | 2,164 Mio. |
| 1970 | 1,491 Mio. | 1978 | 2,120 Mio. |
| | | 1979 | 2,095 Mio. |

Obwohl auch im Jahre 1979 die Ausgaben der Sozialhilfeträger für Leistungen nach dem BSHG gegenüber 1978 gestiegen sind, und zwar um 6,9 % (vgl. 12.2.), ist die Anzahl der Empfänger dieser Hilfen zurückgegangen, und zwar um 24 400 bzw. 1,2 %. Nach den Angaben des Statistischen Bundesamtes (vgl. Fachserie 13: Sozialleistungen, Reihe 2: Sozialhilfe 1978, S. 10) ist diese Entwicklung in erster Linie darauf zurückzuführen, daß sich die *Anzahl der Empfänger laufender Hilfe zum Lebensunterhalt* gegenüber dem Vorjahr um 24 300 (= 1,8 %) *verringert* hat; außerhalb von Einrichtungen sank die Zahl der Sozialhilfeempfänger um 31 500 (= 2 %), während sich bei den Hilfen in Einrichtungen eine Zunahme um 12 400 Hilfeempfänger (= 2,3%) ergab.

Je 1 000 Einwohner der Bundesrepublik Deutschland haben im Durchschnitt im Jahre 1979 *34* Sozialhilfe bezogen (1978: 35).

Die entsprechenden Zahlen lauten für die einzelnen Bundesländer wie folgt: Baden-Württemberg 22; Bayern 23; Berlin 77; Bremen 66; Hamburg 55; Hessen 34; Niedersachsen 36; Nordrhein-Westfalen 40; Rheinland-Pfalz 26; Saarland 36; Schleswig-Holstein 38. In den Stadtstaaten findet sich somit die höchste Zahl der Sozialhilfeempfänger pro 1 000 Einwohner, was sich z. T. aus der spezifischen Bevölkerungs- und Sozialstruktur dieser Regionen erklärt.

(2) Was die beiden *Großgruppen* der Hilfen („Hilfe zum Lebensunterhalt" und „Hilfe in besonderen Lebenslagen") angeht, so hat sich entgegen dem bis 1977 zu beobachtenden Trend die Zahl der Bezieher laufender Hilfe zum Lebensunterhalt auf 1,3 Mio. verringert.

Was die einzelnen *Arten* der Hilfe bei der *„Hilfe in besonderen Lebenslagen"* angeht, so ist die Zahl der Empfänger von „Hilfe zur Pflege" und von „Eingliederungshilfe für Behinderte" gegenüber 1978 gestiegen, so beispielsweise für die Gesamtzahl der Pflegefälle um ca. 3,1 %. Eine zahlenmäßig starke Zunahme gegenüber 1978 war bei der Eingliederungshilfe für Behinderte – 10 300 – festzustellen (die Zunahme bei der „Hilfe zur Pflege" betrug 13 200).

(3) Insgesamt läßt sich festellen, daß die Leistungen der Sozialhilfe zum *überwiegenden Teil* solchen Personen zugute kommen, die im *nicht-erwerbsfähigen Alter* stehen, d. h. *unter 18* bzw. *über 65 Jahre* alt sind; der Anteil dieser Empfängergruppe lag im Jahre 1979 bei 58 % (1978: 59 %, 1977: 60 %).

Die Anzahl der *Haushalte,* in denen die 1,311 Mio. *Empfänger laufender Hilfe zum Lebensunterhalt* erfaßt werden, liegt bei rd. 723 000; davon handelt es sich bei ²/₃ der Haushalte – 459 700 – um Alleinstehende mit einem eigenen Haushalt sowie um sonstige einzeln nachgewiesene Personen; darunter befanden sich ca. 294 000 Frauen, von denen 151 700 (= gut 50 %) das 60. Lebensjahr überschritten hatten. 165 300 alleinstehende männliche Haushaltsvorstände bzw. Einzelpersonen erhielten Sozialhilfe, wobei der Anteil der über 60jährigen bei gut 10 % lag (hier zeigt sich eine sehr starke Divergenz zu den weiblichen Sozialhilfempfängern). Die Zahl der Ehepaare mit und ohne Kinder, die Sozialhilfe bezogen, lag bei 90 900, ist mithin weiter rückläufig (1978: 100 200).

Von den 488 000 Haushalten, die laufende Hilfe zum Lebensunterhalt erhielten, waren 20 % – 1977: 25 % – allein auf die Sozialhilfe angewiesen.

(4) Die Zahl der *nicht-deutschen Sozialhilfeempfänger* lag 1978 bei ca. 109 000, d. h. sie war viereinhalb mal so hoch wie 1970 (= 20 000); somit ist eine starke Zunahme der nicht-deutschen Sozialhilfeempfänger festzustellen. (Zu weiteren Angaben vgl. Statistisches Bundesamt, Fachserie 13: Sozialleistungen, Reihe 2: Sozialhilfe 1979, Wiesbaden 1981; zur Interpretation der Sozialhilfestatistik vgl. Frank 1980, 15 ff.; zum Anteil der Ausländer an den Sozialhilfeempfängern vgl. bereits oben 10.2.).

## 12.2. Die Sozialhilfeausgaben und ihre Entwicklung

(1) Die *Bruttoausgaben* für die Sozialhilfe haben sich rückblickend wie folgt entwickelt (Angaben in Mio. DM):

| Jahr | insgesamt | außerhalb von Anstalten | innerhalb von Anstalten |
|------|-----------|-------------------------|--------------------------|
| 1963 | 1 860 | 966 | 894 |
| 1964 | 1 943 | 993 | 950 |
| 1965 | 2 106 | 1 045 | 1 061 |
| 1966 | 2 318 | 1 164 | 1 154 |
| 1967 | 2 550 | 1 243 | 1 307 |
| 1968 | 2 671 | 1 265 | 1 406 |
| 1969 | 2 859 | 1 328 | 1 531 |
| 1970 | 3 335 | 1 577 | 1 758 |
| 1971 | 4 017 | 1 834 | 2 183 |
| 1972 | 4 817 | 2 206 | 2 611 |
| 1973 | 5 656 | 2 579 | 3 077 |
| 1974 | 7 136 | 3 257 | 3 880 |
| 1975 | 8 405 | 3 682 | 4 724 |
| 1976 | 9 597 | 4 152 | 5 445 |
| 1977 | 10 452 | 4 537 | 5 916 |
| 1978 | 11 349 | 4 376 | 6 973 |
| 1979 | 12 128 | 4 531 | 7 598 |

Der Sozialhilfeaufwand hat mithin zwar bereits im Jahre 1977 *die 10-Mrd.-Grenze über-schritten,* doch lag 1977, 1978 und 1979 die Steigerungsrate der Sozialhilfeausgaben mit 8,9 %, 8,6 % bzw. 6,9 % erheblich unter derjenigen der Vorjahre (1976: + 14 %; 1975 + 18 %). Ferner ist festzuhalten, daß, um beim Beispielsjahr 1979 zu bleiben, den Ausgaben von 12,40 Mrd. Einnahmen in Höhe von rd. 2,87 Mrd. DM gegenüberstanden, so daß sich die reinen Ausgaben auf 9,53 Mrd. DM beliefen. Bemerkenswert ist in diesem Zusammen-hang auch, daß die Einnahmen (bestehend aus Aufwendungsersatz, Kostenersatz, Ersatz-leistungen von Unterhaltspflichtigen, Sozialleistungsträgern u. a.) 1979 mit 7 % stärker zugenommen haben als die Ausgaben (1978: 11,1 %).

Diese Tendenz, daß nämlich die Einnahmen stärker steigen als die Ausgaben, ist auch langfristig festzustellen. So nahmen die Ausgaben 1979 im Vergleich zu 1970 um 364 % zu, die Einnahmen im gleichen Zeitraum dagegen um 401 %.

Der relative Anteil der Sozialhilfe an den *Sozialleistungen insgesamt,* wie er sich im *Sozialbudget* ausdrückt, ist verhältnismäßig gering: zwischen 1960 und 1970 sank er von 3,1 % auf 2,0 %, zwischen 1970 und 1975 ist er (erst) wieder auf 2,7 % gestiegen (Klanberg 1978, 204).

Für 1976 sieht das in konkreten Zahlen so aus: das Sozialbudget insgesamt belief sich auf 356,9 Mrd. DM; die Sozialhilfe betrug rd. 9,6 Mrd. DM (vgl. im einzelnen, auch was die zum Sozialbudget gehörigen Institutionen angeht, Bundesregierung/Presse- und Informa-tionsamt, Gesellschaftliche Daten 1977).

(2) Was die *Zusammensetzung* der Sozialhilfeaufwendungen angeht, so lagen, wie sich aus der vorstehenden Übersicht bereits ergibt, in den ersten Jahren nach Inkrafttreten des Bundessozialhilfegesetzes die Aufwendungen für Hilfe außerhalb von Anstalten über de-nen für Hilfe in Anstalten; dieses Verhältnis hat sich jedoch Mitte der 60er Jahre bereits umgekehrt. Im Jahre *1977* betrug der Anteil der Aufwendungen für Hilfe in Anstalten 56,6 %, *1978* 61,4 %, *1979* 62,6 %.

Was die *Verteilung* des Aufwandes für Hilfe zum Lebensunterhalt und Hilfe in beson-deren Lebenslagen angeht, so beläuft sich erstere auf rd. ein Drittel der gesamten Sozial-hilfeausgaben.

Im einzelnen sieht das wie folgt aus:

| Jahr | Hilfe zum Lebensunter-halt | Hilfe in besonderen Le-benslagen |
|---|---|---|
| 1965 | 833,8 | 1 272,5 |
| 1970 | 1 180,6 | 2 154,5 |
| 1973 | 2 072,6 | 3 583,3 |
| 1974 | 2 650,3 | 4 485,9 |
| 1975 | 3 024,7 | 5 380,3 |
| 1976 | 3 450,6 | 6 146,0 |
| 1977 | 3 708,6 | 6 744,0 |
| 1978 | 3 815,8 | 7 532,7 |
| 1979 | 3 902,9 (= 32,3 %) | 8 207,9 (= 67,7 %) |

(in Mio. DM)

Die Pro-Kopf-Belastung für die Bevölkerung der Bundesrepublik Deutschland durch den Sozialhilfeaufwand belief sich im Jahre 1979 auf rd. 202 DM.

Diese Kostenentwicklung führt immer wieder zu Forderungen nach *Einspa-rungen* auf dem Sozialhilfesektor (vgl. z. B. Molitor 1977) und bestimmt auch weitgehend die Diskussion über die Weiterentwicklung der Sozialhilfe. Auf Einzelheiten zu den Gründen für den Kostenanstieg und auf Vorschläge für die künftige Gestaltung der Sozialhilfe kann jedoch an dieser Stelle nicht eingegangen werden (vgl. unten 13.).

(4) Bei den Ausgaben der Sozialhilfe nach Hilfearten ergibt sich folgendes Bild (1979):

| Hilfeart | in Mio. DM | in % der Gesamtausgaben | Zunahme (+) Abnahme (–) gegenüber 1978 |
|---|---|---|---|
| *Hilfe zum Lebensunterhalt* | 3 920,0 | 32,3 | + 2,8 |
| *Hilfe in besonderen Lebenslagen insgesamt* | 8 207,9 | 67,7 | + 9,0 |
| *Hilfe zum Aufbau oder zur Sicherung der Lebensgrundlage* | 3,7 | 0,0 | + 50,4 |
| *Ausbildungshilfe* | 28,2 | 0,2 | – 26,2 |
| *Vorbeugende Gesundheitshilfe* | 99,4 | 0,8 | – 0,5 |
| *Krankenhilfe* | 752,3 | 6,2 | + 3,5 |
| *Hilfe für werdende Mütter und Wöchnerinnen* | 9,7 | 0,1 | + 6,4 |
| *Eingliederungshilfe für Behinderte* | 2 420,4 | 20,0 | + 14,5 |
| *Tuberkulosehilfe* | 67,5 | 0,6 | – 7,6 |
| *Blindenhilfe* | 4,6 | 0,0 | + 7,3 |
| *Hilfe zur Pflege* | 4 614,1 | 38,0 | + 7,8 |
| *Hilfe zur Weiterführung des Haushalts* | 32,0 | 0,3 | + 2,7 |
| *Hilfe zur Überwindung besonderer sozialer Schwierigkeiten* | 131,6 | 1,1 | + 20,3 |
| *Altenhilfe* | 38,2 | 0,3 | + 1,5 |
| *Hilfe in anderen besonderen Lebenslagen* | 6,4 | 0,1 | + 23,9 |
| *insgesamt* | 12 128,8 | 100,0 | + 6,9 |

(*Quelle: Statistisches Bundesamt, a. a. O., 1981, S. 7, Tab. 2*).

An der Spitze rangiert die *Hilfe zur Pflege* mit 4,6 Mrd. DM. Bei den *Aufwen-dungen für Hilfe in besonderen Lebenslagen* ist allerdings zu berücksichtigen, daß dort häufig die für den Lebensunterhalt erforderlichen Mittel miteinbezogen sind. Dabei ist eine immer stärkere Konzentration auf einige wenige Hilfearten zu beobachten: Von den 8,2 Mrd. DM, die 1979 für Hilfe in besonderen Lebens-lagen aufgewendet wurden, flossen 2,4 Mrd. DM der *Eingliederungshilfe für Behinderte* zu. Von den übrigen 1,2 Mrd. DM wurde der Löwenanteil, nämlich rd. 752 Mio. DM für die *Krankenhilfe* aufgewendet. Der große Aufwand für die Eingliederungshilfe für Behinderte bestätigt die erhebliche Bedeutung, die der Sozialhilfe im Rahmen der Rehabilitation Behinderter zukommt; der Anteil die-ser Hilfsart beträgt 20 %.

(5) Was die Verteilung der Ausgaben in den einzelnen *Ländern* angeht, so ergibt sich folgendes Bild (für 1979):

| Land | Ausgaben insge-samt (in Mio. DM) | je Einwohner (in DM) | Bundesdurch-schnitt: 197,67 |
|---|---|---|---|
| Baden-Württem-berg | 1 241,9 | 135,58 | |
| Bayern | 1 400,9 | 129,13 | |
| Berlin | 863,2 | 453,09 | |
| Bremen | 248,7 | 357,05 | |
| Hamburg | 523,5 | 315,64 | |
| Hessen | 1 069,6 | 192,27 | |
| Niedersachsen | 1 682,4 | 232,78 | |
| Nordrhein-Westfa-len | 3 761,4 | 221,23 | |
| Rheinland-Pfalz | 527,0 | 143,14 | |
| Saarland | 217,4 | 203,12 | |
| Schleswig-Holstein | 597,7 | 230,34 | |

Von dem gesamten Sozialhilfeaufwand des Jahres 1979 entfielen allein 1,63 Mrd. (= 13,5 %) auf die Stadtstaaten Berlin (West), Hamburg und Bremen, deren Anteil an der Gesamtbevölkerung der Bundesrepublik Deutschland ca. 7 % beträgt. In diesen *Stadtstaa-ten* waren die *durchschnittlichen* Aufwendungen nahezu doppelt so hoch wie im übrigen Bundesgebiet; am *geringsten* waren die Aufwendungen je Einwohner für die Sozialhilfe in *Bayern* (129,13 DM).

Bei der Interpretation dieser Zahlen ist zu berücksichtigen, daß sich die Bevöl-kerungsstruktur der Stadtstaaten von derjenigen der Flächenstaaten u. a. dadurch unterscheidet, daß der Anteil der Personen über 65 Jahre höher und der Anteil der Kinder geringer ist; die Bedeutung dieses demographischen Faktors ergibt sich daraus, daß es sich bei den Sozialhilfeempfängern zu einem großen Teil um ältere Menschen handelt. Allerdings gibt es auch manche Indizien dafür, daß die Diskrepanz zwischen „Theorie und Praxis der Sozialhilfe", Faktoren wie eine restriktive Sozialhilfegewährung, das Vorhandensein „subjektiver Schwellen", Elemente einer „sozialen Kontrolle", die von der Inanspruchnahme der Sozial-hilfe abhalten, in den Flächenstaaten, d. h. „auf dem Lande" größer sind als in den Stadtstaaten, „in der Stadt" ganz allgemein. So scheint die „Schwellenangst"

beim Verkehr mit dem Sozialamt in den west- und norddeutschen Ländern –
dafür spricht die höhere Sozialhilfedichte, d. h. die größere Anzahl von Sozialhilfeempfängern pro 1 000 Einwohner in diesen Ländern – nicht in so hohem
Maße vorhanden zu sein wie beispielsweise in Bayern (vgl. Bayerisches Staatsministerium für Arbeit und Sozialordnung, 1980).

Diese und weitere statistische Angaben stammen aus: Statistisches Bundesamt (Hg.),
Fachserie 13 Sozialleistungen, Reihe 2: Sozialhilfe 1979, Stuttgart u. a.: Kohlhammer
1981.
    Zur Interpretation dieser Zahlen vgl. Dahlinger 1981; Streppel 1981; Leibfried 1981a.
    Sehr instruktiv ist der vom Bayerischen Ministerium für Arbeit und Sozialordnung und
vom Bayerischen Statistischen Landesamt herausgegebene Sozialhilfe-Atlas, 20 Jahre Bundessozialhilfegesetz in Bayern (1981), der die Entwicklung der Sozialhilfe in Bayern von
1963 bis 1979 dokumentiert.

# 13. Schlußbemerkung: Die Sozialhilfe im Ringen um die sog. „Spargesetze" Ende 1981

(1) Bereits in der 8. Legislaturperiode lag dem Bundestag der Entwurf eines Vierten Gesetzes zur Änderung des BSHG vor (vgl. BT-Dr. 8/2534; oben 2.6.2.). Dieser Entwurf sah für 48 Vorschriften des BSHG die Aufhebung bzw. eine mehr oder weniger tiefgreifende Veränderung vor. Der Entwurf wurde allerdings – nach vielfältiger Kritik und zum Teil heftigem Widerstand aus den unterschiedlichsten Lagern – vom Parlament nicht verabschiedet. Er war damit zwar von der parlamentarischen Bühne verschwunden; vergessen war er damit freilich nicht: In der politischen Diskussion um die „Spargesetze" Ende 1981 spielte er in einzelnen Punkten wieder eine Rolle. Um diese Rolle zu verdeutlichen, aber auch um zu zeigen, welche Änderungen dieser Entwurf überhaupt vorsah, soll zunächst kurz auf diese Gesetzgebungsinitiative eingegangen werden:

In der Begründung des Entwurfs wurde seinerzeit ausdrücklich darauf hingewiesen, daß die geplante Neuregelung nicht etwa eine Kostendämpfung auf dem Gebiet der Sozialhilfe zum Ziel habe: „Der Gesetzentwurf dient nicht der Kostendämpfung in der Sozialhilfe, wie sie in den letzten Jahren von verschiedenen Seiten gefordert wurde" (Begr., BT-Dr. 8/2534, 8). Treffend war die Charakterisierung der Novelle durch Giese (1979, 365): „Dieser Gesetzentwurf ist unter der Zielsetzung der Kostenneutralität konzipiert. Zu solcher Zurückhaltung bei der Erweiterung des Leistungsrahmens sah sich die Bundesregierung angesichts des starken Anstiegs der Sozialhilfeaufwendungen in den letzten Jahren – der Sozialhilfeaufwand hat sich von 1970–1977 von 3,3 auf 10,5 Mrd. mehr als verdreifacht – und im Bewußtsein ihrer Mitverantwortung für die finanzielle Belastbarkeit der Kommunen, die fast ausschließlich die Sozialhilfelasten zu tragen hatten, veranlaßt. Dementsprechend gleichen sich die veranschlagten Mehrausgaben und Einsparungen mit 49 zu 46 Mio. nach den Vorschlägen des Regierungsentwurfs aus. Die Mehrausgaben würden sich vor allem ergeben aus der Verbesserung des Mehrbedarfszuschlags nach § 23 BSHG im Rahmen der Hilfe zum Lebensunterhalt für Personen, die allein mit Kindern zusammenleben". Im einzelnen sah der Gesetzentwurf u. a. folgende Änderungen vor:

— begrenzte Leistungsverbesserungen zugunsten alleinstehender Elternteile, die allein für die Pflege und Erziehung eines Kindes sorgen, sowie zugunsten von Pflegebedürftigen in häuslicher Pflege;
— eine umfassendere Beschreibung des Umfangs der in der Sozialhilfe besonders bedeutsamen persönlichen Hilfe;
— geringfügige Korrekturen des geltenden Leistungsrechts, insbesondere dort, wo nach gewandelten Erkenntnissen oder nach den Erfahrungen der Sozialhilfepraxis Leistungshöhe und anzuerkennender Bedarf nicht mehr in einem ausgewogenen Verhältnis zueinander stehen; hierzu gehört die Beseitigung bestimmter – sachlich nicht mehr gerechtfertigt erscheinender – Ausnahmeregelungen;
— eine durchgehende Orientierung der einkommensmäßigen Voraussetzungen der Hilfegewährung an den Lebenshaltungskosten und damit am Bedarf;
— die Angleichung des Gesetzeswortlauts an den Sprachgebrauch des Allgemeinen Teils des Sozialgesetzbuches;

— einige der Klarstellung dienende Verdeutlichungen des Gesetzeswortlauts;
— eine deutliche Verringerung der mit erheblichem Verwaltungsaufwand verbundenen Kostenerstattung unter den Sozialhilfeträgern (BT-Dr. 8/2534,8).

Im einzelnen betrafen die Änderungsvorschläge die Umschreibung der Leistungsarten der Sozialhilfe in § 8, die Mehrbedarfsregelung in §§ 23 u. 24, die Ausbildungshilfe, deren Umfang stark eingeschränkt werden sollte (§§ 31 ff.), die Hilfe für werdende Mütter und Wöchnerinnen (§ 38), die Eingliederungshilfe für Behinderte, in deren Rahmen die §§ 41 u. 42 aufgehoben werden sollten, die Tuberkulosehilfe, die künftig nicht mehr die Hilfe zum Lebensunterhalt (vgl. 48 Abs. 2 Nr. 3, 51–55) umfassen sollte, die Hilfe zur Pflege (Änderung des § 69), die Einkommensgrenzen für die Hilfen in besonderen Lebenslagen (§§ 79, 81, 86) u. a. (vgl. auch Burucker/Schlüsche 1978). Der Bundesrat machte seinerzeit eine Reihe von Gegenvorschlägen, die insbesondere die administrativen und finanziellen Auswirkungen der geplanten Änderungen auf die Sozialhilfeträger betrafen. Während der Ausschußberatungen wurden dann eine Reihe zusätzlicher materieller, d. h. leistungsmäßiger Verbesserungen vorgeschlagen: So sahen Schlußempfehlung und Bericht des Ausschusses für Jugend, Familie und Gesundheit (13. Ausschuß) allgemein die Anerkennung eines Mehrbedarfs zum Ausgleich des elterlichen Betreuungsaufwandes bei solchen Elternteilen vor, die allein für die Pflege und Erziehung eines Kindes zu sorgen haben. § 23 Abs. 2 sollte folgende Fassung erhalten: „Für die Pflege und Erziehung von Kindern unter sechzehn Jahren, die mit Eltern zusammenleben, ist bei dem Elternteil, der überwiegend oder allein für die Pflege und Erziehung sorgt, für jedes zu berücksichtigende Kind ein Mehrbedarf in Höhe von sieben vom Hundert des Regelsatzes eines Haushaltsvorstandes anzuerkennen; ein nicht auf volle Deutsche Mark errechneter Betrag ist bis zu 0,49 Deutsche Mark abzurunden und von 0,50 Deutsche Mark an aufzurunden. Für Personen, die mit einem oder mehreren Kindern unter sechzehn Jahren zusammenleben und allein für die Pflege und Erziehung sorgen, ist ein weiterer Mehrbedarf von insgesamt dreißig vom Hundert des maßgebenden Regelsatzes anzuerkennen; er erhöht sich bei vier und mehr Kindern auf fünfzig vom Hundert des maßgebenden Regelsatzes". Diese und eine Reihe weiterer Verbesserungsvorschläge – so insbesondere im Hinblick auf die Leistungen im Rahmen der Hilfe zur häuslichen Pflege – hätten jährliche Mehrausgaben von 170 Mio. DM zu Lasten der Haushalte in den Ländern zur Folge gehabt. Weitere 16,6 Mio. DM an Mehrausgaben hätten sich durch einige weitere über den Regierungsentwurf hinaus vorgeschlagene Änderungen ergeben. Die von der Bundesregierung geplanten Einschränkungen des Leistungsrechts, z. B. in Richtung auf den Abbau der Tuberkulosehilfe, wurden im übrigen vom Ausschuß mitgetragen (vgl. im einzelnen BT-Dr. 8/4286).

(2) An die Stelle der Verwirklichung der vom Regierungsentwurf vorgeschlagenen Änderungen und insbesondere der vom Ausschuß für Jugend, Familie und Gesundheit für notwendig erachteten Verbesserungen sind nun *Änderungen* (insbesondere *Leistungseinschränkungen*) aufgrund des Zweiten Gesetzes zur Verbesserung der Haushaltsstruktur (2. Haushaltsstrukturgesetz – 2. HStruktG) getreten. Während sowohl der Gesetzentwurf der Fraktionen der SPD und FDP (BT-Dr. 9/795) wie der Gesetzentwurf der Bundesregierung (BT-Dr. 9/842) zum 2. HStruktG das Sozialhilferecht *unberührt* ließen, schlug der *Bundesrat* in seiner Stellungnahme (Anlage 2 der BT-Dr. 9/842) für diesen Bereich eine große Anzahl von Einschränkungen vor, so insbesondere die geringere Steigerung der Regelsätze für die nächsten beiden Jahre (vgl. 6.2.3.2.3.), die Herabsetzung der Mehrbedarfszuschläge (vgl. 6.2.3.4.) sowie beispielsweise auch eine stärkere Be-

rücksichtigung der Situation eheähnlicher und sonstiger Lebensgemeinschaften im Verhältnis zu ehelichen bzw. familiären Gemeinschaften.

Was den zuletzt genannten Punkt angeht, so sollte § 16 Abs. 1 HS. 1 folgende Fassung erhalten: „Lebt ein Hilfesuchender in Haushaltsgemeinschaft mit Verwandten, Verschwägerten oder anderen Personen ..." Durch die Erwähnung der „anderen Personen" neben Verwandten oder Verschwägerten sollte der gesellschaftlichen Entwicklung in Richtung auf neue Formen des Zusammenlebens – „Ehen ohne Trauschein", Wohn- oder Wirtschaftsgemeinschaften – Rechnung getragen werden. Ziel der angestrebten Änderung sollte es sein, sicherzustellen, daß Hilfesuchende, die diese neuen Lebensformen wählen, nicht besser gestellt werden als die bisher von § 16 erfaßten Personen. Dementsprechend sollte die Vorschrift des § 122 anstelle des Titels „Eheähnliche Gemeinschaft" mit „Wohn- und Wirtschaftsgemeinschaft" überschrieben werden, und der Wortlaut der Vorschrift sollte im Anschluß an „eheähnlicher Gemeinschaft" um die Worte „oder in einer anderen Wohn- und Wirtschaftsgemeinschaft" ergänzt werden. Zur Begründung dieser Änderung wurde darauf hingewiesen, daß bei zusammenlebenden Ehegatten und bei eheähnlichen Gemeinschaften im Rahmen der Hilfe zum Lebensunterhalt nur der Haushaltsvorstand den (Spitzen-) Regelsatz für Alleinstehende und Haushaltsvorstände erhält. Volljährige Personen in anderen Wohn- und Wirtschaftsgemeinschaften werden bisher wie Alleinstehende behandelt mit der Folge, daß alle volljährigen Mitglieder der Wohn- und Wirtschaftsgemeinschaft den (Spitzen-) Regelsatz erhalten. Diese Besserstellung gegenüber den Familien sollte durch die vorgeschlagene Änderung beseitigt werden (vgl. BT-Dr. 9/842, 86 u. 92).

Die stärkere Berücksichtigung der besonderen Situation eheähnlicher Gemeinschaften sowie anderer Wohn- und Wirtschaftsgemeinschaften wurde nicht in den schließlich im Vermittlungsausschuß in bezug auf das 2. Haushaltsstrukturgesetz ausgehandelten Kompromiß zwischen Bund und Ländern aufgenommen. Neben den Vorstellungen des Bundesrates, die insbesondere auf eine deutliche Entlastung der Haushalte von Gemeinden und Ländern abzielten, wurden auch einige Vorschläge übernommen, die im Vierten Gesetz zur Änderung des Bundessozialhilfegesetzes enthalten gewesen waren. Insgesamt wird dieses Vermittlungsergebnis vom Gesichtspunkt der Kostendämpfung geprägt, den die Bundesregierung wie vorstehend erwähnt, in ihrem Entwurf zum 4. Änderungsgesetz zum BSHG ausdrücklich abgelehnt hatte. In ihrer Gegenäußerung zur Stellungnahme des Bundesrates zum 2. Haushaltsstrukturgesetz hat die Bundesregierung anerkannt, daß die notwendigen Ausgabeminderungen vor allem bei der Bundesanstalt für Arbeit zu einer stärkeren Inanspruchnahme von Sozialhilfe führen würden. Die Bundesregierung bekundete ihr „Verständnis für das Bemühen der Länder, auch im Bereich der Sozialhilfe nach Möglichkeiten für Einsparungen zu suchen", und erklärte ihre Bereitschaft, die Vorschläge des Bundesrates zu diskutieren, und zwar unter Einbeziehung derjenigen Vorschläge, die sie selbst in ihrem Entwurf eines Vierten Gesetzes zur Änderung des Bundessozialhilfegesetzes (BT-Dr. 8/2534) gemacht hatte. Ausdrücklich abgelehnt wurden von der Bundesregierung dabei allerdings diejenigen Vorschläge, die sich ihrer Auffassung nach „als Eingriff in die Aufgabe der Sozialhilfe im Gesamtsystem der sozialen Sicherheit darstellen würden, nämlich jedermann die Führung eines menschenwürdigen Lebens zu ermöglichen." Auf die Gewährleistung einer dem entsprechenden Bedarfsdeckung könne die Sozialhilfe nicht verzichten, ohne sich selbst und ihre Funktion in Frage zu stellen (BT-DR. 9/888, 5).

(3) Darüber, ob die Sozialhilfe, wie sie sich nach den Änderungen, die das 2. Haushaltsstrukturgesetz gebracht hat, darstellt, heute noch die vorstehend auch von der Bundesregierung als unverzichtbar angesehene Bedarfsdeckung

gewährleistet, besteht gegenwärtig in der Bundesrepublik Deutschland keineswegs Einvernehmen. In Kreisen der *Freien Wohlfahrtspflege* sind die Sparmaßnahmen im Bereich der Sozialhilfe bereits vor Inkrafttreten des 2. Haushaltsstrukturgesetzes teilweise auf *entschiedene Ablehnung* gestoßen.

Der Deutsche Paritätische Wohlfahrtsverband (DPWV) – Landesverband Hamburg e. V. hat beispielsweise unter der Überschrift „Das System der sozialen Sicherung in der Bundesrepublik ist gefährdet!" ausgeführt: „Die Sparvorhaben lassen außer Acht, daß gerade in Zeiten wirtschaftlicher Krisen mit steigenden Arbeitslosenzahlen und Zunahme der Menschen in sozialen und psychischen Krisen der Bedarf an Hilfen für diese Menschen größer wird. Es ist fatal, in einer solchen Situation Hilfen in einem unerträglichen Maße „einzufrieren" oder gar abzubauen. Die beabsichtigten Einschränkungen der Sozialhilfe im Rahmen des 2. Haushaltsstrukturgesetzes und die Sparmaßnahmen des Hamburger Senats haben sowohl Auswirkungen auf die Hilfeberechtigten als auch auf die Arbeit der Träger der Freien Wohlfahrtspflege. Das Zusammenwirken der Sparmaßnahmen des Bundes und der Freien und Hansestadt Hamburg belastet diejenigen, die ohnehin schon zu den Außenseitern unserer Gesellschaft zählen: die Alten, die Behinderten, die Kinder, die Leistungsschwächeren. Der Fortfall der „Dynamisierung der Sozialhilfe", d. h. Verzicht auf die jährliche Anpassung der Richtsätze und Einkommensgrenzen an die steigenden Lebenshaltungskosten sowie die Beschneidung von Mehrbedarfszuschlägen bei besonders belasteten Gruppen trifft einzelne Hilfeempfänger mehrfach. Das gilt gleichermaßen für die Kürzungen des Pflegegeldes und des Taschengeldes. ... Das Prinzip der Kostendeckung bei der Übernahme von Leistungen des Staates durch Freie Träger ist unverzichtbar. Durch vorgesehene lineare, sog. „proportionale" Kürzungen wird dieses Prinzip verlassen. Es handelt sich hierbei in der Regel um Hilfen für Menschen, die Staat und Freie Wohlfahrtspflege als notwendig, angemessen und unverzichtbar erkannt haben. Der Staat muß diese Leistungen selbst erbringen, weil Freie Träger zunehmend nicht mehr in der Lage sein werden, die Finanzierung von Hilfen für Jugendliche, Behinderte, kranke und alte Menschen zu bewältigen. Durch die Sparmaßnahmen wird die „strukturelle Armut" einer großen Bevölkerungsgruppe verschärft" (Stellungnahme v. 20. 10. 1981). Die Bundesarbeitsgemeinschaft „Hilfe für Behinderte" betont in ihrer Stellungnahme zu den Sparmaßnahmen, daß die Gruppe der von ihr vertretenen behinderten Menschen bereit sei, in Zeiten wirtschaftlicher Krisen die der Allgemeinheit auferlegten Lasten auch gemeinsam zu tragen. Sie wehre sich jedoch dagegen, einseitige Sonderopfer zu erbringen: „Die Bundesarbeitsgemeinschaft „Hilfe für Behinderte" hat die tiefe Besorgnis, daß eine Abwälzung von Risiken gerade auf Bevölkerungsgruppen, die besonderer Hilfen bedürfen, zu einem allgemeinen Umdenken in der Gesellschaft führen können, das nicht mehr in Übereinstimmung mit dem grundgesetzlichen Sozialstaatsprinzip an sozialer Verantwortung, sondern vorrangig an finanziellen und fiskalischen Erwägungen orientiert ist. Es ist zu befürchten, daß eine solche Denkrichtung den Weg für weit verhängnisvollere Entwicklungen bereiten könnte" (Stellungnahme v. 30. 11. 1981).

Unter der Überschrift „Die Ärmsten tragen die Opfer" haben eine Reihe bekannter Wissenschaftler und Journalisten am 18. 12. 1981, dem Tag, an dem der Bundestag über die Sparvorschläge des Vermittlungsausschusses entschieden hat, einen Appell an die Öffentlichkeit gerichtet, in dem es u. a. heißt: „Die vorgeschlagenen Maßnahmen werden zu einer realen Kürzung der Sozialhilfe bis zu 20 Prozent im Jahre 1983 führen. Dies ist um so gravierender, als bereits seit 1978 der Anstieg der Regelsätze deutlich unter dem des Preisniveaus und dem Anstieg der Nettolöhne und -gehälter liegt. Dies bedeutet eine Sparpolitik, die die relativ größten Opfer der ärmsten Bevölkerungsgruppe auferlegt und damit mit dem Sozialstaatsprinzip des Grundgesetzes in Widerspruch gerät" (vgl. Frankfurter Rundschau Nr. 293 v. 18. 12. 1981, S. 3).

Auf der anderen Seite ist jedoch zu berücksichtigen, daß die finanziellen Nöte der Sozialhilfeträger, d. h. insbesondere der Gemeinden und Kreise ein Ausmaß erreicht haben, das nach einer Entlastung verlangt.

In einer Entschließung von Präsidium und Hauptausschuß des Deutschen Landkreistages v. 26./27. 11. 1981 heißt es u. a.: „Bei einem zu erwartenden Ausgabenanstieg von 17 Prozent für 1982 ist das unterste Netz der sozialen Sicherheit unverantwortlich überlastet. Schon jetzt ist die Haushaltslage vieler örtlicher (Kreise und kreisfreie Städte) und überörtlicher (Landeswohlfahrtsverbände, Landschaftsverbände) Sozialhilfeträger so ernst, daß sie freiwillig soziale Leistungen reduzieren oder ganz einstellen müssen, was überwiegend die wirklich Hilfsbedürftigen bitter trifft. ... Die Belastungen im sozialen Bereich zeigen sich besonders deutlich an den Haushalten der Kreise: nach der letzten zur Verfügung stehenden Rechnungsstatistik des Statistischen Bundesamtes (für 1978) beliefen sich die Gesamtausgaben der 237 Kreise bundesweit auf 27,5 Mrd. DM. Davon entfielen auf den Einzelplan 4 (soziale Sicherung) sowie auf die Abschnitte 50, 51, und 54 (Krankenhäuser und sonstige Einrichtungen bzw. Maßnahmen der Gesundheitspflege) zusammen 12,4 Mrd. DM. Das sind rund 45 Prozent der Gesamtausgaben der Kreise ... Bei der kritischen Lage der öffentlichen Haushalte aller Ebenen hat der Bundesgesetzgeber die Verantwortung dafür, daß die notwendigen gesetzgeberischen Schritte unternommen werden, um die Sozialhilfe als unterstes Netz der sozialen Sicherheit leistungsfähig zu erhalten. Er hat sicherzustellen, daß in der zunehmend kritischen Finanzlage den wirklich Bedürftigen die erforderliche Hilfe auch weiterhin gewährt werden kann. Ein jährlicher Kostenanstieg von ca. 10 Prozent, der sich bei unveränderter Höhe der Sozialhilfeansprüche ergäbe, sowie ein zusätzlicher Anstieg um ca. 7 Prozent, der aus den Überwälzungen des Sparpaketes des Bundes resultiert – insgesamt also ein Kostenanstieg von 17 Prozent –, ist nicht finanzierbar!" (NDV 1982, 48).

Es stellt sich hier die Frage, ob die Maßnahmen, die mit dem 2. Haushaltsstrukturgesetz eingeleitet worden sind, wirklich den rechten Weg zwischen der Scylla eines Absinkens des Sozialhilfeleistungsniveaus unter das zur Führung eines menschenwürdigen Lebens Notwendige und der Charybdis eines drohenden „finanziellen Kollapses" der Träger der Sozialhilfe beschreiten, oder ob es nicht vorzuziehen gewesen wäre, die örtlichen und überörtlichen Träger der Sozialhilfe in der Weise zu entlasten, daß das Finanzierungssystem der Sozialhilfe der längst fälligen Revision unterzogen wird. Die Richtung, in der eine Lösung auch hätte gesucht werden können – und vielleicht in Zukunft noch gesucht werden kann –, könnte beispielsweise darin bestehen, die soziale Sicherung einzelner Gruppen, die jetzt noch der Sozialhilfe zur Last fallen – z. B. Rentner, Arbeitslose, alleinstehende Elternteile mit Kindern – anderen Sozialleistungszweigen zu übertragen oder zumindest doch aus Bundesmitteln zu finanzieren. Man könnte auch daran denken, einzelne Bedarfslagen der Hilfe in besonderen Lebenslagen aus dem BSHG herauszunehmen und einem „gehobeneren" Sozialleistungszweig zu übertragen. Das 2. Haushaltsstrukturgesetz hat jedenfalls eine Reform der Sozialhilfe nicht überflüssig gemacht, sondern ihre Notwendigkeit nachdrücklich unterstrichen (vgl. zu jüngsten Reformansätzen z. B. Fichtner 1981 a; Hoppensack/Leibfried 1981; Niedrig 1981).

# 14. Anhang: Musterfall

## – „Der unterversorgte Rentner" –

Herr Schmidt (S.), 67 Jahre alt, bewohnt in der kreisfreien Stadt M. eine Zwei-Zimmer-Altbauwohnung, für die er monatlich 220,– DM Miete zuzüglich 30,– DM Umlage für die Zentralheizung zahlt. Herr S. bezieht aus der gesetzlichen Rentenversicherung eine monatliche Rente von 400,– DM; ferner erhält er pro Monat 50,– DM Wohngeld nach dem Wohngeldgesetz. Um die Belastung durch die Miete zu verringern, vermietet S. ein unmöbliertes Zimmer der Wohnung an den Studenten Jehle (J.) für 80,– DM monatlich.

Aufgrund seiner Sparsamkeit hat es S. geschafft, im Laufe der Jahre ein Sparguthaben von 1 300,– DM aufzubauen, das er als finanzielle Rücklage für den „Not- und Ernstfall" ansieht und sonst in keinem Falle antasten möchte. Deshalb hat er sich bislang einen langgehegten Wunsch versagt, nämlich die Anschaffung eines Fernsehgeräts. Da S. altersbedingte Schwierigkeiten beim Gehen hat und daher nur ungern die Wohnung verläßt, möchte er, wenn er schon wenig unternimmt, wenigstens durch das Fernsehen etwas erleben, sich informieren und unterhalten werden.

Als S. eines Tages in der Zeitung liest, daß Bürger mit geringem Einkommen Anspruch auf Sozialhilfe haben, fragt er seinen Untermieter J.

—ob, in welchem Umfang und gegen wen auch er einen Anspruch auf die in der Zeitung erwähnte „Hilfe zum Lebensunterhalt" haben könnte,

—ferner, ob und gegen wen er einen Anspruch auf Übernahme der Kosten für die Anschaffung eines gebrauchten Fernsehgerätes habe, das 90,– DM kosten soll.

Vermerk für den Bearbeiter: Als Regelsatz für den Alleinstehenden S. ist der Betrag von monatlich 338,– DM (= Regelsatz für 1982) zugrunde zu legen. Zinsen des Sparguthabens von S. sind bei der Lösung des Falles nicht zu berücksichtigen.

## Lösung:
## Anspruch des S. auf Hilfe zum Lebensunterhalt

### I. Materiell-rechtliche Prüfung

S. könnte einen Anspruch auf laufende Leistungen der Hilfe zum Lebensunterhalt nach §§ 11 Abs. 1, 12 Abs. 1, 22, 23 Abs. 1 BSHG haben. Ob überhaupt und in welcher Höhe Hilfe zum Lebensunterhalt gewährt werden muß, ergibt sich aus einer Berechnung, die auf der einen Seite aus den Beträgen des rechtlichen, nach dem BSHG zugestandenen finanziellen Bedarfs sowie auf der anderen Seite aus solchen Beträgen besteht, welche nach dem Subsidiaritätsgrundsatz der §§ 2 Abs. 1, 11 Abs. 1 S. 1 BSHG als eigene Mittel zum Unterhalt – wie etwa Einkommen, Vermögen u. a. m. – vorrangig einzusetzen sind. Die Gegenüberstellung dieser beiden Summen führt dann zu dem Ergebnis, daß im Falle der höheren Summe auf der Seite des Bedarfs Hilfe zum Lebensunterhalt in Höhe des Differenzbetrages zu leisten ist.

## 1. Berechnung des rechtlich zugestandenen Bedarfs

Anzusetzen sind auf der Bedarfsseite folgende Beträge:

a) *Regelsatzmäßige Hilfe zum Lebensunterhalt:* Für S. kommen zunächst laufende (monatliche) Leistungen als Hilfe zum Lebensunterhalt in Betracht, die nach sog. Regelsätzen gewährt werden. Rechtsgrundlage hierfür sind § 22 BSHG i. V. m. der Verordnung zur Durchführung des § 22 BSHG, wobei die Höhe der Regelsätze durch die zuständigen Landesbehörden oder die von ihnen bestimmten Stellen festgesetzt wird (§ 22 Abs. 3 S. 1 BSHG). Der Regelsatz für S. als (alleinstehenden) Haushaltsvorstand beträgt (laut Vermerk für den Bearbeiter) monatlich 338,– DM.

b) *Mehrbedarf:* Da S. das 65. Lebensjahr vollendet hat, ist ihm nach § 23 Abs. 1 Nr. 1 BSHG ein sog. Mehrbedarf, d. h. ein den Regelsatz um 20 % übersteigender Bedarf zu gewähren, also monatlich 67,60 DM.

c) *Aufwendungen für Unterkunft:* Nach § 3 Abs. 1 S. 1 der Verordnung zur Durchführung des § 22 BSHG sind laufende Leistungen für die Unterkunft in Höhe der tatsächlichen Aufwendungen zu gewähren. Da sich die Kosten für die Miete der Wohnung für S. auf 220,– DM belaufen, ist dieser Betrag für die Aufwendung zur Unterkunft einzusetzen. Der Sachverhalt gibt keine Anhaltspunkte dafür, daß die von S. gezahlte Miete den der Besonderheit des Einzelfalles angemessenen Umfang übersteigt (§ 3 Abs. 1 S. 2 der genannten Verordnung). Nach § 3 Abs. 2 der genannten Verordnung sind auch die Heizkosten in Höhe der tatsächlichen Aufwendungen zu gewähren. Dies bedeutet, daß auf der Bedarfsseite 30,– DM für die Heizkostenumlage einzusetzen sind.

Aus den oben genannten Beträgen des Bedarfs ergibt sich (als Summe von 338,– DM Regelsatz + 67,60 DM Mehrbedarfszuschlag + 220,– DM Miete + 30,– DM Heizkostenumlage) der für S. zur Bestreitung des „notwendigen Lebensunterhalts" i. S. d. §§ 11 Abs. 1, 12 Abs. 1 BSHG erforderliche Bedarf von insgesamt 655,60 DM.

(Der auf diese Weise für S. errechnete Bedarf ist im Jahre 1982 geringer als der Bedarf, der im Jahre 1979 errechnet wurde! Diese Minderung ergibt sich aufgrund der einschneidenden Kürzungen der Hilfe zum Lebensunterhalt durch das 2. HStruktG, das insbesondere den Mehrbedarf von 30 % des Regelsatzes auf 20 % herabgesetzt hat. Zu den Zahlen für 1979 vgl. Schulte/Trenk-Hinterberger 1979c).

## 2. Ermittlung der eigenen Mittel des Anspruchstellers, denen gegenüber die Sozialhilfe nach §§ 2 Abs. 1, 11 Abs. 1 BSHG nachrangig ist

In § 11 Abs. 1 S. 1 BSHG, der den in § 2 Abs. 1 BSHG geregelten Nachrang der Sozialhilfe gegenüber der Selbsthilfe für den Bereich der Hilfe zum Lebensunterhalt konkretisiert, geht das Gesetz davon aus, daß der Hilfesuchende vorrangig sein Einkommen (§§ 11 Abs. 1 S. 1, 76 ff. BSHG), sein Vermögen (§§ 11 Abs. 1 S. 1, 88 f. BSHG) und seine Arbeitskraft (§ 11 Abs. 1 S. 1, 18 ff. BSHG) einsetzt. Der Sachverhalt gibt jedenfalls Hinweise zu eigenem Einkommen (Rente, Wohngeld, Mieteinnahme) und zu eigenem Vermögen (Sparkonto):

a) *Einkommen des S.*

aa) Die *Definition des Einkommens* ergibt sich aus § 76 Abs. 1 BSHG. Danach gehören zum Einkommen alle Einkünfte in Geld oder Geldwert mit Ausnahme der Leistungen nach dem BSHG und der Grundrente nach dem Bundesversorgungsgesetz. Nach allgemeiner Ansicht gehören Renten aller Art zu den Einkünften in Geld nach § 76 Abs. 1 BSHG (vgl. Knopp/Fichtner, BSHG, 4. Aufl., 1979, § 76 Rdn. 1). Auch die Altersrente, die S. aus der gesetzlichen Rentenversicherung bezieht, gehört deshalb zum Einkommen im Sinne dieser Vorschrift.

bb) Die *Einnahmen* des S. *aus der Vermietung* des Zimmers an J. sind ebenfalls Einkünfte nach § 76 Abs. 1 BSHG. Klargestellt wird es zusätzlich durch § 7 der Verordnung zur Durchführung des § 76 BSHG, der Einzelheiten über die Berechnung der Mieteinnahmen enthält. Nach § 7 Abs. 4 der VO sind nur 90 % der Mieteinnahmen als Einkommen nach § 76 BSHG einzusetzen, mithin 72 DM.

cc) Fraglich ist, ob das an S. gezahlte *Wohngeld* als dessen Einkommen anzurechnen ist: Nach § 77 BSHG müssen bestimmte Leistungen, die aufgrund öffentlich-rechtlicher Vorschriften zu dem gleichen Zweck wie die Sozialhilfe im Einzelfall gewährt werden, als „Einkommen" berücksichtigt werden. Diese Vorschrift will durch Anrechnung zweckidentischer Leistungen verhindern, daß für ein und denselben Zweck Doppelleistungen aus öffentlichen Mitteln gewährt werden. Das von S. bezogene Wohngeld müßte also mit der von ihm begehrten Sozialhilfe zweckidentisch sein. Nach § 1 S. 1 des Wohngeldgesetzes dient das Wohngeld als „Zuschuß zu den Aufwendungen für den Wohnraum". Als „Einkommen" ist diese Leistung aber nur unter der weiteren Voraussetzung zu berücksichtigen, daß die Sozialhilfe im Einzelfall demselben Zweck dient.

Nun bestimmt zwar § 1 S. 2 des Wohngeldgesetzes, daß das Wohngeld „keine Leistung der Sozialhilfe" im Sinne des BSHG ist. Diese Vorschrift konstatiert aber nicht die fehlende Zweckidentität von Wohngeld und Sozialhilfe, sondern stellt lediglich klar, daß das Wohngeld nicht in den Bereich der Sozialhilfe fällt, um ihm jeden „Geruch der Armenpflege" zu nehmen (vgl. Schwerz, Zweites Wohngeldgesetz, 1971, § 1 Rdn. 11). Die Zweckidentität von Wohngeld und der Sozialhilfe im Einzelfall ergibt sich jedoch aus folgender Überlegung: Nach § 12 Abs. 1 BSHG umfaßt der „notwendige Lebensunterhalt", der durch die Hilfe zum Lebensunterhalt gedeckt werden soll, unter anderem auch die Unterkunft; laufende Leistungen für die Unterkunft werden regelmäßig in Höhe der tatsächlichen Aufwendungen (also auch der zu zahlenden Miete) gewährt (§ 3 Abs. 1 S. 1 der Verordnung zur Durchführung des § 22 BSHG, abgedruckt in Sartorius Nr. 411). Wie schon erwähnt, handelt es sich beim Wohngeld um einen Zuschuß zu den Aufwendungen für den Wohnraum. Der Betrag der Hilfe zum Lebensunterhalt für die Miete einer Wohnung dient demselben Zweck, und zwar sogar in noch weitergehenderem Umfang: Er stellt nicht nur einen Zuschuß dar, sondern umfaßt die vollständigen Aufwendungen für die Unterkunft (grundlegend BVerwGE 45, 157 ff.). Das von S. bezogene Wohngeld ist daher als Einkommen i. S. d. § 76 Abs. 1 BSHG zu berücksichtigen.

dd) Addiert man die soeben als „Einkommen" gewerteten Geldeinkünfte des S., so ergibt sich aus 400 DM Rente plus 72 DM Mieteinnahme plus 50 DM Wohngeld ein *Gesamteinkommen* des S. von 522 DM.

b) *Vermögen des S.*

Nach § 88 Abs. 1 BSHG gehört „zum Vermögen ... das gesamte verwertbare Vermögen"; dazu sind grundsätzlich auch Spar- und Bankguthaben zu zählen (vgl. Gottschick/Giese, BSHG, 7. Aufl., 1981, § 88 Rdn. 2.1.). Allerdings zählt § 88 Abs. 2 BSHG eine Reihe von Vermögensbestandteilen auf, deren Einsatz nicht verlangt werden darf (sog. *Schonvermögen*). So schützt Nr. 8 dieser Vorschrift „kleinere Barbeträge oder sonstige Geldwerte". Ihr Höchstbetrag, der zu schonen ist, liegt, wenn Hilfe zum Lebensunterhalt geltend gemacht wird, bei 2 000 DM (vgl. § 1 Abs. 1 Verordnung zur Durchführung des § 88 Abs. 2 Nr. 8 des Bundessozialhilfegesetzes). Mit dieser Regelung soll die Privatvorsorge des einzelnen für unvorhersehbare Ereignisse nicht völlig abgeschnitten werden.

Da der von S. angesparte Betrag unterhalb der festgelegten Grenze von 2 000 DM liegt, muß er von S. nicht vorrangig eingesetzt (mit anderen Worten: aufgebraucht) werden, bevor S. Hilfe zum Lebensunterhalt beanspruchen kann.

## c) *Einsatz der Arbeitskraft des S.*

Nach § 18 Abs. 1 BSHG muß jeder Hilfesuchende (vorrangig) seine Arbeitskraft zur Beschaffung des Lebensunterhalts für sich und seine unterhaltsberechtigten Angehörigen einsetzen. § 18 Abs. 3BSHG bestimmt u. a., daß dem Hilfesuchenden eine Arbeit nicht zugemutet werden darf, wenn er „körperlich oder geistig hierzu nicht in der Lage ist" oder wenn der Arbeit „ein sonstiger wichtiger Grund entgegensteht". Man kann nicht generell unterstellen, daß Männer über 65 Jahre zur Arbeit „körperlich oder geistig nicht in der Lage" sind (§ 18 Abs. 3 S. 1 1. Alt. BSHG). Der Sachverhalt enthält auch nicht genügend konkrete Anhaltspunkte für die Annahme, daß S. arbeitsunfähig im Sinne dieser Alternative des § 18 Abs. 3 BSHG ist. Wenn aber im Arbeits- und Sozialrecht von einem bestimmten Alter an dem Arbeitenden die Möglichkeit eingeräumt oder der Arbeitnehmer bei Erreichen dieses Alters i. d. R. gezwungen wird, aus dem Arbeitsleben auszuscheiden, so wird man für den Bereich der Sozialhilfe davon ausgehen müssen, daß jedenfalls Männern mit 67 Jahren eine Arbeit in der Regel nicht mehr zugemutet werden darf (vgl. Knopp/ Fichtner, § 18 Rdn. 4). Das Rentenalter ist mit anderen Worten in der Regel ein „sonstiger wichtiger Grund" i. S. d. § 18 Abs. 3 S. 1 3. Alt. BSHG).

Die bei den Sozialämtern in der behördlichen Tagesarbeit verwendeten „Sozialhilferichtlinien" (d. d. allgemeine Verwaltungsvorschriften für die Durchführung der Sozialhilfe) sehen denn auch vor, daß von Personen über 65 Jahre in der Regel die Aufnahme von Arbeit nicht verlangt werden kann.

S. dürfte deshalb nur dann auf den Einsatz seiner eigenen Arbeitskraft verwiesen werden, wenn besondere Gründe hierfür nachgewiesen werden könnten. Da der Sachverhalt keinerlei Anhaltspunkte hierfür gibt – im Gegenteil die mangelnde „Rüstigkeit" des S. anführt –, kann davon ausgegangen werden, daß dem S. nicht die Aufnahme einer Arbeit zugemutet werden darf, mit deren Einkünften er seine Rente aufbessern könnte.

## 3. *Gegenüberstellung von anrechnungsfähigen Einkommen und Bedarf*

| | |
|---|---|
| Bedarf | 655,60 DM |
| Einkommen | 522,00 DM |
| Differenz: | 133,60 DM |

### *Ergebnis der Prüfung*

Da der Bedarf des S. sein anrechnungsfähiges Einkommen um 133,60 DM übersteigt, gehört S. zum berechtigten Personenkreis des § 11 Abs. 1 S. 1 BSHG. Er hat deshalb Anspruch auf – „ergänzende" – Hilfe zum Lebensunterhalt in Höhe von (monatlich) 133,60 DM.

## II. *Formell-rechtliche Prüfung*

### 1. *Sachliche Zuständigkeit*

Die sachliche Zuständigkeit richtet sich nach § 99 BSHG. Danach ist der örtliche Träger der Sozialhilfe für die Gewährung der Hilfe zuständig, soweit sich nicht aus § 100 BSHG die sachliche Zuständigkeit eines überörtlichen Trägers ergibt. Da in § 100 BSHG die Hilfe zum Lebensunterhalt (außerhalb von Heimen) nicht erwähnt ist und die Vorschrift eine abschließende Aufzählung enthält, ist gemäß § 99 BSHG ein örtlicher Träger der Sozialhilfe sachlich zuständig.

Örtliche Träger der Sozialhilfe sind nach § 96 BSHG Kreise und kreisfreie Städte, im vorliegenden Fall also die kreisfreie Stadt M.

## 2. Örtliche Zuständigkeit

Die örtliche Zuständigkeit ergibt sich aus § 97 BSHG. Da S. sich in M. tatsächlich aufhält, ist örtlich die Stadt M. als Träger der Sozialhilfe zuständig.

## Anspruch des S. auf Übernahme der Anschaffungskosten eines gebrauchten Fernsehgerätes

## I. Anspruch aus §§ 11 Abs. 1, 12 Abs. 1, 21 Abs. 1 BSHG auf eine (einmalige) Leistung der Hilfe zum Lebensunterhalt

1. Nach § 11 Abs. 1 S. 1 BSHG, der den Grundsatz des Nachranges der Sozialhilfe (§ 2 BSHG) für die Hilfe zum Lebensunterhalt konkretisiert, geht u. a. das Vermögen des Hilfesuchenden der Hilfe zum Lebensunterhalt vor. Man könnte deshalb daran denken, daß S. für den Erwerb des Fernsehgerätes sein Sparguthaben angreifen muß. Da der von S. angesparte Betrag aber zum sog. Schonvermögen i. S. d. § 88 Abs. 2 BSHG gehört (s. o.), darf S. nicht auf sein Sparguthaben verwiesen werden: Dieses ist nämlich als „sozialhilferechtlich nicht existent" zu betrachten (Schellhorn/Jirasek/Seipp, BSHG, 10. Aufl., 1981, § 88 Rdn. 25).

2. Da es sich bei der Übernahme der Anschaffungskosten nicht um eine regelmäßig wiederkehrende Leistung handeln würde, könnte S. Anspruch auf Hilfe zum Lebensunterhalt in Gestalt einer einmaligen Leistung haben (§ 21 Abs. 1 BSHG). Eine solche einmalige Leistung wäre aber dann zu versagen, wenn schon durch die dem S. zustehenden laufenden Leistungen zum Lebensunterhalt (Regelsatz und Mehrbedarfszuschlag, s. o.) diese Anschaffungskosten abgegolten wären. Dies ist freilich nicht der Fall:

—Der *Regelsatz* deckt nur die „kleinen" persönlichen Bedürfnisse des täglichen Lebens (z. B. Kinobesuch, Vereinsbeitrag, Postgebühren und Schreibwaren in geringem Umfang) ab (vgl. Knopp/Fichtner, § 12 Rdn. 18; Petersen, Die Regelsätze nach dem BSHG, 1972, S. 44).

—Der *Mehrbedarfszuschlag* für Personen über 65 Jahre umfaßt die regelmäßigen, typisch altersbedingten Bedarfstatbestände, wie z. B. höhere Aufwendungen für Porto und Telefongespräche (da im Alter Besuche i. d. R. beschwerlich sind), zusätzliches Fahrgeld (da auch kürzere Wege häufig nicht mehr zu Fuß zurückgelegt werden können), Aufwendungen für Hilfeleistungen Dritter (auf die ältere Personen häufig angewiesen sind) u. ä.; die einmaligen Anschaffungskosten für ein Fernsehgerät gehören demnach nicht dazu.

3. Ein Anspruch des S. besteht nach den unter 1. genannten Vorschriften dann, wenn ein Fernsehgerät zum „notwendigen Lebensunterhalt" i. S. d. § 12 Abs. 1 S. 1 BSHG gehört. Dieser „notwendige Lebensunterhalt" umfaßt besonders die „persönlichen Bedürfnisse des täglichen Lebens"; nach § 12 Abs. 1 S. 2 BSHG gehören zu den persönlichen Bedürfnissen des täglichen Lebens in vertretbarem Umfang auch „Beziehungen zur Umwelt" und eine „Teilnahme am kulturellen Leben".

a) Nach h. M. ist die Befriedigung der *„persönlichen Bedürfnisse"* in Gestalt der Pflege der Beziehungen zur Umwelt und der Teilnahme am kulturellen Leben gem. § 12 Abs. 1 BSHG i. d. R. auch heute noch mit folgenden Mitteln der Kommunikation, Information und Unterhaltung möglich: Bezug einer Tageszeitung (die allerdings aus der Regelsatzhilfe zu bestreiten ist, also nicht als zusätzlicher Bedarf geltend gemacht werden kann); Hören des Rundfunks; Benutzen einer öffentlichen Leihbücherei; gelegentliche Besuche eines Filmtheaters und unterhaltender Veranstaltungen ernsteren oder leichteren Charakters. Die Beschränkung darauf, sich so z. B. über das Geschehen in Politik und Wirtschaft, im kulturellen und sportlichen Bereich zu unterrichten und sich zu unterhalten, sei nicht unangemessen und verletze nicht die Würde des Menschen. Sich darüber hinaus der Vermittlung durch das Fernsehen bedienen zu können, könne als Annehmlichkeit empfunden werden, sei aber „nicht von der Menschenwürde her gebotene Notwendigkeit" (vgl. BVerwGE 48, 237 ff.; Knopp/Fichtner, § 12 Rdn. 18; einschränkend Schellhorn/Jirasek/ Seipp, § 12 Rdn. 29: „noch nicht").

b) Die „persönlichen Bedürfnisse des täglichen Lebens" definiert das Gesetz nicht, sondern es bestimmt nur, was „auch" zu diesen Bedürfnissen gehört. In der amtlichen Begründung zu § 12 Abs. 1 BSHG heißt es hierzu, daß entsprechend der Aufgabe der Sozialhilfe, dem Hilfeempfänger die Führung eines menschenwürdigen Lebens zu ermöglichen (§ 1 Abs. 2 S. 1 BSHG), ihm in vertretbarem Umfang auch Mittel zur Verfügung gestellt werden müssen, mit denen er seine private Lebenssphäre gestalten kann (BT-Drucks. 3/1799, S. 40). Nun läßt sich bereits derjenige Bedarf, der durch den Regelsatz (§ 22 Abs. 1 S. 1 BSHG) gedeckt werden soll, nicht annähernd festlegen, wenn man den Maßstab des menschenwürdigen Lebens zugrunde legt; denn die Vorstellungen, was und wieviel zu einem menschenwürdigen Dasein gehört, sind wandelbar und schwanken beträchtlich (dazu etwa Werkentin KJ 1974, 296 ff.; Trenk-Hinterberger, ZfSH 1980, 46 ff.). Das menschenwürdige Leben läßt sich indes nicht allein als eine Formel für das physiologisch Notwendige umschreiben; es sind vielmehr die jeweils herrschenden Lebensgewohnheiten und Erfahrungen für die Konkretisierung des notwendigen Lebensbedarfs zu beachten (so BVerwGE 35, 181). Stellt man aber dergestalt auf die heute herrschenden Lebensgewohnheiten ab, so ist zu berücksichtigen, daß das Fernsehen mittlerweile nahezu gleichrangig neben dem Hören des Rundfunks steht (ca. 23 Mio. gebührenpflichtige Radiogeräte gegenüber ca. 21 Mio. gebührenpflichtiger Fernsehapparate; vgl. Statistisches Jahrbuch für die Bundesrepublik Deutschland 1981, S. 368). In diesen Zusammenhang gehört die Tendenz der Zivilgerichte, den Pfändungsschutz auf Fernsehgeräte – als „zu bescheidener Lebensführung" gem. § 811 Nr. 1 ZPO nötige Informations- und Unterhaltungsmittel – auszudehnen (vgl. z. B. LG Nürnberg-Fürth NJW 1978, 113).

Aus diesen Entwicklungen und Tendenzen läßt sich freilich noch nicht zwingend folgern, daß ein Fernsehgerät *schlechthin* zum „notwendigen Lebensunterhalt" (unter dem Aspekt der Befriedigung persönlicher Bedürfnisse des täglichen Lebens in Gestalt der Beziehungen zur Umwelt und der Teilnahme am kulturellen Leben) gem. § 12 Abs. 1 BSHG gehört. Vielmehr ist dies nach § 12 Abs. 1 S. 2 BSHG lediglich *„in vertretbarem Umfange"* der Fall. Dieser unbestimmte Rechtsbegriff wird dahin ausgelegt, daß vertretbar ist, was unter Berücksichtigung der Besonderheit des Einzelfalles und der Finanzkraft des Sozialhilfeträgers verantwortet werden kann (vgl. Knopp/Fichtner, § 12 Rdn. 18). Hierbei wird man in Betracht ziehen müssen, daß nach dem Individualisierungsgrundsatz des § 3 Abs. 1 BSHG auch das Alter des Hilfeempfängers zu berücksichtigen ist (vgl. Gottschick/ Giese, § 3 Rdn. 2.4.) und die Möglichkeit zur Kommunikation, Information und Unterhaltung für alte Menschen im Einzelfall altersbedingt erschwert sein kann. Weiterhin wird man davon ausgehen können, daß Beziehungen zur Umwelt und Teilnahme am kulturellen Leben „in vertretbarem Umfang" auch durch ein gebrauchtes Fernsehgerät ermöglicht werden können, wobei ein Anschaffungswert von 90 DM durchaus angemessen sein dürfte.

c) Bezieht man diese Erwägungen auf den Fall des S., so läßt sich folgendes feststellen: Der Sachverhalt weist auf das vorgerückte Alter und die altersbedingten Schwierigkeiten des S. beim Gehen hin. In Anbetracht dieser besonderen Umstände und angesichts der Tatsache, daß nach den heutigen Lebensverhältnissen das Fernsehen ein ebenso wichtiges Medium wie der Rundfunk ist (s. o.), läßt sich die Ansicht vertreten, daß ein Fernsehgerät – und zwar ein gebrauchtes (s. o.) – zu den persönlichen Bedürfnissen des täglichen Lebens und damit zum notwendigen Lebensunterhalt i. S. d. § 12 Abs. 1 S. 1 BSHG gehört. Folgt man dieser Ansicht, so hat S. Anspruch auf eine (einmalige) Leistung zur Beschaffung eines gebrauchten Fernsehgerätes gem. §§ 11 Abs. 1, 12 Abs. 1, 22 Abs. 1 BSHG.

Zu beachten ist aber: Über die Form und das Maß, also über das „Wie" der (einmaligen) Leistung der Hilfe zum Lebensunterhalt entscheidet der Träger der Sozialhilfe nach pflichtgemäßem Ermessen, soweit nicht das Gesetz – was im vorliegenden Fall freilich ausscheidet – eine bestimmte Hilfeart oder ein bestimmtes Maß der Hilfe vorschreibt (§ 4 Abs. 2 BSHG; vgl. S. 112). Zu der Ermessensentscheidung nach § 4 Abs. 2 BSHG gehört auch, ob die einmalige Leistung in Form von Geld oder als Sachleistung gewährt wird (vgl. Gottschick/Giese, § 4 Rdn. 9.7.).

S. kann deshalb nicht einen Anspruch auf Leistung von 90 DM, also die Anschaffungskosten für das Gerät, geltend machen (Anhaltspunkte für eine Schrumpfung des Ermessens dahin, daß nur die Gewährung des Betrags von 90 DM in Betracht kommt, sind nicht ersichtlich). Nicht ermessensfehlerhaft wäre es, wenn der Träger der Sozialhilfe den Anspruch des S. z. B. dadurch erfüllt, daß er

—dem S. einen gebrauchten Fernsehapparat aus seinen Beständen kostenlos überläßt (Sozialämter haben oft gebrauchte Hausratsgegenstände in ihren Materialbeständen) oder

—veranlaßt, daß dem S. ein gebrauchtes Gerät kostenlos zur Verfügung gestellt wird (z. B. durch eine karitative Organisation).

## 4. Ergebnis

Der S. hat gegen den zuständigen Träger der Sozialhilfe (s. o.) zwar einen Anspruch auf Verschaffung eines gebrauchten Fernsehgerätes; *wie* dieser Anspruch aber realisiert wird (Auszahlung eines Geldbetrages, Vermittlung oder Überlassung eines kostenlosen Gebrauchtgeräts), steht im pflichtgemäßen Ermessen des zuständigen Sozialhilfeträgers.

## II. Anspruch gem. § 75 BSHG (Altenhilfe)

1. S. könnte sein Begehren auf § 75 BSHG (Altenhilfe), eine Form der Hilfe in besonderen Lebenslagen, stützen. Die Altenhilfe soll u. a. dazu beitragen, Schwierigkeiten, die durch das Alter entstehen, zu überwinden oder zu mildern und alten Menschen die Möglichkeit zu erhalten, am Leben der Gemeinschaft teilzunehmen (§ 75 Abs. 1 S. 2 BSHG).
2. Nach § 28 BSHG, der den Grundsatz des Nachrangs (§ 2 BSHG) für die Hilfe in besonderen Lebenslagen konkretisiert, ist Hilfe in besonderen Lebenslagen (also auch Altenhilfe) zu gewähren, wenn dem Hilfesuchenden die Aufbringung der Mittel aus seinem Einkommen und Vermögen nicht zuzumuten ist. Die Zumutbarkeitsgrenze für das Einkommen legen die §§ 79 ff. BSHG fest. Das Einkommen des S. (522 DM, s. o.) bleibt unter der Grenze des bei der Altenhilfe als einer Hilfe in besonderen Lebenslagen einzu-

setzenden Einkommens (vgl. § 79 Abs. 1 BSHG: doppelter Regelsatz = 676 DM plus Höhe der Kosten für Unterkunft = 220 DM, zusammen 896 DM). Es ist deshalb hier außer Betracht zu lassen (§ 85 BSHG); die Ausnahme des § 85 Nr. 2 BSHG („wenn zur Deckung des Bedarfs nur geringfügige Mittel erforderlich sind") wird man bei der Relation zwischen den Kosten für ein gebrauchtes Fernsehgerät und den Einkommensverhältnissen des S. nicht annehmen können. Das Vermögen des S. (1 300 DM Sparguthaben) ist ohnehin sozialhilferechtlich nicht existent (s. o. und § 88 Abs. 2 BSHG i. V. m. § 1 Nr. 1 b der Verordnung zur Durchführung des § 88 Abs. 2 Nr. 8 BSHG= 4 000,– DM).

Das Gesetz sagt zwar nicht, wer als „alter Mensch" anzusehen ist. In Anlehnung an Regelungen des übrigen Sozialrechts wird man aber jedenfalls den als „alten Menschen" i. S. d. § 75 BSHG ansehen müssen, der das 65. Lebensjahr vollendet hat (Schellhorn/ Jirasek/Seipp, § 75 Rdn. 5). S. gehört deshalb zum Personenkreis des § 75 BSHG.

3. Das Begehren des S. kann zwar nicht unter die in § 75 Abs. 2 Nr. 1 bis 6 BSHG aufgezählten Maßnahmen der Altenhilfe subsumiert werden. Die Vorschrift zählt jedoch nur beispielhaft, d. h. nicht erschöpfend, eine Reihe von Leistungen auf, die zur Altenhilfe gehören. Eine Maßnahme im Rahmen des § 75 Abs. 2 BSHG kann deshalb auch die Hilfe bei der Beschaffung eines Fernsehgerätes sein (vgl. Schellhorn/Jirasek/Seipp, § 75 Rdn. 15).

4. Die Hilfen nach § 75 BSHG sind vom Gesetzgeber als Soll-Leistungen ausgestaltet: Sie dürfen also nur versagt werden, wenn dies besondere Gründe rechtfertigen, die der Sozialhilfeträger dartun und notfalls beweisen muß. Geht man davon aus, daß ein Absehen von der Hilfe zur Beschaffung eines Fernsehgerätes mangels besonderer Anhaltspunkte im vorliegenden Fall nicht geboten ist, kann man einen Anspruch des S. gem. § 75 Abs. 1 und 2 BSHG dem Grunde nach annehmen.

Da auch hier Form und Maß der Hilfe im pflichtgemäßen Ermessen des Sozialhilfeträgers liegen, ferner keine Anhaltspunkte für eine Einschränkung des Ermessens zugunsten einer bestimmten Leistung ersichtlich sind, und schließlich das BSHG hier keine bestimmte Form der Hilfe vorschreibt, kommen die bereits oben (I.3.c.) angeführten Möglichkeiten der Hilfe in Betracht (Auszahlung eines Geldbetrages, Vermittlung oder Überlassung eines kostenlosen Gebrauchtgerätes).

## III. Anspruchkonkurrenz

1. Bejaht man dem Grunde nach sowohl einen Anspruch des S. in Form der Hilfe zum Lebensunterhalt (oben I.) als auch in Form der Hilfe in besonderen Lebenslagen (oben II.), so stellt sich die Frage der Konkurrenz beider Ansprüche. Die Antwort darauf ergibt sich aus § 83 BSHG: Danach wird – wenn dieselbe Leistung gleichzeitig nach mehreren Bestimmungen gewährt werden kann, für die unterschiedliche Einkommensgrenzen maßgeblich sind – die Leistung nach der Bestimmung gewährt, für welche die höhere Einkommensgrenze gilt (die also für den Hilfesuchenden günstiger ist!). Die Vorschrift gilt zwar unmittelbar nur für die Konkurrenz von verschiedenen Hilfen in besonderen Lebenslagen; ihr Rechtsgedanke – nämlich dem Hilfesuchenden die ihm günstigste Einordnung seines Falles unter das BSHG zu gewährleisten – ist aber nach allg. Ansicht auch auf eine Konkurrenz der Hilfe zum Lebensunterhalt und der Hilfe in besonderen Lebenslagen anzuwenden (vgl. Schellhorn/Jirasek/Seipp, § 83 Rdn. 3), gilt also auch für die Konkurrenz im vorliegenden Fall.

Allerdings konkurriert in unserem Fall eine Muß-Leistung (Hilfe zum Lebensunterhalt) mit einer Soll-Leistung (Altenhilfe). Man könnte deshalb daran denken, daß auf jeden Fall die Muß-Leistung (als die dem Hilfesuchenden günstigere) der Soll-Leistung vorgehen muß (vgl. dazu Knopp/Fichtner, § 83 Rdn. 1). Wenn aber – wie in unserem Fall (vgl. oben II.4.) – keine Gründe für die ausnahmsweise Ablehnung der Soll-Leistung „Altenhilfe" vorliegen, ist diese faktisch eine Muß-Leistung und tritt damit – gleichrangig – in Konkurrenz mit der Muß-Leistung der Hilfe zum Lebensunterhalt. Die Konkurrenz ist dann anhand der jeweils maßgeblichen Einkommensgrenzen zu lösen: Da die Einkommensgrenze für die Altenhilfe höher ist als die für die Hilfe zum Lebensunterhalt (s. o.), hat der zuständige Sozialhilfeträger im Ergebnis nach § 75 BSHG zu entscheiden.

2. Verneint man einen Anspruch nach I. (Hilfe zum Lebensunterhalt), bejaht aber einen nach II. (Altenhilfe), so stellt sich die Konkurrenzfrage nicht.

## IV. Zuständigkeit

Hinsichtlich der sachlichen und örtlichen Zuständigkeit des Sozialhilfeträgers gilt das zur Ausgangsfrage (unter II.2.) Gesagte.

(Der vorstehend wiedergegebene Fall – „Der unterversorgte Rentner" – ist erstmalig als JA-Examensklausur 12/79: Wahlfach Sozialrecht in den JA-Übungsblättern 1979, 123 ff. veröffentlicht worden; er wird hier aktualisiert – insbesondere hinsichtlich der Regelsätze für das Jahr 1982 und die heute geltenden Einkommensgrenzen – mit freundlicher Genehmigung des Gieseking-Verlages erneut abgedruckt.)

# Literaturverzeichnis

*Abholz, H.-H.*: Möglichkeiten und Vernachlässigung von Prävention, in: Deppe, H.-U., Vernachlässigte Gesundheit, Köln: Verlag Kiepenheuer und Witsch, 1980, S. 284 ff.

*Achinger, H.*: Soziologie und Sozialreform, in: Soziologie und moderne Gesellschaft, Verhandlungen des 14. Deutschen Soziologentages v. 20.–24. Mai 1959, Berlin, 2. Aufl., Stuttgart 1966, S. 37 ff.

*Alber, J.*: Die Entwicklung sozialer Sicherungssysteme im Licht empirischer Analysen, in: Bedingungen für die Entstehung und Entwicklung von Sozialversicherung. Colloquium der Projektgruppe für Internationales und Vergleichendes Sozialrecht der Max-Planck-Gesellschaft, Tutzing 1978, Berlin: Duncker & Humblot, 1979, S. 123 ff.

*Albrecht, G./Wollenschläger, M.*: Sozialhilfe für Ausländer unter besonderer Berücksichtigung zwischenstaatlicher Rechtsvorschriften, in: Informationsbrief Ausländerrecht 1 (1980), S. 30 ff.

*Albrecht, R./Reidegeld, E.*: Verwaltungssprache und Bürgerinteressen: Sprachbarrieren im Publikumsverkehr in ihrer Bedeutung für Rechtsinanspruchnahme und Rechtsausschöpfung. Möglichkeiten und Grenzen der Überwindung, in: Zeitschrift für Rechtssoziologie 1 (1980), S. 232 ff.

*Analyse und Dokumentation zum § 218 StGB in Baden-Württemberg*, hrsg. vom DGB-Landesbezirk Baden-Württemberg, Abt. Frauen, Stuttgart 1979

*Anzahl und Situation zu Hause lebender Pflegebedürftiger*, Stuttgart u. a.: Verlag W. Kohlhammer, 1980 (Schriftenreihe des Bundesministers für Jugend, Familie und Gesundheit, Bd. 80)

*Arbeiterwohlfahrt*: Kein Abbau, sondern Weiterentwicklung der Sozialhilfe, in: Der Sozialarbeiter 1978, H. 4, S. 12 ff.

*Ardjah, H.*: Sozialmedizinische Aspekte der Ernährung. Experiment zum Ernährungsbedarf nach dem Sozialhilfewarenkorb, in: ArchsozArb 1981, S. 133 ff.

*Atkinson, A.*: Poverty in Britain and the Reform of Social Security, Cambridge: University Press, 1969

*Baath, P./Kneip, G.*: Fürsorgepflicht nach der Verordnung vom 13. Februar 1924 einschl. der für Voraussetzung, Art und Maß der öffentlichen Fürsorge geltenden Rechtsgrundsätze und der Nebengesetze sowie der einschlägigen landesrechtlichen Vorschriften, 12. Aufl., Berlin: Verlag Franz Vahlen, 1939

*Bachof, O.*: Begriff und Wesen des sozialen Rechtsstaates, in: VVDStRL 12 (1954), S. 37 ff.

*Bäcker, G.*: Entprofessionalisierung und Laisierung sozialer Dienste – Richtungsweisende Perspektiven oder konservativer Rückzug?, in: WSI-Mitteilungen 1979, S. 526 ff.

*Badura, P.*: Perspektiven amerikanischer Sozialpolitik: Drei Paradigmen und ihre exemplarische Anwendung, in: Kölner Zeitschrift für Soziologie und Sozialpsychologie 1973, S. 814 ff.

*Badura, P./Gross, B.*: Sozialpolitische Perspektiven. Eine Einführung in Grundlagen und Probleme sozialer Dienstleistungen, München: R. Piper & Co. Verlag, 1976

*Bär, A.*: Zur Anspruchsüberleitung nach den §§ 90 und 91 des Bundessozialhilfegesetzes, in: ArchsozArb 1978, S. 77 ff.

*Barabas, F./Sachße, C.*: Bundessozialhilfegesetz: Sozialstaatliche Versorgung oder Armenpolizei?, in: KJ 1976, S. 359 ff.

*Bauer, R.*: Wohlfahrtsverbände in der Bundesrepublik. Materialien und Analysen zu Organisation, Programmatik und Praxis – Ein Handbuch, Weinheim und Basel: Beltz Verlag, 1978

422

*Bauer, R.*: Wohlfahrtsverbände, in: Kreft, D./Mielenz, J. (Hg.), Wörterbuch Soziale Arbeit, Weinheim und Basel: Beltz Verlag 1980, S. 488 ff.

*Bayerisches Staatsministerium für Arbeit und Sozialordnung* (Hg.): Sozialhilfe in der Meinung der Bevölkerung (Umfrage des Meinungsforschungsinstituts Konring, München 1980)

*Bayerisches Staatsministerium für Arbeit und Sozialordnung:* Sozialhilfe-Atlas, 20 Jahre Bundessozialhilfegesetz in Bayern, München 1981

*Beck, H./Penski, U./Ruback,* Ch.: Altenplan für die Stadt Siegen, Siegen 1981

*Becker-Neetz, U./Krahmer,* U.: Ist der Hahn endgültig zu?, in: päd. extra Sozialarbeit 1981, Heft 9, S. 36 ff.

*Bedingungen* für die Entstehung und Entwicklung von Sozialversicherung, Colloquium der Projektgruppe für Internationales und Vergleichendes Sozialrecht der Max-Planck-Gesellschaft, Tutzing 1978, Berlin: Duncker & Humblot, 1979

*Behinderten-Kalender* 1980, 1981 und 1982, hg. von E. Klee (1982: E. Klee und G. Steiner), Frankfurt: Fischer Taschenbuch Verlag 1979, 1980 und 1981

*Bender, W.*: Die Sozialhilfe im System des Ausländerrechts, in: Demokratie und Recht 1974, S. 36 ff.

*von Bergen, H.*: Kostenerstattung zwischen den Trägern der Sozialhilfe, 2. Aufl., Frankfurt/M.: Eigenverlag des Deutschen Vereins für öffentliche und private Fürsorge, 1971

*Bericht der Bund-Länder-Arbeitsgruppe „Aufbau und Finanzierung ambulanter und stationärer Pflegedienste,* (unveröffentlichtes) hekt. Manuskript, März 1980

*Beveridge Report* s. Social Insurance and Allied Services

*Birrel* (ed.), Social Administration. Reedings in Applied Social Science, Harmondsworth: Penguin Books Ltd., 1973

*Bley, H.*: Sozialrecht, 3. Aufl., Frankfurt: Metzner, 1980

*Bley, H.*: Rechtsvergleichender Generalbericht, in: Die Rolle des Beitrags in der sozialen Sicherung (Hg.: H. Zacher), Berlin: Duncker & Humblot, 1980, S. 223 ff. (1980 a)

*Bock, T./Gross, H./Senger,* I.: Die Finanzierung von Frauenhäusern. Bericht über eine Studientagung des Deutschen Vereins, in: NDV 1981, S. 276 ff.

*Bogs, W.*: Von der Freiheit durch das Gesetz. Bemerkungen über Anspruchs- und Ermessensleistungen im Sozialrecht, in: Sozialpolitik und persönliche Existenz. Festgabe für Hans Achinger, Berlin: Duncker & Humblot, 1969, S. 45 ff.

*Booth, C.*: Life and Labour of the People in London, London: Macmillan, 1903

*Borchmann, M.*: Sozialhilfe und Kostenbelastung der öffentlichen Haushalte, in: Verwaltungsrundschau 1981, S. 289 ff.

*Brackmann, K.*: Handbuch der Sozialversicherung einschließlich des Sozialgesetzbuches, St. Augustin: Asgard-Verlag, Loseblatt/Stand 1981

*Brandt, H.*: Geschichtlicher Abriß der freien Wohlfahrtspflege, in: BldW 1981, S. 82 ff.

*Braess, P.*: Versicherung und Risiko, Wiesbaden: Betriebswirtschaftlicher Verlag Dr. Th. Gabler, 1960

*Brede, H./Kohaupt, B./Kujath,* H.-H.: Ökonomische und politische Determinanten der Wohnungsversorgung, Frankfurt/M.: Suhrkamp Verlag, 1975

*Brenner, K.*: Materielle Armut in der Bundesrepublik Deutschland, Zusammenwirken von Erwerbseinkommen und Sozialleistungen im Hinblick auf die Position einkommensschwächerer Bevölkerungsgruppen, in: ArchsozArb 1978, S. 1 ff.

*von Brentano, D.*: Zur Problematik der Armutsforschung. Konzepte und Auswirkungen, Berlin: Duncker & Humblot, 1978

*Bronke, K./Wenzel,* G.: Sozialarbeiterische Verwaltung oder verwaltete Sozialarbeit? Neuorganisation der sozialen Dienste in Duisburg-Hamborn, in: Barabas, F./Blanke, Th./

Sachße, Ch./Stascheit, U. (Hg.), Jahrbuch der Sozialarbeit 1978, Reinbek bei Hamburg: Rowohlt Verlag, 1977, S. 309 ff.

*Brosche, H.*: Sozialhilfeleistungen für Studenten?, in: ZfF 1978, S. 1 ff.

*Brown, M.*: Introduction to Social Administration in Britain, 4. Aufl., London: Hutchinson, 1977

*Brück, G. W.*: Allgemeine Sozialpolitik, Grundlagen – Zusammenhänge – Leistungen, 2. Aufl., Köln: Bund Verlag, 1981

*Brühl, A.*: Rechtliche Hilfen für Obdachlose, München: Juventa Verlag, 1977

*Brühl, G.*: Die bürgerlichrechtliche Unterhaltspflicht, 3. Aufl., Frankfurt: Eigenverlag des Deutschen Vereins für öffentliche und private Fürsorge, 1981

*Brühl, G./Göppinger, H./Mutschler, D.*: Unterhaltsrecht, Erster Teil: Das materielle Unterhaltsrecht, 3. Aufl., Bielefeld: Verlag Ernst und Werner Gieseking, 1973

*Bürgernahe Sozialpolitik.* Planung, Organisation und Vermittlung sozialer Leistungen auf lokaler Ebene (Hg. v. F.-X. Kaufmann), Frankfurt u. a.: Campus-Verlag, 1979

*Bujard, O./Lange, U.*: s. Theorie und Praxis der Sozialhilfe (1978)

*Bujard, O./Lange, U.*: Armut im Alter. Ursachen, Erscheinungsformen, politisch-administrative Reaktionen, Weinheim und Basel: Beltz Verlag, 1978 (1978 a)

*Bundesarbeitsgemeinschaft für Rehabilitation* (Hg.): Wegweiser: Eingliederung von Behinderten in Arbeit, Beruf und Gesellschaft, 3. Aufl., Eigenverlag 1978

*Bundesminister für Arbeit und Sozialordnung:* Statistisches Taschenbuch 1979: Arbeits- und Sozialstatistik, Bonn 1979

*Bundesminister für Arbeit und Sozialordnung,* Forschungsbericht: Bürger und Sozialstaat. Zusammenfassender Kommentar, Bonn 1980

*Bundesminister für Jugend, Familie und Gesundheit,* Sozialhilfe – Ihr gutes Recht, Bonn 1979

*Bundesregierung/Presse- und Informationsamt,* Gesellschaftliche Daten 1977, Stuttgart: W. Kohlhammer GmbH, 1977

*Bundessozialhilfegesetz* mit Ausführungsgesetzen der Länder und anderen ergänzenden Vorschriften, 15. Aufl., München: Verlag C. H. Beck, 1981

*Bura, J.*: Obdachlosigkeit in der Bundesrepublik, München: Minerva Publikation Sauer GmbH, 1979

*Burdenski, W./von Maydell, B./Schellhorn, W.*: SGB-AT, 2. Aufl., Neuwied u. a.: Luchterhand Verlag, 1981

*Burucker, H. G./Schlüsche, H.*: Zum Referentenentwurf des 4. Änderungsgesetzes zum Bundessozialhilfegesetz, in: ZfF 1978, S. 193 ff.

*Busch, U.*: Arbeitspflicht und Hilfe zur Arbeit nach dem BSHG, in: ZfF 1977, S. 74 ff.

*Buttler, F./Gerlach, K./Liepmann, P.*: Über den Zusammenhang von Arbeitsmarkt und Armut – Das alte an der „Neuen Sozialen Frage", in: Zur Neuen Sozialen Frage (Hg. v. H. Widmaier), Berlin: Duncker & Humblot, 1978, S. 9 ff.

*Checkland, S./Checkland, E.*: The Poor Law Report of 1834, Harmondsworth: Penguin Books Ltd., 1974

*Clemens, G.*: Methodische Sozialarbeit als persönliche Hilfe, in: NDV 1976, S. 135 ff.

*Colla, H.*: Armut im Wohlfahrtsstaat, in: Reader Soziale Probleme, I. Empirische Befunde (Hg. A. Bellebaum/H. Braun), Frankfurt: Herder Verlag, 1974, S. 19 ff.

*Cooper, M.*: Social Policy. A survey of the recent developments, Oxford: Basil Blackwell, 1973

*Cramer, H.*: Die neue Werkstättenverordnung, Kommentar unter Berücksichtigung der Materialien und des Leistungsrechts sowie einer Zusammenstellung der Rechtsgrundlagen der Werkstatt für Behinderte, München: C. H. Beck Verlag, 1981

*Dahlem, O.*: Aspekte zur sozialen Absicherung des Risikos der Pflegebedürftigkeit, in: NDV 1977, S. 325 ff.

*Dahlem, O.*: Einige Aspekte der Heimversorgung älterer Menschen, in: Theorie und Praxis der sozialen Arbeit 1981, S. 84 ff.

*Dahlinger, E.*: Die Pflegesatzgestaltung in sozialen Einrichtungen, in: NDV 1976, S. 33 ff.

*Dahlinger, E.*: Die einzelnen Rechtsbeziehungen zwischen Heimbewohner, privatem Heimträger und Sozialhilfeträger und ihr Zusammenwirken, in: NDV 1979, S. 214 ff.

*Dahlinger, E.*: Die Werkstatt für Behinderte, in: NDV 1979, S. 72 ff. (1979 a)

*Dahlinger, E.*: Zur Entwicklung des Sozialhilfeaufwands, in: NDV 1981, S. 180 ff.

*Dahlinger, E.*: Aufgaben und Leistungen der kommunalen überörtlichen Träger für die Behinderten, in: Der Landkreis 1981, S. 530 ff. (1981 a)

*Danckwerts, D.*: Organisierte freiwillige Hilfe in der modernen Gesellschaft, Berlin 1966

*Danckwerts, D.*: Nichtseßhaftenhilfe, Obdachlosenhilfe, in: Kreft, D./Mielenz, I. (Hg.): Wörterbuch Soziale Arbeit, Weinheim und Basel: Beltz Verlag, 1980, S. 321 ff.

*Danckwerts, D./Prestien, R.*: Die Bedeutung der karitativen Verbände, die soziale Sicherheit und die sozialpolitische Umverteilung in der Bundesrepublik Deutschland, Forschungsbericht, Duisburg 1974 (fotomechanische Reproduktion der GHS Duisburg)

*Darmstädter Sozialhilfeführer*, hrsg. von Studentinnen und Studenten der Fachhochschule, FB Sozialpädagogik, Darmstadt 1980 (2. Aufl.)

*Datenschutz im sozialen Bereich* – Beiträge und Materialien –, zusammengestellt von Th. Mörsberger, Frankfurt: Eigenverlag des Deutschen Vereins für öffentliche und private Fürsorge, Frankfurt, 1981

*Deininger, R.*: Die wirtschaftliche Lage von Empfängern laufender Leistungen der Hilfe zum Lebensunterhalt im Vergleich zum Arbeitseinkommen unterer Lohngruppen, in: NDV 1981, S. 104 ff.

*Dendorfer, O./Rönneke. A.*: Hilfe zur Pflege nach § 69 BSHG, in: ZfF 1980, S. 241 ff.

*Desch, V.*: Das Subsidiaritätsprinzip im Bereich sozialer Hilfeleistung, in: ZSR 1967, S. 147 ff., 205 ff.

*Dettling, W.*: Die Neue Soziale Frage und die Zukunft der Demokratie, Bonn: Eichholz Verlag, 1976.

*Deutscher Verein für öffentliche und private Fürsorge*, Bedarf, Bedürfnis – Regelbedarf, Mehrbedarf, in: NDV 1961, S. 247

*Deutscher Verein für öffentliche und private Fürsorge*, Inhalt und Aufbau der Regelsätze, in: NDV 1962, S. 59 ff.

*Deutscher Verein für öffentliche und private Fürsorge*, Gutachten vom 9. Dez. 1964, III-357/64, 2410, in: NDV 1965, S. 78

*Deutscher Verein für öffentliche und private Fürsorge*, Gutachten zum Sozial- und Jugendhilferecht, Frankfurt: Eigenverlag, Bde I (1967), II (1969), III (1970), IV (1973), V (1975), VI (1978)

*Deutscher Verein für öffentliche und private Fürsorge*: Empfehlungen für den Einsatz des Vermögens in der Sozialhilfe und der öffentlichen Jugendhilfe, Frankfurt: Eigenverlag, 1971

*Deutscher Verein für öffentliche und private Fürsorge*: Empfehlungen für die Gewährung von Taschengeld nach dem Bundessozialhilfegesetz, Frankfurt: Eigenverlag, 1973

*Deutscher Verein für öffentliche und private Fürsorge*: Inhalt und Bemessung des gesetzlichen Mehrbedarfs nach dem Bundessozialhilfegesetz, Frankfurt: Eigenverlag, 1976

*Deutscher Verein für öffentliche und private Fürsorge:* Bekleidungs- und Heizungshilfen sowie Weihnachtshilfen. Empfehlungen zu Voraussetzungen und Maß auch weiterer einmaliger Leistungen zum Lebensunterhalt, Frankfurt: Eigenverlag, 1977

*Dillemans,* R.: Codificatie van de Sociale Zekerheidswetgeving in Belgie, in: sma 1975, S. 589 ff.

*Dillmann,* C.: „Da schaut kein Rechnungshof durch" – Die Freien Träger der Wohlfahrt: Riesen im sozialpolitischen Geschäft, in: BldW 1981, S. 86 f.

*Dörrie,* K.: Aspekte einer Strukturanalyse der Freien Wohlfahrtspflege, in: Otto, H.-U./ Schneider, S. (Hg.), Gesellschaftliche Perspektiven der Sozialarbeit, Bd. 2, Neuwied und Darmstadt: Luchterhand Verlag, 1979, S. 127 ff.

*Duntze,* J.: Das Bundessozialhilfegesetz im System der sozialen Leistungen, in: BldW 1961, S. 226 ff.

*Dupeyroux,* J. J.: Droit de la Sécurité Sociale, 8. Aufl., Paris: Dalloz, 1980

*Eckelberg,* W.: Grundriß der öffentlichen Fürsorge, Berlin/Neuwied/Darmstadt: Luchterhand Verlag, 1959

*Ehrenberg, H./Fuchs,* A.: Sozialstaat und Freiheit. Von der Zukunft des Sozialstaats, Frankfurt: Suhrkamp Verlag, 1980

*Eichner,* H.: Überlegungen zur Neuordnung der Pflegekostenregelung, in: ZfSH 1979, S. 103 ff.

*Elias,* D.: Gedanken zur Frage des Kostenersatzes aus der Sicht eines Sozialarbeiters, in: ZfF 1970, S. 307 f.

*Elsener, J./Proske,* R.: Der Fünfte Stand. Eine Untersuchung über die Armut in Westdeutschland, in: Frankfurter Hefte 2/1953, S. 101 ff.

*Empfänger von Hilfe zur Pflege 1977* – Ergebnis einer Zusatzstatistik zur Jahresstatistik der Sozialhilfe, in: Wirtschaft und Statistik 1979, S. 759 ff.; 1980, S. 198 ff.

*Empfehlungen für den Einsatz des Vermögens in der Sozialhilfe und der öffentlichen Jugendhilfe,* Frankfurt: Eigenverlag des Deutschen Vereins für öffentliche und private Fürsorge, 1971

*Empfehlungen für die Gewährung von Krankenkostzulagen in der Sozialhilfe,* Frankfurt: Eigenverlag des Deutschen Vereins für öffentliche und private Fürsorge, 1974

*Empfehlungen für die Anwendung der §§ 84 ff. BSHG,* 3. Aufl., Frankfurt: Eigenverlag des Deutschen Vereins für öffentliche und private Fürsorge, 1975

*Empfehlungen für die Heranziehung Unterhaltspflichtiger* (mit Erläuterungen von W. Schellhorn), 2. Aufl., Frankfurt/M.: Eigenverlag des Deutschen Vereins für öffentliche und private Fürsorge, 1978

*Empfehlungen zur Organisation des kommunalen allgemeinen Sozialdienstes (Familienfürsorge),* Frankfurt: Eigenverlag des Deutschen Vereins für öffentliche und private Fürsorge, 1982

*Empirische Sozialarbeitsforschung.* Sozialwissenschaftliche Grundlagen für die Praxis des Sozialarbeiters und Sozialpädagogen, Rheinstetten-Neu: G. Schindele Verlag, 1978

*Engels,* F.: Die Lage der arbeitenden Klasse in England, in: K. Marx/F. Engels, Werke, Bd. 2, S. 226 ff., Berlin: Dietz Verlag, 1976

*Engisch,* K.: Die Idee der Konkretisierung in Recht und Rechtswissenschaft unserer Zeit, Heidelberg: Verlag Winter, 1953

*Erhaltung der Selbständigkeit älterer Menschen* (Schriftenreihe des BMJFG, Bd. 33), Stuttgart u. a.: Verlag W. Kohlhammer, 1976

*Fabian,* K. W.: Eingliederungshilfe bei der Beschaffung einer behindertengerechten Wohnung, in: ZfSH 1981, S. 76 ff.

426

*Faude, M.*: Sozialrecht in der Deutschen Demokratischen Republik, in: NDV 1977, S. 180 ff.

*Faude, M.*: Strukturelemente sozialistischen Sozialrechts am Beispiel des Altersrentenrechts in der DDR und der UdSSR, in: Jahrbuch für Ostrecht 1979, S. 106 ff.

*Faude, M.*: Sozialrecht im Sozialismus – Überblick über die Strukturen und Funktionen des Sozialrechts in der Deutschen Demokratischen Republik, in: NDV 1981, S. 74 ff.

*Fenge, H.*: EG-Modellprogramm zur Bekämpfung der Armut in der Europäischen Gemeinschaft, in: NDV 1975, S. 204 ff.

*Fenge, H.*: 25 Jahre Europäisches Fürsorgeabkommen – Rückblick, Inhalt und Würdigung –, in: ZfSH 1979, S. 257 ff.

*von Ferber, Ch.*: Sozialpolitik in der Wohlstandsgesellschaft, Hamburg: Christian Wegner Verlag, 1967

*Fichtner, O.*: Das Einsetzen der Sozialhilfe, in: BldW 1969, S. 130 ff.

*Fichtner, O.*: Hundert Jahre Deutscher Verein für öffentliche und private Fürsorge, in: Soziale Arbeit 1980, S. 162 ff.

*Fichtner, D.*: Sozialadministration, in: Kreft, D./Mielenz, J., Wörterbuch Soziale Arbeit, Weinheim/Basel: Beltz Verlag, 1980, S. 386 ff.

*Fichtner, O.*: Die Fürsorge im bedrohten Sozialstaat, in: NDV 1981, S. 257 ff. (1981 a).

*Fichtner, O.*: Warenkorb und Regelsatz, in: Theorie und Praxis der sozialen Arbeit 1981, S. 411 ff. (1981 b).

*Fichtner, O./Gross, H.*: Die Finanzierung von Frauenhäusern, in: NDV 1979, S. 180 ff.

*Fiegehen, G./Lansley, R./Smith, A.*: Poverty and Progress in Britain 1953–73. A Statistical Study of low income households. Their numbers, types and expenditure patterns, Cambridge u. a.: Cambridge University Press, 1977

*Finke, W.*: Berechnung der Einkünfte aus Vermietung und Verpachtung und Ermittlung der Aufwendungen für die Unterkunft bei Hilfen zum Lebensunterhalt und Hilfen in besonderen Lebenslagen, in: ZfSH 1965, S. 93 ff.

*Flamm, F.*: Koordination und Kooperation als Arbeitsprinzip beim Vollzug der öffentlichen Hilfen, Frankfurt: Deutscher Verein für öffentliche und private Fürsorge, 1967

*Flamm, F./Gastiger, S.*: Die Verwaltung der Sozialarbeit, 4. Aufl., Freiburg i. Br.: Lambertus-Verlag, 1975

*Flora, P./Alber, J./Kohl, J.*: Zur Entwicklung der westeuropäischen Wohlfahrtsstaaten, in: PVS 18 (1977), S. 707 ff.

*Flottmann, W.*: Sozialhilfe, 2. Aufl., Neuwied u. a.: Luchterhand Verlag, 1975

*Forder, A.*: Concepts in Social Administration. A framework for analysis, London u. a.: Rootledge & Kegan Paul, 1974 (in deutscher Sprache: Grundlagen und Begriffe der Sozialverwaltung, Freiburg: Lambertus-Verlag, 1977)

*Frank, W.*: Sozialhilfe und Kriegsopferfürsorge, 2. Aufl., Stuttgart u. a.: Verlag W. Kohlhammer, 1977

*Frank, W.*: Die persönliche Hilfe und ihre Sicherstellung - rechtlich betrachtet, in: NDV 1976, S. 137 ff.

*Frank, W.*: Standort und Perspektiven der Sozialhilfe im System sozialer Sicherung, in: ArchsozArb 1980, S. 13 ff.

*Freudenthal, H.*: Sozialhilferecht, 3. Aufl., Herford: Maximilian-Verlag, 1979

*Friedrich-Marczyk, M.*: Die Prüfungssituation im Wahlfach Sozialrecht und das Sozialrecht in der einphasigen Ausbildung, in: Wahlfach Sozialrecht. Einführung mit Examinatorium (Hg.: Zacher, H.), Heidelberg u. a.: UTB C. F. Müller, 2. Aufl., 1981, S. 65 ff.

*Friedrich-Marczyk,* M./*Schulte,* B.: Vom Mutterschaftsurlaub zum Elternurlaub, in: ZRP 1980, S. 317 ff.

*Fries,* K. H./*Trenk-Hinterberger,* P.: Urteilsanmerkung, in: SGb 1981, S. 552 ff.

*Fuchs,* M.: Sozialhilfe, Ein Grundriß, 3. Aufl., Siegburg: Verlag Reckinger & Co., 1977

*Fuchs,* M.: Zur Heranziehung zu Kostenersatz nach § 92 a BSHG – Bemerkungen zum Urteil des VG Düsseldorf vom 14. 1. 1981 ZfSH 1981, 275 Nr. 90 –, in: ZfSH 1981, S. 365 ff.

*Fughe,* V.: Probleme und Beispiele der persönlichen Hilfe aus der Sicht der Jugendhilfe, in: NDV 1976, S. 138 ff.

*Galperin,* P.: Sozialhilfe – Hilfe zur Selbsthilfe, in: NDV 1970, S. 75 f.

*Galperin,* P.: Neubearbeitung des Bedarfsmengenschemas (Warenkorbes) für die Regelsätze in der Sozialhilfe, in: NDV 1981, S. 110 ff.

*Geißler,* H.: „Neue Soziale Frage" – Zahlen, Daten, Fakten –, 1975

*Geißler,* H.: Die Neue Soziale Frage. Analysen und Dokumente, Freiburg: Herder Verlag, 1976

*Gerster,* F.: Sozialhilfeniveau und Arbeitnehmereinkommen, in: Theorie und Praxis der sozialen Arbeit 1981, S. 417 ff.

*Giese,* D.: Die Rechtsgrundlagen der persönlichen Hilfe, in: Schriften des Deutschen Paritätischen Wohlfahrtsverbandes, Nr. 33, Frankfurt 1965, S. 17 ff.

*Giese,* D.: Das Dritte Gesetz zur Änderung des Bundessozialhilfegesetzes, in: ZfF 1974, S. 73 ff.

*Giese,* D.: Aufwendungsersatz, Kostenbeitrag und Heranziehung Unterhaltspflichtiger in der Sozial- und öffentlichen Jugendhilfe, in: ZfF 1975, S. 25 ff.

*Giese,* D.: Das Bedarfsprinzip der Sozialhilfe im Zusammenhang mit ihrem Auftrag zur sozialen Integration, in: ZfSH 1975, S. 129 ff.

*Giese,* D.: Einsetzen der Sozialhilfe, „Verbot" der Schuldenübernahme und rückwirkende Leistungsgewährung, in: ZfF 1976, S. 2 ff.

*Giese,* D.: Zur Abgrenzung von Hilfen nach §§ 5, 6 JWG, nach §§ 62 ff. JWG und §§ 39 ff. BSHG zueinander, in: ZfSH 1977, S. 366 ff.

*Giese,* D.: Nochmals: „Sozialhilfeleistungen für Studenten?", in: ZfF 1978, S. 56 f.

*Giese,* D.: Zur Weiterentwicklung des Sozialhilferechts, in: ZfS 1979, S. 365

*Giese,* D.: Der Entwurf eines 4. Änderungsgesetzes zum BSHG, in: ZfSH 1979, S. 97 ff.

*Giese,* D.: Zur Rechtsstellung der Heimbewohner, in: ZfF 1979, S. 241 ff.

*Giese,* D.: Verwaltungsverfahren und Datenschutz nach dem 10. Buch des Sozialgesetzbuches, in: ZfF 1980, S. 217 ff.

*Giese,* D.: Anmerkung zu OLG Köln, Urteil vom 9. 1. 1979, in: FamRZ 1980, S. 354 f.

*Giese,* D.: Sozialgesetzbuch – Allgemeiner Teil und Verfahrensrecht (SGB I und X), 2. Aufl., Köln u. a.: Carl Heymanns Verlag, 1981

*Giese,* D.: Über Individualisierungsprinzip, Frauenhäuser und „Warenkorb" in der Sozialhilfe, in: ZfSH 1981, S. 321 ff.

*Giese,* D./*Melzer,* G.: Die Beratung in der sozialen Arbeit, Frankfurt: Eigenverlag des Deutschen Vereins für öffentliche und private Fürsorge, 1974

*Gitter,* W.: Sozialrecht, München: Verlag C. H. Beck, 1981

*Glatzer,* W./*Krupp,* A.: Soziale Indikatoren des Einkommens und seiner Verteilung für die Bundesrepublik Deutschland, in: Soziale Indikatoren, Konzepte und Forschungsansätze III (Hg.: W. Zapf), Frankfurt: Campus Verlag, 1975, S. 216 ff.

*Gottschick,* H./*Giese,* D.: Das Bundessozialhilfegesetz, 7. Aufl., Köln u. a.: Carl Heymanns Verlag, 1981

428

*Graeffner, E./Simm, E.*: Das Armenrecht – Eine systematische Darstellung sämtlicher das Armenrecht betreffender Rechtsmaterien, Berlin: C. Heymanns Verlag, 1914

*Gräser, H.*: Gibt es Armut in der Bundesrepublik?, in: Marxistische Blätter 1970, H. 8, S. 59 ff.

*Grauhahn, R.-R./Leibfried, S.*: Die Sozialverwaltung zwischen politischer Herrschaft und politischer Produktion, in: ZSR 1977, S. 65 ff.

*Grave, A.*: Die eheähnliche Gemeinschaft im Sinne von § 122 BSHG, in: ZfF 1978, S. 152 f.

*Grönert, J.*: Pflegebedürftigkeit als sozialpolitisches Problem, in: Theorie und Praxis der sozialen Arbeit 1980, S. 404 ff.

*Grönert, J.*: Der Bericht der Bund-Länder-Arbeitsgruppe „Aufbau und Finanzierung ambulanter und stationärer Pflegedienste", in: NDV 1981, S. 30 ff.

*Groser, M./Veiders, W.*: Die Neue soziale Frage – Theoretische Grundlagen und empirische Befunde, Melle: Verlag Ernst Knoth, 1979

*Gross, A.*: Zum Grundsatz der Sozialstaatlichkeit, in: NDV 1963, S. 526 ff.

*Grunow, D.*: Problemsyndrome älterer Menschen und die Selektivität organisierter Hilfe der örtlichen Sozialverwaltung, in: Dieck, M./Naegele, G. (Hg.): Sozialpolitik für ältere Menschen, Heidelberg: Quelle und Meyer, 1978, S. 244 ff.

*Grunow, D./Hegner, F.*: Die Gewährung persönlicher und wirtschaftlicher Sozialhilfe – Untersuchungen zur Bürgernähe der kommunalen Sozialverwaltung, Bielefeld: B. K. Verlag, 1978

*Grunow, D./Hegner, F.*: Organisatorische Rahmenbedingungen der Gewährung persönlicher und wirtschaftlicher Sozialhilfe und ihre Auswirkungen auf „Bürgernähe", in: Bürgernahe Sozialpolitik (Hg.: F.-X. Kaufmann), Frankfurt u. a.: Campus Verlag, S. 349 ff.

*Grunsky, W.*: Die neuen Gesetze über die Prozeßkosten- und die Beratungshilfe, in NJW 1980, S. 2041 ff.

*Gutachten zum Sozial- und Jugendhilferecht V*, Frankfurt: Eigenverlag des Deutschen Vereins für öffentliche und private Fürsorge, 1975


*Haag, G.*: Altenhilfe, in: Kreft, D./Mielenz, I. (s. dort), S. 22

*Haisch, F.*: Der behördliche Sozialarbeiter und sein Klient, in: Archiv für angewandte Sozialpädagogik 1979, S. 263 ff.

*Hall, P./Land, H./Parker, R./Webb, A.*: Change, Choice and Conflict in Social Policy, London: Heinemann Educational Books Ltd., 1975

*Happe, B.*: Die Zusammenarbeit der Wohlfahrtspflege auf örtlicher Ebene – Arbeitsgemeinschaften nach § 95 Abs. 1 BSHG, in: Der Städtetag 1967, S. 125 ff.

*Harrer, F.*: Jugendhilfe, 4. Aufl., Neuwied u. a.: Luchterhand Verlag, 1980

*Hartmann, H.*: Standort und Perspektiven der Sozialhilfe im System sozialer Sicherung, in: WSI-Mitteilungen 1979, S. 659 ff.

*Hartmann, H.*: Ausmaß und Ursachen der Nichtinanspruchnahme der Sozialhilfe, in: Theorie und Praxis der sozialen Arbeit 1981, S. 431 ff.

*Hartmann, H.*: Sozialhilfebedürftigkeit und „Dunkelziffer der Armut", Stuttgart u. a.: Verlag W. Kohlhammer, 1981 (1981 a)

*Hartwieg, W.*: Der Hilfeauftrag der Sozial- und Jugendhilfe – 7 Thesen zum Verhältnis von Rechtsanspruch und Organisationsstruktur, in: Neue Praxis 1972, S. 223 ff.

*Hauck, K.*: Die Kodifikation des Sozialrechts in der Bundesrepublik Deutschland – Ziele, Probleme und Lösungen –, in: sma 1975, S. 602 ff.

*Hauser, R.*: Probleme und Ansatzpunkte einer gemeinsamen Politik zur Bekämpfung der

Armut in der Europäischen Gemeinschaft, in: Theorie und Politik der internationalen Wirtschaftsbeziehungen, Hans Müller zum 65. Geburtstag, (Hg.: K. Borchard/ F. Holzheu), Stuttgart u. a.: Gustav Fischer Verlag, 1980, S. 229 ff.

*Hauser, R./Krupp,* H. J./*Cremer-Schäfer,* H./*Nouvertné,* U.: Nationaler Bericht über die Armut in der Bundesrepublik Deutschland. Studie erstellt im Auftrage der Kommission der Europäischen Gemeinschaften, Frankfurt 1980 (als Ms. vervielfältigt). (Veröffentlicht 1981: *Hauser, R./Cremer-Schäfer,* H./*Nouvertné,* U.: Armut, Niedrigeinkommen und Unterversorgung in der Bundesrepublik Deutschland. Bestandsaufnahme und sozialpolitische Perspektiven, Frankfurt: Campus Verlag, 1981

*Hege,* M.: Engagierter Dialog – Ein Beitrag zur sozialen Einzelhilfe, München/Basel: Ernst Reinhardt Verlag, 1974

*Hegner, F./Schmidt,* E.-H.: Organisatorische Probleme der horizontalen Politiksegmentierung und Verwaltungsfragmentierung, in: Kaufmann, F.-X. (Hg.), Bürgernahe Sozialpolitik, Frankfurt/New York: Campus Verlag, 1979, S. 167 ff.

*Heinze, R. G./Olk,* Th.: Die Wohlfahrtsverbände im System sozialer Dienstleistungsproduktion, in: Kölner Zeitschrift für Soziologie und Sozialpsychologie 1981, S. 94 ff.

*Heisler,* H.: (ed.), Foundations of Social Administration, London: Maxmillan, 1977

*Henke,* N.: Grundzüge des Sozialrechts, Berlin: Walter de Gruyter Verlag, 1977

*Henkel,* H.: Das wohlfahrtsstaatliche Paradoxon. Armutsbekämpfung in den USA und Österreich, Göttingen: Verlag Otto Schwarz, 1981

*Henkel, H./Pavelka,* F.: Das Amt: Dein Feind und Helfer, in: Sozialer Fortschritt 1981, S. 225 ff.

*Henkel, H./Pavelka,* F.: UNO-Expertentagung in Montreux: Nur 97 Prozent sind anständig – Zur Mißbrauchsdebatte sozialer Leistungen, in: Soziale Sicherheit 1981, S. 65 ff. (1981 a)

*Higgins,* J.: Social Control Theories of Social Policy, in: Journal of Social Policy 9 (1980), S. 1 ff.

*von Hippel,* E.: Grundfragen der sozialen Sicherheit, Tübingen: J. C. B. Mohr (Paul Siebeck), 1979

*Hofmann,* A.: Zweimal beschissen . . . – Kochfeuerung und Beleuchtung, in: Info-Sozialarbeit 25 (1980), S. 29 ff.

*Hofmann,* A.: Warenkorb „Marke Schmalhans" – Die Bemessung der Würde des Menschen durch den Deutschen Verein, in: Info-Sozialarbeit 25 (1980), S. 35 ff. (1980 a)

*Hofmann, A./Krahmer,* U./*Stahlmann,* G.: Sozialhilfe für politische Betätigung? Frankfurt: FHS Frankfurt, 1981

*Hofmann, A./Krahmer,* U./*Stahlmann,* G.: Dürfen Sozialhilfeempfänger demonstrieren?, in: Neue Praxis Aktuell, August 1981, S. 1 ff. (1981 a)

*Hofmann, A./Leibfried,* S.: Historische Regelmäßigkeiten bei Regelsätzen. Hundert Jahre Tradition des Deutschen Vereins?, Arbeitspapiere des Forschungsschwerpunktes Reproduktionsrisiken, soziale Bewegungen und soziale Politik, Universität Bremen, Bremen 1980

*Holland, K./Jessen,* J./*Siebel,* W./*Walther,* K.-J.: Sozialplanung, in: Kreft, D./Mielenz, J. (Hg.), Wörterbuch Soziale Arbeit, Weinheim und Basel: Beltz Verlag, 1980, S. 413 ff.

*Holman,* R.: Poverty. Explanations of Social Deprivation, London: Martin Robertson & Co. Ltd., 1978

*Hoppensack, H.-C./Leibfried,* S.: Sozialhilfereform – Eine Zwischenbilanz steckengebliebener Ansätze, in: Theorie und Praxis der sozialen Arbeit 1981, S. 404 ff.

*Igl*, G.: Rechtliche Gestaltung sozialer Pflege- und Betreuungsverhältnisse, in: VSSR 1978, S. 201 ff. (1978 a)

*Igl*, G.: Rechtserhaltung, Rechtsgestaltung und Rechtsdurchsetzung in sozialen Pflege- und Betreuungsverhältnissen, in: ZfS 1978, S. 181 ff. (1978 b)

*Igl*, G.: Die Rechtsbeziehungen zwischen dem Sozialleistungsberechtigten und dem Heimträger, in: NDV 1979, S. 218 ff.

*Igl*, G.: Vorstellungen zur Gestaltung des Heimvertrages, in: ZRP 1980, S. 294 ff.

*Igl*, G.: Der Heimvertrag als Modell sozialer Vertragsgestaltung, in: Von der bürgerlichen zur sozialen Rechtsordnung. 5. Rechtspolitischer Kongreß der SPD vom 29. Februar bis 2. März 1980 in Saarbrücken. Dokumentation: Teil 1 (Hg.): Posser, D./Wassermann, R., Heidelberg u. a.: C. F. Müller 1981, S. 207 ff. (1981 a)

*Igl*, G.: Anmerkung zum Urt. des BGH v. 29. 10. 1980, in: ZfSH 1981, 147 f. (1981 b)

*Initiative Hauspflege:* Aufstand in der Hauspflege, in: Eingriffe 1980, Heft 24, S. 12 ff.

*Interessengruppe Sozialhilfe e. V.,* Wichtige Tips über Sozialhilfe. Entworfen von Betroffenen für Betroffene, 2. Aufl., Köln: Interessengruppe Sozialhilfe e. V. Köln, Januar 1981

*International Labour Office,* Introduction to Social Security, Genf: International Labour Office, 1970


*James*, E./*Watson*, P.: Europe: A Policy on Poverty or a Poverty of Policy, in: Social Policy & Administration, 14 (1980), S. 47 ff.

*Jantzen*, W.: Zur Geschichte und politischen Ökonomie der Werkstatt für Behinderte, in: Runde, P./Heinze, R. G. (Hg.): Chancengleichheit für Behinderte, Neuwied und Darmstadt: Luchterhand Verlag, 1979, S. 195 ff.

*Jehle*, O.: Fürsorgerecht, Kommentar zur Reichsverordnung über die Fürsorgepflicht vom 13. Februar 1924 (RGBl. I S. 100), 3. Aufl., München: Kommunalschriften-Verlag J. Jehle, 1958

*Jehle*, O.: Allgemeine und spezielle Grundsätze des Sozialhilferechts, in: ZSR 1966, S. 400 ff.

*Jehle*, O.: Die Konkurrenznorm des § 83 und die Kollisionsnorm des § 87 BSHG, in: ZfSH 1965, S. 191 ff.

*Jehle*, O.: Grundlegende Gedanken zum Kostenersatz nach § 92 BSHG, in: ZfSH 1966, S. 97 ff.

*Jehle*, O.: Anwendungsbereich und Einschränkungen des Individualisierungsgrundsatzes (§ 3 BSHG), in: ZfSH 1968, S. 89 ff.

*Jehle*, O./*Schmitt*, L.: Sozialhilferecht. Kommentar zum Bundessozialhilfegesetz und seinen Rechtsverordnungen mit einschlägigen Nebengesetzen, Fürsorgerechtsvereinbarung und Bayerischen Verwaltungsvorschriften, München: Kommunalschriften-Verlag J. Jehle, 1979

*John*, R.: Mitwirkungspflichten, Leistungsrechte und tatsächliche Kommunikation. Eine Untersuchung über die Widersprüche im Verwaltungshandeln am Beispiel des Sozialhilfebereichs, in: ZSR 1981, S. 129 ff.


*Kaufmann*, F. X.: Sicherheit als soziologisches Problem, Stuttgart, Ferdinand Enke-Verlag, 1970

*Kaufmann*, F. X. u. a.: Gesellschaftliche Bedingungen und sozialpolitische Intervention: Staat, intermediäre Instanzen und Selbsthilfe, in: ZSR 1981, S. 31 ff.

*Kaufmann*, F. X. (Hg.): s. Bürgernahe Sozialpolitik

*Keese*, H.: Die öffentliche Fürsorge mit Jugendfürsorge, Gesundheitswesen, Kriegsopferversorgung und Arbeitslosenhilfe, Stuttgart u. a.: W. Kohlhammer Verlag, 1951

*Keese, H.*: Sozialhilferecht, 3. Aufl., Hannover: H. Filthuth Verlag, 1969

*Keese, H.*: Heranziehung Unterhaltsverpflichteter in der Praxis der Sozial- und Jugendhilfe aus der Sicht einer Großstadt, in: Das Unterhaltsrecht und die Sozial- und Jugendhilfe, S. 1 ff., Frankfurt: Eigenverlag des Deutschen Vereins für öffentliche und private Fürsorge, 1971

*Keese, H.*: Überlegungen zur Verbesserung der Finanzsituation der Sozial- und Jugendhilfe, in: NDV 1976, S. 79 ff.

*Klages, H.*: Soziologie und Sozialpolitik, in: Sozialpolitik durch soziale Dienste. Vorträge des 17. Sonderseminars 1980 der Hochschule für Verwaltungswissenschaften Speyer (Hg.: Klages, H./Merten, D.), Berlin: Duncker & Humblot, 1981, S. 41 ff.

*Klanberg, F.*: Armut und ökonomische Ungleichheit in der Bundesrepublik Deutschland, Frankfurt u. a.: Campus Verlag (1978 a)

*Klanberg, F.*: Die empirischen Grundlagen der Neuen Sozialen Frage, in: Zur Neuen Sozialen Frage (Hg.: H. Widmaier), Berlin: Duncker & Humblot, 1978, S. 127 ff. (1978 b)

*Klanberg, F.*: Stichwort „Existenzminimum", in: Fachlexikon der sozialen Arbeit (Hg.: Deutscher Verein für öffentliche und private Fürsorge), Frankfurt: Eigenverlag des Deutschen Vereins, 1980, S. 262

*Klanberg, F.*: Sozialhilfe: Reform oder Umfunktionierung zum Volkshonorar?, in: SF 1980, S. 246 ff.

*Klanberg, F.*: Sozialhilfe: Reform oder Umfunktionierung zum Volkshonorar?, in: NDV 1981, S. 34 ff.

*Klanberg, F./Kortmann, K.*: Sozialhilfebedürftigkeit und latente Armut, in: ArchsozArb 1978, S. 17 ff.

*Klee, E.*: Pennbrüder und Stadtstreicher: Nichtseßhaften-Report, Frankfurt/M.: Fischer Taschenbuch Verlag, 1979

*Knerr, B.*: Mindesteinkommenssicherung und Sozialhilfe für die landwirtschaftliche Bevölkerung. Kiel: Wissenschaftsverlag Vauk, 1981

*Knieschweski, E.*: Klient, in: Kreft, D./Mielenz, J. (Hg.), Wörterbuch Soziale Arbeit, Weinheim und Basel: Beltz Verlag, 1980, S. 289 f.

*Knopp, A./Fichtner, O.*: Bundessozialhilfegesetz, 4. Aufl., München: Verlag Franz Vahlen, 1979

*Knorr, G.*: Die Weihnachtsbeihilfe im Sozialhilferecht, in: ZfF 1979, S. 145 ff.

*Knorr, G.*: Nochmals: Einstweiliges Anordnungsverfahren in Sozialhilfesachen, in: DÖV 1981, S. 792 ff.

*Köhler, E.*: Arme und Irre: Die liberale Fürsorgepolitik des Bürgertums, Berlin: Verlag Klaus Wagenbach, 1977

*Kollhosser, H.*: Prozeßkostenhilfe als Sozialhilfe in besonderen Lebenslagen, in: ZRP 1979, S. 297 ff.

*Kommission der Europäischen Gemeinschaften*, Schlußbericht von der Kommission an den Rat über das erste Programm von Modellvorhaben und Modellstudien zur Bekämpfung der Armut, Brüssel 1981

*Kommission für wirtschaftlichen und sozialen Wandel*, Gutachten: Wirtschaftlicher und sozialer Wandel in der Bundesrepublik Deutschland, Bonn 1976

*Kommunale Gemeinschaftsstelle für Verwaltungsvereinfachung:* Verwaltungsorganisation der Gemeinden, Teil I: Aufgabengliederungsplan, 4. Aufl., Köln 1967

*Kommunale Gemeinschaftsstelle für Verwaltungsvereinfachung:* KGSt-Bericht Nr. 6/1977 „Zielsystem für den Allgemeinen Sozialdienst", Köln 1977

*Kortmann, K.*: Zur Armutsdiskussion in der Bundesrepublik Deutschland, Sozialpolitisches Entscheidungs- und Indikatorensystem für die Bundesrepublik Deutschland

(SPES), Arbeitspapier Nr. 50, Frankfurt: Sozialpolitische Arbeitsgruppe Frankfurt/ Mannheim 1976

*Kortmann*, K.: Zur Armutsdiskussion in der Bundesrepublik Deutschland. Kritischer Vergleich vorgelegter Studien und Berechnungen auf der Grundlage des Bundessozialhilfegesetzes (gekürzte Version des SPES-Arbeitspapiers Nr. 50), in: NDV 1976, S. 144 ff. (1976 a)

*Krahmer*, U.: Rechts-Ratgeber (Studenten und Sozialhilfe), in: päd. extra Sozialarbeit 1978, Heft 11, S. 42 ff.

*Krahmer*, U.: Rechts-Ratgeber (Überleitung von Unterhaltsansprüchen) in: päd. extra Sozialarbeit 1979, Heft 4, S. 48 ff.

*Krahmer*, U.: Der Zugang zum Recht als sprachliches Problem und Kostenfrage? – Das neue Beratungshilfegesetz, in: ZfSH 1980, S. 299 ff.

*Krahmer*, U.: Zu Recht und Praxis der Arbeitshilfe nach dem BSHG, in: ZfSH 1981, S. 39 ff.

*Krahmer*, U.: Was bleibt noch von der Systematik des BSHG? – Kritische Anmerkungen zum Ausschluß der Hilfe zum Lebensunterhalt für Studenten durch das Bundesverwaltungsgericht, in: NDV 1981, S. 212 ff.

*Krahmer*, U.: Müssen Ermessensrichtlinien veröffentlicht werden?, in: ZfF 1981, S. 73 ff. (1981 a)

*Krahmer*, U./*Roth*, R.: Sozialhilfe-Leitfäden: Gehandelt wie heiße Ware!, in: päd. extra Sozialarbeit 1979, Heft 9, S. 37 ff.

*Krasney*, O.: „Empfiehlt es sich, soziale Pflege- und Betreuungsverhältnisse gesetzlich neu zu regeln?" Referat, gehalten auf dem 52. Deutschen Juristentag, Wiesbaden, 19.–22. September 1978, München: Verlag C. H. Beck, 1978

*Krasney*, O.: Sozialrechtliche Vorschriften bei der Betreuung Suchtkranker, 3. Aufl., Kassel: Nicol-Verlag, 1980

*Krause*, P.: Die sozialen Risiken und Gefahrenlagen. Zuordnung zu den einzelnen Zweigen der sozialen Sicherheit, in: ZSR 1972, S. 385 ff. u. 509 ff.

*Krause*, P.: „Empfiehlt es sich, soziale Pflege- und Betreuungsverhältnisse gesetzlich neu zu regeln?" Gutachten E, erstattet für den 52. Deutschen Juristentag, Wiesbaden, 19.–22. September 1978, München: Verlag C. H. Beck, 1978

*Krause*, P.: Fremdlasten der Sozialversicherung, in: VSSR 7 (1980), S. 115 ff.

*Krause*, P.: Rechtsprobleme einer Konkretisierung von Dienst- und Sachleistungen, in: Im Dienste des Sozialrechts. Festschrift für Georg Wannagat zum 65. Geburtstag (Hg.: Gitter, G./Thieme, W./Zacher, H.), Köln u. a.: Carl Heymanns Verlag, 1981, S. 289 ff. (1981 a)

*Krause*, P.: Die Bestimmung des Inhalts von sozialen Dienst- und Sachleistungen, in: Sozialpolitik durch soziale Dienste. Vorträge des 17. Sonderseminars 1980 der Hochschule für Verwaltungswissenschaften Speyer (Hg.: Klages, H./Merten, D.), Berlin: Duncker & Humblot, 1981, S. 67 ff. (1981 b)

*Krauskopf*, D./*Schroeder-Printzen*, F.: Soziale Krankenversicherung – Kommentar, 2. Aufl., Stand: Januar 1981 (Loseblatt), München: C. H. Beck'sche Verlagsbuchhandlung

*Kreft*, D./*Mielenz*, I. (Hg.): Wörterbuch Soziale Arbeit, Weinheim und Basel: Beltz Verlag, 1980

*Krüger*, G.: Einschränkungen des Individualprinzips im Bundessozialhilfegesetz, Würzburg: Diss., 1965

*Krüger*, H.: Anmerkungen zur sozialwissenschaftlichen Wiederentdeckung der Sozialpolitik, in: ArchsozArb 1979, S. 241 ff.

*Krupp*, H.-J.: Arm und Reich: Wie man die Unterschiede mißt, in: Transfer. Gleiche Chancen im Sozialstaat, Opladen: Westdeutscher Verlag, 1975, S. 62 ff.

*Kühn*, D.: Kommunale Sozialplanung, Stuttgart: Kohlhammer Verlag, 1975

*Kunz*, A.: Besteht noch eine Unterhaltspflicht zwischen Verwandten zweiten oder entfernteren Grades?, in: FamRZ 1977, S. 291 ff.

*Landesbehindertenplan:* Bericht zur Lage der Behinderten und Zielvorstellungen der Landesregierung zur weiteren Verbesserung der medizinischen, schulischen, beruflichen und sozialen Rehabilitation in Nordrhein-Westfalen, Stand: 15. 11. 1978, hrsg. vom Minister für Arbeit, Gesundheit und Soziales des Landes Nordrhein-Westfalen, Düsseldorf 1979

*Landfermann*, H.-G.: Der Kreis der Unterhaltspflichtigen Personen im europäischen Familien- und Sozialhilferecht, in: RabelsZ 35 (1971), S. 505 ff.

*Landfermann*, H.-G.: Das Unterhaltsrecht anderer europäischer Länder, in: Das Unterhaltsrecht und die Sozial- und Jugendhilfe, S. 31 ff., Frankfurt: Eigenverlag des Deutschen Vereins für öffentliche und private Fürsorge, 1971

*Lange*, U.: Armut im Alter – zwischen Sozialstaatsanspruch und Armutsverwaltung, in: Aktuelle Gerontologie 1977, 319 ff.

*Larenz*, K.: Methodenlehre der Rechtswissenschaft, 3. Aufl., Berlin: Springer-Verlag, 1975

*Lau*, Th./*Wolff*, St.: Bündnis wider Willen – Sozialarbeiter und ihre Akten, in: Neue Praxis 1981, S. 199 ff.

*Leenen*, D.: Typus und Rechtsfindung, Berlin: Duncker & Humblot, 1971

*Leibfried*, S.: Armutspotential und Sozialhilfe in der Bundesrepublik. Zum Prozeß des Filterns von Ansprüchen auf Sozialhilfe, in: KJ 1976, S. 377 ff.

*Leibfried*, S.: Vorwort, in: Piven F./Cloward, R.: Regulierung der Armut. Die Politik der öffentlichen Wohlfahrt, Frankfurt: Suhrkamp Verlag, 1977, S. 9 ff.

*Leibfried*, S.: Public Assistance in the United States and the Federal Republic of Germany – Does Social Democracy Make a Difference?, in: Comperative Politics 1978, S. 59 ff.

*Leibfried*, S.: Public Assistance in the Federal Republic of Germany. ,Take-Up' of Benefits and the Structure of Bureaucracy, in: Welfare Law & Policy (Hg.: M. Partington/ J. Jowell), New York/London: Nichols Publishing Co./Frances Pinter Ltd., 1979, S. 269 ff. (1979 a)

*Leibfried*, S.: The United States and West German Welfare Systems: A Comparative Analysis, in: Cornell Law Review 12 (1979), S. 201 ff. (1979 b)

*Leibfried*, S.: Inanspruchnahme und Mißbrauch von sozialen Diensten und Leistungen. Empfehlungen einer internationalen Expertengruppe des Europäischen Zentrums für Ausbildung und Forschung auf dem Gebiet der sozialen Wohlfahrt unter den Auspizien der Vereinten Nationen (Montreux, 10.–14. November 1980), in: ZSR 1980, S. 753 ff.

*Leibfried*, S.: Zur Sozialpolitik der Verteilungsformen in der Sozialhilfe: Einige Anmerkungen zur Regelsatzdiskussion, in: NDV 1981, S. 261 ff. (1981 a)

*Leibfried*, S.: Existenzminimum und Fürsorge-Richtsätze in der Weimarer Republik, in: Jahrbuch der Sozialarbeit 4, Reinbek: Rowohlt Taschenbuch Verlag, 1981, S. 469 ff. (auch abgedr. in: Sozialhilfepolitik und Krise sozialer Staatlichkeit in Bonn und Weimar, Arbeitspapiere des Forschungsschwerpunktes Reproduktionsrisiken, Soziale Bewegung und Sozialpolitik der Universität Bremen, Nr. 35, Bremen 1981) (1981 b)

*Leibfried, S./Römmermann, U.*: Die Verwaltung der Armut. Carters Sozialhilfereform und Hinweise auf neue Tendenzen der Amerikanisierung des westdeutschen Sozialhilfesystems, in: Sozialmagazin, Februar 1979, S. 52 ff. u. März 1979, S. 56 ff.

*Leistungen der Sozialhilfe für Pflegebedürftige 1977*, in: Wirtschaft und Statistik 1980, S. 198 ff.

*Leitfaden der Sozialhilfe* (Hg.: Sozialhilfegruppe TUWAS c/o Fachhochschule, FB Sozialarbeit), 5. Aufl., Frankfurt 1981

*Liefmann-Keil, E.*: Ökonomische Theorie der Sozialpolitik, Berlin u. a.: Springer-Verlag, 1961

*Löden, D.*: Die Überleitung von Unterhaltsansprüchen gemäß §§ 90, 91 BSHG „dem Grunde nach", in: ZfSH 1977, S. 205 ff.

*Lüers, U.*: Im Irrgarten der Sozial- und Jugendhilfeträger. Bericht und Bilder zur verbandlichen und öffentlichen Macht in der Sozial- und Jugendhilfe, in: Barabas, F./Blanke, Th./Sachße, Ch./Stascheit, U. (Hg.), Jahrbuch der Sozialarbeit 1978, Reinbek bei Hamburg: Rowohlt Verlag, 1977, S. 248 ff.

*Lüers, U.*: Ein deutscher Verein, in: päd. extra Sozialarbeit 1980, Heft 3, S. 44 ff.

*Maas, W.*: Aufgaben und Leistungen der örtlichen Sozialhilfeträger für die Behinderten, in: Der Landkreis 1981, S. 534 ff.

*Marburger, H.*: Abgrenzung der Leistungspflicht von gesetzlicher Krankenversicherung und Sozialhilfe bei Körperersatzstücken sowie orthopädischen und anderen Hilfsmitteln, in: NDV 1981, S. 94 ff.

*Marchal, P.*: Altenclub / Altentagesstätte / Seniorenzentrum, in: Kreft, D./Mielenz, I. (s. dort), S. 21 f.

*Matthes, J.*: Gesellschaftspolitische Konzeption im Sozialhilferecht. Zur soziologischen Kritik der neuen deutschen Sozialhilfegesetzgebung 1961, Stuttgart: Ferdinand Enke-Verlag, 1964

*von Maydell, B.*: Das Sozialrecht in den Prüfungsordnungen und Lehr- und Studienplänen der einstufigen Juristenausbildung – Übersicht –, in: Schriftenreihe des Deutschen Sozialgerichtsverbandes, Bd. XVIII, 1978, S. 166 ff. (1978 a)

*von Maydell, B.*: Das Sozialrecht in der Rechtsprechung des Bundesverwaltungsgerichts, in: Verwaltungsrecht zwischen Freiheit, Teilhabe und Bindung – 25 Jahre Bundesverwaltungsgericht, Festgabe aus Anlaß des 25jährigen Bestehens des Bundesverwaltungsgerichts, München: Verlag C. H. Beck, 1978, S. 405 ff. (1978 b)

*von Maydell, B.*: Die Stellung der Sozialhilfe im System sozialer Sicherung – Eigenständigkeit und Abhängigkeit –, in: NDV 1978, S. 341 ff. (1978 c)

*von Maydell, B.*: Die Auswirkungen der Gesetze über die Prozeßkostenhilfe und die Beratungshilfe auf die Sozialgerichtsbarkeit, in: SGb 1981, S. 1 ff.

*Meier, Hans*: Die Mitwirkungspflichten des Sozialhilfeempfängers, Diss. Bochum 1976

*Mergler, O.*: Neuregelung der Zuständigkeit und der Kostenerstattung in der Sozialhilfe, in: ZfF 1978, S. 4 ff.

*Mergler, O/Zink, G./Dahlinger, E./Zeitler, H.*: Bundessozialhilfegesetz, Kommentar, 3. Aufl., Köln: Verlag W. Kohlhammer, 1981

*Merten, D.*: Aktuelle Probleme der Sozialpolitik, in: Sozialpolitik durch soziale Dienste. Vorträge des 17. Sonderseminars 1980 der Hochschule für Verwaltungswissenschaften Speyer (Hg.: Klages, H./Merten, D.), Berlin: Duncker & Humblot, 1981, S. 17 ff.

*Mertens, F.-J.*: Hilfe zur Arbeit nach dem BSHG, in: NDV 1966, S. 42 ff.

*Merton, R.*: Social Theory and Social Structure (revised edition), Glencoe, Ill., 1957

*Möhle*, O.: Abgrenzung von öffentlicher Jugendhilfe und Sozialhilfe, in: ZfF 1979, S. 152 ff.

*Möllhoff*, G.: Ärztliche Gutachtertätigkeit im Geltungsbereich des BSHG, in: ZfSH 1975, S. 225 ff.

*Molitor*, B.: Sozialhilfe wird weiter expandieren, in: Arbeit und Sozialpolitik 1977, S. 308 ff.

*Moore*, H./*Kleining*, G.: Das soziale Selbstbild der Gesellschaftsschichten, in: Kölner Zeitschrift für Soziologie und Sozialpsychologie 12 (1960), S. 86 ff.

*Motsch*, P.: Die Kommune als Träger der Sozialarbeit, in: Möglichkeiten und Grenzen der Sozialarbeit im sozialen Rechtsstaat (hg. von Graf Bethlen, St./Sing, H./Spanhel, D.) München und Wien: Olzog Verlag, 1980, S. 55 ff.

*Mrozynski*, P.: Rehabilitationsrecht, München: C. H. Beck'sche Verlagsbuchhandlung, 1979

*Müller*, H.: Hilfe zur Selbsthilfe – Schlagwort oder zukunftsweisender Ansatz?, in: Theorie und Praxis der sozialen Arbeit 1978, S. 416 ff.

*Müller*, S./*Otto*, H.-U. (Hg.): Sozialarbeit als Sozialbürokratie? – Zur Neuorganisation sozialer Dienste, Neue Praxis – Sonderheft 5, Neuwied: Luchterhand Verlag, 1980

*Müller-Tochtermann*, H.: Die wichtigsten dogmatischen Grundsätze des Bundessozialhilfegesetzes, in: JuS 1962, S. 449 ff.

*Müller-Volbehr*, J.: Der Begriff des Sozialrechts im Wandel, in: JZ 1978, S. 249 ff.

*Münstermann*, J./*Schacht*, K./*Young*, M.: Armut in Deutschland, in: Transfer. Gleiche Chancen im Sozialstaat, Opladen: Westdeutscher Verlag, 1975, S. 27 ff.

*Muthesius*, H.: Reichsrechtliche Grundlagen der öffentlichen Fürsorgepflicht, 2. Aufl., Berlin u. a.: Urban & Schwarzenberg, 1947

*Muthesius*, H.: Rechtliche Grundlagen der öffentlichen Fürsorgepflicht, 5. Aufl., Köln u. a.: Carl Heymanns-Verlag, 1955

*Naujoks*, R.: Antworten auf Armut – Theorie und Praxis der Sozialhilfe –, in: ZfSH 1978, S. 333 ff.

*Nelles*, P. A.: Das Bundessozialhilfegesetz im Verwaltungsplanspiel, in: BldW 1961, S. 72 ff.

*Neumann*, G.: Öffentliche Gesundheitswesen, in: Funkkolleg „Umwelt und Gesundheit – Aspekte einer sozialen Medizin", Weinheim und Basel: Beltz Verlag, 1979, Studienbegleitbrief 9, S. 36 ff.

*Neumeister*, H.: Autoritäre Sozialpolitik, in: ORDO, Jahrbuch für die Ordnung von Wirtschaft und Gesellschaft, Bd. 12 (1961), S. 245 ff.

*Neuorganisation Sozialer Dienste* – Neue Strategie sozialer Befriedigung?, Info Sozialarbeit, Heft 27, Dezember 1980 (Sozialistisches Büro, Offenbach)

*Neuser*, D.: Einmalige Leistungen zum Lebensunterhalt nach dem BSHG, in: ZfF 1966, S. 178 f.

*Niedrig*, H.: Kindergeld auch für Sozialhilfeempfänger!, in: Theorie und Praxis der sozialen Arbeit 1979, S. 322 f.

*Niedrig*, H.: Vorschläge der Arbeiterwohlfahrt zur Neuordnung der Sozialhilfe, in: Theorie und Praxis der sozialen Arbeit 1981, S. 434 ff.

*Niedrig*, H./*Hoppensack*, H.-C.: Sozialhilfe vor der Demontage? – Sozialstaat in der Bewährung, in: Theorie und Praxis der sozialen Arbeit 1977, S. 363 ff.

*Nöldecke*, J./*Benner*, W.: Das Arbeitsverhältnis der Hauspflegerin, Frankfurt/M.: Eigenverlag des Deutschen Vereins für öffentliche und private Fürsorge, 1965

*Oel,* A.: Von der Fürsorge zur Sozialhilfe, in: Arbeiterversorgung 1960, S. 7 ff.

*Oestreicher,* E.: Entwicklung von der Armenfürsorge zum Sozialhilferecht in der höchstrichterlichen Rechtsprechung, in: ZfSH 1972, S. 1 ff., 65 ff. u. 97 ff.

*Oestreicher,* E.: Bundessozialhilfegesetz mit Recht der Kriegsopferfürsorge, Kommentar, München: C. H. Beck, 1962 ff. (Stand: 11. Ergänzungslieferung, Januar 1981)

*Ogus,* A./*Barendt,* E.: The Law of Social Security, London: Butterworth, 1978

*Olk,* Th./*Otto,* H.-U.: Wertewandel und Sozialarbeit – Entwicklungsperspektiven kommunaler Sozialarbeitspolitik, in: Neue Praxis 1981, S. 99 ff.

*Orthbandt,* E.: Der Deutsche Verein in der Geschichte der deutschen Fürsorge 1880–1980, Frankfurt: Eigenverlag des Deutschen Vereins für öffentliche und private Fürsorge, 1980

*Ostermann,* W.: Sozialhilfe, 3. Aufl., Köln u. a.: Carl Heymanns Verlag, 1978


*Paazig,* M.: Lebenshilfen für alte Menschen, 4. Aufl., Frankfurt/M.: Eigenverlag des Deutschen Vereins für öffentliche und private Fürsorge, 1975

*Peters,* E./*Senhold,* A.: Grundriß der Sozialhilfe, 4. Aufl., Köln u. a.: Deutscher Gemeindeverlag/Verlag Kohlhammer, 1977

*Petersen,* K.: Die Regelsätze nach dem BSHG – ihre Bedeutung, Bemessung und Festsetzung –, Frankfurt: Deutscher Verein für öffentliche und private Fürsorge, 1972

*Petersen,* K.: Die Eingliederungshilfe für Behinderte, 2. Aufl., Frankfurt: Eigenverlag des Deutschen Vereins für öffentliche und private Fürsorge, 1975

*Pfaffenberger,* H.: Sozialpolitik und Sozialpädagogik, in: Sozialpolitik durch soziale Dienste. Vorträge des 17. Sonderseminars 1980 der Hochschule für Verwaltungswissenschaften Speyer (Hg.: Klages, H./Merten, D.), Berlin: Duncker & Humblot, 1981, S. 25 ff.

*Pfahler,* H.: Das Telefon in der Sozialhilfe, in: ZfS 1980, S. 38 ff.

*Pickel,* H.: Das Sozialrecht im Wandel der Zeit, in: Sozialrecht in Wissenschaft und Praxis, Festschrift für Horst Schieckel, Percha: Verlag R. S. Schulz, 1978, S. 223 ff.

*Piepmeyer,* D.: Zum Rechtsproblem des § 88 Abs. 2 Nr. 7 BSHG: Der Begriff „kleines Hausgrundstück, besonders ein Familienheim", in: ZfSH 1977, S. 234 ff.

*Pitschas,* R.: Die Neuorganisation der Sozialen Dienste im Land Berlin – Zur Analyse und Kritik eines Modells der Strukturreform staatlicher Sozialverwaltung, in: ArchsozArb 1976, S. 50 ff.

*Pitschas,* R.: Formelles Sozialstaatsprinzip, materielle Grundrechtsverwirklichung und Organisation sozialer Dienstleistungen – Die Durchsetzung sozialer Rechte nach dem SGB-AT als verwaltungsorganisatorische Aufgabe, in: VSSR 1977, 141 ff.

*Pitschas,* R.: Sozialer Fortschritt durch Verwaltungsreform? Bemerkungen zur Reform der Sozialen Dienste im Land Berlin und ihre Kritik, in: Soziale Arbeit 1978, S. 302 ff. und 349 ff.

*Pitschas,* R.: Neubau der Sozialverwaltung. Die Verbindung des Sozialen mit der Verwaltung als Aufgabe von Rechtswissenschaft, Organisationssoziologie und Verwaltungslehre, in: Die Verwaltung 1979, S. 409 ff.

*Pitschas,* R.: Soziale Sicherung durch fortschreitende Verrechtlichung? – Staatliche Sozialpolitik im Dilemma von aktiver Sozialgestaltung und normativer Selbstbeschränkung, in: Voigt, R. (Hg.): Verrechtlichung, Königstein/Ts.: Athenäum, 1980, S. 150 ff.

*Pitschas,* R.: Die Reform der Sozialverwaltung als Problem des geplanten Verwaltungswandels, in: Archiv für Theorie und Praxis der sozialen Arbeit 1981, S. 240 ff. (1981 b)

*Piven*, F./*Cloward*, R.: Regulierung der Armut, Die Politik der öffentlichen Wohlfahrt, Frankfurt: Suhrkamp Verlag, 1977 (1977 a)

*Piven*, F./*Cloward*, R.: Poor People's Movements: Why they succeed how they fail, New York: Pantheon Books, 1977 (1977 b)

*Podewils*, U.: Die Überleitung von Unterhaltsansprüchen nach § 37 BAföG, in: FamRZ 1977, S. 236 ff.

*Poverty and Inequality in Common Market Countries* (Hg.: George, V./Lawson, R.), London u. a.: Routledge & Kegan Paul, 1980

*Praktische Sozialhilfe* (PSH), Rechts- und Verwaltungsvorschriften, systematische Darstellungen und Kommentare sowie Entscheidungen zum Recht und zur Praxis der Sozialhilfe (Hg.: W. Schellhorn/H. Jirasek), 3. Aufl., Neuwied u. a.: Hermann Luchterhand Verlag, 1979

*Preller*, L.: Praxis und Probleme der Sozialpolitik, 1. und 2. Halbband, Tübingen/Zürich: J. C. B. Mohr/Polygraphischer Verlag, 1970

*Presser*, K.: Empirischer Beitrag zur Problematik sozialhilfebedürftiger, kinderreicher Familien in Großstadtgebieten und deren Landkreise in Nordbaden, Diss. Heidelberg 1970

*Preuß*, U.: Die Internalisierung des Subjekts. Zur Kritik der Funktionsweise des subjektiven Rechts, Frankfurt: Suhrkamp Verlag 1980

*Rabe*, K.: Wien: Gutes Beispiel im Kampf gegen die Armut, in: Soziale Sicherheit 1980, S. 369 ff.

*Raible*, A.: Das Pflegerisiko finanziell absichern, in: BldW 1980, S. 267 ff.

*Raible*, A.: Bessere Absicherung der Pflegebedürftigkeit, in: NDV 1981, S. 290 ff.

*Raiser*, L.: Die Rechtswissenschaft im Gründungsplan für Konstanz, in: JZ 1966, S. 86 ff.

*Rasehorn*, Th.: Zwei neue Gesetze: Prozeßkostenhilfe und Beratungshilfe, in: Theorie und Praxis der sozialen Arbeit 1980, S. 271 ff.

*Rauch*, H.: Bei Bedarf Willkür. „Einmalige Beihilfen" nach dem Bundessozialhilfegesetz am Beispiel Bayerns – Ergebnisse einer unerwünschten Untersuchung, Frankfurt: FHS Frankfurt, 1982

*Recht auf Pflege* – Sicherung der Grundwerte menschlichen Lebens als gesellschaftliche Verpflichtung, Heidelberg: Selbstverlag der Deutschen Vereinigung für die Rehabilitation Behinderter, 1980

*Rehm*, F.-K.: Die Finanzsituation der Städte und Landkreise, in: NDV 1976, S. 73 ff.

*Rehnelt*, H.: Sozialhi

*Reichmann*, M.: Aus
Frankfurt/M.: E
ge, 1967

*Reidegeld*, E.: Sozial
tion, Ursachen u
heit 1979, S. 321

*Reidegeld*, E.: Admin
Auswirkungen a
Soziale Sicherhei

*Reisman*, D.: Richar

*Richter*, L.: Sozialver

*Richter*, H.: Hilfe zur
Abs. 4 BSHG, ir

438

*Rimlinger, G.*: The Welfare Policy and Industrialization in Europe, America and Russia, New York u. a.: John Wiley & Sons, Inc., 1971

*Rinken, A.*: Das Öffentliche als verfassungstheoretisches Problem, dargestellt am Rechtsstatus der Wohlfahrtsverbände, Berlin: Duncker und Humblot, 1971

*Rode, K.*: Untersuchung über die Berücksichtigung des Sozialrechts in der Lehre der Fachhochschulen der Bundesrepublik Deutschland und Möglichkeiten ihrer Vertiefung, in: Schriftenreihe des Deutschen Sozialgerichtsverbandes, Bd. XVII, 1978, S. 173 ff.

*Rode, K.*: in: Bochumer Kommentar zum Sozialgesetzbuch. Allgemeiner Teil, Berlin u. a.: Walter de Gruyter, 1979

*Rode, K.*: Arbeitsverweigerung und Hilfe zum Lebensunterhalt nach dem Bundessozialhilfegesetz, in: ZfS 1980, S. 323 ff.

*Rödel, U./Guldimann, T.*: Sozialpolitik als soziale Kontrolle, in: Starnberger Studien 2: Sozialpolitik als soziale Kontrolle, Frankfurt: Suhrkamp Verlag, 1978, S. 11 ff.

*Rösgen, H.*: Menschenwürde und Sozialhilfe, in: BldW 1968, S. 170 ff.

*Rösgen, G.*: Rechtsprechung des Bundesverwaltungsgerichts in Sozialhilfesachen, Frankfurt: Eigenverlag des DV, 1973

*Rolshoven, H.*: Pflegebedürftigkeit und Krankheit im Recht – Eine Analyse unter besonderer Berücksichtigung der Kostenträgerschaft, Berlin: Deutsches Zentrum für Altersfragen e. V., 1978

*Roscher, F.*: Rechtswidrige Verwaltungsrichtlinien zu § 72 BSHG, in: NDV 1979, S. 332 ff.

*Rose, H.*: Probleme und Beispiele in der persönlichen Hilfe aus der Sicht eines Sozialen Dienstes, in: NDV 1976, S. 141 ff.

*Rosin, H.*: Das Recht der Arbeiterversicherung, Bd. 1: Die reichsrechtlichen Grundlagen der Arbeiterversicherung, Berlin 1893, Bd. 2: Das Recht der Invaliden- und Altersversicherung, Berlin 1905

*Roth, J.*: Armut in der Bundesrepublik. Über psychische und materielle Verelendung, Frankfurt: Fischer Taschenbuch-Verlag, 1977

*Roth, J.*: Armut in der Bundesrepublik: Untersuchungen und Reportagen zur Krise des Sozialstaats, Reinbek: Rowohlt Taschenbuchverlag, 1979

*Rother, K.*: Die Werkstätte für Behinderte aus sozialpolitischer, pädagogischer und ökonomischer Sicht, in: NDV 1976, S. 272 ff.

*Rotter, H.*: Nochmals: Sozialhilfe und Kraftfahrzeug, in: ZfF 1981, S. 193 f.

*Rotter, H.*: Rechtsprechung des Bundesverwaltungsgerichts in Sozialhilfesachen III (1977–1980), Frankfurt: Deutscher Verein für öffentliche und private Fürsorge, 1981

*Rotter, H./Leßner, S.*: Rechtsprechung des Bundesverwaltungsgerichts in Sozialhilfesachen II (1972–1976), Frankfurt: Eigenverlag des Deutschen Vereins für öffentliche und private Fürsorge, 1977

*Rottleuthner, H.*: Rechtswissenschaft als Sozialwissenschaft, Frankfurt: Fischer Taschenbuch-Verlag, 1973

*Rowntree, B.*: Poverty: A Study of Town Life, London: Macmillan, 1901

*Rüfner, W.*: Die Mitwirkungspflichten des Leistungsberechtigten in der Solidargemeinschaft nach §§ 60 ff. SGB-AT, in VSSR 1977, S. 347 ff.

*Rüfner, W.*: Einführung in das Sozialrecht, München: Verlag C. H. Beck, 1977

*Rüfner, W.*: Sozialrecht und nichteheliche Lebensgemeinschaft, in: Landwehr, G.: Die nichteheliche Lebensgemeinschaft, S. 84 ff., Göttingen: Vandenhoeck & Ruprecht, 1978

*Ruland, F.*: Familiärer Unterhalt und Leistungen der sozialen Sicherheit, Berlin: Duncker und Humblot, 1973

*Ruppert, F.*: Ersatzansprüche des Fürrsorge-Verbandes, Berlin: Carl Heymanns Verlag, 1936

*Sachße, Ch.*: Subsidarität, in: Kreft, D./Mielenz, J. (Hg.), Wörterbuch Soziale Arbeit, Weinheim u. Basel: Beltz Verlag, 1980, S. 448 ff.

*Sachße, Ch./Tennstedt, F.*: Geschichte der Armenfürsorge in Deutschland – vom Spätmittelalter bis zum 1. Weltkrieg, Stuttgart u. a.: Verlag W. Kohlhammer, 1980

*Sachße, C./Tennstedt, F.* (Hg.): Jahrbuch der Sozialarbeit 4, Reinbek: Rowohlt Taschenbuch Verlag, 1981

*Sbresny, H.-J.*: Die §§ 31 bis 66 SGB X und das Recht der Sozialhilfe, in: ZfF 1981, S. 194 ff.

*Schäfer* (o. V.): Die privatrechtlichen Beziehungen der Armenverbände zu dem Unterstützten und zu dritten Personen nach Reichsrecht und preußischem Recht, in: Beiträge zur Erläuterung des Deutschen Rechts (= Gruchot) 41 (1897), S. 90 ff.

*Schäfer, D.*: Die Rolle der Fürsorge im System sozialer Sicherung, Frankfurt: Deutscher Verein für öffentliche und private Fürsorge, 1966

*Schäfer, D.*: Bedürfnisse und Bedürftigkeit. Überlegungen zur Reform des Sozialhilferechts, in: Archiv für Wissenschaft und Praxis der sozialen Arbeit 1976, S. 157 ff.

*Schäfer, D.*: Das Sozialrechtsverhältnis aus der Sicht eines Ökonomen, in: Das Sozialrechtsverhältnis, 1. Sozialrechtslehrertagung, in: Schriftenreihe des Deutschen Sozialgerichtsverbandes, Bd. XVIII, S. 113 ff., 1979

*Schäfer, D.*: Sozialpolitische Untersuchung. Worin unterscheiden sich die sozialpolitische Leistungsfähigkeit beitragsgedeckter und nichtbeitragsgedeckter Systeme – auch im Hinblick auf die sich stets wandelnden sozialpolitischen Bedürfnisse?, in: Die Rolle des Beitrags in der sozialen Sicherung (Hg.: Zacher, H. F.), Berlin: Duncker & Humblot, 1980, S. 331 ff.

*Schäfer, D.*: Soziale Dienste – Angebot und Nachfrage, in: Sozialpolitik durch soziale Dienste. Vorträge des 17. Sonderseminars 1980 der Hochschule für Verwaltungswissenschaften Speyer (Hg.: Klages, H./Merten, D.), Berlin: Duncker & Humblot, 1981, S. 89 ff. (1981 a)

*Schäfer, W.*: Zuständigkeit und Kostenerstattung nach dem BSHG, in: ZfF 1972, S. 133 f.

*Schelenz, E.*: Familienfürsorge, in: Kreft, D./Mielenz, J. (Hg.), Wörterbuch Soziale Arbeit, Weinheim und Basel: Beltz Verlag, 1980, S. 153 ff.

*Schellhorn, W.*: in: Burdenski/von Maydell/Schellhorn, Gemeinschaftskommentar zum Sozialgesetzbuch-Allgemeiner Teil, 2. Aufl., Neuwied u. a.: Luchterhand Verlag, 1981

*Schellhorn, W.*: Das Sozialgesetzbuch: Versuch einer kritischen Zwischenbilanz aus der Sicht der Sozialhilfe und der Jugendhilfe, in: NDV 1980, S. 145 ff.

*Schellhorn, W./Jirasek, H./Seipp, P.*: Das Bundessozialhilfegesetz. Ein Kommentar für Ausbildung, Praxis und Wissenschaft, 10. Aufl., Neuwied u. a.: Luchterhand Verlag, 1981

*Scherl, H.*: Absolute Armut in der Bundesrepublik Deutschland: Messung, Vorkommen und Ursachen, in: Zur Neuen Sozialen Frage (Hg.: H. Widmaier), Berlin: Duncker & Humblot, 1978, S. 79 ff.

*Scherner, K.*: Das Recht der Armen und Bettler im Ancien régime, in: Zeitschrift für Rechtsgeschichte, Germanistische Abteilung, 1979, S. 55 ff.

*Scheuch, E./Daheim, H.*: Sozialprestige und soziale Schichtung, in: Soziale Schichtung und Soziale Mobilität, Kölner Zeitschrift für Soziologie und Sozialpsychologie, Sonderheft 5, 1961, S. 65 ff.

*Schink*, H.: Bürokratenterror. Grauzonen zwischen Wohlfahrt und Unterdrückung, Trier: Spee-Verlag, 1978

*Schlüsche*, H.: Die Grundsatzbestimmungen des BSHG, in: ZfF 1972, S. 123 ff.

*Schmähl*, W.: Zur Einkommenssituation alter Menschen in der Bundesrepublik Deutschland – Probleme ihrer Entwicklung und Beurteilung –, in: Zur Neuen Sozialen Frage (Hg.: H. Widmaier), Berlin: Duncker & Humblot, 1978, S. 185 ff.

*Schmid*, F.: Sozialrecht und Recht der sozialen Sicherheit. Die Begriffsbildung in Deutschland, Frankreich und der Schweiz. Berlin: Duncker & Humblot, 1981

*Schmitt*, K.: Bayerisches Gesetz zur Ausführung des Bundessozialhilfegesetzes – AGBSHG –, München: Gemeinde- und Schulverlag Bavaria, 1974

*Schmitt*, A./*Rupprecht*, K.: Grundriß des Fürsorgerechts und des Jugendwohlfahrtsrechts, München: Bayer. Kommunalschriftenverlag, 1933

*Schmitz-Scherzer*, R. u. a.: Vorbereitung auf das Alter? Stuttgart u. a.: Verlag W. Kohlhammer, 1977

*Schoch*, D.: Sozialhilfe – Ein gutes Recht?, in: ZfSH 1981, S. 204 ff.

*Schoeck*, H.: Familienstruktur und Unterhaltsgewährung, in: Das Unterhaltsrecht und die Sozial- und Jugendhilfe, S. 22 ff., Frankfurt: Deutscher Verein für öffentliche und private Fürsorge, 1971

*Scholler*, H./*Krause*, P.: Die Neukonzeption des Sozialhilferechts und die Situation blinder Menschen. Gutachten im Auftrage des Deutschen Blindenverbandes, München: Vahlen, 1978 (Eine Zusammenfassung dieses Gutachtens ist abgedruckt in: VSSR 5 (1977), S. 281 ff.)

*Schroeder-Printzen*, G.: Behandlungsfall oder Pflegefall?, in: ZSR 1978, S. 617 ff.

*Schroeder-Printzen*, G.: Sozialgesetzbuch, Verwaltungsverfahren – SGB X, bearb. von K. Engelmann u. a., München: C. H. Beck Verlag, 1981

*Schulin*, B.: Soziale Sicherung der Behinderten – Gutachten erstattet im Auftrag des Deutschen Sozialgerichtsverbandes, Wiesbaden: Verlag Chmielorz, 1980 (Schriften des Deutschen Sozialgerichtsverbandes, Bd. XX)

*Schulte*, B.: Sozialpolitik und Recht der sozialen Sicherheit in Großbritannien. Eine Einführung anhand ausgewählter Literatur, in: VSSR, 5 (1977), S. 373 ff.

*Schulte*, B.: Für eine gesetzliche Regelung der sozialen Pflege- und Betreuungsverhältnisse, in: NDV 1979, S. 77 ff.

*Schulte*, B.: Kommentierung des Urt. des BVerwG v. 20. 5. 1980 = NJW 1980, 2657 ff., in: JA 1981, 194 f. (1981 a)

*Schulte*, B.: Kommentierung des Beschl. des VG Düsseldorf v. 6. 10. 1980 = Informationsbrief Ausländerrecht (1980), S. 28 ff., in: JA 1981, S. 304 ff. (1981 b)

*Schulte*, B.: Sozialhilfe – ein Blick über die Grenzen, in: Theorie und Praxis der sozialen Arbeit 1981, S. 423 ff. (1981 c)

*Schulte*, B./*Trenk-Hinterberger*, P.: „Psychotherapeut" – ein neuer Heilberuf, in: ZfS 1979, S. 321 ff. u. 353 ff. (1979 a)

*Schulte*, B./*Trenk-Hinterberger*, P.: Grundzüge des Sozialhilferechts, in: Juristische Arbeitsblätter 11 (1979), S. 404 ff. u. 637 ff. (1979 b)

*Schulte*, B./*Trenk-Hinterberger*, P.: JA-Examensklausur 12/79: Wahlfach Sozialrecht – „Der unterversorgte Rentner" –, in: Juristische Arbeitsblätter 11 (1979), JA-Übungsblätter, S. 121 ff. (1979 c)

*Schulte*, B./*Trenk-Hinterberger*, P.: Legasthenie und Sozialrecht, Bad Godesberg: Rehabilitationsverlag, 1982

*Schulte*, B./*Zacher*, H.: Das Sozialrecht in der Rechtsprechung des Europäischen Gerichtshofs, in: Jahrbuch des Sozialrechts der Gegenwart, Bd. 1 (1979), Berlin: Erich Schmidt Verlag, 1979, S. 353 ff.

*Schulte, B./Zacher, H.*: Das Sozialrecht in der Rechtsprechung des Europäischen Gerichtshofs, in: Jahrbuch des Sozialrechts der Gegenwart, Bd. 2 (1980), Berlin: Erich Schmidt Verlag, 1980, S. 359 ff.

*Schultz, K.*: Einsetzen der Sozialhilfe im Falle der Antragstellung bei einem nicht oder nicht mehr zuständigen Sozialhilfeträger – Zum Verhältnis von § 5 BSHG zu § 16 Abs. 2 SGB I und § 2 Abs. 2 SGB X –, in: ZfF 1981, S. 153 ff.

*Schwarz, D./Weidner, A.*: Die soziale Situation Obdachloser, in: KJ 1970, S. 406 ff.

*Schwerdtfeger, G.*: Welche rechtlichen Vorkehrungen empfehlen sich, um die Rechtsstellung von Ausländern in der Bundesrepublik Deutschland angemessen zu gestalten? (Teilgutachten Ausländerintegration), Gutachten A zum 53. Deutschen Juristentag, Berlin 1980, München: Verlag C. H. Beck, 1980

*Seetzen, U.*: Sozialhilfeleistung und Unterhaltsprozeß, in: NJW 1978, S. 1350 ff.

*Seibert, U.*: Soziale Arbeit als Beratung, Weinheim und Basel: Beltz Verlag, 1978

*Seifert, G.*: Zur Neuordnung der Sozialadministration im Bereich der Jugend- und Sozialhilfe, in: ZfSH 1979, S. 41 ff.

*Seit über einem Jahrhundert ...* Verschüttete Alternativen in der Sozialpolitik, WSI Studien, Köln: Bund Verlag, 1981

*Seldte, F.*: Sozialpolitik im Dritten Reich 1933–1938, München u. a.: Verlag C. H. Beck, 1939

*Senhold, A./Schlüsche, H.*: 50 Jahre Fürsorge- und Sozialhilferecht, in: ZfF 1974, S. 98 ff.

*Senhold, A.*: Grundriß der Sozialhilfe, Leitfaden für die Aus- und Fortbildung, 5. Aufl., Köln u. a.: Deutscher Gemeindeverlag/Verlag W. Kohlhammer, 1978

*Seyd, W.*: Berufsförderungswerke als Einrichtungen zur beruflichen Rehabilitation erwachsener Behinderter, in: Runde, P./Heinze, R. G. (Hg.): Chancengleichheit für Behinderte, Neuwied und Darmstadt: Luchterhand Verlag, 1979, S. 165 ff.

*Sieveking, K.*: Individualschutz und Recht: Fragen zum Sozialfürsorgerecht der DDR, in: Westen, K./Meissner, B./Schroeder, F.-Ch. (Hg.), Der Schutz individueller Rechte und Interessen im Recht sozialistischer Staaten, Baden-Baden: Nomos-Verlag, 1980, S. 111 ff.

*Sieveking, K.*: Die Finanzierung von Frauenhäusern. Ein Beitrag zur Problematik des Verhältnisses von individuellem Rechtsanspruch und staatlichen Leistungen für den Individualschutz in Vergemeinschaftungsform, in: ArchSozArb 1981, S. 1 ff.

*Silbereisen, R./Oesterreich, R./Kubatzki, M.*: Die Bedürfnisstruktur von Sozialhilfeempfängern und ihr Einfluß auf Interaktionen zwischen Sozialarbeitern und Klienten. Ergebnisse einer empirischen Untersuchung und erste Folgerungen für die Ausbildung, in: Empirische Sozialarbeitsforschung. Sozialwissenschaftliche Grundlagen für die Praxis des Sozialarbeiters und Sozialpädagogen (Hg.: H. Kreutz u. a.), Rheinstetten-Neu: G. Schindele Verlag, 1978

*Social Insurance and Allied Services*, Report by Sir William Beveridge, London: HMSO 1942 (in deutscher Sprache: Der Beveridge Plan. Sozialversicherung und verwandte Leistungen, Zürich u. a.: Europa Verlag, 1943)

*Sozialbericht 1980:* Hg. vom Bundesminister für Arbeit und Sozialordnung, Bonn 1980

*Sozialhilfe in Duisburg*, 3. Aufl., Duisburg: Helmut Loeven Literaturvertrieb, 1981

*Sozialhilfe in der Krise*, in: päd. extra Sozialarbeit 1978, Heft 7/8, S. 23 ff.

*Sozialrecht in Bayern* (Hg.: Bayerischer Städteverband/Landkreisverband Bayern), München: Richard Boorberg Verlag, 1978

*Sozialleistungen* – Sozialhilfeaufwand 1979, in: Wirtschaft und Statistik 1980, S. 790 ff.

*Sozialleistungen* – Sozialhilfeempfänger 1978, in: Wirtschaft und Statistik 1980, S. 479 ff.

*Stadtstreicher* – Kommunale Erfahrungen, Probleme, Antworten –, Hg. vom Deutschen Städtetag, Köln 1978 (Reihe B, DST – Beiträge Kommunalrecht, Heft 3)

*Stadtstreicher* – Eine Herausforderung an die kommunale Sozialpolitik, Hg. vom Deutschen Städtetag, Köln 1980 (Reihe D, DST – Beiträge zur Sozialpolitik, Heft 12)

*Stahlmann,* G.: Der Strafcharakter der Sozialhilferegelsätze und andere rechtswissenschaftliche Beiträge zur Sozialarbeit, Marburg: N. G. Elwert Verlag, 1980

*Statistisches Bundesamt* (Hg.), Sozialleistungen, Fachserie 13, Reihe 2, Sozialhilfe 1978, Stuttgart u. a.: Verlag W. Kohlhammer, 1980

*Statistisches Jahrbuch 1979* der Deutschen Demokratischen Republik, Berlin: Staatsverlag der Deutschen Demokratischen Republik, 1979

*Stauss,* E.: Was Meinungsbildner wissen müssen, Informationsschrift der Bundesarbeitsgemeinschaft der Freien Wohlfahrtspflege, Bonn 1969

*Stellungnahme der Arbeiterwohlfahrt* zur Neuberechnung des Warenkorbes durch den Deutschen Verein, in: Theorie und Praxis der Sozialen Arbeit 1981, S. 415 f.

*Sternel,* F.: Mietrecht, 2. Aufl., Köln: Verlag Dr. O. Schmidt, 1979

*Stoffel-Langerfeldt,* L.: Sozialhilferecht, Stuttgart u. a.: Verlag W. Kohlhammer, 1974

*Stolleis,* M.: Quellen zur Geschichte des Sozialrechts, Göttingen: Musterschmidt Verlag, 1976

*Stolleis,* M.: Das Sozialrecht in der Rechtsprechung des Bundesverwaltungsgerichts, in: Jahrbuch des Sozialrechts der Gegenwart, Bd. 1 (1979), Berlin: Erich Schmidt Verlag, 1979, S. 275 ff.

*Stolleis,* M.: Das Sozialrecht in der Rechtsprechung des Bundesverwaltungsgerichts, in: Jahrbuch des Sozialrechts der Gegenwart, Bd. 2 (1980), Berlin: Erich Schmidt Verlag, 1980, S. 273 ff.

*Stolleis,* M.: Behindertenwerkstätten zwischen freier Wohlfahrtspflege und staatlicher Arbeitsverwaltung – Rechtsgutachten, hrsg. vom Diakonischen Werk der EKD und dem Deutschen Caritasverband, Stuttgart/Freiburg, 1980

*Stolleis,* M.: Die Rechtsgrundlage der Regelsätze unter besonderer Berücksichtigung verfassungsrechtlicher und sozialrechtlicher Grundsätze, in: NDV 1981, S. 99 ff.

*Stolleis,* M.: Sozialhilferecht (mit Verhältnis zum Unterhaltsrecht), in: Zacher, H. F. (Hg.), Wahlfach Sozialrecht – Einführung mit Examinatorium, Heidelberg/Karlsruhe: C. F. Müller Juristischer Verlag, 1981, S. 257 ff. (1981 a)

*Stolleis,* M./*Roth,* W.: Das Sozialrecht in der Rechtsprechung des Bundesverwaltungsgerichts, in: Wannagat, G. (Hg.), Jahrbuch des Sozialrechts der Gegenwart, Bd. 3 (1981), Berlin: Erich Schmidt Verlag, 1981, S. 279 ff. (1981 b)

*Strang,* H.: Erscheinungsformen der Sozialhilfebedürftigkeit. Beitrag zur Geschichte, Theorie und empirischen Analyse der Armut, Stuttgart: Enke Verlag, 1970

*Strang,* H.: Kategorien der Armut, in: Reader Soziale Probleme, Bd. I Empirische Befunde (Hg.: A. Bellebaum/H. Braun), Frankfurt: Herder Verlag, 1974, S. 33 ff.

*Streppel,* M.: Sozialhilfe in Zahlen – Ein Überblick über die Entwicklung in den Jahren 1970–1979, in: NDV 1981, S. 186 ff.

*Sugarman,* S.: Die Diskussion um die Reform der englischen Sozialhilfe. Strukturelle Probleme staatlicher Transferprogramme und ihre rechtlichen Lösungsmöglichkeiten, in: ZSR 1980, S. 536 ff., 585 ff., 647 ff. und 1981, S. 18 ff., 149 ff., 209 ff., 280 ff., 351 ff., 495 ff., 552 ff.

*Tennstedt,* F.: Zur Ökonomisierung und Verrechtlichung in der Sozialpolitik, in: Staatliche Politik im Sozialsektor (Hg.: A. Murswieck), München: R. Piper Verlag, 1976, S. 139 ff.

*Tennstedt,* F.: Sozialwissenschaftliche Forschung in der Sozialversicherung, in: Soziologie und Sozialpolitik, Sonderheft 19/1977 der Kölner Zeitschrift für Soziologie und Sozialpsychologie, Opladen: Westdeutscher Verlag, 1977, S. 483 ff.

*Tennstedt,* F.: Fürsorgegeschichte und Vereinsgeschichte. 100 Jahre Deutscher Verein in der Geschichte der deutschen Fürsorge, in: ZSR 1981, S. 72 ff.

*Tennstedt,* F.: 50 Jahre von 100. Wilhelm Pollikeit und der „Deutsche Verein", in: Jahrbuch der Sozialarbeit 4, Reinbek: Rowohlt Taschenbuch Verlag, 1981, S. 445 ff. (1981 a)

*Theorie und Praxis der Sozialhilfe,* Bearb.: O. Bujard/U. Lange, Stuttgart u. a.: Verlag W. Kohlhammer, 1978

*Thierfelder,* H.: Die aufschiebende Wirkung der Rechtsmittel der Hilfeempfänger beim Geltendmachen der Ersatzansprüche, in: ZfF 1971, S. 82 f.

*Thust,* W.: Recht der Behinderten, Weinheim u. Basel: Beltz Verlag, 1980

*Tiesler,* E.: Sozialhilfe 1. Eine praxisorientierte Einführung in die Grundlagen des Bundessozialhilferechts, Karlsruhe: Juristischer Verlag C. F. Müller, 1974

*Tiesler,* E.: Sozialhilfe 2. Eine praxisorientierte Vertiefung des Bundessozialhilferechts und damit verbundener Rechtsgebiete, Karlsruhe: Juristischer Verlag C. F. Müller, 1977

*Tiesler,* E.: Sozialhilfe 1, 2. Aufl., Heidelberg u. a.: C. F. Müller, 1980

*Titmuss,* R.: Essays on ‚The Welfare State', London: George Allen & Unwin Ltd., 1963

*Titmuss,* R.: Die Beziehungen zwischen der Einkommenssicherung und den Leistungen der Sozialdienste – Ein Überblick. Einleitendes Referat für das Rundtischgespräch über Soziale Sicherheit und Sozialdienste (Tagung der I. V. S. S., Leningrad, Mai 1967), in: I. R. S. S. 1967, S. 63 ff.

*Titmuss,* R.: Social Policy. An Introduction, London: George Allen & Unwin Ltd., 1974

*Titmuss,* R.: Commitment to Welfare, London: George Allen & Unwin Ltd., 1976

*Townsend,* P.: Poverty in the United Kingdom, Harmondsworth: Penguin Books, 1979

*Trenk-Hinterberger,* P.: Würde des Menschen und Sozialhilfe – Die Rechtsprechung des Bundesverwaltungsgerichts zu § 1 Abs. 2 S. 1 BSHG –, in: ZfSH 1980, S. 46 ff.

*Uebelhoefer,* D.: Nichtseßhafte und Nichtseßhaftenhilfe, in: Theorie und Praxis der sozialen Arbeit 1976, S. 373 ff.

*Ullenbruch,* H.: Die weitreichende Bedeutung der Rechtsprechung des Bundesverwaltungsgerichts zum Begriff des „kleinen Hausgrundstücks" und zur „Bemessung des Lebensunterhalts für Minderjährige, die im Haushalt ihrer Großeltern leben", in: NDV 1978, S. 112 ff.

*Vaskovics,* L.: Entscheidungsfaktoren und Maßnahmen zur Lösung eines sozialen Problems: Obdachlosigkeit, in: Empirische Sozialarbeitsforschung (Hg.: H. Kreutz u. a.), Rheinstetten-Neu: G. Schindele Verlag, 1978

*Vaskovics,* L./*Weins,* W.: Stand der Forschung über Obdachlose und Hilfen für Obdachlose, Stuttgart: Verlag W. Kohlhammer, 1979

*Veldkamp,* G.: De Vereenvouding en Codificatie van het Nederlandse Sociale Zekerheidsrecht, in: sma 1975, S. 580 ff.

*Verband Alleinstehender Mütter und Väter e. V.* (VAMV), So schaffe ich es allein, Frankfurt 1981

*Vogel,* M. R.: Die kommunale Apparatur der öffentlichen Hilfe, Stuttgart: Enke Verlag, 1966

*Vogt,* F.: Sozialhilferecht mit öffentlicher Jugendhilfe, Stuttgart u. a.: W. Kohlhammer Verlag L. Schwann-Verlag, 1975

*Voigt, R.*: Die Auswirkungen des Finanzausgleichs zwischen Staat und Gemeinden auf die kommunale Selbstverwaltung von 1919 bis zur Gegenwart, Berlin: Duncker und Humblot, 1975

*Voigt, R.*: Restriktionen kommunaler Sozialverwaltung, in: Aus Politik und Zeitgeschichte – Beilage zur Wochenzeitung „Das Parlament", B 3/77 vom 22. 1. 1977, S. 3 ff.

*Voigt, R.*: Sicherung des sozialen Netzes durch Leistungsabbau?, in: ZSR 1977, S. 493 ff. (1977 a)

*Voigt, R.*: (Hg.): Verrechtlichung – Analysen zur Funktion und Wirkung von Parlamentarisierung, Bürokratisierung und Justizialisierung sozialer, politischer und ökonomischer Prozesse, Königstein/Ts.: Athenäum, 1980

*Voigt, R.*: Mehr Gerechtigkeit durch mehr Gesetze?, in: Aus Politik und Zeitgeschichte – Beilage zur Wochenzeitung „Das Parlament", B 21/81 vom 23. 5. 1981, S. 3 ff. (1981 a)

*Voigt, R.*: Sozialpolitik zwischen Verrechtlichung und Entstaatlichung – Bestandssicherung oder Abbau des sozialpolitischen Besitzstandes?, in: Leviathan 1981, S. 62 ff. (1981 b)


*Wagener, K.*: Schnüffelei im Liebesleben, in: Sozialmagazin 1978, Heft 9, S. 61

*Wagner, D.*: Nur ein bißchen schwanger – oder Sparen am falschen Platz, in: Theorie und Praxis der Sozialarbeit 1979, S. 2 f.

*Warham, J.*: Social Policy in Context, London: B. T. Batsford Ltd., 1970

*Webb, S./Webb, B.*: English Poor Law History, Part II: The Last Hundred Years, 2 Bd., London: Longmans, 1929

*Weber, U.*: Ist die neue Werkstättenverordnung für Behinderte verfassungswidrig?, in: Theorie und Praxis der sozialen Arbeit 1981, S. 436 ff.

*Wegener, R.*: Staat und Verbände im Sachbereich Wohlfahrtspflege, Berlin: Duncker u. Humblot, 1978

*Wehlitz, K.*: Welche Änderungen in der sozialen Arbeit hat das BSHG bewirkt, in: K. Wehlitz, Leitende Tätigkeiten, Zusammenarbeit und Recht in der öffentlichen und freien Sozialarbeit – Referate und Aufsätze, Frankfurt: Deutscher Verein für öffentliche und private Fürsorge, 1972

*Weltbank:* Weltentwicklungsbericht 1978, Washington, D. C., 1978

*Weltz, F.*: in: F. Mutz, Wohlstand für alle? Jeder Fünfte ist arm, in: Deutsches Panorama 1967, 19. 1.–1. 2. 1967, S. 87 ff.

*Werkentin, F.*: Die Quantifizierung der Würde des Menschen im Rahmen des BSHG, in: KJ 1974, S. 296 ff.

*Wertenbruch, W.*: Sozialhilfeanspruch und Sozialstaatlichkeit, in: Festgabe für Günther Küchenhoff, Göttingen: Schwartz, 1967, S. 343 ff.

*Wertenbruch, W.*: Sozialverwaltungsrecht, in: Besonderes Verwaltungsrecht (Hg.: I. von Münch), 5. Aufl., Berlin: Walter de Gruyter Verlag, 1979, S. 323 ff.

*Widmaier, H.*: (Hg.) s. Zur Neuen Sozialen Frage

*Wie bekomme ich, was mir zusteht.* Ein Ratgeber für Sozialhilfeempfänger in Münster (Hg.: Sozialhilfegruppe Münster u. a.), Münster 1979

*Wildhagen, H.*: Die Funktionalisierung der freien Wohlfahrtspflege in der nationalsozialistischen Wohlfahrtspolitik, Dipl. Arbeit (Dipl. Sozialwirt), Univ. Göttingen, verv. Manuskript 1979

*Williams, F.*: (ed.), Why the poor pay more, London: Macmillian, 1977

*Winterstein, H.*: Armut: Grundlage der Neuen Sozialen Frage, in: Zur Neuen Sozialen Frage (Hg.: H. Widmaier), Berlin: Duncker & Humblot, 1978, S. 57 ff.

*Wirths, W.*: Versuchsansätze für Ernährungserhebungen in methodologischer Sicht, in: ArchsozArb 1981, S. 205 ff.

*Wöhler, K.*: Sekundäre Armut: Zur Überwindung von Unterversorgung mit der Dienstleistung Bildung, in: Reader Soziale Probleme, II. Initiativen und Maßnahmen (Hg.: A. Bellebaum/H. Braun), Frankfurt: Herder Verlag, 1974, S. 31 ff.

*Wolff, H./Bachof, O.*: Verwaltungsrecht III, 4. Aufl., München: Verlag C. H. Beck, 1978

*Zacher, H.*: Freiheit und Gleichheit in der Wohlfahrtspflege, Köln u. a.: Carl Heymanns Verlag, 1964

*Zacher, H.*: Sozialrecht (Grundzüge des Sozialversicherungsrechts, Sozialversicherung und Sozialhilfe usw.), in: WEX 5 Sozialrecht. Wahlfachexaminatorium, Karlsruhe: C. F. Müller Juristischer Verlag, 1974, S. 14 ff.

*Zacher, H.*: Internationales und Europäisches Sozialrecht. Eine Sammlung weltweiter und europäischer völkerrechtlicher und supranationaler Quellen und Dokumente, Percha: Verlag R. S. Schulz, 1976 (1976 a)

*Zacher, H.*: Grundfragen theoretischer und praktischer sozialrechtlicher Arbeit, in: VSSR, Bd. 4 (1976), S. 1 ff. (1976 b)

*Zacher, H.*: Sozialrecht, in: Jurisprudenz. Die Rechtsdisziplinen in Einzeldarstellungen (Hg.: R. Weber-Fas), Stuttgart: Alfred Kröner Verlag, 1978, S. 407 ff.

*Zacher, H.*: Sozialrecht in der Bundesrepublik, München: Max-Planck-Institut für ausländisches und internationales Sozialrecht (maschinenschriftlich), 1979 (1979 a)

*Zacher, H.*: Sozialgesetzbuch (SGB), Percha: Verlag R. S. Schulz, Stand 1981 (zit.: 1979 b)

*Zacher, H.*: Rechtswissenschaft und Sozialrecht, in: SGb 1979, S. 206 ff. (1979 c)

*Zacher, H.*: Hochschullehrerstellen und wissenschaftlicher Nachwuchs auf dem Gebiet des Sozialrechts, in: SGb 1979, S. 137 ff. (1979 d)

*Zacher, H.*: Einführung in das Wahlfach mit Literaturhinweisen, in: Zacher, H. (Hg.), Wahlfach Sozialrecht. Einführung mit Examinatorium, 2. Aufl., Heidelberg: UTB C. F. Müller, 1981, S. 9 ff.

*Zacher, H.*: Sozialrecht und soziale Marktwirtschaft, in: Im Dienste des Sozialrechts. Festschrift für Georg Wannagat zum 65. Geburtstag (Hg.: Gitter, W./Thieme, W./ Zacher, H.), Köln u. a.: Carl Heymanns Verlag, 1981, S. 715 ff.

*Zeise, M.*: Die Erstattung von Gutachten durch die Zentrale Spruchstelle für Sozialhilfestreitsachen, in: ZfSH 1965, S. 164 ff.

*Zeise, M.*: Die Neufassung der Fürsorgerechtsvereinbarung, in: ZfSH 1966, S. 75 ff.

*Zeitler, H.*: Kostenersatz durch Erben nach § 92 c BSHG – Anwendung dieser Bestimmung in der Praxis, in: ZfS 1970, S. 349 ff.

*Zeitler, H.*: Die rechtliche Abgrenzung von Hilfen nach dem JWG zu Hilfen nach dem BSHG, in: NDV 1979, S. 152 ff.

*Zink, G./Korff, G.*: Sozialhilferecht – Einführung, Bayerische Verwaltungsschule, Lehrheft V 5, München, Stand: 1. 9. 1978

*Zur Neuen Sozialen Frage* (Hg.: H. Widmaier), Berlin: Duncker & Humblot, 1978

# Sachverzeichnis

(SH = Sozialhilfe)